한 권으로 읽는

청나라 역사 하

초판 1쇄   인쇄 2017년 10월 15일
초판 1쇄   발행 2017년 10월 26일
지 은 이   따이이(戴逸)
옮 긴 이   김승일
발 행 인   김승일
디 자 인   조경미
펴 낸 곳   경지출판사
출판등록   제2015-000026호

판매 및 공급처   도서출판 징검다리
주소 경기도 파주시 산남로 85-8
Tel : 031-957-3890~1 Fax : 031-957-3889 e-mail : zinggumdari@hanmail.net

ISBN 979-11-86819-88-3 93520

한 권으로 읽는
청나라 역사 하

따이이(戴逸) 지음 | 김승일(金勝一) 옮김

 경지출판사

CONTENTS

제9장 제정 러시아 조기 중국에 대한 침략과 중국 여러 민족의 반침략 투쟁

제11장 청대 전기의 문학예술과 과학기술

제 12장 사회모순의 격화와 날로 부패해지는 통치계급

제13장 19세기 전기의 사회사조

머리말

　청(淸)왕조는 중국의 소수민족인 만족(滿族)의 상류계층이 주체가 되어 세운 봉건통치기구로서 중국의 유구한 역사에서 수많은 봉건군주전제왕조 중 마지막 왕조이다. 청 왕조는 넓은 중국을 268년 동안을 통치했다. 1644년 청조 통치자들이 관내(關內, 산해관[山海關] 서쪽, 가욕관[嘉峪關] 동쪽 일대지역)에 들어와서 명(明)조 말기 농민전쟁의 성과를 가로채 전국적인 통치정권을 수립할 무렵까지도 중국은 독립적인 봉건국가로서 봉건사회 후기에 처해 있었다. 그 후 백여 년 간의 발전을 거쳐 청조의 통치는 18세기 중엽에 전성기를 맞이했다. 광활한 영토 내에서 중국 내 여러 민족의 통일이 한층 더 강화되었으며 봉건적인 정치, 경제, 문화 발전이 절정에 이르렀다.

　그 후부터 봉건사회 내부 모순과 자본주의가 싹트면서 봉건통치가 위기를 맞게 되었다. 18세기 말엽, 농민봉기의 불길이 중국 전역으로 퍼져나갔다. 이로써 청조의 통치가 전성기에서 쇠퇴의 길로 접어들기 시작했다. 이때 서구국가들은 이미 자산계급혁명을 거쳐 자본주의사회에 들어섰으며 대외적으로는 식민지 약탈에 나섰다. 봉건중국은 그들의 중요한 약탈 대상이었다. 그 결과 1840년에 아편전쟁이 발발했다. 외국의 자본주의 침략자들이 무력으로 중국의 문을 무너뜨렸다. 그로부터 중국은

반식민지 반봉건사회로 점차 전락했으며, 이 때부터 중국의 역사는 근대시기로 접어들게 되었다. 제국주의와 중국봉건주의가 서로 결합해 중국을 반식민지 반봉건사회로 바꾸는 과정은 곧 중국 국민이 제국주의와 그 앞잡이에 맞서 저항하는 과정이기도 했다. 아편전쟁, 태평천국운동, 중·프전쟁, 중·일전쟁, 무술변법(戊戌變法), 의화단(義和團)운동을 거치는 과정에서 중국 국민은 용감하고 굳센 불굴의 전투정신을 보여주었다. 1911년에 이르러 중국 자산계급이 이끄는 신해(辛亥)혁명이 일어나 제국주의 앞잡이로 전락해버린 청조를 전복시켰다. 이로써 2천여 년 간 이어오던 중국의 전제군주제 통치는 끝이 났고 민주공화국이 창립되었다.

역사는 도도하게 흐르는 거센 강물처럼 앞을 향해 흘러간다. 청조 통치 268년은 애신각라(愛新覺羅) 왕조의 굴기, 흥성, 쇠락, 멸망의 역사일 뿐이 아니라, 무엇보다도 위대한 중국의 여러 민족의 발전사, 창조사, 투쟁사이기도 했다. 그 길고도 험난한 역사 과정에서 중국 국민들은 막대한 고난과 좌절을 겪으면서 아름다운 이상과 희망을 꿈꾸었으며, 끊임없이 탐색하고 싸워나갔다. 국민 대중들은 가장 어렵고 곤란한 세월 속에서

후대들에게 지극히 풍부하고 귀중한 유산을 남겨주었다. 268년 동안 얼마나 많은 감동적이고 눈물겨운 전투사적들이 나타났고, 얼마나 많은 굳세고 용감하며 부지런하고 지혜로운 훌륭한 인물들이 나타났으며, 또 얼마나 많은 빛나는 경제와 문화적인 성과를 창조했고, 얼마나 많은 생생하고 풍부한 경험과 교훈을 남겼는지 모른다.

이 시기는 유구한 중국의 역사에서 중요한 한 페이지를 장식하는 시기였으며, 과거를 계승하여 미래를 개척하는 거대한 전환기로서 중국인이 힘겹게 싸우면서 어둠속에서 새로운 길을 탐색하고, 짙은 안개를 뚫고 승리의 앞날을 향해 나아가는 과도적인 역할을 한 시기였다. 따라서 청대의 역사는 우리와 시간적으로 아주 가까워서 현실 투쟁과의 관계가 극히 밀접하기 때문에 진지하게 배우고 연구할 가치가 있는 시기인 것이다. 이 책의 범위는 만족의 선조와 만족의 홍기로부터 시작해 1840년 아편전쟁에 이르기까지 역사를 다루었다. 아편전쟁 후부터 중국은 근대시기에 들어섰다고 할 수 있으며, 사회적 성격과 혁명적 성격이 청대의 전기 및 중기와는 전혀 다른 큰 변화가 일기 시작했던 시기였다. 현재까지 비교적 상세한 여러 종류의 중국 근대사 저작물들이 출간되었는데, 이 책이 출간되면 이들 근대사 저작들과 기본 내용이 서로 이어질 수 있을 것이다.

이 책은 중국인민대학 청사(淸史)연구소에서 공동 집필하고, 대일(戴逸)이 책임 편집을, 마여형(馬汝珩)이 편집 보조를 맡았다. 이 책 제1권 제1장은 이홍빈(李鴻彬)이, 제2장은 임철균(林鐵鈞)이, 제3장은 두문개(杜文凱)가, 제4장은 장진번(張晉藩)이, 제5장은 마여형, 장진번, 마금과(馬金科)가, 제6장과 제7장은 이화(李華)가 각각 집필을 책임지었다. 이 책의 제2권은 처음에는 마흔(馬欣), 마여형, 마금과, 이화, 장진번, 호명양(胡明揚), 진보기(秦寶琦) 등이 일부 원고를 집필했는데, 그 후 이 책의 전체적인 구상이 바뀌고 인사 변동이 있어 새롭게 창작하게 되었다. 기존 원고의 제8장은 나명(羅明), 왕사치(王思治), 임철균이, 제10장은 마여형이, 제12장은 여영범(呂英凡), 왕도성(王道成), 진아란(陳亞蘭)이, 제13장은 이화가, 제14장은 임철균, 마여형이, 제15장은 왕준의(王俊義)가 각각 집필했다. 대일은 기타 각 장의 집필을 맡고 전 권을 통일적으로 수정했다. 삽화는 이화, 이홍빈이 수집했다. 삽화 수집 과정에서 중국역사박물관과 중국제1역사기록보관소 등 기관의 대대적인 협조를 받았기에 여기서 감사의 뜻을 전한다.

이번 집필진의 역량이 제한되어 있어 책 내용에 미흡한 점과 잘못된 곳이 적지 않을 것이라 생각한다. 독자 여러분의 비평과 지도 편달을 바란다.

제8장

청조의 계급구조와 18세기 전기의 계급투쟁

제1절
계급과 등급

　계급사회에서 사람들은 각기 다른 계급과 계층으로 나뉘어 속해 있다. 계급의 구조와 각 계급 간의 관계, 서로간의 투쟁이 사회의 면모와 역사 발전의 추세를 결정한다. 따라서 역사 유물주의는 반드시 계급적 분석법으로 각 계급의 지위, 이익, 특성을 분석하고, 그들 사이의 관계와 역량 비교 및 흥성과 쇠퇴를 연구해야만 계급사회 각 시기의 역사를 깊이 있게 이해할 수 있으며, 여러 가지 혼란스럽고 복잡한 역사현상에 미혹되지 않을 수 있다고 주장한다. 레닌은 "마르크스주의가 우리에게 지도적 단서를 제시해주어 우리가 이런 흐리멍덩하고 모호해 보이는 상태에서 규칙성을 발견할 수 있도록 했다. 그 단서가 곧 계급투쟁의 이론이다"[1] 라고 말했다.

　사회생산 속에서 사람들이 처한 지위가 다르고 생산 자료에 대한 점유관계가 다르다. 이는 계급을 구분하는 주요 표지이다. 각 사회집단의 지위와 서로간의 관계가 이에 따라 결정되고 사회재부의 분배방식이 이에 따라 결정되기 때문이다. 경제적으로 통치지위를 차지하는 계급은

---

1) 『레닌선집』, 제2권, 『카를 마르크스』, 587쪽, 인민출판사 1972년 판.

정치적으로도 통치지위를 차지한다. 그들은 경제와 정치적 우세를 이용해 피통치 계급의 노동성과를 점유하고 약탈함으로써 사회를 착취계급과 피착취계급이라는 두 개의 서로 대립되는 진영으로 분열시킨다. 계급지위가 다름에 따라 각기 다른 정치적 입장과 세계관이 정해진다.

봉건사회에는 지주와 농민 두 계급의 대립이 존재한다. 봉건사회의 역사는 이 기본 축을 둘러싸고 전개된다. 그런데 지주계급 내부에 또 서로 다른 계층이 존재하며 그들 사이에는 서로 다른 이익과 의지가 존재해 혹자는 서로 결탁하거나 혹자는 서로 쟁탈한다. 농민 내부에도 자작농, 소작농, 고농, 그리고 부유한 농민과 가난한 농민의 구별이 있다. 지주와 농민 두 계급 이외에도 상인, 수공업주, 수공업 노동자, 유민, 천민, 노비 등이 있다.

고대에는 수많은 계급, 계층이 서로 뒤얽히고 중첩되면서 위에서 아래에 이르기까지, 통치와 피통치의 다층적인 단계를 구성했다. 계급과 계층의 구별은 흔히 복잡한 등급제도로 표현된다. 『공산당선언』에서 말했듯이 "과거 거의 모든 역사 시대에나 우리는 사회가 여러 개의 서로 다른 등급으로 완전히 나뉘었음을 볼 수 있으며 다양한 사회적 지위로 구성된 여러 등급을 찾아 볼 수 있다……게다가 거의 모든 계급 내부에 또 여러 가지 독특한 등급 차이가 존재한다."[2] 레닌도 다음과 같이 말한 적이 있다. "노예사회와 봉건사회에서 계급의 차별도 역시 주민의 등급으로 구분해

---

2) 『마르크스 엥겔스 선집』, 제1권, 『공산당선언』, 251쪽.

고정시킨 것이며, 또 매 계급이 국가에서 차지하는 특수한 법률적 지위를 정해 놓는다. 따라서 노예사회와 봉건사회(그리고 농노제사회)의 계급은 또 일부 특별한 등급이며……사회가 등급으로 나뉜다. 이는 노예사회와 봉건사회, 자산계급사회의 공통 현상이다. 그러나 앞의 두 사회에는 등급이 있는 계급이 존재하고 후자에는 등급이 없는 계급이 존재한다." [3]

이른바 등급이란 국가에서 조서와 법률 형태로 허락하고 인정한 일정한 권리와 의무를 갖는 사회 집단이다. 이런 사회 집단의 경제 정치적 지위에는 현저한 차이가 있다. 비록 동일한 계급 내부라 할지라도 여러 등급이 모두 평등한 것은 아니다. 전제적인 황제가 여러 층의 등급의 맨 꼭대기에 있는데 그의 지위는 지고 무상하고 권력은 무제한 확장되어 생살여탈의 대권을 쥐고 있다. "천하에서 아무도 나를 어떻게 할 수 없다(天下莫予毒也)"라는 것이다. 황제 일인지하에 있는 청대 사회의 최고 등급은 황실, 귀족, 관료이며 특히 만몽(滿蒙. 만주 · 몽골)귀족이 차지했다. 청조의 황족은 누르하치(努爾哈赤)의 아버지 타크시(청조의 현조로 추존)의 직계 자손이라면 모두 종실로 간주했으며, 그 상징으로 황금빛 띠를 두르게 하고 "황금 띠"라고 칭했다. 타크시의 사촌 형제의 방계 자손은 모두 각라(覺羅)로 간주하고 그 상징으로 붉은 띠를 두르게 해 "붉은 띠"라고 칭했다. 종실과 유공자에게는 작위를 봉했는데 작위는 차례로 화석친왕(和碩親王), 다라군왕(多羅郡王), 다라패륵(多羅貝勒),

---

3) 『레닌전집』, 제6권, 『러시아 사회민주당의 토지강령에 관해서』 주문, 93쪽.

고산패자(固山貝子), 봉은진국공(奉恩鎭國公), 봉은보국공(奉恩輔國公), 불입팔분진국공(不入八分鎭國公), 불입팔분보국공(不入八分輔國公), 진국장군(鎭國將軍), 보국장군(輔國將軍), 봉국장군(奉國將軍), 봉은장군(奉恩將軍)이다. 작위가 없는 자는 유휴(遊休, 놀고 있는)의 종실이라고 칭했다. 청대에 왕작(王爵)을 "변함없이 세습할 수 있도록 지정한" 가문이 12가문이다. 즉 개국 초기의 예친왕(禮親王, 대선[代善]), 예친왕(睿親王, 도르곤[多爾袞]), 정친왕(鄭親王, 지르하란[濟爾哈朗]), 예친왕(豫親王, 다탁[多鐸]), 숙친왕(肅親王, 호적[豪格]), 승친왕(承親王, 석새[碩塞]), 순승군왕(順承郡王, [勒克德渾]), 극륵군왕(克勒郡王) 악탁(岳托)이다. 그 후 강희(康熙)제의 아들 윤상(允祥)이 이친왕(怡親王)에, 도광(道光)제의 아들 혁흔(奕訢)이 공친왕(恭親王)에, 혁현(奕譞)이 순친왕(醇親王)에, 그리고 건륭(乾隆)제의 아들 영린(永璘)이 경친왕(慶親王)에, 그 손자 혁광(奕劻)이 청조 말기에 친왕에 봉해졌으며 "변함없이 세습할 수 있게" 지정했다. 이 12가문은 각각 특별한 공훈과 또 다른 연고로 친왕의 작위를 세습할 수 있었다.

그 외의 친왕과 군왕은 한 세대에 한 등급씩 낮춰지게 되어 있다. 이외에도 많은 만몽(滿蒙) 귀족의 자손들이 왕(王), 공(公) 등의 고급 작위를 받았다. 이들은 혹자는 인척관계로 혹자는 공훈을 세워 그런 영광을 지니게 된 것이다. 한족(漢族)은 삼번(三藩)의 난이 있은 뒤로 왕의 작위를 받은 자가 없으며 그들이 받은 작위로는 차례로 공(公), 후(侯), 백(伯), 자(子), 남(男)이다. 이들 왕공귀족들은 조정으로부터 대대로 혜택을 받아 엄청난 가산과 논밭, 많은 노비를 소유하고 있으며 이들은 사회의 통치자와 기생충이다. 그러나 짚고 넘어가야 할 것은 종실 각라, 귀족 공신의 여러 세대가 지난 뒤의 후손과 방계는 한 세대가 지날 때마다 작위가 점차 낮아져 점점 쇠락하고 몰락했다. 그들은 비록 '황금 띠', '붉은 띠'의 신분은 여전히 보존하고 있으며 명분상에서는 특권을 누리고는 있지만, 대다수가 생계를 이어가는데 별다른 재주가 없어 놀고 먹기만 하다보니 재산을 다 말아먹고 빈털터리가 돼 일반 기민(旗民)과 같은 상황에 처하게 됐다.

그리고 또 직위가 비교적 높은 현임 관리와 퇴직 관리들이 있는데 이들은 조상으로부터 대대로 물려받은 유산이 많기 때문에 재산이 많고 세력이 커 관직에 있는 자들은 법을 어기고 사사로운 이익을 도모하고 관직에서 물러난 자들은 권세를 믿고 본 고향 백성들의 재산을 빼앗곤 했다. 이들은 관료집단을 구성해 귀족 세작들과 마찬가지로 높은 등급에 속해 있어 각기 다른 정도의 특권을 누렸으며 법률상, 예제상에서 그들의 지위는 평민 백성보다 높았다. 그리고 각 지방의 유지(紳衿)들 중에는 비록 벼슬을 하지는 못했지만 조상이 관료였거나, 금품을 헌납하고 실권은 없고 이름뿐인 직함을 땄거나, 혹은 과거시험을 통해 수재(秀才) · 거인(擧人)으로 뽑혔거나 한 이들이 있는데, 이들도 소송과 납세 방면에서 일정한 특권을 누릴 수 있었다. 종합적으로 귀족 · 관료 · 진신(縉紳)들은 일반적으로 비교적 많은 땅을 소유하고 정치세력에 의지해 교묘하게 강점하거나 폭력으로 탈취해 관작이 점점 높아지고 재부도 점점 더 늘어났다.

근본적으로 청 정부는 지주계급의 이익을 대표했으며 특권을 장악한 이들 지주 · 관료들과 정치적으로 일치했다. 귀족 · 관리 · 진신 지주들은 봉건정권의 보호가 있었기에 본 고장에서 제멋대로 횡포한 짓을 할 수 있었고 선량한 백성을 괴롭히고 압박할 수 있었다. 한편 청 정부도 특권을 장악한 이들 지주를 자체 정부의 통치 기반으로 삼아 그들의 옹호와 지지를 얻어야 했다. 그런데 특권 지주들이 포악하고 모질며 탐욕스럽기 그지없고 온갖 못된 짓을 저질렀기 때문에 늘 백성들의 저항을 불러일으켜 지방의 치안을 어지럽혔다. 때로는 그들의 세력이 팽창해 청조 중앙 정부의 통치를 약화시키고 정부의 세수를 줄이고 영향을 주기도 했다.

그렇기 때문에 청 정부와 그들 사이에도 일정한 모순이 존재했다. 청 정부는 귀족·관료·진신들이 법정 권리를 행사하는 것을 허용하면서도 또 일부 억제정책을 제정해 그들의 법외의 권리를 제한했다. 예를 들어, 관료와 토호가 폭력으로 논밭을 빼앗는 것을 금지한 것, 관원과 생원(生員)·감생(監生)은 본인 한 사람의 정은(丁銀, 청대의 이른바 인두세)만 감면하기로 규정한 것, 그들의 조세와 부역에 대한 감면 범위를 제한한 것, 지세를 질질 끌며 갚지 않는 벼슬아치와 지주들을 징벌한 것, 지방의 유지가 소작농을 노예로 삼거나 양민을 천민으로 삼는 것을 금지한 것, 사사로이 곤장과 몽둥이를 갖춰 멋대로 소작농을 책벌하는 것을 금지한 것 등이다. 그래서 귀족 관료 지주와 지방 지주의 권리와 세력이 명대에 비해 크게 약화되었다. 물론 청조의 제한 조치는 전혀 철저하지 않았다.

벼슬아치 대부자가 농민을 억압하는 사례, 심지어 서민 지주를 억압하는 사례가 끊이지 않았다. 농민들이 "대부호의 모진 착취와 피해를 받음이 살점마저 도려내 바치는 데 그치지 않을 정도였다."[4] 관부가 전답세를 받을 때도 흔히 "가난한 집에서 추가 징수해서 대부호의 부족한 부분을 메우곤

---

4) 『건륭서포현지(乾隆潊浦현지)』 권9, 2쪽.

했다."[5]

귀족 · 관료 · 진신 지주들과 공존하는 이들은 특권이 없는 수많은 서민 지주들이었다. 명조 말기 농민봉기를 거친 뒤, 또 청 조정에서 제정한 황무지 개간 장려 정책에 힘입어 이들 서민 지주들이 다소 발전했다. 청조 초기에 농촌의 일부 비교적 부유한 자작농 혹은 소작농들은 명조 말기 특권 지주의 폭력적인 약탈과 조세 · 부역 전가의 압박에서 일정한 정도로 벗어나 경제지위가 상승했다.

그들은 처음에 혹자는 노동력이 비교적 많고 강하거나 혹자는 경작 경영에서 요령이 있거나 혹은 우월한 자연조건에 힘입었거나 해서 조금씩 재부를 축적해 토지를 사들여 가난하던 데서 점차 부유해지고 작던 데서 점차 커졌다. 그들이 소유한 토지가 집안 노동력이 감당할 수 있는 한계를 벗어나게 되자 일꾼을 고용해 경작하거나 혹은 토지를 세주었다.

양적인 변화가 드디어 질적인 변화로 이어져 그들의 계급적 지위에도 변화가 일어 자신의 힘으로 생활하는 농민에서 다른 사람들을 착취하는 지주로 바뀌었다. 청대의 문헌자료 중에는 "힘써 농사를 지어 집안을 일으키다(力田發家)"는 기록이 있다. 이른바 '역전(力田)'이란 흔히 자체 집안의 노동에만 의지하는 것이 아니다. 지주계급으로서 집안을 일으키고 부유해지는 과정에서 흔히 소작농과 고용 노동자의 잉여노동을 착취하기 마련이다. 그런데 이들 지주들도 처음에는 가난한 농민이었으며 고향을

---

5) 『건륭동향현지(乾隆桐鄕縣志)』 권7, 2쪽.

떠나 떠돌아다니다가 타향에 이르러 황무지를 개간해 생계를 유지하는 이들이 많았다. 그들에게는 정치 특권이 없었다. 그들은 부지런히 힘써 농사를 지어 아껴 먹고 아껴 입으며 여분의 식량과 돈을 모아 자신의 경제 상황을 점차 개선해 집안을 일으키고 부유해졌다.

물론 지주로 승격할 수 있는 농민은 고작 극소수에 불과했으며 대다수 농민은 양극 분화 속에서 더 빈곤해졌다. 청대 전기에 땅이 넓고 인구는 적으며 황무지가 아주 많아 노동력이 비교적 강한 농가들은 경작지면적을 확대하기가 쉬웠기 때문에 서민 지주들이 비교적 크게 발전할 수 있었다. 현재 우리가 볼 수 있는 청대 문서 계약·어린책(魚鱗册)·편심책(編審册)·분가문서(分家文書) 중에는 대량의 중소 지주들이 땅을 약 1백 무 정도 소유하고 있었다는 내용이 기록되어 있다. 그들은 주로 경제력에 의지해 토지를 구매하곤 했는데 재력이 제한되어 있어 매 번 구입할 수 있는 토지 수량이 많지 않았기 때문에 토지 축적 속도가 비교적 더뎠다. 왕왕 수 십 년 내지 백 년이 걸려서야 비로소 대량의 토지와 재부를 축적할 수 있었다.

그들은 귀족·관료·진신 지주들이 정치 특권에 의지해 토지를 합병하고 빠르게 재산을 불리는 것과는 뚜렷하게 구별된다. 이들 서민 지주와 상인·자작농·소작농·수공업자·병사 등 이들을 합쳐 청대 법률에서는 모두 '범인(凡人)', 즉 속칭으로 '평민'·'백성'으로 불렀다. 이들은 인구수가 가장 많고 성분이 아주 복잡한 등급이며 또 청조의 주요 납세자와 복역자·통치 대상이기도 했다. '범인' 중에는 서민 지주와 같은 착취자도 포함되고 대량의 노동인민도 포함되었다.

모든 '범인'의 권리와 의무는 벌률적으로 평등하며 서로 간에 예속과 종속관계가 존재하지 않았다. '범인' 중의 착취자는 국가가 부여하는 특권을 누릴 수 없으며, '범인' 중의 피 착취자는 법리적으로는 인신의 자유를 누릴 수 있으며 과거시험에 응시하고 관직을 맡을 권리가 있다고 규정지었으나, 실제적으로 '범인' 중의 여러 구성원은 경제적 조건이 서로 많이 다르며, 지주 거상들은 정치적으로 귀족, 관료, 지방 유지들과 한통속이었다. 청 정부는 헌납제도를 실행해 지주 거상들은 돈이나 곡식을 헌납하는 대신 관직을 사 유지의 행렬에 가입할 수 있었다.

청대에는 조전제가 갈수록 발전했는데 소작농은 인구 수량이 가장 많은 기본 노동자였다. 중국의 지주경제제도 하에서 노동자들은 토지에만 긴밀하게 의탁하지 않았다. 청대에 소작농들은 일반적으로 토지를 떠나 자유롭게 옮겨 다니며 살 수 있었다. 유랑민들은 힘써 농사를 지어 생계를 유지했지만 이에 대한 법률적인 금지 사항은 없었다. 지주계급은 비록 토지 소유권을 가지고 있었지만 그들의 토지를 도급 맡아 농사를 짓는 농업 노동자들을 멋대로 지배할 수는 없었다. 소작농과 지주 간의 인신 예속 관계가 전대에 비해 더 느슨해진 것이었다. 소작농은 경제적으로는 지주에게 종속되지만 정치·법률적으로는 서민 지주와 마찬가지로 똑 같은 '범인'에 속했다.

그들 사이는 임대료를 받는 자와 임대료를 지불하는 자 사이의 계약관계이다. 청조 법률에는 소작농과 지주가 "평소에 나란히 앉아 식사할 수 있고 서로 간에 평등하게 대하며 부려먹거나 노역을 하는 관계가 아니며", "주인과 하인의 명분이 존재하지 않는다"라고 규정되어 있다. 물론 소작농이 경제적으로 가난하고 힘이 없기 때문에 사회지위가 낮은 것은 필연적이었다. 실제생활 속에서 지주가 각기 다른 정도의 초경제적 특권을 누리며 소작농을 억압하고 모욕하는 행위가 지극히 보편적이다.

1727년(옹정 5년) 하남 순무 전문경(田文鏡)은 지방의 유지 지주들이 소작농을 노예처럼 대하며 여성을 간음하지만, 소작농들이 감히 말하지 못하고 원한과 슬픔을 삼킬 뿐이고, 또 지방 관료들은 사리사욕에 사로잡혀 그들이 못된 짓을 하는 것을 눈감아주고 있어 폐해가 막심하다고 아뢰고 법을 정해 금지시킬 것을 조정에 청구했다. 그 후 이부(吏部)와 형부(刑部)는 지주가 소작농을 학대하는 것을 규제하는 조례를 의논 제정했다. 옹정제는 이 규제 조치에 대해 찬성하는 한편 소작농이 지조를 체납하고 지주를 불손하게 대하는 것을 방지해야 한다고 제기했다.

최종적으로 이부와 형부는 다음과 같은 규정을 제정했다. "무릇 유지가 불법적으로 소작농을 책벌했을 경우 지방의 유지에게 법률을 어긴 죄 [6]를 물어 심의 처벌하도록 한다.

벼슬아치와 감독 관리가 법률을 어겼을 경우에는 관복을 벗기고 관직을 박탈한 뒤 곤장 80대를 치도록 한다. 감독을 소홀히 한 지방 관리는 이부(吏部)에 넘겨 심의 처벌하도록 한다. 만약 여성을 노비나 처첩으로 삼았을 경우에는 교감후(絞監候, 형률의 명으로 교수형에 대한 집행 유예를 가리킴)에 처한다. 지방 관리가 감독에 소홀히 했거나 사리사욕에 어두워 불의를 눈감아주었거나 또 담당 상급자가 그런 관리를 탄핵하지 않았을 경우 모두 이부에 넘겨 각각 심의 처벌한다. 조세를 질질 끌며 바치지 않고 밭주인을 기만한 간사하고 완고한 불량 소작농에 대해서는 곤장 80대를

---

6) 이른바 "법률을 어김"이란 『대청률례(大淸律例)』의 이율(吏律)·공식(公式)·제서(制書)의 법률 규정을 어겼을 경우를 가리킨다. 즉 "제서의 규정에 따라 행해야 하는데 (일부러) 어긴 자 는 곤장 백 대를 치도록 한다."

치고 바치지 않은 조세는 액수에 따라 밭주인에게 주도록 한다." [7]

이는 청대 봉건 법전에 명확히 규정되어 있는 주인과 소작인 사이의 관계 준칙이다. 그 앞부분에서는 지방 유지들이 세력을 믿고 소작농을 꾸짖고 때리거나 여성을 간음하는 것을 금지시켜 소작농의 인신이 임의로 침범 당하지 않도록 보호하고 지주계급의 초경제의 강제적 권력을 약화시킴으로써 주인과 소작인 사이의 인신종속관계를 더욱 느슨하게 했고, 뒷부분에서는 또 지주계급의 이익과 존엄을 수호해 정권의 힘으로 체납한 지조를 강제 추징함으로써 지주계급의 법적인 착취 권리를 보장하고 봉건적인 토지 사유제를 보호했다.

청대 법률의 규정에 따르면 '범인'보다 지위가 낮은 이들로 또 '고용노동자(雇工人)'와 '천민(賤民)'이 있다. '고용노동자'는 자유인이 아니었다. 그와 고용주 사이에는 일정한 인신종속관계가 존재한다. 법률적으로 고용주와 고용노동자는 마치 가장과 어린 자손의 관계와 같이 고용노동자는 고용주가 부리는 대로 순종해야 하고 '교령(敎令)'을 어겨서는 안 되며, 그의 노동은 일정한 강제성을 띤다. 청대에 경제의 발전에 따라 고용관계가 점차 보편화되어 '고용노동자' 율례(律例)를 끊임없이 수정함으로써 그 적용 범위가 점차 축소되어 많은 농업 고용노동자들이 '고용노동자'의 법률적 지위에서 벗어나 '범인'으로 판정 받았으며 점차 자유로운 고용노동자로 과도했다.

---

7) 『대청율례통고(大淸律例通考)』권27, 44쪽.

청대에 사회 최하층에 있는 이들은 '천민'이다. 백성(民)·군사·상인·장인(匠人, 灶)을 '사민(四民)'이라고 하며 그들보다 지위가 낮은 이들을 천민이라고 부른다. "사민은 양민이고 노복과 창기(倡)·예인(優)·아역(隷, 관아에서 부리던 하인)·군졸(卒)은 천민이다." 양민과 천민을 구분하는 것은 중요한 등급 경계선이며, 대인관계와 일처리의 원칙이다.

'천민' 중에서 최하층에 있는 이들이 노비이다. 청대 사회가 비록 봉건사회 후기까지 발전했지만 노예제의 잔재가 여전히 짙게 남아 노비를 기르는 풍기가 지극히 성행했으며, "벼슬아치 가문은 하인들이 아주 많았다."[8] 노비는 지위가 가장 낮고 인신자유가 없으며 주인이 시키는 대로 따르고 학대를 당해야 했으며 짐승과 별반 차이가 없었다.

이른바 "노비는 천민이며 법률적으로는 축산품과 같다." 청대에 노비에는 주로 다음과 같은 몇 가지 부류가 있었다. 첫 번째 부류는 입관(入關) 전과 후 전쟁에서 잡힌 포로, 두 번째 부류는 입관 후 노예가 된 한인(漢人), 세 번째, 죄를 지어 국경지역에 보내져 주둔 관병의 노예로 전락된 자, 네 번째 부류는 노예로 팔린 빈민이다. 청조 초기에는 앞 두 가지 부류가 절대 다수를 차지했으며 후에는 몸을 저당 잡히거나 팔려 노비가 되는 자가 노비의 주요 원천이 되었다. 예를 들어 『홍루몽』에서 청문(晴雯)·습인(襲人)·원앙(鴛鴦) 및 방관(芳官)·영관(齡官)은 모두 값을 치르고 사온 계집종과 영인(伶人, 예인)들이다. 그때 당시 고관 귀족 집안에 필요한

---

8) 『건륭광산현지(乾隆光山縣志)』 권19.

노비를 공급하고자 전문적으로 인신매매에 종사하는 직업과 시장이 나타났다. 예를 들어 "소군(蘇郡)에 등돈호(等囤戶, 어린 여자 아이를 일정한 나이가 될 때까지 키워 파는 것을 업으로 하는 자)가 있었는데 가난한 집의 딸을 보면 사다가 집에서 키워 많은 돈을 받고 먼 성으로 첩이나 노비로 팔곤 했다. 혈육을 서로 갈라놓고 사람의 평생을 망치는데 이보다 더 한 것은 없을 것이다."[9] 어떤 지방은 매 번 장날이면 "백화가 진열되고 사방 멀리에서 다투어 모여오곤 한다. 큰 것 노새 · 말 · 소 · 양 · 노비에서 작은 것 적은 양의 곡식과 천에 이르기까지 장날이면 반드시 모여들곤 했다."[10] 또 어떤 지방에서는 홍수나 가뭄 등 자연재해로 인해 가난한 집안에서는 하는 수 없이 아들딸 자식을 팔기도 한다. 예를 들어 강희 20년, "대동(大同) · 선부(宣府) 등지는 연속 몇 해 동안 흉년이 들어 빈민들이 아들딸을 파는데 어린 자식은 백 문도 안 되고, 장정도 은 1, 2냥도 채 안 되었으며, 보는 이들의 마음을 아프게 했다 …… 크고 작은 수레들이 끊이지 않고 들이닥쳐 여러 손을 거쳐 판매되곤 했다."[11] 또 어떤 지방에서는 노예 매매가 아주 창궐했는데 인신 매매꾼들은 집단을 구성해 관병서리들과 결탁해 유괴 · 납치 약탈 등 수단을 이용해 공공연하게 거리낌 없이 제멋대로 날뛰었다.

---

9) 『옥화당양강시고(玉華堂兩江示稿)』, 57쪽.
10) 장심태(張心泰), 『월유소식(粵遊小識)』 권3.
11) 『내각대고당안(內閣大庫檔案)』, 『도찰원선어사조주만한책 (都察院繕御史條奏滿漢冊)』

예를 들어 사천(四川)에는 "토표(土豹, 스라소니)라는 이름을 가진 구성원이 수십 명인 불량배집단이 있는데 여성을 약탈해 솜으로 입을 틀어막고 주머니에 넣어 둘러메고 도망가곤 했는데 개당자(開堂子)라고 한다. 배에 가득 싣고 천강(川江)을 통해 호북으로 운송해다 팔아넘겼다.

관문을 지날 때마다 관부의 하인과 서리들이 돈을 받고 몰래 통과시켰는데, 길 가던 행인들이 보고도 감히 참견하지 못했으며, 주·현의 관부는 알면서도 모두 묵인했다."[12] 노비와 고용노동자들은 모두 종법가장제 체제에 편성된 피압박자들이지만 노비의 지위가 더 낮았다. 가장과 노비 사이는 엄격한 "주인과 하인의 명분"이 존재한다. 가장 개인뿐만 아니라 가장 친족 중의 모든 구성원이 모두 노비의 주인이다. 주인과 하인 사이는 종신관계일 뿐 아니라 자손 대대로 이어진다. 주인이 하녀를 첩으로 삼거나 남에게 첩으로 증여하는 경우를 제외하고 노비는 양민과 결혼할 수 없으며 양민과 천민 사이에는 넘을 수 없는 장벽이 존재한다. 노예는 하녀와만 혼인할 수 있으며 그들이 낳은 자녀는 '가생자(家生子)'라고 하여 역시 주인의 노비가 된다.

통치자들은 노비를 부리기 편리하게 하고자 주인과 노비 관계 관련 일련의 왜곡된 논리를 만들어냈다. 옹정제는 "주인과 하인의 신분을 구분해 상하를 분별하고 존비를 정하는 것은 불변의 진리로서 추호의 방임도 허용할 수 없다 …… 주인과 하인의 신분은 이미 정해진 이상 영원히 바꿀

---

12) 『청인종실록(淸仁宗實錄)』 권97, 7년 4월.

수 없다. 그 자신과 처자는 주인에게 의지해 입을 것과 먹을 것을 얻고 주인에게 의지해 살아가기 때문에 배신하려는 마음을 가져서는 안 되고 자손 대대로 오래오래 복역해야 하며 또 도리에 어긋나는 짓을 거리낌 없이 저지르고자 하는 생각을 감히 해서는 안 된다."[13]

이처럼 압박이 이치에 맞는 것이라는 시비가 전도된 황당무계한 논리를 널리 알리는 목적은 바로 광범위한 노비들이 영원히 그 주인에게 순종하도록 하기 위함이었다.

청조 초기에 가장 많은 수량의 노비는 황실의 장원(皇莊)과 귀족의 전장(田莊)에서 일하는 '장정(壯丁)'들이었다. 그들은 토지에 엄격히 속박되어 너무 막중한 농업노동에 종사하면서 학대를 받을 대로 받고 인신자유가 전혀 없으며, 그 지위가 실제로 노예나 농노였다. '장정'들은 억압에 견디다 못해 저항하고 도주하는 자가 많았다. 청 조정이 비록 법을 제정해 엄히 금지했지만 장정들이 도주하는 풍기를 막을 수는 없었다. 그 후 경제가 발전하고 노비들의 도주와 저항이 끊이지 않게 되자 노예제 관계는 유지하기 어려워졌으며 점차 쇠락의 길에 접어들었다. 1745년(건륭 10년) 기보(畿輔) 황실장원의 예를 들어보면, 518명의 장두(莊頭, 전장 관리인)중에서 460여 명의 장두가 보고한 바에 따르면 그들 관할 구역에 장정이 총 1만 6천 8백 여 명이 있는데, 대다수가 생산노동에 종사하지 않았고, 장두가 "장기간 유익하게 농사일에 부려먹을 수 있는" 장정은 겨우

---

13) 『동화록(東華錄)』 옹정제 권9, 4년 11월.

290여 명으로서 장정 총 수량의 2%도 채 안 되었다. 이로부터 농노제 주도의 황실장원이 이미 멸망해가는 말로에 들어서서 더 이상 유지해나갈 수가 없게 되었음을 의미한다. 내무부(內務府) 관원은 하는 수 없어 "장두 명의 하에 장정이 너무 많고 실제로 무익한 것"임을 인정했다. 청 조정은 하는 수 없이 여러 지역 황실장원의 장정들을 지방 관리에게 내주어 "민적에 편입시켜 각자 생계를 유지하도록 했다."[14] 이는 농노 해방이었으며, 그 결과 460여 명의 장두가 내무부 회계사(會計司)에 올린 보고에 따르면 총 1만 6천 명의 장정을 뽑아 양민에 편입시키고, 290여 명만 여전히 농노의 신분으로 남겨두었다. 그 뒤 또 "기(旗)를 벗어나 양민이 될 것"을 명하는 조서를 거듭 반포했다.

여러 지역 내무부 소속 전장도 대량의 장정을 잇달아 양민으로 풀어주었으며, 게다가 그들이 "매매 계약서를 쓰고 백성의 땅을 사거나 농경지를 개간해" "과거 하던 일을 생업으로 삼을 수 있도록"[15] 허용했다. 그리하여 농노와 노복의 지위에 있던 많은 '장정'이 '양민'의 신분을 얻었다. 그들 중 일부는 이미 자신의 토지를 갖게 되었고, 일부는 비록 여전히 황실장원에서 농사를 짓고 있었지만, 장두에게만 조과를 바칠 뿐 이미 봉건적인 소작관계로 바뀌었다. 기타 왕공귀족의 장원에서도 수많은 장정들이 도주했기 때문에 땅을 소작 주고 조세를 거둬들이는 수밖에

---

14) 『만족간사(滿族簡史)』, 84쪽.
15) 『청조문헌통고(淸朝文獻通考)』 권5.

없었다. 18세기 중엽에 이르러 장전(莊田)에서 농사를 짓는 '장정'이 이미 극히 적어졌다.

그리고 또 한 부분의 노예들은 주로 가내에서 부리는 노복과 하녀들인데 주인에게 일정한 액수의 은전을 몸값으로 지불하고 "속신(贖身)해 양민이 되었다." 청조 초기에는 '속신'에 대한 규제가 비교적 엄격했기 때문에 노비들은 재물을 모았어도 마음대로 속신할 수 없었다. 그러나 후에 속신에 대한 규제가 점차 풀렸으며 노비 매매는 '홍계(紅契)'와 '백계(白契)'로 나뉘었다. '홍계'는 관부가 세금을 받고 등록한 인신매매계약이고, "백계"는 민간에서 양심에 따라 증언을 했을 뿐 관부에 매매세를 바치지 않은 매매 증서를 가리킨다. 양자는 법률적으로는 똑같이 유효하지만 홍계 노비는 법률적 지위가 낮아 일률로 속신이 허용되지 않지만, 백계 노비는 일정 연한 내에 일반적으로 속신이 허용되었다. 청조 율례에는 다음과 같이 분명하게 기록되어 있다. "옹정 원년부터 백계를 맺은 독신 및 처실과 자녀를 둔 자에 대해서 모두 속신을 허용했다.

만약 노비를 매입한 주인이 처실을 맺어주었을 경우에는 속신이 허용되지 않았다. 홍계는 곧 한 집안사람이고 백계는 곧 고용인이다."[16] 청조 건륭제 시기에 홍계 가노가 대폭 줄고 백계 노비가 뚜렷하게 늘었으며 인신매매와 속신 사례가 갈수록 보편화되었다. 건륭제 중기의 기록에는 "최근 몇 년간 호적이 없는 일부 유민(遊民)이 백계를 맺고 노비가 되었다가,

---

16) 『청조문헌통고(淸朝文獻通考)』 권198.

저축이 어느 정도 생기기를 기다려 노역살이에 안주하지 않고 갖은 방법을 다 써 속신하려고 한다."고 했다.[17] 전반적인 사회경제 발전의 흐름 속에서 상품화폐 관계가 여러 방면에 침투해 노예제도에 변화가 일기 시작했다. 노비가 '속신'을 통해 인신의 자유를 살 수 있게 된 것은 노예주의 권력이 약화되고 인신 종속관계가 갈수록 느슨해지고 있음을 의미한다.

또 일부 천민과 노복은 정권의 간섭을 거쳐 인신자유를 얻었다. 이는 경제의 발전이 정치의 속박에 충격을 가함으로서 노예제도가 점점 이익을 얻을 수 없게 되고 또 천민과 노복이 지속적으로 투쟁을 벌인 탓에 청 조정이 통치 질서를 안정시키고자 하는 수 없이 역사의 발전에 순응해 여러 지역에 "천민을 폐지하고 양민으로 바꿀 것"을 명했기 때문이다. 예를 들어 산서(山西)·섬서(陝西)의 악호(樂戶, 나라에 속하며 가무에 종사하던 사람으로서 관기에 해당함), 절강성 소흥(紹興)의 타민(惰民, 정당한 직업이 없이 떠돌아다니는 유민), 환남(皖南, 안휘성 남부지역)의 반당(伴當, 하인)·세복(世僕, 대대를 이어 노복인 자), 강소성 상숙(常熟)·소문(昭文) 두 개현의 개호(丐戶, 떠돌이 유민과 같음), 광동의 단민(蜑戶, 수상생활자) 등이 천민에서 양민으로 되었다.

그들은 정치적·경제적 원인으로 세세대대로 천민으로 살면서 사회적 지위가 지극히 낮았고 평민과 같지 않았으며 심한 멸시와 압박을 받았다. 역사 기록에 따르면 절강성 타민의 경우 "남자는 개구리를 잡고 주석을 팔고

---

17) 기록문서 『내무부래문(內務府來文)』, 건륭 25년 5월,
　　내무부에 보내는 형부의 의논 문서.

귀신을 쫓는 것만을 생업으로 삼아야 하고, 여성은 중매쟁이가 되거나 혹은 양가집의 혼인하는 신부를 동반해 머리를 올려주고 진주로 만든 꽃 모양의 머리 장식을 꽂아주며, 무리 지어 거리 골목을 다니며, 또는 몸종으로 따라가곤 한다…… 다른 곳에서 온 떠돌이 유민들은 모두 천민이었다."[18] 휘주부(徽州府)의 반당(伴當)과 영국부(寧國府)의 세복(世僕)은 "본 고장에서 세민(細民)으로 불렸으며 악호·타민과 거의 비슷하다. 또 더 심한 경우는 두 개의 서로 다른 성씨의 민호가 같은 마을에 살면서 이쪽 성씨의 집안이 저쪽 성씨의 집안의 반당과 세복인 경우로서 저쪽 집안에 혼사나 장사 등 군일이 있으면 이쪽 집안사람들이 가서 일을 해주곤 했는데 조금만 비위에 거슬려도 채찍으로 매질을 하곤 했다."[19]

　광동의 단민은 "배를 집 삼아 살며 물고기를 잡는 것을 업으로 하고 수상 교통과 관련된 일을 하는데 모두 배를 갖고 있었다. 그들은 인구가 많아 헤아릴 수 없을 정도이다. 광동 사람들은 단민을 비천한 부류로 보았으며 육지에 올라와 거주하지 못하게 했다. 단민들도 감히 평민과 맞설 엄두를 못 내고, 그들이 두려워 참고 견디며 숨죽이고 배에서 지내며 평생 안거하는 낙을 모르고 살았다."[20] 옹정 원년 3월에 조서를 반포해 "산서와 섬서

18) 『옹정주비유지(雍正朱批諭旨)』 제39권, 89쪽.
19) 『동화록(東華錄)』 옹정제 권10, 5년 4월.
20) 『청세종실록(清世宗實錄)』 권81, 7년 5월.

교방(敎坊)의 악적(樂籍)을 폐지하고 업을 양민으로 바꿀 것을 명했다."[21] 9월에 조서를 반포해 "절강성 소흥부 타민의 개적(丐籍)을 폐지할 것을 명하고", 옹정 5년 4월에 조서를 반포해 반당과 세복 중 "세월이 오래 되어 계약 문서가 존재하지 않고 주인집에서 기르지 않는 자일 경우 일률로 세복이라는 칭호를 붙이지 않도록 했다."[22] 옹정 7년에는 조서를 반포해 광동의 단민이 육지에서 생활하는 것을 허용해 "물가의 마을에 거주하도록 하고 평민들과 함께 갑호(甲戶)에 편입시켜 난폭한 무리와 본 고장 불량배들이 시비를 걸고 괴롭히거나 쫓아낼 수 없게 살피기 편리하도록 했다."[23] 옹정 8년 5월에 또 상숙·소문에 원래부터 존재하던 개호(丐戶)에 대해 "악적(樂籍)·타민(惰民)의 사례에 따라 개적(丐籍)을 폐지하고 편맹(編氓, 호적에 편입시킨 평민)에 편입시켰다."[24]

이처럼 일련의 조서를 반포해 상당수에 달하는 인구의 '천적'을 폐지하고 그들을 사민(四民)에 편입시켜 그들이 일반 평민과 동등한 지위를 갖는다고 법률적으로 인정했다. 이들 유지(諭旨)에 대한 실행 상황이 각 지역마다 각기 달라 일부 지역은 겉으로는 따르는 체 하고 뒤로는 거스르곤 해 20세기에 이를 때까지도 여전히 아주 적은 부분의 '천민'이 남아 있었지만, 옹정제 때의 "천민을 폐지해 양민으로 전환하는 정책"의 실행은 노예제

---

21) 『동화록(東華錄)』 옹정제 권2, 원년 3월.
22) 『동화록(東華錄)』 옹정제 권10, 5년 4월.
23) 『청세종실록(淸世宗實錄)』 권81, 7년 5월.
24) 『청세종실록(淸世宗實錄)』 권94, 8년 5월.

잔여에 대한 한 차례의 약화와 타격이었으며 생산력과 사회 발전에 적극적인 역할을 했다.

중국은 지역이 넓고 많은 민족이 여러 지역에 분포 거주하고 있어 그들의 사회경제발전이 지극히 불균형적이었다. 일부는 봉건 농노제단계에 처해 있고 일부는 노예제단계에, 또 일부는 여전히 원시사회단계에 머물러 있었다. 그들은 사회와 계급 구조에서 각자의 역사적, 민족적 특색을 띠었으며 상황이 지극히 복잡하고 한족지역과는 사뭇 달랐다. 예를 들어 몽골족은 봉건 농노제시기에 처해 있었다. 그들의 봉건 영주가 대면적의 목장과 대량의 가축 및 일부 속민(屬民)을 소유하고 있었는데 그런 속민을 '수정(隨丁, 따르는 인구라는 뜻)'이라고 불렀으며 영주가 그들을 직접 통제하며 마음대로 부려먹었다. 봉건 영주는 청조 정부의 보호를 받아 대다수가 왕·공·자사크(札薩克)에 봉해졌다. '수정'을 제외한 기타 대다수 노동인민은'전정(箭丁)'이라고 불렀으며 그들은 실제상에서 국가가 부려먹는 목노(牧奴, 목축업에 종사하는 노예)로서 청 정부에 조공을 바치고 복역해야 했다. 경제가 발전함에 따라 '전정' 중에서도 비교적 부유한 혹은 비교적 빈곤한 농목호가 분화되어 나타나기 시작했다.

그밖에 장족(藏族)도 봉건 농노제단계에 처해 있었다. 수많은 봉건 영주의 장원이 있고 농노들이 장원에 속박되고 농노주에게 인신이 종속되어 막중한 노역과 봉납의 대가로 자그마한 땅을 바꿔 생계를 유지했으며 신분이 아주 낮았다. 농노주와 농노 사이는 등급 구분이 아주 엄격했는데 그 구별은 옷차림에서 반영되었다. 서장(西藏)의 농노주는 라마교 사원과 세력 관계가 아주 밀접해 승속일체·정교합일의 뚜렷한 특색을 띠었다.

그리고 또 사천·운남의 접경에 위치한 양산(凉山)지역의 이족(彝族)은 노예제단계에 처해 있었는데, 그 계급의 구성원은 흑이(黑彝)와 곡낙(曲諾)·아가(阿加)·합서(呷西) 등이다. 흑이는 부유한 노예주이고 아가·합서는 모두 노예이며 곡낙은 예속관계인 농민이다.

청대에 원시사회단계에 머물러 있는 민족도 일부 있었는데 뚜렷한 계급 구분이 없이 다만 씨족과 부락조직만 존재했다. 그들은 동북의 오르쫀(鄂倫春)족·예벤키(鄂溫克)족 및 운남의 일부 민족이었다.

제2절
종족제도

1. 족장(族長)·족규(族規)·사당(祠堂)·의전(義田)

중국 고대의 부권제 종법관계의 잔여는 송·명 후부터 강화되어 점차 족장의 권력을 핵심으로 하고 족보·족규·사당·족전(族田)을 수단으로 하는 엄밀한 종족제도가 형성되었다. 청대에 이런 혈연관계를 유대로 하는 종족조직이 중국 도시와 농촌에 고루 분포되어 봉건적 사회구조의 유기적인 구성부분이 되었다. 같은 성씨를 가진 자손들은 흔히 세세대대로 모여 살며 결합되어 방대한 종족단체를 이루었다. 건륭제 초기에 강서성 순무 진굉모(陳宏謀)가 "각 성 중에서 민중(閩中, 복건성 중부)·강서·호남성에는 모두 종족이 집단 거주했는데 이들 종족들은 모두 사당(祠)을 갖고 있었다"[25]라고 말했다.

소주(蘇州)부 산하 여러 지역에서는 "형제가 각자 살아도 멀리 떨어져 살지 않고 조상의 가옥과 묘소 가까이에서 영원히 서로 의지하며 살았다.

---

25) 『황조경세문편(皇朝經世文編)』 권66, 진굉모(陳宏謀), 『기양박원경소서
    (寄楊朴園景素書)』

고로 한 마을에 같은 성씨를 가진 집안이 수십 가구 혹은 수백 가구 모여 살곤 했다."[26] 그리고 장해산(張海珊)은 "현재 세력이 강한 명문대가가 많다. 산동(山東)과 양강(兩江, 청조 때 강남성과 강서성의 합칭, 강소·안휘·강서 세 성을 관할함) 좌우 및 복건성과 광동성 사이에 그런 백성들이 특히 많이 모여 살았는데 많은 곳에는 만 여 가구, 적은 곳도 수백 가구가 집단 거주했다"[27]라고 말했다. 자손이 번창 해 수천수만 가구에 달하는 대족(大族)도 있었으며 그중에서 역사가 유구한 세가도 적지 않다.

예를 들어 상주(常州)의 장(張)씨 가문은 송(宋)대 명장 장준(張浚)의 후손이고, 무석(無錫)·금궤(金匱)에는 당(唐)조의 육지(陸贄)·송조의 주돈이(周敦頤)·범중엄(范仲淹)·진관(秦觀)·호애(胡瑗)의 후손이 있으며, 동성(桐城)에는 망족(望族)인 방(方)씨·장(張)씨·요(姚)씨 가문이 있고, 복건성 각지에는 임(林)·정(鄭)·진(陳) ·왕(王) 등 성씨가 있었는데 모두 가문이 크고 인구가 많으며 뿌리가 깊고 번창한 가문이었다. 일부 지역에는 "한 가문이 모여 사는데 수백 수십 리에 달하는 넓은 땅을 차지하고 집단 거주했으며 도시 안에서도 각기 한 개 구역씩 차지하고 다른 성씨가 섞여 사는 일이 없었다."[28] 공자의 후예는 더욱이 혁혁한 대종족으로써 남과 북 두 개의 종(宗)으로 나뉘어 살았다. 북종(北宗)은 곡부(曲阜)에 거주했으며 연성공(衍聖公)에 봉해졌고, 남종(南宗)은 절강성의 구주(衢州)에

---

26) 『동치소주부지(同治蘇州府志)』 권3 『구현지(區縣志)』
27) 『皇朝經世文編』 권58, 장해산(張海珊), 『취민론(聚民論)』
28) 『광서석태두씨종보(光緒石埭杜氏宗譜)』 권1.

거주했으며 오경박사(五經博士)직을 세습했다.

명조 초기에 공 씨는 이미 60호에 달했는데 다시 말해 공 씨 종족의 지류가 60개로 나뉘었다. 건륭제 시기에 족보를 수정해 현재 족보에 이름을 올린 이가 2만 명이 넘으며 [29] 함풍(咸豊)제 때에 이르러 60개의 종족에 인구가 4만 명에 달했다.[30]

종족 조직은 특히 일부 약소한 종족은 분산된 소농경제가 절대적 우세를 차지하는 봉건사회에서 단결과 호조의 성질을 띠며 노인을 봉양하고 가난한 이를 구제하는 구제와 사회보장의 기능을 갖췄다. 이른바 "약간의 곡식을 축적했다가 족 내 가난한 자와 늙고 병든 자, 어린 아이, 과부 등 이들에게 공급했다. 여분의 곡식을 팔아 약간의 돈꿰미를 장만했다가 족 내 홀로 사는 아녀자와 홀아비, 부양해 줄 사람이 없는 자, 장례를 치를 수 없는 자를 돕곤 했다."[31] 그러나 밝혀야 할 것은 종족제도는 더 주요하게는 지주계급이 광범위한 인민을 통치하고 진압하는 수단으로서 정권기구와 서로 결탁하고 서로 침투해 봉건 착취제도를 효과적으로 수호했다.

종족제도는 부권가장제의 원칙에 따라 조직된 것이다. 족장은 한 종족의 주인이고 전반 종족의 가장으로서 떠받들리는 지위에 있으며 막강한 권력을 장악하고 있었는데 그는 '족권(族權)'의 구현자였다. 한 개 종족 내에서 또 항렬 순서와 가깝고 먼 기준에 따라 여러 개의 지류로 분류되며

---

29) 『곡부공부기록사료선편(曲阜孔府檔案史料選編)』 제3편, 제1권, 6쪽, 1124중의 1.
30) 위의 책.
31) 『위원집(魏源集)』 하권, 『여강장씨의장기(廬江章氏義莊記)』, 502쪽.

그 지류 아래에 또 '방(房)'이 있고 방마다 방장(房長)이 있다. 큰 종족 내에는 또 '족정(族正)'·'종직(宗直)'·'호두(戶頭)'와 같이 일을 맡아 보는 집사(執事)인원이 있어 족장을 보좌해 여러 가지 사무를 처리한다. 족장은 대다수가 항렬·연령·덕행·위망·관작에 따라 천거된다. 예를 들어 사천성 운양(云陽)의 도(塗)씨 가문에서는 "족 내에 족장 한 명, 족정 2명을 설치해 족 내 전반 사무를 관리하도록 한다. 족 전체에서 청렴하고 능력이 있고 공정하며 사람들이 항상 우러르고 따르는 인망을 갖춘 이를 공동 추천해 직무를 담당하도록 한다."[32]

실제로 관직이 높고 녹봉을 많이 받는 것이 족장을 담당하는 가장 중요한 조건이다. 그것은 관직이 높을수록 족 내에서 호소력이 크고 족 밖에서도 충분한 권세를 갖춰 족인들을 보호할 수 있기 때문이다. 고동고(顧棟高)는 "종자(宗子, 즉 족장)가 녹봉을 받지 않는 자라면 어찌 족인을 거둘 수 있으며 조정에서 봉작을 수여받지 못한 자라면 어찌 족인의 주인이 될 수 있겠는가."[33] 라고 말했다. 일부 종족은 종족 사무는 "족 내에서 과거에 급제해 명성과 지위를 갖춘 자가 담당해야 한다"[34] 라는 명문 규정이 있다. 족장의 권력은 '예(禮)'와 '법(法)'에 의지한다. '예'로 말하면 종법과 삼강오륜 명교의 예제에 따라 족장은 '존존(尊尊)'의 지위에 처하며 "명분상에서 존귀하기에 행하는 자는 마땅히 공손하게 물러서 양보해야

---

32) 『운양도씨족보(云陽塗氏族譜)』 권11, 『족범지(族范志)』.
33) 『황조경세문편(皇朝經世文編)』 권64, 고동고(顧棟高), 『서적손장조부모승중의후(書適孫 葬祖父 母承重議後)』.
34) 『경조귀씨세보(京兆歸氏世譜)』 상권, 『춘제전고(春祭田考)』.

하며 무례하면 안 된다."[35] 이밖에 족장은 또 '가법(家法)'을 집행할 수 있으며 마치 관리가 '왕법(王法)'을 집행하는 것과 마찬가지이다. "가정에 가장이 있는 것은 마치 나라에 관리가 있는 것과 같다. 감히 웃어른을 욕하고 예의에 벗어나는 무례를 범한 자에 대해서는 족권(族權)으로 그 죄의 경중을 따져 공동으로 처리한다."[36]

'족규'(혹은 종약[宗約]·가규[家規]·가훈[家訓])는 족 내 전체 인원이 반드시 지켜야 할 행위 규칙이다. 이는 종족제도의 버팀목이고 족장이 족인을 "총괄하는" 통치 도구이다. '족규'는 국법과 거의 비슷하며 강제 복종의 성질을 띤다. "왕은 한 사람이 천하를 다스려야 하므로 기강이 있어야 하고, 군자는 혼자 몸으로 집안 식구들을 가르쳐야 하므로 가훈이 있어야 한다. 기강이 바로 서지 않으면 천하가 태평하지 않고 가훈을 세우지 않으면 집안은 질서가 없다. 집안에서는 어른과 아이, 내외의 차이가 있고 공과 사, 가깝고 먼 구별이 있으며, 어질고 우매하고 완고하고 훌륭한 다양한 성정을 가진 사람이 있다. 만약 가훈을 세워 분명히 밝혀두고 성정을 통일시키고 본보기를 따라 행하게 하다면, 이치에 어긋나거나 그르칠 우려가 절대 없다."[37]

이로부터 '족규'·'가훈'이 종족 구성원을 단속하는 데서 아주 중요했음을 알 수 있다. 족규의 사상 토대는 봉건적인 삼강오륜의 윤리이다. 종족

---

35) 『운양도씨족보(云陽塗氏族譜)』 권11, 『족범지(族范志)』.
36) 『진씨종보(陳氏宗譜)』 권1, 『벌악(罰惡)』.
37) 『장씨종보(張氏宗譜)』 권2, 『가규(家規)』.

내부에서는 조상과 아버지 세대가 가장 존엄이 있기 때문에 그들의 명령과 뜻을 어겨서는 안 된다. "자손들은 어른의 꾸중을 들을 때 시비 여하를 막론하고 마땅히 고개 숙여 수긍해야 하며 도리를 따지려고 들어서는 안 된다. 처갓집이나 시댁 모두 마찬가지이다."[38] "나보다 높은 자에게는 모든 일에 대해 따르고 받아들여야 하며 비록 억울함이 있더라도 침착하게 인내해야 한다. 만약 흥분하고 격앙된 기세로 대하거나 하면 웃어른에게 무례를 범하는 것이다."[39] 청률(淸律)에는 "아비가 죄를 지었을 경우 대역무도 죄를 제외하고 그 아들은 마땅히 '포용하고 감싸줘야 한다', 만약 관부에 고발하게 되면 '간범(干犯)'률에 저촉된다. 고발한 것이 사실이라 할지라도 그 아비는 죄를 감면 받을 수 있지만 아들은 형을 선고 받게 된다. 종족 내부에서는 부모와 웃어른에게 절대적으로 복종해야 하고 종족 밖에서는 부모에게 효도하듯이 충성할 것을 요구한다.

이른바 '충신을 얻으려면 효자들 가운데서 골라야 한다.' 라고 했다. 나라를 확대된 종족으로 보았으며 정치 관계에 종법 윤리사상이 침투되어 있었다. 일반인들은 모두 과거시험을 치러 벼슬을 하고 관직에 오르고 작위를 얻는 것을 "가문과 조상을 빛낼 수 있는" 중요한 장거로 간주했다. 그래서 종법제도 하에서 전제 황제에게 충성하는 관리와 참고 순종하는 백성을 양성하고 영향을 주기에 가장 적합한 환경이 마련되었다.

---

38) 『경강왕씨족보(京江王氏族譜)』, 『가교(家教)』.
39) 『속수서씨가보(續修徐氏家譜)』 상권, 『가훈(家訓)』.

'족규'·'가훈'의 다른 한 기본사상은 '안분(安分, 본분을 지킴)'·'목족(睦族, 족인과 화목하게 지냄)'·"운명을 하늘에 맡기는 것(聽天由命)"을 선양해 따뜻한 정감이 넘치는 종법관계를 이용해 첨예한 계급적 대립을 덮어 감추려는 시도였다. 사회경제의 발전과 토지 합병의 가중에 따라 종족 내부에서는 불가피하게 빈부의 분화가 발생해 소수의 족인은 지주 부호가 되고 대다수 사람들은 피착취자로 전락했다.

한 집안 내에서 "형은 가난하지만 아우는 부유하고, 적자는 번영하고 서자는 가난했다." 곡부 공 씨와 같은 대종족이라 할지라도 대종주인 세습 연성공은 자연히 당대에 권력이 가장 크고 가산 규모가 나라의 재산 규모에 견줄 정도였다. 그러나 공 씨 가문의 후대들 중 절대다수는 가난한 농민들이었다.

이른바 "공 씨 자손은 분파가 많은데 대다수가 입에 풀칠도 할 수 없을 정도로 가난한 자들로서 심지어 몸을 팔아 소작농이나 묘호(廟戶, 왕실의 종묘를 지키는 민호) 등이 된 자도 있다."[40] 종족 내부에서 분화가 빠르게 진행되고 있기 때문에 '족규'·'가훈'에서는 족인들에게 빈부귀천을 막론하고 모두 동일한 조상의 후대라는 것을 거듭 일깨워주곤 했다. 즉 "내가 보기에는 천백 명이지만 조상이 보기에는 한 사람이다."[41]

조화론(調和論)과 천명론(天命論)의 설교로 종족 구성원들에게 "빈부와

---

40) 『곡부 공씨 기록 사료선편(曲阜孔氏檔案史料選編)』 제3편, 4993.
41) 『죽계심씨가승(竹溪沈氏家乘)』 권1.

빈천은 정해져 있다"라는 것을 인정할 것을 요구했다. "족인과 화목하게 지내고" "윤리에 충실하려면" 빈자들이 분수에 넘치는 생각과 거동을 해서는 안 된다. "본줄기와 가지가 일맥이 되면 반드시 시들고 죽게 된다. 만약 베어버리려면 가지가 병들었더라도 근원부터 뽑아버려야 한다."[42] 이로써 종족 구성원들의 "목본수원(木本水源, 나무의 뿌리와 물의 발원지) 사상"을 불러일으켜 계급의식의 각성을 매몰시켰다.

'족규' 중에 비록 부유한 자가 가난한 자를 업신여기지 못하고, 신분이 고귀한 자가 비천한 자를 억압하지 못하며 강자가 약자를 깔보지 못한다는 규정이 있고 족 내에서 부유한 자에게 "가난한 자를 가엾이 여기고" "족인을 구제할 것"을 요구하지만 실제로 그렇게 행할 수 있는 자가 많지 않았다.

종족제도의 중요한 구성부분은 사당(祠堂)이다. 장이상(張履祥)는 "인심을 모으려면 근본을 중시하며 족인을 모으는 것보다 더 중요한 것이 없고 근본을 중시하고 족인을 모으려면 사당을 서둘러 세우는 것보다 중요한 것이 없다."[43]라고 말했다. 사당은 종족의 상징으로서 그 안에 조상의 위패(牌位)를 모셔두고 있으며 또 전 족인이 집회를 열고 사무를 처리하는 장소이기도 하다. 권세가 있는 대 종족의 사당은 규모와 형태가 방대하고 화려하고 웅장하며 거액의 비용이 소모된다. "향(鄕) 내에 사당을 지을 때면 나무 하나 돌 하나 모두 최상의 것으로 골랐으며 건립자는

---

42) 『진씨종보(陳氏宗譜)』 권1, 『가규(家規)』
43) 『황조경세문편(皇朝經世文編)』 권66, 『가당(家堂)』

반드시 장려함을 추구해 효도를 다하면서 또 근엄한 외관을 갖추게 했다."[44] 비교적 큰 사당을 지을 때는 "위에는 감실(龕堂)을 지어 배열 순서에 따라 신주를 모시고, 가운데는 대청을 지어 자손들이 나란히 경건한 마음으로 무릎을 꿇고 예배를 할 수 있게 하며, 앞에는 회루(回樓)를 배치해 손님들을 접대하고 성지에 대해 설했으며, 좌우 양쪽에 곁채를 두어 자제들이 그곳에 들어 시서를 익힐 수 있게 했다."[45] 사당은 또 '가묘(家廟)'라고도 불렀는데 봄과 가을 조상에 제를 지낼 때면 성대한 의식이 열리고 숙연한 분위기가 감돌았다. 일반적으로 족장이 제사를 주관하는데 "집안 전체 족인들이 모두 아침 일찍 일어나 제를 지내는 곳에 모여 순서에 따라 절을 한다." "신분이 존귀한 자가 앞에 서고 비천한 자가 뒤에 서며 반드시 정연하고 엄숙해야 한다. 조상이 위에 광림해 계시니 농담을 하며 웃고 떠들거나 줄을 가지런히 서지 않고 들쭉날쭉해서는 안 된다."[46] 관작에 있는 자는 반드시 관복을 입어야 하고 다른 사람들도 반드시 의관을 단정하고 엄숙하게 해야 한다.

"간편한 옷차림과 맨발 차림을 한 자는 대열에 서서 절을 할 수 없다."[47] 기실 세상을 떠난 가부장(父家長) — 역대조상을 우러르고 존경하는 것은 곧 살아있는 가부장 — 족장 · 가장의 지위를 떠받들고 족인 · 가인에 대한 그들의 지배 권력을 키우기 위함이다. 한편 또 선조에 대한 종족 구성원의 공경하고 우러르는 마음을 불러일으켜 그들에게 동일 종족과 공동의 조상에

44) 오영광(吳榮光), 『불산충의향지(佛山忠義鄕志)』 권 5, 『향속(鄕俗)』
45) 『운양도씨족보(云陽塗氏族譜)』 권12, 『사당비기(祠堂碑記)』
46) 『운양도씨족보(云陽塗氏族譜)』 권12, 『사규(祠規)』
47) 『경강왕씨족보(京江王氏族譜)』, 『제약(祭約)』

대한 영예감과 친밀감이 생기게 해 종족 내부의 연결을 강화하고 족장과 가장에 대한 족인들의 종속관계를 더 심화하기 위함이다.

사당은 또 손님을 접대하고 자제들을 교육하며 종족 내 사무를 처리하고 가법을 실행하는 곳이기도 하다. 일부 '사규(祠規)'에는 "무릇 족 내 공무를 처리할 때는 족장이 자손들을 가묘에 집결시켜 공정하고 평화롭게 협의 검토하도록 한다"[48] 라는 내용이 있다. 많은 '족규' 중에는 족인들 사이에 분쟁이 생기면 먼저 족 내 사당에서 조해하고 해결해야 하며 먼저 관부에 고발해 소송을 걸지 못한다는 규정이 있다.

예를 들어 사천 운양(云陽) 도(塗)씨 족규에는 "족인들 사이에 땅·무덤·돈빚 등 문제에서 분쟁이 생기거나 말다툼이 생겼을 경우 마땅히 사당에 들어 족장·방장(族房長)이 공평하게 시비를 갈라주도록 해야 하며 함부로 소송을 걸지 못한다"[49] 라는 규정이 있다. 동정(洞庭) 엄(嚴) 씨의 족규에는 "여러 지파들 사이에 만약 땅 이나 돈빚 등 문제로 모순이 생기게 되면 서둘러 소송을 걸 것이 아니라 마땅히 먼저 족장과 지파장(支派長)에게 보고해 사당으로가 족장과 지파장을 찾아뵙고 시비를 가려야 하며 어느 한쪽을 감싸서도 안 된다. 만약 시비를 가려 불복할 경우에야 비로소 관아에 고발할 수 있다."[50]라고 규정되어 있다.

일부 '족규'에는 아예 "여러 지파장에게 보고하지 않고 바로 관아

---

48) 『운양도씨족보(云陽塗氏族譜)』 권12, 『사당비기(祠堂碑記)』
49) 『운양도씨족보(云陽塗氏族譜)』 권11, 『족범지(族范志)』
50) 『엄씨족보(嚴氏族譜)』 권12, 『족규(族規)』

에 고발한 자에 대해서는 불문곡직하고 사당 안으로 불러 엄히 책벌한다"[51]라고 규정했다. 족 내에서 조정 처리하는 것은 아주 큰 구속력이 있어 일반적으로 족인들은 반드시 복종해야 한다. "족 내에서 모순이 생겼을 경우 반드시 각자 사실대로 신고문을 올려 종족 사당에 명확히 보고해야 한다. 사당 관리자는 정기적으로 종족 중 족존(族尊, 지위와 항렬이 높은 자)·족현(族賢, 종족 내부에서 현명한 자)…… 들을 모셔다 모순의 전말을 물어 조사한 뒤 해결해주도록 한다. 만약 해결을 받고 물러나온 뒤에도 뒷말이 있거나 감히 함부로 소송을 제기하는 자에 대해서는 사당 관리자가 죄를 추궁해 공동으로 의논해 벌을 주도록 한다."[52]

종족 구성원이 예와 법에 어긋나는 행위를 했을 경우에도 관부를 거칠 필요가 없이 "족장이 통지해 전체 족인들을 가묘에 집결시켜 조상에게 고하고 가보에서 그 자의 이름을 삭제하고 사당과 묘지에서 제를 지내지 못하게 한다. 그밖에 무릇 잘못을 저질렀다면 그 잘못의 경중에 따라 벌을 내린다."[53] 사당 내에서 가법을 실행하는 것은 아문에서 국법을 실행하는 것과 사뭇 비슷하다.

종족 사당과 의전(義田, 즉 족전[族田])은 서로 겉과 안과 같은 관계이다. 사당이 있으면 반드시 의전이 있어야 하며 양자 중 어느 하나도 빠져서는 안 된다. "사당은 조상을 모시는 곳이고 의전은 종족을 모으는 곳이다. 조상의

---

51) 『죽계심씨가승(竹溪沈氏家乘)』 권7. 『사규(祠規)』
52) 『진씨종보(陳氏宗譜)』 권2, 『종약(宗約)』
53) 『죽계심씨가승(竹溪沈氏家乘)』 권7. 『사규(祠規)』

신령은 종족의 주인에 의지하고 주인은 사당에 의지하기 때문에 사당이 없으면 망자를 안치할 수가 없다. 자손들이 살아가려면 먹을 것에 의지해야 하고 먹을 것은 밭에 의지해야 하기 때문에 의전이 없으면 삶을 보장할 수가 없다. 고로 사당과 의전은 모두 중요하며 어느 한쪽도 소홀히 해서는 안 된다.”[54] '의전'도 역시 종족제도의 중요한 구성부분이며 족권의 물질적 기반이다.

의전은 모두 족인 중 부귀한 자들이 헌납하는데 즉 지주·관료·거상이 착취해서 얻은 일부를 헌납해 종족 구성원들이 혜택을 보게 한다. 청 정부는 이러한 “밭을 헌납해 종족을 부양하는” 의거를 대거 제창했으며 순무가 “사실 등기 대장을 작성해 부(禮部)에 보고했다.” 그러면 예부가 황제에게 올려 정표(旌表)했으며 헌납한 밭에서 수확한 가치가 은 천 냥 이상에 달했을 경우에는 지방관이 은자를 내 패방(牌坊)을 세워주곤 했다.

청 정부의 격려 하에 일부 명문대가는 의전이 천 무(畝)를 헤아리는 경우가 많았다. 규정에 따르면 의전의 임대 수입은 의지할 데 없는 홀아비나 과부, 장애가 있거나 가난한 족인을 구제하는 데 쓰도록 되어 있다. “혼인을 했다가 배우자를 잃었을 때는 재물로 돕고, 추운 자는 옷을 마련해주고 질병에 걸린 자 역시 약을 주고 세상을 떠난 자는 장례를 치러 묻어주도록 한다.”[55] 어떤 집안에서는 또 의학(義學)을 개설해 본 족 자제를 교육하고

---

54) 『황조경세문편(皇朝經世文編)』 권66, 장영전(張永銓), 『선사기(先祠記)
55) 『경조귀씨세보(京兆歸氏世譜)』 4, 『귀씨의전기(歸氏義田記)』

의진(義賑, 이재민이나 빈민을 구제하는 것)을 실행해 수재와 가뭄 등 자연재해로 흉년이 든 피해를 경감하기도 했으며 또 어떤 집안에서는 효자와 열녀를 표창하고 진학하거나 과거에 급제한 이들을 장려하는데 쓰기도 했다. 돈종(敦宗)·목족(睦族), 그리고 조상을 존숭하고 웃어른을 존경한다는 명분하에 족인에게 제한적인 경제적 도움을 주어 족인의 종법관념을 강화하고 종족 내부의 계급 모순을 완화했다.

의전은 봉건 토지소유제의 일종의 특수한 형태이며 관리권은 전적으로 종족 내 관리·유지·부자들에게 장악되어 있었다. 의전에서 경작하는 농민은 혹자는 본 족 구성원이고 혹자는 족 외의 빈민으로서 모두 가혹하고 과중한 지조를 바쳐야 했으며 봉건 착취를 받아야 했다.

의전에서 얻는 수입은 실제로 늘 족장과 장관하는 자에게 잠식당하고 침해당했다. 때로는 그렇게 얻은 부당한 이익을 고루 분배하지 못해 다투고 소송까지 가는 경우도 있었다. 이른바 "종족 내부에서 재물을 두고 서로 다투곤 했는데 근대 명문대가들에는 모두 그런 악습이 존재했으며 존경의 본뜻을 크게 어겼다."[56] 어떤 지방의 토호(土豪) 악세력의 자제들은 심지어 의전과 집안 가산을 훔쳐 팔기까지 했다. 예를 들어 도광제 초기에 태호(太湖)의 수리동지(水利同知) 유홍고(劉鴻翶)가 『두도제관입갈기(杜盜祭款立碣記)』라는 비문을 써 비를 세워 의전을

---

56) 이조락(李兆洛), 『소의귀씨제전서전기(昭義歸氏祭田書田記)』

훔쳐 파는 것을 금지한다고 공시함으로써 종족제도를 보호했다.

　그 비문에는 "병술년(丙戌, 도광 6년)에, 내가 분수(分守, 감찰 담당 관직명)로 이곳에 이르러 막 수레에서 내렸는데 동정(洞庭) 서산(西山) 심씨(沈氏) 집안에서 제전을 훔쳐 판 사건이 있었다. 그래서 바로 책임을 추궁해 징벌하고 원래 물건을 추징하여 돌려받아 양산(兩山)의 사당에 주었다. 몇 개월이 지나 동산(東山)의 엄국도(嚴國濤) 등이 엄소우(嚴昭宇)가 종족 내 재산 7백 여 천을 횡령했다."[57] 짧은 시간 내에 종족 내 재산을 횡령하는 사건이 잇달아 일어난 사실로부터 그러한 사건이 얼마나 많았을지 알 수 있다.

2. 종족제도와 봉건정권의 결합

　종족제도와 족장·방장을 대표로 하는 족권은 봉건 착취제도를 수호하고 봉건 전제통치를 공고히 하는 면에서 아주 중요한 역할을 했다. 모택동 주석은 족권·부권(夫權)·정권·신권(神權)을 "전체 봉건 종법을 대표하는 사상과 제도로, 중국인민, 특히 농민을 속박하는 4개의 아주 큰 밧줄"[58]로 간주했다.

　중국 고대 봉건사회에서 가정과 종족은 사회의 세포와 기층구조이다.

---

57) 『엄씨족보(嚴氏族譜)』 권12.
58) 『모택동선집(毛澤東選集)』 제1권, 『호남 농민운동 고찰보고(湖南農民運動考察報告)』,
　　31쪽.

사회 안정의 여부는 가정과 종족이 그들의 구성원을 효과적으로 통제할 수 있는지 여부를 보아야 한다. 중국의 고훈에 따르면 반드시 먼저 "집안의 질서를 안정시키고(제가, 齊家)", 그 다음에야 비로소 "나라를 다스려 천하를 태평하게(치국평천하, 治國平天下)" 할 수 있다. 중국은 땅이 넓고 인구가 많으며 여러 민족의 인민이 넓은 땅에 분산 거주하고 있다. 전제 황제는 높은 자리에 대중들과 동떨어져 있고 관료기구는 부패하고 무능해 효율이 너무 낮았기 때문에 주변을 고루 살펴 나라 백성들을 엄밀하게 통제하는 것이 너무 어려웠다. 따라서 반드시 도시와 농촌에 널리 퍼진 종족제도를 이용해 관부 통치의 부족함을 메워야 했다.

가족 동종의 관계 부모와 형제간의 정을 통해 가족 구성원을 교육하고 감화하며 감독함으로써 그들의 말과 행위가 봉건 예법을 따르게 해 "사회 불안정을 초래할 수 있는 요소를 미연에 제거하고자 했다." 어떤 사람들은 "세상 인정은 어떤 끈끈한 매듭이 없이 안정하게 유지될 수 없다. 그리고 그 길은 반드시 가까운 자로부터 시작된다 …… 무릇 군주는 백성과 멀리 있다. 종자(宗子, 즉 족장)를 세워 한 종족을 유지하는데 권세가 가까이 있으면 정이 쉽게 통하게 된다" [59] 라고 말한다. 그래서 인심을 모으고 민중을 관제하며 통치를 공고히 함에 있어서 "종법보다 더 중요한 것은 없다." 심지어 어떤 사람들은 청대에 강희제·옹정제·건륭제에 걸쳐 백 여 년 간 태평성세를 이어올 수 있었던 것도 역시 청 정부가 종족을 제창해 얻은

---

59) 『귀씨세보(歸氏世譜)』 권4, 손원상(孫原湘), 『서귀씨의장기후(書歸氏義莊記後)』

결과라고 말한다.

"중국은 효(孝)로써 천하를 다스렸다. 무릇 명문대가라면 모두 그 사상에 물젖어 부모의 은덕을 기리고 조상을 존경했다…… 모두가 황제의 조령을 전도하고 아비에게는 자애에 대해 말하고 자식에게는 효도에 대해 말했다…… 백 여 년 간 오래오래 태평세월을 누렸다." 통치자가 보기에 종족제도와 봉건정권은 서로 지지하고 양자가 일체를 이루며, 종법 윤리관계를 널리 보급하는 것은 곧 조정에 대한 충성으로 간주했으며, 그리하여 종법을 강조하면 "부모에 대한 효심을 군주에 대한 충성심으로 전환"할 수 있어 봉건통치를 공고히 할 수 있다고 여겼다. 종법제가 성행할 수 있었던 것은 정부의 제창과 지지가 있었기 때문이며 "모두 성조(聖朝, 현 조대)에 줄곧 양성해왔기 때문이다."[60]

청조 통치자들은 종족제의 역할을 크게 중시했으며 어떤 이들은 심지어 종족제로 보갑제(保甲制)를 대체하려고까지 했다. 옹정 초년에 광동성 조경(肇慶)의 관리들이 보갑제를 정돈할 때 "의주현(議州縣)에 거보대촌(巨堡大村)이라는 마을에 족인이 백 명 이상 모여 살고 있는데 보갑에 편입할 수 없어 족 내에서 품행이 강직하고 반듯한 자를 뽑아 족정(族正)으로 세우고 족인들의 불초함에 대해 감독하게 했으며 사리사욕에 어두운 자에 대해서는 치죄하도록 했다."[61]

건륭 초기에 강서성 순무 진굉모(陳宏謀)는 현지에 민중이 많고

60) 『진씨종보(陳氏宗譜)』 권1, 장웅창(蔣熊昌), 『비릉진씨속수종보서(毗陵陳氏續修宗譜 序)』

61) 『(광동)조경부지[(廣東)肇慶府志] 권22, 『사기(事記)』

"종족들이 모여서 살며 족마다 사당이 있는 점"을 감안해 관부에서 정식으로 족장과 족정에게 족인을 통제할 수 있는 권력을 부여했다. 특히 『족정선거 족약격문(選擧族定族約檄)』을 반포해 소속 주·현에 조령을 내려 경내 사당의 수량·족장의 이름 등을 서류로 작성해 보고하도록 했으며 관부에서 관패(官牌)를 발급해 권력을 부여했다. 그는 "족장과 방장은 관법에 따라 족 내 자제들을 감독한다. 명분이 정해진 이상 원래부터 동고동락을 해왔기 때문에 다른 성씨의 향약보갑(鄕約保甲)에 비해 자연히 살피기 편리하고 단속하기 쉽다."[62]라고 말했다. 관부의 권력을 족장에게 넘겨 정권과 족권을 직접적으로 결합시켜 당연히 자제들을 단속하고 백성을 통치하는 데서 더 큰 효과를 거둘 수 있다. 이처럼 "보갑을 날실로 하고 종족을 씨실로 삼아" 짠 통치망이 멀리 떨어진 편벽하고 외진 산골까지 닿아 청 정부가 자유자재로 통치할 수 있는 수단이 되었다.

후에 위원(魏源)이 "천하에 직성(直省)과 군(郡) 국(國)마다 수백 개의 종족이 있으며 각 현(縣)·읍(邑)에 분포되었는데 조정은 대종법으로 그들을 연결시켜 교화하고 지킬 수 있다. 의지할 데 없는 자와 질병으로 앓는 자 모두를 부양하고 물난리와 가뭄으로 흉년이 들어도 의지할 수 있으며 풍속을 살필 수 있다. 작은 종족은 귀순하고 인심이 이어져 변함이 없이 확고하며 도둑질하는 일이 생길 우려가 없다. 3대의 일은 조사하지

---

62) 『皇朝經世文編』 권58, 진굉모(陳宏謀), 『족정 선거 족약 격문(選擧族正族約檄)』

않아도 후세에 거의 아무런 영향도 미치지 않는다"[63]

　종족제도는 나라에서 부세를 거둬들이는 데 보장역할을 했다. 많은 족규 중에는 "나라의 과세를 우선시하고", "기한 내에 돈과 식량을 바쳐야 하며", "질질 끌며 바치지 않으면 안 된다"고 족인들을 타이르는 규정이 있다. 어떤 족규에는 또 정부와 족인(지주) 사이의 동고동락 관계를 중점 설명하면서 종족 구성원들에게 조세를 바칠 것을 독촉했다. "조정에서 징수하는 돈과 곡식은 개인 창고에 들어가는 것이 아니며 문무백관의 녹봉을 지불하고 군사비용을 지불하며 외래 침략을 물리치는 비용을 지불하는데 쓰인다.

　백성으로부터 거둬들인 것을 백성을 위해 쓴다. 그래서 백성들이 태평하고 안락하게 살면서 농사를 지을 수 있고 안전을 보장 받을 수 있게 된다. 그러니 관부가 나서서 조세를 바치라고 재촉하고 관아의 아역들이 쫓아다니며 재촉할 필요가 있겠는가! 세상에 조세를 체납하고 용서를 받는 경우가 극히 드물고 몰래 점용해 제 주머니를 채운 자는 반드시 천지 귀신의 용서를 받을 수 없다. 우리 가족은 여름에 익어 가을에 수확한 뒤 바로 제 기한에 조세를 바치곤 하므로 관부를 고생시킬 필요가 없게 하고 있으니 실로 충성하는 한 방면이며, 또 실제로 가족을 지키는 길이다."[64]

　계급투쟁이 치열하고 농민들이 잇달아 봉기를 일으킬 때 각 지역의 명문대가들은 늘 농민봉기에 대항할 무장 세력을 조직해 방어용 촌락을

63) 『위원집(魏源集)』 하권, 『여강장씨의장기(廬江章氏義莊記)』, 503쪽.
64) 『장씨가종보(張氏家宗譜)』 권2, 『가규(家規)』

본거지로 차지하고 농민들을 학살하며 봉건정부의 앞잡이가 되곤 했다.

예를 들어 명청 시기에 중국 전역이 대동란에 휩싸였다. 순치 4년, 복건성 영화(寧化)의 구민자(邱民滋)가 무리를 이끌고 봉기를 일으켜 지주와 관료·유지들에게 빼앗아간 것을 되돌려줄 것을 요구하며 현지 봉건 질서를 크게 어지럽혔다. 영화 대족의 수령 이세웅(李世熊)이 종족을 집결시켜 "뜨거운 피를 흘리고 슬픈 시대의 형국을 깨닫고 나서서 민중들을 타이르면서 험난한 상황에서 영웅을 자칭했다."[65] 그는 "숭정(崇禎) 갑신(甲申)년 후부터 도둑이 창궐해 성을 공격하고 읍을 약탈했다는 소식이 사처에서 들리고 있는데 성을 지키는 것이 산채를 지키는 것보다 어렵다."[66] 그래서 족인들을 거느리고 마포동(麻布峒) 보루를 쌓았다.

그 보루는 둘레 길이가 160장(丈), 성 높이가 1장 7척, 성벽 두께가 1장에 달하며 보루 밖에 또 해자를 깊이 팠다. 보루의 문은 총성(銃城)과 연결시키고 3면에 대포구멍을 설치했다. 보루 내에는 사당을 설치하고 건물을 짓고 우물을 파 포위되었을 경우 굳게 지킬 계획을 세웠다. 산채 내에는 7갈래의 거리가 있는데 가옥들은 모두 거리를 향하고 성을 등진 모습으로 지었으며 총 138채의 집을 지어 농호들이 거주하게 했다. 가옥은 3층으로 되었는데 성벽과 높이가 같게 했다. "성 안에 길이 있고 그 뒤에 민가가 있어 위급한 상황이 생겨 성루에 오르는 것이 마치 침실 문을 열고

---

65) 이세웅(李世熊), 『구변기(寇變記)』, 『청사자료(清史資料)』 제1집, 46쪽을 참고.
66) 이세웅(李世熊), 위의 책, 55쪽.

들어가는 것 같았다."[67] 보루 내에는 족인과 귀순한 작은 성씨의 집안·농호들이 거주했으며, 또 복역과 군사비용 징수방법을 제정했다. 봉기군이 산채를 공격해오면 족인과 농민들이 징을 울리고 깃발을 들고 칼과 총을 들고 전투에 뛰어들게 된다. 이들 무장 대오는 종친 관계로 이어지고 또 산채의 엄호가 있으며 평소에 훈련을 했기 때문에 전투력이 비교적 강하다. 훗날 백련교(白蓮敎)봉기 및 태평천국·염군(捻軍)봉기 때 이들 종족을 핵심으로 하는 향병(鄕兵)·산채들의 활동이 여전히 활발해 봉기군의 강적이 되었다.

족권은 정권의 제창을 받아 발전하고 정권은 또 족권의 지지를 받아 공고해져 양자는 밀접히 결합되어 서로 협력하고 보완해 각자의 장점을 더욱 잘 나타냈는데 이는 주요한 일면이다. 그러나 다른 한 방면으로 족권과 정권 사이에 모순이 생기기도 한다. 종족의 강대함은 지방 세력의 팽창을 의미하며 이로써 정권이 통제력을 잃을 수 있다. 세력이 강한 명문 대족들은 인구가 강성하고 역사가 유구해 현지에서 상당히 영향력이 있는 지위를 차지한다. "그들이 듣고 보고 숭상하는 것과 의관의 사치하고 검소한 경향은 항상 백성을 다스리는 희망이 되기에 충분하다"[68] 종족 내부는 혈연관계로 인해 비교적 큰 응집력을 갖추었다. 특히 족장·족정의 말 한 마디, 행동 하나, 보고 듣는 건 관련 모든 것이 대다수 족인의 호응을 얻곤 한다. 그들은

---

67) 이세웅(李世熊), 위의 책, 57쪽.
68) 『황조경세문편(皇朝經世文編)』 권58, 장해산(張海珊), 『취민론(聚民論)』

같은 성씨를 쓰는 각기 다른 종족들을 서로 연결시키고 다른 성씨를 쓰는 종족은 형제로 간주하며, 세력을 널리 확장하고, 세력을 믿고 민간에서 제멋대로 날뛰곤 한다. 심지어 소송사건을 독점하고 모여들어 도박을 하고 기생놀이를 하며 무리 지어 소동을 피우곤 하는데 봉건 관부에는 그에 대응할 방법이 없어 아주 큰 골칫거리가 되었다. 그래서 비록 족규에는 모두 "조정에 충성하고", "공무에 충실하고 법을 잘 지켜야 한다"라는 규정이 있지만 건륭제는 "각 지역의 족정 중에는 법을 지키는 자가 별로 없다"라고 말했다. 청 정부는 종족의 발전이 본 마을, 본 진의 국부적인 지역을 벗어나지 않기를 바라며 삼강오륜 명교로써 엄격히 규범시켰다.

대족이 제멋대로 횡포를 부린 다른 한 표현은 서로 간에 무장 충돌이다. 족규에는 만약 외부 성씨의 괴롭힘을 당했을 경우 본 족의 백성들은 마땅히 용감히 나서서 서로 도와야 한다는 규정이 있다. 이 때문에 늘 말다툼이나 재물 다툼이 생기고 각자의 무리를 집결시켜 싸워 사람을 죽이거나 다치게 하는 참사까지 빚어내곤 해 서로 원수가 원수를 낳는 장기적인 무장 충돌이 이어지곤 했다. 이런 풍기가 광동·복건·강서 일대에서 특히 성행했다.

지주와 지방 유지들은 사사로운 이익을 챙기기 위해 족인들을 조종하고 속여 무장 충돌을 일으키거나 이용했다. 대규모의 무장 충돌 과정에서 죽거나 다치는 이들은 대부분 하층의 농민들이며 그들은 봉건 종법사상의 해독을 입은 희생자들이다.

제3절
강희제 중엽부터 건륭제 중엽까지의 계급투쟁

1. 주삼태자(朱三太子)사건

강희제 전기에 오삼계(吳三桂) 등의 삼번의 난(三藩之亂)을 평정하고 대만(臺灣)을 수복했으며 청조의 통치 질서가 점차 안정세를 나타내면서 대규모의 항청(抗淸, 청 정부에 대항함) 전쟁이 사라졌다. 17세기 말부터 18세기 하반기까지(강희제 중엽부터 건륭제 중엽까지) 변경 지대와 소수민족지역을 제외하고 장기적인 용병 상황이 이미 없어지고 경제적으로 회복되고 발전했으며 정치적으로 약 백 년 가까이 상대적인 안정과 태평세가 형성되었다.

물론 그 약 백 년간의 태평세월에도 사회모순과 계급충돌은 멈추지 않았으며 전국 각지에 여전히 여러 가지 형태의 계급투쟁이 존재했다. 겉보기에는 고요히 흐르는 것 같은 긴 역사의 강이 그 밑바닥에서는 수많은 소용돌이와 암류가 맴돌고 일렁이고 있었다.

명 왕조의 통치는 이미 지나갔다. 남명(南明)의 여러 개의 작은 조정의 부패와 내부의 알력으로 인해 한족 지주계급은 전국 통치권을 쟁탈하는 투쟁에서 철저히 패했다. 그러나 수많은 한인들은 마음속으로 여전히 만족의 새 정권을 증오하면서 주명(朱明)의 옛 통치를 그리워했다. 그래서 명조를 회복하고자 하는 것이 여전히 수많은 반청(反淸) 지사들이 현 정권에 대항하는 하나의 기치로 되었다. 강희 연간에 오래도록 소란이 끊이지 않았던 "주삼태자"사건이 바로 그러한 낡은 시대의 회광반조(回光反照, 소멸되기 전에 잠깐 반짝 빛나는 현상)현상이었다.

일직 순치 연간에 항청 전쟁이 한창 치열하게 전개되고 있을 무렵에 전국적으로 수많은 숭정제(崇禎帝)의 아들을 사칭해 북경에서 도주해 반청활동을 조직한 사건이 일어났었다. 예를 들어 1655년(순치 12년), 양주(揚州)에서 잡힌 주주기(朱周鎭)가 "주삼(朱三)"공자라고 칭하며 소북(蘇北)에서 반청활동을 조직했다. 그 이듬해 직예(直隷)성 평산(平山)에서 잡힌 주자돈(朱慈焞)은 숭정제의 아들이라고 자칭하면서 정정(正定)에서 거사를 치르려고 꾀했다.

1673년(강희 12년), 북경에서 양기륭(楊起隆)이라는 자가 주삼태자라고 사칭하며 북경에서 기병해 오삼계의 반청 반란에 호응하려고 준비했다. 그런데 기밀이 새어나가 바로 청 정부에 의해 진압되었으며 양기륭은 도주해 북경을 빠져나갔다.

그 뒤 전국에서 주삼태자 사건이 자주 발생했으며 청조 통치자들은 바람 소리와 학의 울음소리에도 적의 움직임으로 알고 괜히 놀라곤 했다. 1679년(강희 18년)에 안친왕(安親王) 악락(岳樂)이 숭정제의 태자 주자찬(朱慈燦)을 포로로 잡았다고 아뢰자, 강희제는 진짜 태자임을 인정하지 못하고 조서에 이렇게 썼다. "짐이 그 일로 궁내 옛 태감(太監, 내시)에게 물었더니 이르기를 '그때 당시 주자찬은 나이가 아주 어려서 필히 도주하지 못했을 텐데 어찌 여전히 살아있을 수 있는가? 아마도

가짜일 가능성이 크다."[69] 그 이듬해 사천에서 또 주삼태자를 사칭한 양기륭을 잡아 심문 대질한 결과를 보고했는데 그 사람은 가짜 태자일 뿐만 아니라 게다가 양기륭 조차도 아니었다. "얼굴에 자자(刺字)흔적이 있는 것으로 보아 분명 기(旗)의 소속이었다가 도주한 자로서 양기륭 무리에 들어간 뒤 그 연유를 알고 나서 양기륭의 이름을 사칭해 섬서(陝西)에서 반란을 일으켰던 것이다."[70] 그러다가 1708년(강희 47년)에 이르러서 절강성 대람산(大嵐山)에서 기병해 항청 운동을 벌인 장념일(張念一, 즉 염일 화상)을 포로했는데 그가 주삼태자와 연계가 있다고 자백했고 그가 산동성에 숨어 있다는 사실을 밝혀내서야 청 조정은 비로소 주삼태자를 포로로 잡을 수가 있었다.

강희제는 "주삼은 명대 종실로서 현재 나이가 76세가 되었다. 그 부자는 떠돌아다니며 글을 가르치면서 다른 집에 기식하고 있다"라고 말했다. 그 76세의 노인은 이름을 숨기고 화를 피해 글을 가르치며 생계를 유지하면서 불법행위를 저지르지 않았지만 그의 이름과 출신에 대해 듣는 것만으로도 청조 통치자들은 등에 가시가 꽂힌 것처럼 마음 놓고 자지도 먹지도 못하고 불안해했다. 그래서 그 무고한 노인은 능지처참을 당했으며 온 가족 남녀노소 할 것 없이 모조리 살해당했다. 그때 당시 명실 후예를 호소로

69) 『청성조실록(淸聖祖實錄)』 권86, 18년 12월.
70) 『청성조실록(淸聖祖實錄)』 권93, 19년 11월.

삼은 반청활동이 아주 많았다. 옹정제는 "강희 연간에 사처에 간사한 무리들이 암암리에 조직되어 툭하면 주삼태자를 사칭하곤 했다. 예를 들어 염일 화상·주일귀(朱一貴) 등, 손가락을 꼽아 헤아리려 해도 손가락이 모자랄 지경이다. 최근에도 여전히 산동의 장옥(張玉)이라는 자가 성이 주씨라고 사칭하고 명조 황제의 후예를 빙자하며 점술사를 만나 점을 쳐보니 제왕의 운명이라는 점괘가 나왔다면서 이러한 바람으로 우매한 백성들을 현혹시켰다. 지금은 보군(步軍) 통령 아문에 잡혀 심문 중이다."[71]라고 말했다.

순치·강희 연간에 수많은 주삼태자들 중 대체 어느 것이 진짜 태자였을까? 문헌 기록이 부족한 탓에 오늘날 주삼태자의 진위허실을 명확하게 증명한다는 것은 너무 어려운 일이다. 역사상에서 이처럼 철저하고 명확하게 밝히기가 어려운 사건과 인물이 얼마나 많을지 알 수 없다. 중요한 것은 주삼태자라는 자가 누구냐가 아니라 그 이름이 수많은 사람들이 옛 왕조에 대한 그리움과 새 정권에 대한 증오를 불러일으켰다는 점이다.

그는 그때 당시 항청 투쟁의 상징이었다. 명·청시기의 투쟁은 이미 종결되었지만 그 여파의 일렁임은 오랜 시기동안 멈출 줄을 몰랐다. 한 차례의 장기적이고 치열한 국내 민족투쟁이 그 뒤 많은 세대 동안 역사에 심각한 인상을 남겼으며 압박과 착취에 반대한 수많은 투쟁들이 늘 주명의

---

71) 『대의각미록(大義覺迷錄)』

기치를 내들었다. 주의해야 할 바는 주삼태자를 호소로 한 반청운동이 비록 세간의 이목을 크게 끌었지만 모두 비밀활동단계에만 머물렀을 뿐이며 모두 공개적인 대규모운동으로 발전하지 못했다. 이로부터 단지 '명의'·'기치' 만으로는 계급투쟁의 고조를 일으킬 수 없으며 대규모의 민중투쟁은 심각한 내용과 필요한 조건을 갖추어야 함을 알 수 있다. 그때 당시 사회의 주요 모순은 이미 만족과 한족 사이의 모순이 아니라 지주와 농민 간의 계급 모순이었다. 이러한 역사의 내용이 계급투쟁의 새로운 형태를 결정지었다.

2. 항조(抗租) 투쟁

지주와 농민 간 모순의 표현 형태 중의 하나가 바로 분산되고 미세하지만 첨예하고 빈번한 항조 투쟁이다. 마르크스는 "지조의 기원은 어떠하든지 간에 그것이 존재하는 한 토지경영자와 토지 소유자 간의 치열한 분쟁의 대상이 된다."[72]라고 말했다. 청대에 조전(租佃, 소작을 주는 것)관계가 비교적 발전한 지역, 특히 남방의 많은 성에서는 항조 투쟁이 거세게 일고 있었다. 계급투쟁이 저조기에 처하고 청 정부의 통치가 아주 공고했던 강희·옹정·건륭 시기에도 항조투쟁은 아주 잦고 보편적으로 일어났다.

예를 들어 강서성의 경우, "완고하고 제멋대로인 소작농들이 밭을

---

72) 『마르크스 엥겔스 선집』 1권, 『철학의 빈곤』, 145쪽.

차지하고 지조를 바치지 않으며 밭주인을 괴롭히곤 하는데 그런 소작농이
10명 중 9명이 된다."[73] 복건성에서는 "밭주인과 소작농이 서로 사이가
좋지 않았고 서로 원수 보듯 했으며 소작농은 지조를 바치지 않는 것을
장기로 삼았다."[74] 호북성에서는 "최근 들어 모든 소작농 중에 온순한
자가 적고 교활하고 완고한 자가 많다."[75] 강소성에서는 "오중(吳中)의
소작농들은 지조 바치기를 거역하는 것이 오랜 악습이 되었다."[76]
호남성에는 "지조도 바치지 않고 농장을 차지하는 폐단이 많았다."[77]
광동성에서는 "완고한 소작농들이 지조를 질질 끌며 바치지 않는 일이
원래부터 있었으며 밭주인을 손바닥 위에 올려놓고 좌지우지했다."[78]
심지어 남방의 소수민족지역에서도 항조투쟁이 자주 일어났다. 예를
들어 광동성의 "요(猺)족들은 양민들 속에 섞여 살면서 밭을 소작하고
물건을 팔기도 했는데 밭을 차지하고 지조를 바치지 않았으며 늘 완고하게
굴었다."[79] 양광(兩廣)의 동(僮)족도 "묵은 땅을 소작했는데 모인 무리가
많았으며 밭주인을 협박해 마을을 차지하곤 했다."[80] 북방은 조전관계가
남방보다 발전하지 못했고 주인과 소작농 사이의 관계도 남방과 달랐으며

---

73) 『동치서금현지(同治瑞金縣志)』 권11, 『예문지(藝文志)』, 실명,
    『답장읍후서(答張邑侯書)』
74) 덕복(德福), 『민정영요(閩政領要)』 중권, 풍속(風俗)
75) 『한양용예재씨종보(漢陽龍霓載氏宗譜)』 2권, 『가훈(家訓)』
76) 『청고종실록(淸高宗實錄)』 권245, 10년 7월.
77) 『광서파릉현지(光緒巴陵縣志)』 52, 『잡식(雜識)』 2.
78) 『광서조주부지(光緒潮州府志)』 33, 『환적(宦績)』
79) 『건륭광주부지(乾隆廣州府志)』 60, 『잡록(雜錄)』 2.
80) 『건륭광주부지(乾隆廣州府志)』 60, 『잡록(雜錄)』 2.

항조투쟁도 비교적 적었다. 그러나 직예성의 '기지(旗地)'에서는 역시 특수한 조건하에서 조전관계가 형성되었다. 청조 초기에 대면적의 토지를 만족에게 갈라주었는데 적지 않은 기인(旗人)들은 농사일에 서툴러 여전히 원래 그 밭에서 농사를 짓던 농민이 농사를 지어야 했다. 그래서 많은 '기지'는 "여전히 백성이 지조를 바치고 농사를 지었으며 백성이 스스로 그 땅에서 농사를 짓고 기인은 앉은 자리에서 지조를 받곤 했다."[81]

오랜 세월이 흐르면서 지조를 질질 끌며 바치지 않거나 지조를 거부하는 사건이 끊이지 않았다. 1782년(건륭 47년) 직예 총독 영렴(英廉)이 "직예성 산하에 '기지'를 소작하는 자들이 있는데 통계 결과 77개 주·현 중 42개 주·현에 지조를 질질 끌며 바치지 않는 자가 있으며 지조를 20년이나 내지 않았으며 바쳐야 할 지조가 24만 여 냥에나 달했다."[82] 특히 일부 토지는 지주가 외지에 멀리 떨어져 살면서 생산에서 완전히 이탈해 자신의 토지가 어디 있는지조차 똑똑히 알지 못하는 경우가 있다. 그래서 농민들 중에서 지조를 질질 끌며 바치지 않거나 아예 거부하는 사건이 흔히 발생한다. 때로는 "종을 치고 북을 두드리며 백 여 명의 소작농이 집결해"[83] 비교적 큰 규모의 항조투쟁을 벌이기도 했다.

항조 투쟁을 일으키는 도화선에는 여러 가지가 있다. 어떤 투쟁은

81) 손가감(孫嘉淦), 『손문정공주소(孫文定公奏疏)』 권4, 『팔기공산소(八旗公産疏)』
82) 『청고종실록(淸高宗實錄)』 권1169.
83) 문서 『내무부내문(內務府來文)』, 건륭 20년 10월 초이튿날.

물난리나 가뭄 등 자연재해로 흉년이 들어 농민들이 지조를 바칠 능력이 없어 일어난다. 예를 들어 강희제 시기에 "송군(松郡, 송강[松江])에 대흉년이 들었다…… 농사를 전부 망친 자도 있고 절반 망친 자도 있으며 한 무에서 1~2말(斗)씩 거둔 자도 있다. 간사한 소작농들이 흉년을 핑계 삼아 곡식을 한 알도 갚지 않고 심지어 서로 작당해 저항했다."[84] 그리고 항조투쟁이 일어나는 경우가 또 청 조정에서 전답세를 감면해주어 지주들이 정부에 곡식을 바치지 않아도 됐으므로 소작농들도 지조를 상응하게 줄여줄 것을 요구해 일어나는 경우이다. 예를 들어 1746년(건륭 11년)에 복건성 상항(上杭)에서 나일광(羅日光)·나일조(羅日照)를 위수로 해 무리를 지어 지조 납부를 거부하는 항조사건이 발생했다.

그 사건의 기인은 청 왕조가 "세금을 감면해주었기 때문에 농민들이 밭주인에게 바쳐야 하는 전조를 4,6으로 나눠 분담하기를 원한 데 있다."[85] 주인과 소작농 사이에 모순이 생겨 관부가 관여했는데 관아에 잡혀가는 것을 거부해 관아에 저항한 사건으로 이어졌다. 그 때문에 지주를 두둔해 나선 건륭제가 대노해서 "짐이 전조를 감면해준 것은 특별히 은덕을 베푼 것으로서 민간에서 제멋대로 할 수 있는 것이 아니다.

소작농과 주인 사이에 지조 감면 여부는 주인의 결정에 따라야 하며 이에 대해서는 법률도 적용할 수가 없다. 어찌 소작농이 제멋대로 액수를 줄이고

---

84) 동함(董含), 『삼강식략(三岡識略)』 권10.
85) 『동화록(東華錄)』 건륭제 권24, 11년 8월.

지조를 바치는 것을 거부한단 말인가."[86] 또 어떤 항조 투쟁이 일어나는 경우는 소작농이 장기적으로 소작할 수 있는 권리를 보호하고 주인이 밭을 빼앗아 다른 사람에게 소작 주는 것에 반대해 영구적인 소작권을 쟁취하고자 주인과 소작농 사이에 충돌이 발생하는 경우이다.

더욱 많은 항조 투쟁은 지주계급의 과중한 착취와 강박 폭력 수단으로 인해 일어난다. 탐욕스럽기 그지없는 부잣집에서는 부를 축적하기 위해 잔혹하고 폭력적인 행동을 서슴지 않는다. 지조를 거둬들일 때면 대두(大斗)를 사용해 거둬들이고 액외로 더 거둬들이거나, 또 제멋대로 착취하며 지조를 늘리거나 소작권을 빼앗곤 한다. 심지어 불법으로 사당을 설치해 소작농에게 형벌을 가하기까지 한다.

예를 들어 옹정 연간에 숭명(崇明)의 악질 토호 시대수(施大受)가 지조 이외에도 가마 비용에, 식비, 집안사람의 잡비까지 추가로 받았다. 그는 관부와 결탁해 그와 같은 시(施) 씨인 총병(總兵)을 본가로 삼고 "미인이며 금덩이며 비단 등을 시 총병에게 바치며 친분을 쌓아 그 권세를 믿고 밀밭의 전답세를 더 많이 거뒀다."[87] 농민들은 악질 토호와 관부의 착취와 능욕에 반대해 일어나 저항했다. 또 예를 들면, 복건성의 항조는 늘 '쌀통 교정(較桶)'에서 비롯되었다. '쌀통 교정'이란 소작농들이 지주가 지조를 거둬들일 때 사용하는 쌀통을 교정할 것을 요구하는 것을 말한다. "밭주인은

---

86) 『동화록(東華錄)』 건륭제 권24, 11년 8월.
87) 『옹정주비유지(雍正朱批諭旨)』 제18함, 6권, 옹정 8년 6월 초사흗날 윤계선(尹繼善)의 상주문.

정상 수량 외에 교묘한 수법으로 더 거둬들이기 위해 대두를 만들어 사용해 지조를 거두곤 했다. 한 말에 4~5되(升)씩 각기 다른 정도로 더 거둬들이고 있어 소작농들은 당연히 순순히 따를 리 없다. 그래서 본 지역 악당들이 이 기회를 틈 타 결탁해 교활한 소작농들을 앞세워 호소하자 숱한 민중들이 호응해 밭주인에 맞서고 있다. 이 역시 필연적으로 일로서 그 악영향이 현재까지 이어지고 있어 끼치는 해가 작지 않다."[88] 절강성 대주(臺州)의 한 벼슬아치도 지주들이 소작농을 착취하는 상황을 보고 크게 불평을 표했다. 그는 "대주에는 부를 추구하기 위해 잔혹하고 폭력적인 수단도 서슴지 않고 이익을 추구하기 위해 아무것도 아랑곳하지 않는 자들이 많다. 듣자니 매년 연말이 되어 봉인한 뒤에 사납고 드센 노복들을 사처로 풀어 사나운 호랑이와 늑대들처럼 전조와 빚을 받아내곤 한다. 집안의 모든 물건들을 남김없이 빼앗아간다.

심할 때는 지붕 기와를 벗기고 문짝까지 떼어가거나 처자식까지 잡아가며 또 심지어 본인을 집으로 잡아가 매달아놓고 때리기까지 한다. 이처럼 제멋대로 횡포를 부리는 행위는 왕법에만 어긋나는 짓이 아니며 어찌 하늘의 이치에 어긋나는 짓이 아니라 할 수 있으랴!"[89] 강희제 시기에 장사(長沙) 지현(知縣)이 본 지역의 이폐에 대해 조목조목 진술할 때도

---

88) 왕간암(王簡庵), 『임정고언(臨汀考言)』 권18, 『상항현 농민 곽동오 등이 두의 교정을 청하는 청구서에 대한 비준문(批上杭縣民郭東五等呈請較定租斗)』
89) 대조가(戴兆佳), 『천대치략(天臺治略)』 권6, 『부자 집안에서 연말에 지조와 빚을 선한 방식으로 받아들임으로써 백성들의 어려움을 해소해 세상의 평화로움을 지킬 것을 권유한 글(勸諭富室 歲暮善取租債, 以蘇民困, 以保天和事)』

지주가 소작농에 대한 각박한 착취와 능욕 현상에 대해 말했다. 그는 "예로부터 고용노동자와 소작농은 육체노동에 종사하는 자이긴 하지만 노비와는 비교할 수 없다. 최근 들어 보니 호남 사람들은 인정이 각박한데 강자가 약자를 업신여기고…… 우매한 백성들은 원한을 참고 슬픔을 삼키며 감히 시비를 따질 엄을 못하는 것이 참으로 가엾고 불쌍해서 견딜 수 없다.

또 함부로 소작농을 노복으로 삼아 멋대로 부리고 있으며 지나치게 많은 조세를 받아 많은 이익을 챙기려는 속셈이 있다. 더 심할 경우에는 소작농 집안의 아녀자를 잡아다 노역을 시키곤 하는데 소작농들은 감히 거역하지 못한다. 게다가 소작농이 세상을 떠나거나 하면 일가붙이가 없다고 업신여겨 그 처자식을 팔아버리고 그의 가산을 빼앗아가곤 한다"[90]라고 말했다. 또 어떤 지주들은 "사나운 노복들이 호랑이와 늑대들처럼 무리를 지어 멋대로 행패를 부리는 것을 눈감아주곤 한다. 소작농이나 빚을 진 자의 집에 가면 먼저 술과 음식을 내오게 해 질탕 먹고 마시고난 후에야 돈을 내놓으라고 핍박하곤 했다. 만약 돈을 내놓지 못하거나 정해진 액수만큼 내놓지 못하면 옷이며 곡식이며, 닭·거위·돼지·오리 할 것 없이 집안에 있는 물건들을 닥치는 대로 모조리 쓸어가곤 했으며 심지어 묶어놓고 매질하고 그 부모와 처자를 모욕하기까지 했다."[91]

결론적으로 지주계급은 고혈을 짜내는 것과 같이 농민들을 착취하는데

---

90) 『동치장사현지(同治長沙縣志)』 권20, 『정적(政績)』 2.
91) 대조가(戴兆佳), 『천대치략(天臺治略)』 권6, 『부자 집안에서 연말에 지조와 빚을 선한 방식으로 받아들임으로써 백성들의 어려움을 해소해 세상의 평화로움을 지킬 것을 권유한 글(勸諭富室 歲暮善取租債, 以蘇民困, 以保天和事)』

마치 이리나 독사와 전갈처럼 악독했다. 농민들은 아무 말도 못하고 울분을 억누르며 요행 살아남고자 하는 것조차 실현할 수 없게 되자 자신과 가족의 목숨을 지키기 위해 위험을 무릅쓰고 저항의 길을 걷게 되는 것이다.

　항조 투쟁의 초급 형태는 개별적인 소작농과 개별적인 지주들 사이에 지조를 두고 바치지 않겠다거니 받겠다거니 말다툼을 하고 치고 박고 싸우다가 죽거나 다치거나 하는 것이었다. 이러한 민·형사 소송사건이 늘 일어났는데 청 조정의 기록문서 『형과제본(刑科題本)』에 보면 온통 그런 기록들이다. 이러한 개별적인 충돌 속에서 지주계급은 경제적, 정치적 우세를 차지했으며 소작농은 늘 손해를 보고 업신여김을 당했다. 관부가 이런 사건을 심리할 때면 대체로 지주 업주의 편을 들었기 때문이다. 소작농들은 공동의 이익을 기반으로 점차 서로 연결되어 연극놀이·경기·삽혈·결맹 등의 방식으로 단합해 지주계급과 조직적인 투쟁을 진행했다. 예를 들어 강희제 말기 소주(蘇州) "시골의 소작농들은 모두 돈을 모아 연극놀이를 하고 서로 결맹해 밭주인에게 대항했다."[92] 때로는 소작농들이 단합해 어떤 투쟁에서 승리를 거둬 지주를 핍박해 지조의 액수를 삭감 받을 때도 있었다. 이러한 승리는 또 대중들의 투쟁을 격려해 항조투쟁의 진일보의 발전을 추진해 더욱 조직적이고 더욱 대중성을 띠도록 했다. 어떤 곳에서는 철척회(鐵尺會)·오룡회(烏龍會)·장관회(長關會) 등이 나타났는데 이들은 빈곤한 소작농들의 항조 투쟁을 진행하는 조직이 되었다.

---

92) 황중견(黃中堅), 『축재집(蓄齋集)』, 『징조의(徵租議)』

예를 들어 1749년(건륭 13년)에 어사(御史) 육질(陸秩)이 상주문을 올려 아뢰기를 "복건성의 정주(汀州)·흥화(興化) 등 부에서는 민풍이 교활하고 악랄한데 영화(寧化)현에는 이른바 철척회가 있고 또 십삼태보(十三太保)도 있다. 철척회는 영화(寧化)·상항(上杭)·청류(清流) 등 현에서부터 정주(汀州)부 관할 구역에 이르기까지 많이 있었으며 줄곧 폭행만 감행해오면서 선량한 백성을 능욕하고 군왕의 통치를 능멸하고 있다."[93] 1753년(건륭 18년), 복건성 소무(邵武)의 소작농 두정기(杜正祈) 등이 "망나니 수십 명을 집결시켜 밭주인과 여러 차례 싸움을 벌였다.

주먹이 센 것을 믿고 시장에 나와 횡포를 부리곤 했는데 시간이 오래 되자 그 무리가 점점 많아져 암암리에 다른 의도를 갖고 매 사람에게 철척(鐵尺, 쇠로 만든 자)을 하나씩 나눠주고 철척회라고 불렀다."[94] 일부 지역에서는 회관을 설립하고 전장(佃長, 소작농들의 우두머리)을 천거하고 심지어 무장해 지주계급과 공개적으로 대항했다. 예를 들어 강서성 흥국(興國)의 경우 소작농들은 "회관을 창립하고 원근에 널리 알리곤 했다. 매년 가을이 되면 먼저 지조의 80%, 70% 각기 다르게 거둘 것을 창의한 뒤 밭주인이 원 액수에 따라 지조를 거둬들이게 되면 바로 숱한 사람을 불러 모아 집을 부수고 거둬들인 지조를 빼앗아 회관으로 가져가곤 했다."[95] 흥국의 소작농 회관은 지주계급과 관부의 포위 공격 하에서도 계속 투쟁을 이어갔으며

---

93) 『청고종실록(清高宗實錄)』 권329, 13년 11월.
94) 『광서소무현지(光緒邵武縣志)』 권13, 『구경(寇警)』
95) 『동치흥국현지(同治興國縣志)』 권46, 『잡기(雜記)』

강희 52년에 설립해 옹정 4년에 금지되어 없어질 때가지 14년간이나 존재했다. 강서성 우도(雩都)의 소작농들은 '전장(佃長)'을 천거해 자신들의 수령으로 삼았다. 그렇게 천거된 전장은 대다수가 정직하고 정의롭고 용감하며 빈곤한 소작농의 이익을 수호할 수 있는 자들로서 "동년배들을 불러 모아 간혹 밭주인과 모순이 생긴 자가 있으면 전장이 돈을 모아 돕곤 했다. 심지어 공개적으로 직접 나서 작게는 조세 납부를 거부하고 소송 사건을 빚어내고 크게는 무리를 모아 점거하고 빼앗곤 했다."[96] 복건·강서 여러 주·현의 소작농들은 '전병(佃兵, 소작농들로 조직된 무장세력)'을 조직해 무기를 들고 지주와 투쟁했다.

최초의 전병은 1646년(순치 3년)에 복건성 영화(寧化)의 황통(黃通)이 농민들을 집합해 '쌀통 교정'을 요구했다. 현지 지주들이 지조를 거둬들일 때 한 통의 용량이 20되인 큰 통을 사용했는데 이를 "조통(租桶)"이라고 불렀다. 그리고 지주들은 식량을 팔 때는 한 통의 용량이 16되인 작은 통을 사용했는데 이를 '아통(衙桶)'이라고 불렀다. "황통은 여러 향에 공시해 무릇 지조를 납부할 때면 모두 용량이 16되인 통에 의거할 것을 제창했다. 모든 이경(移耕, 다른 곳으로 옮겨 경작함)·동생(冬牲, 명절마다 각종 닭, 오리, 생선, 육류를 추가로 바치는 관례)·두과(豆稞)·송창(送倉)(주, 모두 지주가 농민들을 착취하기 위해 교묘하게 정한 명목들임) 등의 모든 규정을 모두 폐지했다. 그러자 향민들의 환호소리가 땅을 뒤흔들었으며

---

96) 『동치우도현지(同治雩都縣志)』 권13, 『문예(文藝)』

모두들 앞을 다투어 황통에게 귀순했다."[97] 황통은 전병을 조직하고 '천총(千總)'이라는 직함을 설치해 일부 향진의 정권을 빼앗았으며 "소송 사건은 관아를 거치지 않고 모두 황통이 결정했다…… 그 때문에 성 안에 대지주와 여러 향의 소작농들이 서로 원수처럼 증오하는 사이가 되었다."[98] 황통은 전병을 이끌고 영화를 공략 점령해 불법 지주들을 엄히 징벌했다. 한편 복건성의 청류(清流), 강서성의 석성(石城)·서금(瑞金)·영도(寧都)에서도 모두 전병이 조직되었다. 서금의 하지원(何志源)이 조직한 전병은 "깃발과 옷에다 모두 '팔향균전(八鄉均田)'이라는 글자를 새겼다. 균(均)이라고 하는 것은 주인의 밭을 세 부분으로 나누어 한 부분은 소작인이 농사를 짓는 밑천으로 삼도록 했다.

소작인이 경작하는 땅은 밭주인이 바뀌더라도 소작인은 바뀌지 않고 영원한 세업(世業)으로 삼도록 했다. 무릇 작은 모순이 생겨도 바로 그 집에 불을 지르고 사람을 죽이곤 했다. 그래서 용맹한 자가 앞서고 나약한 자들이 그 뒤를 따르며 모두 모여 입성해서는 현관(縣官)을 핍박해 균전첩(均田帖)에 관인을 찍도록 했는데 그런 땅이 수만을 헤아린다."[99] 여기서 그때 당시 농민들이 토지를 얻기를 갈망하는 요구를 보아낼 수 있으며 그들이 지주·관부와 투쟁할 때의 과감한 행동과 드높은 기세를

---

97) 『동치중간강희영화현지(同治重刊康熙寧化縣志)』 권7, 『구변(寇變)』
98) 『동치중간강희영화현지(同治重刊康熙寧化縣志)』 권7, 『구변(寇變)』
99) 『동치서금현지(同治瑞金縣志)』 권16, 『병구(兵寇)』, 양조년(楊兆年), 『상독부전적시말 (上督 府田賊始末)』

보아낼 수 있다. 그 후 그 일대에는 또 전병(田兵)들의 활동도 있었다. 예를 들어 1670년(강희 9년) 석성(石城)에는 또 오팔십(吳八十) 등이 "전병(田兵)을 일으켜 영구소작(永佃)의 명분을 빌어 현(縣)의 관아 문 앞에 비(碑)를 가져다 세우고", "무리를 이끌고 3일간 성을 포위 공격했다."[100] 1688년(강희 27년), 영도(寧都)에서 또 "이왜(李矮)·이만(李滿)·왕환영(王煥英) 등이 소작농들을 모아 항조 투쟁을 벌이고 산채를 근거지로 삼아 강도짓을 하면서 전병(佃兵)이라고 칭했다."[101] 절강성 서안(瑞安)에서는 황소오(黃小吳)가 "기아에 허덕이는 백성들을 불러 모아 일어나 호응했으며" 스스로 '균평왕(均平王)'[102] 으로 자칭했다. 그들은 무장해 지주를 죽이고 관병에 대항했으며 주·현을 포위하면서 항조 투쟁에서 점차 무장봉기로 발전했다.

청 왕조는 지주계급의 정권이기 때문에 당연히 지주의 이익을 수호하려들었으며 항조 투쟁이 일정한 규모로 발전하게 되자 필연적으로 나서서 간섭하고 진압하려 했다. 옹정제 때 소작농이 지조를 질질 끌며 바치지 않거나 지주를 기만했을 경우에는 책벌로 곤장 80대를 치고 빚진 지조를 지주에게 갚도록 규정지었다. 그래서 각 지역의 아문에서는 지주들을 도와 빚진 지조를 독촉해 받아냈으며 늘 수많은 농민들을 잡아 가두고 곤장을 치고 목에 칼을 씌워 조리돌림 시키면서 세도를 마구 부렸다.

---

100) 『건륭석성현지(乾隆石城縣志)』 권7, 『병구(兵寇)』
101) 『도광영도직예주지(道光寧都直隸州志)』 권14, 『무사지(武事志)』
102) 『가경서안현지(嘉慶瑞安縣志)』 권10, 『잡지(雜誌)』

예를 들어 소주에서는 "소작농이 과조를 바치지 않을 경우 업주들은 아무리 과조를 바칠 것을 독촉해도 소용이 없어 늘 관아에 고발해 그들을 잡아 가두곤 했는데 걸핏하면 수십 명, 수백 명에 달하곤 했다."[103] 원화(元和)현 관아 앞에는 "과조를 바치지 못한 소작농들이 쇠사슬에 묶여 구속된 자가 수백 명이 넘곤 했다"[104] 곤산(昆山)현에는 "도시 안팎에 항조로 인해 칼을 쓰고 조리돌림을 당하는 자가 길에서 서로 마주 보일 정도로 많았다."[105] 강소성 산양(山陽)현에서는 규정조례를 정하고 비석을 세워 항조를 금지시켰으며 소작농을 '악전(惡佃, 악랄한 소작농)'·'간전(奸佃, 간사한 소작농)'·'완전(頑佃, 완고한 소작농)'·'강전(强佃, 완강한 소작농)'·'조전(刁佃, 교활한 소작농)'이라고 욕했다. 건륭제도 거듭 조서를 반포해 항거하는 농민들을 엄히 징벌할 것을 명했다. 그는 "지조를 줄이고 말썽을 부리며 법을 어기고 흉포하게 구는 기풍이 더 이상 성행하지 않게 단절해야 하며 엄히 단속하고 중하게 추궁해 처벌함으로써 교활하고 완고한 자를 경계해야 한다"[106] 라고 말했다. "그 우두머리인 중죄범에 대해서는 대충 넘어가지 말고 반드시 엄히 처리해 교활한 기풍을 경계해야 한다."[107]

항조 투쟁은 그 성질로 말하자면 일종의 경제 투쟁이다. 농민들은 조과 감면이라는 경제 요구를 제기했으며 개별적인 지주 혹은 모 지역의

---

103) 유겸(裕謙), 『유정절공유서(裕靖節公遺書)』 권4.
104) 『도광원화유정지(道光元和唯亭志)』 권20, 『잡기(雜記)』
105) 『강소성 명청 이후 비각 자료 선집(江淸省明淸以來碑刻資料選集)』, 437쪽.
106) 왕선겸(王先謙), 『동화속록(東華續錄)』 건륭제, 권24, 11년 8월.
107) 『청 고종실록(淸高宗實錄)』 권274, 11년 9월.

지주에게 예봉이 향했다. 일반적으로 이러한 투쟁은 사전에 일정한 계획과 조직이 없다. 소작농들 사이에 비록 비슷한 경제적 이익이 존재하지만 공동의 정치적 신념이 없고 지역적, 자발적 성질이 짙어 대중들을 광범위하게 불러일으켜 거대한 혁명폭풍을 일으키지 못하고 갑자기 일어났다가 갑자기 사라지곤 했기 때문에 지주와 관부에 의해 쉽게 진압되곤 했다. 그러나 항조 투쟁은 깊은 사회적 근원이 있으며 봉건적인 소작 착취관계에서 생겨났고 지주와 농민사이의 기본 모순에서 생겨났다.

이런 착취제도가 존재하는 한 한순간도 모순이 없을 리 없고 저항이 없을 리 없다. 항조 투쟁이 비록 쉽게 진압되고 직접 대규모의 봉기로 발전하기 어렵긴 하지만 한편 미연에 방지하고 근절하기 또한 어려운 것이다. 올해 진압되었다가도 내년이면 또 다시 일어나는가 하면 이쪽 지역이 평정되어 무사하면 저쪽 지역에서 투쟁이 시작되곤 하면서 여기저기서 끊이지 않는 형국이 형성되어 경상성과 광범위성을 띤다. 항조 투쟁과 농민봉기는 모두 봉건사회의 기본적인 모순을 기반으로 해서 일어나지만 양자는 또 서로 연결되어 있다. 비밀리에 결사와 일정한 정치적 신념이 농민 가운데 침입되면 항조 투쟁은 공개적인 무장봉기가 되며 경제투쟁이 정치투쟁으로 발전한다. 항조 투쟁은 농민봉기의 준비와 시연 과정이고, 농민봉기는 항조 투쟁의 연속이라고 말할 수 있다.

3. 도시 수공업노동자의 투쟁

봉건사회 후기 사회경제의 발전에 따라 도시의 수공업과 상업도 다소

성장했다. 따라서 광범위한 농촌의 항조(抗租)·항량(抗糧)·항미(抗米) 및 농민봉기를 제외하고 도시 주민들 사이에서도 투쟁이 늘 발생해 전반 반(反)봉건계급투쟁의 구성부분이 되었다.

　도시 주민의 투쟁에서 가장 주목할 만한 것은 소주(蘇州)일대 단장(踹匠, 면포를 다지고 가공하는 일에 종사하는 장인)과 방직공(機匠, 직기로 천을 짜는 일에 종사하는 장인)의 투쟁이다. 소주는 줄곧 면방직업과 견방직업의 중심이었다. 직포 염색 단계에 수많은 장인이 필요한데 발로 큰 돌을 굴려 염색된 면포를 다지고 가공해 광택이 나게 한다. 면포 가공 장인은 대다수가 건장한 청년 노동자들인데 생활이 빈곤해 재산이 없으며 서로 단합되어 투쟁성이 아주 강했다. 이른바 "이런 업종에 종사하는 장인은 건장하고 힘이 센 자가 아니면 감당할 수 없다. 모두 강남과 강북 여러 현의 사람들인데 대대로 기술을 전수 받아 이끌려왔다. 그들 중 대다수는 독신이고 본분을 지키지 않는 어중이떠중이들이다. 많은 사람이 모여 형성된 세력이기에 간사한 자와 양민이 섞여 있으며"[108] 청조 시기에 소주 단장(踹匠)들의 저항 투쟁이 끊이지 않았다. 1670년(강희 9년) 단장(踹匠)들의 수령 두계보(竇桂甫)가 "흉년이 들어 쌀값이 올랐다면서 수많은 장인들에게 일러 약속하고 파업함으로써 품삯을 올려줄 것을 요구했다."[109] 이에 포목상들이 관부에 고발해 탄압했으며 두계보는 곤장형을 받고 쫓겨났다. 1692년(강희

---

108) 『옹정주비유지(雍正朱批諭旨)』 제42권, 8년 7월 이위(李衛) 등의 상주문.
109) 『강소성 명청 이후 비각 자료 선집(江蘇省明淸以來碑刻資料選集)』, 『총독과 순무 등 여러 대헌이 책정한 단장의 품삯 기준을 영원히 받들 것을 명시한 비문(奉督撫各大憲 核定踹匠工價給 銀永遵碑記)』

31년), 또 나귀(羅貴)·장이혜(張爾惠) 등이 "장인들을 선동해 일제히 일어나 품삯을 올려줄 것을 요구했으며 숱한 민중들이 모여들어 마구 부수고 빼앗으며 관부의 공시를 자주 어기곤 했다." "사람들을 모아 재물을 끌어 모으고 품삯을 올려줄 것을 제창하면서 제멋대로 흉포하게 굴며 협잡을 일삼았다."[110] 청 정부가 나서서 간섭해서 단장들은 형벌을 받고 나귀 등 16명은 도주했다.

사건을 종결지은 뒤 76개 포목상이 돌비석을 세우고 관부의 명령을 비문으로 새겨 넣었으며 면포를 가공하는 품삯은 여전히 한 필에 1푼 1리로 정해 "영원히 따라야 하는 규정으로 정하고 올리거나 깎는 것을 허용하지 않기로 했다." "이외에도 다른 불법 악당이 나쁜 줄 알면서도 악한 일을 흉내 낼 경우 역시 관아에 그 이름을 알려 바로 잡아 대법으로 징벌하며 절대 가벼이 관용을 베풀지 않기로 했다."[111] 1700년(강희 39년)에 단장들이 또 투쟁을 벌였는데 이유는 대략 포두(包頭, 면포 가공방 업주)가 품삯을 떼어먹어 큰 풍파를 일으켰던 것이다. "불량배 우두머리의 명령이 떨어지자 천백 명의 단장(踹匠)이 그 뒤를 따라 무리를 지어 때리고 부수는데 하루도 빠지는 날이 없었다. 포두는 두려워서 도주하고 공방들마다 속수무책으로

---

110) 위의 책, 『소주부가 단장 나귀 등이 무리를 지어 마구 폭행을 저지르고 재물을 긁어모은 사건 을 처리하고 또 앞으로 면포 가공 공가의 액수를 규정한 비(蘇州府處理踹匠羅貴等聚衆行兇肆兇 科斂一案并規定以后踹布工價數目碑)』, 34쪽.
111) 『강소성 명청 이후 비각 자료 선집(江蘇省明淸以來碑刻資料選集)』, 『소주부가 단장 나귀 등이 무리를 지어 마구 폭행을 저지르고 재물을 긁어모은 사건을 처리하고 또 앞 으로 면포 가공 공가의 액수를 규정한 비(蘇州府處理踹匠羅貴等聚衆行兇肆兇科斂一案 并規定以后踹布工價數目 碑)』, 34쪽.

아무도 감히 공방 문을 열고 일을 시작할 엄두를 내지 못했다. 변란의 기세가 예년의 그 어느 때보다도 성했다. 따라서 상인들도 1년간 피해를 보았다."[112] 그 투쟁을 통해 심각한 인상을 받은 청 정부는 미연에 방지하기 위해 단장들을 엄히 관리하기 시작했다.

"앞으로 소주의 단장(踹匠)들은 모두 두 개 현(장주[長洲]·오현 [吳縣])의 전사(典史)가 성수영(城守營, 도시 수비 군영) 위원을 협력해 포두를 감독 통솔해 단속하도록 했으며 평소에 법규에 명확히 밝힌 대로 행적에 대해 살피고 밤에 밖에 나가 술을 마시고 도박을 하거나 말썽을 부리지 못하게 했으며 무리를 지어 모이지 못하게 했다." 포두는 단장의 내력에 대해 조사하고 순환부(循環簿)를 설립해 "단장의 원적·추천 담보인·공방에 들어온 시간·공방에서 나간 시간 등을 등기하도록 했다. 그리고 매달 삭일과 망일이 되면 방장(坊長)에게 바쳐 서약서를 서로 교환해 반드시 서로 감독하고 내력을 조사하도록 했다. 만약 함부로 불량배를 들이게 되면 그 지역에 해가 될 것이며 한 집에 문제가 생기면 아홉 집이 연대로 책임지도록 한다."[113]

관부의 단속이 엄하지 않은 것이 아님에도 단장들의 투쟁은 여전히 아주 활발했다. 강희제 말기에 이르러서도 여전히 늘 소란이 일곤 했는데 "시간이 감에 따라 법적 단속이 느슨해져 간사한 장인들이 제멋대로였다…… 게다가

112) 위의 책, 『총독과 순무 등 여러 대헌이 정한 규정에 따라 영원히 금지할 것을 명시한 비문(遵 奉督撫各憲定例永禁碑記)』 39쪽.
113) 위의 책.

일부 불량배들이 사원에 거주하면서 단방(踹坊)에 나타나곤 하면서……
장인들을 선동해 품삯을 올려줄 것을 일제히 요구하게 하고 대신 나서
품삯을 가로채 소송비용을 마구 긁어모으고 또 수당금까지 받아가곤 했다.

탐욕스러운 불량배들은 장인들을 꼭두각시로 내세워 끊임없이 반란을
주도했다."[114] 1723년(옹정 원년), 단장 난진공(欒晋公) 등이 "불을 지르고
창고를 강탈할" 계획을 세우고 항청(抗淸)봉기를 일으켰으나 탄로나
성사시키지 못했다. 1729년(옹정 7년), 난진공의 조카 난이집(欒爾集) 등이
"의형제를 맺고 결맹해 신에게 제를 지내고 술을 나눠 마신 뒤" 장인들을
학대한 포두 전유원(錢裕遠)과 투쟁을 벌였으나 청 정부에 진압 당했다.
그때 소주에는 단장이 2만 명이나 있었는데 청 조정은 그들을 '악의 늪'으로
간주했으며 단장들이 소동을 부리는 것을 막기 위해 또 정돈을 진행했다.
1731년(옹정 9년), 단장들을 보갑에 편입시켰다. 절강성의 총독으로 강남을
통제 관리하는 이위(李衛)가 상소문을 올려 다음과 같이 아뢰었다.

"그들 단장들은 대다수가 독신이고 어중이떠중이들로서 엄히 방비함이
마땅한 줄로 아옵니다. 보갑법에 따라 갑장을 설립하고 기존의 방총(坊總,
공방 책임자)과 서로 감독하고 조사하게 함이 마땅할 줄로 아옵니다."[115]
건륭 연간에 이르러 물가가 점차 오르자 단장들은 품삯을 올려줄 것을 거듭
요구했다. 건륭 44년에 이르러서 비로소 "천 한 필 당 지급되는 공가(工價)가

---

114)위의 책, 『장주(長洲)·오현(吳縣) 두 현 단장 조약 비(長吳二縣踹匠條約碑)』, 43쪽.
115)『황조정전류찬(皇朝政典類纂)』 권35, 『호역류(戶役六)』

임금에 채소며 쌀 등을 합처 은 1푼 3리로 올랐다"[116] 소주의 단장들은
장기적인 투쟁을 진행했지만 고작 이 정도의 구체적인 성과를 거둔 것이다.
소주의 견직업 중 방직공들도 여러 차례 집결해 '파업(叫歇)'을 진행했다.

"소주성의 기호(機戶)에서는 대다수가 노동자를 고용해 비단을 짜곤
했다. 기호가 자금을 내 경영하고 방직공은 일한 양에 따라 품삯을 받았는데
원래는 서로가 필요로 하는 관계여서 이의가 없었다. 그런데 일부 법을
어기는 무리들은 자신들이 기술을 정통하지 못해 주인에게 버림을 받게
되자 시기 질투해 앞에 나서 노동자들을 위해 이익을 챙겨준다는 핑계를
대고 사람들을 집합해 파업하는 것으로 위협하면서 임금을 올려줄 것을
요구했다. 그렇게 되자 기호들은 경영이 중단되고 방직공들도 일거리를
잃었다."

청 정부는 견직업주의 요구 하에 나서서 간섭했으며 "앞으로 만약 법을
어기는 불량배들이 감히 사람들을 불러 모아 파업하고 그런 방식으로
협잡했을 경우 이웃 기호들이 즉시 지방 관아에 압송해 심문을 거쳐 밝힐 수
있게 허용했으며 파지행시율(把持行市律)에 따라 처벌하며 또 한 달간 칼을
씌워 조리돌림을 해 경계하도록 한다."[117]라고 밝혔다.

청 정부의 고압 정책 하에 단장과 방직공의 활동이 더 크게 발전할 수
없었으며 투쟁은 늘 실패로 끝났다. 그러나 투쟁은 줄곧 계속되었으며

---

116) 『강소성 명청 이후 비각 자료 선집(江蘇省明清以來碑刻資料選集)』, 『강소 부가 단장
    의 품삯을 천 한 필 당 임금과 채소 쌀 등을 합처 은 1푼 3리로 규정짓는다고 명시한 비
    문(蘇州府規定 端匠每布一匹工價連薪菜米加等計銀一分三厘碑記)』, 49쪽.
117) 위의 책, 『여러 법령에 따라 방직공의 파업을 영원히 금지할 것을 명시한 비문(奉各憲
    永禁機 匠叫歇碑記)』, 6쪽.

도광 초년에 이르러 소주 견직업계에서 "불량 장인이 공가를 올려 달라고 협박하고 조금만 뜻대로 되지 않으면 파업으로 위협했으며 암암리에 조금씩 강점하는 수단으로 재물을 긁어모았으며, 심지어 비단을 짜는 씨실과 날줄을 제멋대로 저당 잡히고 견직물을 짜 팔아 횡령했다. 그리고 그런 것에 대해 시비를 걸고 따지려고 들면, 바로 사람들을 선동해 파업하거나 다른 기호로 자리를 옮기곤 했다."[118] 면포 가공업(踹布業) 분야에서도 단장 장림운(蔣淋云)이 "전단지를 살포해 여러 장인들에게 파업하고 물건들을 부술 것을 강제로 명했다"[119]

　소주의 단장·방직공을 제외하고 북경의 주전(鑄錢) 노동자들도 여러 차례 투쟁을 벌였다. 호부(戶部)와 공부(工部)의 보천국(寶泉局)·보원국(寶源局) 산하의 주전 공장에서는 공두(工頭, 작업반장)들이 늘 노동자들의 임금을 가로채고 요전(料錢, 임금 외 식비 등 추가 보조금)을 횡령하며 노동자들을 가혹하게 학대했다. 그들은 "형구(形具)·곤장(板子)·칼(枷號)·찰지(楞子, 손가락을 끼워 조이는 형틀)·채찍 등을 마련해두고 주전 공방 노동자 등이 법이나 규정을 어길 시에는 각각 징벌하곤 했다."[120] 노동자들은 학대를 견딜 수 없어

---

118) 위의 책, 『원화 현에서 방직공 왕남관 등이 양가의 경감을 빌미로 사람들을 집합시켜 방직공방에서 소란을 피운...... 비문(元和縣為機匠王南觀等借口減輕洋價集眾向機工莊上滋鬧......碑記)』, 13쪽.

119) 위의 채, 『장주 원화 오현 3개 현의 양초 장인들이 파업하고 무리 지어 재물을 긁어모으고 흉포한 짓을 벌이고 말썽을 부리는 것을 영원히 금지한다는 비(長元吳三縣永禁燭匠霸停工作聚眾 斂錢逞兇滋事碑)』, 218쪽.

120) 『동정편람(銅政便覽)』 권4, 『두 개의 국』

일어나 저항했다. 1741년(건륭 6년) 보천국 산하 4개 공장의 2천 여 명 노동자가 공두의 임금 삭감에 반대해 작업을 중단하고 파업했다. 이에 보군통령아문(步軍統領衙門)에서 출병해 탄압에 나섰으며 노동자들은 "모두 공장 내 흙더미 위에 올라가 벽돌이며 기와를 집어 던지며 고함을 질렀다." 그러자 관병들이 맨주먹인 노동자들을 향해 새총을 쏘아댔다.

사후에 건륭제는 관병들의 진압에 최선을 다하지 않았다고 여겨 "사건 처리에서 너무 나약했다! 그따위 교활한 백성들을 총을 쏴 한 두 명 정도 상하게 해도 무방하다." "그따위 교활한 백성들은 참으로 가증스럽다······ 서혁덕(舒赫德) 등에게 우두머리를 찾아내 반드시 엄하게 처리해 나머지 사람들을 경계하도록 하라"[121]라고 결재 지시했다. 1816년(가경 21년)에 또 작업반장이 추가 발급한 요은(料銀, 임금 외 식비 등 추가 보조금)을 독점했다는 이유로 노동자들이 파업했다. "호국(戶局, 보천국을 가리킴) 장인들은 작업반장을 에워싸고 핍박하면서 대사청(大使廳) 앞에서 떠들어댔다. 공국(工局, 보원국을 가리킴)의 장인들은 공개적으로 공장 문을 잠그고 담당 관리(司官)를 억류했으며 법이나 규정은 안중에도 없었다."[122] 기타 업종 수공업 노동자들의 파업 투쟁도 자주 발생했다.

예를 들어 경덕진(景德鎭)의 도자기 제조 노동자의 경우, 통치계급은 그들이 "돈 몇 푼까지도 꼼꼼히 따지고 하찮은 원한까지도 반드시 갚아주곤

---

121) 『건륭주비주절(乾隆朱批奏折)』, 6년 8월 22일.
122) 『청인종실록(淸仁宗實錄)』 권319, 가경 21년 6월 27일.

한다. 즉 은 냥의 순도나 공급하는 식사 등에 있어서 조금이라도 저들의 비위에 거슬리거나 하면 동업자들에게 알려 파업하면서 협박한다. 심지어 패거리를 무어 멋대로 강탈하거나 부수곤 한다"[123]라고 말했다. "도자기 가마 한 채에 수십 명의 노동자가 필요했는데 조금만 거슬리면 한꺼번에 파업하곤 했다."[124] 또 예를 들면…… 1756년(건륭 21년)에 소주의 제지 노동자 장성명(張聖明) 등이 "품삯을 올려주기 바라는 허황된 생각을 하며 공방주가 은전 순도의 균형을 잡기 위해 값을 깎는다는 핑계를 대 노동자들을 모아 파업했다."[125] 1826년(도광 6년)에 소주의 양초 제조 노동자 소현소(邵賢昭) 등이 "양초를 만드는 여러 일꾼들을 불러 모아 작당하여 파업하고 여러 점포에 돈을 내놓을 것을 강요하며 멋대로 흉악한 짓을 했다."[126] 가경 · 도광 연간에 산동성 제녕(濟寧)의 6개 담배 공방에 "노동자가 4백 여 명에 달했는데 흉악하고 싸움을 잘해 지방관들을 힘들게 했다."[127] 수공업 노동자들의 투쟁 대상은 본 업종의 공장주 · 상인뿐만이 아니라 공장주 · 상인 배후에 있는 강대한 봉건 정부이다. 따라서 세력 차이가 너무 현저했다. 봉건 정부는 저항하는 수공업 노동자들을 가장 야만적이고 무자비한 수단으로 대처했고 노동자들은 별다른 투쟁 수단이

123) 능주(凌燽), 『서강시집기사(西江視集紀事)』 권4, 『조교(條敎)』
124) 능주(凌燽), 『서강시집기사(西江視集紀事)』 권4, 『조교(條敎)』
125) 『강소성 명청 이후 비각 자료 선집(江蘇省明淸以來碑刻資料選集)』, 『각 헌의 제지 공방 장 인들이 공가 인상을 협박하는 것을 엄히 금지한다는 규정을 영원히 따를 것을 명시한 비(奉各憲 嚴禁作坊工匠把持勒增工價永遵碑)』 67쪽.
126) 위의 책, 『장주 원화 오현 3개 현의 양초 장인들이 파업하고 무리 지어 재물을 긁어모으고 흉포한 짓을 벌이고 말썽을 부리는 것을 영원히 금지한다는 비(長元吳三縣永禁燭匠霸停工作聚眾 斂錢逞兇滋事碑)』, 218쪽.
127) 포세신(包世臣), 『안오사종(安吳四種)』 권6.

없이 겨우 자체 대오의 단결에만 의지했다. 그럼에도 봉건정부와 공장주·상인들은 언제나 백방으로 노동자 대오의 단결을 파괴하고 저애했다. 수공업 노동자들은 조직을 설립해야 하는 중요성에 대해 이미 인식했다.

1715년(강희 54년), 소주 단장(端匠) 왕덕(王德) 등이 단장회관 설립을 창의했는데 청조 관리들이 극구 반대했다. 관리들은 왕덕 등이 "여러 장인들을 현혹시켜 공가 인상을 핑계 삼아 앞장서서 관아에 고발하고 재물을 마구 긁어모으고 있다"면서 "회관이 일단 설립된다면 무뢰한들이 무리를 지어 끼치게 될 피해를 예측할 수 없다"[128] 라고 질책했다. 결국 왕덕 등 6명이 곤장형을 받고 본 고장으로 쫓겨났다. 옹정제 시기에 소주의 방직공들이 "방행(幫行)이라는 명칭의 조직을 설립해 사람들을 집합시켜 파업을 조직했다." 이런 '방행'과 '회관'이 바로 그때 당시 수공업 노동자들이 설립을 요구한 조직이며 봉건통치자들은 노동자조직이 나타나는 것을 쉽게 허용할 리가 없다. 또 건륭제 후부터 동치·광서 연간에 이르기까지 소주의 많은 수공업과 운수업계에 '소갑(小甲)'·'행두(行頭)'라고 불리는 자들이 나타났는데 수공업노동자 수령과 성질이 비슷하다.

"소군(蘇郡) 지역에서 무릇 장사만 한다면 '소갑(小甲)'으로 불렀으며 그것을 기회 삼아 말썽을 부리고 필요한 것을 얻어내곤 하는데 참으로 치가 떨릴 지경이다." "목행(木行) 소갑은 역사가 오라지만…… 그는 뗏목

---

128) 『강소성 명청 이후 비각 자료 선집(江蘇省明淸以來碑刻資料選集)』, 『흠차부당·총독·순무 등 여러 헌의 규정을 받들어 면포 디딤 가공과 염색업 불량배들을 쫓아낼 것을 명시한 비(奉 欽差部堂督撫各憲驅逐踹染流棍禁碑)』 41쪽.

사공의 우두머리이다."[129] 청 정부는 "소갑"·"행두"의 존재를 용납할 수 없어 "엄히 단속해 없애고 비를 세워 영원히 금지시켰다." 그러나 실제로 수공업 노동자들의 조직 요구가 근본적으로 철저하게 금지될 수 없었다. 고로 소주 여러 업종에는 여전히 '소갑'·'행두'가 존재했으며 기타 지역에도 장인들의 조직이 있었다. 예를 들어 "수도의 미장이와 목공 중에는 북경 동부 계주 사람들이 많은데 그들에게는 비교적 엄한 규정이 있었으며 견습공은 모두 회관에 가입해야 한다."[130]

이런 '회관'은 동향회(同鄕會)와 비슷하지만 회원은 모두 견습공들로서 업계 노동자조직의 색채를 띤다. 이밖에 광주의 방직공은 '서가행(西家行)'을 조직해 기호들의 조직인 '동가행(東家行)'과 서로 대립을 이루었다. 그 후 수공업 노동자들은 여전히 임금 인상과 대우 개선을 꾸준히 요구했다. 그러나 '회관'·'공소(公所)'를 설립하고 '행두'·'소갑'을 천거하는 것이 점점 그들의 절박한 요구와 투쟁 목표가 되었으며 이러한 현상은 아편전쟁 때까지 이어졌으며 그 후 더욱 두드러지게 반영되었다.

수공업 노동자들은 직접적인 이해관계 때문에 그들을 착취하고 압박하는 공장주·상인들에게 투쟁의 예봉을 직접 겨냥했지만 투쟁의 발전은 필연적으로 봉건 질서의 안정에 위해를 끼치게 되었다. 때문에 관부가 항상 나서서 공장주와 상인의 편에 서서 적극적으로 관여하면서 엄히 진압해

---

129) 지소자(枝巢子), 『구경쇄기(舊京瑣記)』 권9.
130) 『강소성 명청 이후 비각 자료 선집(江蘇省明淸以來碑刻資料選集)』, 『장주현 뗏목소갑 폐지 비(長洲縣革除木簰小甲碑)』, 100쪽.

노동자들의 거듭된 투쟁이 거의 실패로 끝났다. 비록 기업의 소유자로서의 공장주·상인은 봉건 관부와 모순도 존재하고 또 그들도 관부가 법을 어기고 탐오하며 터무니없이 무거운 세금을 징수하는 것에 반대하지만 공장주와 상인들은 봉건 세력과 갈라놓을 수 없이 밀접히 연결되어 있어 그들은 많은 정도에서 반드시 관부의 콧김에 의지해야만 생존할 수 있다. 그때 당시 정부의 윤준과 보호가 없이 개별적인 상공업은 아예 활동의 여지가 없었다.

상공업자들은 관부의 협박과 약탈을 받더라도 노동자들의 요구에 양보할 생각이 없었다. 그들은 노동자들로부터 파업의 위협을 받으면서도 주저없이 청 정부의 품에 안겨 원조와 보호를 받을 것을 요구했다. 아편전쟁 전 청대 역사에서는 서유럽 역사에서 나타난 시민계급이 일으킨 투쟁과 같은, 도시 상공업자가 수공업 노동자들과 연합해 함께 봉건 정부의 압박에 반대한 경우가 거의 없다. 중국 사회경제 발전의 고도와 특징이 도시 중등계층의 연약성과 비독립성을 결정했으며 봉건정권에 맞설 수 있는 역량이 줄곧 형성될 수 없었다. 비록 도시 수공업 노동자들이 여러 차례 투쟁을 일으켰지만 중등계층의 지지를 받지 못했으며 양자는 오히려 서로 적대시하면서 반(反) 봉건의 역량을 약화시켰다. 때문에 도시 속의 투쟁이 대규모의 무장봉기로 발전한 적은 한 번도 없으며 봉건통치에 반대한 주요 역량의 원천은 여전히 광활한 농촌과 광범위한 농민들 중에 있었다.

4. 항청(抗淸)봉기

18세기에 가장 일찍 일어나고 규모가 비교적 큰 농민봉기는 1721년(강희 60년)의 대만 주일귀(朱一貴)봉기를 꼽을 수 있다. 그 봉기는 청조 통치가 안정되고 경제가 상승하는 시기에 일어난 계급투쟁으로서 봉건사회가 번영 창성하는 배후에 조절할 수 없는 사회 모순이 배태되었음을 나타낸다. 주일귀는 복건성 장주(漳州)부 장태(長泰)현 사람이다. 집안이 가난하여 1713년(강희 52년)에 바다를 건너 대만에 가 오리를 키워 생계를 유지했다. 사람 됨됨이가 의협심이 있고 사방의 벗을 사귀기 좋아한다.

청조 관리 통치가 부패한 가운데 대만 지부(知府) 왕진(王珍)이 "과중한 세금을 징수하고 백성을 학대했으며 산속에 들어가 나무를 몰래 채벌한 백성 2백 명을 잡아 형벌에 처했다."[131]

주일귀 등은 탐관오리의 박해에 반대해 1721년 5월 14일(강희 60년 4월 19일) 나한문(羅漢門)에서 봉기를 일으켰다. 남로(南路)에서도 두군영(杜君英) 등이 "하담수(下淡水)·빈랑림(檳榔林)에서 광동성 동부지역의 객가인(客家人) 고용 농군들을 집합시켜"[132] 들고 일어나 호응했다. 청조 유격대 주응룡(周應龍)이 군사를 이끌고 토벌에 나섰는데 마을 백성들을 마구 죽이고 마을에 불을 지르고 약탈을 감행해 민중들의

---

131) 공시(龔柴), 『대만소기(臺灣小紀)』, 『소방호재여지총초(小方壺齋與地叢鈔)』 제 9질(帙)
132) 남정원(藍鼎元), 『평대기략(平臺紀略)』

더 큰 분노를 자아냈다. "그래서 여러 향에서 잇달아 호응해 봉기의 기치를 추켜들었다."[133] 5월 23일, 적산(赤山)에서 봉기군이 청군을 대패시켰으며 주응룡은 허겁지겁 도주했다. 총병(總兵) 구양개(歐陽凱)가 1천 5백 명의 군사를 거느리고 춘우포(春牛埔)에 군영을 세우고 적과 맞서 싸웠는데 밤에 군영이 뒤흔들리는 바람에 청병은 싸워보지도 못하고 패했다.

26일, 봉기군은 대만의 부와 성을 점령했다. 그러자 청조의 크고 작은 관리들이 앞을 다투어 바다를 건너 도주했다. 주일귀는 대만 부를 점령한 뒤를 이어 또 제라(諸羅)현·봉산(鳳山)현을 함락시켰으며 "7일만에 전 대만을 함락시켰다."[134]

주일귀는 중흥왕(中興王)으로 칭하고 연호를 영화(永和)로 정했으며 산하에 국공(國公)·장군(將軍)·상서(尚書) 등을 분봉했다. 그리고 청조를 토벌할 것이라는 격문을 발표해 "바다를 가로질러 군사를 집결시켜 북벌에 나설 것이다. 장성에서 말에게 물을 먹이고 저 오랑캐 조정을 들부수고 추악한 무리들을 섬멸시킬 것"[135] 이라고 했다. 그러나 봉기군은 전 대만을 장악하자마자 내부 분열이 생겼다. 야심이 큰 두군영은 자신의 아들 두회삼(杜會三)을 왕위에 앉히려 했으며 주일귀의 단속에 불복했다. 게다가 기율이 문란해 "매사에 교만하고 순종하지 않았으며 7명의 여인을 약탈해 군영에 가두어두었다,"[136] 주일귀 등이 그의 방탕한 행위와 노략질을

133) 남정원(藍鼎元), 『평대기략(平臺紀略)』
134) 공시(龔柴), 『대만소기(臺灣小紀)』
135) 연횡(連橫), 『대만통사(臺灣通史)』 권30.
136) 남정원(藍鼎元), 『평대기략(平臺紀略)』

제지하자 두군영은 출병해 대항했으며 싸움이 벌어졌다. 청 정부는 오래동안 태평세월을 누린 탓에 군사들이 교만하고 나태해져 갑자기 닥친 변고에 어찌할 바를 몰랐다. 봉기군은 봉기를 일으킨 지 수십 일이 지난 뒤에야 병력을 조직해 공격을 발동했다.

수군 제독 시세표(施世驃)와 총병 난정진(蘭廷珍)이 잇달아 1만 2천 명의 군사와 6천 명의 수군을 인솔해 6백 여 척의 배에 나눠 타고 바다를 건너 대만으로 향했다. 봉기군은 내부 모순뿐 아니라 대외 강적과 대항해야 했으며 게다가 대만 지주무장까지 분분히 활동하고 있어 청군과의 작전에서 패해했다. 7월말, 주일귀는 구미장(溝尾莊)까지 패퇴했으며 봉기군들은 여기저기로 뿔뿔이 흩어졌다. 지주무장은 "소를 잡아 환대하고 6개 마을의 건장한 사내들을 불러 모아 도와줄 것을 약속한다"[137]라고 그를 속였다.

그리고 밤에 복병을 출동시키자 일귀는 포로 되었다. 주일귀는 비록 실패했지만 굴하지 않는 강한 의지를 보였으며 심문을 받을 때 "일귀는 스스로 잘난 체하며 제독과 평등한 예를 행하며 당당하게 우뚝 서 있었다. 정진(廷珍)이 와서 무릎을 꿇으라고 꾸짖었으나 일귀는 스스로 과인이라고 멋대로 큰소리치며 불손하게 말했다."[138] 그는 북경까지 함거로 압송되어 능지처참 당했다. 두군영은 전쟁에서 패한 뒤 산 속에 숨어 지내다가 11월에 항복했으나 청 정부에 의해 참형을 당했다.

---

137) 남정원(藍鼎元), 『평대기략(平臺紀略)』
138) 위의 책.

주일귀의 봉기는 강희제 말년에 일어났다. 그 당시 청조가 한창 전성시기에 처했지만 각 지역에서 소규모의 저항 투쟁이 끊이지 않았으며 갈수록 자주 일어났다. 1724년(옹정 2년)에 산서(山西)성 만천(萬泉) 지현(知縣)이 사사로이 가렴잡세를 거둬들였기 때문에 수천 명의 대중이 성 안에 들어와 관아에 불을 지르자 지현이 담을 뛰어 넘어 도주했다.

임분(臨汾)에서도 지현이 백성들을 가혹하게 대하자 대중들이 관아로 쳐들어가 "그 가솔들을 발가벗겨 기둥에 묶어 놓고 관리들은 법정에 무릎을 꿇려 구경하게 했다…… 요즘 들어 산동에서 화모(火耗, 엽전을 주조할 때 금속이 소모된다고 받는 세금)를 한 냥 당 8전씩 추가 징수해 백성들이 편히 살 수가 없다. 하남(河南)성도 마찬가지 상황이다." 각 지역 모두 태평하지 않았으므로 "성을 포위하는 일이 최근 들어 꽤 잦다"[139] 라고 말하는 사람도 있었다.

옹정제 통치시기에 비교적 큰 투쟁은 호남성 원주(沅州)의 사록정(謝祿正)이 강희 말년에 일으킨 봉기인데 관병이 장기간 토벌했음에도 진압하지 못했다. 사록정은 계속 투쟁을 견지했는데 "8년간 승복하지 않고 버텼다." 옹정 4년, 1천 3백 명의 청병이 대거 출동해 가로 막고 추로하려 했으나 장령들의 무능함 때문에 잡지 못했다. 옹정제가 크게 노해 "참으로 가소롭구나. 훌륭한 총독에 훌륭한 제독이라, 인재의 품덕과 재능을 잘 알고 합리하게 배치했구려"[140]라고 결재했다. 1729년(옹정 7년)에 광동과

---

139) 왕경기(汪景祺), 『독서당서정수필(讀書堂西征隨筆)』
140) 『옹정주비주절(雍正朱批奏折)』, 4년 8월 초사흗날.

광서에서 대중의 항청 봉기가 일어났는데 이매(李梅)를 위수로 했으며 은평(恩平)현성을 공격할 것이라고 큰소리쳤다. 청병은 1천 명이 출동해 범인 50명과 인신(印信, 도장)·깃발 등 물건들을 압수했으나 이매는 종적을 감추었다. 그로부터 12년이 지난 1741년(건륭 6년)에 도 이매의 아우 이채(李彩)와 이매의 아들 이개화(李開化)가 수백 명을 집합시켜 "흉기를 들고 '천여도행(天與道行)'이라는 네 개의 큰 글자가 씌어 있는 큰 깃발 여러 대를 추켜들었으며 사람마다 머리에는 모두 황건(누런 수건)을 두르고 우두머리는 황의(누런 옷)를 입고 가마를 탔는데 천강(遷江)현성을 공격하러 왔다고 전했다."[141]

그 후 이매와 이개화의 이름이 항청 운동 중에 자주 등장하며 항청 투쟁의 상징이 되었다. 건륭 초년 관리들의 보고에 따르면 "광동의 역적 이매가 섬서성의 서안에 숨어든 뒤 동굴을 파고 은을 채취한다는 소문이 자주 들렸다. 소문을 멋대로 날조했으며 점점 더 많은 사람들을 모았는데 호남·운남·귀주 어느 곳에나 다 있다"라고 했으며 호북 양양(襄陽)에도 "이매의 이름을 날조해 반란 관련 허위 공시를 마구 써내는"[142] 사람들이 있었다. 이개화의 이름은 여러 지역 봉기 중에서 더 자주 등장했다. 백련교(白蓮敎)와 천지회(天地會) 등 비밀 단체들도 자주 그의 이름을 이용해 호소하곤 했다.

---

141) 『군기처록부주절(軍機處錄副奏折)』, 건륭 6년 7월 18일 양석불(楊錫紱) 등의 상소.
142) 『청고종실록(淸高宗實錄)』 권187, 8년 3월 29일.

옹정 연간에 여러 가지 형태의 항청 투쟁이 아주 많았다. 1729년(옹정 7년), 무석(無錫) 지현이 "잔혹함이 습관이 되어 사람 목숨을 초개같이 여겼다". "마을 사람들은 핍박에 견디다 못해 호태산(胡埭山)에서 수 백 명을 불러 모아 거의 대란을 일으킬 뻔 했다."[143] 이듬해 숭명(崇明)에서 항조사건이 일어났는데 "점포들이 파업하고" 관리에 맞서 저항하고 순검(巡檢)을 구타하기까지 발전했다. 같은 해 사천성 충주(忠州)에서 토지에 대한 자세한 측량과 세금 징수에 반대하는 군중 투쟁이 일어났다. 그 투쟁들은 비록 규모가 크지 않아 청 조정이 국면을 통제해 진압할 수 있었지만 각 지역에서 절도와 강탈, 관아에 대항하는 사건이 아주 빈번히 일어났다.

전국 각지에서 계급투쟁의 작은 불꽃들이 자주 일어나곤 했다. 그때 당시 정부 문서에서는 양강(兩江)지역에 "한 달 사이에 보고된 강도사건이 109건이나 된다"[144]라고 밝혔다. "강남 지역에 도적이 많을 뿐 아니라 최근 들어 하남·호광(湖廣) 등지에서도 길 가던 관원들이 강탈을 당하는 경우가 있다. 그런데 주현관(州縣官)이 사건 당사자로부터 뇌물을 받고 모두 은닉해주곤 한다."[145] "직예성에는 강도 사건이 항상 다른 성보다 많았다."[146]

---

143) 황앙(黃卬), 『석금식소록(錫金識小錄)』 권 4.
144) 『동화록(東華錄)』 옹정제 권6, 3년 7월.
145) 『동화록(東華錄)』 옹정제 권7, 3년 8월.
146) 『동화록(東華錄)』 옹정제 권14, 7년 6월.

"광동성은 강도사건이 많이 일어나고 민풍이 거칠고 사나워 민풍 단속을 담당할 관리 한 사람을 설치해야 한다."[147] "호광(湖廣) 지역은…… 인정이 교활하고 악랄하며…… 초(楚, 호북성)의 백성들은 원래부터 법에 대해 모른다. 그들은 무리를 지어 파업하는 것을 아이들의 장난으로 여긴다."[148] 강서성은 "풍속이 야만적이어서 관리에게 저항하고 법을 어기는 일들이 자주 일어나곤 한다."[149] 옹정제는 법치가 엄명하고 질서가 안정되었다고 알려져 있지만 기실 진정으로 태평한 극락세계는 아니었다. 청 조정은 이런 상황에서 근심 걱정에 시달리지 않을 리 없었다.

옹정제는 각 지역의 저항 활동을 엄히 진압해야 한다고 거듭 강조했다. 그는 "강도짓을 단속하는 것이 백성을 안정시키는 첫째가는 임무"[150]라고 말했으며 이와 관련해 일련의 조치를 취했다. 1725(옹정 3년), 여러 성에 순찰관을 설치하고 도적들을 잡아들이는 임무를 전담하도록 했다. 1726년, 국경을 넘어 도적을 체포할 경우 사전에 알릴 필요가 없이 "비밀리에 체포 작전을 펼침과 동시에 관문 수비 관서에 공문을 보내 알림으로써 신속성을 확보할 수 있도록"[151] 규정지었다. 1727년, 도적들을 가중하게 처리했는데 조서에 "수도 인근 요충 지대에는 엄숙함이 마땅하다.

---

147) 『동화록(東華錄)』 옹정제 권15, 7년 12월.
148) 『옹정주비주절(雍正朱批奏折)』, 6년 9월 초여드렛날 호북 안찰사(按察使) 왕숙장(王肅章)의 상소.
149) 『옹정주비주절(雍正朱批奏折)』, 11년 10월 25일 서(署) 강서(江西) 포정사(布政使) 송균(送筠)의 상소.
150) 『동화록(東華錄)』 옹정제 권13, 6년 7월.
151) 『동화록(東華錄)』 옹정제 권8, 4년 2월.

그런데 최근 강도사건이 다른 성에 비해 많은 편이다…… 성조(聖祖)가 범죄자를 관대하게 처리해…… 범죄를 주도하고 사람을 해친 주모자만 참수형에 처하고 그 외 범죄자에 대해서는 모두 감형해주었다…… 옹정 5년 정월 초하룻날부터는 직예에서 일어난 강도사건에 대해 여전히 원 법률을 적용해 주범이든 종범이든 간에 누구를 막론하고 모조리 참수형에 처하도록 한다"[152) 라고 명시했다. 같은 해에 또 소작농들은 지조를 체납하거나 지주를 "기만"하면 안 된다고 규정지었다. 그리고 무술 교습을 금지시켜 사람들이 무리 지어 모반하는 것을 방지하도록 했다. 통치계급은 온갖 심혈을 기울여 주밀하게 방비하고 엄한 형법을 적용했지만 저항투쟁의 발전을 억제하지 못했다.

건륭제 전기에 이르러 투쟁은 한 걸음 더 발전해 옹정제 때보다도 훨씬 더 빈번하고 치열해졌다. 예를 들어 사천성의 관리가 "과거에 사천성에 대해 조사한 바에 따르면 강희 연간에 매년 추심(秋審)에서 심사하는 사건이 십여 건을 넘지 않았는데 옹정 연간에 점차 늘어 백 여 건, 2백 여 건까지 이르렀다. 올해 건륭 7년에 이르러 추심에서 심사한 사건인 413건이나 되었다."[153) 인민대중의 저항활동이 부지불식간에 벌어지고 있어 졸졸 흐르는 실개천이 무수히 많이 모이면 반드시 세찬 물결의 큰 강이 되어 봉건통치를 충격하는 거대한 역량이 될 것이다. 건륭제 전기에 청조의

---

152) 『동화록(東華錄)』 옹정제 권9, 4년 8월.
153) 『옹정주비주절(雍正朱批奏折)』, 7년 9월 19일 사천 안찰사(按察使) 이여란(李如蘭)의 상소.

통치가 하늘 한 가운데 높이 떠오른 해처럼 전성시기에 처해 있었지만 식견이 탁월한 일부 인사들은 이미 잠복해 있는 위기를 느꼈던 것이다.

1743년(건륭 8년), 조선의 조현명이 중국에 외교사절로 왔다가 조선으로 돌아가 청조의 상황에 대해 이렇게 말했다. "겉보기에는 태평스러운 것 같지만 안은 실제로 썩고 있었나이다. 신의 소견으로는 수십 년 안에 천하가 크게 어지러워질 것이옵니다."[154) 과연 그가 이런 말을 한 지 30년 만에 산동 왕륜(王倫)의 봉기가 일어나 사회 대동란의 서막을 열었다. 50년 뒤에는 또 사천·호북(川楚)일대의 백련교 봉기가 일어나 청조 통치는 절정에서 몰락으로 떨어졌다.

건륭제 전기, 비교적 큰 군중 투쟁은 1743년(건륭 8년)과 1752년(건륭 17년)에 집중되었다. 건륭 7~8년 사이에 장강 이남지역에 연이은 물난리로 인해 기아에 허덕이는 백성들이 무리를 지어 쌀을 강탈하는 사건이 사처에서 일어났다. 예를 들어 강서성의 "원주(袁州)일대에서는 2~3월 사이에 강탈사건이 160여 건이나 일어났다. 남창(南昌)·길주(吉州)·무주(撫州)·요주(饒州) 등 관할지역에서도 소문을 듣고 분분히 따라했는데 단속하면 잠잠해졌다가 또 다시 반복하곤 하면서 여기저기서 강탈 사건이 끊이지 않았다."[155) "건륭 7년 겨울과 8년 봄, 호광·강서·강남 등 곳에서 모두 식량 강탈 사건이 일어났는데 강서성이 특히 심각해 한 읍에서 백여

---

154) 『조선 이조실록 중의 중국사료(朝鮮李朝實錄中的中國史料)』 제 10권, 4518쪽.
155) 『건륭주비주절(乾隆朱批奏折)』, 8년 8월 초나흘날 양강(兩江) 총독 윤계선(尹繼善)의 상소.

건이나 발생했다."[156] 그해 복건성도 상황이 아주 심각했는데 "교활한 백성들이 백 명씩 몇 십 명씩 무리를 지어 혹자는 흰 옷을 입어 표식으로 삼고 혹자는 깃발과 무기를 들고 머리에 두건을 두르고 소라껍데기를 불며 마구 노략질을 해댔다."[157] 특히 장포(漳浦)·조안(詔安) 일대에는 "자룡회(子龍會)"·"소도회(小刀會)" 등 조직이 나타났는데 장포 지현이 입회한 군중들을 잡으려다가 찔려 죽자 관리를 죽이고 성을 포위하는 변란으로 번졌다. 고전(古田)·민청(閩清)에서도 나혜능(羅惠能) 등 이들이 사람들을 집합시켜 산채를 차지하고 부잣집을 털고 계약서를 작성한 뒤 계약서 위에 "난룡 천자 이개화(蘭龍天子李開花)"라고 썼다. 대만에서는 지주가 제멋대로 "물길을 가로 막고 관개하지 못하게 하자" 소작농 곽흥(郭興) 등이 분개해 들고 일어나 저항했다. 그들은 깃발을 내들고 군중들을 불러 모아 지주의 장원을 불사르고 약탈을 감행했다.

강소성도 건륭 7년은 사건이 많은 한 해였다. "숭명(崇明)·정강(靖江)·단도(丹徒)·보응(寶應) 등지에서 자연재해를 날조해 구제물자를 가로채고, 조세를 갚지 않고 구실을 대 감면해줄 것을 요구했으며 시장 파업하고 관리에 저항했다."[158] 그 이듬해에 또 고우(高郵)·보응(寶應)·산양(山陽) 등 현에서도 "사람들이 무리를 지어 시장 파업하고

---

156) 『청고종실록(清高宗實錄)』 권 230, 9년 12월 15일.
157) 『건륭주비주절(乾隆朱批奏折)』, 8년 5월 26일 복건(福建) 제독(提督) 무진승(武進升)의 상소.
158) 『청고종실록(清高宗實錄)』 권 159, 건륭 7년 정월 초닷샛날.

관공서와 법정에 쳐들어가 소란을 피우며 구제물자를 갈취했다."[159] 그해 호북성에서도 수재가 발생해 경구(京口)·강릉(江陵) 일대의 "이재민들이 흉년이 든 것을 핑계 삼아 도적질을 일삼고 나광회(籮筐會, 광주리회)라는 이름의 조직을 만들어 사람들을 집합시켜 빌린다는 명분하에 식량을 강제로 협잡했다." "안륙(安陸)·형문(荊門)·형주(荊州) 등지는 서로 인접해 있어 무지하고 아둔한 백성들이 소문을 듣고 서로 본받곤 했다."[160]

호남성의 예릉(醴陵)·파릉(巴陵)·뇌양(末陽)·흥녕(興寧)·형산(衡山) 등지는 부유층들이 식량 가격을 올리는 바람에 가난한 자들이 쌀을 다투어 구매하는 풍조가 일어났다. 귀주(貴州)성에서도 "필절(畢節)현의 백성들이 쌀을 강제로 빌리고 동인(銅仁)현 시장의 민중들이 파업하는"[161] 사건이 있었다. 사천성에서는 "괵로(嘓嚕)"라고 부르는 깡패집단이 활동했다. 건륭 8년 공식 문서에는 "호광·강서·섬서·광동 등의 성에서는 외지에서 온 무직업자들이 무술을 배우고 본 성의 간사한 무리들과 결탁해 몸에 흉기를 지내고 무리지어 사처로 마구 휩쓸고 다녔는데 그들을 '괵로자(嘓嚕子)'라고 불렀다."[162]상기와 같은 여러 가지 기록에서 알 수 있다시피 건륭 7~8년 사이에 장강 이남은 사건사고가 잇달아 발생했고 모순이 아주 첨예했다.

그때 당시 잦은 구제 요구 소란·식량 약탈·도당 결탁·관리 대항 등 사건은 규모가 비교적 작고 대다수가 경제적 요구에서 비롯되고 자발적인

---

159) 『건륭주비주절(乾隆朱批奏折)』, 8년 정월 26일 양강 총독 덕패(德沛)의 상소.
160) 『건륭주비주절(乾隆朱批奏折)』, 8년 2월 27일 호광(湖廣)제독(提督) 왕천각(王天覺)의 상소.
161) 『청고종실록(淸高宗實錄)』 권197, 8년 7월 30일.
162) 『청고종실록(淸高宗實錄)』 권203, 8년 10월 30일.

성질이 많은 것이 특징이었다면 10년 뒤인 1752년(건륭 17년)에는 저항활동이 상대적인 저조기를 거친 뒤 다시 새로운 고봉기에 달했다고 할 수 있다. 그 특징은 투쟁의 예봉이 청 정부를 직접 겨냥해 정치적 색채가 더욱 짙어진 것이다. 그 해에 마조주(馬朝柱)의 항청 사건을 조사 처리했다. 마조주는 호북성 나전(羅田), 안휘성 곽산(霍山)에서 여러 해 동안 활동해오면서 신의 기적을 날조하고 군중들을 연락하며 스스로 병서 · 보검 · 신기(神旗) 등을 얻었다고 자칭하면서 반청 활동을 조직했다.

그는 명조 후예 주홍금(朱紅錦)과 이개화(李開花)의 이름을 내걸었는데 믿고 따르는 자 중 대다수가 "산굴을 파고 숯을 굽는 가난한 농민"들이었다. 그의 도당은 안휘 · 호북 · 호남 · 하남 · 사천 · 강서 등지에 널리 분포 되었다. 청 조정이 이 사건을 조사해내자 마조주는 무리를 이끌고 '천당채(天堂寨)'를 근거지로 삼아 지키면서 관군에 저항하여 반격했으나 실패했다. 2백 여 명이 체포되었으나 마조주는 도주했다.

청 조정이 갖은 방법을 동원해 수색 체포하려고 했으나 줄곧 잡지 못했다. 7년 뒤(건륭 24년) 예수회의 로유 신부는 마조주를 수색 체포하던 일에 대한 말만 나오면 얼굴에 두려운 빛이 역력했다. 로유 신부는 "유명한 반역자 한 명을 잡기 위해…… 수많은 무고한 민중들이 아주 작은 혐의 때문에 체포되어 심문 당하고 하옥되었다…… 소문으로 전해지는 마조주의 이름은 모두들 듣기만 해도 불안할 뿐 아니라 게다가 주변에 공포감을 퍼뜨렸다……나는 그들과 한통속이라는 의심을 받고 두세 차례나 체포되었는데 나의 동업자들이 모두 놀라 어쩔 바를 몰라 했다.

다행히도 얼마 지나지 않아 나는 석방되었다."[163]라고 말했다.

같은 해 강서성 상요(上饒)의 하아사(何亞四)는 "농사를 짓고 숯을 구워 생계를 유지했는데" 땅을 파다가 땅 속에 묻힌 은 370냥을 얻게 되었다. 점쟁이 이덕선(李德先)은 그가 크게 부귀영화를 누릴 팔자라며 그에게 출자해 관인을 파고 깃발을 만들고 병장기를 제조하도록 추기면서 천병이 돕고 있어 비도로 살인을 할 수 있다는 등등의 말로 그를 충동질했다. 또 이개화(李開化)·주홍죽(朱紅竹)의 이름을 빌어 현지 농민들을 집결시켜 청병과 맞서게 했다. 한편 복건성의 장주(漳州)에서는 수재(秀才) 채영조(蔡榮祖)와 도사(道士) 풍형(馮珩)이 동맹을 맺고 하늘에 제를 지내고 군중들을 모집해 병장기와 화약을 제조하고 기병해 "대녕국(大寧國)"을 세우기로 공모했다. 그런데 비밀이 새어나가 그만 수사 처리 당했다. 이밖에 광동성의 동관(東莞)·번우(番禺)·박라(博羅)·증성(增城) 등지에서는 막신풍(莫信豊) 등이 사람들을 집결시켜 동맹을 맺고 무장시켜 강도짓을 하며 공문서를 날조하거나 이개화(李開化)·주홍죽(朱紅竹) 등의 이름을 빌어 잇달아 무장투쟁을 일으켰다. 건륭제 전기와 중기의 투쟁 사례는 이외에도 너무 많다. 건륭 7~8년과 건륭 17년 투쟁의 고봉기를 제외하고 1739년(건륭 4년), 하남성 이양(伊陽)의 양조봉(梁朝鳳)이 '교(邪敎)'를 전도하며 깃발을 추켜들고 무장 투쟁을 일으켰다.

---

163) 『예수회 중국 서간집(耶穌會中國書簡集)』 (일본어 번역본), 건륭편(3), 210쪽. 편집자 주, 마 조주는 자신의 근거지가 "서양채"에 있다고 떠벌이고 다녔으므로 마조주를 체포할 때 예수회의 전교사가 연루되었다.

그는 복우산(伏牛山) 속의 여교주 채(蔡)씨와 오누이동맹을 맺었는데 채 씨의 별명을 '일지화(一枝花, 꽃 한송이)'라고 했다. 민간에서는 "일지화는 17, 18세인데 천군만마를 대적할 수 있다"는 소문이 파다했다. "뭇사람들이 떠받들어 모시며 여통솔자로 불렀으며 그의 선동하에 그를 따르는 무리가 많았다…… 혹자는 옥란 노모(玉蘭老母)로, 혹자는 상신님(上神爺)로 불렀는데 모두 사술(邪術)이다. 그들이 신봉하는 사신은 삼교조모(三敎祖母)·십이 노모(十二老母)·구룡성모(九龍聖母)로서 삭일과 망일에 백성들을 속여 향을 사르게 하고 입교하라고 꼬드겼다."[164] 1746년(건륭 11년), 청 조정이 대승교(大乘敎)를 수사해 밝혔다. 그 교의 우두머리 장보태(張保太)는 운남성 대리(大理)의 계족산(鷄足山)에 거주했다. 장보태는 교실을 설치하고 설교하면서 스스로 49대 수원조사(收圓祖師)를 자칭했다. 일찍 옹정 10년에 장보태는 이미 관부에 잡혀 옥에 갇혀 사형을 당했다. 그러나 대승교는 아주 널리 전파되었다.

운남·귀주·사천·양호(兩湖, 호북·호남)·강서·강소·직예 등 곳곳에 모두 그 도당이 있었는데 건륭 11년에 대대적인 수색을 벌였는데 연루된 자가 매우 많았다. 1748년(건륭 13년), 복건성 구녕(甌寧)의 노관재교(老官齋敎, 즉 나교[羅敎])는 천 여 명을 집합시켜 기치를 추켜세우고 굿을 통해 '무극성조(無極聖祖)'를 공봉했으며 현성에 입성해 식량을 빼앗고 감옥을 털어 죄수들을 탈옥시키려고 했다. 그들은 또

---

164) 『건륭주비주절(乾隆朱批奏折)』, 5년 정월 17일 하남 순무 아이도(雅爾圖)의 상소.

"하늘을 대신해 일을 행하고(代天行事)", "부유한 자를 설득해 가난한 자를 구제하자(勸富濟貧)"라는 명목을 내세웠다. 1768년(건륭 33년), 복건성 고전(古田)·병남(屛南)에서 "숯을 구워 생계를 유지하는" 소일안(蕭日安) 등이 동맹을 맺고 무장 투쟁을 일으켰다. 그들은 기치와 관인을 갖추고 '호국장군(護國將軍)'·'제독주수(提督主帥)' 등의 관청을 설치하여 고전 현성을 공격하고 창고를 약탈하려고 도모했다.

같은 해 대만 강산(岡山)의 황교(黃敎) 등이 관리의 단속에 저항하고 작당하여 무장 투쟁을 일으켜 청군의 병영에 불을 지르는 등 청군과 반 년 간이나 전쟁을 벌였다. 1771년(건륭 36년), 호북성 경산(京山)의 엄사룡(嚴士龍)·하사영(何士榮) 등이 사람들을 불러 모아 결의하고 사사로이 복장을 갖추고 관청을 설치해 창고를 강탈하기로 모의했다.

그들은 "중원을 광복하자(匡復中原)"이라는 공문서를 새기고 '천운(天運)'이라는 연호를 정해 불렀다. 이러한 저항 투쟁은 규모가 여전히 별로 크지 않으며 대부분 공개적으로 발동하기도 전에 청 조정에 의해 조사해내고 진압 당했다. 그러나 뚜렷한 추세는 단순한 경제적 요구에서 일부 정치 목표를 갖추고 종교·기적(神迹)·소향(燒香) ·결맹의 형태를 이용해 호소력과 단결을 증강했을 뿐 아니라 관청을 설립하고 간단한 정치 주장을 제기했으며 군사를 모집하고 병장기를 제조해 의식적, 계획적으로 무장 투쟁을 준비하는 단계까지 발전한 것이다. 이러한 저항 활동은 조세와 곡식을 납부하는 것을 거부(抗租抗糧)하거나 구제를 강요하고 식량을 약탈하는 것(索賑搶米)보다 더 조직적이고 더 지구적인 것으로서 봉건 정권에 대해 더 큰 위협을 갖는다.

인민대중의 저항 정서와 전투 의지가 갈수록 격앙되어 끝내 1774년(건륭

39년)에 이르러 산동성 임청(臨淸)현 왕륜(王倫)의 청수교(淸水敎)봉기가 발발했으며 청대 중엽 농민 대봉기의 서막을 열어젖혔다. 그 뒤 백련교(白蓮敎)·천지회(天地會) 등 민간 종교와 비밀 결사(結社) 조직이 급속하고 막강한 기세로 일어나 항청 투쟁이 끊이지 않았으며 규모 또한 점점 커져 18세기 말의 하늘을 찌를 듯한 계급투쟁의 새 구면을 형성했다.

제4절
민간종교와 비밀조직

1. 백련교의 전파

청대에 민간종교와 비밀결사가 성행했는데 수많은 대규모의 농민봉기는 모두 종교와 결사를 이용했다. 예를 들어 백련교 봉기 · 천지회 봉기 · 태평천국 봉기 · 의화단(義和團) 운동이 모두 그러하며 자산계급이 이끄는 신해(辛亥)혁명마저도 회당(會黨)과 밀접한 관계가 있다. 이러한 역사 현상은 사람들에게 마치 민간종교와 비밀 결사의 전파가 봉기와 혁명을 일으킨 것이라는 착각을 주게 된다. 그러나 실제로는 당연히 그렇지 않다.

종교와 결사 자체는 투쟁을 일으킨 원인이 아니다. 오히려 정반대로 그들은 투쟁의 산물로서 군중 투쟁의 첨예화가 부처를 모시고 선행을 하는 것과 동맹을 맺고 서로 돕는 것을 취지로 하는 민간 비밀 조직을 혁명화의 길로 이끌어 인민 대중들이 봉기를 일으키는 수단이 될 수 있도록 한 것이다. 물론 민간 종교와 비밀 결사는 반봉건투쟁을 추진하는 과정에서 아주 중요한 역할을 했다. 봉기가 일어나기 전에 이들 조직은 혁명 방면에서 역량을 은폐하고 축적하며 혁명성 주장을 선전하는 효과적인 수단이다.

봉기가 일어난 뒤 이들 조직은 또 군중대오를 지휘해 무장 투쟁을 진행하는 조직 형태이다. 사회모순이 갈수록 첨예해짐에 따라 군중들

속에서 장기적으로 쌓여온 저항과 분노의 불길은 필연코 분출되기 마련이다. 그런데 청조 통치자들이 인민들의 저항 활동에 대한 방비는 아주 주밀하며 진압 또한 아주 엄하다. 혁명인민들에게는 군중들에게 선전하고 군중들을 조직할 수 있는 수단이 절박하게 필요했다. 그래서 형세의 발전에 적응하고 청조의 주의를 피해 신속하게 군중을 혁명의 편에 끌어들여야 했다. 그렇게 하지 않으면 혁명과 봉기를 일으킬 수가 없었다. 그리고 그 수단은 반드시 농민군중의 각오수준에 맞춰야 했다.

농민의 이익을 수호할 수 있어야 할 뿐 아니라 군중들이 이해하고 받아들일 수 있어야 했다. 봉건 사회에서 농민들은 보편적으로 문화가 결핍하고 교육을 받지 못했으며 그들은 신령과 기적·초자연적인 힘을 믿어 지주계급과의 투쟁에서 하늘이 보우해주기를 바랐다. 민간 종교와 비밀 결사가 바로 하층 인민들에게 조직적 수단과 정신적 힘을 마련해주었다.

겉으로 보기에는 황당하여 도리에 맞지 않는 교위와 신화가 군중들을 이끌어 현실을 부정하고 일어나 저항할 수 있게 만들었으며 그들의 투쟁의 즐거움과 승리에 대한 믿음을 불러일으켰다. 엥겔스는 이렇게 말했다. "이런 봉기는 중세기의 모든 군중운동과 마찬가지로 언제나 종교의 탈을 쓰고 있다…… 그러나 종교의 열광 뒤에는 항상 실제적인 현세의 이익이 숨어 있다."[165]

---

165) 『마르크스 엥겔스 전집』, 22권, 엥겔스, 『조기 기독교의 역사를 논함』, 526쪽.

청대에 가장 중요한 민간 종교와 비밀 결사에는 2대 계통이 있다. 하나는 백련교이고 다른 하나는 천지회이다.

백련교는 매우 널리 전파되었으며 게다가 대규모의 봉기를 여러 차례 발동한 바 있는 민간 종교이다. 백련교는 존재한 역사가 아주 오래되어 동진(東晉)시기까지 거슬러 올라간다. 백련교는 불교의 정토종(淨土宗)에서 기원했으며 서방 정토의 백련교의 이상을 최후의 귀숙으로 한다. 초기에 백련교는 단지 일반적인 종교조직이었으나 하층 민중들 속에서 전파하는 과정에 여러 가지 변화를 거쳐 봉건통치에 반대하는 조직으로 변화한 것이다. 원(元)대 말기에 한산동(韓山童)이 사람들을 불러 모아 향을 사르고 백련교를 전파하다가 원대 말기의 대농민봉기로 발전한 것이다. 명조 통치하에 백련교는 계속 활동해 여러 차례의 봉기를 조직했다. 명조 후기에 "백련 결사가 사방에 널리 퍼져 교주가 있는 곳이면 사람들이 모이곤 했다."[166] 1622년(명 천계 2년), 서홍유(徐鴻儒)가 이끄는 백련교 봉기가 발발해 명조의 통치를 뒤흔들었다. 청조 초기에 백련교의 활동 소식이 여전히 가끔씩 들렸다. 예를 들어 1645년(순치 2년)에 선화(宣化)와 삭주(朔州) 일대에서 황천청정선우회(皇天淸淨善友會)가 군중들을 조직해 청병에 항거했는데 기세가 등등했다. "산과 들에 온통 반란군들이 널려 각기 총과 칼, 활들을 들었다."[167]

---

166) 『명사(明史)』 권226, 『여곤전(呂坤傳)』
167) 『명청사료(明淸史料)』 병편(丙編), 5권.

또 직예성 고성(藁城)·무극(無極)의 왕봉개(王鳳喈)·동백선(董百仙) 등이 백련교를 전도하며 "사교(邪敎)의 진주(眞主)를 사칭해 사람들을 현혹시켰다. 그래서 한때 어리석은 무리들이 모두 마귀에게 홀려 취한 듯 미친 듯 무장 봉기를 일으켜 제멋대로 날뛰었다."[168] 이 대오는 진정부(眞定府)의 성을 포위 공격한 적이 있다.

청 조정은 처음부터 민간 종교의 활동을 엄히 금지시켰으며 수차례에 거쳐 명령하고 훈계해 금지시켰으며 여러 가지 진압 조치를 취했다. "우리 조대가 세워진 뒤 성군에서 성군으로 대대로 내려오면서 요 임금과 순 임금의 문무의 다스림을 본받아 나라를 다스려오고 있다. 사교에 대해 엄한 율례를 제정해 칼(枷)형·장(杖)형·도(徒)형·유(流)형, 교수형·참수형·능지처참형 등 모든 형벌을 적용해 그 죄의 경중에 따라 경하고 중한 형벌을 적용한다."[169] 순치 3년, "도찰원(都察院) 오성어사(五城御史)·순보아문(巡捕衙門) 및 재외무안(在外撫按) 등 관리들에게 칙령을 내려 여러 교파들을 발견하게 되면 바로 체포해 중죄로 다스릴 것을 명했다."[170]

청조 통치자의 엄한 진압과 민간 종교 조직의 분산성과 해이성으로 인해 각 지역의 종교 우두머리들은 비밀리에 분파를 설립하고 독자적으로 세력을 발전시켰다.

---

168) 병부상서 고산액진(固山額眞) 갈홍달(噶洪達)의 제본(題本, 명·청시기 상주문의 일종), 『爲恭報續獲詐城黨賊幷參疏忽官員』
169) 황육편(黃育楩), 『속파사상변(續破邪詳辯)』
170) 『청세조실록(淸世祖實錄)』 권26, 3년 6월 11일.

결과 백련교는 분파가 대량으로 설립되어 명목이 번다했다. 비교적 유명한 것으로 문향(聞香)·대승(大乘)·용화(龍華)·혼원(混元)·무극(無極)·무위(無爲)·선천(先天)·수원(收元)·팔괘(八卦)·천리(天理)·청수(淸水)·원교(圓敎)·삼양(三陽)·장생(長生)·청련(靑蓮)·나조(羅祖)·홍양(弘陽)·황천(皇天)·선우(善友)·구문(九門)·십문(十門)·연등(燃燈)·서래(西來)·청다문(淸茶門) 등등이 있다.

이처럼 많은 교파 중에서 일부는 비록 백련교와 같은 계통에 속하진 않지만 그 교의(敎義)와 경전(經典)은 기본상 비슷하다. 일부는 청 정부의 추적을 피하기 위해 개명한 것으로서 이름만 다를 뿐 실제로는 같은 교파로서 모두 백련교에서 변화 발전한 것이다. 이들 교파가 전국 각지에 분산되어 광범위한 하층 군중들에 의지해 비밀리에 활동하며 널리 전파되었다. 그 어떤 강대한 무력과 가혹한 형법도 그들을 모조리 소멸할 수는 없었다. 민간 종교는 마치 군중 속에 매장된 지뢰와 불씨처럼 조건이 성숙되어 불을 붙이기만 하면 바로 폭발해 온 들판을 다 태워버릴 수 있는 큰 불로 번질 수 있다.

비밀 종교가 민간에서 전파되는 과정에서 수많은 경서들이 창작되고 인쇄되었는데 "하나의 분회가 설립될 때마다 반드시 경서를 새기곤 했다."[171] 여러 교파의 교의는 각각 특징이 있지만 또 공통하는 내용도 있어

---

171) 나언성(那彦成), 『나문의공주의(那文毅公奏議)』 권32.

대체로 다음과 같은 세 가지 방면이 포함된다.

(1) 창세설(創世說).

이는 백련교 등 교파의 근본 교의이다. 세계는 원래 혼돈한 상태였는데 후에 무생노모(無生老母)라는 신으로 변화했다고 주장하는 설이다. 즉, 이른바 "무생노모가 먼저 하늘을 창조했다는 것"이다. 그리고 "무생모가 음과 양을 창조했는데"[172] 하나는 복희(伏羲)라고, 다른 하나는 여와(女媧)라고 부르며 둘은 부부로 맺어져 96억 명의 황태(皇胎) 아들딸을 번식했다. 그들이 동방의 속세에 내려와 인간세상이 생겨났다고 주장한다.

이런 창세설로 인해 그들은 이 세상의 범인(凡人)은 모두 "무생부모의 아들딸들은 최초에 모두 천궁에서 태어나기 때문에 천궁이 고향"[173] 이라고 여기며 그 천궁을 '진공가향(眞空家鄉)'이라고 부른다. '진공가향'은 범인의 출생지이자 귀숙지이며 무생노모가 미륵불을 파견해 속세에 내려 보내 중생을 구도하게 했으며 입교해 계율을 지키며 수행한다면 지옥에 떨어지는 것을 피할 수 있고 "안양극락국(安養極樂國)"으로 올라갈 수 있으며 이를 가리켜 '환원귀향(還元歸鄉)'이라고 한다. "동방에 와서 속세의 경계에

---

172) 황육편(黃育楩), 『파사상변(破邪詳辯)』, 『고불천진고증용화보권(古佛天眞考證龍華寶卷)』을 인용.
173) 위의 책.

빠졌다. 그래서 가서(家書)를 전해 분부를 내려 용화수 아래서 만나게 했다"고 한다. "무생모는 중생들을 제도해 함께 천궁으로 올라가도록 했다."[174]

그래서 '무생노모'는 인간세상의 '창세주'와 '구세주'가 되었다고 한다. 백련교 등의 교파가 숭배하고 낭송하는 '팔자진언(八字眞言)', 이른바 "진공가향, 무생노모"는 바로 그 '창세설'의 근본 교의를 개괄한 것이다.

이러한 창세설은 얼핏 보기에는 단지 우주·세계의 형성에 대한 일종의 비과학적인 관념으로서 봉건통치의 사상 내용을 추호도 건드리지 않은 것처럼 보이며 농민이 투쟁을 진행하는 강령은 더더욱 아닌 것 같다. 다만 "진공가향"의 "극락"생활을 동경하고 "무생노모"에게서 영생을 얻을 수 있기를 꿈꾸는 것으로 보인다. 그래서 그때 당시 통치자들도 "처음 듣기에 종교 비적들이 백성을 기만하는 '진공가향, 무생노모'라는 여덟 자의 내용은 틀린 이치가 아니다."[175]

이처럼 전혀 무의미하고 황당하기 짝이 없는 "팔자진언"이 왜 농민 군중들이 일어나 반란을 일으키도록 동원하는 유력한 구호가 될 수 있었을까? 그것은 백련교 등 교파가 일반 종교에는 없는 특징을 갖추었기 때문이다. 백련교의 교의는 현실생활과 밀접히 연결시켜 사회모순의 변화에 따라 '팔자진언'에 대해서 새로운 해석을 진행할 수 있게 되어 있다.

---

174) 위의 책.
175) 주개(周凱), 『내자송재문집(內自訟齋文集)』 권1, 『사교의 비적 제이 과부의 난에 대한 기록 (紀邪匪齊二寡婦之亂)』

그 교의는 사람들을 이끌어 '진공가향'·'천궁'·'안양극락국'을 꿈꾸고 갈망하게 했으며 현실세계에 대한 직접적인 부정이고 "인간세상의 경계"에 대한 불만이기도 하다. 명조 시기, 백련교 교의에는 "팔우(八牛, 쥐[朱]명 왕조를 가리킴]의 강산은 공고하지 않다"라는 내용이 있다. 청조 시기에는 또 "우팔(牛八)을 보좌하자", "일월(日月)이 다시 오니 천하가 대명(大明)에 속하리라"[176] 라고 주장했다. 봉건 착취가 가혹해지고 사회모순이 갈수록 격화되고 광범위한 농민들이 도탄 속에 빠져 허덕이게 됨에 따라 교의는 일정한 정도에서 빈곤한 농민의 요구를 반영했는데 '무생노모'가 그들을 이끌고 현실세계를 바꾸고 '진공가향'으로 향함으로써 현실 속의 고난을 끝내기를 갈망한 것이다. 이는 개체의 농민 소생산자들에게는 최고의 이상인 것이다.

'팔자진언'이 선양하는 극락국은 현실 사회제도와 근본적으로 대립되는 것이다. 이른바 '진공가향'이라는 것은 현실세계에 대한 불만에서 나타난 것이므로 당연히 청조 통치자들에게는 '이단사설(異端邪說)'로 간주되었으며 백련교 등 교파도 물론 '사교(邪敎)'로 비난 받아 엄히 진압 당했다.

---

176) 나언성(那彦成), 『나문의공주의(那文毅公奏議)』 권41.

(2) 삼제설(三際說)

가난한 백성들의 현 상황에 대한 불만 정서와 이상적인 미래에 대한 갈망에 맞추기 위해 백련교 등 교파는 세계의 발생 발전은 과거·현재·미래 세 단계 혹은 세 시기를 거쳤다고 주장했는데 이를 '삼제설'이라고 한다.삼제설을 실제로 불교·도교·명교 등 일부 관점을 한데 모아놓은 잡탕이다. 이 설의 주장에 따르면 '과거'를 무극(無極)이라고 하고 청양당도(靑陽當道, 검은 태양을 가리킴)하며 연등불(燃燈佛)이 장관한다고 주장했다.

그리고 '현재'를 태극(太極)이라고 하고 홍양당도(紅陽當道, 붉은 태양을 가리킴)하며 석가불이 장관한다고 주장했다. 또 '미래'를 황극(皇極)이라고 하고 백양당도(白陽當道, 흰 태양)하며 미륵불이 장관한다고 주장했다. 삼제설의 핵심은 세계의 발전변화를 선양하면서 과거의 힘겹고 비참한 생활이 곧 끝나게 되며 미래의 아름다운 세계를 기대하고 쟁취할 수 있다는 것이다. 현재는 바로 붉은 태양과 흰 태양이 교체하는 시각으로서 이러한 교체가 바로 이른바 '겁변(劫變)'이며 "붉은 태양의 겁이 다 끝나고 흰 태양이 흥하려 하는" 시점이라는 것이다. '겁'은 불교의 개념으로서 본뜻은 시간의 연속인데 재화(災禍)라는 뜻이 파생되었다. 불교에서는 전체 우주와 인류의 경력이 무수히 많은 크고 작은 겁으로 가득 찼으며 우주는 하나의 큰 겁해(劫海)인데 무수히 많은 겁변(劫變)을 거친 뒤 세계는 공무(空無)의 상태로 돌아간다고 선양한다.

불교에서는 물질의 현실 세계를 부정함으로써 비물질의 피안세계를 갈망하고 추구하도록 사람들을 인도한다. 그러나 일정한 조건 하에서 민간 비밀 종교의 겁변설은 당면한 봉건통치를 부정하는 내용을 담고 있다.

현실의 홍양 세계는 끝없는 재화를 가져다주어 백성들이 재난을 당하게 되고 천하가 크게 바뀌게 된다. 그러나 무생노모에게 귀의해 미륵불의 장관 하에 백양당도하면 "천지는 둥 도 부족함도 없고 사람은 늙음도 젊음도 없으며 생과 사도 없고 또 여상도 없는"[177] 환락의 천당에 이를 수 있다.

'삼제설'과 '겁변설'은 곧 도래하게 될 아름다운 세계가 혼돈한 현실 세계와 서로 대립된다는 관점을 제기했다. 대중들은 막심한 어려움을 떨쳐버릴 수 있고 행복한 새 기원이 곧 시작될 수 있다고 굳게 믿는다면 추호의 망설임도 없이 그것을 위해 투쟁하며 그것을 위해 몸 바치게 된다.

그래서 통치계급은 이런 종교 사상은 "복을 마련하고 화를 피한다는 것으로 어리석고 맹목적이 되도록 유인하고"[178] "미래를 도모한다고 떠벌이지만 실제로는 반역이 목적이며"[179] "그들의 교파에 가입하면 천당에 오를 수 있지만 입교하지 않으면 지옥에 떨어지며, 입교하면 화를 면하고 극락세계에 이를 수 있지만 입교하지 않으면 큰 화를 당하게 되어 함께 고해에 빠져들게 된다"[180] 라고 선양한다고 말했다. 백련교 등 교파는 바로 이런 허황하고 황당한 교의 속에서 군중들을 동원하고 군중들에게 선전하는 사상적 역량을 얻었다.

---

177) 나언성(那彦成), 『나문의공주고(那文毅公奏稿)』 권42.
178) 『흠정평정교비방략(欽定平定教匪方略)』 권두(卷首).
179) 나언성(那彦成), 『나문의공주고(那文毅公奏稿)』 권42.
180) 상형(祥亨), 『중각파사상변서(重刻破邪詳辨序)』

(3) '동재동색(同財同色)'의 평등관

이른바 '동재(同財)'란 입교 시 "빈부 상황에 따라 헌납하는 근기전(根基錢)의 많고 적음에 따라 차별하지 않고 또 계절에 따라 내는 승단은(升丹銀)의 많고 적음에 따라 등급을 나누지 않으며"[181], "입교한 뒤 생기는 재산은 모두 평균 분배하고"[182], "교내에서 수행 중이던 자가 다른 패에 가입할 경우 재산을 가져가지 못하며 입는 것과 먹는 것 등 면에서 너나없이 두루 지내도록 한다"[183]라고 규정되어 있다. 뿐 아니라 그들은 또 "재난이 닥치면 서로 구원하고 어려움에 닥치면 죽기를 각오하고 서로 도우며 일전 한 푼 지니지 않고도 천하를 돌아다닐 수 있다"[184]라고 주장했다. 이른바 '동색(同色)'(색이란 즉 종류라는 뜻)이란 여러 종류 간의 구별을 취소해야 한다는 주장이다. 여기에는 세계상의 장유(長幼)・남녀 등의 구별을 취소하는 것이 포함되는데 이로써 모든 욕망을 배제하도록 해야 한다는 것이다. 그 경서에서는 "남자든 여자든 원래부터 서로 구별이 없으며 모두 무생모에 의지해 생겨나 선천적으로 한통속"[185]이라고 했다.

또 "남과 여가 결합하도록 하고 너희들은 서로 구별할 필요가 없다고

---

181) 『동치방현지(同治房縣志)』 권6, 『사기(事記)』
182) 엄여욱(嚴如煜), 『삼성변방비람(三省邊防備覽)』 권17.
183) 엄여욱(嚴如煜), 『삼성변방비람(三省邊防備覽)』 권12.
184) 주개(周凱), 『내자송재문집(內自訟齋文集)』 권1, 『사교의 비적 제이 과부의 난에 대한 기록 (紀邪匪齊二寡婦之亂』
185) 『구고충효약설보권(救苦忠孝藥雪寶卷)』

지시했다"[186]라고 말했다. 이처럼 재산을 평균 분배하고 종류를 구분하지 않는 평등 관념이 막심한 고난에 허덕이는 하층 군중들에게는 아주 큰 흡인력이 있다.

여러 교파의 경서는 짙은 민간적인 색채를 띠며 대부분 그때 당시 민간에서 유행인 곡조로 되어 있다. 그중에는 곤곡(昆曲)으로 된 청강인(淸江引)·주운비(駐云飛)·황앵아(黃鶯兒)·백련조(白蓮調) 등이 있고 또 가요 형태로 된 오경조(五更調)·타십불한(打拾不閑)·타연화락(打蓮花落)·방자강[梆子腔, 梆子(나무 타악기)로 반주하는 중국 전통극 주요 곡조의 하나]의 설창 가사도 있다. 사람들이 즐겨 듣고 즐겨 보는 형태로 설교를 진행해 통속적이고 알기 쉬우며 외우고 부르기 편리하도록 해 하층 인민들이 쉽게 받아들일 수 있게 했다. 이밖에도 그들은 또 "의원이나 점쟁이, 혹은 장사치가 되어 여러 마을들을 두루 돌아다니며 직접 설교에 나서"[187] 가난한 사람들을 위해 병을 고쳐주고 무예를 가르치며 이재민을 구제하는 등등 방법을 통해 영향력을 키워 광범위한 농민과 소규모 수공업자·무직업 떠돌이 백성의 환영을 받았다.

물론 이런 민간 교파는 분산된 개체 소생산자들을 군중 토대로 하기 때문에 사상적인 국한성이 존재한다. 그 교파들은 장기적으로 봉건사회에서 전파되는 과정에서 또 봉건 정통 사상과 등급 관념의 영향을 받기 마련이다. 따라서 종교 교의 중에는 봉건 미신과 낙후하고 보수적인

---

186) 『고불천진고증용화보권(古佛天眞考證龍華寶卷)』
187) 황육편(黃育楩), 『파사상변(破邪詳辯)』 권1.

사상 찌꺼기가 많이 포함되었다.

이들 민간 교파의 교의는 불교와 도교의 교의도 받아들이고 또 유가 사상도 받아들였으며 무생노모와 미륵불을 받들어 모시면서 또 옥황대제와 공부자 및 여러 신화 전설 속의 인물도 끌어들였다. 수많은 경서에는 선행과 수행에 대한 상투적인 말과 충의효제 · 삼강오륜 · 본분 고수 · 윤회 응보의 관념들로 가득 찼다.

평상시에 적지 않은 교파가 소수의 세습적인 전도사 가족에 의해 독점 당해 그들이 재물을 긁어모으는 수단으로 되었다. 교파의 수장들은 특권을 누리며 점차 대부자로 변했고 교파 내부에도 신분의 존귀함과 비천함이 있고 직책이 분명하며 등급이 엄밀하다. 그러다 계급투쟁이 격화되는 시기에 이르러 망하고 실업 당한 하층 민중들이 비밀 종교 조직에 대거 몰려들어 혁명의 요소가 크게 증강되고 활약하기 시작하면서 이들 교파의 활동 방향과 범위가 바뀌었고 잠복 상태에서 두각을 내밀기 시작해 생기 있고 기세가 드높으며 씩씩하고 용맹한 자태로 혁명 폭풍을 맞이하고 불러일으켰다.

2. 천지회의 창립

백련교는 전파 역사가 아주 오랜 민간 비밀 종교이고 천지회는 청대에야 나타나기 시작한 하층 비밀 결사이다.

천지회가 설립된 구체적인 연대와 그 창시자에 대해서는 아직까지도 다양한 설이 있다. 신해혁명 시기에 혁명당원 도성장(陶成章)이 민간 비밀 결사를 발동하는 일을 했는데 그 단체의 유래와 취지에 대해 탐구하고 결사 내부의 많은 상황들을 연구해 『교회원류고(敎會源流考)』라는 책을 써냈다. 그는 천지회가 명조 유민들이 설립한 반청(反淸)조직이라고 주장했으며 "창시자는 정성공(鄭成功)이고 계술하고 완성한 자는 진근남(陳近南)이다." 이런 설에 따르면 정성공은 강희 원년에 사망했으니 천지회 창립 시간은 이 시기보다 더 늦을 수 없다.

두 번째 설은 광서 귀현(貴縣) 수지국(修志局)에서 발견된 천지회 문서에 따르면 "대청 강희 연간, 갑인년(甲寅年) 3월 25일, 홍(洪)씨 집안이 결의한 날짜"[188]라고 했다. 강희제 갑인년인 즉 1674년(강희 13년)이다. 고로 "천지회의 창립 연대에 대해 고증해 보면 홍씨 가문이 전해져 내려오고 있으며 청조 강희 13년 갑인년에서 시작된다"[189]라는 주장이 있다. 세 번째 설은 '갑인년'은 마땅히 옹정제 갑인년이며 강희제 갑인년이 아니라고 주장한다. 그 근거는 소일산집(蕭一山輯)『근대 비밀 사회사료(近代秘密社會史料)』중에 수록된『서로서사(西魯敍事)』에서 천지회가 "옹정 갑인년 7월 25일 축시"에 창립되었다고 명확히 밝힌 것이다.

그리 되면 천지회 창립 시간이 뒤로 60년 늦춰져 1734년, 즉 옹정 12년 갑인년이 되는 것이다.[190] 네 번째 설은 천지회가 1761년(건륭 26년)에 창립되었다는 것이다.[191] 이는 주로 가경 4년 복건 순무 왕지이(汪志伊)의

---

188) 『천지회(天地會)』1, 33쪽.
189) 나이강(羅爾綱), 『천지회 문헌록(天地會文獻錄)』
190) 네덜란드인 슐레겔과 소일산(蕭一山)은 모두 이런 견해를 갖고 있다.
191) 이런 설을 주장하는 이는 채소경(蔡少卿), 『천지회의 기원에 대한 문제』, 『북경대학 학 보』1964년 제 1기.

상소에 근거한 것이다.

그는 상소에서 "신이 어명을 받들어 천지회 비적에 대해 조사해본 결과 건륭 26년에 창립되었사옵니다. 장포(漳浦)·천주(泉州)의 비적들이 모반을 획책하고 있으며 몰래 결탁해 그 세력이 대만까지 퍼져 있사옵니다."[192] 왕지이의 다른 한 상소에는 또 "조사해본 결과 복건성 천지회는 건륭 26년에 창설되었으며 장포 현의 승려 제희(提喜)가 최초로 창립할 것을 창의했다."[193] 또 다섯 번째 설은 1767년(건륭 32년)에 창립되었다는 주장이다. 주요 근거는 양광 총독 손사의(孫士毅)의 건륭 52년에 올린 상소이며 그 뒤에 천지회 회원 허아협(許阿協)의 진술을 첨부했다.

허아협은 천지회의 암어 "목립두세지천하(木立斗世知天下)"라는 말에 대해 설명했는데 "목(木)자는 순치 18년을 가리키고 입(立)자는 강희 61년을 가리키며, 두(斗)자는 옹정 13년을 가리키고 세(世)자는 천지회가 건륭 32년에 창립되었기 때문에 그 '세'자를 빌어 은폐한 것이다"[194]라고 했다. 천지회는 비밀 결사로서 건륭 51년 대만 임상문(林爽文)이 이끄는 천지회 봉기 후에 세인들에게 알려지기 시작했다. 그 이전에는 청조 정부가 천지회의 활동을 발견하지 못했다. 그래서 정부 기록문서와 개인의 기술 중에 천지회 관련 기록이 없으며 천지회 자체도 아무런 문서나 자료도

---

192) 『군기처록부주절(軍機處錄副奏折)』 가경 4년 10월 29일 결재, 왕지이(汪志伊)의 상소. 『천지회』 1, 141쪽을 인용.
193) 『황조경세문편(皇朝經世文編)』 권 23, 왕지이, 『경진치화장천풍속소(敬陳治化漳泉風俗疏)』
194) 『허아협 등 이들의 진술서(許阿協等人供單)』 『천지회』 1, 70쪽 인용.

남기지 않았다. 그렇기 때문에 현재까지 천지회의 정확한 설립 시간을 판정
짓기가 어렵다. 그러나 지금까지의 자료를 보면 천지회가 건륭제 중엽에
창립되었다는 설이 비교적 신빙성이 있다. 그 첫 번째 이유는, 앞의 세
가지 설은 천지회가 강희·옹정 혹은 더 일찍 창립되었다고 주장하는데 그
근거는 주로 천지회 자체의 문서 『서로서(西魯序)』[195]이기 때문이다.

　『서로서』는 실제로 천지회 중후반에 보낸 신화이야기로서 진실된
역사가 아니기 때문에 이를 근거로 천지회의 창립시간을 단정 지을 수
없다. 초기의 천지회 회원은 『서로서』의 이야기에 대해 알지 못하는 것
같았다. 그것은 임상문 봉기 후 청 조정이 아주 큰 공을 들여 체포된 천지회
회원들에게 그 회의 기원에 대해 추궁했었는데 많은 회원의 진술 내용에
이런 이야기가 거론되지 않았기 때문이다. 두 번째 이유는 강희·옹정

---

195) 『서로서』는 천지회 문서 중의 한 편으로서 본 회의 기원 관련 이야기에 대해 서술했으
　　며 그 줄거리는 다음과 같다. 강희 연간에 소림사(少林寺) 승려들이 청 조정을 도와 서
　　로번(西魯番) 정 복에 나서 승리를 거두고 나서 다시 사원에 돌아와 거주했다. 그런데
　　간사한 자가 참언을 올려 청 조정은 군사를 풀어 소림사를 공격하고 불살라 대다수 승
　　려들이 처참하게 학살당했다. 겨우 5명만 간신히 도주해 만운룡(萬云龍)과 결맹하고 숭
　　정(崇禎) 태자 주홍영(朱洪英)을 옹립해 봉 기를 일으켰다. 그런데 또 청병에게 패하고
　　만운룡은 사망했다. 그 5명은 각기 여러 성으로 도주 해 반청복명(反淸復明, 청조를 뒤
　　엎고 명조를 복원함)의 뜻을 세웠는데 이들은 "오조(五祖, 다섯 명의 창시자)"라 불리며
　　여러 성 천지회 분파의 창립자가 되었다. 이 비극적인 이야기는 은혜와 원수를 갚는 내
　　용과, 미신·기적, 무술 기술, 반청복명의 내용을 담고 있으며 줄거리가 굴곡적이 면서
　　아주 선동적인 선전문자이다. 『서로서』는 여러 가지 판본이 있는데 현재 볼 수 있는
　　시간 적으로 가장 이른 판본은 가경 16년에 압수된, 광서(廣西) 동란주(東蘭州) 천지회
　　수령 요대고(姚大羔)의 집에 소장되었던 필사본 회부(會簿)에 기록된 이야기이다. 그
　　뒤에 나온 판본과 대조 해보면 초기의 판본은 간략하고 거칠게 씌어져 있다. 더 뒤로 갈
　　수록 더 섬세하고 감동적으로 씌어졌으며 이야기도 더욱 상세하고 엄밀해졌다.

시기에 청 조정이 조사해낸 비밀 조직이 적었고 건륭제 때에 이르러 크게 늘어 비밀 조직의 명칭이 수백 개에 달했기 때문이다.

건륭 51년 이전까지는 천지회의 이름이 등장하지 않았다. 만약 천지회가 아주 일찍 창립되었다면 그처럼 긴 시기의 전파와 활동을 거쳤는데 청 정부가 전혀 눈치 채지 못했을 리가 없다. 세 번째 이유는 그때 당시 청조 관리가 천지회의 창설자와 창설 연대에 대해 대대적으로 추궁했는데 강희ㆍ옹정 연간에 창립되었다는 설은 전혀 없기 때문이다. 손사의(孫士毅)설은 건륭 32년에 창립되었다고 하고 왕지이(汪志伊)설은 건륭 26년에 창립되었다고 주장한다. 이 두 가지 설 속에서 손사의설이 제기될 때는 아직 추적 조사 초기여서 조사가 계속되고 있을 때(건륭 52년 연초)였고, 왕지이설이 제기될 때는 추적 조사가 마무리된 뒤(가경 4년)이므로 왕지이설이 추적 조사의 최후 결론일 수 있기 때문에 더욱 신빙성이 있다.

백련교와 마찬가지로 천지회의 등장 역시 건륭제 이후부터 계급모순이 점점 격화되어 생겨난 산물이다. 청대 기록에 따르면 비밀 결사류가 총 215건에 달했으며 그중 건륭 20년 이후에 조사해낸 것이 199건에 이르며 그 이전에는 겨우 16건이었다. 천지회의 등장은 계급투쟁의 첨예화와 관련이 있다.

기존 자료에 따르면 천지회가 가장 일찍 나타난 것은 복건성과 광동성 지역의 수로와 육로 운송 연선으로서 농촌도 아니고 수공업이 집중된 도시도 아니다. 청대 옹정ㆍ건륭 시기에 토지 합병이 치열해 수많은 농민들이 토지 밖으로 내쳐지고 또 상품경제의 발전으로 상품 운송에 대량의 노동력이 필요해져 토지를 떠나 생업을 잃은 수많은 농민들이 기술은 별로 필요 없지만 노동 강도는 아주 막중한 운반 작업에 종사하게 되었다. 그들은 생활이 아주 불규칙적이고 고정된 고용주와 고정된 일자리가 없었으며 일거리가 있으면 고용 당해 일하고 일거리가 없으면 바로 실업 당해 유랑민이 되는 것이다.

이들은 세상을 떠돌아다니며 오로지 따뜻하고 배부른 생활만 갈망하는 사람들이다. 그들은 자신들이 나서 자라 익숙한 환경과 일자리를 떠나 낯선 고장에 와서 자신들이 익숙지 않은 일에 종사하며 불안정한 생활을 한다. 그들은 홀홀단신으로 사처를 떠돌아다니며 의지할 데가 없으며 여러 가지 재난의 타격과 악한 세력의 압박에 항거할 수 있는 힘이 없다. 같은 운명을 가진 약자들에게는 조직되어 서로 도우며 자신의 생존 권리를 보호하고자 하는 요구가 있다.

하층 군중들은 생활을 유지하기 위한 목적에서 서로 연결, 조직되어 유력한 사회역량이 되었으며 이것이 바로 천지회의 기원이다. 청조의 관리가 말했듯이 "모든 천지회의 명목은 내지에서 생겨 은밀하게 고루 퍼져나간다. 또 한 부류의 빈둥거리는 무뢰한들이 소란을 피우며 백성들에게 피해를 주고 있는데 나한각(羅漢脚)이라고 불린다. 이들은 천지회가 사람이 많고 세력이 강해 무리 지어 강탈하기에 이롭다는 이유로 모두 천지회에 가입한다.

그리고 천지회 내부 사람만 아니면 마구 약탈을 감행한다. 집안에 재산이 조금 있거나 장사를 해 생계를 유지하는 자들도 모두 그들에게 약탈당할까 두려워 따라서 천지회에 가입하곤 한다.

이에 따라 남북 두 갈래로 사람들이 날이 갈수록 늘어나"[196] "무슨 일이 있으면 서로 돕곤 하며 천지회 내부에도 본 지역 사람들이 있긴 하지만 열 명 중에 8~9명은 외지 사람이다."[197]

초기에 천지회 회원들은 대다수가 가난한 노동자들이었는데 운반공·소상인·수공업노동자·무직업 유민·농민이 포함됐다. 기록보관소(檔案館)에 소장된 임상문(林爽文) 봉기군 체포인원의 진술을 통해 대만 천지회 초기 수령과 골간 인물의 직업 상황을 알 수 있다(봉기가 발발한 뒤에 참가한 자들은 제외됨).

소상인	11명
고용노동자	9명
농민	6명
관아의 심부름꾼(差役)	1명

가경·도광 연간에 이르러 천지회가 크게 발전했다. 일부 가난한 하층 지식인들이 가입하고 또 부유하고 집안에 재산이 있는 개별적인 사람들도 천지회에 가입해 구성원이 갈수록 혼잡해졌다. 그러나 대체로 여전히 소상인과 고용노동자가 비교적 큰 비중을 차지했다. 중국

---

196) 『欽定平定臺灣紀略』 권58, 복강안(福康安)의 상소, 건륭 53년 4월 14일.
197) 나언성(那彦成)의 상소, 가경 7년 12월 16일.

제1역사기록보관소(中國第一歷史檔案館)에 보존된 가경·도광 연간 천지회 계통의 128건의 사례 중 수령과 골간 226명의 직업 구성은 다음과 같다.

소상인	32명
농민 겸 상인	58명
고용보따리상	36명
고용노동자	9명
농사꾼	9명
수공업자(농사를 겸해서 짓는 자도 포함)	8명
가난한 지식인	18명
승려	4명
집안이 유족한 자	2명
관아의 심부름꾼	6명
신원 불명자	44명[198]

상기 두 조의 불완전한 통계 숫자가 반영하는 천지회 회원의 직업 분포 상황은 두 가지 특징이 있다. 첫 번째는 가난하다는 것, 건륭제 시기에 집안 경제 상황이 유족한 자가 한 명도 천지회에 참가하지 않았고 가경·도광

---

198) 『역사기록(歷史檔案)』 1981년 제1기, 113쪽을 참고.

시기에도 고작 100분의 1이 참가했을 뿐이다. 두 번째는 직업의 유동성이다.

첫 번째 특징은 천지회 초기에는 주로 가난한 노동자들의 자발적인 조직으로서 방법이 없는 상황에서 본능적인 생존 투쟁이었음을 설명한다.

천지회가 처음부터 반청복명의 취지하에 지주계급이 조종한 반만(反滿, 만주족에 저항함)조직이라고 하는 것은 역사자료 근거가 부족하다. 두 번째 특징을 보면 비밀 조직인 천지회는 자체의 특색이 있다. 이 조직은 역사상의 민간 비밀 조직과도 다르고 또 같은 시기 존재한 백련교 계통 등 비밀 조직과도 다르다. 이 조직은 평등주의 색채가 짙은 반면에 사상적 권위가 부족하고, 조직의 발전이 빠르나 통일적인 지도가 부족하며, 전투할 때는 용감하나 기율이 부족하다. 천지회 조직 자체의 이런 특징은 그 자체의 빠른 발전에 따라 더욱 두드러졌다. 그 뒤 아주 긴 시간 동안 빠르게 발전해 회원 수가 많고 명성과 위세가 드높았지만 봉건정부에 반대하는 투쟁 과정에서 줄곧 방대한 공격 역량을 형성하지 못했다. 천지회는 초기에 백련교처럼 5개 성을 휩쓸고 10년간에 걸쳐 지속된 대봉기를 조직 발동하지 못했으며 말기에도 배상제회(拜上帝會)와 같은 전적(戰績)을 거둘 수 없었다.

그렇게 청조가 멸망할 때까지 여러 차례의 위대한 투쟁에서 천지회는 줄곧 주력군이 되지 못하고 좌우익에 그쳤다. 천지회가 최초로 나타났을 때는 그것이 정치적인 것이라고 말하기 어려웠으며 짙은 자위적 호조적인 성질을 띠었다. 건륭 53년에 체포된, 제일 먼저 대만에서 천지회를 전파한 엄연(嚴烟)의 진술서에는 "이 회에 가입하게 된 연고는, 혼사나 상사가 있을 때 재물로 서로 도울 수 있고, 남과 싸우게 되면 서로 힘을 내 도울 수 있으며, 강탈을 당할 경우 같은 교의 암호를 듣게 되면 서로 범하지 않을 수 있고, 다른 사람을 찾아가 설교하면 사례를 받을 수 있기 때문이다. 그래서 이 회에 가입하고자 하는 이가 아주 많았다."[199] 그 이전에 체포된 광동·복건 천지회 회원의 진술도 대체로 이와 같았다. 일반적으로 천지회 회원이 입회하는 데 뚜렷한 정치 목적이 없으며 일상적인 활동도 반정부적 성질을 띠지 않았다. 그러나 정부는 백성을 보호하지도 못하면서 또 백성들 스스로 자위하는 것도 불허했다. 중국 역대 봉호 정권은 백성들의 집회 결사에 대해 엄히 금지하는 것이 관례였다. 봉건전제정부가 가장 싫어하는 것이 사회조직이기 때문이다. 국가는 유일한 사회조직이다.

백성들이 오로지 흩어진 모래알처럼 개인적으로 국가의 권위에 대응해야만 국가의 권위가 비로소 가장 공고하기 때문에 그 어떤 결사나 모두 금지 당하고 통제 당할 수밖에 없다. 정부가 보기에 이런 결사는 반역 조직의 외각일 수 있기 때문이다. 건륭 51년, 대만 천지회의 활동이 드러난 후 관리들이 엄히 진압하고 끝까지 추궁해 무고한 자에게까지 죄를 물었다.

따라서 천지회 회원은 반역을 해도 죽고 하지 않아도 죽을 경지에 빠지게 되었으며 결국 임상문 봉기가 발발한 것이다. 현존하는 임상문 봉기군의 20여 건의 문서 중에는 '관리들의 핍박에 백성들이 반역한다', '탐관오리들을 뿌리 뽑자'는 호소문도 있다. 임상문 봉기가 있은 뒤 청 정부가 천지회에 대한 방비와 금지가 더욱 엄해졌으며 『대청률(大淸律)』에까지 추가해 넣었다. 천지회의 공격 방향도 직접 청조 정부를 겨냥해 "반청복명" 구호를 명확하게 제기했으며 전파 과정에서 수많은 이름도 없는 소지식인의 손을

---

199) 『엄연의 진술 기록(嚴烟供詞筆錄)』, 『천지회』 (1), 111쪽.

통해 "반청복명"을 선전하는 수많은 작품들을 창작했는데 그중 가장 유명한 것이 바로 『서로서』이다.

이 작품은 천지회의 정치 선언으로서 그 내용에는 종교적 설교도 없고 난해한 언어도 없으며 하나의 비장한 이야기를 통해 청조 통치자들의 은혜를 원수로 갚고 충성스럽고 선량한 사람을 학대하는 어질지 않음과 의롭지 못함을 폭로함으로써 청조 통치자는 양심이 눈곱만큼도 없는 악랄하고 흉포함이 극에 달한 어리석고 무능한 군주라며 오로지 그들을 무너뜨리고 한족의 강산을 재건해야만 "황하의 물을 맑고 깨끗하게 하듯이 혼란한 국면을 평정하고" 태평한 세월을 누릴 수 있다는 것을 증명했다.

천지회는 초기의 자위 호조 조직에서 명확한 정치 목표가 있는 정치 조직으로 발전했다. 그 변화 과정은 그때 당시 사회계급 모순의 격화, 그리고 청조 정부 관리의 품행과 치적이 부패 타락한 것과 밀접히 연관된다.

천지회는 건륭 연간에 복건성의 이민이 바다를 건너 대만으로 가면서 대만에 전파되었고 가경제 이후 강서·광서·호남·호북·절강·귀주 등 성으로 잇달아 전파되었으며 또 화교들을 통해 남양의 각지로 전파되어 점차 중국 전역의 중요한 반청 비밀 조직이 되었다.

천지회의 전파는 청 정부의 엄격한 금지 하에 이루어졌다. 따라서 관부의 이목을 가리기 위해 다양한 명칭을 사용했다. 예를 들어 첨제회(添弟會)·천지회[건륭 57년 복건성 천주(泉州) 동안(同安) 사람인 소엽(蘇葉)·진소로(陳蘇老)가 창립함]·소도회[小刀會, 건륭 59년 대만 창화(彰化)의 정광채(鄭光彩) 등이 설립했으며 입회자는 모두 작은 칼 한 자루씩 몸에 지니고 다니도록 해 얻어진 이름임]·합의회(合義會)· 삼점회(三點會)·용화회(龍華會)·홍련회(洪蓮會)·쌍도회(雙刀會)·

백자회(百子會)·강호관자회(江湖串子會)·인의삼선회(仁義三仙會)·부모회(父母會)·단자회[担子會, 가경 25년에 복건성에 나타났으며 "회원들 모두가 평등한 호칭을 사용"한다 하여 평두회(平頭會)라는 이름을 붙였음]·삼합회(三合會, 도광 11년에 최초로 나타남)·보가회(保家會) 등등이다.[200]

이외에도 현재까지 발견하지 못한 이름도 많을 것이다. 이들 조직이 각기 다른 시기에 각기 다른 지역에서 어떤 이름으로 나타났든지 간에 그들의 취지와 조직형태·활동방식은 모두 천지회의 모습을 유지했으며 아편전쟁 이전에 남방의 여러 성에서 천지회는 세력이 가장 강한 반청조직이었다.

---

200) 중국 제1역사기록보관소(中國第一歷史檔案館) 소장, 비밀 결사류.

제5절
강희 · 옹정시기 통치계급의 내부 투쟁

1. 황태자의 두 차례 폐위

역사적으로 통치자와 피통치자, 착취자와 피착취자 사이의 투쟁을 제외하고 통치계급 내부의 투쟁도 끊이지 않았다. 권력 쟁탈과 이익 다툼, 서로 속고 속이기, 서로 배척하기, 이는 봉건 사회에서 통치계급 내 서로의 평소 상태이다. 부자간, 형제간, 부부간에 권력과 이익 다툼 때문에 모순이 생겨 사활을 걸고 싸울 지경에까지 이른다.

권력 찬탈이 끊이지 않고 서로 잔혹하게 살해하고 강점한 사례에 대한 기록이 역사 서적에 끊이지 않는다. 천륜의 따뜻한 관계는 완전히 내다버리고 효제인의의 엷은 베일을 찢어버리고 통치계급의 징그러운, 피를 빨아먹는 본성을 적나라하게 드러냈다. 청조는 봉건 왕조로서 역시 통치계급 내부 권력 투쟁이 존재한다. 그러나 청조는 이전의 조대 권력 투쟁의 중점과 표현 형태와는 조금 다르다.

청대의 봉건전제권력이 가장 집중되었으며 황권이 기타 권력을 압도했다. 청조 통치자들은 전대의 교훈을 거울로 삼아 황권을 침범하거나 탈취할 가능성이 있는 여러 가지 세력에 대해 일련의 예방조치를 취했다. 황후 · 외척 · 권신 · 환관 · 당파 · 강신(疆臣, 한 지역을 수비하는 고급 지방 관리)의 권력과 활동범위가 엄격한 억제와 통제를 받았다.

그래서 청대의 3백 여 년 간 청조 말기 자희태후(慈嬉太后)의 국정 간섭을 제외하고 한(漢)·당(唐)·송(宋)·명(明) 왕조 때와 같은 심각한 왕후·외척·환관·당파·번진(藩鎭)의 난은 없었다. 청조 전기와 중기의 황제들은 일반적으로 직접 정무를 담당하고 대권을 독점했으며 중앙의 권력을 확고하게 장악했기 때문에 기타 세력이 공개적으로 황위를 찬탈하거나 임금을 죽이는 것과 같은 위협도 없었고 대권 다른 사람의 손에 넘어가거나 권신이 나라를 쥐고 흔들며 천자를 조종하는 상황도 없었다. 청조 통치계급의 내부 투쟁은 주로 황권의 계승 교체 방면에서 반영되었다.

늙은 황제가 죽은 뒤 어느 항자가 제위를 이을지를 두고 황실 내부에서 늘 치열한 쟁탈을 벌이곤 했다. 황태극과 순치의 즉위는 모두 정치 풍파를 불러일으켰고 강희제에서 옹정제에 이르기까지 황권 교체는 더욱 길고도 최고로 치열한 투쟁을 거치면서 통치 질서의 어지러운 국면을 빚어냈다.

강희제는 총 35명의 아들과 20명의 딸을 낳았는데 아들 중에 성인으로 자란 아들이 20명, 딸 중에 성인으로 자란 딸이 8명이다. 강희제의 첫 번째 황후 ― 효성황후(孝誠皇后)는 보정대신(輔政大臣) 색니(索尼)의 손녀인데 강희제와 많이 은애하는 사이였다. 1674년(강희 13년)에 효성황후가 윤잉(胤礽, 2황자)을 낳다가 난산으로 사망했다. 그 이듬해 강희제는 윤잉을 황태자에 책봉했다. 이런 황태자 책봉 조치는 전조 한족 제실의 적장자를 황태자로 세우는 예법에 따른 것이며 만족의 전통에는 부합되지 않는다.

적장자를 황태자 자리에 세우는 방법은 후계자를 하루 빨리 분명하게 선정해 분에 넘치는 의도를 철저히 막아 쟁탈이 일어나는 것을 방지하기 위함이다. 그러나 너무 일찍 태자를 세우는 것도 대신들이 장래의 영예와 이익을 바라고 그에 영합해 도당을 만들어 사리를 도모함으로써 무형 중에 두 번째 권력 중심이 생겨나게 할 수 있다. 심지어 황제와 태자 사이의 치열한 모순 충돌을 일으킬 수도 있다. 예를 들면, 한 무제(漢武帝)와 여태자(戾太子), 당태종(唐太宗)과 태자 승건(承乾)의 경우와 같다. 바로 이런 면에서 강희제는 역사의 전철을 밟은 것이다.

윤잉은 총명하고 용모가 준수하며 문무에 모두 뛰어났다. 강희제는 그를 특별히 총애했으며 그를 두고 "말타기·활쏘기·언변·문학 등 어느 것 하나 남보다 못하는 것이 없다"라고 말할 정도이다. 그때 당시 북경 궁궐에서 근무하던 프랑스 신부 백진(白晉)이 "황태자는 많은 책을 두루 다독했고 한학(漢學)에 조예가 깊다", "그의 영준하고 단정한 용모는 북경 궁정 안에서 동년배 황족들 중에서도 가장 완전무결하다. 그는 흠 잡을 데가 전혀 없는 완전무결한 황태자이며 황족들 가운데서, 궁궐 내에서 그를 칭찬하지 않는 사람은 아무도 없을 정도이다."[201]라고 말했다. 강희제는 그를 위해 가장 유명한 학자 장영(張英)·이광지(李光地)·웅사이(熊賜履)·탕빈(湯斌)·경개(耿介) 등을 스승으로 초빙해 그에게 학문을 가르치게 했다. 강희제는 늘 그와 기타 황자들을 데리고 사냥이나 순시하러 나가곤 했다. 때로는 강희제가 출정하면서 윤잉에게 북경에 남아 정무를 대리할 것을 명함으로써 경험을 쌓을 수 있도록 했다. 중요한 사무를 황태자가 결정할 수 있었다.

---

201) [프랑스] 백진[白晉, 조아심 부베 (Joachim Bouvet)], 『강희제전(康熙帝傳)』, 『청사자료(淸史資料)』 제 1집(輯), 242, 243쪽.

장기적인 황태자 지위로 인해 윤잉의 주변에는 그와 친분을 쌓고 그를 떠받들어 모시는 세력이 집결되었다. 그 세력은 색액도(索額圖)를 위수로 한다. 색액도는 색니의 아들이며 윤잉의 생모 효성황후의 숙부이다. 강희제 전기에 색액도는 신임과 중용을 받았으며 공신이고 권세와 지위가 높은 집안으로서 그 세력이 조정과 재야에서 압도적이었으며 다른 한 세도가인 명주(明珠)와 서로 배척하고 경쟁하는 사이이다. "색액도는 태어날 때부터 고귀하고 뜨르르하며 성질이 거만하고 방자해 순종하지 않는 자는 배척했으며 조정에서 유독 이광지와만 가까이 지냈다. 명주는 겸허하고 재물을 가벼이 여겼으며 베풀기를 좋아해 갓 벼슬길에 오른 자들을 자기편으로 끌어들이고 자신과 맞지 않는 자는 음모를 꾸며 정복했으며 서건학(徐乾學) 등과 친분을 맺었다. 색액도는 황태자에게 도움이 될 수 있도록 일을 행했지만 명주는 그 반대로 조정대신 중에 황태자를 돕는 자는 모조리 암암리에 배척했다. 탕빈이 황태자의 스승으로 천거되자 바로 탕빈을 배척했다."[202]

명주 집단은 강희 27년에 어사(御史) 곽수(郭琇)에 의해 탄핵을 당했으며 명주는 대학사(大學士)와 내대신(內大臣) 관직에서 면직 당하고 중용을 받지 못했다. 그 뒤 황태자가 성인으로 자라면서 세력이 점차 발전하게 되자 강희제와 모순이 생기기 시작했다. 1690년(강희 29년) 오란포통(烏蘭布通)

---

202) 『청사고(清史稿)』 권 269, 『명주(明珠)』

전투에 강희제가 친정(親征)에 나섰다가 중도에서 병이 들어 윤잉과 3황자 윤지(胤祉)를 불러 알현하게 했다. 윤잉 등이 행궁까지 달려와 문안인사를 올렸는데 "말과 표정에서 근심하는 뜻이 전혀 보이지 않았다.

황제는 윤잉에게 임금이자 아버지에 대한 충성심과 사랑이 전혀 없음을 느껴 마음이 불쾌해져 그에게 바로 수도로 돌아갈 것을 명했다."[203] 통치계급은 중앙의 권력 쟁탈에 대해 깊이 감추기 위해 문자기록을 남기지 않았기 때문에 오늘날 우리는 그때 당시 무슨 일이 있었는지 거의 알 수가 없다. 다만 일부 단서들을 통해서만 강희제와 황태자의 관계가 갈수록 악화되었음을 보아낼 수 있다. 1694년(강희 33년)에 예부에서 제사 의식 방안을 세우면서 황태자의 방석(무릎을 꿇고 신이나 부처에게 절할 때 무릎 아래 까는 방석이나 깔개)을 봉선전(奉先殿) 문턱 안에 놓으려고 했으나 강희제가 문턱 밖으로 옮겨놓을 것을 명했다.

예부상서 사목합(沙穆哈)은 황태자가 책망할까 두려워 황제의 명령을 기록할 수 있게 해줄 것을 청구했다. 이는 대신들이 태자당으로부터 느끼는 두려움을 설명한다. 강희제는 매우 불쾌해서 사목합을 면직시켰다.

1697년(강희 36년)에 강희제는 또 "몰래 황태자의 처소에 드나든" 수라간의 나인 등을 사형에 처했다. 이로부터 강희 부자간에 큰 응어리가 맺혔음을 알 수 있으며 강희제가 태자의 세력을 약화시키고 제거하기 시작했음을 알 수 있다. 이듬해에 또 여러 황자들을 대거 책봉했는데

---

203) 『청성조실록(淸聖祖實錄)』 권 147, 29년 7월.

황장자 윤시(胤褆)를 직군왕(直郡王)에 봉하고, 3황자 윤지(胤祉)를 성군왕(誠郡王)에 봉했으며, 4황자 윤진(胤禛)·5황자 윤기(胤祺)·7황자 윤우(胤祐)·8황자 윤사(胤禩)는 모두 패륵(貝勒)에 봉했다. 여러 황자들은 각자 작위을 얻자 모두 저들의 신복을 키우기 시작하면서 황태자의 지위를 노리려고 획책했다. 그렇게 되자 모순이 더 복잡해져 태자당의 사람들도 더욱 불안해지고 초조해지기 시작했다.

1701년(강희 40년), 색액도가 연로해져 퇴직했다. 이듬해 강희제가 황태자를 데리고 남방 순시에 나섰는데 덕주(德州)에 이르러 갑자기 남방 순시를 중단한다고 선포하고 수레를 돌려 북경으로 되돌아왔다. 그 이유는 황태자가 병에 걸려 덕주에 남아 휴양한다는 것이다. 이상한 것은 이미 퇴직한 색액도가 어명을 받고 덕주로 가 태자의 시중을 들게 된 것이다.

이는 아마도 태자당의 음모를 발견하고 색액도를 불러 심문한 것이리라. 그로 인해 남방 순시는 2개월간 미뤄졌다. 그 이듬해(강희 42년), 남방 순시를 끝내자마자 바로 색액도를 구금했다. 죄명은 "뒤에서 반감을 품고 국사에 대해 왈가왈부한 것", "당파를 만들어 멋대로 행동하며 많은 사람들을 위협한 것"이다.

근본적인 원인은 윤잉·색액도 등이 강희제의 신임을 잃어 황태자의 지위가 위협을 받게 되었음을 느끼고 불평을 늘어놓으며 강희를 원망하고 증오하면서 일각도 지체할세라 도당을 규합해 일을 도모하려고 했기 때문이다. 그래서 강희제가 색액도에게 "자네들이 뒤에서 불평하는 말을 널리 알릴 수는 없다", "짐이 자네들의 행위에 대해 한 방면만 집어내도 당장에 처형될 것이다", "짐이 만약 먼저 손을 쓰지 않았다면 자네들이 먼저 일을 치렀을 것이다", "위력을 과시해 위협한 탓에 온 나라 사람들이 모두 색액도를 두려워하지 않는가?"[204]라고 질책했다. 얼마 지나지 않아 강희제는 색액도를 사형에 처했다. 몇 년이 지난 뒤에도 강희제는 그를 극도로 미워하며 "색액도는 참으로 본 조대의 첫째가는 죄인이다"[205]라고 말했다.

그 한 차례의 갑자기 들이닥친 폭풍은 장기간 쌓여온 모순이 폭발한 것으로서 두 개의 권력 중심이 공개적인 대항을 시작한 이상 타협과 조율의 여지는 없다. 비록 색액도를 징벌 처형한 뒤 5년간 잠잠했고 기록에도 드러난 바가 없지만 투쟁은 여전히 암암리에 진행되었던 것이다.

강희제·황태자·여러 황자들 사이의 관계가 극도로 긴장해졌다. 윤잉은 위로는 강희제의 의심을 받고 아래로는 여러 황자의 배척을 받는 불리한 지위에 처했으며 다음 번 더 큰 타격은 필연코 그의 몸에 떨어지게 되어 있다. 1708년 10월(강희 47년 8월), 강희제가 열하(熱河)에서 성지(聖旨, 황제의 명령)를 발표해 여러 황자들이 대신을 매질하고 모욕했다고 질책하면서 "짐과 권력을 나눠 멋대로 행동하려는 의도이다.

대권을 어찌 다른 사람에게 조금이라도 양보할 수 있단 말인가."라고 했다. 그때 그의 18황자 윤개(胤祄)가 병이 중했는데 강희제는 마치 중대한 일이라도 생긴 것처럼 서둘러 북경으로 돌아가려 했으며 총망히 수레를 돌려 길을 떠났다. 중도까지 왔을 때 또 일각도 지체할 수 없는 듯이 황태자를 폐위한다고 선포했다. 그는 "여러 관리들을 불러 눈물을

204) 『동화록(東華錄)』 강희제 권71, 42년 5월.
205) 『동화록(東華錄)』 강희제 권91, 52년 2월.

홀리면서 지시했다. '…… 지금에 와서 보니 윤잉이 조상의 품덕에 어긋나고 짐의 타이름을 따르지 않고 멋대로 나쁜 짓을 하고 사람들을 학대했으며 난폭하고 음탕하기를 여러 입으로 이루 다 말하기 어려울 지경이지만 짐은 20년이나 너그럽게 받아주었다! 그런데 그의 악행은 점점 더 심해져 조정의 제왕·패륵·대신·관원들을 모욕하고 멋대로 권위를 이용해 도당을 규합시켜 짐의 일상생활을 몰래 엿보면서 모든 것을 염탐했다…… 더욱 수상한 것은 그가 매일 밤 휘장 틈을 비집고 들어와 안을 몰래 들여다본 것이다.

예전에 색액도가 그를 도와 몰래 대사를 도모한 것을 짐이 알고 색액도를 처형했다. 지금에 와서 윤잉은 색액도의 원수를 갚고자 도당들과 결탁해 짐으로 하여금 오늘 독살 당할지 내일 살해당할지 알지 못하고 밤낮으로 신중하고 경계하느라 불안에 떨게 한다. 이러한 사람에게 어찌 조상의 위업을 물려줄 수 있겠는가.' 지시를 끝내고 임금은 또 주저앉아 통곡했다."[206] 이로부터 권력 쟁탈로 인해 부자관계가 사활을 건 싸움으로 악화되었음을 알 수 있다. 강희는 연약하고 무능한 사람이 아니다. 그는 태자당의 위협 하에 하는 수 없이 황태자를 폐위시키고 그를 감금해야 했다.

강희제의 다른 아들들도 모두 그 모순에 휘말렸다. 그들은 모두 재능이 뛰어났다. 외국 선교사의 말을 빈다면 그가 만난 나이가 좀 큰 14명의 황자

---

206) 『동화록(東華錄)』 강희제 권81, 47년 8월.

중 "10명은 인물이 훤하고 재능이 뛰어났다."[207] 그들 중 많은 이가 윤잉과 대립했으며 강희와 윤잉의 관계에서 좋은 역할을 하지 않았다. 윤잉이 폐위되어 황태자 자리가 비기만 한다면 그들은 서로 다투어 쟁탈을 하려 들 것이다. 황장자 윤시도 강희의 총애를 받아 늘 명을 받고 출정하거나 정무를 처리하곤 했으며 나이도 태자보다 많았다.

그러나 서출이어서 태자의 자리에 오르지 못했다. 윤잉이 폐위되자 그는 "장자를 태자로 세우는" 규정에 따라 왕관이 자신의 머리 위에 씌워질 것이라는 허황한 꿈을 꾸고 있었다. 그는 강희제에게 윤잉을 죽이라고 대놓고 부추겼다.

그는 강희제에게 "지금 윤잉을 죽이려 한다면 아바마마의 손을 거칠 필요도 없습니다"라고 말했다. 그 뜻인즉 자신이 손을 쓸 수 있다는 것이다. 강희제는 크게 화가 나 "난신적자(亂臣賊子) 같으니라고, 천리로 보나 국법으로 보나 모두 용납할 수 없다"라고 윤시를 꾸짖었다. 3황자 윤지는 또 윤시가 라마를 청해 무술(巫術)로 윤잉에게 최면을 걸어 정신이 실성해지게 만들었다고 고발했다. 강희제는 황태자의 행위가 황당무계한 것은 윤시가 무술로 최면을 걸어 해한 것이라고 믿고 윤시의 군왕의 작위를 폐하고 종신 감금시켰다. 강희제의 여덟 째 아들 윤사(胤禩)는 세력이 제일 크고 재능이 뛰어나며 사람의 마음을 얻는 데 능해 도당이 많았으며 야심 또한 작지 않았다. 그와 윤잉 사이의 모순도 아주 컸기 때문에 윤잉을 모해하려는

---

207) [프랑스] 백진[白晉, 조아심 부베 (Joachim Bouvet)], 『강희제전(康熙帝傳)』, 『청사자료 (淸史資料)』 제1집(輯), 241쪽을 참고.

의도가 있었다. 장명덕(張明德)이라고 부르는 한 관상쟁이가 "윤사의 관상을 봤는데 훗날 필히 크게 귀하게 될 몸"이라고 했다. 이러한 음모가 들통이 나 강희제에게 호되게 꾸중을 들었다.

강희제는 "8황자가 사처에 다니며 멋대로 헛된 명성만 얻고 있다. 무릇 짐이 너그럽게 관용을 베풀거나 은택을 베푼 것을 두고 모조리 자신의 공으로 돌려 사람들의 칭찬을 받고 있다. 짐은 무엇을 하는 사람인가 또하나의 황태자가 생겨난 것인가! 만약 그를 좋다고 하는 사람이 있으면 짐이 바로 목을 벨 것이다. 그 권한을 어찌 여러 사람에게 양보할 수 있단 말인가?" "윤사가 간사함이 몸에 배고 허황한 뜻을 품고 있음은 짐이 원래부터 잘 알고 있다. 그의 도당들이 오래 전부터 서로 결탁해 윤잉을 모해하려다가 모두 탄로나 윤사를 잡아 의정처(議政處)에 넘겨 처리하도록 한다."[208] 라고 말했다. 당시 함께 구금한 자로는 또 3황자 윤지 · 4황자 윤진(즉 옹정제) · 5황자 윤기이다. 홍왕(弘旺, 즉 윤사의 아들)이 쓴 『황청통지강요(皇淸通志綱要)』의 기록에 따르면 강희 47년 11월 "황제는 건강이 좋지 않았는데 3황자와 세종황제 · 5황자 · 8황자 · 황태자를 석방했다." 이로부터 첫 번째 태자 폐위 때 적어도 6명의 황자를 감금했음을 알 수 있다. 황장자 윤시는 죄가 너무 컸기 때문에 석방을 받지 못했다.

한편 감금되었던 황자 중에는 훗날 황제로 등극한 윤진도 있다. 그러나

---

208) 『동화록(東華錄)』 강희제 권81, 47년 9월.

윤진이 태자 자리를 쟁탈하기 위한 활동과 감금되었던 경과가 관청의 장서와 기록 중에서는 모두 찾아볼 수 없다. 아마도 그런 문서는 이미 모두 불태워 없애버렸을 것이다. 훗날 옹정이 황제가 된 뒤의 고백에서 그와 윤잉 간의 모순이 반영되었다. 그는 이렇게 말했다.

"혹시 짐과 2황자 사이가 좋지 않다고 의심하는 자가 있을 것이다. 2황자가 황태자가 되었으니 이 나라의 왕세자이다. 2황자의 미움을 사기 전에 짐은 아우의 도리와 신하의 도리를 다했으며 모든 일에서 존중하고 공손했다. 돌아가신 증조부의 큰 은혜를 입어 짐이 큰 사랑을 받았기 때문에 2황자가 자신에게 방해가 될까 두려워 늘 무례하게 굴었다. 그래도 짐은 오로지 자신이 할 도리를 다했으며 공경하고 순종만 했다. 이는 모두가 다 잘 아는 사실이다."[209]

옹정의 이 같은 말은 자신을 본분을 지키고 야심이 전혀 없는 성실한 사람으로 둔갑하고 있지만 잔존하는 사료 토막과 그 자신의 말을 통해 황태자위 쟁탈에서 그 역시 아주 열심히 노력한 한 사람이었음을 설명한다.

장기간 권력의 정점에 있던 연로한 봉건전제 통치자는 항상 대권이 다른 사람의 손에 들어가 자신이 통제할 수 없는 권력 중심이 나타나는 것을 두려워하게 된다. 그래서 의심이 많고 변덕이 심하며 모든 면에서 경계하고 일처리에서 이랬다저랬다 변덕스럽기 그지없으며 결단을 내리지 못하고

---

209) 『동화록(東華錄)』 옹정제 권5, 2년 8월.

머뭇거리고 일반인의 심리로는 헤아리기가 어렵다.

강희제가 만년에 그런 상황에 속했던 것 같다. 윤잉을 폐위시킨 지 2개월 뒤인 47년 11월, 강희제는 조정대신들에게 황태자 옹립에 대해 의논할 것을 명했다. 그런데 강희제의 예상 밖으로 조정대신들이 이구동성으로 8황자 윤사를 황태자로 추대한 것이다. 그들 중에는 국구(國舅)인 동국유(佟國維, 강희의 처남)·무영전(武英殿) 대학사 마제(馬齊)·영시위(領侍衛) 내대신(內大臣) 아령아[阿靈阿, 알필륭(遏必隆)의 아들이자 강희제 귀비의 오라버니]·악륜대[鄂倫岱, 동국강(佟國綱)의 아들]·규서[揆敍, 명주(明珠)의 아들], 그리고 한상서(漢尙書) 왕홍서(王鴻緖) 등이 포함되었으며, 황실 내의 유친왕(裕親王) 보태(保泰, 강희의 조카)·안친왕(安親王)의 자손들인 마이혼(瑪爾渾)·오이점(伍爾占)·색형도(色亨圖)·패자소노(貝子蘇努), 그리고 9황자 윤당(胤禟)·10황자 윤아[胤(礻+我)]·14황자 윤정(胤禎, 후에 윤제[胤禵]로 개명)은 모두 윤사와 사이가 좋았다. 윤사가 세인의 두터운 신망을 받고 있는 사실은 연로한 황제를 기쁘게 한 것이 아니라 오히려 의심을 샀다. 강희제는 동국유와 마제를 크게 꾸짖었다. 48년 3월, 강희제는 예상 밖의 행동을 취했는데 윤잉을 다시 황태자에 봉한 것이다. 그 이유는 윤잉이 최면에 걸려 실성해져 거동이 이상해졌던 것인데 이제는 정신병이 나았기 때문에 그를 다시 황태자에 봉한다는 것이다. 이러한 조치는 대신들 속에서 혼란과 당혹감을 불러일으켰다. 강희제가 황태자 옹립에 대한 의견을 수렴할 때 대신들이 윤사를 추대한다고 공개적으로 태도를 밝혔는데 결국 강희제는 그들이 당파를 무어 사리를 도모한다고 책망하고 윤잉을 다시 황태자에 봉했던 것이다.

대신들은 어찌할 바를 몰라 "양쪽 중에서 어느 한쪽은 반드시 죽게 되어 있다"라고 탄식했다. 심지어 그때 당시 조선의 사신마저도 강희제의 처사가 부당하다고 의론했는데 "갑자기 태자를 폐위시켰다가 또 다시 복위시켰으며 마제를 때리고 끌어 당겼으면서 그 아들은 여전히 관직에 두는 등 일 처리에서 극도로 이랬다저랬다 변덕스러웠다", "황장자는 4년간 감금시켰으며 아직 석방하지 못하게 하고…… 그 외의 여러 황자들도 여러 모로 마음에 들지 않는 행동을 했으므로 황제는 마음이 많이 언짢았으며 자주 비정상적인 행동을 하곤 했다. 크고 작은 관료들은 모두 바늘방석에 앉은 것처럼 안절부절 못했다."[210]

그 정치권력 쟁탈에서 강희와 윤잉의 관계가 이미 파열되어 더 이상 회복은 어렵게 되었다.

사실이 표명하다시피 강희제가 태자의 폐위와 책봉에서 모두 촉박하게 결정했고 주밀한 생각과 보완조치가 없었음을 알 수 있다. 윤잉의 장기적으로 길러온 교만 방자한 성격과 일각도 지체할세라 권력을 장악하려는 야심도 일시적인 병증이 아니라 아주 개변하기 어려운 것이다.

그때 당시 조선인의 기록에 따르면 "태자는 천성이 잔혹했으며 백성들 가운데서는 그가 불충불효하다고 알려져 있으며 여러 누이동생들과 사통했다. 그 여러 아들들(강희제의 여러 황자를 가리킴)의 포악함은

---

210) 『조선 이조실록 중의 중국 사료』 10, 4254쪽, 4281쪽.

태자를 능가한다."라고 했다. 또한 "태자는 주색잡기를 좋아하고 악습이 몸에 배어 뉘우칠 줄 몰랐으며 자기 사람들을 13개 성의 부유한 곳에 파견해 재물들을 강제로 거둬들이고 아름다운 여인을 강제로 바치게 했으며 조금만 비위에 거슬리면 모략중상하는 참언을 올려 파면시키곤 했다…… 최근에는 위로 내각에서 아래로 부(部)·원(院)에 이르기까지 마음대로 청탁을 넣어 사리사욕부터 채우곤 했다."라고 했다. 그리고 또 "태자는 성정이 저항적이며 항상 고금을 막론하고 세상에 40년간이나 태자 자리에 있은 자가 어디 있느냐는 말을 했다고 들었다. 이로부터 그의 성행에 대해 알 수 있다."[211] 라고 조선인이 말했다. 윤잉이 황태자로 복위호자 주변에 바로 많은 도당이 집결했다.

강희제는 그들의 활동을 경계심을 갖고 주시했으며 즉각 태자에게 종송된 보군통령(步軍統領) 탁합제(托合齊)·상서(尙書) 경액(耿額)·제세무(齊世武) 등을 처형했다. 강희 51년 9월 말에 또 한 번 태자를 폐위시켰는데 성지에는 "윤잉은 정신병이 낫지 않아 인심을 크게 잃었기 때문에 조상의 위업을 절대 이런 자에게 맡길 수 없다", "윤잉은 성정이 흉포하고 악랄한 소인배와 결탁했다. 윤잉은 짐이 아비이기 때문에 다른 마음을 품지 않겠지만 소인배들이 훗날 처벌당하는 것이 두려워 혹시라도 짐에게 의외의 일이라도 생기게 되면 그것은 짐이 일생 동안 쌓아온 명성과

---

211) 『조선 이조실록 중의 중국 사료』 10, 4281, 4311, 4322쪽.

관련되는 일이다."[212] 라고 했다.

　황태자의 재 폐위는 다른 황자들과도 관련이 있는 것 같다. 이탈리아 선교사 마국현(馬國賢, 마테오 리파[Matteo Ripa])은 청조 궁정에서 근무하면서 강희제를 따라 열하에서 북경으로 돌아오는 중에 황태자를 다시 폐위시키는 장면을 목격했다. 그는 이렇게 기록했다. "우리가 창춘원(暢春園)에 당도했을 때 놀랍게도 화원 내에 8~10명의 관원과 2명의 태감(太監)이 맨머리 바람에 두 팔이 뒤로 결박당한 채 꿇어 앉아 있는 장면을 보았다. 멀리 떨어져 있지 않은 곳에는 황자들이 한 줄로 늘어섰는데 역시 맨머리 바람에 두 손이 앞으로 결박당해 있었다.

　얼마 뒤에 황제가 가마에 앉아 방에서 나왔는데 황자들 앞에 이르러 호랑이가 울부짖는 것처럼 분노를 토해내더니 태자에게 불호령을 내려 그를 궁 안에 가두고 그 불행한 황자를 폐위한다고 공개 선포했다"[213]

　황태자 책봉을 둘러싼 장기적인 분쟁으로 강희제는 답답하고 우울해 몸과 마음이 지칠 대로 지쳐버렸다. 그 뒤 강희제가 세상을 떠날 때까지도 황태자를 책봉하지 않았으며 그 문제가 강희제 마음속의 깊은 상처가 되어 사람들이 거론하는 것을 불허했다. 조정대신들 중에서 황태자 책봉을 건의하는 자가 있으면 혹은 살해당하거나(주천보[朱天保]) 혹은 강등당하곤 했다(왕섬[王掞]·도이[陶彝] 등) 여러 황자들은 여전히 암암리에 멋대로

---

212) 『동화록(東華錄)』 강희제 권90, 51년 9월, 10월.
213) [이탈리아] 마국현[馬國賢, 마테오 리파(Matteo Ripa)], 『경정십유삼년기(京廷十有三年記)』 제15장.

활동하며 도당을 결성하고 신복을 만들면서 시기를 엿보았다. 이른바 "제왕들이 서로 당파를 만들었는데 강희가 죽으면 나랏일이 어찌 될지 짐작할 수 있었다."[214] 두 차례 황태자 책봉과 폐위를 겪는 사이에 여러 황자들이 태자 자리를 쟁탈하는 기회와 세력 조합에 변화가 일어났다.

전 태자 윤잉과 황장자 윤시가 모두 실패해 영원히 감금당한 뒤 비록 그들이 여전히 조금씩 활동하면서 재차 득세할 수 있기를 바랐지만 실제로 제위 계승의 희망은 이미 사라져버렸다. 그리고 큰 실패를 겪은 또 다른 한 황자 ─ 8황자 윤사는 재능이 뛰어나고 그를 따르는 도당이 아주 많아 선택받을 가능성이 아주 클 것 같았다. 그러나 그의 세력이 너무 크고 활동이 너무 적극적이어서 오히려 강희제의 의심과 우려, 혐오를 사게 되었으며 엄격한 질책을 받았다.

강희 53년의 성지에는 이런 내용이 있다. "윤사는 신저쿠(辛者庫, 만족어 sin jeku의 음역어) 천한 계집의 소생으로서 어렸을 때부터 음험했다. 관상쟁이 장명덕(張明德)의 말을 듣고 바로 신하의 도리를 저버리고 사람을 시켜 둘째 황자를 모살하려고 한 사실은 온 나라 사람이 모두 알고 있다······ 나라를 어지럽히는 불충한 무리들과 결탁해 암암리에 간사하고 음험한 일을 꾸미면서 짐을 두고 이미 칠순이 넘어 살날이 얼마 남지 않아 머지않아 죽을 것이라고 전혀 거리낌 없이 말했다. 그는 줄곧 다른 사람의 보호를

---

214) 『조선 이조실록 중의 중국 사료』 10, 4322쪽.

받아왔으므로 누가 감히 그와 다투겠는가. 그러니 스스로 잘 보호할 수 있다고 여겨 염려하지 않는다.

짐은 그의 불충과 불의를 잘 알고…… 지금부터 짐은 윤사와 부자의 정을 끊으려 한다. 짐은 훗날 필히 개돼지 같은 짓을 하는 황자가 그자의 은덕을 입어 군사를 일으키고 반란을 일으켜 짐을 핍박해 윤사에게 선위하게 할까 두렵다. 만약 정말 그렇게 된다면 짐은 오로지 웃음을 머금고 죽을 수밖에 없다…… 윤사는 황태자에 책봉되지 못한 일로 짐을 뼛속까지 미워하고 있으며 그의 도당들도 모두 마찬가지이다. 2황자는 반란을 일으켜 거듭 인심을 잃었지만 윤사는 거듭 인심을 얻었다. 그자는 2황자보다도 백배는 더 위험하다.”[215] 강희가 이처럼 매정하게 말함에 따라 그와 윤사의 관계는 이미 물과 불처럼 서로 용납할 수 없게 된 것이다.

윤사도 역시 합법적으로 왕위를 이을 수 없게 되자 마음을 바꿔 9황자 윤당, 10황자 윤아 등과 함께 윤제를 지지하기 시작했다.

그렇게 되자 왕위 계승자로 가장 가망이 있는 황자는 14황자 윤제였다. 윤제는 본명이 윤정(胤禎)이고 4황자 윤진(즉 훗날의 옹정제)과 동복형제이다. 강희는 그를 두고 “훌륭한 장수임이 틀림없다”며 “군사를 다스리는 재능이 있기 때문에 살리고 죽이는 중임을 맡겼다”[216] 라고 칭찬했다. 윤당은 그가 “대단히 총명하고” “재능과 품덕을 모두 겸비했는데 형제들 중에 그를 따를 자가 아무도 없다”[217] 라고 했다.

---

215) 『동화록(東華錄)』 강희제 권94, 53년 11월.
216) 『무원대장군주의(撫遠大將軍奏議)』
217) 『문헌총편(文獻叢編)』, 『윤사윤당사건(允禩允禟案)』, 진도연(秦道然)의 진술.

윤제는 나이가 좀 어렸기 때문에 초기 황태자위 쟁탈에 깊이 휘말리지 않았다. 그러나 그는 윤사와 사이가 좋았다.

강희 47년에 제 1차 태자 폐위 때 강희제가 윤사를 구금하자 윤당과 윤제가 강희제기 대노할 것을 무릅 쓰고 윤사를 용서해달라고 애걸했다. 1718년(강희 57년)에 준갈이(准噶爾)가 군사를 이끌고 서장에 침입해 합밀(哈密)을 점령하는 바람에 서부선이 긴장 국면에 처하자 윤제나 무원대장군(撫遠大將軍)에 임명되어 서부 군사사무를 맡아 보았다. 이는 아주 중대한 임명으로서 청해(靑海)·서장·서북지역의 안위 및 청조 통치의 안정과 연결되었다. 대장군은 권력이 아주 크고 예의 규격도 매우 높다. 윤제는 그때 당시 겨우 패자(貝子, 청대 작위의 하나)에 불과했는데 정황기(正黃旗)의 기(纛)를 사용하고 친왕체제를 적용했으며 대장군왕(大將軍王)으로 불렸다. 이러한 임명은 적어도 일부 사람들에게 늙은 황제가 이미 뜻을 정했다는 인상을 주었다. 그래서 윤제가 출병할 때 윤당은 "14황자가 지금 출병하게 되었는데 임금께서 아주 중시하고 있다.

앞으로 황태자는 틀림없이 그가 될 것이다"[218] 라고 말했다. 윤제가 군사를 이끌고 청해·감숙에 4년간 주둔하면서 준갈이를 물리쳐 공훈을 세웠으나 군사사무를 채 마무리 짓지 못해 아직 군사를 돌려 돌아갈 수 없었다. 그때 북경에서 갑자기 변고가 일어나 강희제가 병으로 죽었다. 한때는 왕위를 계승할 가능성이 있는 것처럼 보였던 윤제가 멀리 서부

---

218) 위의 책.

국경에 가 있는 바람에 어쩔 수가 없었으므로 왕관을 얻을 수 있는 꿈이 깨지고 말았다.

2. 옹정의 승계

강희제의 죽음과 옹정제의 왕위 계승은 지금으로부터 260여 년 전의 일이다. 이 역사상의 미스터리 사건과 관련해 현재까지 충분하고 신빙성이 있는 문서가 발견되지 않아 그 진상과 세절에 대해서는 알 수가 없다. 정부의 기록에 따르면 사건의 경과는 다음과 같다.

1722년 즉 강희 61년 8월, 강희제가 열하에서 1개월 남짓이 사냥을 하고 북경으로 돌아온 뒤 또 남원(南苑)으로 가 사냥을 했다. 그때까지 건강에 별 이상이 없어 보였다. 음력 11월 초이렛날, 창춘원(暢春園)으로 돌아왔는데 "감기에 걸렸는데" 큰 병은 아닌 것 같다며 병세가 갈수록 호전되고 있다고 말했다. 그때 4황자 윤진에게 재소(齋所)에 머물면서 동짓날에 있을 남교(南郊)의 대제사를 대신 행할 수 있도록 준비할 것을 명했다.

13일 새벽, 병세가 갑자기 악화되어 여러 황자들을 불러 들여 알현하도록 했다. 인각(寅刻)에 3황자 윤지 · 7황자 윤우 · 8황자 윤사 · 9황자 윤당 · 10황자 윤아 · 12황자 윤도(胤祹) · 13황자 윤상(胤祥), 그리고 보군통령 · 이번원 상서 융과다(隆科多)가 어탑(御榻) 앞에 모였고 다음과 같은 유조(遺詔)를 내렸다.

"4황자 윤진은 인품이 귀중하고 짐과 많이 닮아 반드시 대통을 이을 수 있기 때문에 짐의 뒤를 이어 등극해 황제위에 즉위하도록 한다."

이 조서를 발표할 때 윤진은 그 자리에 없었다. 그가 창춘원에 당도했을 때는 이미 사각(巳刻)이 되었을 때이다. 그는 세 번이나 강희를 알현하고 문안을 올렸다. 그때까지 강희제는 말을 할 수 있어 "병세가 갈수록 깊어지고 있음을 알려주었기 때문이다." 밤중 술각(戌刻)이 되어 광희가 세상을 떠나서야 융과다가 윤진에게 유조를 공개했다. 윤진은 아직 황제가 될 마음 준비가 되지 않았으며 "짐은 듣고 너무 놀라 땅바닥에 엎어졌다"라고 한다. 윤지 등이 그를 향해 절을 하자 황제위에 즉위하고 연호를 옹정으로 바꾸었다.

상기 정부의 기록에 대해 두 가지 엇갈리는 견해가 줄곧 존재한다. 한 가지는 정부의 기록을 기본상 믿을 수 있다는 견해로서 옹정의 승계가 합법인 것이며 강희제의 임종 시 마지막 명을 따랐다는 것이고 다른 한 가지는 정부의 기록을 믿을 수 없다는 견해로서 옹정제가 황제의 조서를 핑계 삼아 제위를 찬탈했다는 주장이다. 강희제의 병세가 위독해지자 옹정과 융과다가 그때 당시 형세를 통제하고 유조를 허위 날조해 보좌를 빼앗았으며 심지어 강희제의 죽음마저도 아주 의심스럽다는 것이다.

상기 두 가지 견해는 모두 일부 근거가 있지만 또 그 근거가 모두 충분하지 않다. 강희제 『실록(實錄)』에는 강희제 전위 경과에 대해 아주 상세하게 기록되어 있다. 그러나 그것은 옹정 재위 기간에 편찬된 것이기 때문에 당연히 옹정에게 유리하게 썼을 것이다. 현존하는 기록문서도 옹정제가 왜곡 수정했거나 일부 불살라버려 제위 찬탈과 관련된 분명한 증거를 남기지 않았다. 만약 이 자료를 전적으로 믿고 이에 따라 역사를 쓴다면 필연코 옹정 승계의 합법성을 인정하는 것이다.

이는 심판 과정에서 일방적인 진술만 믿고 판결을 내리고 다른 일방의 상소는 듣지 않는 것과 같다. 그러나 그때 당시 엄혹한 환경 속에서 다른 일방도 충분하고 유력한 상소를 제기할 수 없었을 것이다. 현재 우리가 볼 수 있는 것은 오직 『대의각미록(大義覺迷錄)』에 남아 전해지는 내용만 볼 수 있다. 그 전해지는 바에 따르면 옹정이 제위를 찬탈한 경과가 복잡하고 기이하게 얽혔는데 정부의 기록과는 현저한 차이가 있다. "성조황제는 원래 14황자 윤제(允禵)에게 제위를 물려주어 천하를 다스리게 할 계획이었으나 황상(皇上)이 '십(十)'자를 '우(于)'자로 고쳤다. 또 성조황제가 창춘원에서 병이 위중할 때 황상이 인삼탕을 한 그릇 올렸는데 무슨 영문인지 성조황제가 붕어하시자 황제가 등극했다. 그리고 윤제를 불러들여 감금했다. 태후께서 윤제를 만나려 했으나 황상이 대노하자 철기둥을 들이받아 죽었다.

황상은 또 화비(和妃)와 다른 후궁들을 모두 궁 안에 남겨두었다." 마찬가지로 우리는 또 이런 떠도는 소문들이 옹정의 정적들의 입에서 나왔을 것이므로 대체 어느 정도 믿을 수 있을지 추측해야 한다. 부성 촉영(斧聲燭影, 촛불 흔들리는 그림자와 도끼 소리)은 천고에 풀 수 없는 역사의 미스터리이다. 오늘날 옹정이 제위를 찬탈했는지를 판단하려 해도 충분하고 확실한 근거를 제출하기가 아주 어렵다.

여러 가지 자료를 종합해 보면 옹정의 대통 승계에는 의문점과 허점이 존재하며 승계 시기도 명확하지 않고 해명하는 말도 모순적이다. 우리는 오로지 마음속으로 항상 의심하는 자세로 문제를 제기해야 한다.

　관청 장서에 기록된 강희가 임종을 앞두고 옹정에게 전위한 경과에는 분명한 허점이 존재한다. 『대의각미록(大義覺迷錄)』에 따르면 강희제는 위독한 상황에서 옹정이 창춘원에 당도하기 이전에 이미 여덟 사람(윤지·윤우·윤사·윤당·윤아·윤도·윤상·융과다)에게 전위 조서를 내렸고 윤록(胤祿)·윤례(胤禮)·윤양(胤禓)·윤의(胤禕)는 "모두 침궁 밖에서 공손하게 기다렸다." 이는 옹정의 합법적인 승계에 대한 가장 유력한 증명이다. 그러나 여러 가지 자료를 연구하고 나면 여덟 사람이 함께 유조를 받은 일이 애초에 존재하지 않는다는 의심을 가지기에 충분한 이유가 생긴다. "여덟 사람이 조서를 받은" 뒤 한 시진 내에 옹정이 창춘원에 당도했으며 열 시간 내에 세 차례 강희를 알현한 것이다.

　그때 강희는 말도 할 수 있어 "병세가 갈수록 깊어지고 있음을 알려주었기 때문이다." 그러나 여덟 사람의 면전에서 옹정에게 전위한다는 조서를 내린 일에 대해서는 단 한 마디도 언급하지 않은 것이다. 설마 강희가 잊은 것일까? 아니면 옹정 본인에게 비밀로 하려는 것일까? 이는 이치에 맞지 않는 일이다. 게다가 그 여덟 사람도 옹정에게 그처럼 최고로 중요한 일에 대해 말하지 않았다니. 그렇게 강희가 죽은 뒤에야 융과다가 유명(遺命)을 전했고 옹정은 후에 "짐은 예전에 대위에 오를 뜻이 없었을 뿐 아니라 마음이 실제로 힘들다. 재작년 11월 13일, 황고(皇考, 선왕)께서 처음 뜻을 밝혔을 때 짐은 알지 못했다. 만약 짐이 알았다면 당연히 달리 처사했을 것이다.

황고께서 붕어하신 뒤에야 비로소 짐에게 조서를 내렸다."[219] 라고 말했다. 게다가 옹정은 전위 조서를 들은 뒤 "그 말을 듣고 너무 몰라 땅바닥에 엎어졌다." 그 과정이 너무 기이해 믿기가 어렵다.

합리한 해석은 "여덟 사람이 조서를 받은" 일이 애초에 존재하지 않으며 옹정이 현장을 지어내 자신의 합법적인 승계를 증명하고자 한 것이라는 것이다. 그것은 『대의각미록』이 옹정 7년 9월에 나왔는데 그 이전 문서에는 "여덟 사람이 조서를 받은" 기록이 전혀 없었기 때문이다. 옹정 원년 8월의 조서에는 "성조께서······ 짐에게 대통을 이으라고 명한 것은 지난해 11월 13일에 갑작스레 일어난 일이며 한 마디로 중대한 계획을 정했다."[220] 라는 기록이 있다. 여기에도 "여덟 사람이 조서를 받은" 흔적은 전혀 보이지 않는다. 옹정 5년 10월부터 여러 황자가 조서를 받은 기록이 등장하기 시작했으나 구체적으로 어느 황자라고 지명하지는 않았다. 조서에는 "황고(선왕)께서 승하하시던 날 짐과 여러 형제들 그리고 융과다를 불러 알현하라 하고 면전에서 조서를 내려 대통을 짐에게 맡긴다고 하셨다. 대신들 중에서 성지를 받은 자는 오직 융과다 한 사람뿐이다."[221] 라고 했다.

『대의각미록』에 일곱 황자와 융과다를 지명함으로써 옹정의 합법적인 승계를 증명할 수 있게 되었다. 그런데 그 여덟 명 중에서 윤사와 윤당은

---

219) 『상유내각(上諭內閣)』 옹정 2년 8월 22일 조서.
220) 『동화록(東華錄)』 옹정제 권3, 원년 8월.
221) 위의 책.

이미 살해되고 융과다는 감금 당했다가 세상을 떠났으며 윤아는 감금 중이어서 모두 나와서 그 일을 부인할 수가 없었다. 윤지와 윤도는 득죄해 한 사람은 친왕의 작위를 박탈당하고 다른 한 사람은 군왕의 작위를 박탈당했으며 윤우는 놀라고 두려워 전전긍긍하면서 구차하게 목숨을 부지할 수 있기만을 원했기 때문에 옹정은 그런 그를 두고 "본분을 지키며 공손하고 조심성이 있다"며 포상을 내렸다.

그러니 그 세 사람이 어찌 감히 나서서 훼방을 놓을 리 있었겠는가. 윤상은 옹정의 심복으로서 옹정은 그를 두고 "자고로 그처럼 나라 일에 충성을 다하는 어진 왕은 없었다"라고 칭찬했다. 거짓 조서를 만들어 제위를 찬탈하는 데 그가 힘을 썼을 가능성이 크다. 옹정은 강희제가 죽은 7년 뒤에 "여덟 사람이 조서를 받은 장면"을 만들어냈으며 나서서 부정하는 사람은 물론 한 사람도 없었다. 옹정 자신이 했던 일부 말과 "여덟 사람이 조서를 받은 일"도 서로 모순된다. 옹정은 윤사·윤당도 강희제의 유조를 직접 받고나서야 비로소 "한 마디 말도 없이 짐에게 절하며 신하의 예의로 받들었다"라고 말했다. 그러나 옹정은 또 "황고(선왕)가 승하한 날 짐이 애통에 잠겨 있을 때 색사흑(塞思黑, 윤당)이 문득 짐의 앞에 다가와 다리를 뻗고 마주 앉아 오만 무례하게 굴었는데 그 마음을 헤아릴 수 없었다. 만약 짐이 진정하고 참지 않았다면 필히 사단이 일어났을 것이다."[222] "성조 인황제(仁皇帝)가 빈천했을 때 아기나(阿其那, 윤사)는 슬퍼하지도 않고

---

222) 『대의각미록(大義覺迷錄)』

정원 밖 기둥에 기대서서 홀로 뭔가 골똘히 생각하면서 맡은 일도 전혀 처리하지 않았으며 묻는 말에 대꾸도 하지 않고 있었는데 그의 원망과 분노를 느낄 수 있었다."[223] 윤사·윤당의 행동은 여덟 시진 전에 이미 전위 관련 유조에 대해 알고 있었던 것이 아니라 옹정이 즉위하게 된다는 소식을 막 전해 듣고 격분으로 가득 찬 표정인 것 같다. 그리고 "여덟 사람이 조서를 받은" 현장에서 17황자인 윤례 등이 침궁 밖에서 시중을 들고 있었다고 했는데 융과다는 "성조 황제가 빈천하던 날 신이 먼저 수도로 돌아오고 과친왕(果親王, 즉 윤례)은 안에서 당직을 서고 있었다. 큰 일이 났다는 소식을 전해 듣고 신과 서직문대가(西直門大街)에서 만나 황상의 대위 계승 소식을 알려드렸다.

과친왕은 표정이 일그러지더니 발작이라도 하는 것처럼 보였다. 전해 들기에 그는 집으로 뛰어가서는 궁으로 나와 황상을 맞이하고 시중을 들지 않았다고 한다."[224] 라고 말했다. 이로 보아 윤례는 애초에 침궁 밖에서 시중든 것이 아니며 또 옹정에게 전위한다는 유조에 대해서도 모르고 있었다. 그는 성 안의 궁내에서 당직을 서다가 강희제가 세상을 떠났다는 소식을 듣고 창춘원으로 가던 중 서직문 대가에서 융과다와 마주쳤으며 옹정의 승계에 대해 전해 듣고 완전 뜻밖의 일이라 크게 놀라 도망쳐 집으로 돌아갔다. 그러나 윤례는 바람 부는 대로 돛을 다는 데 능한 사람이라 후에 옹정에게 빌붙어 윤사를 탄핵하고 과친왕에 봉해졌다.

---

223) 『청세종실록(淸世宗實錄)』 권45, 4년 6월.
224) 『상유팔기(上諭八旗)』, 옹정 8년 5월 초아흐렛날.

옹정이 세상을 떠난 뒤 그는 또 유조를 받아 국정을 보좌하기도 했다. 그리고 더 이상한 것은 융과다가 득죄한 것이다. 옹정 5년의 조서에 "성조 인황제가 승하하던 날 융과다는 어전에 있지도 않았고 또 임금 가까이에서 시중들 사람도 파견하지 않았으며 그가 몸에 비수를 지니고 의외의 일이 생길 경우를 대비하기 위함이라고 기만했다"[225] 라고 했다.

융과다는 강희·옹정 시기 제위 승계 사건의 관건 인물로서 강희제가 세상을 떠날 때 반드시 곁에 있었을 것이다. 그런데 옹정은 죄상을 엮기 위해 터무니없는 소리를 했으며 심지어 융과다가 그 자리에 있었다는 사실까지 부인했다. 이로 보아 그가 말한 "여덟 사람이 조서를 받은" 사실의 진실성이 아주 의심스럽다. 물론 민간에 떠도는 소문을 다 믿을 수는 없다. 예를 들면, 강희제의 유조 "14황자에게 전위한다(傳位十四皇子)"를 "4황자에게 전위한다(傳位于四皇子)"로 고쳤다는 설은 이미 전문가들에 의해 부정되었다. 청조의 글쓰기 격식에 따르면 윤제를 '황십사자(皇十四子)'로, 윤진을 '황사자(皇四子)'로 썼으므로 앞의 '황(皇)'자를 생략할 수가 없다. 그렇기 때문에 '십(十)'자를 '우(于)'자로 고쳐 쓰는 일은 있을 수 없다. 그러나 이러한 민간의 떠도는 소문을 부정한다고 해서 옹정이 거짓 조서를 작성해 제위를 찬탈했을 가능성을 배제할 수는 없다. 강희제의 뜻은 윤제에게 전위하고자 했을 수도 있고 또 계승자를 미처 지정하기도 전에 죽었을 수도 있다. 그의 갑작스런 죽음이 옹정에게 기회를 마련해 준

225) 『동화록(東華錄)』 옹정제 권11, 5년 10월.

것이다.

그때 당시 북경에 있었던 선교사 마국현은 "옹정이 즉위한 뒤 전국을 들썽케 한 명령을 발표했는데 조(趙)가 잡혀 처형을 당하고 재산을 몰수당했으며 자녀들은 노예로 전락되었다."[226] 조(趙)는 바로 조창(趙昌)을 가리키는데 지위는 높지 않지만 강희제 만년의 측근 시종으로서 늘 강희제의 명령을 전하곤 했다.

옹정은 왜 등극하자마자 그를 죽였을까? 왜 그 사람의 피살이 전국을 들썽케 했을까? 합리적으로 해석하자면 조창이 알고 있는 일이 너무 많고 게다가 옹정에게 순종하지 않았기 때문에 옹정은 반드시 당장 그를 처리해버려야 했었다는 것이다. 그리고 또 옹정은 즉위한 지 8일 만에, 즉 강희 61년 11월 27일 명령을 발표해 대신들에게 강희제의 주비유지(朱批諭旨, 임금이 결재한 지시문)를 바칠 것을 요구했다. "황고의 모든 주비유지를 모두 공손하게 밀봉해서 바치도록 하라.

만약 베끼거나 남겨 두거나 은닉하거나 불살라 없애버릴 경우 훗날 발견되면 절대 용서 받지 못할 것이며 반드시 가중하게 치죄할 것이다." 그가 이처럼 총망히 선왕의 친필들을 회수한 것이 그중에 자신의 승계에 불리한 증거라도 있을까 걱정이 되어서인 것은 아닐까? 그 다음 옹정은 여러 형제들에게 창끝을 겨냥했다. 먼저 병권을 장악하고 황위 계승의 가능성이 가능 큰 윤제를 북경으로 불러들였다. 윤제는 황위를 빼앗겼음을 발견하자

---

226) 마국현, 『경정십유삼년기(京廷十有三年記)』 제22장.

울분이 터졌다. 옹정은 그가 "무지하고 지나칠 정도로 오만하며 건방지다"고 꾸짖었다. 윤제는 북경에 돌아오자마자 유금(留禁)되어 왕릉을 지키는 일이 맡겨졌다. 이와 동시에 또 다른 황자들도 서로 갈라놓고 배척했다. 윤아는 장가구(張家口)로 보내졌는데 얼마 뒤 영원히 감금되었다. 윤당은 먼저 서녕(西寧)으로 보냈다가 다시 보정(保定)으로 불러들여 죽였다. 윤사는 북경에 남았다. 그는 재능도 있고 세력도 있었으며 최초에는 염친왕(廉親王)에 봉해져 국가의 정무를 총관했다.

이는 옹정이 그를 마비시키려는 의도였다. 윤사도 속으로 잘 알고 있었으므로 뒤에서 사람들에게 "황상이 오늘은 나에게 은덕을 베풀지만 내일이면 죽일 마음이 들지 어찌 알겠는가. 그가 지금 베푸는 은혜를 다 믿을 수 없다"[227] 라고 말했다. 과연 윤사는 끊임없이 질책과 공격을 받았다. 그의 측근들은 살해당했거나 유배를 당했으며 마지막에는 윤사도 유금 당했다가 영문도 모르게 죽음을 맞았다. 그리고 윤지는 "아기나·색사흑·윤제와 도당을 결성했고 그의 아들 홍성(弘晟)이 흉악하고 완고하며 제멋대로이며 그 아비를 도와 악행을 저지른"[228] 죄명을 씌워 작위를 박탈당하고 감금시켰다. 윤도도 어떤 사정으로 인해 작위를 면직 당했다. 옹정은 윤사와 윤당을 제일 미워했는데 윤사를 아기나(개)로, 윤당을 색사흑(돼지)로 개명시켰다. 이는 한편으로는 물론 강희 만년에 이미 서로 알력이 생기고 원한이 깊이 쌓인 까닭이고 다른 한편으로는 그들이 새

227) 『동화록(東華錄)』 옹정제 권15, 7년 10월.
228) 『청사고(淸史稿)』 권220, 『윤지(允祉)』.

황제에게 아부하려 하지 않고 게다가 제위 찬탈에 대해 까밝혀 옹정의 정치 명예에 큰 손실을 끼치는 것이 싫었기 때문이다.

여러 황자의 도당들을 하나씩 해결한 뒤 옹정은 또 자신을 도와 황제의 보좌에 등극시킨 연갱요(年羹堯)와 융과다에게 예봉을 돌렸다. 연갱요는 원래 옹정의 집의 오래 된 신하였으며, 그의 누이동생은 옹정의 후궁이었다. 그는 다년간 사천과 섬서의 총독을 맡아 서부 정벌 대군의 후근작업을 담당했기 때문에 윤제를 견제하고 감시할 수 있는 유리한 지위에 있었다. 융과다는 동국유(佟國維)의 아들인데 그들 일가는 원래 모두 윤사의 도당이었지만 융과다 본인은 고나건 시각에 옹정의 편으로 넘어온 것이다.

그는 강희제의 병중에 유일한 고명한 대신이고 또 국구(國舅)의 신분으로 보군통령 직을 맡고 있으면서 북경과 창춘원을 호위하는 병권을 장악하고 있었다. 그의 협조가 없었다면 옹정은 왕좌를 탈취할 수 없었을 것이다.

옹정은 즉위 초에는 상기 두 명의 유공 대신을 치켜세우고 감격해 하면서 마음을 다해 그들을 가까이 했으며 군신의 예법에 구애받지 않았다. 예를 들면, 그가 연갱요에게 "외삼촌 융과다에 대해서는 짐과 그대가 예전에 그를 깊이 알지 못했는데 참으로 큰 실수였네. 그 사람은 실로 성조 황고의 충신이요, 짐의 공신이요, 나라의 훌륭한 신하요, 참으로 당대 으뜸가는 세상에 드문 출중한 대신이라네."라고 말했다. 또 옹정 2년에 연갱요의 상소를 결재하면서 "예전부터 임금과 신하가 만나 서로 의기투합해 사이좋게 지내는 경우가 있긴 하지만 우리 두 사람과 같은 경우는 없을 것일세! 그대의 기쁨은 더 말할 필요도 없겠지만 짐의 즐거움 또한 비할 바가 없네. 결론적으로 우리 두 사람이 천고에 길이 남을 군신 간의 지우의 본보기가 되어 천하의 후세 사람들이 흠모하고 부러워하도록 하세. 짐은 참으로 마음이 후련하고 기분이 좋네. 천지신명께서 보우하셔서 선물을 내린 것 같은 느낌일세."[229]

이런 감언이설은 듣는 이가 낯간지러울 정도인데 황제의 입에서 이런 말이 나오는 것은 참으로 드문 일이다. 그런데 뜻밖에도 말은 지극히 달콤하게 하면서 하는 행동은 극도로 잔혹했다. 웃음 속에 칼을 품고 입에는 꿀을 바른 것처럼 달콤하게 말하면서 뱃속에 칼을 품은 것이다. 1년 뒤 그가 한 말들이 아직도 귓가에 쟁쟁한데 연갱요는 "자신이 세운 공을 믿고 불경의 뜻을 드러냈다"는 이유로 면직 당했다. 옹정 3년 말에는 92가지 죄상을 만들어 모해해 스스로 목숨을 끊을 것을 명했다. 이와 동시에 융과다도 태보(太保)·공작(公爵)의 직위에서 면직 당했으며 옹정 5년에는 또 옥첩(玉牒) 은닉죄로 감금되었으며 죽을 때까지 옥에 갇혀 있었다. 옹정의 제위 승계에 만약 말할 수 없는 비밀이 숨어 있다면 이미 제거한 여러 황자를 제외하면 근심거리는 연갱요와 융과다 뿐이었을 것이다. 그들이 옹정의 사적인 비밀을 완전히 장악한 것이 그들이 갑작스레 총애를 잃고 죽을 화를 입게 된 이유일 수 있다.

만약 옹정이 거짓 조서를 꾸며 제위를 찬탈하고 또 잔혹한 수단으로 여러 형제들을 처리한 것이라면 양심의 가책을 받지 않을 수 없다. 훗날 건륭제는 윤사·윤당이 "몰래 훔쳐 본 것은 실제로 용서 받을 수 없다.

---

229) 맹삼(孟森), 『명청사론저집간(明淸史論著集刊)』 하권, 548, 554쪽 인용.

그리고 황고가 대위를 계승한 것에 대해 원망하고 탓하며 비난한 일도 있지만 뚜렷한 반역의 흔적은 아직 찾아볼 수 없었다. 황고는 만년에 짐에게 조령을 내릴 때 안색을 흐리며 많이 후회하는 뜻을 거듭 드러냈다."[230] 이는 옹정 마음속의 부끄러움과 불안함을 토로한 것이 아닐까? 그는 거동도 이상했다. 그는 말끝마다 자신은 강희제가 가장 아끼고 사랑하는 효성이 지극한 아들이라고 하면서 즉위한 뒤 강희의 망령을 두려워하고 회피하는 것 같았다.

강희제가 거처해 지냈던 창춘원은 규모가 가장 크고 웅장하고 화려한 황실 원림이었음에도 옹정제는 그 곳을 사용하지 않고 내버려 둔 채 새로운 거처를 만들기 위해 돈을 들여 원명원을 증축해 자신이 기거하는 행궁으로 삼았다. 강희제는 자주 열하에 있는 피서산장으로 가곤 했다. 한 해 동안 거의 4, 5개월은 거기서 활동하면서 사냥을 하고 군사를 훈련시켰으며 몽골의 왕공들을 접대하곤 했다.

옹정도 예전에는 늘 강희제를 동반해 열하로 가곤 했으나 그가 즉위한 뒤 13년간 한 번도 피서산장에 간 적이 없다. 순치제 · 강희제의 왕릉은 모두 북경 동쪽 준화(遵化)의 마란욕(馬蘭峪)에 있으며 지세가 웅장하고 험준하며 지면이 넓찍하다. 그런데 옹정은 하필 곳을 바꿔 북경 서남쪽 역현(易縣)에 가서 별도로 서릉을 지었다. 마치 일부러 강희를 피하려고 한 것 같다. 이 모든 것이 아무 의미도 없는 우연일까? 알아두어야 할 바는

---

230) 『청사고(清史稿)』 권220, 『윤사(允禩)』

비록 옹정 본인이 뛰어난 재능과 원대한 계략을 갖추고 식견이 아주 넓긴 하지만 머릿속에 미신 사상이 아주 깊이 박혀 있었다는 점이다. 그는 "귀신은 곧 천지의 이치로서 소홀히 해서는 안 된다. 무릇 작은 언덕이나 넓은 평원과 높은 산이나 어느 것 하나 신이 주재하지 않는 것은 없다. 고로 공경하고 믿는 마음으로 대해야 한다."[231] "짐은 하늘과 인간이 서로 감응할 수 있는 경계가 있다고 굳게 믿고 있고 그에 대해 분명히 알고 있다."[232] 라고 말했다. 천명과 귀신을 믿는 사람이 만약 아버지와 형제에게 미안한 죄를 저질렀다면 마음속에 남에게 알려져서는 안 될 비밀이 생긴 것으로서 자나 깨나, 즐기거나, 죽어서 묻힐 곳 등 모든 것에서 아버지를 멀리 피하고자 할 것이다. 이는 제위 찬탈의 직접적인 증거가 될 수는 없지만 다른 증거가 있다면 이 역시 하나의 간접적인 증거가 될 수 있다.

옹정의 제위 승계에 수많은 의문점이 존재하므로 허위 조서를 만들어 제위를 찬탈했을 가능성이 있다고 여기게 되는 것이다. 우리가 이런 말을 하는 것은 옹정제의 역사적 역할을 마멸하려는 것이 아니다. 통치계급 내부에서 서로간의 학살을 흔히 발생하는 일이다. 현명한 군주도 흔히 음모궤계와 잔혹한 투쟁을 이용해 자신을 위해 길을 개척해야 한다.

옹정제 역시 예외일 수는 없다. 그러나 옹정제는 최고 통치자로서 뛰어난 통치 재능을 갖췄으며 열심히 정무를 보고 세상 물정을 꿰뚫어 보았으며 일처리에서 착실하고 아랫사람들을 다스림에 엄격했으며

---

231) 『동화록(東華錄)』 옹정제 권5, 2년 8월.
232) 『동화록(東華錄)』 옹정제 권24, 12년 정월.

단호하고 신속한 자세로 강희제 만년의 관리에 대한 다스림이 해이하고 탐오가 공행하는 폐단을 바로잡았으며 황족 내부의 장기적인 쟁탈 국면을 끝냈다. 그가 군사를 출정시켜 서북을 정복하고 서남지역에서 "개토귀류(改土歸流, 명청대에 변경에 대한 통치를 강화하기 위해 일부 소수민족 지역의 족장들을 폐하고 중앙 관리를 임명하던 정책)"정책을 실행해 할하(喀爾喀蒙古)·서장·청해·운남과 귀주·사천 등 지역의 안정을 보장하고 나라의 통일을 공고히 했다. 그는 재정 질서를 정돈하고 지세를 철저히 조사했으며 "지정합일(地丁合一, 중국에서 2천 여 년간 실행해온 인두세를 폐지하고 토지세에 합병시킨 정책으로 객관적으로 최하층 농민에 대한 통제를 풀어놓은 것으로서 중국 봉건사회 후기 부역제도에 대한 한 차례 중요한 개혁임)", "모선귀공(耗羨歸公, 지방 관리들이 세금을 징수할 때 본세를 제외하고도 소모를 이유로 정례에 규정되어 있지 않은 부가세를 추가 징수해 관리들의 봉급을 높여 줌으로써 백성들의 세금 부담을 경감해 주고 지방 관리들이 함부로 부과금을 징수하는 것을 단속해 탐오행위를 줄이고 관리들을 다스림에 있어서 적극적인 역할을 함)" 등 정책을 실행해 경제발전과 정치 안정에 이롭도록 했다. 옹정의 통치 기간은 13년으로서 시간이 길지는 않지만 청조 통치에서 중요한 기간이었다. 그는 강희제의 정치업적을 계승하고 선양하여 발전시켰으며 중국 봉건 후기의 경제·정치·문화의 발전을 추진함으로써 훗날 건륭제의 태평성세를 위한 기반을 마련했다.

제9장

제정 러시아 조기 중국에 대한 침략과
중국 여러 민족의 반침략 투쟁

제1절
제정 러시아의 중국 동북에 대한 무장침략

1. 보야코프, 하바로프의 중국 동북 침입

17세기, 동북에서 만족들이 궐기해 청 왕조를 세우고 산해관으로 들어가 전국 통치권을 장악했다. 이때는 세계적으로 조기 식민주의 세력이 창궐하고 대대적인 대외 확장이 한창인 시기여서 많은 국가와 민족이 비참하게 강탈당하고 노역과 유린을 당했다. 포르투갈·스페인·네덜란드·영국·프랑스 등 국가들이 잇따라 중국의 동남연해지역에 진입했고 제정 러시아가 중국의 북부와 동북 변경지역에 침입했다.

조기 식민주의 세력은 마치 족집게처럼 남과 북에서 중국을 협공했다. 청 왕조는 전국 통치권을 장악한 후 서방국가들과 복잡하고 까다로운 갈등에 부딪치게 되었으며 중국 역대 왕조들은 한 번도 겪은 적이 없는 험악한 국제 정세에 직면하게 되었다. 특히 제정 러시아는 중국 동북지역에 무장 침입해 흑룡강 유역에서 약탈하고 소란을 피우면서 중국의 영토 완정을 침범하고 중국 변경 여러 민족 주민들의 평화로운 생활을 파괴했으며 청 정부의 통치마저 위협했다. 중국 여러 민족 인민과 청 정부는 방어를 강화해 러시아 제국의 침략세력에 자위 반격하지 않으면 안 되는 상황에 처했다.

제정 러시아는 유럽 국가로서 원래 경계는 우랄산맥 서쪽으로 멀리 떨어져 중국과의 거리가 만 리도 넘어 중국과 전혀 인접하지 않았다. 15세기 말부터 16세기 초까지 러시아는 모스크바공국을 기반으로 통일된 국가를 형성했으며 점차 대외로 확장하기 시작했다. 1552년(명 가정 31년), 러시아는 먼저 카잔칸국을 병탄하고 1556년(명 가정 35년) 아스트라칸국을 정복했으며 볼가 강의 전반 유역을 점령했다. 16세기 말, 모험가 에르마크를 비롯한 카자크인이 제정 러시아 정부와 부유 상인 스트로가노프 가문의 지지를 받으며 우랄산맥을 넘어 서비르칸국을 침입했다. 17세기 초, 러시아 군대가 오비 강 유역에서부터 예니세이 강 유역으로 밀고나가 1619년(명 만력 47년, 후금 천명 4년) 예니세이스크 시를 세웠으며 이어 또 레나 강 유역으로 들어갔다. 『소련통사(蘇聯通史)』에서 작자는 다음과 같이 적었다. "큰 돈을 벌려는 사람들이 거의 동시에 예니세이스크와 망가체아 양측에서 레나 강 유역으로 몰려들었다. 그들은 레나 강 유역에 침입해 그곳에서 생활하고 있는 야쿠츠크인들의 가죽제품과 가축을 빼앗고 여인과 어린이들을 포로로 잡았다. 예니세이스크와 망가체아의 군역인원들은 끊임없이 주민들의 재물을 강탈했을 뿐만 아니라 또 강탈한 재물을 놓고 서로 간에 자주 싸움을 벌였다."[233]

러시아제국은 동방으로 빠르게 확장했다. 16세기 말엽 우랄산맥을 넘어서부터 겨우 수십 년 밖에 안 되는 동안에 오호츠크 해에까지

---

233) 판크라토바(潘克拉托娃) 주필, 『소련통사(苏联通史)』 제1권, 253쪽, 모스크바 1955년 출판.

확장했으며 광활한 서부 시베리아 땅에 듬성듬성한 침략 거점을 잇달아 세웠다. 17세기 30년대에 이르러서는 중국의 동북 변경지역까지 접근했다.

1636년(명 숭정 9년, 청 숭덕 원년), 알단 강 유역에 거점을 세운 러시아 카자크(농민집단)가 처음으로 흑룡강에 관한 소식을 접했다. 1643년(명 숭정 16년, 청 숭덕 8년) 야쿠츠크 최고 군사령관 골로빈(戈洛文)이 파견한 문서관 바실리 보야코프를 우두머리로 한 원정군 총 133명이 총기와 탄약을 휴대하고 흑룡강을 침범했다. 이들은 그해 겨울 외흥안령(外興安嶺)을 넘어 중국 경내에 침입했다. 그런데 먹을 식량이 부족한데다 온통 얼음과 눈으로 뒤덮인 땅 위를 걸어야 했기 때문에 매우 어려운 상황에 처했다. 그들은 계속 걸어서 우르카 강어귀에 도착해서야 겨우 중국의 다우르족(達斡爾族) 주민들이 생활하는 마을을 찾았다. 현지 주민들은 이 불청객들을 열정적으로 맞아주고 그들에게 먹을 것을 주었다. 그리고 또 이곳 주민들은 중국 황제에게 조세를 납부하고 있으며 황제는 '위대한 사람'[234]이고 많은 인구를 다스리고 있으며 매년 2~3차례 이곳에 파병해 순시한다는 등 상황에 대해서도 소개해 주었다.

이들은 자신들이 이미 국경을 넘어 중국 경내에 깊숙이 들어왔다는 사실도 알고, 또 현지 주민들의 열정적인 접대도 받았지만 이들 침략자는 시리모디 강어귀에 위치한 다우르족 마을에 식량이 저장돼 있다는 정보를

---

234) 레이븐스턴(E. G. Raven stein) 주필, 『흑룡강의 러시아인』, 11쪽, 런던 1861년 영문판.

탐지하고 분대를 파견해 강탈을 감행했다. 그들은 마중을 나온 마을 주민들을 인질로 삼아 마을로 쳐들어가려고 시도했다. 다우르족 인민들은 조국의 영토와 자신들의 삶의 터전을 지키기 위해 허술한 무기를 들고 침략자들과 맞서 싸웠으며 침략군 10명을 때려 죽였다.

1643년(명 숭정 16년, 청 숭덕 8년) 겨우내, 제야 강(중국 청대에는 정치리강[精奇里江]이라고 함) 유역의 다우르족 인민들은 러시아 제국의 침략자들과 영용하게 맞서 싸웠다. 러시아 제국 강도들은 마구 도살과 약탈을 감행하고 심지어 야만성을 드러내 인육을 먹기에까지 이르렀다. 보야코프 일당이 러시아로 돌아간 후 작성한 보고서에는 "보야코프가 그들을(러시아 카자크인) 거점에서 몰아내고 피살된 현지 주민들의 시체는 먹을 것을 명했다"[235]라는 기록이 있다. 보야코프의 명령에 따라 러시아 강도들은 그해 겨울 총 50구의 시신을 먹었다. 1644년 봄, 보야코프 등은 흑룡강 하류지역으로 쳐들어오는 도중에 방화, 약탈 등 온갖 만행을 저질렀으며 1646년에야 오호츠크 해를 경유해 야쿠츠크로 돌아갔다. 보야코프 등은 흑룡강 유역에서 3년간이나 소란을 피웠으며 중국 여러 민족 인민들의 반격으로 원정군 133명 중 53명만 살아서 러시아로 돌아갔다.

보야코프는 자신의 잔혹한 행위로 제정 러시아의 중국 침략 역사의 첫 장을 기록했다. 이에 대해 한 외국 학자가 이러한 평어를 썼다. "보야코프의

---

235) 퍼날드스키(弗納德斯基) 주필, 『러시아역사자료집』 제1권, 269쪽. 예일대학 1972년 판.

행위는 사람들에게 너무나 심각하고 끔찍한 인상을 남겼다. 그로 인해 아무르 강 유역의 주민들은 '카자크인이 왔다'는 말만 들어도 머릿속에 혹형, 납치, 사망과 사람을 잡아먹는 광경들을 생생하게 떠올리기에 충분했다", "중국의 세금 담당 관리들에게 아무리 큰 병폐가 존재하더라도 러시아인들처럼 현지 주민들에게 그처럼 극악무도한 죄행을 저지르지는 않았다. 만약 흑룡강 유역의 주민들에게 러시아와 중국 두 나라 중 어느 나라의 관리와 백성이 되고 싶은지 자유로이 선택하라 한다면 그들은 추호의 주저도 없이 중국에 대한 충성을 유지할 것이다."[236)

1649년(순치 6년), 제정 러시아는 또 중국의 동북지역에 대한 제 2차 무장 침략을 발동했다. 그 침략활동은 예로페이 하바로프(Yerofey Khabarov)가 조직하고 지휘했다. 1650년(순치 7년) 1월, 하바로프는 카자크인 70명을 거느리고 외흥안령을 넘어 중국의 국경에 침입했으며 알바진 서쪽까지 쳐들어 왔다. 그 일대는 중국의 다우르족 수령 라푸카이(拉夫凱)의 관할 지역이었다. 현지 주민들은 러시아 강도들이 곧 처들어온다는 정보를 탐지하고 벌써 방어 구축을 더욱 단단히 하고 주위의 군중과 물자를 다른 곳으로 옮겨 침략자들이 해치거나 이용하지 못하도록 비웠다.

하바로프는 3개 마을을 수색했지만 허탕을 쳤다. 세 마을을 수색했지만 한 사람도 없이 조용했다. 라푸카이가 친히 마을에 정찰하러 왔다가 마을을 수색 중이던 하바로프와 마주쳤다. 하바로프는 장사를 하러 왔다고

---

236) 골트(戈尔特), 『러시아의 태평양으로의 확장(1641-1850)』, 40, 38쪽, 클리블랜드(克利夫 兰) 1914년 영문판.

말하면서 또 다우르족 주민들에게 러시아에 세금을 바치고 러시아의 보호를 받으라는 얼토당토않은 요구를 제기했다. 라푸카이는 그런 침략 요구를 단연히 거절했다. 그는 하바로프에게 "누구를 속이려 드느냐? 너 따위 카자크 인을 너무 잘 알고 있다…… 너희들은 우리를 모두 죽이고 가축을 빼앗아가고 우리 처자식을 납치하려 하고 있다."[237]라고 꼬집어 말했다. 라푸카이는 또 "다우르족 인민들은 벌써 보크다칸(博克多汗)(즉 청조 황제)에게 조공과 세금을 바치고 있어 우리 손에는 더 이상의 담비가죽이 없다"[238]라고 말했다. 그리고 라푸카이는 사람들을 거느리고 나는 듯이 달려 가버렸다. 하바로프 등은 네 번째 마을에 도착해 다우르족 할머니 한 명을 붙잡았다. 하바로프는 할머니에게 고문하고 불로 찌지는 등 혹형을 가하면서 다우르족인들이 어디로 갔는지 말하라고 했다. 할머니는 다우르족인들은 바로 앞 멀지 않은 곳에 있으며 침략자를 물리칠 준비를 하고 있다면서 다우르족인의 뒤에는 또 매우 강대한 보크다칸이 있다고 말했다.

하바로프는 중국인들이 이미 만단의 준비를 했으며 자신들의 역량이 약하다는 것을 알고 야쿠츠크로 돌아가 지원을 기다리기로 결정했다. 그들은 식량을 수탈하고 불을 질러 마을을 불태우고는 황급히 야쿠츠크로 돌아가 야쿠츠크 독군(督軍)에게 상황을 보고했다. 하바로프는 117명의 부대를 모집하고 야쿠츠크 독군이 또 카자크 총잡이 20명을 파견했다.

---

237) 바실리예프(瓦西里耶夫), 『자바이칼카자크역사대강(外贝加尔哥萨克史纲)』 제1권 56 쪽, 1916 년 로어문판.
238) 위의 책, 65쪽. 치타(赤塔)1916년 로어문판.

하바로프가 다시 출정하기 전에 독군 플랜지베코프(法蘭次別科夫)로부터
아래와 같은 훈령을 받았다.

"보크다칸(청조 황제를 가리킴)에게 그의 씨족과 부락 · 모든
백성을 거느리고 차르 알렉세이. 미하이 로베치 공작의 통치를
받아들여 영원히 노예가 되도록 하라…… 보크다칸 본인과
그의 동족들은 마땅히 제정 러시아에 금은보석과 자수견직물을
바쳐야 한다…….
만약 보크다칸과 그의 씨족과 부락 · 모든 백성이 차르의 통치에
복종하지 않고 차르에게 실물세를 바치지 않고 인질을 내놓지
않을 경우 예로페이(즉 하바로프)는 군역인원과 사냥꾼들을
거느리고 비밀리에 전쟁을 일으켜 그들을 진압하도록 하라……
그들을 모조리 살해하고 교살하고 회멸시켜라. 마지막에는
그들의 처자식들을 붙잡아 포로로 삼도록 하라."[239]

하바로프는 그와 같은 명령을 받고 1651년(순치 8년)초, 재차 중국
흑룡강 유역에 쳐들어왔다. 그는 먼저 알바진을 공격해 그 전략요충지를
점령했다. 같은 해 6월, 하바로프는 흑룡강 중하류 지역을 침범해

239) 체혜빈스키(齐赫文斯基) 주필, 『17세기 러중관계』 제1권, 제 56호 문건, 모스크바 1969
년판.

구이구다르(古伊古達兒村) 마을에서 소름 끼치는 대학살을 감행했다.

"구이구다르 마을에는 여인과 아동, 그리고 일부 만족 인들을 포함해 약 1천 명이 살고 있었다." "밤새껏, 러시아인들은 대포로 마을의 토담을 폭격해 큰 돌파구를 열었으며 대포를 구경한 적도 없는 여인네와 아동들은 대경실색했다. 새벽에 두 마을의 토담이 폐허로 되었다. 대경실색한 주민들은 하나밖에 남지 않은 세 번째 마을 토담 뒤로 몰려갔지만 그 토담도 폭격에 바로 무너졌다. 주민들은 무기력한 저항을 멈추고 피신하려 했지만 이미 너무 늦었다. 적군이 눈앞에 닥친 것이다. 온 밤 벌어진 전투는 카자크 인들의 살인을 일삼는 야만성을 격발시켰다.

어린이와 여인들의 울음소리가 카자크 인들의 고함소리마저 삼켜버릴 지경이었다. 어린이와 여인들은 자신들의 아버지, 남편과 형제의 피가 묻은 카자크 인들의 손에 학살되고 붙잡혔다. 하바로프가 '승리'를 노래한 가사를 들어보라. '하느님의 축복과 차르 황제의 덕분에 우리는 잡아온 모든 다우르인의 목을 쳤다. 치열한 전투에서 다우르인 어른과 어린이 427명이 피살됐다. 집회에 있던 모든 다우르인과 맹공격 전투에 참가한 모든 다우르 인이 피살됐으며 어른과 어린이를 합쳐 총 661명 죽였다…… 황제의 덕분에 우리는 이 마을을 점령했다. 가축도 있고 포로도 있으며 여인 포로도 있다. 연로하거나 젊은 여인과 어린 여자아이를 합쳐 243명에 이르고, 어린이 포로는 118명이다. 우리는 다우르 인으로부터 크고 작은 말 237필과 소 양 등 가축 113마리를 빼앗았다'"[240]

---

240) 골트(戈爾特), 『러시아의 태평양으로의 확장(1641-1850)』, 59쪽.

하바로프의 다음 목표는 제야 강어귀의 둬룬찬 마을(多倫禪屯)을 공략하는 것이었는데 그 일대에서 가장 부유한 마을이었다. 그 마을 촌장은 둬룬찬과 그의 두 형제 퉈인치(托因奇), 우무치(烏穆奇)가 맡고 있었다. 둬룬찬은 청조 부마 바르다치(巴爾達齊)의 친척이다. 하바로프는 중국 주민들이 신속히 대피하는 것을 방지하기 위해 멀리서 출동해 급습하는 수단을 취했다. 1651년(순치 8년) 8월의 어느 하루 저녁, 러시아 강도들이 마을을 급습했다. 역량 차이가 큰 전투가 벌어졌다. 둬룬찬이 거느린 주민들은 맨주먹으로 맞서 싸웠다. 많은 마을 주민들이 살해되고 둬룬찬과 퉈인치는 생포됐다. 러시아 침략자들은 중국인 270명을 붙잡았다. 하바로프는 중국인들이 제정 러시아에 굴복하고 러시아의 통치를 받을 것을 요구했으며 담비 가죽을 내놓으라고 협박했다. 러시아 침략자들은 주민들을 마을에 가두어놓고 둬룬찬과 퉈인치를 감금해 인질로 삼았다.

중국인민들은 제정 러시아의 노예가 되는 것을 원치 않았다. 1651년(순치 8년) 9월 13일 새벽, 카자크 인들이 자고 있는 틈을 타서 마을 주민들이 모두 단체로 호랑이 아가리에서 빠져나왔다. 하바로프는 둬룬찬 등에게 잔혹한 고문을 가하면서 주민들의 행방을 캐물었다. 둬룬찬 등은 추호도 두려워하지 않는 영웅 기개를 보였다. "우리는 이미 네놈들에게 붙잡혔으니 차라리 죽을지언정 절대 우리 사람들이 멸망하게 할 수는 없다"[241] "우리

---

241) 블라드미르(佛拉迪米爾), 『태평양에서의 러시아 및 시베리아철도』 제 105쪽. 런던 1899 년 영문판.

목을 베라! 우리는 죽음이 두렵지 않다!"[242] 라고 대답했다. 결국 둬룬찬은 침략자에 납치되어 끌려갔으며 퉈인치는 칼을 뽑아 자결했다. 둬룬찬과 퉈인치는 조국과 인민을 위해 갖은 고초를 당하고 목숨까지 바쳤다.

하바로프는 흑룡강을 따라 계속 침범해 내려갔다. 1651년 10월 우자라 (烏扎拉)마을(하바롭스크 동쪽으로 3백 킬로미터 떨어진 곳, 지금 소련 경내 웅가리[宏加力강어귀)에 도착해 그곳에서 겨울을 날 준비를 했다. 그 일대는 중국 허저족(赫哲族, 아창인[阿槍人], 나테크 [納特克]인이라고도 함)들의 거주 지역이다. 허저족 인민들은 허술한 무기로 러시아 침략자에 저항하는 한편 사람을 파견해 영고탑(寧古塔)에 주둔하는 청조 군대에 위급한 상황을 알렸다. 당시 청조 군대 주력은 이미 관내로 들어갔으며 동북에는 소수의 부대만 남아 있었다. 그러나 변경에서 이렇게 위급한 침략사건이 발생했으니 절대 내버려둘 수 없었다.

영고탑에 주둔해 있던 청조 군대가 성경(盛京, 요녕성 심양에 대한 청조 때의 호칭)으로부터 명령을 받고 바로 출동했다. 그런데 영고탑 주둔군 장령은 러시아군 침략의 심각성에 대해 잘 알지 못하고 몇 안 되는 비적들이 쳐들어와 제멋대로 소란을 피우는 줄로만 알았다. 적의 상황에 대해 충분히 예견하지 못한 탓에 초기 전투에서 패배했다.

영고탑 장경(章京) 해색(海色)은 군대 6백 명을 거느리고 우자라 마을로

---

242) 바실리예프, 『자바이칼 카자크사강(外貝加爾哥薩克史綱)』 제 1권, 76쪽.

향했다. 흑룡강 유역의 여러 민족 인민들이 전투를 도우려고 달려왔다. "다우르족이 5백 명, 만경역(滿涇站)에서 420명, 송화강 유역에서 두체르인(杜切爾人) 105명이 왔다"[243] 1652년(순치 9년) 4월 3일 새벽, 침략자들이 자고 있을 때 중국 군민은 우자라 마을로 접근했다. 그런데 해색이 엄습하는 방법을 취하지 않고 멀리서부터 대포를 쏘고 총소리를 울리는 바람에 적군들이 그만 잠에서 놀라 깼다. 전투가 시작된 뒤 청군과 여러 민족 인민들은 용감하게 적군과 맞서 싸웠으며 적군의 보루를 돌파하고 숙영지에 돌진해 러시아 침략군 200여 명을 한곳으로 몰아넣었다. 눈 깜짝할 사이에 적군을 깡그리 전멸할 수 있는 관건적인 시각에 해색은 적을 죽이지 말고 생포하라는 황당한 명령을 내렸다. 청군은 스스로 손발을 묶어놓은 격이 되어 적을 대담하게 소멸할 수 없었다. 결국 역전을 당해 전투에서 실패하고 청군은 우자라 마을에서 철수했다.

비록 첫 전투에서 실패했지만 그들이 흘린 피는 결코 헛되지 않았다. 중국 군민은 연합하여 반격을 가해 러시아 침략자들의 간담을 서늘케 했다. 하바로프는 더는 앞으로 나아가지 못하고 황급히 흑룡강 상류로 물러났다. 러시아 침략자들은 철수하는 과정에 또 청군과 흑룡강 인근 지역 여러 민족 인민들의 습격을 받아 허둥대야 했으며 하루 밤에도 몇 번이나 놀라 깨다나니 군내 사기가 떨어지고 반란까지 일어나 진퇴양난의 궁지에 처하게 되었다. 1652년 8월, 하바로프는 야쿠츠크 독군에게 올리는 청원서에서 "우리는 어떻게 겨울을 나야 할지 모르겠다. 감히 제야 강(정기리 강) 어귀나

---

243) 『하바로프의 청원서(1652년 8월)』, 레베르지브(列別吉夫) 등이 편찬한 『소련역사문선(蘇聯 歷史文選)』 제1권 인용.

송화강 어귀의 다우리아(達斡利亞) 땅에 있지 못 하겠다…… 현지 주민들을 정복할 수 없다. 이곳은 주민들이 많고 무기도 갖추고 있다. 그러나 군주의 명령이 없이 우리는 감히 아무르 강을 떠날 수도 없다."[244] 라고 탄식했다.

하바로프가 궁지에 빠져 있을 때 제정 러시아가 증원부대를 파견하고 하바로프를 모스크바로 소환시켜 승전보를 알리고 상을 받도록 했다. 하바로프의 침략 확장 공로를 표창하고 장려하기 위해 제정 러시아는 하바로프에게 귀족 칭호를 수여하고 많은 전답을 내려주었다. 이로써 중국 침략에 적극적으로 앞장선 하바로프는 러시아 어용 문인들에 의해 "새 땅을 개발한"영웅으로 치켜세워졌다.

2. 스테파노프 침략군의 멸망

하바로프가 귀국한 뒤, 그의 침략군은 여전히 흑룡강 유역에 남아 있었으며 스테파노프가 지휘관 직을 이어받았다.

스테파노프는 수백 명 카자크 인을 거느리고 중국 경내에서 멋대로 날뛰며 소란을 피웠으며 온갖 못된 짓을 다 저질렀다. 중국 군대와 중국 여러 민족 인민들은 나라를 지키고 삶의 터전을 지키기 위해 제정 러시아 침략군과 피를 흘리며 싸웠다. 1653년(순치 10년), 청 정부가 영고탑

---

244) 퍼날드스키(弗納德斯基) 주필, 『러시아 역사자료집(俄国历史资料集)』 제1권, 272쪽 인용.

앙방장경(昂邦章京)을 설치하고 사이호달(沙爾虎達)을 제 1임 앙방장경에 임명해 러시아 침략에 반격하고 국경의 안정을 지키게 했다.

1654년 사이호달은 만족군 300명·호이합(虎爾哈)군 300명과 전투를 지원하러 온 조선군 100명을 거느리고 송화강 어귀로 향했으며 스테파노프가 지휘하는 러시아 침략군 370명과 마주쳤다. 러시아군은 선박이 크고 총이 많은 우세를 믿고 청군·조선군에 전투을 걸어왔다. 청군과 조선군은 지형을 이용해 매복해 있으면서 러시아군이 상륙하도록 유인한 후 호되게 반격했다. 러시아군은 전패하고 기세가 꺾여 허겁지겁 뿔뿔이 도망쳤다. 스테파노프는 "많은 군역인원(러시아군을 가리킴)이 부상을 입어 이미 보크다인(중국인을 가리킴)들과 작전을 할 상황이 못된다."[245] 고 말했다.

1655년 초, 청 정부는 "고산액진(固山額眞) 명안달리(明安達理)에게 명을 내려 관군을 거느리고 흑룡강으로 가 악마들을 징벌할 것을 명했다."[246] 스테파노프 침략군은 호마이성(呼瑪爾城) 내에 움츠리고 있다가 견고한 보루와 정예한 무기를 이용해 집요하게 저항했고 청군은 도성을 공격했는데 열흘간 전투를 벌였지만 호마이성을 함락시킬 수 없었다. 청군은 대부대가 작전에 참가한데다 먼 길을 진군해 왔기 때문에 군량이 부족해 지구전을 벌일 상황이 아니어서 퇴각하는 수밖에 없었다. 역사기록에는 "(순치)

---

245) 체혜빈스키, 『17세기 러중관계』 제1권, 제75호 문건, 『스테파노프가 야쿠츠크 독군에 올린 보 고(斯捷潘諾夫致雅庫次克督軍的報告)』 인용.
246) 『청세조실록(淸世祖實錄)』 권87, 18쪽.

12년, 상서 도통 명안달렌(리)가 북경에서 수비대를 거느리고 호마이 여러 곳에 이르러 도성을 공략해 큰 전과를 거두었으나 군량이 부족해 군대를 철수시켰다"[247] 라는 기록이 있다.

스테파노프의 정규 부대 외에도 많은 러시아 강도들이 중국 경내에 들어와 곳곳에서 불사르고 노략질을 했다. 이들 역시 중국인민의 저항과 타격을 받았다. 솔로킨(索羅金) 삼형제를 비롯한 침략자 총 300명이 1655년(순치 12년)에 중국 경내에 들어와 송화강 유역에서 중국 호이합인(虎爾哈人)과 전투를 벌였다가 전멸되었다. 러시아 역사학자 슬로프조프(斯洛夫佐夫)는 "10년 동안 아무르 강(즉 흑룡강)에 간 러시아인이 약 1천 5백 명 되는데 모두 그곳에서 죽었다"[248] 라고 말했다.

1658년(순치 15년) 7월 10일, 스테파노프는 카자크인 500명을 이끌고 송화강 유역에 침입했다. 사이호달이 거느린 청군은 작은 배 47척에 나누어 타고 송화강과 목단 강이 합류하는 곳에서 전투태세로 적군을 대기하고 있었으며 거기에 조선 원정군 260명이 또 그곳에 도착했다. 겹겹이 포위된 러시아 침략군은 크게 어지러워졌다. 그중 180명이 부대를 이탈해 돌아가는 길로 도주하고 스테파노프와 나머지 300여 명은 빠져 나갈 수 없는 상황에 처했다. 치열한 악전고투 끝에 침략군 270여 명이 맞아 죽거나 생포되었고 47명이 도망쳤으며 침략군 우두머리 스테파노프는 격살되었다. 청군은

---

247) 『나찰 평정 방략(平定羅刹方略)』 권1.
248) 바실리예프, 『자바이칼 카자크 사강(外貝加爾哥薩克史綱)』 제1권, 101쪽.

배에 실려 있던 장물 담비 가죽 3080장을 노획했다. 중국 역사기록에는 "영고탑을 지키고 있던 앙방장경 사이호달 등이 상소를 올려 이르기를, 나찰군을 격파하고 병사들을 포로로 잡았으며 갑옷과 병장기 등을 노획했다. 병부 찰서(察叙)에게 명령해 노획한 물건들을 공을 세운 장병들에게 나누어 주도록 했다"[249] 라고 씌어져 있다. 1659년(순치 16년), 사이호달이 사망하고 그의 아들 파해(巴海)가 영고탑 앙방장경직을 이었다. 1660년(순치 17년), 청군은 파해의 인솔 하에 흑룡강지역을 소탕해 중하류 지역에 남아있던 러시아 제국의 침략군 잔여세력을 숙청했다.

3. 니콜라이 외교사절의 중국 방문과 러시아의 침략 확대

스테파노프의 침략군은 소멸되었지만 전투는 끝나지 않았다. 러시아 침략군은 중국 영토에서 완전히 철수하지 않았으며 그들은 여전히 흑룡강 상류[실카강(石勒喀河)]의 네르친스크 성을 몰래 차지하고 원정군을 대기하면서 난동을 부릴 기회를 노리고 있었다. 1665년(강희 4년), 러시아 침략군이 알바진을 재차 점령했다. 러시아군은 네르친스크와 알바진에 요새를 세우고 보루를 설치했으며 공물과 세금을 갈취하고 인질을

---

249) 『청세조실록(淸世祖實錄)』 권119, 4쪽.

납치했다.

또 식민 농장을 세워 현지 중국 여러 민족 주민들에게 노역을 시키고 진압했으며 끊임없이 흑룡강 중하류 지역으로 확장하면서 소란을 피웠다.

러시아 정부는 흑룡강에서의 무장침략 활동에 협력하기 위해 여러 차례 외교 사절을 중국에 파견해 정보를 수집하고 정탐하도록 했으며 청 정부에 여러 가지 무리한 요구를 제기하고 위협했다. 1656년(순치 13년) 바이코프(巴伊可夫) 사절단이 북경에 왔다. 그때 당시 스테파노프 일당이 흑룡강 유역에서 행패를 부리고 있을 때였다.

청 정부 관원은 바이코프에게 "당신은 외교사절의 신분으로 이곳에 왔지만 카자크 인들은 우리와 교전 중이다"[250] 라고 말했다. 바이코프는 할 말이 없었다. 1670년(강희 9년), 러시아는 또 미로바노프(米洛瓦諾夫) 등 이들을 북경에 파견해 강희 황제에게 늙은 차르 황제에게 신하로 자칭하고 공물을 바치라는 터무니없는 요구를 제기했다. 그가 청 정부에 건넨 문서에는 다음과 같이 적혀 있다. "러시아 황제 알렉세이 미카이로비치 폐하의 위엄이 멀리까지 이르러 이미 여러 나라 군주들이 대황제 폐하의 최고 통치를 받고 있다…… 중국의 황제도 러시아 황제 폐하의 은혜를 받기 위해 최선을 다해야 할 것이다…… 알렉세이 미카이로비치 폐하는 반드시 중국 황제에게 망극한 황은을 베풀고 적의 침해를 받지 않도록

---

250) 배들리(巴德利), 『러시아 · 몽골 · 중국』 제2권, 339쪽.

보호해 줄 것이다. 중국의 황제는 유일하게 대군주 폐하에게 귀순해 러시아 황제 폐하의 최고 통치를 받을 수 있으며 영원히 불변할 것이다. 그리고 대군주에게 공물을 바치도록 하라."[251] 이 문서는 제정 러시아가 중국을 병탄하려는 야심을 여실히 폭로했다.

1676년(강희 15년), 러시아 정부는 또 니콜라이 사절단을 북경에 파견했다. 청 정부는 러시아 사절단을 융숭하게 대접했고 강희 황제는 러시아 사절단과 두 차례나 만나 중·러 국경 분쟁문제에 대해 담판을 통해 해결할 수 있기를 기대했다. 그러나 니콜라이는 중심대국의 흠차대신 행세를 하면서 오만한 태도로 기세가 등등했다. 청 정부 관원은 러시아군의 중국에 대한 침략을 중단할 것을 요구하면서 "금후 변경지역을 침입하지 않기를 바라며 그렇게 할 수 있다면 양국은 친선을 도모할 수 있고 사절을 서로 파견해 교류할 수 있다"[252] 라고 말했다. 그런데 니콜라이는 일부러 못들은 척 회피하고 러시아군의 중국 침략 활동에 대해 전혀 모르는체하면서 국경문제 담판을 거절했다. 그리고는 러시아가 강대하다고 허풍을 떨고 청 정부를 위협하면서 "차르 황제는 하늘의 태양과 같이 달과 모든 별을 비춰주고 있다. 차르 황제의 은혜는 러시아의 신하와 백성을 보호할 뿐 만 아니라 어떤 나라의 군주든지 모두 차르의 보호를 받고 있다. 마치 별이 태양의 빛을 받는 것과 마찬가지이다"[253] 라고 지껄였다. 그리고

---

251) 『고궁 러시아문 역사자료(청 정부 강희 건륭기간 러시아 서한 원본)』 267쪽, 고궁박물원 1936년 판.
252) 『러시아 사절 니콜라이에게 제출한 국서 및 회담 경과를 내각에 보고한 이번원(理藩院) 의 상소공문』 ,강희 15년 7월 1일, 고궁박물원 명청 기록부 소장.

청 정부에 매년 은 4만 근(2만 킬로그램)과 대량의 비단, 보물을 러시아에 바치라는 무리한 요구를 제기했을 뿐만 아니라 북경의 예수교회 전교사와 결탁해 대량의 정보를 갈취했다.

니콜라이의 오만무례함과 거짓·사기 행각은 청 정부의 의심과 불신을 불렀다. 청 정부 관원은 니콜라이와의 담판이 끝난 후 "사절이 하는 말과 차한칸(察罕汗, 제정 러시아 황제를 가리킴)의 상주문에는 비록 친선을 도모하려는 의도가 있긴 했지만 여전히 믿을 수 없다. 의심스러운 부분이 매우 확연하게 드러난다", "니콜라이의 말은, 모두 믿을 수가 없다"[254]라고 주장했다. 그 후 강희제도 "전에 니콜라이가 중국에 왔을 때 행동거지가 거슬렸다"[255]라고 말했다. 그럼에도 청 정부는 여전히 니콜라이가 본국으로 돌아간 후 차르 황제에게 청 정부의 요구를 전하고 러시아군의 중국 침략을 중단하고 변경의 평화를 유지할 것을 기대했다.

사실상, 청 정부의 소원은 철저히 물거품이 되었다. 차르 정부가 니콜라이 사절단을 파견한 목적은 중국과 평화를 도모하기 위한 것이 아니라 바로 무장 침략에 협력하기 위한 것이었고 중국의 허실을 정탐해 중국에 대한 진일보의 침략활동을 배치하기 위한 데 있었다. 그때 당시 중국은 오삼계(吳三桂) 등이 발동한 "삼번(三藩)"의 난이 일어나 청 정부는 반란군을 진압하는 데 전력하고 있었다. 니콜라이는 러시아 황제에게

---

253) 배들리(巴德利), 『러시아, 몽골, 중국』 제2권, 296쪽.
254) 『러시아 사절 니콜라이에게 제출한 국서 및 회담 경과를 내각에 보고한 이번원(理藩院)의 상 소공문』, 강희 15년 7월 1일, 고궁박물원 명청 기록부 소장.
255) 도리침(圖理琛), 『이역록(異域錄)』

중국 국내의 동란 정세에 대해 보고하고 "만약 다후리아(達斡里亞, 바이칼호 동쪽, 전반 흑룡강 유역 포함) 지역에 현재 2천 명에 달하는 폐하의 정규군이 있다면 다후리아 지역뿐만 아니라 중국 장성 밖의 모든 땅이 모두 폐하의 통치권 안에 들어올 수 있습니다"[256] 라고 알렸다. 니콜라이는 러시아로 돌아가는 길에 눈강(嫩江), 후룬벨(呼倫貝爾)을 지나면서 중국의 넓고 기름진 땅을 보고 군침을 삼켰다. 그는 네르친스크에 있는 러시아군에 명해 "아르군강(額爾古納河)이나 하이라얼강(海拉爾河)에 보루를 쌓도록 했다. 그러면 네르친스크와 눈강 사이의 주민들을 모두 러시아에 굴복시킬 수 있을 것"[257] 이라고 여겼다.

니콜라이가 러시아 사절로 중국에 파견된 그해, 러시아는 흑룡강에서의 침략활동을 더욱 서둘렀다. 러시아 정부는 많은 카자크 인을 파견해 대량의 총과 대포, 물자를 네르친스크 · 알바진에 조달해 침략세력을 강화했으며 러시아 군에 명령을 내려 4갈래로 나누어 중국 내지로 잠식해 들어가도록 했다. 러시아 역사학자가 말했다시피 "1676년은 동시베리아에서 적극적인 정책을 펴기 시작한 해"[258] 였다.

1676년부터 1682년(강희 15년부터 21년까지), 러시아 침략군은 여러 갈래로 나누어 흑룡강 여러 지류 유역에 도착해 병영을 건설하고 거점을 설치했으며 강제로 공물과 세금을 징수하고 중국 여러

---

256) 배들리, 『러시아 · 몽골 ·중국』 제2권, 257쪽.
257) 배들리, 『러시아 · 몽골 · 중국』 제2권, 420쪽.
258) 바실리예프, 『자바이갈카자크 사강(外貝加尔哥薩克史纲)』 제1권, 146쪽.

민족 인민들을 학대했다. 1676년 갈루강[葛簍河, 즉 고리강(古裏河) 명대에 군사 주둔지를 설치했던 곳]에 침략거점을 설치했고 1678년 제야강 상류지역에 제야스크보루를 지었으며 1679년에는 또 서림무단(西林穆丹)에 서림무빈스크(西林穆賓斯克)를 세웠다. 제야강 어귀에 뒤룬찬(러시아인들은 뒤룬스크라고 불렀음)요새를 세웠고 1681년 아르군강에 아르군보루를 설치했다.

또 현지 주민들의 수령 아리칸(阿裏汗)과 바구칸(巴久汗)을 인질로 납치하고 공물을 강제로 징수하고 이곳에서 은광을 탐사 채굴했다. 1682년 알바진의 러시아군이 또 흑룡강 하류일대에 카자크 인을 대량 파견해 카자크 인들이 그곳에서 소란을 피우게 했다. "그들은 나타키인(那脫基人)과 길랴크족(基立亞克人, 즉 중국의 허저족과 비야크족[費雅喀族]) 약 3백 명과 마주쳤는데 전투를 벌여 이기고 이들의 물건을 몽땅 빼앗아갔다"[259] 러시아 침략군은 흑룡강 하류지역 및 연해 일대에 두지긴스크(杜吉根斯克)·오디스크(烏第斯克)· 투구얼스크(圖古爾斯克)·네미렌스크(聶米倫斯克) 등 침략 거점을 세웠다. 러시아 침략군은 침략의 마수를 점점 더 깊이 뻗었다. 중국 역사서적의 기록에 따르면 "이들은 알바진을 거점으로…… 솔론(索倫) ·혁진(赫眞)·비야크(費雅喀)·치러얼(奇勒爾) 등 민족 주민들을 괴롭히고 인구를 약탈하며 소란을 피웠다." "내지에 깊숙이 들어가 민간

---

259) 파르신(帕尔申), 『자바이칼국경지역기행(外贝加尔边区纪行)』 하편, 제 4장, 모스크바 1844년 판.

여인과 어린이들을 마구 잡아 가고, 끊임없이 행패를 부렸다"[260], "사륜(梭倫, 솔론을 가리킴)들은 늘 그들에게 살해당했으며 여인과 아이들, 그리고 인삼과 담비 가죽들을 모조리 갈취 당했다."[261] 청조 관원들은 거듭 권고하고 제지시켰으며 러시아군에 침략을 중단할 것을 요구했다. 1681년 강희황제는 대리시경(大理寺卿) 명애(明愛)를 복규(葡魁, 지금의 치치하얼[齊齊哈爾])에 파견해 알바진에 있는 러시아군 당국과 교섭하고 러시아군 요새를 모두 철거할 것을 요구했다. 청조 관원은 러시아 측에 다음과 같이 경고했다. "뒤룬찬은 원래 우리 땅으로서 당신들이 거점을 세우고 거주하는 것은 매우 부당하다. 당신들은 이곳에서 물러나야 한다. 물러나지 않을 경우 국경지역에 분쟁이 일어날 것이고 그렇게 되면 우리는 많은 역량을 동원해 당신들을 몰아낼 것이다. 그때 가서 후회해도 소용이 없다."[262]

그러나 끊임없는 교섭과 권고, 거듭되는 경고와 항의가 아무런 소용도 없었다. 러시아군은 마치 못들은 체 아랑곳하지 않았으며 침략활동에 더 열중했다. 청 정부는 더는 참을 수 없어 나라의 영토 완정과 인민들의 생명재산 안전을 수호하기 위해 자위반격 준비에 나섰다. 반침략전쟁은 이미 불가피하게 되었다.

---

260) 『나찰 평정 방략(平定羅刹方略)』 권1, 권2.
261) 유헌정(劉獻廷), 『광양잡기(廣陽雜記)』 권2.
262) 『대신을 파견해 나찰에 침략한 땅을 반환하라는 조령을 전하고 그들의 상황을 정탐할 것을 명함(命遣大臣宣諭羅刹退還侵地探彼情形)』 강희 20년 5월 11일, 고궁박물원 명청 기록관 소장.

제2절
알바진 전쟁과 『중·러 네르친스크조약』

1. 제1차 알바진 전쟁

제정 러시아의 중국 동북 국경지역 침략 점령으로 중국의 영토, 주권이 침범 당했으며 중국 인민의 생명 재산 안전과 청조의 통치가 위협을 받았다. 게다가 흑룡강 유역은 만족의 고향이고 청조의 발상지로서 청 왕조는 러시아군이 그곳을 강점하는 것을 용납할 리 만무했다. 러시아군을 몰아내고 빼앗긴 땅을 되찾는 것은 청조 통치자들의 강렬한 염원이었다.

강희제는 "짐은 13살에 친정한 후(강희는 1667년에 친정함, 즉 강희 6년) 바로 이에(러시아 제국이 흑룡강 유역을 강점한 것을 가리킴) 관심을 기울이고 이 땅의 지형과 거리의 멀고 가까움, 그리고 사람(러시아인)의 성정에 대해 세밀하게 알아보았다."[263]라고 말했다. 이는 강희제가 오래 전부터 이미 제정 러시아의 침략세력을 가볍게 보아서는 안 된다는 사실을 알고 있었으며 즉위 후 동북의 국경 수비에 각별히 주의를 돌렸으며 침략에

---

263) 『청성조실록(清聖祖實錄)』 권121, 11쪽.

맞서 싸우려는 그의 결심이 확고함을 알 수 있다.

그러나 입관한 뒤 오랜 세월 동안 청 정부는 전국 통일을 이루기 위해 전력을 다하고 있었기 때문에 흑룡강 유역의 국경수비에 많은 역량을 배치할 수 없었다. 1681년(강희 20년)에 와서 '삼번의 난'을 평정시킨 후에야 동북에 관심을 돌릴 수 있게 되었으며 무장 세력으로 침략자를 물리칠 준비를 했다.

청 정부는 군사투쟁, 외교담판과 국경수비 강화 등 세 가지 방침을 동시에 실행했다. 청 정부는 러시아와 장기간 교섭하는 과정에서 "강대한 무장력이 없고 국경수비를 공고히 하지 않고 치열한 전쟁을 벌이지 않고서는 러시아 군이 침략을 포기하고 중국 영토에서 물러나도록 설득시킬 수 없다"는 사실을 점차 깨닫게 되었다. 청 정부는 또 중, 러 양국이 모두 봉건 대국으로서 군사력으로는 서로를 굴복시킬 수 없으며 오로지 평화담판을 통해 양국이 모두 받아들일 수 있는 국경선을 상정해야만 국경지역의 안정을 실현할 수 있고 장기적인 평화를 유지할 수 있다는 사실도 알고 있다. 그래서 군사충돌의 결과는 역시 담판을 진행하는 것이고 군사충돌의 목적은 스스로를 지키기 위한 것이며 비교적 공정한 평화를 얻기 위한 것이다. 미국 역사학자가 말했다시피 "강희는 러시아 제국을 정복하려는 것이 아니라 스스로 담판을 통해 해결할 수 있는 힘이 있음을 러시아에 보여주고 싶었던 것이다."[264]

---

264) 맨콜(Mancall), 『러시아 제국과 중국』, 115쪽, 하버드대학 1971년 판.

강희제는 군민이 30여 년간 러시아 침략자와 전투를 해온 경험을 종합하여 치밀한 계획을 세우고 세밀한 준비 작업을 진행했다. 1682년(강희 21년), 바로 '삼번의 난'을 평정한 이듬해 4월, 강희제는 성경(심양)에 가 능묘를 알현한 후 무순(撫順), 흥경(興京), 합달성(哈達城, 지금의 서풍[西豊])을 거쳐 유조변(柳條邊)을 나섰다가 5월에는 선박공장 길림 오라[吉林烏喇], 즉 지금의 길림시)에 도착해 배를 타고 송화강을 항행하면서 변경 수비 상황을 직접 시찰했다. 그해 9월 강희제는 부도통 낭담(郎談)과 공팽춘(公彭春)을 파견해 수백 명을 거느리고 사슴 사냥이라는 명분을 내세워 알바진 부근의 지리상황과 수상 육상 교통을 정찰하도록 지시했다. 1683년 1월 낭담 등은 북경에 돌아와 "나찰을 물리치는 일은 쉬운 일이며 3천 명 병력이면 충분하다"[265]고 보고했으며 바로 행동을 개시할 것을 건의했다. 강희제는 단순하게 군사적으로만 고려하자는 의견에 찬성하지 않았다. 그는 마땅히 더 충분한 준비를 해야 한다며 먼저 흑룡강(즉 애훈(璦琿))과 호마이(呼瑪爾) 두 곳에 성을 세우고 군대를 주둔시키며 식량을 비축하고 선박을 건조하며 둔전을 계획하고 역로를 개척해 싸움에서 이길 수 있고 이긴 후에 요새를 지킬 수 있도록 할 것을 주장했다.

1683년(강희 22년) 여름, 제1진으로 오라 영고탑 장병 1천 명이 부도통 싸푸소(薩布素)의 통솔 하에 애훈에 도착했다. 1684년 가을, 또 오라 영고탑

---

265) 『청성조실록(清聖祖實錄)』 권106, 23쪽.

장병과 추가 파견된 다우르족 장병 1천 명이 가족을 이끌고 흑룡강에 도착해 둔전을 경작하며 주둔 수비했다. 두 부대의 2천 명 장병은 국경을 지키고 러시아군과 작전하는 주력군이었다. 1683년 겨울, 협동 작전을 위해 북경에서 5~6백 명 장병을 흑룡강에 파견했다. 1685년 초, 러시아군의 화승총에 대처하기 위해 산동(山東), 산서(山西), 하남(河南)에 배치했던 복건(福建) 등패병(藤牌兵, 등나무로 만든 방패를 들고 전투를 벌이는 병사) 420명을 전선에 파견했다. 이 두 부대의 총 1천 명 군사는 전투가 끝나면 바로 철수시켜 원래 있던 곳으로 돌아가게 되어 있었다.

청군은 애훈에 도착한 후, 흑룡강 동쪽 연안의 옛 성 폐허 위에 성을 쌓고 흑룡강으로 명명했으며 이 성을 지키는 장군을 설치하고 싸푸소를 제1임 흑룡강 장군으로 임명했다. 그리고 현지 둔전에서 "강희 24년, 흑룡강 개간지 1500여 향(晌, 동북지역에서 1향은 일반적으로 1헥타르에 해당함)을 성경 장병들한테 나누어 주고"[266] 사람을 파견해 농사를 지을 줄 모르는 다우르족·솔론족에게 농사를 짓는 법을 가르치게 함으로써 "효과적으로 경작을 추진하고 농작물을 많이 수확하는"[267] 성과를 거두었다. 흑룡강에 주둔하는 병사들의 식량 공급을 보장하기 위해 커얼친 십기(科爾沁十旗)·시버(錫伯)·오라관툰(烏喇官屯)에서 식량 1만 2천 석을 징집해 3년 동안 필요한 군량을 비축하고 또 솔론족 거주 지역에 사람을 파견해 소와 양 등 가축을 구입하도록 했다.

---

266) 『성경통지(盛京通志)』 권24,토지세(田賦)
267) 서청(西淸)의 『흑룡강외기(黑龍江外紀)』

알바진으로 진군하려면 대량의 군함과 운수선이 필요했다. 청 정부는 목재를 준비하고 장인들을 불러 모아 길림에 공장을 설립하고 대규모로 선박 건조작업을 시작했다. 호부상서 이상아(伊桑阿)를 감독으로 특별 파견해 다양한 유형의 선박을 만들고 병사와 노복 · 유배 온 범인들을 선원으로 징용했다. 그리고 성경(심양)과 흑룡강(애훈) 사이에서 구간을 나누어 운송을 맡도록 했다. 요하(遼河) · 송화강 · 흑룡강을 경유하는 약 2,500킬로미터에 달하는 이 구간에 방위병을 설치하고 노역을 모집해 수로를 준설하고 식량창고를 설치했으며 각 구간마다 사람을 파견해 도로 노정과 수로 깊이를 측정하고 건조 선박의 크기와 적재량을 확정하도록 했다. 그리고 선박에 쌀을 싣고 통주(通州)와 영대(瀛台)사이를 시험 운행했다. 이밖에 오라에서 애훈까지 1천 340리에 달하는 새로운 역로를 개척했으며 도중에 19개 역참을 설치하고 이 역참들을 통해 공문과 군사정보를 전달했다.

청군은 흑룡강에 진출한 후 먼저 러시아군이 흑룡강 중하류 지역에 설치한 침략거점들을 철폐하는 데 착수했다. 1683년(강희 23년) 7월, 싸푸소 부하 솔론족 군관 보크(博克)가 거느린 선봉대가 제야강 어귀까지 이르렀을 때 알바진에서 쳐들어오는 러시아 침략군 66명과 마주쳤다. 메리니크(梅利尼克)가 이끄는 그 침략군은 흑룡강 하류지역을 습격해 소란을 피울 계획이었다. 청군이 현지 주민들의 협조를 받아 러시아 침략군을 포위하자 침략군 일부 병사들은 강물에 뛰어들어 도망치고 메리니크는 나머지 대다서 병사들을 거느리고 무기를 바치고 투항했다. 뒤룬찬과 시리무빈스크(西裏姆賓斯克) 거점에 있던 러시아군은 청군이 출병했다는 소식을 듣고 거점에서 탈출했다. 그런데 청군이 출병했다는 소식을 접하지 못한 제야강 상류지역의 신저스크(新澤斯克) 거점에 있던 러시아 침략군은 청군에 포위되었으며 바로 또 투항했다.

동북지역의 중국 여러 민족 인민들은 다투어 무기를 들고 일어나 러시아 침략군을 향해 호된 반격을 가했다. 우만하(牛滿河) 유역에 있는 치러얼족(奇勒爾族)인 시루가누(奚魯噶奴) 등이 러시아군 10여 명을 때려죽이고 제야강 유역의 오르쫀족(鄂倫春族)인 주얼컹거(朱爾鏗格) 등도 많은 러시아군을 격살했다. 흑룡강 하류지역에 있는 비야크족과 치러얼족 인민들은 러시아군과 치열한 전투를 벌여 "매우 많은 나찰을 격찰했다"[268] 러시아군은 오호츠크 해로부터 지원군이 왔고 청군 장령 악나순(鄂羅舜)이 비야크족 인민들의 지원 요청에 응해 병사 300명을 거느리고 혹한을 무릅쓰고 달려와 항곤하(恒滾河) 어귀에서 러시아군과 작전을 벌였다. 그 전투에서 러시아군이 전패했는데 일부는 투항하고 일부는 오호츠크해 방향으로 도망쳤다. 청군은 현지 인민들의 협력을 받아 많은 침략거점을 제거하고 러시아군이 점령했던 대부분 중국 영토를 수복했다.

청 정부는 단순하게 군사수단만 사용한 것이 아니라 매번 전투를 시작하기 전 먼저 예를 갖추어 상대와 교섭하다가 그것이 통하지 않을 경우 무력을 사용하는 방식으로, 먼저 사람을 파견하여 정치적으로 설득하면서 러시아군이 침략을 중단하기만 한다면 러시아와 평화를 유지하기를

---

268) 『나찰 평정 방략(平定羅刹方略)』 권1.

원한다는 뜻을 밝혔다. 뿐만 아니라 생포한 러시아 장병을 우대하고 "그들에게 각별히 관심을 돌리고 음식 공급을 보장함으로써 보살핌과 연민의 뜻을 보여주도록"[269] 요구했다.

1684년 러시아군 포로에게 중국 정부의 공문을 지니고 알바진으로 가서 전하게 했는데 공문에는 여전히 러시아군이 중국 영토에서 물러나 전쟁을 피면할 수 있기를 바라는 강희제의 조령이 적혀 있었다. 공문에는 이렇게 썼다. "지금 알바진, 네르친스크에 있는 나찰 등이 지난날의 잘못을 바로잡고 즉각 본국으로 돌아간다면 서로가 무사할 것이며 서로에 이득이 될 것이다. 만약 여전히 잘못을 깨닫지 못하고 우리 국경지역에 머물러 있는다면 그때 가서 반드시 천벌을 받게 될 것이며 죽음을 면하기 어려울 것이다."[270] 그러나 거듭 설득하고 경고했음에도 효과를 보지 못했으며 일방적인 평화의 염원은 침략자들이 학살 무기를 버리도록 설복시키지 못했다. 청 정부는 무력으로 침략자를 몰아내는 방법 외에 다른 선택이 없음을 깨달았다.

1685년(강희 24년) 1월, 강희제는 도통 공와산(公瓦山) 등을 흑룡강에 파견해 싸푸소 등과 만나 의논해 봄이 오면 출병해 알바진을 수복하기로 결정지었다. 강희제는 아래와 같은 조령을 내렸다. "무력을 쓰는 것은 좋은 일이 아니므로 부득이한 경우에만 쓰도록 하라. 나찰이 줄곧 이유 없이 우리

269) 『청성조실록(清聖祖實錄)』 권111,7쪽.
270) 『청성조실록(清聖祖實錄)』 권112,5쪽.

국경을 침범하고 우리 도주자들을 받아들이고 후에는 점차 국경을 넘어와 솔론족 · 허저족 · 비야크족 · 치러얼족 지역에서 끊임없이 소란을 피웠다. 그리고 인구를 약탈하고 마을에서 노약질을 하고 담비 가죽을 탈취하는 등 온갖 행패를 다 부렸다.

여러 차례 사람을 파견하여 황제의 조령을 전하고 사절을 통해 공문을 전했지만 나찰은 결국 명에 따르지 않고 도리어 허저족과 비야크족 일대에 깊이 들어와 점점 더 소란을 피우고 백성들을 괴롭혔다. 그래서 흑룡강에 군대를 파견해 그들이 오가는 길을 차단했으나 나찰은 여전히 몰래 들어와 예전과 마찬가지로 도주자들을 송환하지 않고 있으니 모조리 없애버려야 마땅하다." 그리고 중국 측 평화의 뜻을 재차 표명했다. "그대들이 무사하기를 원한다면 속히 야쿠(雅庫)로 돌아가 그곳을 경계로 삼아 담비를 잡든 세금을 징수하든 내지로 다시 들어와 소란을 피워서는 안 된다. 그리고 우리측 도주자를 송환하라. 우리 측도 도주해온 나찰을 돌려보낼 것이다. 과연 그렇게 한다면, 국경지대에서 무역을 재개하고 서로 안정된 생활을 누릴 수 있으며 전쟁도 일어나지 않을 것이다."[271]

대군이 알바진으로 진군하기 전, 청 정부는 또 평화적으로 해결하기 위한 노력을 했다. 강희황제가 직접 차르황제에게 서한을 보내 "알바진의 나찰을 빨리 철수시켜 야쿠(雅庫) 등지를 경계로 삼아 거주하도록 하라. 짐도 즉시

---

271) 『청성조실록(清聖祖實錄)』 권119, 6~8쪽.

명령을 내려 토벌 대군의 진군을 중단시킬 것이다. 그러면 국경지대가 안정되고 침략의 우려가 없을 것이며 서로 무역을 진행하고 사절들의 방문을 이루어 화목하게 지낼 수 있다"[272]라고 썼다. 그 서한은 러시아 포로 6명이 지니고 할하 몽골을 경유해 러시아 제국으로 가서 전하도록 했다.

청 정부가 국경 분쟁 문제를 평화적으로 해결하기 위해 매우 큰 노력을 했지만 러시아 제국은 침략의 야심을 버리지 않고 끝까지 완고하게 고집할 계획이었다. 러시아 제국은 흑룡강 지역을 식민 점령한 군사지휘 기구를 전면 정비하고 흑룡강 지역의 상황을 잘 아는 유능하고 용맹하기로 이름난 블라소프(弗拉素夫)와 토르푸친(托爾布津)을 네르친스크와 알바진 독군에 임명했으며 지원군을 증파하고 식량과 물자를 장만했으며 진지를 구축하고 성의 방위를 보강해 이곳에서 버티며 장기적으로 강점할 준비를 했다. 그밖에도 러시아제국 정부는 또 프로이센 군관 바이튼(拜頓)을 파견, 토볼스크에서 카자크 인을 모집해 군대를 편성한 뒤 중국으로 진입해 작전을 벌이도록 했다.

1685년 6월, 청군은 알바진에 도착해 먼저 알바진으로 송환하는 러시아 포로 비요다리(費咬多里) 등 3명을 통해 공문 두 통을 보냈다. 한 통은 강희제가 차르황제에서 보내는 서한이고 다른 한 통은 청군 지휘관 팽춘(彭春)이 알바진 러시아군에 보내는 공문으로서, 러시아군에

---

272) 『강희제가 러시아제국 나찰을 신속히 철수시켜 소동을 중단하라고 차한칸(차르)에게 보낸 조서』, 강희 24년 3월 17일, 고궁박물원 명청 기록부에 소장.

중국에서의 철군을 요구한 것이며 침략자에게 내린 최후의 경고문이었다. 6월 23일 청군은 통솔부를 알바진성 아래로 옮기고 러시아군과 대화를 진행했지만 "나찰은 불복하고, 말하는 태도가 거만했다."[273] 이에 24일, 청군은 진을 치고 알바진을 포위했다. 25일, 러시아군 한 부대가 흑룡강을 따라 내려와 알바진으로 돌진하려고 시도했다.

그때 청군이 가로 막고 격전을 벌였다. 러시아군 사상자가 40여 명에 달했다. 이어 청군은 대포를 설치해 알바진을 맹공격했다. 알바진성 안 곳곳에 불이 붙었으며 러시아군은 막대한 사상 피해를 입었다. 혼비백산한 러시아군은 막다른 골목에 몰렸다. 청군은 또 여러 차례 항복을 권하는 서한을 성 안으로 쏘아 보냈다. 투항조건은 매우 관대했다. 러시아군이 알바진에서 물러가고 두 번 다시 오지 않을 것이라고 다짐만 한다면 목숨을 살려줄 것이며 게다가 러시아군이 저들의 무기와 재물을 모두 가져가는 것도 허용할 것이라 했다. 이에 러시아군 우두머리 토르푸친은 백기를 들었다. 청군은 러시아군 700여 명이 알바진에서 철수하는 것을 허락하고 그들을 아르군 강 어귀까지 보내주었다. 그 외 바시리(巴斯里)등 45명의 러시아 병사는 귀국하지 않고 중국에 남을 것을 요구했으므로 청군과 함께 애훈으로 돌아왔다. 러시아군에 인질로 잡혀 알바진 거점 내에 갇혀 있던 중국 솔론족, 바얼후 족 등 160여 명은 모두 석방됐다. 제1차 알바진 전쟁은 러시아군의 전패와 투항 · 철수로 끝났다.

---

273) 『팔기통지초집(八旗通志初集)』 권 153, 『낭담전(郎談传)』

2. 제2차 알바진 전쟁

토르푸친이 인솔한 러시아군은 알바진에서 네르친스크로 철퇴했지만 침략의 야심을 거두지 않고 또다시 쳐들어오려고 시도했다. 그때 바이튼이 인솔한 600명 지원군이 네르친스크에 도착해 러시아군 세력이 강화되었다. 한편 그들은 청군이 전투에서 승리한 후 이미 전부 애훈으로 철수하고 알바진에 병사를 주둔 수비시키지 않았다는 사실을 알아냈다. 그리하여 토르푸친과 바이튼은 바로 군대를 이끌고 다시 알바진을 점령하고 요새를 구축하고 끈질기게 버틸 준비에 전력했다.

러시아군이 알바진을 점령하자 청 정부는 또 다시 출병하는 수밖에 없었다. 1686년(강희 25년) 3월, 강희제는 "지금 나찰이 알바진에 다시 돌아와 요새를 짓고 도사리고 있는데 만약 빨리 가서 토벌하지 않는다면 그들은 필히 식량을 장만해 굳게 지키게 될 것이니 취하기가 쉽지 않을 것이다. 싸포소 장군 등에 명하노라…… 속히 선박을 정비하고 우라와 영고탑의 장병들을 통솔해 흑룡강성(애훈)으로 달려갈지어다. 반드시 성경에 병사를 남겨 수비해야 하므로 2천 명 군사만 거느리고 가서 알바진을 공략하라."[274]라고 명령을 내렸다. 7월 싸포소는 청군 2천 여 명을 거느리고 알바진에 당도해 먼저 러시아군

---

274) 『청성조실록(清圣祖实录)』 권124, 16쪽.

포로 어커소무고(鄂克素木果)에게 서한을 주어 성 안으로 들여보내 또 한 번 러시아군에 경고했다. "그대들이 또 몰래 돌아와 요새를 재건하고 점거하고 있으면서 우리 측 어민과 사냥을 업으로 삼는 엽호들을 괴롭히고 있다…… 우리 대군이 이미 성 아래 진에 이르렀다. 이번에 우리는 절대 쉽게 포기하지 않을 것이다. 이에 대해서는 그대들도 잘 알고 있을 것이다. 그대들은 쫓겨나게 될 것이며 다시는 돌아올 힘이 없게 될 것이며 결말은 그러할 것이다."[275]

알바진에 거점을 두고 있던 러시아 침략군 총 800여 명은 완고하게 저항할 준비를 마친 상황이었다. 러시아군은 화기가 비교적 많고 탄약과 식량도 충족하며 견고한 요새까지 갖추었다. 그들은 알바진에서부터 빈번히 출격해 청군의 대포와 성 공략 장비가 성벽에 접근하지 못하게 했다. 청군은 일부 대포를 제외하고 화승총 50자루밖에 없었으며 병사들은 모두 칼과 창 · 화살로 적군에 맞서 싸워야 했기 때문에 살상력이 비교적 약해 공격에 불리했다. 그래서 알바진을 빠른 시일 내에 함락시킬 수 없었다. 그러나 청군은 사기가 드높은데다 현지 여러 민족 주민들까지 작전에 협력해 성을 나와 싸움을 거는 러시아군을 여러 차례 격파시켰다. 전투가 시작해서 며칠 사이에 러시아 군 100여 명을 소멸하고 러시아군 우두머리 토르푸친도 폭탄에 맞아 죽었다.

청군과 러시아군이 알바진에서 서로 대치중일 때 흑룡강 지역에 추운

---

275) 체헤빈스키(齐赫文斯基)가 주필한 『17세기 러중관계』 제2권, 769쪽.

계절이 매우 빠르게 찾아왔다. 화기가 부족한 청군은 막대한 희생을 피면하기 위해 강습을 중단했으며 알바진 주위에 해자와 방책을 쌓고 러시아군을 겹겹이 포위해 그들을 곤경에 빠뜨렸다. 장기간의 전투와 포위 속에서 러시아군은 대부분 전사하거나 병사하고 800여 명에서 66명밖에 남지 않았다. 군량도 떨어지고 탄약도 바닥이 났으며 네르친스크에서 지원군도 증파할 수 없게 되자 알바진에 갇힌 러시아군은 앉아서 죽기만을 기다리는 수밖에 없었다.

청 정부의 군사행동이 큰 승리를 거두었지만 변경지역의 안정과 평화를 위해 청 정부는 여전히 러시아와 담판하려고 노력했다. 1686년 9월 청 정부는 북경에 있다가 귀국하는 네덜란드 사신 벤센파조(賓顯巴志)를 통해 서한을 러시아제국 차르황제에게 보내 양국이 휴전하고 담판할 것을 제안했다. 서한에는 "여전히 차한칸(차르 황제)이 부하들을 철수시키고 야쿠 모 지역을 경계로 삼아 각자 경계 내에서 어렵민족들이 서로 화목하게 지낼 수 있기를 바란다."[276]라고 썼다. 그리고 또 같은 내용의 서한을 포르투갈 선교사 민명아(閔明我)를 통해 유럽으로 가져 방법을 대 차르황제에게 전하도록 했다. 결론적으로 청 정부는 모든 방법을 다 동원하여 러시아와 담판을 통해 국경지역의 충돌을 해결하려 했다.

한 프랑스 역사학자는 "이러한 서한들을 보낸다는 것은 양해 달성을

---

276) 『병부가 나찰을 야쿠로 철수시키고 경계를 세우도록 러시아 측에 통보하기 위해 차르에 게 보낸 공문』, 강희 25년 7월 30일, 고궁박물원 명청 기록부 소장.

바라는 중국 측의 소원을 충분히 말해준다"[277]라고 평가했다.

1686년 11월 알바진이 포위 당해 위태위태한 상황에 처했을 당시 베뉴코프(文紐科夫)와 파브로프(法沃羅夫)가 거느린 러시아 사절단이 모스크바를 출발해 밤낮을 이어 달려 북경에 당도했는데 길에서 일 년이나 걸렸다. 러시아제국 정부가 이미 알바진 전쟁에 관한 소식을 전해 듣고 강희제가 보낸 여러 통의 서한도 잇달아 모스크바에 도착한 것이다.

러시아 제국 정부는 중국의 자위반격으로 인해 자신들의 다년간 침략활동을 거쳐 얻은 성과가 전부 수포로 될 것이라는 것을 잘 알고 있었으며 그래서 매우 초조했다. 그러나 그때 당시 러시아제국은 표트르 1세의 누나인 소피아 공주가 정권을 잡고 있었고 귀족들 간의 권력과 이익 다툼으로 통치가 매우 불안정한 상황이었다. 게다가 서방에서 다년간 지속된 전쟁으로 군사는 지치고 재력은 바닥이 난 상황이어서 중국에 대량의 군대를 추가 파견할 능력이 없었다. 그리하여 알바진을 사수하고 있는 러시아군이 섬멸되는 것을 지켜보고만 있어야 하는 상황이었다. 제정 러시아 정부는 극동지역의 긴박한 상황을 완화시키기 위해 청 정부의 제안을 받아들여 국경담판을 진행하기로 결정했으며 골로빈(戈洛文)을 비롯한 담판사절단을 파견했다.

베뉴코프와 파브로프는 러시아제국 정부의 명을 받고 먼저 북경에 도착해 차르 황제가 강희제에게 보내는 서한을 전했다. 서한에서는

---

277) 가은(加恩)이 집필하고, 강재화(江載华)가 번역한 『조기 중·러 관계사』 8쪽, 상무인서 관(商 務印書館) 1961년 판.

알바진에 대한 공격을 멈출 것을 청 정부에 요구하면서 골로빈 사절단이 도착하기를 기다려 담판을 진행하자고 했다.

청 정부는 평화에 대한 큰 성의를 보여 예를 갖춰 러시아 사절단을 접대했다. 청 정부는 알바진을 거의 손에 넣게 된 상황에서 러시아제국의 요구를 들어주었다. 전투를 끝내고 포위를 풀어주었으며 일방적으로 철군했다. 강희제는 사람을 시켜 전선의 장령에게 조령을 전했다. 조령은 "싸포소 등은 알바진에 배치했던 군대를 철수시켜 한곳에 집결시키고 전함 근처에 병영을 세우며 성 안 나찰에게 알려 출입을 허용하되 멋대로 약탈해서는 안 된다고 명시하라. 그리고 러시아 사절이 도착하기를 기다려 담판을 짓도록 한다"[278]라는 내용을 담고 있다. 알바진이 5개월 동안 포위된 상황에서 러시아군은 거의 다 부상을 입거나 죽었으며 성 내에는 식량과 땔 나무가 부족했다. 청군은 식량을 가져다주고 의사들을 성 안에 들여보내 질병에 걸린 러시아군을 치료해주려고까지 했다. 1687년, 청군은 일방적으로 알바진에서 철군해 애훈으로 돌아가 러시아 사절단이 오기를 기다렸다.

중국 측이 평화담판을 제안하고 군대를 철수시킴으로써 제2차 알바진 전투가 끝나게 되었다. 그 뒤 중·러 관계의 역사는 담판단계에 들어섰다.

---

278) 『청성조실록』 권127, 24쪽.

3. 중 · 러 담판사절단 파견 및 각자의 담판방침

제정 러시아 정부는 당면한 정세와 자국 실력을 감안하고 이해득실을 따져 청 정부의 담판제안을 받아들이고 골로빈을 비롯한 담판사절단을 파견했다. 그러나 담판사절단을 파견한 것은 침략을 포기한다는 뜻도 무력 사용을 중단한다는 뜻도 아니었다. 러시아 제국으로 놓고 보면 다만 책략과 수단을 조절했을 뿐이다. 거리낌 없는 무장침략이 중국의 완강한 반격을 받게 되자 러시아제국은 전략적 배치를 바꿔 군사침략과 외교담판을 번갈아 쓰며 대외확장의 목적을 달성시키려 했다. 골로빈 사절단의 구성과 그들이 따른 명령은 모두 러시아제국의 전쟁과 담판을 결부시킨 특성을 보여주었다.

골로빈 사절단은 포병, 화승총병, 용기병 등을 포함해 관리와 군사 1900여 명으로 이루어졌다. 그리고 제정 러시아 정부는 또 골로빈에게 광범위한 권력을 부여했는데 중국과 담판체결을 할 수 있을 뿐만 아니라 유리하다고 판단되는 상황에서 시베리아지역의 군대를 동원시켜 중국과 작전을 벌일 수도 있었다. 제정 러시아 정부는 골로빈 사절단의 임무와 담판 방안에 대해 규정지었다. 담판 방안의 최고 요구는 흑룡강을 경계로 삼는 것, 즉 흑룡강의 북안 전역을 점령하는 것이었다. 만약 그 요구에 달성하지 못할 경우 부레야 강(즉 우만강[牛滿江]) 혹은 제야 강(즉 정기리강)을 경계로 흑룡강 중류의 북안을 점령하는 것이며, 그 요구에도 달성하지 못할 경우 알바진을 경계로 하되 부레야 강과 제야 강 유역에 있는 중 · 러 양국의 공동 어로장과 사냥터를 보유해야 한다는 것이다.

그리고 또 "만약 중국인이 원래 주장을 고집하면서 전혀 양보하지 않고 상기 조건에 따라 조약을 체결하지 않을 경우 대사는 반드시 차르 황제의 명령과 시베리아부의 군사훈령에 따라 행동(작전 관련 행동)을 취하라"[279]는 훈령을 내렸다. 이로부터 차르 정부가 비록 담판사절단을 보내기는 했지만 전쟁을 수단으로 하는 침략 목적을 포기하지 않았음을 알 수 있다.

　　1686년(강희 25년) 2월, 골로빈은 모스크바를 출발해 1687년 9월 바이칼호 동안에 도착했다. 그때 러시아제국은 국내외 정세에 변화가 일어났다. 1687년 봄, 러시아제국과 투르크 간의 전쟁이 폭발했는데 러시아군이 크림 전쟁에서 전패했다. 차르 정부는 극동지역에서 또 중국과 전쟁을 치르기 어려운 상황에 처했다. 그래서 차르 정부는 극동으로의 확장을 자제하는 수밖에 없었으며 그에 따라 중국과의 담판 입장을 바꾸었다. 1687년 6월, 차르 정부는 골로빈에게 훈령을 내려 알바진에서 철군하라는 주장을 받아들일 수는 있지만 중·러 양국 모두 알바진에 군대를 주둔시키거나 성을 쌓아서는 안 된다는 요구를 제기할 것을 지시했다.[280] 그 뒤 골로빈은 러시아제국 정부의 지시에 따라 구체적인 담판 방안을 작성했는데 그중 한 가지 방안은 러시아군이 알바진에서 철수하는 외, 다른 양보도 할 계획이라는 것이었다. 한 마디로 말해, 러시아는 국내외적으로 어려운 정세에 직면했기 때문에 감히 경솔하게 중국과 담판을 결렬시킬 수 없었으며, 그래서 침략의 성과를 어느 정도 뻴어내는 것으로

279) 가은(加恩), 『조기 중·러 관계사』 부록, 153쪽~155쪽 인용.
280) 체헤빈스키(齐赫文斯基) 주필, 『17세기 러중관계』 제 2권, 178쪽.

중국과의 타협을 구하는 수밖에 없었다.

골로빈 사절단은 바이칼호 동안에 도착해 2년간 그 일대에 머물렀다. 그때 청군은 알바진에서의 정전과 철군 승낙을 이행했기 때문에 골로빈은 중국과의 담판을 서두르지 않았다. 그는 중국 측의 허실과 청 정부의 의도를 정탐하는 한편 중국의 할하 몽골 여러 부에 대한 위협과 회유를 통해 몽골 각 부를 중국에서 이탈시키려 러시아제국에 귀순시키려고 꾀했다. 몽골 수령 투시예투칸과 젭춘담바(哲布尊丹巴)가 이 같은 비열한 수법을 간파하고 단호히 거절했다. 이러한 상황에서 골로빈은 원래 차르 황제가 투시예투칸에게 보내는 국서를 가져왔음에도 그 국서를 감히 전달하지도 못했다. 국서는 투시예투칸에게 군대를 동원하여 러시아군을 도와 중국을 공격할 것을 요구하는 내용을 담고 있었다.

"그는 왜 그 국서를 몽골사절에게 건네지 못했으며 혹은 왜 능력 있는 어떤 군역 귀족을 파견해 몽골로 가져가도록 하지 못했을까? 골로빈이 그렇게 하지 못한 원인은 투시예투칸과 젭춘담바가 만주 황제 강희와 관계가 밀접한 것으로 기억하고 있었기 때문이다. (훗날 군사행동이 이미 전개된 상황에서 정치세력 배치가 매우 명백해진 뒤 그러한 견해가 충분히 증명되었다). 그러나 차르 황제가 투시예투칸에게 보낸 국서에는 '필요할 때 협력하여' 함께 강희에 반대할 것을 몽골왕에게 제안하는 내용이 들어있었다. 골로빈이 이 국서를 전해도 예기 효과를 달성하지 못하리라고 여긴 데는 근거가 있었다.

'몽골 영주와 중국인은 서로 호감을 갖고 있었기 때문이다.'"[281] 이로부터 몽골의 수령들이 애국 열정이 있었음을 알 수 있다. 그들은 청조 중앙정부의 주위에 굳게 뭉쳐 있었기 때문에 러시아의 이간질과 분열 시도가 실현될 수 없었던 것이다.

골로빈 사절단은 겉으로는 담판을 통한 평화 실현의 사명을 안고 있는 듯 했지만 실제상에서는 흉악하고 잔인한 원정군이었다. 회유 분화가 실패하자 바로 무력을 행사해 중국 할하 몽골 인민들에 대한 기습을 발동했으며 피비린 진압을 감행했다. 골로빈은 러시아군이 소와 말 · 양을 잃어버렸다는 구실을 대 몽골인민들이 훔쳐갔다고 모독하면서 러시아군에 명해 몽골 목장에 뛰어들어 대대적으로 살인 방화와 강탈을 저지르게 했다. 골로빈은 "심보가 나쁜 저들 국경 몽골 주민들의 변덕스러움과 도적행위를 단속하라", "저들의 몽골 우루스(兀魯思)를 습격하자", "천막을 부수고 저들의 처자식들을 포로로 원수를 갚자", "대군이 들이닥치면 몽골 인들은 봉변을 당할 것이다"라고 히스테리 적으로 부르짖었다.[282]

할하 몽골인민들은 러시아군의 유린과 짓밟힘에 견딜 수 없어 일떠나 저항했다. 1688년 초, 몽골 군민은 추쿠바이싱(楚庫柏興, 셀렌긴스크))일대에서 러시아군과 싸워 승리를 거두었다. 골로빈은 추쿠바이싱 성 안에 숨어 꼼짝달싹할 수 없었다. 그러나 몽골인민들이

---

281) 차스지나(沙斯季娜)의 『17세기 러 몽 간 사절 교류 관계』, 118쪽.
282) 체헤빈스키가 주필, 위의 책, 223, 217, 222쪽.

러시아군과 싸워 이겼을 때 몽골족의 변절자 준갈(准格爾)부 수령 갈단이 러시아의 사주와 지지를 받고 할하 몽골에 대거 침입해 러시아군과 협력해 작전을 벌이고 할하 몽골 군민들을 협공했다. 투시예투칸과 젭춘담바는 할하 전쟁에서 전패한 후 부족들을 거느리고 남하하면서 청 정부에 보호와 원조를 요청했다. 이때 골로빈은 이 틈을 타서 갈단과 서로 결탁해 러시아군을 여러 갈래로 나누어 출병시켜 할하 몽골에 대한 대대적인 '토벌'을 감행했다. 그리고는 또 터무니없이 '귀순' 조항을 제기하고 "차르 폐하의 숭고한 전제통치에 영원히 신복하고" "차르 폐하의 군대를 협조해 작전할 것"을 중국의 몽골족에 요구했으며 또 러시아제국에 소와 양을 바치고 공물과 조세를 납부하며 "말과 낙타를 될수록 많이 제공할 것"을 요구했다. 그리고 몽골 각 부의 대길(台吉)과 목민들에게 청 정부 그리고 투시예투칸, 젭춘담바와 모든 내왕을 단절하도록 위협했다.[283]

몽골의 대길과 인민들은 비록 러시아군의 위세에 억눌려 있었지만 마음은 항상 조국으로 쏠려 굴복하려 하지 않았으며 병사를 동원해 봉기를 일으키는 사람이 있는가 하면 기회를 노려 도망하는 사람도 있었다. 골로빈도 낙심하여 자신의 실패를 승인하면서 몽골 각 부의 대길과 목민들은 "태도가 완고하고 계속해서 회피하고 있다", "자기 견해를 고집하면서 굴복하거나 충성을 다하려 하지 않는다."라고 말했다.[284]

---

283) 위의 책, 383~386쪽 참고.
284) 위의 책, 413, 419쪽.

청 정부는 1688년 영시위내대신(領侍衛內大臣) 색액도(色額圖)와 도통 겸 황제의 외삼촌 동국강(佟國綱)을 비롯한 담판사절단을 파견해 몽골을 경유해 셀렌긴스크에 가도록 했다. 출발할 때, 강희제는 잃어버린 영토를 수복할 결심을 밝히면서 "네르친스크 · 알바진 · 흑룡강 상하류지역, 그리고 그 강으로 흘러드는 모든 하천과 계천이 우리 땅이므로 하나라도 러시아에 버려둘 수 없다"[285]라고 밝혔다. 색액도 등이 몽골지역에 도착했을 때 갈단이 쳐들어오고 있어 할하 몽골 각 부가 남으로 도주하고 사절단의 북상하는 길이 막혔다. 색액도가 거느린 사절단은 북경으로 되돌아오는 수밖에 없었다.

1689년(강희 28년) 6월, 색액도가 거느린 사절단은 재차 출발했으며 담판지점을 네르친스크로 변경했다. 그때 갈단이 할하 몽골을 격파했기 때문에 그가 중앙에 거역하고 반란을 일으킨 죄적이 이미 매우 확연하게 드러났다. 청 정부는 갈단에 대처하는 것이 시급했다. 그래서 더욱 러시아제국과의 평화를 갈망함으로써 러시아제국과 갈단이 다 결탁하는 것을 막아야 했다. 북방 변경 정세의 이러한 큰 변화는 청 정부가 담판 입장을 새로 연구하고 더 큰 양보를 하도록 추진했다. 강희제는 합의를 달성시키고 평화를 실현하기 위해 네르친스크를 러시아에 양보할 뜻을 밝혔다. 그는 색액도 등에게 "네르친스크를 경계로 한다면 러시아의

---

285) 『청성조실록』 권 135.

무역단과 사절단은 거처할 곳이 없기 때문에 그들의 동의를 얻기 어려울 것이다. 그대들은 첫 합의에서 여전히 네르친스크를 경계로 할 것을 주장하다가 저쪽 사절이 네르친스크를 내줄 것을 간청할 경우 아르군 강을 경계로 하도록 할 수 있다"[286]라고 지시했다.

양국 담판사절단이 각자 받은 지시로부터 보아낼 수 있다시피 중·러 양국 모두 각자 다른 사무 처리에 바빠 서로 간의 전쟁을 원치 않았으며 평화를 바랐다. 러시아제국 정부는 알바진을 양보해도 된다고 지시했고 중국 정부는 네르친스크를 양보해도 된다고 지시했다. 이로써 합의를 이룰 수 있는 기반이 형성되었다. 그래서 앞으로의 국경선은 필연적으로 알바진과 네르친스크 사이에서 확정될 것이며 이는 양국이 모두 받아들일 수 있는 국경선이다. 때문에 외국 학자 파블로프스키(巴夫洛夫斯基)는 "양국 대표단이 네르친스크에 왔을 때 그들이 가지고 온 훈령에서 사용한 단어들을 보면 회의에 앞서 쌍방은 사실상 이미 공동의 의견을 가지고 있었음을 알 수 있다"[287]라고 기록했다. 맨콜도 "쌍방 모두 지시 내용을 계속해서 수정함으로써 합의를 위한 기반을 마련했다"[288]라고 말했다.

---

286) 『청성조실록』 권 140.
287) 파블로프스키의 『중·러관계』, 제 124쪽. 뉴욕 1949년 판.
288) 맨콜, 『러시아와 중국』, 156쪽, 미국 하버드대학 1971년 판..

4. 중 · 러 담판과 『중 · 러 네르친스크조약』의 체결

1689년(강희 28년) 7월말, 중국 사절단이 먼저 네르친스크에 도착했다. 사절단은 거느리고 온 장병이 총 3천 명이 안 되었으며 선원, 복역, 운반공 그리고 대량의 식용과 운수용 소, 양, 말이 있었다. 사절단은 두 갈래로 나누어 떠났는데 한 갈래는 색액도와 동국강이 거느리고 북경 고북구(古北口)를 떠나 다르바(達爾泊) · 케룰렌 강 · 온두 강을 거쳐 네르친스크에 도착했고 다른 한 갈래는 낭담(郞談)과 싸포소가 거느리고 애훈에서 흑룡강을 거슬러 올라가 알바진을 거쳐 네르친스크에 도착했다.

이때, 골로빈은 여전히 바이칼호 동쪽 연안에 머물러 있으면서 네르친스크로 오지 않고 꾸물거렸다. 그러면서 계속해서 할하 몽골을 정벌하고 몽골 각 부가 러시아에 '귀순'하도록 강요하는 한편 또 네르친스크의 군사역량을 강화하고 "이반[伊凡, 즉 네르친스크 독군 블라소프(弗拉索夫)]에게 네르친스크 및 가급적 그 부근에 요새를 세우도록 명령하고"[289] 담판 현장에서의 무력적인 우세를 이용해 중국 사절단이 따르도록 강요하려고 시도했다.

중국 사절단이 네르친스크에 도착한 지 이미 19일이 지났지만 골로빈은 여전히 도착하지 않았으며 오히려 중국 사절단이 머물고 있는

---

289) 체혜빈스키 주필, 위의 책, 462쪽.

곳에 여러 차례 사신을 파견해 비난하고 난처하게 만들었다. 골로빈은 중국 사절단이 담판 성의가 없고 국제법 법칙을 위반했다고 질책하면서 이렇게 많은 사람이 사절단으로 온 것을 보면 "싸우러 온 것이 아니냐?" "진심으로 화친협상을 하려고 한다면 이렇게 많은 대오가 같이 오지 않았을 것"[290]이라느니 하며 난처하게 굴었다. 또 중국 군사들은 행위가 난폭해 "살인과 폭행 사건들도 자주 발생하고 있다"[291]느니 알바진을 지날 때 러시아인 두 명을 살해했다느니 했으며 또 중국 사절단이 네르친스크에서 너무 가까운 곳에 머물러 있다면서 아르군 강 어귀로 물러날 것을 요구했다.

골로빈의 비난이 전혀 이치에 맞지 않은 것은 분명하다. 중국 사절단은 자신들의 평화적 의사를 인내성 있게 설명했으며 러시아 측의 터무니없는 말에 엄정하게 반박했다. 색액도는 "시종과 파견 장병들만 거느리고 왔을 뿐이며" 그밖에 "동북에 주둔해 있는 싸포소 등은 흑룡강 유역의 여러 곳을 전문 관할하는 사람들로서 국경 확정에 대한 측량과 조사가 끝나면 우리에게 넘겨 관리하도록 할 것이다. 때문에 우리도 역시 수로로 알바진에서 네르친스크로 온 것이다"[292]며 사절단의 이번 행차는 "싸우러 온 것이 아니라 영구한 계약을 체결할 목적으로 왔다"[293]라고 설명했다.

---

290) 『장성일기(張誠日記)』, 1689년 8월 2일.
291) 체헤빈스키 주필, 위의 책, 462쪽.
292) 『색액도 등이 네르친스크에 도착한 후 러시아 관원들과 협상을 나눈 상황에 대해 올린 상소』, 강희 28년 6월 25일, 고궁박물원 명청 기록부 소장.
293) 체헤빈스키 주필, 위의 책, 493쪽.

사실상 중국 사절단이 거느리고 온 군대는 3천명도 되지 않았으며 네르친스크에 있는 러시아군도 2,600명에 달하기 때문에 담판 현장의 군사역량은 대체로 비슷했으며 중국 측은 많은 병력으로 압력을 가할 뜻이 없었다. 색액도는 또 "그대들이 재작년 보내 온 서신에서 관원 5백 명과 병사 5만 명을 거느리고 와서 논의하자고 밝히지 않았는가"[294]라고 지적했다. 이로부터 허장성세로 전투태세를 취하면서 많은 병력으로 상대방을 압도하려고 하는 측은 중국이 아니라 바로 러시아제국 측임을 알 수 있다.

중국 사절단은 러시아 측에 장병들에게 기율을 지키도록 이미 엄명을 내렸으며 알바진에서 러시아인 2명을 살해한 일은 중국과 무관하다고 주장했다. 사실상, 이는 전적으로 골로빈이 날조한 것이다. 알바진에 있는 러시아 당국도 "중국인들이 알바진을 조용히 지나갔으며 소동을 일으키지 않았다"며 중국 군대가 알바진을 지나간 것은 "담판을 진행하기 위한 듯 했으며 알바진과 그 주변의 곡식들을 전혀 건드리지 않았다"[295]라고 인정했다. 골로빈이 중국 사절단에 아르군 강 어귀까지 철수하라고 요구한 것은 더욱 터무니 없었다. 아르군 강 어귀는 네르친스크에서 약 9백리정도 떨어져 있는데 중·러 사절단이 그렇게 멀리 떨어져 어떻게 담판을 한단 말인가? 중국 사절단은 "그대들과 우리가 화목한 관계를 회복하기 위해

294) 『색액도 등이 네르친스크에 도착한 후 러시아 관원들과 협상을 나눈 상황에 대해 올린 상소』, 위의 책.
295) 체혜빈스키 주필, 위의 책, 461쪽.

서로 만나 상의하는 만큼 서로 가까운 곳에 머무는 것도 서로 오가면서 의논하기 편리하게 하기 위한 것일 뿐이며 결코 악의가 없다"[296]라고 밝혔다. 담판 전날 밤 골로빈이 제기한 여러 가지 비난과 괴롭힘에 대해 중국 사절단은 모두 일축했다.

8월 19일 골로빈 사절단이 늦게서야 네르친스크에 도착했다. 이어 쌍방은 담판 시간과 장소ㆍ방식에 관해 논의하고 8월 22일부터 네르친스크성 밖으로 2백 러시아장(俄丈) 떨어진 곳에 장막을 세우고 그곳에서 담판을 시작하기로 결정했다. 담판 현장에는 장병 각각 300명씩 들어갔으며 칼과 검을 제외하고 화기는 휴대하지 못하도록 했다. 한편, 5백 명 사병을 실은 중국 측 나무배를 담판 장소에서 2백 러시아장 떨어진 곳에 정박해 두어 네르친스크성 내에 있는 러시아군 역량과 균형을 이루게 했다.

8월 22일 쌍방은 담판 장으로 들어갔는데 러시아 측은 상대방을 기선제압하려는 듯 겉치레가 아주 사치스러웠으며 행진할 때 의장이 삼엄하고 북소리가 일제히 울렸다. 러시아 측 장막 안은 장식이 호화롭고 사신 3명(골로빈ㆍ블라소프ㆍ코르니츠키)이 화려하게 차려입고 오만한 모습을 하고 있었다. 러시아 측 호위대는 화기 휴대를 금지한다는 합의를 어기고 수류탄을 몰래 숨겨놓았다. 중국 측은 비교적 정교한 검은색 장막을 설치하고 아무런 장식도 하지 않았으며 의장, 악대도 없었다.

---

296) 『색액도 등이 네르친스크에 도착한 후 러시아 관원들과 협상을 나눈 상황에 대해 올린 상소』, 위의 책.

사신 7명(색액도·동국강·낭담·반다르선·싸포소·마라·온달)이 나란히 앉았는데 소박하고 자연스러우며 친근한 분위기가 풍겼다.

담판이 시작되자, 색액도와 골로빈은 첨예하게 대립되는 치열한 변론을 벌였다. 골로빈이 흑룡강 유역은 "예로부터 차르 폐하의 영토"라고 열변을 토했지만 아무런 증거도 내놓지 못했다. 사실, 그가 말하는 "예로부터"는 40년 전 보야코프와 하바로프의 침략 활동을 가리킬 뿐이다. 골로빈은 또 자기 측 잘못은 인정하지 않고 오히려 남에게 뒤집어씌우면서 중국이 "갑자기 파병해 차르 폐하의 국계를 침범해……유혈사건을 빚었다", "그러한 사소한 분쟁으로 전쟁을 일으켰다"[297]라고 비난하면서 중국 정부가 러시아제국에 손실을 배상하고 관련 인원을 징벌할 것을 요구했다.

색액도는 골로빈의 터무니없는 말에 엄정하게 반박해 나섰다. "흑룡강 일대는 차르 폐하의 사람들이 한 번도 영유한 적이 없으며 바이칼 해 이쪽의 모든 영토는 중국 황제의 영토이다"[298]라고 밝혔다. 그는 많은 확실한 사실들을 열거하며 "오논·네르친스크 모두 무명안(茂明安) 등 여러 부락의 원 거주지역이고 알바진은 우리 아르바시(阿爾巴西) 등 주민들의 거주지이며"[299] 또한 "다우르 총괄 베일러(貝勒兒)의 옛터이다"[300], 이들 땅에서 생활하는 인민들은 줄곧 중국 정부에 세금을 바쳐왔으며 그들의 수령과 자손들은 현재까지 건재하고 있으며 러시아 카자크 인들의 침략을

297) 체헤빈스키 주필, 위의 책, 506~513쪽.
298) 체헤빈스키 주필, 위의 책, 506~513쪽.
299) 『색액도 등이 러시아 사절을 만나 국경선 협상을 진행한 상황에 대한 상소』 위의 책.
300) 『나찰 평정 방략(平定羅刹方略)』 권4 내용 참조.

피해 중국 내지로 도주해 살고 있다고 설명했다.

색액도는 러시아제국이 흑룡강을 침략한 역사를 간단하게 열거하고 나서 현지의 중국 여러 민족 인민들은 "다년간 견딜 수 없는 유린을 당했으며 재산을 약탈당하고 처자식을 빼앗겼으며 본인들은 맞아 죽었다"[301]라고 말했다. 골로빈은 러시아군이 중국 영토에서 살인과 방화를 저지른 범행에 대해 "사소한 분쟁"이라고 얼버무렸는데 참으로 황당하기 그지없다. 중국 정부의 거듭되는 설득과 경고에도 러시아 측은 못 들은 체 아랑곳하지 않다. 색액도는 "수년 동안, 그대들이 깨닫기를 기다렸다", "우리 성군이 여러 차례 조서를 보냈음에도 회답을 하지 않았으며 도리어 끊임없이 국경을 침략했기 때문에 우리가 흑룡강 등지에 군대를 주둔시켜 수비하게 되었다"[302]라고 말했다. 그는 또 중국 정부가 더는 참을 수 없어 자위반격을 가해 침략자를 몰아냈으며 이는 정의로운 행동이다. "전쟁을 도발한" 책임은 러시아 측에 있으며 만약 '징벌', '보상'을 말한다면, 마땅히 러시아가 자기 측 살인범을 엄벌하고 중국 피해자들의 손실을 보상해야 한다. 색액도는 중국이 러시아와의 평화를 실현하기 위해 국경선 확정문제만을 논의하고 합의를 달성하려고 온갖 노력을 기울였으며 러시아에 '징벌'과 '보상' 요구는 제기하지 않았다고 밝혔다.

이번 변론에서 흑룡강 유역의 귀속 및 침략자는 누구인가, 누가 전쟁을 도발했는가 하는 등 중대한 원칙적 문제에 대해 언급했는데 골로빈은

---

301) 체혜빈스키 주필, 위의 책, 506~513쪽.
302) 『색액도 등이 러시아 사절을 만나 국경선 협상을 진행한 상황에 대한 상소』, 위의 책.

사실과 증거 앞에서 말문이 막혀버렸다.

이어 골로빈은 첫 번째 변계 확정방안 즉 흑룡강을 중·러 양국 변계로 확정하는 방안을 제기했다. 색액도는 터무니없는 그 방안을 단연히 거절했으며 레나 강과 바이칼호를 중·러 변계로 확정할 것을 제기했다. 쌍방은 재차 논쟁이 벌어졌으며 아무런 결과도 얻지 못했다.

8월 23일 제2차 회담을 진행했다. 골로빈은 흑룡강을 경계로 확정할 것을 고집하고 갖은 수단을 부렸다. 때로는 기세등등했다가 때로는 감언이설을 늘어놓았다가 했지만 중국 사절단은 그 수단에 넘어가지 않았다. 결국, 골로빈은 일부러 양보하는 척하면서 우만강(牛滿江)을 경계로 할 것을 제기했다. 그 방안은 여전히 흑룡강 상류와 중류의 북안을 러시아에 귀속시키는 것이었기 때문에 중국 사절단은 당연히 받아들일 리 없었다. 그러나 색액도 등은 러시아 사절단이 이미 양보하기 시작한 것으로 오해하고 바로 네르친스크를 경계로 하자는 새로운 방안을 제시했다. 중국 사절단은 외교담판 경험이 부족한 탓으로 조금씩 양보하는 방안을 제정하지 않았기 때문에 강희황제가 지시한 최후 국경선 방안을 단번에 내놓아 네르친스크를 러시아에 넘겨주었다. 그들은 골로빈의 속임수에 넘어가 융통할 수 있는 여지를 잃어버리게 될 줄은 생각지도 못했다. 골로빈은 중국 정부가 네르친스크를 양보하겠다고 하자 마음속으로는 매우 흐뭇했다. 러시아 정부의 예정 목적을 달성할 수 있었기 때문이다. 그러나 담판석상에서 더 많은 이익을 챙기기 위해 고의적으로 중국 사절단에 계속해서 시비를 걸며 중국의 국경 확정 방안을 거절했다.

중국 사절단은 골로빈의 가식을 알아채지 못하고 자신들이 제기한 마지막 방안이 거절당하자 담판이 결렬된 줄로만 알았으며 더 이상 할 말이 없어 매우 실망해 북경으로 돌아갈 준비를 했다. 그때, 골로빈이 중국 사절단의 통역을 맡은 2명 외국인 선교사 — 서일승(徐日升, 포르투갈인)과 장성(張誠, 프랑스인)을 통해 네르친스크에 남아 담판을 계속하도록 중국 사절단을 설득했다. 서일승은 "계약 체결이 여전히 매우 큰 희망이 있다"[303]고 단언했고 장성은 "러시아인들이 알바진을 포기할 것"[304]이라고 말했다. 8월 24일부터 9월 6일까지, 두 선교사는 중·러 사절단이 머무는 두 곳을 오가면서 담판 외의 활동을 벌였다. 골로빈은 서일승과 장성의 도움으로 중국 사절단을 네르친스크에 남겨 놓고 담판이 결렬되지 않도록 하는 한편, 협의는 달성하지 않고 질질 끌면서 모든 문제를 놓고 거래 흥정을 하며 기만과 위협 등 온갖 수단을 다 썼다. 담판의 성공을 간절히 바라고 있던 중국 사절단은 네르친스크를 이미 양보한 외에 또 아래와 같은 많은 양보를 했다. 첫째, 중국 사절단이 중·러 중부 국경, 즉 중국 할하 몽골지역과 러시아제국 간의 국경선 확정 문제를 이미 제기했기 때문에 골로빈은 중부 국경선 확정이 러시아가 남으로 확장하는 기세에 영향을 미칠까 두려워 극구 반대했다.

중국 사절단은 동쪽 국경선을 서둘러 확정하기 위해 골로빈의 요구를 수용해 중부 국경선 확정을 잠시 보류했다. 8개월 남짓이 시간이 지난 뒤, 색액도는 네르친스크 담판 당시의 상황에 대해 "우리 측은 성명을 발표해 할하 문제에 대해 토의 결정하고 국경선을 명확히 정하려 했다. 그대들은

---

303) 『예수교 선교사 서일승(徐日升)의 중·러 네르친스크 담판 관련 일기』 제31절.
304) 『장성일기』, 1689년 8월 24일.

할하 문제는 아직 확정되지 않은 상태라며 또 차한칸(차르 황제를 가리킴)의 지시가 없다면서 잠시 의논하지 말고 후에 다시 의정하자고 했다"[305]라고 진술했다. 둘째, 중국 사절단은 흑룡강 상류 북안의 국경선을 네르친스크 동쪽으로 약 4~5 백리 떨어진 케르비치강(格爾必齊河)에까지 양보했다. 이는 이미 강희제가 지시한 국경선 확정 범위를 벗어났다. 선교사에 따르면 "흠차대신은 중국 황제의 최후 유지 즉 실카강(綽爾納河)을 따라 경계를 확정하라는 성지를 받들고 왔지만 흠차대신은 이미 그 유지의 범위를 벗어나 실카 강 뒤에 있는 케르비치강을 경계로 확정했다."[306] 셋째, 중국 사절단은 또 흑룡강 상류 남안의 분계선을 아르군 강까지 양도했다. 아르군 강 어귀는 네르친스크에서 9백 리 떨어져 있는데 그 광활한 지역에는 은광, 염호 그리고 대면적의 경작지, 목장이 있으며 차르 정부가 가장 탐내는 풍요로운 지역이다.

중국 사절단은 거듭 양보했으며 사실 더 이상 양보할 여지가 없었다. 그럼에도 골로빈은 여전히 외교적 수단을 부리며 계속해서 협박했다. 그때 러시아의 압박에 못 이겨 러시아군에 의해 산림 속으로 쫓겨났던 중국 여러 민족 인민들이 중국 사절단이 도착했다는 소식을 듣고 너도나도 조국에서 온 친인들을 만나러 달려왔다. 그들은 노인을 부축하고 어린아이들을 데리고, 장막을 가지고 낙타와 양을 몰고 러시아군의 봉쇄를 뚫고

---

305) 『러시아대사가 공문을 보내 아르군 강 유역의 시골집들이 겨울철 들어 미처 이사를 하지 못 한 등 문제에 대해 알린 데 대해 우리 대사가 러시아대사에게 만족 문으로 답한 회답 공문』 강 희 29년 5월 22일, 고궁박물원 명청 기록부에 소장.
306) 체헤빈스키 주필, 위의 책, 567쪽.

네르친스크 부근으로 왔다. 중국 사절단은 "적어서 6~7천 명에 달하는 대규모의 할하 인들을 만났다.

 그들은 이미 들고 일어나 러시아인들에 저항해 나섰다."[307] 골로빈은 중국인민의 반 러 투쟁이 발전해 자신들의 모든 식민지 이익이 잿더미로 변해버릴까 봐 두려워 서둘러 책략을 바꿔 차르 정부가 예정한 국경선 확정 방안을 내놓고 급히 중국 사절단과 합의를 달성함으로써 사태가 커지는 것을 막으려 했다. 그래서 그는 깊은 밤에 급히 중국 사절단이 머물고 있는 곳에 사절을 파견해 알바진에서 물러나는데 찬성했다.

 네르친스크와 알바진의 귀속문제는 이번 담판에서 논쟁의 초점이 되었는데 중국은 벌써부터 네르친스크를 양보하는데 찬성했고 지금은 러시아제국도 알바진에서 물러나는데 찬성해 문제가 이미 해결된 셈이다. 그 후, 기타 문제와 구체적인 세부 사항에서 일련의 우여곡절을 거쳐 끝내 합의가 이루어졌다. 1689년 9월 7일(강희 28년 7월 24일) 중 · 러 쌍방이 정식으로 네르친스크조약을 체결했다.

 『중 · 러 네르친스크조약』은 중국과 러시아가 체결한 첫 번째 조약이다. 조약 공식 원본은 라틴어문으로 되어 있는데 쌍방 대표의 서명 날인이 있다. 그밖에 만족문과 러시아문으로 된 문건도 있으나 모두 공식 문건은 아니다. 조약은 총 6조항으로 구성되었는데 실질적 부분에는 중 · 러 동부 국경선 확정, 월경 침략과 도주자 처리, 중 · 러 내왕 무역 관련 규정

---

307) 『예수교 선교사 서일승(徐日升)의 중 · 러 네르친스크 담판 관련 일기』 제42절.

등이 포함되어 있다.

중·러 동부 국경선 확정은 조약에서 가장 중요한 부분이다. 조약은 케르비치 강·석대홍안령[石大興安岭, 즉 외홍안령(外興安岭)]과 아르군 강을 양국 국경선으로 확정한다고 명확히 규정했다. 또 외홍안령과 오제강(烏第河) 사이 지역은 잠시 두었다가 훗날 다시 의논하기로 했다.

청 정부는 영토문제에서 큰 양보를 하고 네르친스크 및 그 서쪽으로 바이칼호에 이르기까지의 원래 중국에 속했던 영토를 러시아제국에 양보하는 조건으로 러시아군의 알바진 철군을 바꿔왔다. 그래서 조약에서는 또 알바진과 아르군 강 남안의 러시아제국 거점을 모두 철거하고 이주하도록 규정지었다.

『중·러 네르친스크조약』은 중·러 양국이 서로 국경선을 넘어 침략하는 것을 엄히 금지시켰으며 양국이 월경 도주자를 수용하지 못하도록 규정지음으로써 국경지역의 분쟁을 줄이도록 했다.

조약은 또 여권을 소지한 중·러 양 국민은 국경을 넘어 왕래하면서 호시무역을 할 수 있다고 규정지었는데 이는 러시아 측의 오랜 요구사항이다. 한 프랑스 역사학자는 "끊임없이 늘어나는 행정지출과 서방에서 벌인 여러 차례 전쟁으로 인해 러시아제국은 국고가 많이 비어있기 때문에 금과 은이 절실히 필요했다. 중·러 양국 간 합의가 이루어지기만 하면 그에 따른 양국 간의 무역은 필연코 적지 않을 것이며 또한 러시아제국에 엄청난 이익을 가져다주게 될 것이다."[308]라고 논평했다.

---

308) 가은(加恩), 『조기 중·러관계사(早期中俄关系史)』 9쪽.

『중 · 러 네르친스크조약』은 하나의 평등조약이다. 쌍방 대표는 모두 각자 정부가 사전 지시한 범위 내에서 담판 교섭을 진행했으며 무력으로 자신들의 의지를 상대방에 강요하지 않았으며 또 그럴 수도 없었다. 최종 달성한 합의는 중 · 러 양국 정부가 기꺼이 받아들일 수 있는 범위를 벗어나지 않았다. 조약은 중 · 러 양국의 동부 국경선을 명확히 확정했으며 법률적으로 흑룡강 유역과 우수리강 유역의 광활한 지역이 모두 중국의 영토라는 사실을 명확히 했다. 조약은 영토와 무역 면에서 러시아제국의 요구를 만족시켰다. 일부 소련 서적들에는 "1689년 체결한 네르친스크조약은 실질상 모스크바 외교의 매우 큰 승리이다"[309], "네르친스크 담판은 공식적이고 평등한 담판이었다", "그 조약은 양 국민 간의 화목한 관계를 공고히 하고 증진시켰다"[310]라는 등의 내용들이 적혀 있다. 네르친스크조약이 체결된 후 한동안, 중 · 러 동부 국경지역이 안정되고 상대적으로 비교적 평화로웠으며 양 국민들 사이의 평화 왕래와 무역도 어느 정도 발전했다.

---

309) 보르엠킴(鮑爵姆金)의 『세계외교사(世界外交史)』 제1분책,215쪽.
310) 안드레이 그로미코(Andrei Gromyko) 등 주필, 『외교사전(外交辞典)』 ,403~404쪽.

제3절 『중 · 러 캬흐타조약』의 체결과 종교를 이용한 외국세력의 중국 침략

1. 『중 · 러 캬흐타조약(布連斯奇條約, Treaty Of Kiakhta)』의 체결

바이칼호 일대를 포함한 몽골지역은 예로부터 중국의 영토였다. 일찍 전국시기, 중국의 흉노족이 이곳에서 강성한 노예제국가를 건립한 후 3국(三國) · 북위(北魏) · 주조(周) · 수조(隋)시기, 그리고 선비(鮮卑) · 유연(柔然) · 돌궐(突厥)로 이어지며 줄곧 그 땅을 영유하고 있었다.

당조(唐)가 돌궐을 무너뜨리고 이곳에 관리를 두고 통치를 시작했으며 안북도호부(安北都護府)를 세웠다. 요금(遼金)시기, 원래 아르군 강 유역에 거주하던 몽골부족이 점차 서부로 이주했으며 칭기즈칸이 이곳에서 흥기해 막북을 통일하고 원정을 거쳐 몽골제국을 건립했다. 고비사막 북부 · 바이칼호 일대는 원래 원조(元) 영북행성(嶺北行省)이 관할했다.

명조(明)시기에는 몽골의 와랄부(瓦剌部)과 타타르부(韃靼部)가 관할했고 명조 말기에는 또 할하 몽골의 관할 지역으로 되었다. 할하 몽골은 투시예투칸(土謝圖汗) · 체첸 칸(車臣汗) · 차사크투칸(札薩克圖汗) 세 부족으로 나뉘었는데 청조와 오래 전부터 밀접한 정치와 경제 관계를 맺어왔다. 1638년(명 숭정 11년, 청 숭덕 3년) 할하 세 칸은 정식 청조에

신복하고 청 정부에 흰 낙타 한 마리, 흰 말 8필을 봉납했다.[311]

　제정 러시아는 중국의 동북 흑룡강 유역을 침략함과 동시에 몽골지역도 침략했다. 러시아군은 우틴스크(烏丁斯克)·셀렌기스크·네르친스크 등지에 요세를 세우고 현지 브리야트인(布利亞特人)과 할하인들에게 노역을 시키고 또 그들을 진압했다. 몽골 수령 투시예투칸 등이 사절을 모스크바에 파견해 차르 황제에게 중국 동북 침략을 중단할 것을 요구했지만 러시아제국은 들은 체도 하지 않았다. 이에 몽골 군민은 더는 참을 수 없어 일떠나 저항했다. 1688년(강희 27년), 제정 러시아는 준갈부의 갈단과 결탁해 할하 몽골을 협공했다. 할하 몽골은 막대한 손실을 입고 남쪽으로 이주했다. 러시아군은 이 틈을 타서 군사를 대거 출동시켜 남부지역을 공격해 중국의 북부 영토로 점령해 들어왔다. 한 러시아 역사학자가 말했다시피 "셀렌기스크의 카자크인은…… 셀렌기스크 남쪽의 매우 넓은 땅을 성공적으로 탈취했다. 그들은 먼저 숙영병을 파견해 점령한 뒤 초소를 세우는 수단으로 오늘의 셀렌기스크 경계선을 미리 정해 놓았다. 그 경계선은 실제적으로 점령한 것을 법률적으로 공고히 했을 뿐이다. 이는 국가에 대한 카자크인의 공적의 하나이다."[312]

　17세기 말부터 18세기 초까지, 한편으로는 『중·러 네르친스크조약』의

---

311) 장목(張穆), 『몽골유목기(蒙古游牧记)』 권 7, "숭덕 3년, 몽골 세 칸이 조정에 사절을 파견 해 세공을 정했다." 하주(下注), "세 칸이 각각 백마 8필, 흰 낙타 1필씩 봉납키로 했는데 이른 바 구백지공(九白之貢, 9필의 흰 공물을 바친다는 의미)이라고 했으며 매년 의례적으로 행했 다."
312) 바실리예프, 『자바이칼 카자크 사강』 제 2권 5쪽.

체결로 인해 양국의 무역이 매우 큰 발전을 가져왔다. 러시아 상인들은 북경에 빈번히 들어와 대량의 모피를 팔고는 중국의 견직물과 포목·약재들을 대량으로 구입해 러시아로 운반해 나갔다.

그 과정에서 러시아 상인들은 많은 이익을 얻었다. 예를 들면, 1705년부터 1709년까지 표트르 쿠디야코프(彼得 庫狄雅柯夫)가 거느린 대상이 27만 루블에 달하는 이익을 얻었다고 한다. 다른 한편으로는 러시아 카자크인이 계속해서 몽골에 침입해 인구를 노략질하고 소와 양을 강탈했으며 중국 땅에서 건물을 짓고 거점을 세워 중·러 중부 경계선 지역의 형세가 갈수록 긴장해졌다.

청 정부가 끊임없이 러시아에 항의를 제기해 중부 경계선을 서둘러 확정지을 것을 요구했지만 러시아 정부는 들은 체도 하지 않았다. 1717년(강희 56년) 강희 황제는 "할하 문제를 의정하기 위해 차한칸(차르 황제)에게 국서를 보냈었는데 10여 년이 지난 지금까지도 아무런 회답이 없다"[313]고 말했다. 제정 러시아가 중국 몽골지역에 침입해 점점 더 심각하게 소란을 피우고 있어 청 정부는 1718년에 무역을 잠시 중단하기로 결정했다. 1720년(강희 59년) 러시아제국 정부는 특사 이즈마이로프(伊兹瑪依洛夫)를 북경에 파견해 중·러 무역 회복에 대해 교섭하도록 했다. 이즈마이로프는 명령에 따라 러시아제국을 위해 상업과 정치면에서 많은 이익을 쟁취하고 중국과 '자유통상조약'을 체결하려 했다.

이즈마이로프가 거느린 사절단은 북경에서 3개월간 머물러 있었는데

---

313) 『청성조실록』 권 273,6쪽.

강희제는 그동안 10여 차례나 그들을 만나 중국 측의 평화 염원을 거듭 표명했다.

강희제는 "짐은 시종일관 귀국 황제 폐하와 공고한 평화를 유지하려 했다. 게다가 우리 양국이 반드시 다퉈야 할 이유가 있는가?······ 양국은 모두 많은 영토를 소유하고 있는데 전쟁이 도대체 양국에 무슨 이익을 가져다 줄 수 있는가?"[314]라고 말하며 중·러 양국이 몽골지역의 분계선을 확정해 국경의 안정을 유지하기를 희망했다. 그러나 이즈마이로프가 회피한 탓에 경계선 확정 문제는 계속해서 질질 끌기만 했다.

이즈마이로프 사절단이 귀국할 때, 청 정부는 사절단 서기관 랑크(郎克)가 북경에 남아있도록 허락했다. 그런데 랑크는 북경에 남아있는 동안 공공연히 간첩 활동을 벌였다. 한편 러시아는 중국 서북지역에서 침략 전복활동을 벌이면서 준갈부 수령 체왕아라부탄(策旺阿拉布坦)을 유인 협박해 러시아에 신복시키려고 시도했다. 그 소식을 알게 된 청 정부는 도저히 참을 수 없었다. 그래서 1722년에 또 중·러무역을 중단한다고 선포하고 랑크에게 북경을 떠날 것을 명했다. 이로 하여 중·러 관계는 또 긴장해졌다.

1722년 강희제가 사망하고 옹정제가 즉위했다. 1725년 표트르 1세도 병사했다. 그의 예카테리나 1세가 표트르 생전의 뜻에 따라 1725년(옹정 3년) 사와 블라디스라비치(薩瓦 符拉迪斯拉維奇)를 전권 공사로 중국에

314) 왕지상(王之相),유택영(刘泽荣) 편역, 『고궁 러시아문 사료(故宮俄文史料)』 10쪽.

파견해 무역과 국경문제에 대해 담판하도록 했다. 출발하기 전, 제정 러시아 정부는 사와에게 훈령을 내려 중국이 "자바이칼지역·우틴스크·셀렌긴스크 및 네르친스크 등 지역"을 반드시 양보하도록 할 것, "중국인이 러시아에 절대적으로 필요한 지방을 끝까지 양보하지 않을 경우 특파사절은 절대 타협하지 말 것"[315]을 지시했다. 사와는 측량인원, 동방정교 선교사들을 거느리고 그리고 또 준갈부에서 여러 해 활동해온 바흐르츠(巴赫爾茲)대령에게 1500명의 무장부대를 거느리도록 해 함께 왔다. 1726년(옹정 4년) 사와는 중국 국경에 도착한 후 베이징에 있는 예수회 선교사 도미니크 파르냉(巴多明)에게 "정보 면에서 협조할 것을 청구"[316]하는 비밀 서한을 보냈다. 파르냉의 알선으로 사와가 대학사 마제(馬齊)를 매수해 중국 정부와 담판 대표단 내부의 대량 기밀 정보를 빼냄으로서 중국 측이 아주 피동적이고 불리한 처지에 빠지게 되었다.

1726년(옹정 4년) 11월, 사와가 북경에 와 옹정제의 즉위를 축하하고 중국 정부와 담판을 진행했다. 중국 측에서는 이부상서 찰필나(察畢邢), 이번원 상서 특고특(特古忒), 병부시랑 도리침(圖理琛)이 담판에 참가했다. 북경 담판은 구체적인 합의를 달성하지 못하고 일반적인 원칙에 대해서만 논의하고 또 폴강(波爾河)에서 계속해서 국경선 문제를 놓고 담판하기로 상정했다. 담판 과정에서 마제가 청 정부의 결책과 의도를 사와에게 누설했다. 이는 러시아제국 측에 여러 가지 틈탈 기회를 주었다. 사와는

315) 가은, 『조기 중·러 관계사(早期中俄关系史)』,111쪽.
316) 가은, 위의 책,114쪽.

러시아제국 정부에 보고하면서 "일이 매우 순조로울 것 같다. 중국 황제가 평화를 열망하고 있다", "강희시대의 노신(老臣)들이 무능한 젊은이들에 의해 대체되었다"[317]고 말했다. 그렇지만 사와는 또 그때 당시 중국에는 잃어버린 영토를 수복할 수 있는 힘이 아직 있다는 것을 보아냈다. 그래서 이미 점령한 지역의 거점을 강화하고 "국경지역에 차르 폐하의 병력을 증가시키며", "위협 혹은 기타 수단을 이용해 이들이 차르 폐하의 최고 이익을 위해 복무할 수 있도록 하기 바란다"[318]고 건의했다.

1727년(옹정 5년) 6월, 국경 측량확정회의가 폴강 강변에서 열렸다. 융과다(隆科多)와 도리침이 중국 측 대표로 담판에 참가했다. 그때 당시 옹정제는 이미 융과다를 제거하기로 결정했지만 그를 파견해 담판을 주재하도록 했다. 그러면서 사전에 또 "만약 다른 속셈을 갖고 일을 망치려 생각하고 국경선 확정과정에서 시의적절한 대책을 강구하지 않았을 경우 …… 짐은 반드시 그를 치죄할 것이다."[319] 라고 말한 바 있다.

게다가 할하 몽골 내부에 제정 러시아에 또 제정 러시아에 매수된 갈단 대길(台吉)이 잠복해 러시아에 많은 기밀 정보를 누설하고 있기 때문에 중국 대표단의 입장이 매우 어려웠다. 담판 초기, 융과다는 비교적 단호한 태도로 러시아 측의 무리한 요구를 거절했다. 사와는 마제를 통해 청 정부의 내정에 대해 아주 잘 알고 있었다. 그는 바흐르츠에게 명해 전략 요충지를 선점하고 전투태세를 취한 뒤 공공연히 무력으로 중국을 위협했다.

---

317) 가은, 위의 책,116쪽.
318) 가은, 위의 책,197쪽.
319) 『동화록(東华录)』 옹정제 권 8.

또 "러시아제국은 유럽에서의 전쟁을 이미 결속 지었기 때문에 지금은 주의력을 다른 국경지역에 집중시킬 수 있다."[320]라고 떠벌렸다. 8월 초, 옹정제는 명령을 내려 융과다가 "진심과 충성을 다하지 않고 있기 때문에 그를 그곳에 남겨둔다면 도리어 멋대로 행동해 방해가 될 것이며 아무런 도움이 되지 않을 것"[321]이라며 그를 면직시키고 따로 다라군왕(多羅郡王)과 석화액부(碩和額駙) 책능(策凌)·백사격(伯四格)을 파견하여 도리침과 함께 담판을 계속하도록 했다. 그러한 상황에서 대표단은 러시아 측의 모든 요구를 받아들이고 캬흐타(恰克圖) 북부의 넓은 땅을 러시아에 할양했다.

같은 해 8월 31일 『중·러 캬흐타조약(布連斯奇條約)』을 체결했다. 사와는 국경선을 정식 확정하기도 전에 캬흐타에 요새를 세우고 또 여러 곳에 병력을 배치하고 방어시설을 설치하면서 중국의 영토를 제멋대로 점령했다.

조약을 체결한 후, 중·러 쌍방은 국경업무 담당 관원을 파견해 중·러 중부 모든 국경선을 실지 조사하고 경계 표시를 설치하도록 했다. 1727년(옹정 5년) 10월 23일, 『아바가이토 국경협정(阿巴哈依圖界約)』을 체결하고 캬흐타에서부터 동쪽으로 아르군 강에 이르는 국경선을 확정했다. 11월 7일에는 『셀렝액 국경협정(色楞額界約)』을 체결하고 캬흐타에서부터 서쪽으로 사빈다바하(沙賓達巴哈)에 이르는 국경선을

---

320) 가은, 『조기 중·러 관계사(早期中俄关系史)』, 118쪽.
321) 『청 세종실록(清世宗实录)』 권 58.

확정했다.

　중 · 러 쌍방은 북경과 폴강 강변 담판을 토대로 또 1728년 6월 25일 『중 · 러 캬흐타조약(恰克圖條約)』을 체결했다. 이 조약은 앞서 조약의 여러 조항들을 확인하는 총괄적인 조약으로서 중 · 러 양국 간 정치 · 경제 · 무역 · 종교 여러 방면에서의 상호 관계에 대해 규정지었다.

　조약은 11개 조항으로 이루어졌으며 『중 · 러 캬흐타조약 (布連斯奇 條約)』에서 규정한 중 · 러 국경선을 확정지었다. 이 조약에 따라 중 · 러 국경선은 캬흐타와 악이회도산(鄂爾懷圖山) 사이의 악박(鄂博)을 양국 국경선이 기점으로 해서 동쪽은 아르군 강까지, 서쪽은 사필납 이령[沙畢納伊岭, 즉 사빈다바하(沙賓達巴哈)]까지 이르기까지, 이 분계선의 남쪽은 중국 영토의 북쪽은 러시아제국의 영토임을 확정지었다. "우디강 및 그 지역의 기타 하천에 대해서는 의논하지 않고 여전히 원래 상태를 유지하며" 양국 모두 그 지역을 점령해서는 안 된다고 재차 천명했다.

　『중 · 러 캬흐타 조약(恰克圖條約)』에 따라 러시아 상인들이 매 3년에 한 번 북경에 올 수 있는데 인원수는 200명을 초과해서는 안 되며 그 외 네르친스크, 캬흐타에서 통상할 수 있다고 규정했다.

　조약은 또 러시아가 동방정교 선교사 여러 명을 북경에 파견할 수 있으며 이와 더불어 중국 측에서는 중국어문을 배우기 위해 북경에 오는 러시아 학생들을 받아들이기로 규정했다. 『중 · 러 캬흐타 조약 (布連斯奇條約)』과 『중 · 러 캬흐타 조약 (恰克圖條約)』은 러시아에 매우 유리했다. 조약을 체결한 후, 사와가 차르 황제 예카테리나 1세에게 보낸 상주문에서 조약 체결을 통해 "중국은 국경에서 유리한 지역을 할양했을 뿐만 아니라 여태껏 러시아에 속하지 않던 지역마저도 영유하게 되었다"[322]라고 말했다.

러시아제국 사절단 기타 관원들의 증언에서는 조약이 러시아에 "극히 유리하다", "현재 러시아인들은 몽골 경내 모든 현으로 깊숙이 들어갔는데 그 거리가 여러 날 걸려야 당도할 수 있는 거리이다. 일부 지방까지는 심지어 여러 주일 걸려야 당도할 수 있을 정도로 먼 거리이다. 현재 이미 그 곳에 순조롭게 경계비를 세웠다. 국경선의 확정으로 러시아 제국의 국토가 확대되었다"[323]라고 말했다. 차르 정부는 사와가 외교사절로 와서 그 성과에 매우 만족해 사와를 추밀원(樞密院)대신에 임명하고 성 안드레이 훈장(Орден Святого апостола Андрея Первоз ванного)급 나이트작 직함을 수여했다.

2. 러시아 동방정교회(東方正敎會)의 중국 침략 활동

로마제국이 동·서로 분열됨에 따라 기독교도 로마와 콘스탄 티노폴리스 두 곳을 중심으로 결국 1054년에 공식 분열되었다. 서방 교회는 로마를 중심으로 하므로 로마공교회로 불렸으며 바로 천주교회이다.

동방 교회는 콘스탄티노폴리스를 중심으로 하며 동방정교회로 불렸으며,

322) 가은(加恩), 『조기 중·러 관계사(早期中俄关系史)』,122쪽.
323) 니콜라이 프리드리히 카멘스키(班蒂什—卡缅斯基)의 『1619—1792년 중·러 외교 자료 집성』 344쪽.

동방정교라고도 칭했다.

동로마제국이 멸망된 후, 러시아 동방정교회가 점차 강해져 지도적 지위를 차지했다. 러시아제국에서 동방정교는 "국가의 일반 수단으로부터 대내 진압과 대외 약탈을 진행하는 수단으로 변했다."[324] 제정러시아 침략군이 침략하는 곳마다 동방정교 선교사가 반드시 따라 다녔으며 "점령지역을 안정시키는 면에서 러시아 동방정교회가 매우 중요한 역할을 했다."[325]

1665년(강희 4년), 러시아 제국의 침략군이 중국 흑룡강 유역의 요충지인 알바진을 점령하고 알바진 거점을 세웠다. 종군 동방정교 선교사 예르모간(叶爾莫根)이 알바진 거점에 "예수의 부활"을 기념하는 교회당을 세웠다. 1671년(강희 10년)에는 거점 밖의 고지에 또 다른 "인자구세주(仁慈救世主)" 교회당을 세웠다. 이는 중국 최초로 세워진 동방정교 교회당이다.

17세기 60년대부터 시작해 중국 군민은 동북 각지에서 제정 러시아 침략군에 맞서 싸우는 전투 과정에 잇달아 적지 않은 러시아군을 포로로 잡았다. 중국 정부는 그 포로들과 귀순하는 카자크 인들을 관대하게 처리했다. 포로 일부는 잇달아 석방하고 일부는 성경과 북경에 정착시켰으며 일부는 청군에 복역시켰다. 그 후 청군에 복역하는 인원수가

---

324) 『마르크스 엥겔스 전집』 제10권, 마르크스, 『그리스인의 폭동』 142쪽.
325) 세르비스(塞比斯), 『예수교 선교사 서일승(徐日升)의 중·러 네르친스크 담판 관련 일기』 30쪽.

늘어남에 따라 전문 러시아 좌령(佐領)을 편성해 양황기(鑲黃旗)에 속시키고 동직문(東直門) 내에 주둔시켰다.

그리고 그 러시아인들이 원래의 종교생활을 계속할 수 있도록 하기 위해 청 정부는 그들에게 땅을 내줘 교회당을 세우도록 했는데 그 교회당이 바로 니콜라이교회당이다. 속칭으로 '나찰묘(羅刹廟)'라고도 하고 북관(北館) 또는 북당(北堂)이라고도 하며 포로 중의 한 사람인 동방정교 사제 레온티예프(列昂捷夫)가 주관하도록 했다. 이미 기(旗)에 입적한 러시아인들의 종교 활동은 정부의 보장을 받았는데 이는 정당한 종교 신앙에 대해 차별대우를 하지 않는 청 정부의 정책을 반영한다.

러시아 제국 정부는 북경에 있는 동방정교회를 크게 중시했다. 표트르 1세의 유지 중에도 선교사를 중국에 파견할 것을 요구하면서 중국의 황제와 대신 및 모든 주민들을 동방정교에 귀의시키려고 시도했다.

러시아제국 측에서는 '북관'선교사 레온티예프가 이제는 연로해져 다른 선교사를 북경에 파견해 그를 대체할 것을 요구했는데 청 정부가 이 요구를 허용했다. 1715년(강희 54년), 도리침 등이 투얼후터(土爾扈特)에 사절로 갔다가 귀국하는 길에 러시아제국을 경유하면서 로렌트(勞倫特)등 10명 '행교번승(行敎番僧)'[326]을 데리고 왔다. 이들 번승은 '나찰묘' 내에 선교 거점을 세우고 선교활동을 벌였다.

『중 · 러 캬흐타 조약』은 러시아제국이 북경에 선교사를 파견할

---

326) 도리침(图理琛) 주필, 『이역록(异域录)』

수 있는 권리를 주었다. 조약의 규정에 따라 러시아제국은 북경에 선교사 여럿을 파견해 주재시킬 수 있으며 학생 6명을 데리고 올 수 있도록 허용했다. 그 뒤 동강미항[(東江米巷, 동교민항[東交民巷])에 '성마리아(圣瑪利亞)' 교회당을 세웠는데 속칭으로 '남관(南館)'이라고 불렀다. '남관'의 동방정교 포교단은 러시아제국 외교부의 관할을 받았으며 정기적으로 교체하곤 했다.

청 정부가 동방정교 포교단의 일부 생활비용을 부담하고 제정 러시아 정부가 후한 보조금을 지급했으며 포교단은 또 러시아 대상의 자금적인 지원도 받았다. 그 포교단의 지도관계 · 경제적 원천 및 활동 상황으로 볼 때, 포교단은 일반 종교단체가 아니며 러시아제국 정부의 아주 노골적인 간첩 정보기관이다.

1715년(강희 54년), 러시아제국 동방정교 북경 주재 포교단이 반(班)을 구성해서부터 포교단 인원들은 중국 여러 분야의 정보를 빼돌리는 일에 착수했다. 1756년(건륭 21년) 원래 설교단 제 2반(班) 학생이었던 러시아제국 대상 대장인 알렉세이 브라디킨(阿歷克塞 弗拉迪金)이 북경 포교단 인원들과 함께 1500루블의 고가를 들여 청조 궁중의 소장품을 몰래 본떠 중국 전역의 행성(行省)과 수도 북경의 지도를 만들어 러시아제국 추밀원에 넘겼다. '러시아제국 한학(漢學)의 아버지'로 불리는 야킨프 비츄린(雅金甫 俾丘林)은 1809년(가경 14년)부터 1820년(가경 25년)까지 포교단 제9반 반장을 담당한 기간 자주 옷차림을 바꾸고 사처로 다니며 실지 답사를 진행해 눈짐작과 걸음짐작으로 거리를 재는 방법으로 『북경성곽지도』를 그려냈다. 그는 북경을 떠나 귀국할 때 또 대량의 도서와 지도들을 가져갔는데 총 15마리 낙타로 실어 날랐다고 한다.

그가 쓴 중국 변강과 관련된 많은 작품들은 모두 매우 중요한 정보자료들이다. 그래서 "비츄린은 자신이 장악한 지식으로 1819년 설립된 (러시아제국) 외교부 아시아사(司)를 위해 복무했다."[327]라고 말하는 사람도 있었다.

1818년(가경 23년), 차르 정부는 포교단에 "향후의 주요 임무는 종교활동이 아니라 중국의 경제와 문화에 대해 전면 연구하는 것이므로 제때에 러시아제국 외교부에 중국의 정치 생활 중 중대한 사건들을 보고하라.[328]"는 훈령을 내렸다. 동방정교 포교단은 그 명령을 적극 수행했다. 예를 들면,, 제 12회 포교단의 두목 동정홀(佟正笏)이 수집한 정치·군사 정보는 "매우 주도면밀하다"는 평가를 받았으며, "그가 상트페테르부르크 외교부에 정보를 제공할 때 엄연히 그 정보를 이용해 외교부의 행동노선을 지도했다."[329] 동정홀은 또 중국의 시장을 엄밀히 주시하고 중·러 무역의 주요 상품인 모피·포목·차 등 상품의 품질·가격·판매 상황에 대해 상세한 정보를 제공했으며 "러시아 상인들에게 중국 시장에서 판로가 넓은 상품은 어떤 것들이라고 충고해 주고 시장 시세에 대해 알려주었으며……그는 러시아 상인들에게 전혀 그릇된 점이 없는 행동방침을 가리켜 주었다…… 평범하지 않은 재능과 창조력을

---

327) 바톨드(巴托尔德), 『유럽과 러시아 제국의 동방연구사』, 271쪽.

328) 부나코프(布纳科夫), 『19세기 전기의 러중 관계』, 『제정 러시아의 중국침략사』 제 1권, 267쪽.

329) 글레보프(格列勃夫), 『북경 동방정교 선교사단의 외교 기능』, 『제정러시아의 중국침략 사』,제1권,269쪽 내용 인용.

보여주었다."[330]

19세기 중엽 이전에, 북경에는 외국의 외교기구와 외교대표가 없었으며 러시아의 동방정교회가 북경에 상주하는 유일한 외국 단체였기 때문에 그들은 정보를 수집하는 면에서 매우 중요한 역할을 했다. 훗날, 러시아 서부시베리아군구 참모장 바부코프(巴布科夫)는 "포교단의 설립은 우리나라의 대 중국 외교정책사무에서 매우 중요한 조치이다", "우리 정부는 그 출처를 통해 중국에 관한 가장 확실하고 가장 새로운 자료들을 수집할 수 있었다."[331]라고 말했다.

1860년(함풍 10년) 러시아제국 정부는 북경에 공사관을 설립하고 포교단을 개편해 종교사무부의 관할 하에 귀속시켰다. 러시아제국 동방정교 북경 주재 포교단의 전기 활동은 이로써 한 단락 마무리 지었다.

---

330) 글레보프(格列勃夫), 위의 책, 273쪽.
331) 바부코프(巴布科夫), 『나의 추억 속의 서부 시베리아 복무생활』, 127쪽, 페테르부르크 1912년 러시아문판.

제4절
천주교회의 침략활동과 청 정부의 선교활동 금지

1. 예수교 선교사의 활동과 청조 초기의 역법 논쟁

15세기 말 이후, 유럽 식민지 국가들은 전 세계로 세력을 확장하기 시작했다. 그들은 야만적인 학살과 피비린 진압을 감행하면서 사처에 식민지 통치를 수립하고 현지 주민들을 잔혹하게 착취했다. 세계를 휩쓴 식민지 통치 물결 속에서 종교는 매우 중요한 역할을 했다. 유럽 국가들의 군기는 흔히 십자가와 함께 식민지의 산간벽지에 꽂혀 있었으며 대규모 선교사들이 해외 각지에 파견되었다. 그들은 "단지 해외 정복자의 뒤을 따라가는 것만이 아니었으며 늘 그들과 한 배를 탔다"[332] 침략군이 점령하는 곳마다 선교사들이 와서 식민 관리자의 역할을 맡아 "교회에 귀의한 주민들을 관리하고 화폐세 혹은 실물세·향료세를 징수했으며"[333] 종교

---

332) 배화행(裵化行) 저, 소준화(蕭浚华) 역, 『16세기 재중 천주교 선교지』,156쪽, 상무인서관(商务印书馆) 1936년 판.
333) 더 무란(德·穆朗), 『재중 프랑스예수회 선교사의 공훈』,15쪽, 파리 1928년 프랑스문판.

미신으로 노역 인민들의 저항 의지를 마비시켰다.

　그러나 중국에서 식민주의자들은 또 다른 상황에 부딪쳤다. 중국은 유구한 역사와 찬란한 고대 문명을 지니고 있었으며 또 그때 당시는 강성한 대국이어서 매우 오랜 시기 식민 국가의 함대가 중국의 문호를 열어젖힐 수 없었다. 그래서 선교사들이 군대의 뒤를 따라 들어오는 그런 전통적인 침략방식은 적용되지 않았다. 비록 천주교의 많은 교파, 예를 들면, 방제(方濟)의 여러 회, 도미니크회(多明我會) 등은 여전히 무장 선교를 고수할 것을 주장하면서 스페인 국왕에게 군대를 중국에 파견할 것을 거듭 호소 청원했다. 그러나 그때 당시, 그 어느 식민지 국가도 중국과 작전을 벌일 원정군을 파병할 능력이 없었다. 그래서 중국에 와서 무력으로 선교하자는 주장은 아주 거만한 공상에 지나지 않았다. 이들 교파도 일부 선교사를 복건(福建)·광동(廣東) 연해지역에 파견해 활동을 벌인 적이 있다. 그들은 기타 식민지에서 선교할 때와 마찬가지로 득의양양해서 중국의 법률과 풍속습관을 멸시했다. 그래서 중국인민과 정부의 강렬한 반대를 받았으며 중국에서의 선교활동이 별로 효과를 보지 못했다.

　예수회만이 기타 교파와 매우 다른 책략을 썼다. 예수회의 지도자들은 무력의 힘을 비는 전통적 선교방식을 "극동지역의 위대한 제국이 사용해서는 안 된다."[334]고 주장했다. 그들은 우회적이고 온화한 수단을 쓰면서 중국의 정령과 법률을 지키고 중국의 예의풍속을 따르며 중국의

---

334) 배화행(裴化行), 『16세기 재중 천주교 선교지』, 320쪽.

언어문화를 배울 뿐만 아니라 발전하고 있는 서방 과학기술을 이용해 중국의 관리와 지식인들을 유인하고 오랜 시간을 거치며 점차 평화적으로 침투함으로써 중국인들에게 서서히 영향 주고 교화시켜야 한다고 주장했다. 예수회는 그런 책략을 취했기 때문에 선교활동이 일부 관리와 지식인들의 지지를 얻고 비교적 빠르게 발전했다. 17세기 전기, 이마두(利瑪竇)·웅삼발(熊三拔)·방적아(龐迪我)·등옥함(鄧玉函)·용화민(龍華民)·탕약망(湯若望) 등 예수회 선교사들이 잇달아 북경 흠천감에서 근무하면서 명조 정부를 위해 역법을 수정하고 화포를 만들고 서적을 번역하고 의기를 제조했다. 이들 선교사는 서방 과학기술의 선진성과를 숙지하고 있었으며 유창한 북경 말을 구사하고 중국 유생들의 관복을 입고 공맹의 도를 이야기할 수도 있었다. 그리고 명 조정의 고관·귀인들과 교제 내왕하며 서방의 기독교 교리와 중국의 유가학설·당대 선진 과학기술을 기묘하게 결부시켜 선교활동을 벌였다. 명조 말년에 이르러 그들은 이미 중국 각지에 적지 않은 교회당을 세우고 수천수만에 달하는 교도들을 모집했다.

1540년 창립된 예수회는 로마 교황청이 신교를 진압하고 해외로 식민지 확장을 진행하는 수단이었다. 예수회는 조직이 엄밀하고 기율이 엄하며 책략이 영활하고 수단이 다양하다. 예수회는 각지 분회에 매주 한 차례씩 반드시 성구(省區)에 보고하고 모든 성구에서는 매달 한 차례씩 반드시 총회에 보고하며 각 분회는 또 매달 한 차례씩 반드시 총회에 직접 보고해야 한다고 규정했다. 사람들은 이를 두고 "위에서 아래로, 아래서 위로 세부적인 데까지 깊이 파고드는 합법적인 밀정제도"[335)라고 말했다.

예수회는 포르투갈 왕국의 보호와 지지를 받았으며 포르투갈은 이를 해외 확장에서 자유자재로 이용할 수 있는 수단으로 삼았다. "포르투갈 혹은 기타 유럽 강도들이 가는 곳마다 예수회 선교사들도 따라 다녔다." "의심할 바 없이 포르투갈 총검의 권위, 더 심할 경우 포르투갈 총검이 조성하는 공포는 프란시스 자비에르(沙勿略, 예수회 지도자) 및 그 일당들이 위대한 업적을 쌓는 데 크게 기여했다."[336]

명조가 멸망하고 청조가 입관했지만 중국 내 예수회의 선교활동은 중단되지 않았으며 북경에 남아있는 탕약망(湯若望)은 매우 빠른 시일 내에 청조 통치자의 신임을 얻었다. 중국은 13세기 이후부터 줄곧 곽수경(郭守敬)의 역법을 채용했는데 오랜 시일이 지남에 따라 추산에 많은 오류가 발생했다. 이마두(利瑪竇)는 중국 역법에 존재하는 문제점을 보아내고 새로운 역법을 제정하기 시작했으며 등옥함, 탕약망 등도 그 일을 계속했다. 청조가 입관한 후, 세대교체와 역법 수정이 필요했다.

이듬해(순치 2년) 선교사들이 만들어낸 새로운 역법을 채용하고 '시헌력(時憲歷)'이라고 불렀다. 그리고 탕약망을 파견해 흠천감 사무를 맡아서 관리하도록 하고 '통현교사(通玄敎師)'라는 칭호를 수여했다. 탕약망은 순치제와 교제가 매우 밀접했다. "순치제는 약망을 총애했는데 그 정도가 지나칠 정도였으며 그와 오래 동안 이야기를 나눌 때면 그의

335) 그리징거(格里辛格尓), 『예수회 선교사(耶穌会士)』 77쪽, 런던 1903년 영문판.
336) 그리징거, 위의 책, 91쪽.

이야기를 듣기 좋아했다." 순치제는 탕약망을 자주 궁으로 부르기도 하고 또 직접 탕약망의 교회당을 찾아가 유람도 하고 터놓고 이야기도 나누곤 했다. "황제와 약망이 즐겁게 이야기를 나누는 모습은 마치 한 집안 부자 사이와도 같았다."[337] 탕약망은 궁정을 드나들며 세도가들과 교제를 하게 됨에 따라 선교사업이 비교적 큰 발전을 가져왔다. 순치 말년, 중국 여러 성에서 머드 선교사들의 발자취를 찾아볼 수 있다. 예수회 중국 부성구장(副省區長)부범제(傅汎濟)는 총회 회장에게 서한을 보내 탕약망에게 상을 내릴 것을 청했다. 그는 서한에서 "그의 업무와 그가 북경에서 교회를 대표해 업무를 보는 열성으로 인해 우리가 이 큰 대국 내에서 하는 모든 일들이 실현 가능토록 했다."[338]라고 적었다.

　　예수회 선교사들의 중국 내 활동 성질과 역할은 비교적 복잡한 문제였다. 한 방면으로 그들은 과학기술을 선교활동의 수단으로 하고 있기 때문에 수학·물리·천문·역법 그리고 측량기술·대포 제조기술·지도학 등 선진 지식을 중국에 전파했다. 이는 근대사에 들어서기 전, 중국과 서방 문화의 대 교류이며 선교사들이 그 가운데서 유익한 역할을 했다. 다른 한 방면으로 식민주의 선견대로서의 예수회는 또 침략성을 띤다. 비록 예수회 선교사들이 영활한 전술을 쓰기 때문에 겉으로는 규칙에 따라 행하고 조심하고 신중한 것 같지만 암암리에서는 정보를 수집하고 기밀을 훔치고

---

337) 루이스 피스터(費賴之, Louis Pfister)저, 풍승균(冯承钧)역, 『중국 진출 예수회 선교사 열전』, 198쪽.
338) 위트(魏特)저, 양병신(杨丙辰)역, 『탕약망전(汤若望传)』, 299쪽, 상무인서관 1949년 판.

중국의 내정 외교를 간섭했으며 또 각지에 교회당을 설립해 교도들을 널리 모집하고 선량한 사람들을 속이고 억압했다. 때문에 선교사들의 활동은 중국인민 그리고 청 정부와 심각한 갈등이 빚었다. 예수회를 둘러싸고 일어나는 일련의 투쟁들에 대해 총괄적으로 보아서는 안 된다. 간단하게 긍정하거나 혹은 간단하게 부정할 수 없으며 마땅히 세밀하고 구체적으로 분석해야 한다.

청초, 서양법을 기준으로 수정한 '시헌력'을 채용해 보수파들의 강렬한 불만을 자아냈다. 순치 말년, 흠천감 회회과(回回科)의 오명훤(吳明烜)과 신안 위(新安衛)의 관생(官生) 양광선(楊光先)은 잇달아 상소를 올려 탕약망 등이 만든 "시헌력"에 오류가 있다고 질책했다. 그러나 실제로 측정할 때는 서양역법이 실제 천체 현상에 부합되는 정도가 전통 역법보다 나았다. 그래서 순치제는 보수파들의 고발을 무시했다.

순치제가 죽은 후, 오배(鰲拜)가 독재 정치를 펴면서 정치기후에 변화가 일어났다. 양광선이 재차 상소를 올려 더욱 격렬하게 탕약망 등 서방 선교사들을 전면 공격했다. 양광선은 "시헌력 겉면에 감히 '서양신법에 따라야 한다(依西洋新法)'라는 다섯 자를 써 역서 권리를 몰래 빼앗아 서양 역법을 존중하도록 고 청조가 서양 역법을 받든다는 사실을 온 천하에 명확히 알려 중국의 성교(聖敎)를 회멸시키고 천주교만 받들게 하자는 목적"[339]이라고 지적했다.

또 "화석영친왕(和碩榮親王和碩)의 안치일을 선택하는데 있어서

---

339) 양광선(楊光先), 『부득이(不得已)』 4쪽.

홍범오행(洪範五行)을 오용했다"며 "홍범오행은 멸만경(滅蠻經)으로서 이를 참고하는 것은 불길하다"[340]라고 탕약망을 비난했다. 또 탕약망이 "복된 세월이 영원히 이어질" 대청(淸)의 역서를 200년만으로 작성한 것은 부당하다며 이는 대청 왕조의 단명과 멸망을 바라는 의미라고 말했다. 양광선의 공격은 서양 역법에 대한 비판뿐만 아니라 정치문제까지 언급하면서 선교사 등이 청조를 뒤엎으려고 음모를 꾸미고 있다는 놀라운 사실을 날조 고발했다. "역법을 제정한다는 거짓 명분을 앞세워 사교를 몰래 전파하고", "금문(金門)에 은신해 조정의 기밀을 정탐했으며", "향산오(香山蠻, 마카오를 가리킴)에 1만 명이 넘게 은둔해 그 곳을 은신처로 삼고 해상거래를 하고 있다"면서 탕약망 등을 "법에 따라 처형할 것"[341]을 요구했다. 사람들의 마음을 현혹시키는 이러한 선동은 과연 청 조정의 의심과 우려를 자아냈다.

사회적으로 외래 종교를 적대시하는 유가 · 불가 등 전통세력도 일떠나 지지하면서 그 영향력을 확대시켰다. 실권을 장악한 오배집단은 역법 논쟁의 옳고 그름에 대해 전혀 분간할 수는 없었지만 그들은 순치제가 실행하는 비교적 개방적이고 진보적인 정책에 불만을 느끼고 순치제가 중용하는 선교사에 대해 적의를 품고 있었기 때문에 양광선의 고소를 접수하고 선교사 탕약망과 그 조수 남회인(南懷仁) · 이류사(利類思) · 안문사(安文思) 그리고 서양역법을 찬성하는 흠천감 관원 이조백(李祖白)

---

340) 『정교봉포(正教奉褒)』 59쪽.
341) 양광선, 『사교에 대한 징벌을 청하는 상소(請誅邪教疏)』

등을 감옥에 붙잡아 넣었다.

강희 3년 가을과 겨울, 이부(吏部)와 예부(礼部)가 심문 조사를 진행했다. 그 심문은 과학적인 시비를 따질 대신 협애한 배외주의에서 출발했기 때문에 공정하지 않다. 양광선은 탕약망이 마카오에 군대를 주둔시키고 청조를 무너뜨리려 한다고 고발했는데 이는 전적으로 날조된 것이다. 청 조정이 광둥에 사람을 파견해 조사했으나 사실임을 밝혀내지 못했다. 그러나 심문 결과, 여전히 양광선이 승소하고 탕약망 등을 각각 능지처참·참수·유배 등 형벌에 처했다. 그때 마침 북경에 강진이 발생해 사람들은 불안에 떨었으며 소송사건 판결이 공정하지 않아 천상이 경고하는 것이라고 여겼다. 한편 탕약망 등은 조정의 지지를 받았다. 강희제의 조모 효장(孝莊)태황태후가 나서 간섭했다. "보정대신은 탕약망의 범죄사건에 대해 태황태후에게 주청을 올려 의지(懿旨)를 받은 뒤 결정키로 했다.

태황태후는 상주문을 보고 언짢아하며 그 상주문을 바닥에 내던지며 여러 보정대신들을 향해 '탕약망은 줄곧 선제의 신임을 얻어왔거늘! 예를 다해 대접하지 못할망정 어찌 사지로 몰아넣을 수 있단 말이오?'라고 책망하고 나서 속히 석방할 것을 명했다."[342] 그래서 선교사들은 요행으로 죽음을 면했지만 이조백(李祖白) 등 중국 관원 5명은 여전히 처형당했다.

그때 탕약망은 이미 연로하고 중풍에 걸렸기 때문에 파면되고 양광선이 흠천감 감정 직을 이었다. 시헌력이 폐지되고 대통력(大統曆)이

---

342) 루이스 피스터 저, 풍승균(冯承钧) 역, 『재중 예수회 선교사 열전(入华耶稣会士列传)』

재사용되었으며 얼마 지나지 않아 대통력에 오차가 너무 많아 또 회회력(回回曆)으로 교체했다.

양광선은 비록 이기기는 했지만 그는 서양역법을 맹목적으로 배척했으며 사실 그는 역산지식에 대해 아는 것이 너무 적었다. 그가 흠천감에 임직해서부터 감 내 업무는 혼란 상태에 빠져 절기 시일을 여러 차례 잘못 계산하고 일식과 월식 발생 시간도 잘못 보고했다. 대통력과 회회력 모두 시대에 뒤떨어진 역법으로서 천문 현상과 맞지 않았으며 반드시 근본적으로 개정해야 했다. 그러나 양광선·오명훤 모두 그 임무를 감당할 수 없었다. 양광선은 스스로 감당할 수 없다는 것을 인정하지 않을 수 없었다. 그는 "현재 기후법이 오랫동안 실전되었기 때문에 박식하고 유능한 사람을 청하여 함께 기구를 제조해 기후를 관측할 수 있도록 허락해 줄 것을 간절히 청하옵니다", "현재 기후를 관측할 줄 아는 사람을 탐문하여 구하고 있지만 아직까지 구하지 못했나이다. 그러나 신은 풍습관절통으로 인해 더 이상 직무를 관리감독 할 상황이 안 되어"[343] 사직을 재삼 요구했지만 허락 받지 못했다.

1668년(강희 7년), 강희가 이미 어른으로 성장했고 그와 오배 사이의 모순갈등이 갈수록 불거져 나왔다. 그 모순은 역법이라는 민감한 문제에서 제일 먼저 불거졌다. 그때 당시, 흠천감의 역법계산 과정에서 나타난 오차로 인해 여론이 분분했지만 오배집단은 여전히 숨기고 감싸기에만 열중했다.

---

343) 『청사고(清史稿)』, 『열전(列傳)』 59, 『양광선(楊光先)』

강희제는 양광선 · 오명훤 · 남회인을 불러놓고 함께 천문역법에 대해 논의하고 "반드시 진심으로 천문역법을 상세하게 제정해야 한다"[344] 며 대학사 이위(李蔚)에게 명해 그들과 함께 기상관측대에 올라가 정오의 태양 그림자가 멈추는 곳을 예측 추산하고 11월 24일, 25일, 26일(음력) 세 차례 현장에서 측정하도록 했다. 남회인은 오차가 없이 측정 추산했고 양광선과 오명훤은 모두 오차가 생겼다. 강희제는 남회인에게 명해 양광선과 오명훤이 제정한 역서를 심사하도록 했다. 심사 결과 치윤(置閏)에 오차가 있음을 조사해냈다.

역서 중에는 강희 9년 정월로 되어 있어야 하는 것이 강희 8년 윤 12월로 되어 있었고 또 한 해에 춘분과 추분을 각각 두 번씩 들어있었다. 남회인의 의견을 더 한층 검증하기 위해 강희제는 또 입춘, 우수 두 절기와 달, 화성, 목성 운행 등 5가지를 측정 검사하도록 하고 대신들이 함께 관찰하도록 했다. 그 결과, 남회인이 말한 대로 "측정 결과가 모두 부합되었고" 양광선과 오명훤의 "측정 결과는 모두 부합되지 않았다". 서양역법은 실지 측정 계산을 통한 정확성으로 승리했고 양광선은 면직 당했다.

그럼에도 불구하고 양광선은 여전히 떠들어대며 변명했다. "남회인은 요 · 순 때부터 전해져 내려온 측정기기를 망가뜨리려 하고 있다. 요 · 순 때 기기를 망가뜨릴 수 있다면 요 · 순 이래 시서(詩書)와 예악(禮樂), 문장제도 또한 모두 회멸시킬 수 있다."[345] 양광선은 과학을 인정하지 않고

---

344) 『정교봉포(正教奉褒)』 47쪽.

완고한 보수적인 태도를 보여 결국 강희제의 호된 질책을 받고 고향으로 추방당했다. 양광선은 고향으로 가는 도중에 병으로 죽었다.

역법 논쟁 결과, 선교사들이 승리했다. 남회인이 흠천감 감정 직에 오른 뒤 많은 선교사들이 남회인의 추천과 유치로 북경에 들어왔다. 그들 중에는 과학기술 지식 또는 예술재능이 있는 사람들도 있어 청 조정에서 근무했다. 예를 들면, 서일승(徐日升)·장성(張誠)·백진(白晉)·민명아(閔明我)·풍병정(馮秉正)·뇌효사(雷孝思)·대진현(戴進賢) 등이 있다.

이들 중 어떤 이는 천문역법에 종사하며 북경의 기상관측대를 재건하고 천문기기를 제작했고, 어떤 이는 궁궐을 드나들며 황실의 교사가 되어 강희에게 수학·천문·물리지식을 가르쳤으며, 또 어떤 이는 문예부흥 이후의 유럽 예술을 중국에 전파하면서 음악·회화·조각에 종사했고, 그리고 또 어떤 이는 청조 황궁 조판처(造辦處, 황궁 내 의복·장신구 등 일상용품의 제조를 전담하는 관영 공방)에서 일꾼들에게 자명종과 기타 기계를 만드는 기술을 가르치기도 했으며 또 어떤 이는 청 정부를 협조해 전국 지도를 만들기 위해 전국 각지를 바삐 돌며 현지 측량을 했는데 유명한 "황여전람도(皇輿全覽圖)"를 완성했다. 그 지도는 비교적 정확하며 봉건사회 후기 중국의 판도 강역과 산천을 비교적 상세하게 기록했다.

예수회 선교사들은 서방 과학기술지식을 전파하는 면에서 유익한 역할을 했다. 그들이 중국과 서방 사이에서 문화교류의 교량 역할을 함으로써

---

345) 『정교봉포(正教奉褒)』 48쪽.

중국인들은 두텁게 드리운 봉건의식 장막을 빠끔히 열고 빠르게 발전하고 있는 근대 과학의 일부 측면을 엿볼 수 있게 되었다.

　물론 선교사들은 종교적 편견 때문에 오직 종교 교리와 서로 충돌이 되지 않는 부분의 과학지식만 채용해 전파했을 뿐 모든 선진 과학을 다 전파하지는 못했다. 그러나 그들이 보수적이고 자고자대한 중국 지식계에 신선한 바람을 불어넣어준 것만은 확실하다. 그때 당시 중국의 사회적 여건으로 인해 서방과학문화는 아주 좁은 범위 내에 국한되어 있어 오직 극소수의 지식인들에게만 알려졌으며 보편적인 응용과 폭넓은 보급은 이루어지지 않았다. 게다가 정부와 지식계의 영향력 있는 인물들은 여전히 이학(理學)과 팔고문(八股文)을 가장 중요한 위치에 올려놓았으며 선진적인 과학기술은 외래의 "말기(末技, 변변치 못한 기술)"로 여겼다. 따라서 선진적인 과학기술이 그때 당시 중국에서는 뿌리를 내리고 꽃을 피우고 열매를 맺지 못했으며 또 그럴 수도 없었다.

　물론, 선교사들은 서방 국가들이 식민 확장을 진행하는 선견대였고 그들이 과학문화를 전파하는 것은 오로지 천주교를 선전하기 위한 일종의 수단에 불과했다. 과학문화의 전파에 대해 그들이 일으킨 적극적인 역할을 긍정하는 한편 선교사들의 침략적인 역할도 보아내야 한다. 그들은 중국에서 소식을 정탐하고 정보를 절취하고 내정과 외교에 간섭했다. 청 정부의 많은 기밀문서들이 선교사들을 통해 외국으로 흘러나갔다.

　예를 들면…… 선교사들이 제작에 참여한 "황여전람도"는 그때 당시 기밀지도였는데 제작 후 얼마 지나지 않아 파리에서 사본이 나타났다. 예수회 선교사들은 정기적으로 상급에 비밀리에 보고하곤 했는데 그 가운데는 대량의 정치·경제·군사·외교에 관한 중요한 정보들이 포함되었다. 청 정부가 러시아와 담판할 때 예수회 선교사가 통역을 담당했으며 중국의 내부 기밀과 담판 책략을 죄다 러시아제국에 누설하고 러시아제국 측에 뇌물을 요구하고 환심을 샀다. 심지어 러시아인을 도와 중국 측 관원을 매수하기까지 했다. 예를 들면…… 선교사 도미니크 파르냉이 러시아 측의 위탁을 받고 대학사 마제(馬齊)를 매수함으로써 '중·러 캬흐타조약' 담판에서 중국을 불리한 입장에 빠뜨렸다.

러시아 사절 사와는 제정 러시아 정부에 올리는 보고서에서 "북경에 머무는 기간, 예수회 신부들을 통해 선물을 주는 등 방법으로 일부 선의적인 사람들을 만났는데…… 그들 중 현임 대학사 마제에게서 큰 도움을 받았으며 앞으로도 계속해서 많은 협조를 해주겠다는 약속까지 받았다. 그리고 대상을 통해 그에게 1천 루블 가치에 달하는 가죽제품을 선물로 주었으며 중개인 파르냉 신부에게 100루블을 주었다."[346]라고 썼다.

파르냉은 마제와 장기간 결탁했는데 매번 선교사들이 법을 어기고 죄를 저질렀을 때마다 파르냉은 마제에게 도움을 청했다. 파르냉은 "마제가 줄곧 일반 서양인들에게 호감을 갖고 있었으며 나한테는 더 각별했다. 나는 그와 36년간 서로 서신내왕을 하며 우정을 쌓았다."[347]라고 말했다. 또 예를 들면…… 남회인은 서방 과학을 전파하는 과정에서 공적이 비교적 크다.

---

346) 가은(加恩), 『조기 중·러 관계사(早期中俄关系史)』 194쪽.
347) 『계시와 기묘한 서찰(启示和奇妙信札)』 제3권 470쪽. 파리 1877년 프랑스문판.

그는 겉으로는 공손하고 매사에 매우 신중했으며 죽기 전에도 강희제에게 올린 상소에서 "폐하, 남은 여생 폐하를 위해 충성을 다할 수 있다면 죽어도 여한이 없을 것이옵니다."[348]라고 했다. 그랬던 남회인이 북경에서 차르 황제의 사신 니콜라이를 만나서는 "기꺼이 최선을 다해 차르 황제에게 충성을 바치겠다"고 말하면서 강희는 "변덕이 많은 자"라고 욕설을 퍼붓고 중국은 "야만 민족"[349]이라고 욕했다.

강희제는 만년에 줄곧 왕위 계승자 문제로 고민했다. 황자들 사이에서는 명으로 암으로 다툼이 끊이지 않았으며 제각기 도당을 무었는데 예수회 선교사들도 개입해 혼란한 틈을 타서 이익을 챙기려 했다. 선교사들은 가장 먼저 황태자 윤잉(胤礽)을 자기네 편으로 끌어들이려고 했다. 프랑스 선교사 장 드 퐁타네[Jean de Fontaney, 중국명은 홍약한(洪若翰)]는 프랑스 교회에 이렇게 보고했다. "이 황자가 언젠가는 황제의 자리에 오르게 될 것인데 지금 이미 우리 편으로 넘어왔다. 그래서 그를 완벽하게 쟁취하는 것이 매우 중요하다."[350] 윤잉이 세력을 잃자 선교사들은 또 다른 황자들에게로 관심을 돌려 갑자기 득세해 중용을 받으려는 허황한 꿈을 꾸었다. 옹정제가 즉위한 후, 선교사 목경원(穆經遠)을 처형했다. 이유는 목경원이 황자들 사이의 다툼에 말려들어 윤당(胤禟)에게 비밀서찰을 전했기 때문이다. 옹정제는 조서에서 "색사흑(塞思黑, 즉 윤당)이 서양인

---

348) 이명(李明), 『신회억록(新回忆录)』 제1권 75쪽. 파리 1696년 프랑스문판.
349) 배들리(巴德利), 『러시아·몽골·중국』 제2권, 337 `368 `411쪽. 런던 1919년 영문판.
350) 백하우스(拜克豪斯) · 블랜드(勃兰德), 『중국궁정기년(中国宫廷纪年)』, 240쪽, 뉴욕 1914년 영문판.

목경원을 신복으로 받아들여 그를 선량하다고 칭찬하면서 왕위를 노렸던 사실은 모든 사람들이 다 알고 있다."[351]라고 말했다. 로마 교황청 전신부의 추기경(紅衣主敎, 홍의주교)도 제398번 비망록을 발표해 "그 신부의 사망 원인은 전적으로 제국의 사무에 참견해 죄를 지었기 때문이며 그 일로 새 군주와 그 대신들이 경계심을 갖게 되었다."[352]라고 인정했다.

예수교 선교사들의 장기적인 활동으로 강희제 말기에 이르러 전국에 이미 천주교 교회당이 약 300여 곳이나 되고 교도가 약 30만 명에 달했으며 북경에는 교회당이 3곳에 공학도 한 곳 있었다. 교회당은 중국 교도들에게서 모금한 자금으로 장사를 했는데 "천주교 교회당마다 실제로 5~6만 냥에 달하는 돈벌이 장사를 했고" 북경에 있는 교회당 3곳에서 장사를 해서 번 돈을 "모두 합하면 70만 프랑에 달했으며 매년 약 18만 프랑의 수입이 들어왔다."[353] 선교사들은 또 교도와 관리 · 평민들에게 고리대금을 놓아 착취했다. 로마 교황청의 사신들마저 "선교사들이 고리대금으로 착취하고 난폭하게 빚 독촉을 한다"[354]고 비난할 정도였다.

각 성의 선교사들은 더욱이 전답을 사들이고 점포를 세워 수단과 방법을 가리지 않고 불법적으로 탈취하며 횡포를 부렸다. 1715년(강희 54년) 직예성 진정(眞定)현 천주교회당의 선교사 고상덕(高尙德)이 조세 납부를 강요하면서 무거인(武擧人) 장봉시(張逢時)를 구타했는데 "장봉시가 피를

351) 동화록(東華录)』 옹정제 권38.
352) 토마스(托马斯), 『북경교회사(北京教会史)』, 361쪽, 파리 1923년 프랑스문판.
353) 나백삼(罗柏杉), 『선교사와 관리(传教士和官吏)』, 154쪽. 캘리포니아 1942년 영문판.
354) 위의 책.

토하고 땅에 쓰러졌다."[355] 북경 흠천감 내의 선교사들이 나서서 비호하는 바람에 선교사 고상덕은 무죄선고를 받았을 뿐 아니라 계속 장봉시에게 임대료를 바치도록 강요했다. 그들은 공명이 있는 무거인에게까지도 그처럼 횡포를 부리는데 일반 백성들에게는 어떻게 할지 가히 짐작할 수 있다.

결론적으로 선교사들은 비록 일부 선진적인 과학지식을 전파하기는 했지만 그들은 중국에서 황궁을 드나들며 권세가들과 교제하며 정보를 훔치고 기밀을 빼돌렸으며 고리대금으로 착취하고 선량한 백성들을 억압했기 때문에 중국 국민 및 정부와 늘 갈등을 빚었다. 18세기 초, 청 정부는 하는 수 없이 선교활동을 금지시키는 조치를 취했다.

2. 청 정부의 선교활동 금지령

중국은 종교가 아주 많고 신앙 자유를 주장하는 국가로서 불교 · 도교 · 이슬람교 · 샤머니즘(薩滿敎)이 중국에서 장기간 자유로이 전파되었으며 각기 다른 우상과 신조가 있고 또 많은 신도들이 있으며 정부의 간섭과 제한을 받지 않았다. 그러나 중국은 유구한 문화가 있고 각 민족이 각각의 전통 예의풍속이 있어 서방의 종교가 중국에서 전파되려면 마땅히 중국의

---

355) 『문헌총편(文献丛编)』 제12집(辑),37쪽.

상황에 따라 자신들의 교의와 의식을 적당히 조정해 중국 사회에 적응해야 했다. 따라서 불교·이슬람교는 중국에서의 전파 과정에서 오랜 시간의 조정기를 거쳤다. 예수회 선교사들은 중국에 처음 들어왔을 때는 역시 특수한 선교방식을 취했으며 중국 고유의 예의풍속을 존중하고 유가학설을 존중했다. 명·청 시대 통치계급 중의 일부 사람들은 예수회의 선교사들이 또 다른 형식으로 공자와 맹자의 도리를 설명하는 것으로 착각했다. "천주교도 하늘을 존중하고 유교도 하늘을 존중하며, 천주교도 이치를 파헤치는 것이고 유교도 역시 이치를 파헤치는 것이다…… 선생을 두고 서양의 유가학자이자 중국의 대 유가학자라고들 한다"[356]라고 탕약망을 칭찬하는 사람도 있었다.

예수회 선교사들도 늘 "해외 보잘 것 없는 유가학자"라고 자칭하면서 자신들의 선교방식을 될수록 중국의 예의습관에 적응시키려 했다. 바로 그러했기 때문에 중국에서 발을 붙일 수 있게 되었으며 선교활동을 벌이는 과정에서 일정한 효과를 보았다. 그러나 예수회 선교사들의 선교방식은 기타 교파들의 맹렬한 반대를 받았으며 명조 말년, 기타 교파들은 중국 내 예수회의 선교방식이 천주교의 교의에 어긋난다고 로마 교황청에 고발했다. 1645년 로마 교황청은 예수회에 선교방식을 개변시킬 것을 명했다. 그러나 중국 내 예수회 선교사들은 식민지에서와 같은 선교방식으로는 중국에서 발을 붙일 수 없다는 것을 인식했기 때문에

---

356) 『중국 철학자 공부자(中国哲人孔夫子)』 100쪽. 파리 1687년 판.

교황청에 항의를 제기했다. 그때 당시 예수회는 포르투갈의 지지와 비호를 받았는데 포르투갈의 해외 세력이 아주 컸다. 예수회는 극동지역에서의 종교 활동을 더 한층 독점했다. 이에 따라 로마 교황청은 예수회 선교사들의 의견에 귀를 기울이는 수밖에 없었다. 1656년, 교황청은 명령을 내려 예수회 선교사들의 중국 내 선교활동 방식을 인정했다.

그러나 일은 여기서 끝나지 않았다. 형세의 발전에 따라 포르투갈 · 스페인의 해외 세력이 점차 쇠퇴되기 시작했고 네덜란드 · 영국 · 프랑스의 해외 세력이 흥기했다. 해외 선교 사업 면에서 포르투갈도 점차 통제권을 잃었으며 로마 교황청은 프랑스의 지지 하에 해외 선교활동이 자신들의 통일 지도를 받게 하려고 애썼다. 줄곧 포르투갈의 비호를 받아오던 예수회는 유럽에서 비난을 받았으며 예수회 내부의 비 포르투갈 국적의 선교사 수량이 갈수록 늘어나 포르투갈의 통제에서 벗어나려고 애썼다. 이러한 시대 배경에서 중국 내 예수회의 선교방식이 적절한지 여부에 대한 문제가 재차 제기됐다.

선교사들 가운데서 예수회에 대한 비난의 목소리가 그치지 않았기 때문에 17세기 하반기 교황은 프랑스 대외 교섭 포교회의 신부 마그리트(瑪格利特)를 중국으로 파견해 조사를 진행하도록 했다.

마그리트는 예수회의 선교활동 방식을 극단적으로 반대했으며 그 선교활동 방식이 이교(중국의 유학과 예의풍속을 가리킴)와 합류했다고 비난하면서 예수회에 선교책략과 방식을 바꿀 것을 요구했으나 예수회는 그에 응하지 않았다. 이에 로마 교황청이 나서서 간섭하기로 결심했다. 1705년(강희 44년) 선교사 탁라(鐸羅)가 교황의 특사 신분으로 교황의 명을 받들고 북경에 도착했다. 교황의 명령에는 중국 입교자들이 공자와 조상에

제를 지내는 것을 금지하며 또 선교사들이 '하느님'·'천주'를 중국인들이 줄곧 숭배해온 '상천'·'황제'와 서로 혼동하는 것을 방지해야 한다는 내용이 포함된다. 탁라가 북경에 도착한 후, 강희제는 여러 차례 그를 만난 자리에서 "공자에 제사를 지내는 것은 성인(圣人)을 존중하는 것이고 조상에 제를 지내는 것은 길러준 은혜를 잊지 않는 것이며 하늘을 숭배하는 것과 임금을 섬기는 것은 '천하의 공통된 도리'[357]이다. 이는 중국 전통 논리관념과 풍속습관으로서 절대 폐기할 수 없다.

서방 국가들은 중국인에게 성경 교의의 구구절절을 그대로 따를 것을 요구해서는 안 된다. 이는 중국인이 외국인에게 사서오경에 따라 행할 것으로 요구해서는 안 되는 것과 마찬가지 이치이다"라고 설명하면서 "중국에 있는 선교사들은 반드시 '법도를 엄히 지켜야 하며' 중국의 법령에 복종하려는 선교사라면 모두 허가서를 받고 중국에 남아 있을 수 있지만 반대로 중국의 법령에 복종하는 것을 원치 않는 선교사들은 일률로 본국으로 돌아가야 한다"고 말했다. 강희제는 또 탁라에게 교황의 명령을 발표하는 것을 당분간 늦출 것을 요구했다. 그러나 탁라는 북경을 떠나 남경에 도착하자마자 교황의 명령을 발표했다. 이에 강희 황제는 크게 분개해 탁라를 체포해 마카오로 압송한 뒤 감금시켰다.

그 소식을 접한 로마 교황은 태도가 더 강경해졌으며 중국 정부와 끝까지 대항하려 했다. 1715년, 교황은 금지령을 재차 강조하면서 극동지역의

357) 『강희와 로마 사절의 관계 문서(康熙与罗马使节关系文书)』,고궁박물원 1932년판.

선교사들에게 반드시 따를 것을 요구하면서 어길 시에는 엄한 형벌을 가할 것이라고 했다. 1720년(강희 59년) 교황의 또 다른 특사 가락(嘉樂)이 북경에 당도해 교황의 명령을 전했다. 이에 중국 내 모든 선교사들이 복종하겠다고 밝히는 수밖에 없었다. 강희는 물론 로마 교황청이 강요한 명령을 받아들일 리 없었다. 이로써 청 정부와 로마 교황청 간의 관계가 파열되었다. 원래 예수회 선교사들에게 무척 호감을 갖고 있던 강희제는 서방 교회 세력의 교만함을 느끼기 시작했으며 또 유럽 국가들이 중국에 매우 큰 위협으로 되고 있다는 것을 어렴풋이 느끼기 시작했다. 강희제는 "앞으로 중국 내 서양인들의 선교활동을 금지시키는 것을 허한다. 괜히 쓸데없이 일을 만들지 못하도록 하라."[358]라고 명했다. 그는 또 "천 백 년이 지난 후 아마도 중국은 해외 서양 여러 국가들로부터 괴롭힘을 당하게 될 것 같다"[359]라고 말했다.

로마 교황청의 오만무례한 태도로 인해 교회와 청 정부의 관계가 크게 악화되었다. 게다가 각지의 선교사들이 법을 무시하고 제멋대로 행동해 청조 관원들이 큰 경계심을 품게 되었다. 1717년(강희 56년) 광동성 갈석진(碣石鎭) 총병 진앙(陳昂)이 상소문을 올려 이르기를 "서양의 천주교가 지금 여러 성에 교회당을 설치하고 불량배들을 모집하고 있는데 그들의 속셈을 알 수 없다. 현재 광주성 안팎으로 교회당이 가득 설립되고

---

358) 『동화록(东华录)』 강희제 권24.
359) 『동화록』 강희제 권99.

게다가 같은 무리인 서양 선박들이 떼 지어 모여드는데 서로 결탁해 말썽을 일으키지 않을지 알 수가 없다. 일찌감치 단속하고 금지시켜 더 큰 사태로 번지지 않도록 해야 한다."[360] 청 조정은 진앙의 건의를 받아들이고 명령을 내려 선교활동을 금지시키도록 했지만 그 명령은 결코 대대적으로 관철되지 못했다. 옹정제가 즉위한 후 선교사들이 황실 내부 투쟁에 개입해 윤당 · 윤제(允禵)를 지지했다. 이에 옹정제는 선교활동을 금지시킬 결심을 더욱 굳히게 되었다. 1724년 초(옹정 원년 12월) 예부에서는 민절(閩浙, 복건성과 절강성) 총독 각라만보(覺羅滿保)의 상소에 대해 의논을 거쳐 다음과 같이 회답했다. "서양인들이 각 성에 천주교회당을 세우고 잠복해 있으면서 선교활동을 벌이는 바람에 사람들이 그들의 선동을 받아 점차 유혹되고 있으며 이로운 점이 전혀 없다.

각 성의 서양인들 중 일부 북경에 보내 충성을 다할 수 있는 이들만 제외하고 나머지는 죄다 마카오에 배치해 그들의 청구에 응하도록 하라. 천주교회당을 관공서로 바꾸고 천주교에 잘못 가입한 자에 대해서는 엄히 단속하고 금지시키도록 하라."[361] 그해 7월 옹정제는 선교사 파르냉 등에게 선교활동을 금지시킬 결심을 밝혔다.

그는 "모든 중국인을 천주교 교도로 만들고자 하는 것이 그대들의 취지임을 짐은 잘 알고 있다. 과연 그렇다면 짐 등은 어떤 사람이 되는가,

---

360) 『동화록』 강희제 권99.
361) 『동화록』 옹정제 권3.

그대들 군주의 신하로 되는 것이 아니겠는가? 그대들이 교화시킨 교도들의 안중에는 그대들밖에 없을 것이니 일단 유사시에 그들은 그대들의 말에만 따를 것이다. 현재 짐은 두려울 게 없다는 것을 잘 알고 있지만 수천 수백 척의 서양선박들이 대거 몰려와 있으니 필히 말썽을 일으킬 것이다."[362]라고 말했다.

그 뒤 소수의 선교사들만 북경에 남아 청 조정과 흠천감에서 업무를 보는 것을 제외하고 각지의 선교사들은 모두 마카오로 옮기고 교회당을 폐쇄하고 선교활동을 중단했다.

옹정제가 선교활동을 금지시킨 뒤에도 선교사들은 단념하지 않고 각지에서 몰래 선교활동을 벌였다. "서양 신부들이 꾸준히 내지에 잠입했으며 인원수가 얼마나 되는지 알 수 없다."[363] 고로 건륭·가경·도광 3대에 걸쳐 선교활동 금지령을 꾸준히 강조했다. 북경에 남은 선교사들은 비록 인원수가 점점 줄어들기는 했지만 여전히 적극적으로 정보를 수집해 국외로 빼돌렸다. 18세기 말, 파리에서 대량의 중국 상황 관련 서적들이 출판됐는데 모두 선교사들의 손을 거친 것이며 또 많은 정보는 지금까지 여전히 유럽 교회 기록보관소 내에 소장되어 있다.

1805년 (가경 10년) 강서(江西)성에서 광동 사람 진약망(陳若望)이 북경의 선교사 덕천사(德天賜)를 도와 서신과 기밀 지도를 마카오에 보낸

---

362) 『계시와 기묘한 서신(启示和奇妙信札)』제3권, 364쪽, 파리 1877년 프랑스문판.

363) 소약슬(蕭若瑟), 『천주교의 중국 내 전파에 대한 고증(天主教傳行中國考)』, 370쪽. 하북(河北) 헌(献)현 천주교회당 1931년 판.

사건을 조사 처리했다. 그 사건에 대해 가경제가 엄하게 징계 처벌할 것을 명했으며 덕천사를 "열하로 압송해 오이라트(額魯特)병영에 감금시키도록 했다." 1811년(가경 16년) 청 조정은 또 명령을 내려 "흠천감에서 천문 추산 업무를 보는 자만 계속 남아 근무할 수 있는 외에 기타 서양인은 모두 양광총독에게 넘겨 본국 선박을 이용해 광동성으로 보내도록 했으며 또 귀국조치를 취하도록 했다."[364] 1837년(도광 17년) 선교사 중에서 마지막으로 흠천감정(欽天監正)을 맡았던 고수겸(高守謙)이 귀국하고 차감부(次監副) 필학원(畢學源)이 병으로 죽은 뒤로는 흠천감에서 근무한 외국인 선교사가 없었으며 이로써 조기 천주교 선교사들의 중국 내 활동이 결속 되었다.

얼마 지나지 않아 아편전쟁이 발발했고 대포소리와 함께 선교사들이 또 다시 몰려들기 시작했으며 서방 국가들의 중국 내 선교활동이 또 다른 단계에 진입했다.

---

364) 『청인종실록(淸仁宗实录)』 권243.

제10장

청나라의 문화정책과 한학의 발전

제1절
청나라의 문화통치정책

1. 이학의 제창, 서적의 편찬

청 왕조는 만주귀족을 핵심으로 하고 만족과 한족 지주계급이 공동으로 독재하는 정치를 펼쳤다. 한편으로는 다양한 군사와 정치적 조치를 취해 한족 그리고 여러 민족 인민들의 저항투쟁을 진압했다. 다른 한편으로는 한족의 유학, 장족과 몽골족의 라마교를 이용하는 걸 아주 중시하면서 의식형태에서의 통제를 강화하는 것으로 자체 통치를 공고히 하려 했다. 청나라는 한족과 기타 민족의 사상문화를 적극적으로 받아들이고 이용하는 것을 통해 자체의 통치 수요에 복종시키려 했다. 이 부분에서 이들은 역사적으로 여러 소수민족이 건립한 기타 왕조에 비해 더 많은 정력을 쏟아 부었고 따라서 성과도 더 많이 거두었다.

청나라 입관 후 얼마 지나지 않아 바로 과거시험을 거행했으며 공자를 존중하고 경서를 읽는 걸 적극적으로 제창했다. 공자에게 '대성지성문선선사(大成至聖文宣先師)'란 존호를 내리고 공자묘를 대대적으로 수리했다. 또 해마다 공자에게 제사를 지내는 제공대전을 펼치고 공자의 후예 연성공(衍聖公)에게 다양한 영예와 특권을 부여했다.

그리고 공부(孔府)에 토지를 추가로 내주고 재물을 하사했다. 강희는 남순 때, 직접 곡부(曲阜)의 공자묘를 찾아 절을 올렸다. 또 관리와 유생을 불러 경의(經義)를 강의하고 의논했을 뿐만 아니라 심지어 천자지존의 신분으로 공자에게 삼궤구고(三跪九叩, 세 번 머리가 땅에 닿도록 하는 절을 세 번 반복하는 예)를 올리기도 했다. 무릇 역대 중요한 유가 대표자라면 모두 최고의 예우를 해주었다. 그들을 위해 사당을 짓고 패방(牌坊)을 세우고 편액(匾額)을 하사했다. 무릇 '선유(先儒)'의 후예는 오경박사(五經博士)를 세습해 영예와 총애를 누렸다. 1670년(강희 9년), 유가학설을 기반으로, '성유(聖諭)' 16조를 제정 및 발표해 백성들의 행위준칙으로 적용했다.

구체적인 내용은 다음과 같다. 인륜을 중시하기 위해 부모에게 효하고 형에게 복종하는 것을 존중해야 하고 화목과 친절을 보여주기 위해 종친들에게 관대해야 한다. 소송과 다툼을 방지하기 위해 이웃과 화목하게 지내야 하고 의식을 풍족하게 하기 위해 뽕나무 심기와 농업에 힘써야 한다. 재산을 낭비하는 것을 막기 위해 절약과 검소를 중시해야 하고 선비로서 올바른 행위를 익히기 위해 학교를 번창 하도록 해야 한다. 올바른 학설을 숭상하기 위해 이설을 근절시켜야 하고 무지몽매함을 깨우치기 위해 법을 일러줘야 한다.

풍속을 아름답게 하기 위해 예의와 양보의 미덕을 밝혀야 하고 민의를 안정시키기 위해 본업에 성실하도록 힘써야 한다. 자식과 형제들이 나쁜 짓을 하지 않도록 하기 위해서는 그들을 훈육하는 것이 필요하고 정직과 선량함을 유지하기 위해 무고하지 말아야 한다.

도망자들과 공범이 되지 않기 위해 그들을 은닉하지 말아야 하고 관청으로부터 독촉을 받지 않기 위해 세금을 완납해야 한다. 도적과 약탈자를 진압하기 위해 보갑제를 결성해야 하고 육신과 생명이 중하다는 것을 보이기 위해 분노와 해묵은 원한을 풀어야 한다. 옹정은 또 이를 보충, 정정해 『성유광훈(聖諭廣訓)』이라 불렀다. 이는 종법사회에서 봉건 전제 통치자들이 피통치자에 대한 정치와 도덕 차원에서의 훈계로, 유가의 사회 이상과 생활신조를 고스란히 드러냈다. 옹정 2년, 『성유광훈』을 전국에 배포해 널리 알렸다. 이부(吏部)는 각 성 총독과 순무에게 각지에서 수재를 선발해 강의하도록 하라는 통지를 내렸으며 "글과 구절마다 해석하고 글자의 독음과 의미를 명백히 알려줘야지 형식적으로 일을 대강대강 해치워서는 안 된다"고 요구했다. 예를 들면…… 직예 획록(獲鹿)현은 "달마다 삭일과 망일을 강의시간으로, 서문 밖을 강의 장소로 정했다. 정유패를 공양하고 강안(講案)을 가운데 설치했다. 또 생원 한 명을 강의하는 약정(約正)으로 정했으며 2명을 더 선발해 당월(値月)이라 했다. 그 날 이른 새벽, 현관리가 부하, 선비와 백성을 거느리고 강의 장소에 모여 예를 올렸으며 약정에게 성유 16조를 강의하라고 지시했다…… 각 향과 촌은 백성들이 집중적으로 모여 사는 곳이나 의학(義學)과 가까운 곳을 강의 장소로 설치한다. 본 향에서 추천한 약정과 문학사가 만나 함께 강의해야 한다."[365]고 규정했다. 청 정부는 유가 사상을 전국의 방방곡곡에 전파하기 위해 갖은 방법을 총동원했다.

청나라는 특히나 정주(程朱)이학을 적극적으로 제창했다. 주희를 유달리

---

365) 수이(壽頤), 『광서획록현지(光緒獲鹿縣志)』 권8, 학교.

존경하고 숭배해온 강희는 "송나라 유학자인 주자가 많은 경서에 주해를 달고 도리를 명확히 설명했다. 무릇 그의 저술과 편찬한 책은 모두 명확하고 정확했을 뿐만 아니라 어느 한쪽에 치우치지 않고 지극히 공정하였기 때문에 현재까지 5백여 년이 지났어도 그를 비난하는 학자는 없다. 짐은 공자와 맹자 이후로 글의 결함과 부족한 부분을 보완한 자들 가운데서 주희의 공이 가장 크다고 생각한다."[366] 고 말했다. 또 주희의 "글에서 온통 천지의 바른 정기와 우주의 큰 도리가 느껴진다.

짐이 그 책을 읽으면서 그중의 도리를 주의 깊게 살펴봤다. 이 책이 아니고서는 천자와 함께 지내는 신비로움을 알 리가 없고 이 책이 아니고서는 조그마한 의자에서 천하를 다스리는 도리를 깨우칠 수 없다.

또 이 책이 아니고서는 어진 마음으로 어진 정치를 펼칠 수 없으며 이 책이 아니고서는 내외가 한 가족이 될 수 없다"[367]고 말했다. 주희에 대한 숭배가 절정에 달했다. 뿐만 아니라 주희를 공묘 양암(兩庵)의 선현에서 모셔 내와 대성전(大成殿) 4배(四配) 10철(十哲)의 다음인 11철(十一哲)에 올렸다. 청나라 과거시험을 보면 사서오경을 시험 내용으로 했을 때에도 주희의 주해를 준칙으로 간주했다. 때문에 정주이학이 관학 철학으로 되어 큰 인기를 누렸다. 아부에 능한 대신 이광지(李光地)가 황제의 마음을 제대로 간파하고는 도통설(道統說)을 치켜세웠다.

---

366) 『동화록』 강희제, 511년 2월.
367) 『어찬주자전서(禦纂朱子全書)』 머리말.

그는 주희가 요순우탕문무주공맹의 도통을 이어받았다며 "5백 년 만에 반드시 흥하는 군자가 있을 것이고", "주희가 나타나서부터 강희황제에 이르기까지 5백년이 되었으니 군주가 흥할 기한이 되었고 현재 황제 또한 성현지학을 존중하고 있다……하늘의 명을 받든 황제가 유교의 도덕을 펼치는 임무를 맡아 큰 계획을 펼칠 시기가 되었다."[368]고 말했다. 이광지는 강희가 유학 도통을 이어가도록 부추겼을 뿐만 아니라 도통과 치통(治統)을 한데 결합시켰다. 이 말을 들은 강희는 기쁜 나머지 "광지의 마음을 헤아리는 자는 짐뿐이고 짐의 마음을 아는 자는 광지 뿐"[369]이라고 말했다.

청나라 조정의 장려, 등용으로 말미암아 이광지 외에도 위예개(魏裔介), 웅사리(熊賜履), 탕빈(湯斌), 장백행(張伯行) 등 정주를 신봉하는 '이학명신'들이 최고의 직위를 맡아 크게 중용 받았다. 따라서 청 왕조는 공자를 존중하고 숭배하면서 유학을 적극적으로 제창했으며 봉건 질서를 바로잡고 전제 통지를 강화하는데 그 목적을 뒀다. 이와 관련해 옹정제는 이런 말을 했다. "만약 공자의 가르침이 없었다면……필연코 어린 것이 어른을 능욕하고, 젊은이가 어른을 능멸하고 천한 자가 귀한 자를 방해하고 존귀함과 비천함이 뒤바뀌어 있으며 위와 아래 등급 차별이 없고 명분을 어기고 은혜를 배반하며 예를 넘어서 도의를 저버릴 것이다. 따라서 이른바 임금이 임금답지 못하고 신하가 신하답지 못하고 아버지가 아버지답지 못하고 자식이 자식답지 못하다면, 비록 곡식이 쌓였다 한들 내 어찌 먹을

---

368) 이광지, 『용촌전집(榕村全集)』 권10, 『진독서필록 및 논설서기잡문서(進讀書筆錄及論說序記 雜文序)』
369) 장침(章梫), 『강희정요(康熙政要)』 권4, 『임현하(任賢下)』

수 있겠는가? 이런 것들이 바로 세상인심의 해가 되는 것이니 또 무슨 할 말이 있겠는가!"[370]

　한족 지식인을 자기편으로 끌어들이기 위해 '옛 것을 자세히 살펴 학문을 배우고 유학을 숭배하며 학교를 세울' 뜻을 밝혔다. 청 정부는 수많은 지식인을 불러들이는 한편, 고대 전적을 대량으로 수집, 편찬하고 해석했다. 그중에서도 유가 경전으로 불리는 사서오경이 자연히 제일 중시를 받았다. '어찬(禦纂)'과 '흠정(欽定)'한 주해 작품이 대량으로 연달아 출판됐다. 순시 때에는 『효경(孝經)』를 어주했으며 강희 때에는 『주역절중(周易折中)』, 『일강사서해의(日講四書解義)』를 어찬하고 『시경전설휘찬(詩經傳說彙纂)』, 『서경전설휘찬(書經傳說彙纂)』, 『춘추전설휘찬(春秋傳說彙纂)』 등을 흠정했다. 옹정 때에는 『효경집주(孝經集注)』를 어찬했다. 건륭 때에는 『주역술의(周易述義)』, 『시의줄정(詩義折中)』, 『춘추직해(春秋直解)』를 어찬하고 『주관의소(周官義疏)』, 『의례의소(儀理義疏)』, 『예기의소(禮記義疏)』를 흠정하는 외에도 『명사(明史)』, 속삼통(續三通) 그리고 편방략(編方略)을 수정하고 『고금도서집성(古今圖書集成)』을 편찬했다. 진몽뢰의 주재로 편찬된 이 책은 부문별로 나뉘고 다양한 책을 수록했기 때문에 대형 유서(類書)로 꼽혔다. 여러 서적에서 유형에 따라 취록한 후 책으로 편찬한 것이지만

---

370) 『동화록』 옹정제, 5년 7월.

서적마다 원문을 모두 싣지는 않았다. 6휘편, 32전으로 세분화된 『고금도서집성』은 총 1만 권에 달했다. 강희와 옹정 2개 조대를 거쳐서야 편찬과 인쇄 작업을 마무리했다. 최대 규모의 편서로는 건륭 때 편찬한 『사고전서(四庫全書)』이다. 이는 중국 역사상 최대 총서로 꼽힌다. 『사고전서』는 중국 고대의 중요한 전적 서두와 결말을 완정하게 실어 경(經) 사(史) 자(子) 집(集) 4부, 44개 유형으로 분류 편집하고 도서 3457가지를 수록했다. 총 7만 9천 70권으로 구성된 이 총서는 수록된 부분이 많고 내용이 풍부하여 중국 고대 사상 문화유산 총집합으로 불리고 있다.

편찬 작업은 1773년(건륭 38년) 사고관(四庫館) 정식 개설을 시작으로 1787년(건륭 52년) 최종 마무리되기까지, 장장 15년이 걸렸다. 그 후 서적내용을 검사하고 오류나 결루된 부분을 교정하는 외에도 일부 서적을 사서에 수록하는 작업을 진행했기 때문에 1793년(건륭 58년)에 이르러서야 편찬 작업이 최종 마무리될 수 있었다. 『사고전서』는 필사본 7편과 원본 한 편으로 되어 있다. 그 중 필사본은 북경 궁(北京宮) 문연각(文淵閣), 원명원(圓明園) 문원각(文源閣), 심양(沈陽) 문소각(文溯閣), 승덕(承德) 피서산장(避暑山莊) 문진각(文津閣), 양주(揚州) 문회각(文彙閣), 진강(鎭江) 문종각(文宗閣), 항주(杭州) 문란각(文瀾閣)에 수장되어 있으며 원본은 베이징 한림원(翰林院)에 수장되어 있다.[371]

---

371) 원명원 문원각에 수장되었던 『사고전서』는 영-프 연합군 전쟁에서 훼손됨. 한림원에 수장되었던 원본은 팔국 연합군 전쟁에서 훼손됨. 양주 문회각, 진강 문종각에 수장되었던 필사본은 태 평천국전쟁 시기에 훼손됨.

편찬 작업에는 관리와 지식인 총 360명이 동원됐는데 여기에는 당시 유명한 학자들도 대거 포함되었다. 특히 도움을 많이 준 유명한 학자들로는 우민중(於敏中), 김간(金簡), 기윤(紀昀), 육석웅(陸錫熊), 임대춘任(大椿), 육비지(陸費墀), 대진(戴震), 소진함(邵晉涵), 정진방(程晉芳), 주영년(周永年), 주균(朱筠), 요내(姚鼐), 옹방강(翁方綱), 왕념손(王念孫) 등이다. 『사고전서』에 수록된 책을 보면 일부 어제(禦制) 작품과 성지를 받고 저술한 관서를 제외하고는 모두 전국에서 수집해온 역대 전적들이다. 그 출처를 살펴보면, 궁정에 수장되어 있던 책이거나 여러 성에서 구입해온 책 아니면 각지 관리와 장서가가 개인적으로 진상한 책이거나 명나라 『영락대전』에 수록되었지만 이미 산실된 고서들이었다.

편찬 과정에 기윤 등이 저술한 『사고전서총목제요(四庫全書總目提要)』는 총 2백 권에 달한다. 그 과정에 기록한 3천 457가지 종류 서적과 수록되지 않았지만 목록을 보존한 6천 766가지 종류 서적에 대해 소개하고 논했으며 서적마다 내용을 간략하게 서술했다. 또 우열득실을 논하고 학설의 근원과 판본의 동일함과 차이점을 토론했다. 완원(阮元)은 이렇게 말했다. "고종순 황제가 『사고전서』를 편집하라는 명을 내렸고 공(기윤)이 총찬관을 맡았다. 무릇 육경을 해석한 문자의 득과 실, 여러 사서 기재의 차이점, 자집(子集)의 지분과 파별에 대해서는 요강의 비밀을 잘 파헤치고 근원을 철저하게 밝혔다. 편찬한 『총목제요』가 최고로 1만 여 가지에 달했다. 고대 역사를 연구함에 있어 다른 저술을 바탕으로 해야 하고 평론을 펼칠 때에는 공평하게 해야 한다."[372] 『사고전서』는 중국 학술 문화사에서 아주 중요한 지위를 차지한다. 중국 고대 서적이 전란과 사회 동란 속에서 심각하게 훼손되었다. 청 정부는 대량의 인력과 물자를 동원해 전국의 도서를 수집하는 한편, 이미 산실된 서적을 수집하여 기록함으로써 가치 있는 수많은 고대 전적을 보존했다. 하지만 마땅히 짚고 넘어가야 할 부분이라면 봉건전제 통치자들이 좋은 일과 더불어 나쁜 일과 아둔한 일도 함께 했다는 점이다.

건륭제가 『사고전서』 편찬을 기회삼아 전국의 서적에 대해 한 차례 대규모적인 검사를 진행하면서 이른바 '패역(悖逆)'과 '저촉'사상이 있는 수많은 서적을 조사하여 금지시키고 소각하고 삭제하거나 고쳤다. 사고관을 개설해 천하 유서를 널리 구하던 이듬해인 1774년(건륭 39년) 조서에는 이런 구절이 언급됐다. "명나라 말기에 저술한 야사(野史)가 극히 많다. 그중에 제멋대로의 비방과 칭찬 그리고 소문과 반대의견이 필연코 본조에 저촉되는 언어가 있을 것이다.

마침 이 시기에 한 차례 조사를 진행해 모조리 소각함으로써 사악한 말을 철저히 막고 억제할 것이다. 또 이를 통해 백성들의 마음을 바로잡고 풍속을 순박하게 만들 것이니 그대로 내버려두고 처리하지 않는 것은 단연 바람직하지 않다."[373]

---

372) 완원(阮元), 『연경실삼집(揅經室三集)』 권5, 『기문달공집서(紀文達公集序)』
373) 『동화록』 건륭제, 39년 8월.

그 후로 각지에서는 "황첨(黃簽)을 판각, 인쇄한 후 널리 게시해 성유를 알도록 했으며" '저촉'되는 서적을 바칠 것을 타일렀다. 한편으로, 관청에서 각지로 사람을 파견해 조사하고 다양한 유형의 서적을 상대로 선별한 후 조사해낸 금서를 북경으로 보내도록 했다.

다른 한편으로, 사고전서관은 널리 구해온 서적들 가운데서 금서를 찾아냈다. 위 2가지 방도를 거쳐 선별해낸 서적은 모두 군기처로 보내졌으며 그 후 한림원에서 상세하게 심사를 한 후 '터무니없는' 부분을 황첨에 적어 서미(書眉)에 붙였다. 마지막에 건륭제의 비준을 거친 후 서적을 소각했다. 금지 서적의 범위가 갈수록 넓어졌다. "처음 조서를 내렸을 때는 명나라 야사에 대한 원한이 깊어서였다. 그 후 사고관에서 논의하기를, 유독 송나라 사람이 요, 금, 원을 논하고 명나라 사람이 원을 논함에 있어 터무니없고 어처구니없는 부분이 유달리 많아 모두 소각할 것이다……융경(隆慶)이후부터 말기에 이르기까지 장수와 재상 그리고 헌신(獻臣)이 저술한 서적은 결국 아무 것도 남지 않았다."[374] 명나라 말기, 청나라 초기 때, 황도주(黃道周), 장황언(張煌言), 원계함(袁繼鹹), 전숙락(錢肅樂), 고염무, 황종희, 손기봉(孫奇逢) 등의 저작은 모두 금령을 어긴 것으로 간주되었다. 훗날 정책이 약간 완화되면서 일부 사람들의 저작은 '저촉되는 글귀만 고치면 소각까지는 하지 않는다'로 바뀌었다.

---

374) 장태염(章太炎), 『구서(訄书)』, 『애분서(哀焚書)』 제58

하지만 전익겸(錢謙益), 여류량(呂留良), 굴대균(屈大均), 김보(金堡), 대명세(戴明世), 왕석후(王錫侯), 윤가전(尹嘉銓) 등의 작품에 대해서는 유달리 엄격하게 조사하고 금지했다. 건륭 때 소각된 서적이 "약 3천 여 종, 6만에서 7만 권 이상에서 달했는데 총 가지 수가 현재 사고에 수록된 서적 수와 동일했다."[375]

2. 문자옥

청 왕조는 자체 통치에 불리한 서적을 소각하고 의도적으로 고친 외에도 문자옥(文字獄)을 통해 이단을 소멸하고 사상을 속박하는 목적을 이루려 했다. 문자옥은 문자작품을 기반으로 죄를 묻는 걸 말한다. 다수의 문자옥은 모두 문자만 보고 대강 뜻을 짐작하거나 뜬구름만 잡고 임의로 죄명을 뒤집어씌운 경우다. 봉건사회에서 문자옥은 정치 민주와 언론 자유가 없어 생긴 필연적인 산물이자 전제 황제가 관리와 지식인을 겁먹게 하려는 중요한 수단이기도 했다. 2천여 년의 중국 봉건사회에서 문자옥은 흔히 보아온 일이지만 청나라 때의 문자옥은 차수가 빈번하고 연루된 범위가 넓고 처벌이 잔혹한 정도가 예전의 조대를 훨씬 초과했다.

---

375) 손전기(孫殿起)집, 『청나라금서지견록·자서(淸代禁書知見錄·自序)』

청나라 문자옥은 강희 때부터 시작됐다. 순치 때, 남명을 진압하는 무장투쟁이 아주 치열했기 때문에 문화사상 분야의 금망(禁網)이 아직은 조밀하지 못했다. 비록 그때, 청나라 통치를 반대하고 민족사상을 불러일으키는 시문 작품이 아주 많았지만 자기가 쓴 글 때문에 화를 당하는 일은 극히 적었다. 청나라는 '통해안', '진소안', '과장안'을 통해 한족관리, 지식인에 대해서도 여러 번 공격했다. 하지만 군무가 번망하던 그 시기에 시와 글 등 저작의 내용을 검사할 겨를은 없었다. 문화사상 분야에 대한 엄격한 통제는 왕조 통치가 상대적으로 안정된 후에야 비로써 이뤄졌다.

청나라 때 가장 이른 문자옥은 청나라 초기 유행된 민족사상과 반청의식에 대한 반응이자 청 정부가 반청복명 시대사상을 억제하기 위해 취한 잔혹한 조치이기도 하다. 하지만 강희 때, 문자옥이 많지는 않았다. 가장 큰 사건이라면 장정롱(莊廷鑨)의 『명사(明史)』 사건과 대명세의 『남산집(南山集)』 사건이다. 위 2가지 사건 모두 작품 가운데 명나라를 그리워하는 민족의식 사상이 담겨 있어 생긴 것이다.

『명사』 사건은 강희 2년, 오배가 정권을 장악했을 때 발생했다. 절강(浙江)부자인 장정롱이 명나라 말기 사람 주국정(朱國禎)이 지은 『명사』를 구입하고는 자기가 창작한 것 마냥 갈취해 숭정조와 남명사의 이야기를 보충했다. 그중에는 남명 홍광(弘光), 융무(隆武), 영력(永曆)의 정삭(正朔)을 받들고 청나라를 비난하는 글귀가 있었는데 누군가에 고발되어 결국에 하옥하게 된 것이다. 그때 장정롱은 이미 죽었다. 하지만 그의 관을 갈라 시체를 꺼내 마구 베였으며 그의 동생 장정월(莊廷鉞)마저 처형됐다. 이 사건에 연루된 자가 아주 많았는데 "사형 집행을 받은 유명한 선비가 221명에 달했다. 장, 주(여기서는 남순 사람 주우명(朱佑明)을 가리킴, 그도 이 사건에 연루됨) 모두 부자이다. 권단(卷端)에 여러 선비의 이름을 열거하고 이를 통해 선비들이 자중하도록 하려 했다.

옛날 사람들의 말에 의하면 200여 명 가운데서 다수는 편찬과 연관이 없었지만 심지어 유명하다는 이유로 연루되었다고 한다."[376]

『남산집』 사건은 강희 후기에 발생했다. 한림원에서 대명세의 저술 『남산집』을 편찬했는데 그중 방효표(方孝標)의 저작 『전검기문(滇黔紀聞)』을 바탕으로 남명의 역사적 사건을 논의하고 남명 제왕의 연호를 사용했다가 금기를 범했다. 강희 50년, 좌도어사 조신교(趙申喬)가 "문명(文名)을 사사롭게 도둑질했고 제 재능만 믿고 태도가 오만방자하며…… 문집을 사관해 멋대로 자기주장을 펼치고 옳고 그름을 뒤바꾸어놓았을 뿐만 아니라 언행이 지나칠 정도로 오만하다"는 이유로 대명세를 고발했다. 이 사건을 처리하는 과정에 강희제도 처음에는 진상을 끝까지 밝히려는 의지로 과감하고도 신속하게 일을 처리했기 때문에 대명세, 방효표 2개 족 외에도 수많은 자들이 연루되었다. 『남산집』을 위해 머리글을 썼거나 판각했거나 판매했던 자들 그리고 대명세와 접촉했던 수많은 사람들이 모두 그 죄를 물어 체포되었다. 그중에는 유명한 선비인 방포(方苞), 왕원(王源) 등도 포함됐다. 하지만 마지막 사건 종결 때 그나마 너그러운 정책을 펼쳐 대명세를 제외한 기타 수많은 사람들이 모두 죄를 면제받았다.

---

376) 진강기(陳康祺), 『낭잠기문(郎潛紀聞)』 권11

옹정 때, 통치계급 내부 모순이 격화되었다. 문자옥이 반청사상을 지닌 지식인을 진압하는 외에 통치계급 내부 투쟁의 수단으로도 간주되었다. 사건 종류가 늘어나고 죄명이 가혹하고도 세밀했을 뿐만 아니라 남의 결점을 억지로 찾아낸 후 일부러 죄명을 꾸며댔다. 다수 사건을 보면 단순히 문자내용만으로 죄를 얻은 것이 아니었다. 옹정은 문자를 빌미로 정치상에서의 반대파 세력을 타격하고자 했다. 예를 들면, 공적만 믿고 자만하는 대장군 연갱요(年羹堯)에 불만을 품은 옹정은 의도적으로 그를 살해하려 했다. 그래서 옹정은 연갱요를 겨냥해 여러 가지 죄상을 만들어냈다. 그중 가장 대표적이 조항이 바로 연갱요가 상주서에 '조건석척(朝乾夕惕)'을 '석척조건'으로 잘못 썼다는 것이다.

옹정은 "연갱요는 결코 경솔한 사람이 아니다. 조건석척이란 단어가 짐의 귀에 들어오는 걸 원하지 않았을 뿐이다……이로 볼 때 연갱요가 자신의 공적만 믿고 신하로서의 도리를 지키지 않을 기미를 드러내고 있으며 도리에 맞지 않는 행동을 보이는 것은 절대 마음이 없어서가 아니다"[377]라고 비난했다.

이는 억지로 죄상을 열거하는 것임이 분명하다. 왕경기(汪景祺)가 지은 『서정수필(西征隨筆)』에는 강희를 비웃는 글귀가 들어있다 하여 사형을 당했다. 전명세(錢名世)는 그 당시의 유명한 선비이다.

377) 『동화록』 옹정 3년 3월.

그를 유달리 싫어했던 옹정은 그에게 '명교죄인'이란 편액을 걸어 그를 능욕했다. 왕경기와 전명세 모두 연갱요와 같은 패였다. 왕경기는 연갱요의 기실(記室)이고 전명세는 시문에서 연갱요를 치켜세운바 있다. 이 부분이 바로 그들이 죄를 얻게 된 진실한 이유이다.

시험관 사사정(查嗣庭)이 '유민소지(維民所止)'란 시험문제를 출제했다가 '유민(維民)'이 '옹정(雍正)' 두 글자의 윗부분을 잘라낸 글자로 인정됐다. 세제세(謝濟世)가 주해한 『대학(大學)』은 정주를 비방한 것이라고 고발당했다. 육생남(陸生柟)이 지은 『통감론(通鑒論)』은 군현제를 반대하고 분봉제를 제창했다. 사실 이런 사건들은 모두 당파 투쟁과 연관이 있었다. 사사정은 융과다(隆科多)에 의탁했고 세제세와 육생남은 이불(李紱), 채정(蔡珽)에 의탁했다. 옹정은 이런 사건을 통해 관리와 지식인을 처벌하는 한편, 권문세가에 의탁하고 붕당이 서로 결탁하며 조정을 비난하는 현상을 막기 위해 더욱 엄격하게 처벌을 내렸던 것이다.

옹정 때 가장 중요한 문자옥은 바로 증정(曾靜), 장희(張熙)사건이다. 1728년(옹정 6년), 호남(湖南) 출신인 증정이 제자 장희더러 천섬(川陜)총독 악종기(嶽鍾琪)에게 투서를 올리라고 했다. 투서에는 악종기를 악비(嶽飛)의 후예라 칭하면서 군사를 일으켜 청나라를 반대할 것을 부추겼다. 또한 옹정의 아버지 살해, 황위 찬탈, 형제 학살 죄행도 함께 열거했다. 악종기가 이를 조정에 고발했고 조정은 선동자를 철저히 조사하는데 총력을 기울였다. 결과 증정의 반청사상은 여류량(呂留良)의 저작을 읽고 난 후 생겼고 또 그가 옹정에 대한 비난은 이미 진압당한 옹정의 동생 윤사(胤禩), 윤당의 수하 환관에게서 들은 것이라는 점을 조사해냈다. 그래서 옹정은 공격 총부리를 여류량의 자손, 제자 그리고 윤사와 윤당의 여당에게로 돌렸다.

여류량은 청나라 초기의 유명한 학자로, 이미 세상을 떠난 지 40여년이 지났다. 그의 저술에는 강열한 반청사상이 담겨 있었고 화이지변(華夷之辨)을 명확히 밝혔는바 군신의 의가 무엇보다 중요하다고 여겼다. 청나라 통치를 비난하면서는 또 "오늘의 궁(窮)함은 희황(羲皇)이후로 극히 보기 드문 현상이라고" 주장했다. 사실 이는 청나라 초기 아주 유행되는 사상이었다. 하지만 하층 백성들이 반청복명 깃발을 들고 봉기를 일으키는 것 없애고 한족의 민족의식을 한층 말살하기 위해 옹정제는 이번 사건을 빌어 지나칠 정도로 여러 차례 어지를 하달했을 뿐만 아니라 어지를 판각해 공포하도록 했다. 이를 『대의각미록(大義覺迷錄)』이라 불렀다. 어지의 내용을 보면 전통적인 화이지변을 적극 반박하면서 이런 구별은 고대 강역이 넓지 않음으로 하여 생겼다며 사실 화이는 모두 한 가족이라고 주장했다. "3대 이상에는 묘, 형초(荊楚), 험윤이 있었다. 현재의 호남, 호북, 산서를 이적이라 간주하는 것이 가능한가?" 순은 동이 출신이고 주문왕은 서이 출신이다.

"본조는 만주이고 중국에 본적이 있는 것과 같다." 그러니 만족과 한족은 일체이다. 인간에 대한 견해, 평가는 마땅히 오륜을 준칙으로 해야지 민족으로 구분해서는 안 된다는 것이다. "오로지 덕을 가진 자만이 천하의 군주가 될 수 있다. 우리 왕조는 동토에 나라를 세운 만큼 도덕과 교육이 널리 분포되어 있고 하늘의 명을 받들어 중외 백성들의 주인이다. 따라서 신화와 백성들은 화하(華夏)에 절대 딴 마음을 품어서는 안 된다."[378] 옹정이

---

378) 『대의각미록』

271

제기한 이런 사상에 일정한 도리가 있다. 또 중국 국내 각 지역의 정치, 경제, 문화 연계가 보다 긴밀해지고 여러 민족의 융합이 갈수록 깊어졌으며 유가 전통의 화이지변과 일정한 차이점이 있다는 점을 반영했다. 하지만 그가 이런 어지를 발표한 것은 자체의 통치지위를 다지고 반대세력을 공격하며 기회삼아 자신의 입장을 피력하는데 목적을 뒀다.

옹정은 여류량 일가족과 문생들에 대해 극히 엄하게 처벌했다. 여류량과 그의 장자 여보중(呂葆中)의 관을 칼로 베어 시체를 꺼낸 후 다시 목을 베었고, 여류량의 학생 엄홍규(嚴鴻逵)에 대해서는 옥중에서 사형에 처한 후 시체의 목을 베어 효수에 처했다. 여류량의 또 다른 아들 여의중(呂毅中)과 학생 심재관(沈在寬)도 참수에 처했다. 이밖에 그의 사숙제자 외에 판각, 판매, 그리고 여류량의 서적을 수장한 자들 가운데서도 일부는 참수에 처하고 일부는 충군하고 또 일부는 곤장형에 처했다.

여류량, 엄홍규, 심재관 3족의 여성과 어린이, 인정은 공신 가문의 노예로 전락되었다. 이상한 점이라면 주범 증정, 장희는 오히려 죄를 면제받고 석방되었다는 점이다. 이 부분에 대한 옹정의 설명은 이러하다. 증정, 장희가 여류량의 이단사설과 윤사, 윤당 여당의 헛소문을 잘못 믿어 미혹 당했기 때문에 방조범으로 인정되었으니 무죄 석방해 새로운 삶의 길을 준다는 것이다. 아울러 "앞으로 짐의 자손들도 이를 이유로 짐을 비방하면서 책임을 추궁해 살해해서는 안 된다"는 성명을 발표했다. 하지만 건륭이 즉위한 후 옹정의 유언을 무시한 채 증정, 장희를 사형에 처했다.

옹정제는 아주 악렬한 선례를 남겼다. 그는 문자옥을 크게 벌여 사상을 통제하고 정적을 공격하며 자체 권위를 높이는 수단으로 간주했다. 그 후부터 청 정부는 늘 글로 죄를 물었을 뿐만 아니라 대역무도 죄로 다스리고 중한 처벌을 내리고 많은 사람을 연루시켰다. 건륭 때, 문자옥이 더욱 보편화됐는데 사건이 강희, 옹정 2조대를 합친 것과 비교해도 4배 이상 되는 수준이었다. 강희, 옹정 때의 문자옥은 반청사상을 지닌 사대부나 정치에서의 반대세력을 주요 대상으로 정했기 때문에 죄를 받는 자들은 거의 다 관리와 상층 지식인들이었다.

비록 제멋대로 죄상을 열거했지만 그러나 죄를 물을 일말의 이유를 조금이나마 붙잡긴 했다. 건륭 때의 문자옥은 모두 문자만 보고 대강 뜻을 짐작하거나 뜬구름만 잡고 임의로 죄명을 뒤집어 씌웠다. 이때 죄를 받은 자들 가운데는 하층 지식인도 아주 많았다. 청나라 초기 지식인들의 저술에 반청사상이 담긴 몇 건의 사건을 조사한 것을 제외하고 건륭 때의 대다수 문자옥은 반청 항청의 정치적 경향이 없었고 순전히 없는 죄를 들씌워 죄 없는 자를 함부로 죽인 경우다.

이 시기 문자옥의 유일한 역할은 지식인들 가운데서 짙은 공포 분위기를 조성하여 황제가 제멋대로 살리고 죽이는 전제통치의 위세를 드러내는 것뿐이었다. 그 당시 시를 읊고 글을 짓다가 금기를 저촉하는 경우가 많았는데 늘 이유 없이 뜻밖의 화를 당하곤 했다. 예를 들면······ '명', '청'은 자주 쓰는 글자였지만 만약 시문에 위 두 글자를 언급할 경우 늘 반청복명으로 왜곡되어 살해되거나 멸족의 화를 당했다. 호중조(胡中藻)가 지은 『견마생시초(堅磨生詩抄)』에는 "한 마음으로 청탁을 논하다(一把心腸論濁淸)"라는 글귀가 있다. 방분(方芬)이 지은 『도완정시집(濤浣亭詩集)』에는 "문수장지주징청(問誰壯志足澄淸)", "가욕백로화청, 몽리애홍청전명(蒹葭欲白露華淸, 夢里哀鴻听轉明)"라는 글귀가 있다. 서술기(徐述夔)가 쓴 『일주루시집(一柱樓詩集)』에는

"명 왕조는 하루아침에 떨치고 날아올라, 일거에 서울로 달려갔다네(明朝朝振翮,　一擧去淸都)"라는 시구가 있고, 영정덕회시에는 "대명의 천자를 다시 보려면, 술병을 잡았다가 한 쪽을 살짝 놓게나(大明天子重相見,且把壺兒(胡兒)擱半邊)"이란 시구가 있다.

대이효(戴移孝)가 지은 『벽락후인시집(碧落後人詩集)』에는 "장명녕익득(長明寧易得)"이라는 시구가 있고 이린(李驎)이 지은 『규봉집(虯蜂集)』에는 "광명이 빨리 찾아오기를 학수고 대한다(翹首待重明)"라는 시구가 있다. 이런 시구들은 청나라를 저주하고 명나라를 회복하려는 속셈으로 해석되어 반역죄를 인정됐다. 항주 탁장령(卓長齡)이 지은 『억명시집(憶鳴詩集)』은 '명(明)'과 '명(鳴)'의 독음이 비슷하다 하여 명나라를 그리워하고 만 속셈이 있는 것으로 간주되었다. 탁 씨 집안을 극도로 미워하는 건륭제는 그들을 "악랄함과 흉포함이 극도에 달하고 천리를 온전히 상실해 용납할 수 없다."고 말했다.

이처럼 망문생의, 고입인죄(故入人罪)의 기풍 하에 문장과 속사 모두 확대되고 왜곡되어 죄를 얻을 가능성이 있었다. '짧은 머리에 비녀라니, 머리 위에 쓰는 수건이 싫다'는 말은 치발을 반대하는 말로 간주됐다. 또 '베 두루마기, 넓은 소매, 소연건'은 청나라 의복제도를 반대하는 말로 간주되었다. 이밖에도 '천지간의 강과 하천은 영원히 기울어 흐른다'는 천하대란을 희망하는 말로 간주되면서 천지가 평탄한데 어찌 기울어 흐르는가 하는 것이 이유다.

"오늘날 황제는 아픈 곳이 없고 듣는데 의하면 조문을 열지 않는다고 한다"는 황제가 임조하지 않는 걸 풍자하는 것으로 간주되었다. 이에 건륭제는 "짐은 매일과 같이 정무를 살피고 군신백관을 소견하고 있거늘

어찌 조문을 열지 않는다는 말이 생길 수 있는 것이냐"[379]고 말했다. 풍재를 입어 쌀값이 지나치게 비싸지자 누군가 『조시문(弔時文)』을 지어 그 당시의 마음을 담았다. 하지만 그의 글은 "태평성세에 감히 조시를 제목으로 하다니!"[380]라며 비난을 받았다. 또 누군가 어린이 교육서적인 역사교과서 『후삼자경(續三字經)』을 지었다가 "마음속에 반란을 꾀할 생각을 품고 있는 것이로구나. 감히 역대 제왕의 좋고 나쁨을 함부로 평가하고 있다"[381]로 간주되었다.

일부 글귀는 전제 제왕의 전용품이다. 만약 부주의로 이런 글귀를 잘못 사용했다가는 분수를 지나쳐 무례한 일을 저지르는 행위로 간주되었다. 산서 왕이양(王爾揚)이 타인의 아버지를 위해 묘지명을 지었는데 '황고(皇考)'란 두 글자를 사용했다. 사실 이는 습관적으로 사용하는 용어이다. 굴원(屈原)의 『이소(離騷)』와 구양수(歐陽修)의 『롱강천표(瀧岡阡表)』에서도 아버지를 '황고'라 칭했지만 "고자 앞에 황자를 붙이다니 실로 참역(僭逆)이로다"[382]는 비난을 받았다. 강소 위옥진(韋玉振)은 아버지의 행장을 판각하는 과정에 "가난한 소작인들에게는 이자추가를 면제한다"고 적었는데 '가(敕)'자가 황제만이 쓸 수 있는 것이었기 때문에 위옥진은 "감히 '가'자를 사용하다니, 실로

---

379) 고궁박물원문헌관 편집, 『청나라문자옥문서(清代文字獄檔)』 1, 『호중조견마생시초안』
380) 고궁박물원문헌관 편집, 『청나라문자옥문서』 8, 『주사조행시안』
381) 고궁박물원문헌관 편집, 『청나라문자옥문서』 4, 『축정정 후삼자경안』
382) 고궁박물원문헌관 편집, 『청나라문자옥문서』 3, 『왕이양의 이범 묘지 저술을 황고안이라 칭함』

오만방자하구나"[383]는 비난을 받았다. 호남 감생 이대본(黎大本)은 어머니를 위한 축수본에 '여성 중의 요순' 등 글귀를 적었다가 "비교도 안 되는데 갖다 마구 견주는 행실이 그야말로 황당무계하고 본분에 지나치는 것"라는 비난을 받았다. 그래서 이대본은 우루무치(烏魯木齊)로 충군을 가게 됐다. 호남 수재 정명인(程明諲)은 타인을 위한 축수문에 "소방생은 호남에서 태어났지만 하남에서 대업(大業)을 일궜다"는 글귀를 적었다.

하지만 '대업을 일궜다'는 글귀가 황제가 되려는 뜻으로 왜곡되면서 정명인은 '언어 패역(悖逆)'으로 인정되어 참입결에 처해졌다. 대리사경 윤가전(尹家銓)은 70세를 넘긴지라 스스로를 '고희노인'이라 칭했다. 이는 두보(杜甫)의 시 "인생칠십고래희"에 근거하여 얻은 일반 명호이다. 하지만 건륭도 스스로를 '고희 노인'이라 칭하고 있었던지라 어명을 저촉하는 행위로 간주되면서 "참망(僭妄)하여 법을 어겼다"는 죄를 얻었다. 이밖에도 묘휘(廟諱)나 어명 그리고 황제를 언급할 때에는 줄을 바꿔 태사(抬寫)해야 하는데 그러지 않아 죄를 얻는 경우도 아주 많았다. 하남 출신 유아(劉峨)가 『성휘실록(聖諱實錄)』을 출판했다. 실은 백성들에게 회피하는 방법을 가르치려는 목적에서 지은 것이라 마땅히 회피해야 할 청나라 제왕의 이름을 '본자 정체에 따라 쓰고 새겼지만' 결국 황제에게 무례를 범한 행위로 인정되어 참수형에 처했다.

---

383) 고궁박물원문헌관 편집, 『청나라문자옥문서』 7, 『아버지를 위한 위옥진 판각 행술안』

건륭시기의 문자옥은 진정한 반청사상이 담겨 있어 벌어진 것이라 말할 수 없다. 상당한 사건은 청나라 통치자들의 공덕을 찬양하거나 책을 헌양하고 계책을 올렸다가 발생된 것도 있기 때문이다. 하지만 아부도 방법이 맞지 않아 금기를 저촉하는 경우가 있는데 자칫 목숨을 잃기도 했다. 직예 용성(容城)의 강호 의사 지천표(智天豹)가 『만년력(萬年曆)』을 지어 청나라의 운명이 오래도록 이어질 것을 칭송했다. 그 가운데는 "주나라 국운이 8백년 지속되었다. 그러나 오늘 대청의 국운은 주나라보다 더 오래 지속될 것이다"는 구절이 있다.

하지만 만년력에 건륭의 연수를 57년까지밖에 작성하지 않아 금기를 어겼기 때문에 건륭의 단명을 저주하는 것으로 인정되어 "극악무도한 행동에 분노가 치밀어 오르니 갈기갈기 찢지 않고서는 그에 마땅한 형벌이 없다"는 주장 하에 지천표는 결국 사형을 당했다. 기주(冀州) 수재 안능경(安能敬)이 지은 청나라 칭송 시구에는 이런 구절이 있다. "아주 오랜 시간 황제가 은혜를 베푸는 것은 한 때 일을 시키기 위해서이다. 오랜 세월을 거쳐 쌓인 것이라 해결하기 어려움이 많다는 걸 알고는 있으나 이런 어려움을 해결할 수 있는 자는 또 누구란 말인가?" 위 네 마디 시구가 황제에게 고민과 어려움이 있지만 보좌하는 자가 없다고 비난하는 것으로 왜곡되었다. 사실 안능경이 심문을 받으면서 "애초의 생각은 적극 칭송하려는 것뿐이었는데 현재의 유감스러움을 이루 말할 수 없다"고 했던 말처럼 기껏해야 칭송시를 제대로 쓰지 못했을 뿐이지 결코 비웃거나 비방하려는 것은 절대 아니었다. 건륭제의 문자옥을 보면 모두 이처럼 헛되고 억울한 사건이 다수였다.

무릇 중대한 문자옥이 발생한 곳이라면 그곳의 지방관이 따라서 '감독을 소홀히 한' 죄를 얻었다. 때문에 무릇 사건이 발생하면 관리들은 모두 극도로 중시하고 조금도 소홀히 하지 않았는데 이때에는 통치기계가 빠르게 돌아갔다. 그들은 사람을 체포하고 재산을 몰수하는 외에도 사처를 돌며 꼼꼼히 수색했다. 또 강적을 만나면 연좌죄를 적용했는데 많이 죽일지언정 한 사람을 빠뜨리려 하지 않았으며 관대하기보다는 보다 엄하게 다스렸다. 그들은 황제가 범죄자를 감싸고 사건을 제대로 처리하지 못했다는 죄를 물을까봐 두려웠던 것이다.

유진우(劉振宇)는 『치평신책(治平新策)』을 헌정했는데 "군주의 영명함에 고마운 마음을 품고 칭송하였으니 배역과 비방의 언어는 아직 없다"로 인정되었다. 비록 문장 가운데 진부한 의논들이 있긴 했지만 워낙 죄를 물을만한 구실이 없었다. 호남(湖南) 순무 범시순(範時綬)은 유진우를 생원(生員)직에서 해임시키고 곤장 100대의 처벌과 함께 영원히 금고시켰다. 이미 처벌을 중하게 내린 것이지만 그래도 건륭제는 여전히 처벌이 경하다고 생각되어 유진우를 바로 참수형에 처했다. 그리고는 "범죄자에 대해 관직에서 해임시키고 곤장 형을 내리는 등 경한 처벌만 내렸으니 실로 대의를 모르는 것이로구나. 교부에 넘겨 엄하게 의논하여 명백히 할 것이다"[384]며 범시순을 질책했다. 10년 전, 유진우가 『치평신책』을 강서(江西) 순무 새릉액(塞楞額)에게 헌정한 바 있다. 하지만 그때 새릉액이 문제점을 보아내지 못한 것은 물론 칭찬까지

---

384) 고궁박물원문헌부 편집, 『청나라문자옥문서』 1, 『류진우치평신책안(刘振宇治平新策案)』

해줬다고 한다. 이 사건이 발생했을 때 새릉액은 이미 세상을 떠난 지 오래된 후였다.

그럼에도 불구하고 건륭은 "새릉액은 국경대사로서 이를 인정하고 장려까지 해주었다니 실로 황당하기 그지없구나. 만약 아직까지 생전이라면 반드시 그에게 비호죄와 사역(邪逆)죄를 묻고 바로 전형(典刑)을 집행할 것이다"[385]며 크게 분노했다. 강소(江蘇)에 은보산(殷寶山)사건이 발생했다. 건륭제는 "이곳의 지방 관리들이 평소 눈과 귀를 막고 일체에 관심을 두지 않고 있다"고 질책하면서 총독과 순무 등이 "맡은 직무에 따라 그에 마땅한 처벌을 받아야 한다"며 욕설을 퍼부었다. 또한 사(司), 도(道), 부(府), 현(縣) 각급 관리의 책임을 철저히 조사할 것을 요구하며 "함께 참작하여 처벌할 것"[386]을 주장했다.

이런 상황에서 문인과 사인들은 초조함에 벌벌 떨었고 각급 관리들도 불안해했다. 사람들은 "늘 사소한 원한을 마음에 품고 비슷한 발음의 단어를 빌어 시문을 공격하고 비난했으며 문자와 어구의 잘못을 들추어 비판했다. 문제를 일으키는 걸 좋아하는 관리들은 갖은 방법을 총동원해 끝까지 심문하거나 혹은 사생, 친구와 친척까지 사건에 연루시켰는데 이로 하여 가정이 파괴되고 망명생활을 했다."[387] 예를 들면, 절강(浙江) 천대(天台)의 제주화(齊周華)는 『명산장(名山藏)』 등 저술을 지었다가

---

385) 고궁박물원문헌부 편집, 『청나라문자옥문서』 1, 『류진우치평신책안』
386) 『장고총편(掌故丛编)』, 건륭42년 8월 27일 정기(廷寄)
387) 『장고령습(掌固零拾)』 권2, 8페이지

'배역의 뜻이 담긴 어구가 많다'는 이유로 능지처참을 당했다. 우선 자손 4명이 연좌되어 절감후에 처해졌고 그의 종제이자 저명한 지리학자였던 전 예부시랑 제소남(齊召南)도 고향으로 내려가는 금고를 당하고 가산을 전부 몰수당했다.

이밖에 제주화와 시문 수답(酬答)을 했던 20여 명마저 모두 재산을 몰수당했다. 세제세(謝濟世) 집에서 『매장잡저(梅莊雜著)』를 몰수 했는데 "논의가 황당무계하고 언어에 원망과 슬픔이 가득하다"로 간주되었다. 여무(呂撫) 집에서 몰수한 『성학도(聖學圖)』와 『일관도 (一貫圖)』는 "비록 지나칠 정도로 오만한 문구와 단어가 없지만 기존의 어구를 습용한 잡서가 많아 억지로 둘러맞춘 것처럼 보인다"로 간주되었다. 이불(李紱)의 집에서 수색해낸 시문은 '원망으로 가득하고 풍자하거나 비웃는 글귀가 많은 것'으로 간주되었다. 이 세 사람 모두 일찍 세상을 떠났기 때문에 그들의 아들과 조카들에까지 연루시켜 목숨을 잃는 큰 화를 당했다. 이밖에 방연(房演)의 집에서는 별로 수색해낸 것이 없었다. 다만 방연이 제주화의 시문에 머리글을 써주고 집에서 하루 밤 묵게 해줬다는 점이 인정되었기 때문에 이리(伊犁)로 유배되어 농사짓는 군졸들의 노예로 전락되었다. 제주화 사건에 총 수십 가구가 연루됐다.

18세기, 중국의 지식인은 문화전제주의 통치를 받아 문장을 짓다가 처벌을 받을 수 있었기 때문에 모두 마음을 조이면서 당대의 사회문제를 감히 의논하지 못했을 뿐만 아니라 역사를 편술하지도 못했다. 그러니 자연히 실제를 이탈하고 현실을 도피하여 그저 글공부를 하는 데만 열중했다. 따라서 번잡한 학풍이 형성되고 사상을 속박하였을 뿐만 아니라 특히나 인재를 박해했다.

당시 누군가 이런 말을 했다. "오늘의 문인들은 글을 지으면서 천하와 국가를 저촉하고 방해할까 두려워하고 있다……서로 간에 동정만 살피느라 두려워 피하는 현상이 아주 심각하다. 물고기 드렁허리를 보고 뱀이라 생각하고 쥐를 만나면 호랑이로 생각하여 정직한 기풍이 수그러들고 아부하는 기풍이 성행해지고 있다. 이가 바로 이 세상 사람들의 마음이니 실로 연관이 있다."[388] 1782년(건륭 47년) 이후에 이르러서야 문자옥이 상대적으로 완화되었다. 이는 주로 계급모순이 갈수록 첨예해져 여러 지역 백성들이 분분히 봉기를 일으키면서 청나라 통치가 불안정해졌기 때문이다. 청 정부가 무장봉기를 진압하기에 바빠 문자에서 생트집을 잡고 터무니없이 꾸며댈 겨를이 없었던 것이다. 아울러 통치자들이 문화금령을 점차 푸는 것을 통해 모순을 완화하고 지식인을 자기편으로 끌어들임으로써 함께 하층 백성들의 저항에 대처하려 했던 것이다. 이때 문자옥에 대한 건륭제의 태도에 비교적 큰 변화가 나타났다.

예를 들면, 1782년(건륭 47년), 광서(廣西)에서 회민 경권(經卷) 서적을 압수했는데 '패역의 뜻이 담기고 황당한 언어가 많다'고 인정되어 관례에 따라 엄격히 추적조사한 후 중한 처벌로 다스리기로 했다. 하지만 이때 감숙(甘肅)의 회민봉기를 진압한지 얼마 되지 않은 시점이라 청 정부는 문자라는 사소한 이유로 다시 회민들의 저항을 불러올까 두려웠다. 그래서 건륭제는 이렇게 말했다. "책을 보면 저속한 문자와 어구가 많은데 이를

---

388) 이조도(李祖燾), 『매당문략(邁堂文略)』 권1, 『여양용제명부서(與楊蓉諸明府書)』

지나친 정도로 오만한 것으로 받아들이지 말아야 한다. 이들 회민은 아둔하기 그지없어 각자의 교를 공봉하고 있는데 만약 두려워 국법으로 다스린다면 귀찮아서 견디지 못할 것이다……만약 이들 회교 서적을 억지로 가져다 붙이거나 문자와 어구에 대해 가혹하게 요구한다면 지나치지 않고 적당한 도를 지키는 짐의 마음이 아니다. 이 일은……반드시 처리할 것까지는 없고 앞으로 여러 성 총독과 순무들이 이런 유형의 비속한 서적을 발견해도 모두 처리할 필요까지는 없다."[389] 분명한 건, 이런 유형의 사건을 철저히 추궁한다면 필연코 사건이 산더미처럼 많아질 것이고 수많은 사람들이 연좌되어 '귀찮아서 견디지 못할 것이다.' 백성들이 무기를 들고 분분히 일어나 저항하고 있을 때 청 정부는 부득이하게 마음대로 휘두르는 위세를 조금은 자제해야 했다. 따라서 문자범죄에 대해서도 점차 가볍게 처벌하기 시작했다. 일부 청나라 관리들은 여전히 건륭 중기에 적용했던 기존 규칙에 따라 문자에 대해 가혹하게 요구하고 지나치게 트집을 잡았다.

건륭제가 사회모순을 완화하고 가혹하게 요구하는 기풍을 하루빨리 바로잡기 위해 일부 관리를 질책했다. 건륭 47년, 고치청(高治淸)이 『창랑향지(滄浪鄕志)』를 지음으로 해서 사건이 터졌다.

호남 순무 이세걸(李世傑)이 저술에 언급된 이른바 '배역과 불법의 뜻이 담긴 문자와 어구'를 끄집어냈는데 실은 글만 보고 뜻을 만들어내 죄를

---

389) 고궁박물원문헌관 편집, 『청나라문자옥문서』 7, 『회민 해부윤 회자경 및 한자서 5가지 휴대한 사건(回民海福潤攜帶回字經及漢字書五種案)』

뒤집어씌운 것이다. 건륭은 "저술에 예를 들면, '은덕이 널리 넘치고 마침 태평시기를 만났다'는 등 어구가 있다. 이는 칭송의 어구로 다독여줘야 함에도 불구하고 또 끄집어내고 칭송하는 아름다운 어구지만 금령을 어겼다고 하니 어찌 도리에 맞는 일인가? 저술에 이와 유사한 부분이 하나 뿐이 아니라 아주 많다. 여러 성에서 금서를 조사하는 과정에 만약 모두 이처럼 억지로 생트집을 잡고 도를 지나 잘못을 들추어낸다면 사람들이 어찌할 바를 몰라 할 것이 아닌가? 이번 사건은 이세걸이 이치를 깨닫지 못함으로 하여 일처리가 이토록 융통성이 없고 적절하지 않은 상황이 초래된 것이다"고 말했다. 또 "이세걸이 용렬, 막우, 소속관리의 말만 듣고 억지로 끄집어내고 잘못을 들추는 것은……민간 백성들 사이에서 소동을 피우는 일이다. 만약 지방 사무를 처리함에 있어 모두 이처럼 경솔하고 소홀이 대한다면 어찌 국경대사의 중임을 맡을 수 있겠는가?"[390]고 말했다.

이세걸이 한바탕 질책당하고 나자 기타 관리들도 문자에 대해 더는 감히 가혹하게 요구하지 못했다.

18세기 말, 무장 투쟁시기에 들어서면서 백성들의 봉기가 기세 드높이 진행되었다. 청나라 통치자들은 부득이하게 고압수단을 바꿔 문화금지를 완화해야 했다. 따라서 문자옥이 크게 줄어들었고 지식계에 현실을 감히 의논하지 못하던 기풍이 조금씩 바뀌기 시작했다. 하지만 설령 그렇다

---

390) 고궁박물원문헌관 편집, 『청나라문자옥문서』 7, 『고치청창랑향지안(高治清滄浪鄉志 案)』

할지언정 19세기 초에 이르러서도 문자옥의 그림자가 여전히 문학계에 드리워있어 지식인들의 마음속에는 여전히 공포가 남았다. 그래서 공자진(龔自珍)은 "중도에 자리를 떠난 것은 문자옥에 관한 소식과 의논을 들을까 두려워서이며 책을 저술하고 글을 짓는 것은 다만 먹고살기 위해서이다"와 "사회의 정국이 활력을 잃었으니 실로 마음이 아프다"며 탄식했다.

제2절
한학의 성행

1.한학으로의 변천

정주이학을 제창한 강희제 때 정치 힘의 지지를 받아 이학의 인기가 대단해지면서 혁혁한 지위를 차지했다. 하지만 송명이학은 청나라 초기 진보 사상가의 비판을 거친 후 전성시기를 이미 지나왔기 때문에 다시 재기하여 지난날의 성황을 다시 이룰 수는 없었다. 청나라 이학에는 최고의 사상가, 학문가가 없었고 새로운 창조도 없었다. 마치 장태염(章太炎)이 말한 "청나라 때 이학 주장은 고갈되어 빛날만한 부분이 없다"[391]는 것처럼 말이다.

청나라 때 주된 사상은 송명이학이 주장하는 길과 서로 달랐다. 이때는 이학에서 벗어나기 위해 시도하는 시기였다. 이는 고염무, 황종희를 대표로 한 청나라 초기 시대적 조류에서 발전해온 것이다. 자연히 발전은 간단한 중복이 아니라 당시의 사회조건, 정치상황에 따라 점차적으로

---

391) 장태염, 『구서(訄書)』, 『청유(淸儒)』

변화했다. 한 가지 사회적 사상 조류가 특정된 단계에서 운용되고 전파되는 과정에 필연적으로 그 계급의 이익과 의지에 따라 수정되고 변화발전하기 마련이다. 일부 사상과 통치계급의 이익, 의지에 적응되는 부분은 보존하고 고양하는 반면, 저촉되는 부분은 수정하거나 아예 버렸다. 18세기 초, 사상계, 학술계가 한창 변화 발전하는 과정에 처해 있었다. 다시 말해, 청나라 초기 호방하고 실무적이고 공론을 반대하던 학술사상과 기풍이 보다 소박하고 실제 증거를 중시하는 데로 전환되었지만 여전히 번잡한 청나라 한학이나 고증학(考據學)에 얽매여 있었다는 것이다.

이때 청나라 통치가 이미 점차 안정되고 경제가 점차 회복되었을 뿐만 아니라 만족과 한족간의 민족모순도 점차 완화되었다. 명나라 고신얼자(孤臣孼子)로 자처하는 유신(遺臣)들이 거의 다 세상을 떠나고 청나라 통치 아래에서 자라난 새로운 세대의 지식인들이 무대에 등장했다. 지식계는 청 왕조 통치의 합법성을 인정했다. 청나라를 반대하던 데로부터 의탁하기 시작하고 격앙되고 강열한 만주 반대 사상을 띤 문자가 갈수록 적어졌다. 또 송사와 계략을 올리는 자들이 갈수록 늘어났다. 이처럼 정치에 대한 지식계의 태도 변화는 필연코 학술내용과 학술풍격의 전환으로 이어지기 마련이다. 아울러 청나라 전제주의 문화 통치 정책이 청나라 초기부터 생기발랄했던 사상계의 국면을 말살하면서 사람들이 소심해지고 감히 나라의 정사를 의논하지 못했으며 현실에 다가가지 못하고 역사를 저술할 엄두도 내지 못하였기 때문에 연구 분야가 아주 제한되어 있었다. 따라서 지식인들의 총명과 재질은 다만 고서문헌을 정리하고 해석하는 데만 활용했다.

염약거(閻若璩), 호위(胡渭), 모기령(毛奇齡), 진계원(陳啓源),

요제항(姚際恒), 만사동(萬斯同), 고조함(顧祖禹) 등은 청나라 한학의 선봉자로, 청나라 초기 사상이 18세기 한학에로 과도하는 중간역이다. 그들은 사상과 학술은 아래와 같은 특징이 있다.

첫째, 그들은 청나라 초기 진보사상가들과 달리 만주 반대 의식이 점차 사라졌다. 비록 그들이 청나라 대관직에 오른 정주이학자 위예개(魏裔介), 이광지(李光地), 장백항(張伯行) 등과는 달리 여전히 '포의(布衣)'와 '처사(處士)'의 겉모습을 유지하고 있었지만 실제로는 이미 청나라와 긴밀하게 손을 잡은 지 오래되었다. 염약거, 호위, 고조함 등은 청나라 대관 관문 아래의 식객으로, 모두 대학사 서건학(徐乾學)이 황제의 명을 받고 개설한 일통지국(一統志局)에 참가했다. 염약거는 말년에 옹친왕 윤진(胤禛)의 부름을 받고 그의 관저로 들어갔다. 염약거가 죽자 윤진이 그의 장례를 치러줬다. 강희의 4번째 남순 때, 호위가 71살의 고령으로 황제를 영접함으로 하여 어서 '기년(耆年)에도 학문에 충실하다'는 편액을 하사받았는데 세상에 보기 드문 영광을 누린 것으로 간주되었다.

만사동이 상서 서원문(徐元文)의 초빙을 받고 명사관에 참가하였지만 여전히 '포의만모(布衣萬某)'라 자칭했다. 모기령은 이른 시기에 항청 투쟁에 참가하였다가 훗날 청 정부 박학홍유과(博學鴻儒科)시험에 응시해 한림원의 검토를 받았다. 청나라 황제에게 책을 헌정하고 송사를 올리면서 새로운 통치자의 주의를 얻는 것을 영광으로 생각했다. 장태염은 "만년의 절조를 지키지 못하고 전구(旃裘)에 아첨했다"며 그를 평가했다. 그들의 저술에서 반청 항청의 흔적을 전혀 찾아볼 수 없었다.

둘째, 그들은 대체로 청나라 초기 사상가들이 독서를 강조하고 공담을 반대하는 학풍을 이어받았다. 황종희는 "독서를 많이 하지 않으면 도리의 변화를 입증할 길이 없다"고 말했고 고염무는 "다양한 문헌 지식을 익힐 것"과 "많이 습득하면 자연히 아는 것도 많아진다"고 주장했다. 그들의 후계자들은 부지런히 공부하고 박식한 것이 가장 큰 특징이다. 염약거는 스스로 "지식이 부족하면 깊이 수치스러운 것으로 간주하고 누군가에게 질문을 당하면 편안한 날이 거의 없을 것이다"란 대련을 지었다. 이로부터 그 당시의 학풍을 가히 보아낼 수 있다. 모기령은 많은 서적을 통달해 박학다식했다. 고조함은 "경사(經史)를 물 흐르는 듯 통달했고"[392] 만사동은 "여러 사서를 통달하고 특히 명나라 관례에 익숙했다. 홍무부터 천기까지의 실록을 모두 암송했다."[393] 하지만 그들이 부지런히 책을 많이 읽기는 했지만 경세치용 사상이 박약해진 탓에 고서에 파묻혀 문구의 고증에만 종사했을 뿐 당대의 정치와 경제문제에는 관심조차 가지지 못했다. 예를 들면, 지리학을 연구한 고염무는 『천하군국이병서(天下郡國利病書)』를 지어 산천형세, 성읍과 요새를 하나하나 열거하는 등 현실에 착안점을 뒀다. 그의 후계자 모두 지리학에 정통했다. 고염우(顧炎禹)가 지은 『독사방여기요(讀史方輿紀要)』는 총 130권에 달하는 거작으로 불린다. 호위가 지은 『우공추지(禹貢錐指)』, 염약거가 지은 『사서석지(四書釋地)』 모두 우수한 작품으로 불리지만 고서와 고사를 해석하고 고지리학 고증만 진행했기 때문에 경세치용 목적에서 벗어났다.

---

392) 강번(江藩), 『한학사승기(汉学师承记)』 권1
393) 전대흔(钱大昕), 『잠연당문집(潛研堂文集)』 권38, 『만선생사통전(万先生斯通传)』

셋째, 염약거와 호위 등은 모든 사물에 의심을 품는 사상을 가지고 있었으며 고증방법도 점차 세밀해졌다. 이들은 구체적인 연구에 종사하면서 천리, 성(性), 명(命)을 끊임없이 늘어놓는 송명이학과는 전혀 다른 학풍을 이루었다. 염약거, 호위는 구체적인 증거로 위고문상서(僞古文尙書)의 부정하고 하도낙서(河圖洛書)를 분명히 했다.

요제항이 지은 『고금위서고(古今僞書考)』는 위서 종류 수십 가지를 열거하고 위학을 가리는 경로를 개척했다. 그는 "위서를 만드는 자가 고대와 현대에 모두 있었기 때문에 위서가 세상에 넘쳐났다. 이런 상황에서도 학자들은 진짜와 허위를 구분하지 않고 있으니 어찌 책을 읽는다고 할 수 있겠는가? 필취(必取)하여 명확히 구별하는 것이야말로 글공부를 하는 첫 번째 도리가 아니겠는가."[394]고 말했다. 봉건시대에 사람들은 고대 경적을 지식의 첫 근원으로 간주했지만 현재에는 이런 경적들이 위서로 증명되었으니 지식계에서 큰 파란을 일으킬 것만은 확실하다.

모기령은 더 대담하게 주희를 비난하며 『사서개착(四書改錯)』을 지었다. 그는 "사서는 온통 그릇된 것뿐이다……날마다 사서를 읽고 또 사서의 해석문을 읽고 난 후 사서와 그 해석문을 서로 비교해 보았지만 옳은 것은 하나도 없다……세상의 모든 잘못을 합쳐도 이 잘못과는 비교하지 못한다."[395]이런 학자들은 매사에 의구심을 품는 사상으로 지난달을

---

394) 요제항, 『고금위서고자서(古今僞書考自敘)』
395) 모기령, 『사서개착』 권1

되돌아보았다. 주로는 송명부터 위진 이후에 전해진 경적, 옛 선비의 경주(經注), 경설에 다양한 의문을 제기하면서 경적의 본 모습을 탐구할 것을 희망했다. 진계원(陳啓源)의 『모시계고편(毛詩稽古篇)』이 바로 가장 대표적이다. 시경의 연구를 봐도 2개 유파로 나뉘었다. 시의 머리글, 모씨전(毛氏傳), 정강성(鄭康成) 서신을 존경하고 신뢰하고 숭배하거나 또는 폄하하고 반대했다. 정초(鄭樵), 주희는 후자에 속했다.

주희는 『시집전(詩集傳)』을 지어 이학자의 입장에서 시경을 해석하고 시인의 미자(美刺)와 시를 지은 동기를 짐작하였기 때문에 외곡된 부분이 아주 많았으며 명물이나 고서 자구에 대한 해석에 대해서는 소홀히 했다. 그 후 주희의 저술은 정부의 존경을 받아 통행본으로 되었으며 시 해설문, 모전, 정전(鄭箋)에 대해서는 연구하는 사람이 아주 드물었다. 진계원은 주희의 시 해설문, 모전과 정전을 존경하고 신뢰하던 기존의 태도를 바꿔 명물 고증에 착안점을 두고 주희파의 설시(說詩)를 비난했다. 『사고전서총목제요(四庫全書總目提要)』에서 진계원의 『모시계고편』에 대해 이런 논평을 했다. "훈고는 이아(爾雅)를, 편의(篇義)는 소서(小序)를, 석경(釋經)은 모전을 근거로 하였으며 정전(鄭箋)이 이를 보좌했다. 그중 명물은 육기(陸璣)의 해석을 주로 했으며……이를 고증하는 자들을 보면 유독 주자 『집전(集傳)』이 많았다……비평하는 자는 유독 유근(劉瑾) 『시집전통석(詩集傳通釋)』이 가장 첨예했으며 보광(輔廣)의 『시동자문(詩童子問)』이 그 다음(보광, 유근은 모두 주희학파 계승자임. 그들의 저술은 모두 『시집전』 사상을 천명했다)으로 맹렬했다……그 과정에 한학을 견지했으며 한마디라도 불일차한 부분은 허용하지 않았다. 불가피하게 편향된 부분이 있기 마련이고 풍부한 학문을 근거로 상세하게 해석하고 바로잡았기 때문에 모두 근거가 있는 말이다."[396] 진계원의 저술로부터 흥기하고 있는 전문 한학자의 특징을 보아낼 수 있다.

한학 발전 초기 중요한 대표자로는 호위와 염약거를 들 수 있다.

호위(1633년부터 1714년)의 자는 비명(朏明)이고, 절강(浙江) 덕청(德清) 사람이다. 저술로는 『역도명변(易圖明辨)』, 『우공추지(禹貢錐指)』, 『홍범정론(洪範正論)』 등이 있다. 그중에서 특히 『역도명변』이 가장 대표적이다. 고대의 점술저서인 역경에는 화면이 없었다. 도사 진단(陳搏)이 하도낙서를 지어 이지재(李之才), 소옹(邵雍), 주돈이(周敦頤)에게 전해주면서 말하기를 용마신귀가 언급되고 이른바 태극, 무극, 선천, 후천지설 관련 내용도 있으며 억지로 내용을 부풀려 역경과 한데 혼합시켜 복희(伏羲), 문왕(文王), 주공(周公), 공자에 의탁했다. 역경을 신비롭고 현묘하게 그리고 엉망진창으로 해석했다. 주희의 저술 『역본의(易本義)』는 이런 설법을 채용했다. 그 후로 도사의 역설이 수 백 년 간 유행됐다. 호위의 『역도명변』은 하도낙서가 도사의 수련술에 불과할 뿐이고 송나라 때 뒤늦게 나타난 저서라는 점을 증명했다.

"옛 글을 인용하고 서로 대조하여 증명하는 것을 통해 이에 의탁하는 자들의 입을 막으려 했다." 그는 "시, 서, 예, 춘추 모두 그림이 없어서는 안 된다. 유독 역경만이 그림을 쓸 곳이 없다. 64괘, 이체(二體), 육효(六爻)의

---

396) 『사고전서총목제요』 권16, 『경부 · 시류(經部 · 詩類)』

그림이 이 책의 전부 그림이다."[397] 호위의 고증이 송명이학에는 큰 타격을 안겼다. 양계초는 "이른바 무극, 태극, 이른바 하도낙서가 실은 송학을 구성하는 주요한 근핵(根核)이라는 점을 알아야 한다. 송나라 유학자의 언리(言理), 언기(言氣), 언수(言數), 언명(言命), 언심(言心), 언성(言性) 모두 이로부터 전개되었다. 주돈이는 '남겨진 경전에서 전해져 내려오지 않은 경학저술을 찾았다'고 스스로 인정했다. 정주 세대들은 이를 본받아 널리 계승하면서 도통이라 간주하고 이에 기탁했다. 따라서 이런 사상이 사상계를 5, 6백년간 점령해 그 권위가 경전과 어깨를 나란히 했다. 호위가 지은 이 저술을 보면 역(易)으로 복희, 문왕, 주공, 공자를 반격하고 도(圖)로 진단과 소옹을 반격한 것이 지나친 공격이 아니다. 그러나 송학은 이미 치명타를 입었다."[398]

호위가 역(易)으로 복희, 문왕, 주공, 공자를 반격한 자체가 잘못되었다. 그러나 도(圖)로 진단과 소옹을 반격한 것은 정확한 판단이었다. 이는 상당한 정도에서 역경 연구에 덧붙여진 신비로운 사상을 없앨 수 있었다.

염약거(1636년부터 1704년)의 자는 백시(百詩)이고, 산서(山西)성 태원(太原) 사람이며, 회안(淮安)에서 자랐다. 그의 저술로는 『고문상서 소정(古文尙書疏證)』 8권이다. 『상서(尙書)』부터 진화(秦火, 진시황이 전적을 불사른 사실) 이후로 서한 복생이 지은 28편에

---

397) 강번, 『한학사승기(漢學師承記)』 권1
398) 양계초, 『청대학술개론(淸代學術槪論)』

『태서(泰誓)』까지 합치면 총 29편이며 금본(今本)에 속한다. 훗날 공씨벽에서 고문 『상서』를 얻었는데 그 수량이 금문보다 16편이나 더 많았다. 동한 말기, 위 16편이 또 실전되었다. 동진 때 매색(梅賾)이 바친 『상서』는 25편으로 되었고, 이른바 『공안국전(孔安國傳)』도 있었다. 당나라 공영달(孔穎達)이 『정의(正義)』를 지었고, 위 25편을 포함해 역대 누군가는 고문 『상서』에 의구심을 표했다. 염약거는 위 25편과 『공안국전』이 모두 위서임을 증명하고 『상서』의 편수, 편명, 자구, 서법, 문례 등 부분에서 많은 증거를 제출했다. 또 『맹자(孟子)』, 『사기(史記)』, 『설문(說文)』 등 저술을 간접적인 증거로 인용했다.

　　염약거의 고정을 거쳐 고문 『상서』가 위서라는 점이 명백한 증거로 완전히 확정되었다. 『사고전서총목제요』는 "경전 중의 어구나 고사를 인용하여 모순되는 까닭을 일일이 진술해 고문의 허위가 명백히 밝혀졌다", "반복적으로 고증하여 오랜 세월의 깊은 의문을 없앴으며 고증지학이라도 이보다 앞섰다고는 할 수 없다."[399] 천여 년 간 사람들은 위고문 『상서』를 낭독하고 습득하면서 신성한 경전으로 간주했을 뿐만 아니라 송명이학자들은 이를 중요한 의거로 간주했다. 예를 들면, 이학자들이 공문(孔門) 심전(心傳)의 16글자로 간주하는 '인심은 오직 위태롭고 도심은 오직 은미하니 오직 순수하게 하고 오직 마음을 한 결 같이 해야 진실로 그 중(中)을 잡을 수 있다'가 바로 위고문 『상서』의 『대우모(大禹謨)』에

---

399) 사고전서총목제요』 권12, 『경부·서류(經部·書類)』

293

나오는 어구이다.

고문 『상서』는 위서이다. 이른바 '공문심전'의 사람을 홀리는 헛소리가 들통 났다. 이학자들은 몸 둘 곳조차 없게 되어 매우 난처한 상황에 빠졌다. 때문에 염약거의 『고문상서소정』도 호위의 『역도명변』처럼, 가치가 고증방법과 문헌정리에서 나타났을 뿐만 아니라 더 중요하게는 송명이학을 공격하고 심지어 일정한 정도에서 유가 경전의 권위를 건드렸기 때문에 사상적으로 비교적 심원한 영향을 미쳤다.

2. 한학의 형성-혜동을 대표로 한 오파

호위, 염약거 등은 모두 과도기 의 인물들이다. 그들은 학문연구 과정에 음조를 식별하고 글자를 읽는 것과 구체적인 증거에 중시를 돌렸다. 하지만 '한학'의 기치를 꺼내들지 못했고 송명이학의 영향에서도 온전히 벗어나지는 못했다. 그 당시 송학과 한학이 계속해서 진일보 분화하는 단계에 처해 있었고, 다음 세대인 건륭시기에 이르러서야 경계가 분명한 대립구도를 형성할 수 있었다. 장태염은 이런 말을 했다. 호위, 염약거는 "모두 대유(大儒)이다. 그러나 일을 막 하기 시작한 단계라 아직은 성과를 이루지 못했고 송명시기 간언이 섞여 있다. 학문을 이루어 체계를 이루기는 건륭제 때부터 시작되었다."[400] 피석서(皮錫瑞)도 "건국 초기 한학 사상이

---

400) 장태염, 『구서(訄書)』, 『청유(淸儒)』 제12

싹트기 시작했고 모두 송학을 근본으로 하고 있다. 또 유파를 분류하지 않고 서로의 장점을 활용했기 때문에 한학과 송학을 골고루 받아들인 학문이다. 건륭 이후로 허(신), 정(강성)의 학문이 크게 세상에 밝혀졌고 송학에 몰두하는 자들이 이미 드물어졌다. 경서를 해석함에 있어서는 그 속에 담긴 내용이나 이치를 공론하지 않고 실제적인 증명에 힘썼기 때문에 이미 전문적인 한학으로 되었다"고 말했다.[401]

무릇 스스로 체계를 형성하고 유파를 따로 내온 사상 학술 유파라면 모두 자체의 사상취지, 치학 방법, 연구중점과 학술풍격이 있었다. 이런 부분은 오랜 시간의 축적이 필요하다. 혜동 때에야 이르러서야 모든 것이 완벽하게 구비되어 '한학'의 견고한 진지를 구축함으로써 송학과 대항하는 국면을 이루었다. 혜동과 그의 제자들은 모두 강남 사람으로, 청나라 한학에서의 '오파(吳派)'로 불렸다.

혜동(1697년부터 1758년, 강희 36년부터 건륭 23년까지), 자는 정우(定宇)이고 강소(江蘇)성 오현(吳縣) 사람이다. 그의 할아버지는 혜주척(惠周惕)이고 아버지는 혜사기(惠士奇)이다. 혜동에 이르기까지 삼대가 모두 유명한 학자이고 세세대대로 경학을 전했으며 가학이 아주 박식했다. 혜 씨는 고염무 때부터의 전통을 계승해 치경(治經)도 고문자를 연구하는 데로부터 착수해 음성, 고훈을 중시하고 경서의 의의를 알아냈다. 혜사기는 "예경은 공벽에 수장된 정전에서 얻은 것이라 옛 글자와 발음이

---

401) 피석서, 『경학역사(經學歷史)』, 『경학복성시대(經學複盛時代)』

많다. 예경의 의미가 해석에 담겨 있기 때문에 글자를 익히고 발음을 음미해야 그 뜻을 알 수 있다. 따라서 고훈은 고칠 수 없는 것이다."[402]고 말했다. 대진(戴震)이 혜동의 치학 사상을 총화하면서 이렇게 말했다. "송애선생(즉 혜동)은 학문 연구에 대해 배우려는 자들에게 한나라 경사의 고훈을 익히고 상고 전장제도를 통달하여 의리를 탐구하고 근거를 확실히 할 것을 건의했다."[403] 문자, 음훈을 통해 내용과 이치를 알아내야 한다는 혜씨 부자의 주장은 한학자들이 공동으로 신봉하는 원칙이자 송명이학자와 구별되는 그들만의 치학 특색이다. 혜동의 후학자인 왕명성(王鳴盛), 전대흔(錢大昕)은 더 뚜렷한 주장을 펼쳤다. 왕명성은 "경서를 통해 도를 명확히 할 수 있고 도를 추구하는 자는 의리만을 지니면서 도를 추구할 필요는 없다. 문자를 바르게 하고 음독을 식별하고 훈고를 해석하고 경적 해석문자를 통달한다면 의리는 자연히 스스로 깨닫게 되고 도리도 그 속에 담겨 있다."[404]고 말했다. 전대흔은 "따라서 육경은 성인의 말씀이다.

그 말씀에서 뜻을 깨닫기 때문에 반드시 고어해석으로부터 시작되어야 한다."[405]고 말했다. 바로 대진 등을 비롯한 오파 이외의 한학자들도 동일한 사상을 지녔다. 따라서 한학의 반대파인 방동수(方東樹)는 이렇게 말했다. "이것이 바로 한학의 취지이며 견고하여 결코 무너뜨릴 수 없는 이론이다", "이 이론에 가장 신뢰가 가고 주장이 가장 강력하기 때문에 취지를 나타내고

---

402) 강번, 『한학사승기』 권2
403) 『대동원집(戴東原集)』 권11, 『제혜정우선생수경도(題惠定宇先生授經圖)』
404) 왕명성, 『17사상교서(十七史商榷序)』
405) 전대흔, 『잠연당문집(潛研堂文集)』 권24, 『장옥림경의잡식서(臧玉林經義雜識序)

문호를 엄하게 하며 경계를 단단히 했다. 학자들은 이 도리를 근거로 하는데 절대 바꿀 수 없다."[406)

한학자들이 공동으로 존봉하고 거듭 강조하는 원칙은 당연히 정확한 것이다. 고대 경적의 사상 내용을 이해하려면 문자의 독음과 의미를 똑똑히 알아야 한다. 하지만 위진 이후로 사람들은 고문자를 잘 알지 못하고 있었기 때문에 성음, 훈고에 대해서는 전혀 몰랐다. 이치에 맞지 않게 마음대로 해석하는 자가 있는가 하면 제멋대로 고자(古字)를 속자(俗字)로 바꾸고 고서를 함부로 고치는 자도 있었다. 고염무로부터 혜동, 대진에 이르기까지 이런 나쁜 학풍을 겨냥해 음성, 훈고, 교감, 고증 등 기본으로부터 고대 문헌을 정리할 것을 강조했다. 이래야만 수천 년간 고서에 덧붙여진 오해와 왜곡된 부분을 없애버리고 본뜻을 깨달을 수 있기 때문이다. 이는 비교적 과학적인 학문연구 방법과 태도라 할 수 있다.

이런 주장은 송명 이후 학자들이 공론에 빠져있던 마음가짐과 글공부를 하지 않던 나쁜 태도를 바꾸었다. 누군가 이런 말을 했다. "건륭 중기, 나라의 지식인들은 옛 의미를 연구하는데 몰두했다. 한나라 유학자들의 소학 훈고로부터 칠십자 육예 전수자까지 거슬러 올라가 정우(定宇)선생의 사상을 지도로 했다."[407) 당연히 성음, 훈고, 교감, 고증은 단지 고대 경적을 연구하는 수단일 뿐이었다. 만약 부적절하게 그 역할만을 강조하고 이로

406) 방동수, 『한학상태(漢學商兌)』 권중 하
407) 『국조기헌류증초편(國朝耆獻類征初編)』 권417, 경학7, 도주(陶澍), 『서사세전경유상후 (書四世 傳經遺像後)』

사상내용에 대한 연구를 대체하거나 배척하려 한다면 근본을 버리고 사소한 부분을 추구하는 번거로운 학술로 되고 말 것이다.

한나라 유학자의 경서를 존경하고 신뢰하며 고수하는 것 또한 혜동 치학의 또 다른 중요한 특징이다. 때문에 혜동 이후의 학파를 '한학'이라 부른다. 이런 명칭이 학파의 치학 태도와 치학 방법을 온전히 대표할 수 없고 특히나 대진 이후의 발전을 보여줄 수도 없지만 혜동을 대표로 한 오파 학자의 특색을 적절하게 반영했다. 혜동의 아버지 혜사기는 경적에 대한 한인들의 해석을 아주 중시했다. 그는 "역은 복희 때에 시작되어 문왕 때 성행하고 공자 때 완벽하게 갖춰졌으며 그 학설이 한나라에도 여전히 보존되어 있었다." 또 "강성의 삼례(三禮), 하휴(何休)의 공양(公羊)은 한나라 제도를 많이 인용했다. 따라서 고대와 멀리 떨어지지는 않았다."[408] 그러나 혜사기는 한학을 깊이 전공한 것은 아니었다. 혜동에 이르러서야 '한학'의 기치를 높이 들고 "무릇 고대의 것은 사실이고 한학은 모두 우수한 것이다"고 주장하면서 위진 이후의 경설을 무시한 채 한나라 이전으로 돌아갔다. 그래서 초순(焦循)은 이런 말을 했다. "오파 사람들이 역(易)을 해설하는데도 부자간에 서로 달랐다. 혜사기는 유독 자기 생각을 주장했고 그의 아들 혜동의 『주역술(周易述)』은 낡은 구습을 주장했다."[409]

청나라 학자들은 한나라 유학자의 경설에로 돌아갔다. 이는 청나라 초기 이래 학술 사상 발전의 필연적인 귀속이다. 비록 청나라 정부가 정주이학을

---

408) 강번, 『한학사승기』 권2
409) 초순, 『조고루집(雕菰樓集)』 권12, 『국사유림문원전의(國史儒林文苑傳議)』

적극적으로 제창하긴 했지만 이학의 권위는 이미 실추되었다. 송나라 유학자들의 경서 해석을 보면 문자, 구두(句讀), 명물 전제(典制)도 제대로 파악하지 못한 상황에서 심지어 경서의 진위조차 구별하지 않은 채 마치 장님이 코끼리 만지는 격으로 뜻을 짐작하고 억설을 퍼뜨렸다는 현상이 나타났다. 이제 지식계에서 더는 송학에 대해 경전한 신념을 구축할 수 없게 되었다. 따라서 송학의 속박에서 그리고 송학의 그늘에서 벗어나는 것이 시대적 사상 흐름의 전반적인 추세로 되었다. 자기주장이 뚜렷한 지식인들은 수백 년간 지속된 송나라 유학자들의 경설에서 벗어나 과연 어디로 가야 할까? 새로운 근대 지식 보물고는 여전히 꽉 닫혀 있어 그들의 힘으로는 절대 열 수 있을 리 만무했다. 그래서 거슬러 올라가 사물의 근원을 탐구하고 고대로 돌아가 먼 지난날에서 사상적 근거를 찾으려 했던 것이다. 그들이 보기에 한나라가 지나간 지 너무 오랜 시간이 흐르지 않아 유설(遺說)이 아직 보존되어 있다는 것이다. 또 한나라는 지식을 추구함에 있어 보물고 같은 존재이기 때문에 고대 경적의 본래 모습을 알아내려면 한나라 유학자들의 경설로 돌아가야 한다고 주장했다.

혜동은 "위진 이후로 세상에 학문의 기풍이 사라졌다. 왕숙(王肅)이 정씨를 비방함으로 하여 황제가 제사를 지내는 예의가 없어지고 원준(袁准)이 채복(蔡服)을 비방함으로 하여 명당제도가 사라지고 추담(鄒湛)이 순상(荀諼)을 비아냥거림으로 하여 주역지학이 어두워졌다. 이치에 부합하지 않는 것을 억지로 끌어다 붙여 도리에 맞는 것처럼 말하는데 한 사람의 장단에 수많은 자들이 맞추고 있으니 후세 사람들이 분분히 의논하는 걸 어찌 탓하랴"[410]라며 위진 이후의 학설을 비난했다.

또 한나라 경학을 숭배하면서 "한나라 유학자들이 유가 경전을 통달하는 데는 학술 이론과 연구방법이 있고 오경(五經)을 가르치는 학관(學官)이 있다. 훈고학은 모두 스승이 구두로 전수하고 그 후에 이를 죽백(竹帛)에 기록했다. 때문에 한나라 때 경서를 가르치는 스승들의 말은 모범 답안으로 되어 경설과 어깨를 나란히 했다……경사들이 고자고음을 분별하지 못해서가 아니다……고훈을 바꿀 수 없고 경사를 폐지할 수 없기 때문이다"[411]고 말했다. 송학 반대에서 한학 회복을 주장하는 데로 나아간 것은 청나라 전기 학술사상 발전의 전반적인 추세이다. 오파는 그 과정의 절정을 대변했으며 강렬한 한학 회복 색채를 드러냈다.

송학 반대와 한학 회복은 당시 시대적 흐름에서 서로 연계되는 두 부분이었다. 송학 반대는 전통 학술에서 벗어난 표현으로, 일정한 정도에서는 사상 해방의 표현이라 하겠다. 송학 반대 결과는 필연적으로 한학 회복에로 이어진다. 하지만 한학에로 되돌아가야만 대립적인 진영을 구축해 송학과 대응하게 대항할 수 있다. 하지만 여기서 짚고 넘어가야 할 부분이라면 송학에서 벗어나 온전히 한학에로 되돌아간다는 것은 사상 학술계가 새로운 갈림길에 들어서고 사상 해방이 요절되었다는 점을 의미한다. 물론 송학이 주관적으로 견강부회한 부분이 있지만 여전히 봉건주의를 위해 봉사하는 학술임은 틀림없다. 한학도 억지로

---

410) 전대흔, 『잠연당문집』 권39, 『혜선생동전(惠先生棟傳)』
411) 혜동, 『구경고의수설(九經古義首說)』

왜곡한 부분이 많았고 봉건주의 위해 봉사하기는 마찬가지였다. 당시의 사회조건이 봉건사상의 속박에서 벗어날 수 있을 만큼 성숙된 단계는 아니었다. 때문에 송학 아니면 한학에 속했기 때문에 여전히 봉건주의 경학의 틀을 벗어나지는 못했다. 이는 오파의 한계이자 더 나아가 옹근 청나라 한학의 한계이기도 하다.

오파의 대표자 혜동은 주역에 정통했다. 그의 저술로는 『주역술』, 『역한학(易漢學)』, 『역례(易例)』, 『구경고의(九經古義)』, 『고문상서고(古文尙書考)』 등이다. 그는 송나라 사람들의 설역(說易) 뿐만 아니라 위진 왕필(王弼), 한강백(韓康伯)이 노장을 숭상하면서 공론으로 역(易)을 해석하는 것도 반대했다. 그러나 "우중상(虞仲翔)(우번)은 순상, 정강성 등 여러 학파의 도리를 참고로 했다. 주제사상을 간략해 주해로 하고 자신의 생각도 주해에 보탬으로써 1500여 년간 거의 멸망에 이르던 한학이 다시 생기를 얻었다."[412] 혜동은 한학의 삼엄한 장벽을 구축하는데 집중하고 한인의 역설을 세심하게 살펴보는데 모든 힘을 쏟아 부었다. 한나라 유학자들의 설경을 보면 우수한 부분이 있은 반면, 찌꺼기도 있었다.

하지만 혜동은 전혀 감별하여 고르지 않고 그대로 계승했다. 한나라 경학은 금문과 고문의 구별이 있다. 고문경을 존경하고 신뢰한 혜동은 금문학설도 받아들여 보존하였기 때문에 서로 간에 저촉하는 상황이 나타났다. 한나라 사람들의 설경을 보면 음양과 자연재해, 특이한 자연

---

412) 전대흔, 『점연당문집』 권39, 『혜선생동전』

현상, 그리고 참위한 학설을 많이 주장했다.

혜동의 작품 또한 그 영향을 뚜렷하게 받아 학술이 혼잡하고 잡다했을 뿐만 아니라 한학에로 돌아갈 것을 지나치게 강조했기 때문에 필연적으로 나쁜 풍속이 생기기 마련이다. 『사고전서총목제요』는 혜동을 이렇게 평가했다. "그의 박식이 장점이라면 정통을 좋아하는 것이 단점이다. 또 우점이 옛 것을 연구하는 것이라면 단점은 너무 옛 것에 얽매여 있는 것이다."[413] 왕인지(王引之)도 이런 말을 했다. "혜정우 선생이 부지런히 옛 것을 연구하고는 있지만 견식이 높지는 않고 세심하지도 않다. 지금과 다른 것을 봤을 때는 따르고 옳고 그름을 가리지 않았다······ 편지를 통해 말하기를 한학만 고수하고 실사구시를 추구하지 않는 자들을 망연자실하게 했을 뿐이다."[414]

송학의 공담과는 반대로 혜동이 경학을 연구함에 있어서는 "존경하고 신뢰하는데 충실했을 뿐만 아니라 옛 뜻을 포장하는 데만 그쳤을 뿐 자기 의견을 내리는 경우가 아주 드물었다."[415] 하지만 자기 사상을 정면으로 표현하지 않았다는 뜻은 아니다. 그는 저술 『명당대도록(明堂大道錄)』를 지어 오랜 세월 똑똑히 밝혀내지 못한 고대 명당제도의 진짜 모습을 확실히 했다고 자만했지만 사실 한인들의 말을 근거로 "천하를 다스림에 있어 명당을 큰 법으로 세워야 한다"는 자신의 정치 이상을 펼쳤을 뿐이다.

413) 『사고전서총목제요』 권29, 『경부·춘추류(經部·春秋類)』
414) 왕인지, 『왕문간공문집(王文簡公文集)』 권4, 『여초리당선생서(與焦理堂先生書)』
415) 장태염, 『구서』, 『청유』 제12

그는 또 『역미언(易微言)』에서 '이(理)'에 대해 해석했다. 그는 『한비자 해로(韓非子 解老)』를 근거로 "글자 이에는 두 가지 뜻이 담겨 있다.

사람의 성품은 하늘이 내려준 것이라 성품은 반드시 2가지를 겸비해야 한다. 하늘에서 말하기를 음과 양이라 하고 땅에서 말하기를 유와 강이라 하며 사람이 말하기를 인과 의라고 한다." 이는 사물 모순 대립의 보편성을 근거로 '이'자를 해석한 것으로 송나라 유학자들이 주장하는 '이'와는 전혀 다르다. 그는 또 "좋고 나쁨이 바름을 얻는다면 이것이 바로 하늘의 바른 도리이다……후인들은 천인, 이욕으로 대하면서 '하늘이 바로 이이다'고 말하는데 참으로 어처구니가 없다"[416]고 말했다. 그는 이러한 사상으로 정주이학을 직접적으로 반박했다. 따라서 그의 사상은 대진의 이욕설과 지극히 접근해 있었다.

혜동의 친구, 제자로는 심동(沈彤), 강성(江聲), 여소객(餘肖客), 왕명성, 전대흔 그리고 전대흔의 동생과 조카인 전대소(錢大昭), 전당(錢塘), 전점(錢坫) 등이다. 그들은 모두 소남(蘇南) 사람으로, 혜 씨의 학설에 충실하고 한나라 유학자의 취지를 존경해 한학 중의 오파라 불렸다. 대진은 "선생(혜동)의 아들 병고(秉高)와 제자, 강군(자가 금도, 이름은 강성), 여군(자가 중림, 이름은 여소객) 모두 전수받는 내용을 깊이 믿었으며 스승에게서 전수받은 내용을 잊지 않았다……그러나 재주와 덕행이 뛰어난

416) 혜동, 『주역술』, 『역미언』하

오파의 후학자들은 한학 사상을 정중하게 계승할 뜻을 품고 있었다."[417]

심동의 대표작은 『주관록전고(周官祿田考)』이다. 『주례(周禮)』에 의구심을 품은 구양수는 『주례』의 서술에 따른다면 관리가 많고 논밭이 적어 관리의 봉록으로 충당되는 논밭수가 수요를 만족시킬 수 없다고 여겼다. 심동은 실시 상황을 고증해 구양수의 의문을 풀어 주었다. 혜동은 이 저서를 "2천여 년 간 의견이 분분하여 결론이 나지 않았던 문제가 하루아침에 해결됐다"[418]며 높이 평가했다. 사실 『주례』는 전국시기에 쓴 저서이기 때문에 저서에 언급된 내용이 모두 서주에 의탁했다지만 서주의 실제 상황을 그대로 보여주었다고는 단정할 수 없다. 심동은 이를 서주의 실제제도로 간주하고 이를 고증 및 증명하였을 뿐만 아니라 이에 깊이 얽매였다. 따라서 이 또한 옛 것을 너무 깊이 신뢰한 폐단이기도 하다.

여소객의 저서 『고경해구침(古經解鉤沉)』은 당나라 이전에 실전된 경주(經注)를 수집하고 기록함으로써 유실된 옛 사람의 작품을 수집하는 방도를 개척했지만 급히 저서를 만들었기 때문에 정확도와 세밀함이 떨어졌다. 그 당시 학자 왕명성은 "옛 것만 따르고 선택을 모른다", "후자들이 말하기를 터무니없는 부분을 수록했다고 하는가 하면 한학자들의 주해를 버렸다고도 했다"[419]며 그의 저서를 비난했다. 대진도

417) 『대동원집(戴東原集)』 권11, 『제혜정우선생수경도(題惠定宇先生授經圖)』
418) 혜동, 『송애문초(松崖文鈔)』 권2, 『심군동모지명(沈君彤墓志銘)』
419) 왕명성, 『군서 수집, 고자 인용(采集群書,引用古字)』, 『청유학안(清儒學案)』 권77 인용

'구침'이 들어간 저서 이름을 비난하며 "탐구하면서 멸망하지 않는 자가 있는가 하면 탐구하지 않아 멸망한 자도 있다."[420]고 말했다. 강성과 왕명성은 모두 『상서(尚書)』를 연구하는 전문가로 학풍이 혜동과 일치했다. 한학을 존중하고 옛 것을 숭상하는 정도가 기존보다 더 심해졌다. 강성의 저술 『상서집주음소(尚書集注音疏)』는 "마융(馬融), 정현(鄭玄)의 주해 그리고 복생 대전(大傳), 허신(許慎)의 『오경이의(五經異義)』를 참고로 해 편집했으며 더욱이 타인의 저서가운데서 『상서』와 연관되는 유익한 부분을 접수하고 받아들였다."[421]

옛 것을 좋아하는 것이 오랜 습관이 되어버린 강성은 "평생 해서(楷書)를 하지 않아 사람들과 주고받는 글은 모두 고전(古篆)을 사용했다. 그의 글자체를 본 자들은 천서 부록(符籙)이라며 놀라워했다."[422] 왕명성도 한학을 존중하고 옛 것을 신뢰했다. 그는 『상서후안(尚書後案)』을 지어 정현을 유달리 존중하고 탄복했다. 그는 스스로 " 『상서후안』을 왜 지었냐면 정강성 일가의 학술을 발휘하기 위해서이다"[423]고 말했다.

항세준(杭世駿)도 이에 머리글을 지어 왕명성은 "그 시대의 재능을 정씨 학을 위해 봉사했다", "수많은 서적을 깊이 연구하고 닥치는 대로 읽어모았다. 무릇 일언일자는 모두 정씨 학에서 나온 것이다. 또 이중에서 감별하고 기록하여 수만언(數萬言)으로 정리, 완성함으로써 세상 사람에게

420) 강번, 『한학사승기』 권2
421) 강성, 『상서집주음소술(尚書集注音疏述)』 권2
422) 강번, 『한학사승기』 권2
423) 왕명성, 『상서후안·서(尚書後案·序)』

정씨 주해를 알리고 나아가 정씨 학을 알렸다."[424]고 말했다. 왕명성의 가장 큰 장점이라면 감별하여 고르는데 특히 엄격하고 사승관계를 존중하는 외에도 전부 받아들여 보존하고 금문과 현문을 헷갈리게 했던 혜동의 결점을 피면했다는 점이다. 하지만 그는 정씨만 떠받들었을 뿐 그 외 학자들의 연구를 홀시했을 뿐만 아니라 자기 견해도 없이 그저 정강성의 사상에 끌려 다녔다.

그는 스스로도 "경학을 연구함에 있어 감히 경학을 논박하지 못한다……경문은 어렵고 심오하여 통달하기 힘들다. 그러나 한인의 학술이론과 연구방법을 그대로 고수하면서 반드시 이를 스승으로 삼고 다른 곳으로 옮기지는 않을 것이다."[425] 이로부터 그의 치학 태도가 얼마나 보수적인지를 보아낼 수 있다. 그러니 그의 창조성 연구까지는 논할 필요가 없는 것이다. 왕명성은 경학 연구 방법을 빌어 역사를 연구하고 『십칠사상각(十七史商榷)』을 저술했다. "원문 교감(校勘)에 심혈을 기울였다. 구체적으로는 오자와 탈자를 보충하고 사적의 허와 실을 조사하고 기전(紀傳)의 같은 점과 다른 점을 구분했다. 여지(輿地) 직관, 전장제도에 이르기까지 세심하게 살폈다. 유독 누군가를 평가하는 걸 싫어했으며 공언일 뿐으로 전혀 이익이 되지 않는다고 생각했다."[426]

---

424) 항세준, 『도고당문집(道古堂文集)』 권4, 『상서후안서(尚書後案序)』
425) 왕명성, 『십칠사상각』
426) 강번, 『한학사승기』 권3

오파 학자들 가운데서 가장 박식하고 성적이 뛰어난 자라면 전대흔을 꼽아야 한다. 그는 경학, 사학, 천문, 역산, 음운, 훈고, 금사, 운문과 산문에 정통해 연구 분야가 아주 넓었다. "한 경학만을 연구하지는 않았지만 모든 경학을 통달하고 한 학문만을 전공하지는 않았지만 모든 학문에 정통했다."[427] 비록 그도 한학자의 취지를 고수하긴 했지만 태도가 다른 오파 학자들처럼 그렇게 절대적이지는 않았다. 그는 옛 사람들의 학설에 대해 쉽게 비방해서도 안 되고 지나치게 고수해서도 안 된다고 여겼다. "어리석게 학문이 영원불멸의 일이라 간주하고는 문자의 착오를 수정하고 과실을 바로잡았다. 옛 사람을 헐뜯고 비방하려는 것이 아니라 실은 후학들이 혜택을 받게 하려는 것이다."[428] "오직 사실을 토대로 진리를 탐구해야만 옛 사람들의 심혈을 소중히 여기고 해내에서 명백해질 수 있다."[429]

그는 한평생 심혈을 기울여 『22사고이(二十二史考異)』를 저술하고 편복이 많은 '정사(正史)'에 대해 계통적이고도 세밀한 연구와 고증을 진행했다. 그는 22사의 서로 다른 판본을 바탕으로 서로 대조하는 외에도 기타 서적의 비판(碑版)을 적용해 비교함으로써 '정사'의 착오와 결루, 모순을 지적하고 베끼거나 판각의 오류를 수정했다. 전대흔은 의리(義理)를 많이 언급하지는 않았지만 가끔씩 발표하는 의논에는 봉건사상의

---

427) 위의 책.
428) 전대흔, 『점연당문집』 권35, 『답왕서장서(答王西莊書)』
429) 전대흔, 『점연당문집』 권24, 『22사고이서』

틀에서 벗어난 일부 사상도 담겨 있었다. 예를 들면…… 봉건사회에서 군주의 도리가 가장 존귀한 존재로, 군주 시해는 대역부도한 행위라는 것이다. 그러나 전대흔이 춘추 때 시해와 찬탈이 빈번한 역사를 논할 때 시해당한 군주는 모두 군주로서 도리를 지키는 않는 군주라고 주장했다. 또 만약 군주가 현명하다면 역당이 나타날 수 없다면서 "군주가 성실하고 군주로서의 도리를 행한다면 어찌 시해까지 당하겠는가"[430]고 말했다. 또 예를 들면, 봉건윤리 관념은 여성이 한 남성에게만 일편담심으로 섬기고 재가하는 것을 절대 허락하지 않는다고 요구했다.

그러나 전대흔은 만약 부부가 서로 사랑하는 마음이 사라진다면 "다시 재가할 수 있고 이는 정조를 잃는 것이 아니다……농촌 마을에 시집가면 어질고 품성이 고운 여성이다. 따라서 억지로 붙잡아 둘 필요는 없다. 이러면 오히려 부부의 도가 힘들어질 뿐이다"[431]고 말했다. 그 당시의 사회 조건에서는 비교적 진보적이고 대담한 사상이다. 하지만 전대흔도 서방문화의 상대적인 우월성을 인정하지 않는 등 일부 문제에서는 여전히 보수적인 태도를 취했다. 전대흔은 수학에 정통하였지만 중국의 고산(古算)만 신뢰하고 서방의 수학은 무시했다. 강영(江永)은 서방의 수학을 연구해 일정한 성과를 거뒀지만 전대흔은 결코 그렇다고 생각하지 않았다. 그는 오히려 "서양인들에 의해 이용되고 있다"[432]며 강영을

---

430) 전대흔, 『점연당문집』 권7, 『답문(答問)』 4
431) 전대흔, 『점연당문집』 권8, 『답문』 5
432) 전대흔, 『점연당문집』 권33, 『대위동원서(與戴東原書)』

비웃었다. 중국의 반절(反切)은 음성학의 큰 진보이다. 이는 전해져 들어온 불교와 연관이 있으며 불교 범문(梵文) 병음의 영향을 받았다. 전대흔은 이 부분을 부정하면서 『시경(詩經)』에 이미 반절의 맹아(萌芽)가 있었다고 억지를 부렸다. 그는 또 외국 문화에 중국보다 나은 부분이 있다는 점을 부정했다. "고대 성현의 지혜가 어찌 범승의 영향을 받았다고 할 수 있는가", "그리하여 나는 육경의 도를 알고 있고 모든 것을 완벽하게 갖추었다. 후인들의 잗다란 지혜는 결코 성현을 초과할 수 없다."[433] 이런 사상은 옛 것을 믿고 고수하는 중국 지식계의 야랑자대(夜郎自大)한 내면을 보여줬다. 하지만 그럼에도 불구하고 전대흔은 여전히 청나라 학자들 가운데서 뛰어난 대표라 할 수 있다. 강번은 그를 이렇게 평가했다. "박식하고 수많은 서적을 정통하고 통달했다. 개국해서부터 뛰어난 재능을 나타낸 유학 대가이다. 한나라 유학자들과 비교하면 고밀(정강성)에는 미치지 못하고 설령 가규(賈逵), 복건(服虔)이라 할지라도 따라가지 못하고 바라볼 뿐이다."[434]

3. 환파 학자 대진의 학술성과

청나라 한학에서 오파와 어깨를 나란히 할 수 있는 학설은 대진을 대표로 하는 환파(皖派)였다. '오(吳)'와 '환(皖)' 모두 지명이다. 오파

---

433) 전대흔, 『잠연당문집』 권15, 『답문』 12
434) 강번, 『한학사승기』 권3

학자는 소남(蘇南) 사람이고 환파 학자는 안휘 사람(강영, 대진, 금방[金榜], 정요전[程瑤田], 홍방[洪榜], 능정감[淩廷堪]과 그 외 지역(단옥재[段玉裁], 왕념손[王念孫], 왕인지[王引之], 왕중[汪中], 초순, 완원)의 사람으로 분류됐다. 하지만 이들이 대진의 제자 아니면 대진의 사숙이었기 때문에 언제나 환파에 귀속되었다.

　　오파와 환파는 대립되는 학파가 아니었기 때문에 학술 주장에 공동점이 많았다. 따라서 서로 영향을 주면서 서로 사우 관계로 지냈다. 환파가 조금 늦게 나타났지만 학술성과는 오파를 초월했다. 오파는 『주역(周易)』, 『상서』를 많이 연구하고 소학(小學), 천산(天算)에 정통한 환파는 특히 삼례에 뛰어났다. 오파는 복고를 제창하며 유독 한학이 훌륭하다고 주장했다. 환파는 진실을 추구하고 방법이 세밀하며 견식과 결단이 아주 주도면밀했다. 왕명성은 혜동과 혜진의 차이점에 대해 이렇게 말했다. "오늘날의 학자라면 단연 두 선생을 꼽을 수 있다. 혜군의 치경은 옛 것을 추구하고 대진은 정확함을 추구했다. 자연히 연구해보면 옛 것을 버리면 정확한 것이 없다."[435] 혜파 학자인 왕명성은 복고를 두둔하면서 오래된 것일수록 진실에 더 가깝다고 여겼는데 이는 분명 편견이다. 하지만 그가 혜동의 '옛 것 추구'와 대진의 '정확함 추구'라는 서로 다른 학풍을 언급한 것만은 식견이 있는 견해라 본다. 장태염은 환파와 오파의 차이점에 대해 "혜동으로 시작된 오파는 정통에 능하고 지식을 존중했다. 대진으로 시작된

---

435) 홍방, 『초당유고(初堂遺稿)』 권1, 『대선생행장(戴先生行狀)』

환남파는 형명(形名)을 종합하고 옳고 그름과 악하고 착한 것을 논했다. 이런 부분이 오파와 환파의 차이점이다."고 말했다. 또 오파는 "모두 이아(爾雅)를 진술하고 고훈에 깊이 빠져 있었다." 하지만 "대진을 비롯한 여러 학자들은 맥락을 분석함에 있어 아주 세심하고 엄밀했다. 옛 의미까지 거슬러 올라가 자기 생각으로 율령을 판단했는데 이는 소주(蘇州) 여러 학자들과는 전혀 달랐다."[436]고 말했다. 장태염의 이런 견해가 왕명성의 학설과 아주 가까웠다.

환파의 형성은 청나라 한학 발전의 절정이라 할 수 있다. 비록 오파가 송학과 지위가 대등한 수준에 이르렀다고는 하지만 여전히 송학을 밀어내지는 못했다. 환파가 나타나면서부터 상황이 바뀌었다. "대진이 사고관(四庫館)에 들어가면서부터 여러 학자들은 모두 두려워했다. 그들은 옷섶을 여미며 그의 제자로 되기를 원했다……대진의 『맹자자의소증(孟子字義疏證)』은 재성을 밝히고 학자들은 스스로 정주를 얕잡아보았다."[437] 그 후로 이학자들은 영향력을 잃었고 한학이 송학의 지위를 대체해 문화학술의 주류로 되었으며 지식계에 "확인하여 정정하는 걸 고수하고 송나라 학자를 험담했다. 따라서 염락관민(濂洛關閩)과 관련된 저서를 읽는 자가 없는"[438] 상황이 나타났다.

---

436) 장태염, 『구서』, 『청유』 제12
437) 장태염, 『구서』, 『청유』 제12
438) 소련, 『소정잡록』 권8

한학이 학술계를 지배할 수 있었던 것은 당시 사회조건 그리고 청나라 문화정책과 갈라놓을 수 없다. 건륭 때, 청나라 통치가 이미 100여 년을 거치면서 전성시기에 들어섰다. 정치가 안정되고 경제가 번영하고 태평스럽고 부유한 사회가 마련됨으로써 학술연구에 양호한 조건을 마련해준 것이다. 북경, 양주(揚州), 소주, 항주(杭州)의 정치와 경제, 문화가 특히 발전했으며 다재다능한 인재가 대거 나타났다. 또 서원이 우후죽순마냥 설립되고 판각인쇄로 책을 출판하거나 서적을 수장하는 것이 기풍으로 되었다. 옹정과 건륭시기, 문자옥이 더욱 가혹해졌다. 지식인들은 고서만 죽어라고 파고들었을 뿐 정치를 의논하거나 역사를 쓰지는 못했다. 오직 고대 경적을 깊이 파고드는 데만 열중했다. 청나라의 조정 정책도 경적 해석을 제창했다. 그리고 박학홍사과에 이어 건륭 14년에는 '경학에 몰두하는' 선비를 대상으로 시험을 통해 선발했으며 저술을 심의하도록 명하고 근정전(勤政殿)으로 소대(召對)했다. 만약 강희제 때 정주 이학만 존중했다면 건륭 때 통치자들은 이학이 이미 지식계를 유지할 수 없고 반드시 한학을 제창하여 두 가지 학파 모두 자신들의 통치를 위해 봉사하도록 해야 한다는 사실을 깨달았다. 완원은 "본조의 역대 황제들은 도덕이 순수하고 완벽해 지나간 옛날을 포용하는 마음으로 송학의 성도를 숭상하고 한나라 유학의 경서로 그 실질을 풍부히 했다. 성학이 가리키는 것이 바로 해내의 방향이다."[439]고 말했다. 한학자들의 제창으로 말미암아,

---

439) 완원, 『연경실1집(擘經室一集)』 권2, 『의국사유림전서(擬國史儒林傳序)』

청 정부는 『사고전서(四庫全書)』를 편찬했고 유명한 한학자들이 편찬에 대거 참여했다. 예를 들면, 주균(朱筠), 주규(朱珪), 기윤(紀昀), 왕창(王昶), 필원(畢沅), 노견증(盧見曾), 완원 등 요직에 오른 관리들 모두 조예가 깊은 한학자들이었다. 이들은 장려와 발탁을 제창하는데 최선을 다했다. 때문에 "건륭 이후로 가구마다 허신과 정현의 학설을 배우고 사람마다 가규(賈逵)와 마융의 뜻을 받들었으며 동한 학설이 시대의 흐름과 학풍으로 되었다."[440)

환파의 주요한 대표자인 대진(戴震)은(1723년부터 1777년, 옹정 원년부터 건륭 42년), 자가 동원(東原)이고 안휘(安徽) 휴녕(休寧) 사람이다. 집안 형편이 어려워 소상인으로 지내거나 글공부를 가르치면서 생계를 유지했다. 청년 시절, 유명한 학자인 강영(江永)에게서 글공부를 배웠다. "강영이 경학에 몰두한지 수십 년이 되었다. 그는 삼례, 보산(步算), 종률(鍾律), 성윤(聲韻), 지명 연혁에 깊이 정통하여 대사로 우뚝 섰다."[441) 강영은 우선 예학에 기여했다. 그는 『예경강목(禮經綱目)』 등 예학 관련 저작을 여러 개 편찬해 『사고전서』에 수록했으며 이를 '정핵(精核)의 작품'이라 불렀다. 그는 또 성운학(聲韻學)에 기여했다. 강영은 "옛 것을 연구한 공은 크지만 음조식별의 공은 미미하다"[442)며 고염무의 성학 연구를 비난했으며 고 씨 고운(古韻) 10부의 분법을 13부로 바꾸었다. 이밖에도

440) 양계초, 『청대학술개론(淸代學術槪論)』
441) 단옥재, 『대동원년보(戴東原年譜)』
442) 『대동원집(戴東原集)』 권12, 『강진수선생사략장(江愼修先生事略狀)』

그는 천산에 기여했는바 매문정(梅文鼎)이 논한 세실(歲實, 1년의 길이에 해당하는 실제도수)소장의 착오를 바로잡았다. 강영의 제자에는 대진 외에도 금방, 정요전 등이 있었는데 모두 예경을 연구하는 명인으로 꼽는다. 강영을 몹시 추앙했던 대진은 "선생의 학설은 한나라 경사인 강성 이후로 비교할만한 자가 극히 드물다."[443)고 말했다.

대진은 학술에서 강영의 영향을 상당하게 받았다. 건륭 20년, 33세인 대진이 아직은 궁핍한 수재였을 때, 원수의 모함을 피하기 위해 북경으로 도망쳤다. 생활이 극도로 가난해졌으며 "여관생활에 시달려 전죽(饘粥)조차 없어 끼니를 잇지 못하고 하루하루 되는대로 미치광이 생활을 했다."[444) 그는 저술을 갖고 청년학자 전대흔을 찾아갔다. 전대흔은 그를 '천하의 기재(奇才)'라 불렀다. 그 후로 대진은 그 해에 합격한 진사이자 학문가인 왕명성, 전대흔, 노문초(盧文弨), 왕창, 기윤, 주균 등을 알게 되었다. 이들은 모두 대진의 학식에 탄복하여 "선생님의 성함을 듣고 찾아뵈었다. 그 학문을 탐구하고 학설을 듣고 저술을 살피고는 찬양하지 않는 자가 없다. 그래서 명성이 높은 경사나 널리 알려진 삼공구경들이 서로 다투어 찾아뵈려 했다."[445)고 말했다. 형부 시랑 진혜전(秦蕙田)이 그에게 『오례통고(五禮通考)』 편찬에 참여할 것을 요청했고 이부 상서 왕안국은 그를 아들 왕념손(王念孫)에게 글공부를 가르치는 스승으로 모셨다.

---

443) 『위의 책.
444) 전대흔, 『점연당문집』 권39, 『대선생위전(戴先生震傳)』
445) 단옥재, 『대동원년보(戴東原年譜)』

건륭 22년, 양주에 도착한 대진이 염운사(鹽運使) 노견증(盧見曾)의 아우당(雅雨堂)에 머물렀을 때 혜동과 친분을 맺었다. "혜동과 대진이 양주에서 만났으며 서로 간에 높이 평가했다."[446] 대진은 40세 때 거인에 합격했으나 회시에서 떨어졌다. 그 후로 강서(江西), 강소(江蘇), 직예(直隷), 산서(山西)를 오가면서 관리들의 초빙을 받아 저술 편찬에 참여했다. 51세 때, 황제의 부름을 받고 거인의 신분으로 『사고전서』 찬수관(纂修官)으로 들어갔다. 53세 때, 회시에 참가했으나 또 다시 낙방했고 특별 허가를 받고 전시에 참가했다가 한림원 서길사(庶吉士)로 발탁됐다. 그러다가 55세 때 병사했다. 그의 제자가 아주 많았는데 단옥재(段玉裁), 왕념손, 임대춘, 공광림(孔廣森) 등은 모두 그를 스승으로 모시고 공부를 배웠다.

청나라 중엽 학자 가운데서 단연 대진의 학술성과가 가장 뛰어나다. 그는 박식하고 빈틈이 없었을 뿐만 아니라 다른 한학자와는 달리 수많은 이론을 써내고 정주이학을 비난했다. 또 스스로의 사상을 창조적으로 서술해 유물주의 경향을 보였다. 그 후의 학자인 왕중(汪中)은 청나라 학술을 이렇게 평가했다. "본조의 여러 선비가 굴기하면서 2천여 년 간의 타락에서 벗어나는 서막을 알렸다……정림(고염무)이 그 시작이었고 하락도서, 호 씨(호위)에 이르러 부족함이 있었다. 중서 추보(推步)는 매 씨(매문정)에 이르러 최고의 경지에 이르렀다. 고문을 공격한 자로는 염 씨(염약거)이고 한나라 역학 연구에만 몰두한 자로는 혜 씨(혜동)이며 동원(대진)이

---

446) 왕창, 『춘융당집(春融堂集)』 권55, 『대동원묘지명(戴東原墓志銘)』 4

나타남으로써 이를 집대성했다.")[447] 왕중이 대진에 대한 추앙은 결코 과찬이
아니다.

대진은 음운, 문자에서도 뚜렷한 성과를 거두었다. 그는 고운
분부(分部)와 성류(聲類) 분석에 모두 기여했다. 고염무는 고운을 10부로
나누고 강영은 13부로 나누었다. 그러나 대진은 이를 9가지 유형 25부로
나누었다. 음조식별에 정통한 그는 이로부터 착수해 성류별로 음성을
배합함으로써 운부(韻部)를 균형화 했다. 고염무, 강영의 학술을 바탕으로
일정하게 창조하거나 일정 부분 발전시켰다. 그는 또 고문자의 음과
성(聲)으로부터 그 의미를 탐구해 '고훈과 음성은 서로 표리(表裏)의 관계에
있는' 규칙을 발견했다. 그는 "자서는 고훈을 바탕으로 하고 운서는 음성을
바탕으로 하지만 양자는 항상 서로 근거가 되는 관계이다. 음성을 고훈에
따라 함부로 바꾸지 않으면 일음(一音) 혹은 수의(數義)이고 음성이 고훈에
따라 바뀌면 일자(一字) 혹은 수음(數音)이다. 대체로 일자는 기정의 본 뜻
외에도 글자의 독음과 의미를 인신(引伸)했는데 모든 육서의 가차(假借)가
그러하다. 예를 들면, 의미가 소리에 따라 나타나거나……소리가 같지만
뜻이 다르거나……소리와 뜻 모두 다른 것이다……육서의 가차 법은
예를 들어 보급할 만 하다."[448] 그는 반드시 음성을 통해 전주(轉注),
가차를 명확히 해야만 고문자의 의미를 똑똑히 알 수 있다고 설명했다.

---

447) 강번, 『한학사승기』 권7
448) 『대동원집』 권3, 『운서에서 글자의 의미로 진상서 혜진에게 답한 것을 논함(論韻書中
字義答 秦尚書蕙田)』

소학(小學)에 정통한 대진은 음운, 고훈 등 기본적인 부분으로부터 착수했기 때문에 경학 연구 성과가 상대적으로 컸다. 대진은 스스로의 학문연구 특점을 이렇게 종합했다. "소인의 학문은 글자를 바탕으로 경학을 연구하고 경학을 바탕으로 글자를 연구한 것뿐이다."[449] "한 글자의 뜻을 알려면 6경서를 통달해야 하고 이래야만 그 뜻을 알 수 있다."[450] 기윤은 "대군이 옛날 사람들의 소학에 깊이 정통했다. 따라서 고증제도를 통해 얻어낸 글자의 의미는 이미 투항한 한나라 유학자들이 따라갈 수 없으며 구하여야 하는 성인에게서 전해져 내려온 경서로 독창적인 부분이 꽤 많다"[451]며 높이 평가했다.

　음운, 고훈 외에 대진은 명물, 제도, 경적에 대해서도 많이 고증했다. 저술 『고공기도(考工記圖)』는 『고공기(考工記)』 본문과 정강성의 해석 여러 군데를 수정했다. 또 『상서·요전(尙書·堯典)』에 '광피사표(光被四表)'라는 단어가 언급되는데 예로부터 그 누구도 이에 의구심을 품은 적이 없었다. 그러나 대진은 『공안국전(孔安國傳)』, 『이아(爾雅)』 등 저술을 바탕으로 '광(光)'이 아닌 '광(橫)'이 정확하다고 주장했다. 그는 고대에 '광(橫)'자가 '광(桄)'와도 통용되어 '광(桄)'을 '광(光)'으로 잘못 썼으며 '광피(橫被)'가 '광피(廣被)'의 의미가 담겼다고 말했다. 그는 "『요전(堯典)에

449) 진환, 『설문단주발(說文段注跋)』
450) 『대동원집(戴東原集)』 권9, 『여시중명론학서(與是仲明論學書)』
451) 기윤, 『기문달공유집(紀文達公遺集)』 권8, 『고공기도서(考工記圖序)』

반드시 '광피사표(橫被四表)'를 주장하는 부분이 있다"[452]고 단정 지었다. 그가 이렇게 말한 후의 몇 년 간 그의 친구, 제자, 친척들은 여러 가지 고서에서 '광피사표' 혹은 '광피(橫被)'의 몇 가지 좋은 예를 찾아내 대진의 판단이 정확하다는 점을 증명했다.

대진은 고대 천산과 고대 지리 연구에서도 상당한 성적을 거두었다. 그는 고대 천문 이론과 고적에서의 관련 자료를 서로 결부시켜 고대 천산에서의 일부 난제를 풀어냈다. 예를 들면, '선기옥형(璿璣玉衡)'에 대해 고증하고 『영락대전』에서 고대 산서 여러 종류를 편집해내 오래 세월동안 실전되었던 고대 수학이론이 다시 빛을 볼 수 있도록 했다. 고대 지리에서 대진은 역도원(酈道元)의 『수경주(水經注)』를 정리했다. 이 책은 유전 과정에 경문과 주문(注文)을 혼동한 탓에 앞뒤가 뒤섞이고 무질서해 순통하게 읽을 수조차 없었다. 대진은 이 책을 정리하면서 "본 저서의 요지와 체제를 심사한 후 지망(地望)에 따라, 서로 다른 저서를 겸해서 근거로 사용했다."[453] 그는 세심하게 경문과 주문을 분류해 『수경주』의 본래 모습을 기본상 회복했다.[454]

---

452) 『대동원집』 권3, 『여왕내한봉개서(與王內翰鳳喈書)』
453) 『대동원집』 권6, 『수경역도원주서(水經酈道元注序)』
454) 대진보다 이른 전조망, 조일청(趙一淸)도 『수경주』를 정리했으며 대진이 얻은 결과와 아주 흡사했다. 따라서 학술계에 서로 다른 파벌의 의견이 존재했다. 한 파는 대진이 조일철의 연구성 과를 표절했다고 주장했다. 예를 들면, 위원(魏源), 양수경(楊守敬), 왕국유(王國維)가 대표적이 다. 다른 한 파는 전조망, 조일청, 대진이 각각 독립적인 연구를 했고 대체로 비슷한 결과를 얻 은 것이지 표절은 아니라고 주장했다. 예를 들면, 단옥재, 호적, 웅회정(熊會貞)이 대표적이다.

대진은 탁월한 고증 학자이자 뛰어난 철학자이기도 하다. 그는 경문 해석을 바탕으로 유물주의 철학을 주장해 반봉건 사상을 보여주었다. 그는 성운, 고훈, 명물, 제도에 대한 고증과 해석을 특히 중요시했다. 그는 "글공부를 하는 현재 사람들은 아직 글을 모르면서 눈을 끔적이며 고훈지학이 가치가 없다고 생각한다. 자세히 연구해보면 글자를 안 하고 해도 그 언어는 알지 못하고 언어를 안다고 해도 마음에 품은 뜻은 모르고 있다."[455] 그는 고대 경적의 문자, 명물, 제도를 제대로 파악해야만 그 가운데 내포된 의미를 깨달을 수 있다고 여겼다. 하지만 다른 한편으로, 그는 음운, 고훈, 고증에만 몰두한 것이 아니라 작품의 사상내용, 다시 말해 이른바 '의리(義理)'와 '대본(大本)'을 거듭 강조했다. 그는 '마음이 이치를 깨닫는데 있다'며 자아를 평가하면서 음훈 고증은 '이치를 깨닫는' 수단에 불과하다고 말했다. 그가 비록 한학자의 수령이긴 하지만 다수 한학자들이 고대 경주를 고수하는데 불만을 품고는 '의리'에 대해서는 절대 거론하지 않았다. 그는 "의리는 문장과 심사의 근본이다.

의리에 익숙해야만 그 후에 심사할 수 있고 문장에도 능통할 수 있다."[456] "군자가 하는 일이라면 그것은 이치를 깨닫는 것이다. 현재 학문이 넓고 품행이 단정하며 문장에 능하고 심사를 잘하는 자들이 모두 이치를 깨닫는데 뜻을 품지 않고 헛되이 옛 선비들의 사상을 고수하면서 그것만을 굳게 믿고 충실하고 있다."[457]고 말했다. 그는 이처럼 고증만

455) 『대동원집』 권3, 『여아주소전보서(爾雅注疏箋補序)』
456) 단옥재, 『대동원집서(戴東原集序)』
457) 『대동원집』 권9, 『답정장용목서(答鄭丈用牧書)』

하고 정설만 고수하면서 사상내용을 거론하지 않는 학문연구 태도를 반대했다. 그는 누군가에 의해 음훈고증에서 이룬 성과가 철학사상과 사회사상에 말살될 수 있을 것이라는 점을 예견한 듯한 말을 했다. 따라서 "육서, 구장산술 등 학문에 종사하는 자는 마치 가마꾼과 같고 가마꾼은 가마에 앉은 사람을 드는 자이다. 육서, 구장산술 등 학문에 종사하라고 요구하는 것은 분명 가마꾼을 가마에 앉은 사람으로 여긴 것이다"[458]며 특별히 성명했다. 『맹자자의소증(孟子字義疏證)』은 대진의 가장 중요한 철학 저작이다. 대진은 "한평생 소인이 저술을 많이 지었지만 그 중에서도 『맹자자의소증』이 가장 대표적이다. 그래서 인심을 바로 잡는 것이다."[459] 하지만 대진의 친구와 제자를 비롯한 일반인들은 그의 학술 취지를 이해하지 못한 채 그가 고증에서 거둔 성과만 숭배할 뿐 그의 철학사상은 결코 중시하지 않았다.

대진은 청나라 초기 유물주의 전통을 이어받아 유심주의 사상을 지닌 정주이학을 향해 첨예하게 비난했다. 그는 이학자들의 이른바 " '이'가 '기'에 앞서 존재한다"는 주장을 반대하면서 '기'가 제1성으로, 우주만물의 본원이라 주장했다. 그러면서 자연계의 발생, 발전은 '기화유행', 다시 말해 물질의 운동이라고 여겼다. 그는 "기화 유행하고 생생하여 마지않는 것이 이치이다. 역경에서도 한번 음이 되고, 한번 양이 되는 것을 도라고 했다. 홍범오행에는 수, 화, 목, 금, 토가 있거늘, 그러니 오행 또한 도의

---

458) 단옥재, 『대동원집서』
459) 위의 책

통칭이 아니겠는가."[460]고 말했다. 그가 여기서 말한 '도'와 '음양오행'은 모두 물질적인 것이다. 대진은 '이'가 단지 '기'의 운동변화 법칙이기 때문에 제2성에 속한다고 여겼다. 그는 "근본이 먼저이고 그 다음이 변화"[461]라고 주장하면서 '이'가 사물의 흐름 즉 변화로, 오로지 서로 다른 구체적인 사물 가운데 존재하지 사물을 뛰어 넘거나 외부에 있는 것이 아니기 때문에 '분리(分理)'라고도 한다고 주장했다. 그는 "사물의 관점에서 말하면 사물 외부에 별도의 이치와 도의가 있지 않다. 사물이 있으면 반드시 그 안에 규칙이 있다", "물체란 사물이다. 사물을 얘기할 라면 일상생활의 음식일 뿐이다. 진정한 도리를 버리고 '이(理)'를 주장하는 것은 결코 옛날 성현들이 말하는 '이(理)'가 아니다."[462] 대진은 이학자들이 표방하는 만물을 뛰어 넘는 '이'를 강렬하게 반대하면서 이처럼 현묘하고 공허한 '이'가 존재하지 않고 불교에서 가져온 것으로 "'이'가 '기'를 주재하고 불교에서는 '신'이 '기'를 주재한다. '이'로 '기'가 생기고 불교에서는 '신'으로 '기'가 생길 수 있다고 여겼다."[463]

　　대진은 유물주의 입장에서 인성론과 이욕설을 제기했다. 그의 사상에서 가장 다채롭고 전투적인 색채가 담긴 부분이라고 하겠다. 그는 송나라 유학자들이 인성을 '의리지성(義理之性)'과 '기질지성(氣質之性)' 두 가지

---

460) 대진, 『맹자자의소정』
461) 대진, 『원선(原善)』
462) 『맹자자의소정』
463) 위의 책.

부분으로 나눈 것을 반대했다. 송나라 유학자들은 '기질지성'을 '인욕'을 불러오는 죄악 같은 존재로 간주했다. 대진은 이런 논점을 전혀 동의하지 않았다. 그는 '성'을 자연적인 분해라고 여기면서 "성이란 것은 음양오행으로 나뉘고 성격, 기질, 품성 등 본성으로 여겨지기 때문에 사물에 서로 차별이 있는 것이다", "성격과 기질 그리고 품성이 성의 본질이다."[464]고 주장했다. 때문에 성은 '기질지성'이고 송나라 유학자들이 주장하는 천성적인 '의리지성'은 전혀 존재하지 않는다는 것이다. 사람은 인성이 있고 사물은 물성(物性)이 있다. 인성이 자연 분해하여 '전(全)'을 이루고 물성은 자연 분해하여 '곡(曲)'을 이룬다. 그러니 인성은 '선(善)'한 것이다.

인성을 특히나 존중한 대진은 인성에 욕(欲), 정(情), 지(知) 3가지 부분이 포함되었다고 여겼다. '욕'이란 소리, 색깔, 냄새, 맛에 대한 요구 욕망이고 '정'이란 희로애락의 감정이며 '지'란 미추(美醜)와 시비를 가리는 능력을 말한다. 그는 "사람이 태어난 후 욕망이 생기고 정이 생기고 지가 생겼다. 위 3가지는 본연의 성격, 기질, 품성이다. 욕이 생기게 한 것은 바로 소리, 색깔, 냄새, 맛이고 이로 좋아하고 싫어하는 것이 생겼다. 정이 생기게 한 것은 희로애락이고 이로 슬프고 편안함이 생겼다.

지가 생기게 한 것은 미추와 시비를 가리면서부터이며 이로 하여 좋고 나쁨이 생겨났다. 소리, 색깔, 냄새, 맛에 대한 욕망은 삶을 키워주고 희로애락의 감정을 느낌으로 하여 물(物)과 접하고 미추시비를 알므로

---

464) 위의 책.

하여 천지를 통한다……이런 것들이 모두 본성이다."[465] 그는 사람의 생명 형체가 있은 후에 욕, 정, 지가 생겨났다고 여겼다. 따라서 송나라 유학자들이 주장하는 '천리를 보존하고 인욕을 제거하자'와 '분노를 억제하고 욕망을 참자'는 설을 반대했다. 대진은 '욕'은 누구나 갖고 있는 본연적인 생리요구이기 때문에 제거할 수 없다고 여겼다. '욕'은 이학자들이 주장하는 것처럼 '모든 죄악의 근원'이 아니고 이성과 지혜를 바탕으로 이끈다면 '욕'이 합리적으로 발전하고 절제 있게 만족을 얻을 수 있는데 이런 것이 바로 '선(善)'이고 '인(仁)'이라고 주장했다. 그는 "욕망이란 본성과 관련되는 일이다……욕망에 사로잡혀 먼저 사리를 챙기지 않으면 그것이 바로 인이다", "사람이라면 욕망이 있다. 천하를 두루 통하는 욕망이 바로 인이다", "성인이 나라를 다스리면서 백성의 실제 청구를 살피고 백성들의 요구를 만족시키니 그것이야말로 임금이 어진 덕으로 백성을 다스리는 도리를 갖춘 것이다."[466]고 말했다. 이학자와 전혀 상반된 대진의 도덕관은 인성을 존중하고 인욕을 인정하는 기초 위에 건립되었다. 그는 정주이학이 백성의 '배고픔과 추위, 근심과 원한', '인지상정, 잘 알려지지 않은 고충'을 각종 죄악의 '인욕'으로 간주하고 군중의 정당한 생리요구를 말살했다면서 극히 잔인하고도 허위적인 설교라고 주장했다. 그는 "천리와 인욕이 동시에 존재할 수 없다"는 주희의 주장을 겨냥해 "이치란 욕정에 존재하는 것이다"[467], "욕망이 생겨난 후에 유위(有爲)가 있고 유위를 매우 합당한

---

465) 위의 책.
466) 위의 책.
467) 위의 책.

이치라 생각하면 안 된다. 그러니 무욕(無欲) 무위(無爲)가 또 어찌 이치에 맞다고 할 수 있겠는가?"[468]

대진은 이학자들이 주장하는 이른바 '이'가 진리가 아닌 주관적인 선입견이고 강자가 약자를 괴롭히고 압박하는 구실일 뿐이라며 과감하게 폭로했다. 그는 현실 세계에서는 강권을 바른 도리로 간주하고 있다는 점을 지적하고 나서 봉건제도와 봉건 이학을 비판하고 규탄했다. 그는 이렇게 말했다.

"요즘 지극히 어리석은 사람이 포악하고 제멋대로 굴지라도 일을 처리하고 사람을 책망할 때 느닷없이 '이'를 끌어다 댄다. 이것은 송나라 이후에 생겨난 습관이다. 그들은 '이'를 마침 초월적인 존재처럼 '하늘로부터 얻어서 마음에 갖추어진 것'으로 생각한다. 그래서 버럭 화를 내고 지위를 등에 업고 협박하며 말재간이 뛰어난 자들은 이치가 바른 것으로 본다. 힘이 약하고 두려움에 떨며 말 재주가 없는 자들은 도리에 어긋나는 것으로 본다. 아, 누구 이로 일을 처리하고 사람을 통제하면 도리에 어긋난다고 했는가!"[469]

"높은 사람은 이치로 낮은 사람을 질책하고 연장자는 이치로 어린 사람을 질책하고 귀한 사람은 이치로 비천한 사람을 질책하며 그

---

468) 『원선』
469) 『맹자자의소정』

잘못을 가리켜 순리라고 하였다. 낮은 사람과 어린 사람과 비천한 사람이 만약 이로써 저항하면 비록 그들이 옳아도 그것을 가리켜 거역이라고 하였다……윗사람이 이로써 책망하면 아랫사람의 죄과는 모두 그 수를 헤아릴 수도 없게 되었다. 사람이 법에 걸려 죽으면 오히려 그를 불쌍히 여기는 사람이 있다지만 이치에 걸려 죽으면 누가 불쌍히 여기겠는가?[470)

후세의 유학자들은 사정을 모르지만 약간의 불만도 없다. 이를 이치라 한다. 이른바 이치란 혹리들이 주장하는 법과 동일하다. 혹리는 법으로 사람을 죽이지만 후세의 유학자들은 이치로 사람을 죽인다.

법을 버리고 이치를 따지는 데만 열중하니 죽는 것이나 다름없다! 더욱이 구할 도리가 없는 것이다……후세의 유학자들이 이치를 추구하는데 몰두하면서 이치로 속박하고 상한지법으로 엄히 단속했다. 그러니 가령 학업을 마쳐도 백성들의 사정을 몰랐다. 이때부터 천하에는 세상 물정에 어두운 선비들이 많았으며 그리하여 백성들을 비난해도 백성들은 따질 줄 몰랐다. 그들은 스스로 이치에 맞다고 생각하지만 천하에는 그 해를 입은 자가 아주 많았다.[471)

470) 위의 책.
471) 『대동원집』 권9, 『여모서(與某書)』

글자마다 피눈물을 흘리듯 비통하였으며 얼마나 많은 무고한 약자들이 '이'자의 희생양으로 됐는지 모른다.

'후세의 유학자들이 이치로 사람을 죽였다'라는 주장은 봉건 예교에 대한 비통한 규탄과 맹렬한 비난으로, 이학의 급소를 찌른 것과 같다. 봉건전제주의는 군사의 힘으로 직접 백성들의 저항을 진압하는 외에도 법률과 예교를 통해 백성들의 손과 발을 묶는 등 그들을 속박했다. 대진은 봉건사회의 '법'과 '이'를 함께 논하면서 이를 통치자들이 휘두르는 살인무기로 간주했다. 그 당시에는 아주 심각하고도 대담한 견해였다.

주목해야 할 부분이라면, 대진이 생활했던 옹정과 건륭 시기, 문화에 대한 봉건전제주의 통제가 아주 엄밀했고 문자옥이 끊임없이 나타났다는 점이다. 정주이학은 청나라 정권의 사상적 지주로, 옛 제도를 수호하고 새로운 사물을 억누르는 도구이다. 청나라 정부에서 이학을 적극적으로 존경하고 숭배했는바 몇 번 발생한 문자옥은 모두 정주이학 반대가 이유였다.

대진이 정주이학에 대한 비판은 단지 사상학술 분야에서의 논쟁에만 그친 것이 아니라 『맹자』 글자의 뜻을 풀이하는 등 교묘한 형식으로 정치 투쟁을 벌였다. 사실 그의 비판은 봉건전제주의와 청나라의 잔혹한 통치를 겨냥한 것이다. 장태염은 이 부분에 대해 정확하게 지적했다. "대 씨……옹정과 건륭시기에 생활했다. 황제의 명을 받고 귀향사리를 하는 자들이 정주의 서론을 빌어 법을 왜곡하고 있어 백성들이 어찌할 바를 몰라 하고 있는걸 보아왔다. 따라서 『원선(原善)』, 『맹자자의소증(孟子字義疏證)』은 이욕의 서로 다른 실질의 잘못을 비난했다……그 책망은 다른 책이 아닌 이 책에 있다."[472]

　당연히 소박한 유물주의자인 대진은 많은 문제에서 철저하지 못했다. 예를 들면,, 그는 진리의 객관성을 몰라 "마음이 같은 부분은 이치에 있다"[473]고 말했다. 그는 실천의 역할을 중요시 하지 않았으며 "지식보다 실천을 중요시하면 성학이 아니다"[474]고 말했다.

　특히 사회역사 문제에 대해서는 유심주의 경향이 더욱 짙었다. 대진은 인간의 사회성과 계급성을 떠나 추상적으로 인성을 본연적인 정욕에 귀결시켰는데 이는 과학적이지 못하다. 그러니 자연히 인간의 본성과 도덕, 인욕 등을 정확하게 해석할 수 없었던 것이다. 봉건예교, 정주이학과 과감하게 투쟁한 대진의 사상에는 개성 해방을 쟁취하려는 색채가 담겨 있다. 하지만 전반적으로 볼 때, 봉건계급 사상가로서의 대진은 공자와 맹자를 존중하고 숭배했으며 성학 회복과 계승을 주장했다. 그의 학술 연구가 여전히 유학 경전에 머물렀기 때문에 봉건 학술 울타리를 벗어날 수는 없었다.

---

472) 장태염, 『도한미언(菿漢微言)』
473) 『맹자자의소정』
474) 『맹자자의소정』

4. 한학의 발전

한 가지 학술 파별과 사상 흐름이 절정에로 발전한 후에는 분화가 생기기 마련이다. 그러니 자연히 그 학파와 조류에 속하지 않는 사람들의 공격을 받게 된다. 하지만 그 학파와 조류에 속한 자들도 시대의 변화에 따라 입장이 바뀌곤 했다. 또한 학파의 취지에 대해 서로 다른 이해와 평가를 내리고 학문 연구 실천 가운데서 수정, 개진함으로써 새로운 학파와 새로운 사조가 생겨나는 것이다.

사상, 학술의 발전은 끊임없이 흐르는 강줄기마냥 여러 가지 관점이 서로 대치 국면을 이루고 다양한 풍격이 서로 영향을 미쳤을 뿐만 아니라 뛰어난 인재들이 많이 모이고 끊임없이 새롭게 교체되면서 꾸준히 앞으로 발전했다.

대진은 청나라 한학 발전의 절정을 대표했다. 그는 박식한 학문과 정밀한 고증으로 송명이학의 서로 다른 학술 경로를 개척하고 새로운 풍격을 구축했을 뿐만 아니라 새로운 성과도 이루었다. 게다가 그의 사상은 아주 심각하고 깊이가 있었다. 그가 정주이학의 유심주의 설교에 대해 첨예한 비판을 했는바 이는 일부 이학 수호자들의 분노를 샀다. 그들은 고증 분야에서의 대진의 성과를 부득이 인정해야 했지만 그의 '의리지학(義理之學)'에 대해서는 필사적으로 반대했다. 대진과 동일한 시기에 생활했던 시인 옹방강(翁方綱)은 "최근 휴녕 대진은 평생 명물, 역학지학을 연구하는데 최선을 다했다. 그는 이런 분야에 정통하고 부지런히 고증했지만 실은 일부분만 확인하여 정정했을 뿐이다! 다만 그 사람은 고증에 종사하는데 달가워하지 않고 성도(性道)를 얘기하려

하며 정주와 다른 주장을 펼쳤다"[475]고 말했다. 이밖에 동성파(桐城派) 고문학자인 요내(姚鼐)도 대진을 공격했다. "송나라 유학자의 저술을 읽지 않아 고찰 탐구가 넓고 깊이 이뤄졌다고 해도 불가피하게 마음속에 비열함이 남아있고 일을 처리함에 있어 도리에 맞지 않게 행동할 때가 있다"[476] "자가 동원인 대진의 고증이 어찌 훌륭하지 않다고 할 수 있겠는가.

그러나 학문의 내용이나 이치를 말하려고 하면서 낙민(洛閩)의 자리를 차지하려 하니 우매하고 오만방자하며 주제를 모르는 정도가 심하다고 할만하다"[477] 특히나 정주에 대한 대진의 비판에 불만을 품은 요내는 심지어 "정주는 나의 부사(父師)같은 존재이지만 정주의 견해에 그릇된 부분이 있으면 바로잡아 주어도 된다. 그러나 바로 잡고 비방하고 비웃는다면 이는 부사를 비방하고 비웃는 것이나 다름없다……이러면 어찌하여 하늘의 미움을 받지 않을 수 있겠는가. 모기령(자 대가), 이공(자 강주), 정정조(程廷祚)(호 면장), 대진(자 동원)은 모두 죽음을 당하고 후손도 모조리 살해당했다."[478]

대진은 송학자의 공격과 모욕을 당했을 뿐만 아니라 한학자들 사이에서도 대진의 학술 취지에 대해 서로 달리 이해했다. 대진이 죽은 후 그의 제자 홍방(洪榜)이 그를 위해 『행장(行狀)』을 지어 대진이 세상 뜨기 한 달 전에 쓴 『답팽진사윤초서(答彭進士允初書)』를 그대로 수록했다. 이

475) 옹방강, 『복초재문집(複初齋文集)』 권7, 『이설(理說)』
476) 요내, 『속포헌척독(惜抱軒尺牘)』 권5, 권6
477) 요내, 『속포헌척독』 권5, 권6
478) 요내, 『속포헌문집(惜抱軒文集)』 권6, 『재복간재서(再複簡齋書)』

저술은 유물주의 사상을 천명하고 불로 정주 육왕사상의 유심주의 실질을 폭로했다. 대진의 고증지학에 깊이 탄복한 주균(朱筠)은 『행장』에 『답팽진사윤초서』를 수록하는 걸 극력 반대하면서 "반드시 수록할 필요는 없고 성과 천도는 들을 수가 없다. 정주를 제외하고 논설이 있을 것이라고는 생각이나 했을까? 대 씨 전수자는 이곳에 없다"[479]고 말했다. 이 때문에 홍방은 주균에 서신을 보내 서로 논쟁을 펼쳤다. 이로부터 대진의 친구와 제자들의 인식이 서로 차이가 있었다는 점을 알 수 있다. 다수인들은 그저 대진의 천산, 음훈, 명물, 전장 분야에서의 성과를 얘기했다. 주균의 학생이자 친구인 유명한 역사학자 장학성(章學誠)은 한학 진영 밖에서 가장 먼저 한학을 비판했다.

그는 대진의 학술사상에 대해 주균의 인식과는 다른 견해를 내놓았다. 장학성은 "무릇 대군이 배운 학문이라면 훈고에 깊이 정통했다. 먼저 명물제도를 익숙히 한 후 그 다음에 까닭을 알아내 도를 밝게 했다. 그 당시 사람들이 박아한 고증을 귀히 여기고 있을 때라 훈고 명물 연구가 시대적 유행을 따른 것이기 때문에 대진의 깊은 조예가 이 부분이라 여기고 있다. 대진의 저술 『논성(論性)』, 『원선(原善)』 등은 하늘과 사람의 이와 기를 해석했는바 이는 옛 사람들이 발표하지 못한 것을 발표한 것이다. 그러나 현재의 사람들은 공설과 의리를 말하면서 작품이 없어도 된다고 하는데 이렇게 말하는 자들은 모두 대진을 모르는 사람들이다."[480] 이런 의논은

479) 강번, 『한학사승기』 권6, 『홍방(洪榜)』
480) 장학성, 『주육편서후(朱陸篇書後)』, 『장씨유서(章氏遺書)』

그의 스승 주균 등을 겨냥해 발표한 것으로 보인다.

한학이 여러 가지 비판을 받았지만 여전히 학술 사상계의 우두머리 역할을 했으며 이른바 "사람마다 정현과 허신의 사상을 배우고 가구마다 가규와 마융의 사상을 본받는"는 현상이 나타났으며 새롭게 흥기하는 학자들마다 한학의 영향을 크게 받았다. 18세기 후기의 학술계는 여러 가지 파벌이 병존했다. 첫 번째 파벌은 대진 음훈고증 지학을 계승해 방법이 보다 엄밀하고 성과도 뛰어났다. 그러나 추상적인 '의리(義理)'를 언급하지 않고 송학 반대 전통을 버렸다. 이 파벌의 대표자로는 단옥재, 왕념손과 왕인지(王引之)부자이다. 두 번째 파벌은 음훈 고증과 의리 지학을 함께 연구하고 대진의 철학사상을 계승해서 고양했다. 그러나 의논이 보다 부드러워지고 한학과 송학이 점차 융합되는 양상을 보였다. 이 파벌의 대표자로는 왕중(汪中), 능정감(凌廷堪), 초순과 완원이다. 세 번째 파벌은 한학에서 분리되어 나온 후 동한시기의 경고문학을 존중하던 때로부터 경금문학에로 거슬러 올라가 새로운 학파를 개척했다. 이 파벌의 대표자로는 장존여(莊存與), 공광림(孔廣森)이다. 네 번째 파벌은 한학의 반대편에서 고증학을 비판하고 자체의 사상 체계를 건립했다. 대표자로는 장학성이다. 다섯 번째 파벌은 송학자의 입장에서 한학을 맹렬하게 공격했다. 대표자로는 옹방강, 요내, 방동수(方東樹), 당감(唐鑒) 등이다.

대진의 직계 제자는 단옥재, 왕념손과 그의 아들 왕인지이다. 그들은 박식하고 치학 태도가 엄밀한데다 방법이 과학적이어서 음훈 고증지학을 새로운 절정에로 발전시켰다. 단옥재, 왕념손은 '핵심이 되는 중요한 내용을 예를 들어 하나씩 설명하는데' 능통했다. 즉 귀납법을 운용해 번잡한 고서에서 '조례'를 탐구한 후 또다시 그 '조례'를 바탕으로 고문자의 음독고훈을 명확히 하고 고서에서 그릇된 부분을 바로잡았다. 그들은 이런 방법을 운용해 큰 성과를 거둠으로써 수많은 고대 문서가 본 모습을 되찾게 되었다.

단옥재(1735 1815)의 자는 약응(若膺)이고 강소(江蘇) 금단(金壇) 사람이다. 그의 중요한 저술로는 『설문해자주(說文解字注)』이다. 『설문해자』는 동한시기 허신이 지은 자서(字書)로, 총 9천 3백 여자가 수록되었고 글자의 의미, 형태와 독음을 하나씩 설명해 후인들이 고문헌을 열독하고 고문자를 연구하는 중요한 참고서 역할을 했다. 단옥재가 허신의 설문에 대해 상세하게 주석을 달고 오류를 바로잡는 외에도 조례를 순통하게 하고 음운과 고훈을 명확히 했다. 노문초(盧文弨)는 단씨의 『설문해자주』에 대해 "모두 증거가 있고 억설과는 달리 상세하게 조사하고 여러 면으로 논설했기 때문에 설문이 있은 후로 이 저술보다 나은 것은 없다."[481]고 말했다.

왕념손은 "1700년간 이런 저술은 없었다"[482]고 말했다. 왕국유(王國維)는 "오랜 세월을 거친 고견이다. 2천년 동안 설문 연구자들 가운데서 이토록 명확하고 유창하게 해석한자는 없었다."[483]며 높이 평가했다.

왕념손(1744 1832)의 자는 회조(懷祖)이고 강소 고우(高郵)사람이다.

---

481) 노문초, 『포경당문집(抱經堂文集)』권3, 『단약응설문해자주서(段若膺說文解字注序)』

482) 왕념손, 『왕석구선생유문(王石臞先生遺文)』권2, 『단약응설문해자독서(段若膺說文解字讀 序)』

483) 왕국유, 『관당집림(觀堂集林)』권7, 『설문금서전문결이고주설(說文今敘篆文合以古籀說)』

『독서잡지(讀書雜志)』82권과 『광아소증(廣雅疏證)』22권을 창작했다. 『독서잡지』는 교감(校勘) 그리고 어법을 분석하는 방법을 적용하고 왕 씨의 박식한 지식을 결부시켜 다양한 고서의 문자 오류와 음훈구두를 확인하고 정정했다. "한 글자를 고증하기 위해 만 권의 책을 읽고 마음으로 이해하고 해석했는데 이는 다른 사람들이 아무리 생각해도 해낼 수 없는 일이다."[484] "무릇 학설을 세우려면 반드시 고서를 열거하고 증거를 널리 수집한 후 결론을 내려 사람들의 신복을 얻어냈다. 만약 강력하게 반증하지 못한다면 그 학설을 논박하기에는 충분하지 않다.

청나라 고증학이 성공할 수 있었던 것은 방법이 정밀했기 때문인데 이 저술이 가장 대표적이다."[485] 예를 들면, 저술 『회남자(淮南子)』에는 탈루와 오류 현상이 아주 심각했다. 왕념손은 도장본(道藏本)과 명각본(明刻本)을 주로 하고 기타 각본 그리고 고서의 인문을 참고로 해 9백여 조에 달하는 오류를 바로잡았을 뿐만 아니라 저술에 오류가 많이 생긴 다양한 이유도 종합했다. 『광아소증(廣雅疏證)』은 장읍(張揖)의 『광아(廣雅)』 교감과 해석에 대해 본 저서의 오자 580자, 낙자 490자, 연자(衍字) 39개, 순서가 뒤바뀌어진 132곳 그리고 정문과 음내자(音內字)가 혼동된 69곳을 수정했다. 고문자의 독음이 비슷하고 의미가 서로 통하는 원칙에 따라 한 글자의 해석 고증으로부터

484) 완원, 『연경실후속(揅经室续集)』 권2 아래, 『왕석구선생묘지명(王石臞先生墓志铭)』
485) 소일산(萧一山), 『청대통사(清代通史)』 중, 640쪽

'다른 비슷한 사물을 유추하여 이해함으로써' 많은 글자와 연계시켜 그들 사이에 서로 통하는 증거를 찾아냈다. 완원은 "무릇 한나라 이전의 『창(倉)』, 『아(雅)』 고훈은 모두 수괄하여 증명했다. 고훈의 취지는 성음을 바탕으로 고음의 고의를 알아내고 다른 비슷한 사물을 유추하여 이해함으로써 『이아(爾雅)』, 『설문(說文)』 이외에까지 늘렸다. 마치 미치지 않은 곳이 없는 것처럼 보였다. 성음과 문자 부분에서는 아주 엄격해 한 치의 흐트러짐도 보이지 않았다. 이것이 바로 장읍의 저술에 의탁해 여러 학설을 귀납한 것이다. 사실 장읍이 언급하지 못한 부분이 많았고 이 또한 혜 씨 정우, 대 씨 동원도 똑같이 미치지 못한 부분이었다."[486]

왕인지(1766 1834)의 자는 백신(伯申)이고 왕념손의 아들이며 공부 상서까지 올랐다. 저술로는 『경전석사(經傳釋詞)』 10권과 『경의술문(經義述聞)』 32권이 있다. 『경전석사』는 고문 허자(虛字)를 연구하는 작품으로, 허자 총 160개가 수록됐다. 저술은 허자의 근원과 발전을 확인해 정정하고 의미와 용도를 해석했다. 『경의술문』은 고서 중의 음훈, 고훈을 연구함과 동시에 오자와 탈자를 정정했다. 이 저술의 특징이라면 소소한 고증성과를 체계적인 학술 논문으로 작성했다는 점이다. 그중 상당수의 연구 성과는 왕인지가 그의 아버지 왕념손의 학설을

---

486) 완원, 『연경실후속』 권2 아래, 『왕석구선생묘지명』

서술한 것이기 때문에 『경의술문』라 불렀다. 왕 씨 부자는 언어와 문자 그리고 교감 분야에 크게 기여했다. 그들의 저술은 대량의 재료를 귀납한 후 결론을 얻어낸 것이기 때문에 상당한 과학적 가치가 있다. 완원은 "고우 왕 씨 일가의 학문은 해내에서 어깨를 나란히 할 자가 없다"[487] 고 말했다. 장태염은 "고우의 왕 씨는 빼어난 학문으로 주나라와 한나라 고서를 해석하는 과정에 걸림돌을 없애고 막힘이 없었는데 1천 5백년간 그들을 제외한 다른 사람은 없었다"[488] 고 말했다. 송학자의 입장에서 한학을 공격하던 자들도 왕 씨 부자의 학술성과에 경탄을 하는 수밖에 없었다. 예를 들면, 방동수(方東樹)의 『한학상태(漢學商兌)』에서는 "고우 왕 씨의 『경의술문』은 정(鄭), 주(朱)가 머리를 숙일 만하며 한나라와 당나라 이후로 이와 비할 저술은 없다"[489] 고 언급했다.

또 다른 부류의 학자들이 단옥재, 왕인지와는 다른 경향을 지녔다. 비록 똑같이 음훈 고증에 종사했지만 고증에만 국한되지 않고 '의리'를 겸해서 논했으며 학문연구 경로가 대진과 아주 흡사했다. 대진에게서 직접적으로 글공부를 배우지는 않았지만 대진을 무척이나 탄복했고 다수는 대진의 사숙 제자였다. 그들은 왕중, 능정감, 초순, 완원이다.

왕중(1744 1794)의 자는 용보(容甫)이고 강소 강도(江都) 사람이다.

---

487) 위의 책.
488) 장태염, 『구서』, 『정문(訂文)』 25쪽, 『정명잡의(正名雜義)』 첨부
489) 방동수, 『한학상태』 권중 아래

가난한 지식인 가정에서 태어났고 어렸을 때 아버지를 여의고 난 후 어머니 슬하에서 자랐기 때문에 생활이 아주 어려웠다. 서점에서 견습생으로 지내다가 공부할 수 있는 기회를 얻었다. 그가 발공(拔貢)에 합격한 후 거자업(擧子業)을 포기하고 살아가기 위해 오랫동안 막우 생활을 했다.

그도 교감과 음훈을 연구했지만 이보다는 실천 응용을 더 중시했다. 그는 스스로 학문연구 취지를 이렇게 총화했다. "사실 고염무와는 사숙관계인 문객들이 모여 육경의 내용을 얘기하면서 시대에 맞게 고쳐보자고 의견을 나눴다. 고증지학을 연구함에 있어 유독 사실을 토대로 진리를 탐구해야지 절대 낡은 것을 고수해서는 안 된다."[490] 그는 이학반대 전통을 계승해 이학자들이 신봉하는 『대학(大學)』이 실은 공자의 저술이 아니라고 지적했다. 그는 "문인이 말하기를 공자가 한 말이라면 반드시 '공자는', '공자가 말하기를', '공자가 말하기를', '부자가 말하기를'라고 명확히 적었다고 한다. 오늘의 『대학』은 누구의 말인지를 적지 않았고 모두 공자라고 생각하고 있지만 사실 아무런 증거도 없다"[491]고 말했다.

왕중은 송나라 유학자들이 학술 사상을 통제하기 위해 누구의 저술인지도 모르는 『대학』을 사서의 으뜸 자리에 올려놓고는 공자 문하의 경전이라 억지를 부리고 있다고 여겼다. 그는 또 옛 예교를 맹렬하게

---

490) 왕중, 『술학·별록(述學·別錄)』, 『여순무필시랑서(與巡撫畢侍郎書)』
491) 왕중, 『술학·보유(述學·補遺)』, 『대학평의(大學平議)』

공격하고 여성들의 수절(守節)과 순절(殉節)을 반대했다. 왕중은 또 제자의 연구를 주의 깊게 살펴보고 노자, 목자, 순자, 가의신서, 노 씨 춘추를 차례로 교감하고 고증, 해석해 연구 범위를 늘렸다. 그는 순자야말로 공자학설의 진정한 계승자라며 순자를 높이 평가했다. 그는 또 맹자에 의해 묵학이 '무부(無父)'사설에 배척된 것은 모독이라며 묵자를 위해 극력 변호했다. 왕중은 고금인물에 대해 과감하게 평가를 내렸는데 이는 그 당시에 사상이 상대적으로 개방적이었다는 점을 말해준다. 하지만 이로 하여 일부 사람들의 질투를 받기도 했다. 노문초는 "옛날 사람이라도 용서하지 않고 약점이나 잘못을 잡고 공격하니 하물며 오늘의 사람들이 어찌 늑백(勒帛)을 면할 수 있으랴. 많은 사람들이 그의 말이 두려워 죽이려 맹세했다."[492]고 말했다. 강중은 상당한 규모의 고대 학술사를 쓰고 책이름을 『술학(述學)』이라고 지을 타산이었지만 아쉽게도 완성하지 못했다. 현존하는 저술 『술학』은 그의 아들이 왕중이 쓴 글을 한데 모은 것으로, 기존의 예상 계획은 아니었다.

능정감(1755~1809)의 자는 차중(次仲)이고 안휘(安徽) 서현(歙縣) 사람이다. 그는 동향인 강영, 대진의 학술을 아주 높이 평가하고 숭배하는 한편, 송명이학을 반대하면서 주희와 왕양명 모두 불가와 노자의 사상을 답습한 것이기 때문에 유학 정통을 위배했다고 주장했다.

그가 지은 시구에는 이런 구절이 있다. "양명학이 바로 고정학이다.

---

492) 노문초, 『포경당문집(抱經堂文集)』 권34, 『공제왕용보문(公祭汪容甫文)』

나라의 법률이 불합리하고 허위적이라고 하여 비아냥거릴 것까지야 있겠는가. 현재 두 파가 서로에게 욕설을 하고 있으니 옛 가르침을 연구함에 있어 그저 망연하기만 하구나."[493] 능정감은 예학을 자세히 연구해 『복례(複禮)』 3편을 지었다. 그는 예가 심신의 규칙이자 행위의 규범이라고 주장하면서 "성인의 도리란 오직 예뿐이다"[494]고 말했다. 그는 이학자들이 제창하는 '이'를 반대하면서 '예'로 '의'를 대체할 것을 주장했다. 그는 "성인은 이가 아닌 예를 추구해야 한다. 이를 추구하면 마음을 스승으로 모시기에 자신만을 믿는 정도에 이르지만 예를 추구하면 본래의 성품을 회복할 수 있다."[495]고 말했다. 능정감은 송학 반대의 강력한 뒷심 같은 존재이다. 하지만 그는 번잡하고 진부한 '예'로 돌아갈 것을 주장했기 때문에 여전히 봉건의식 형태의 속박에서 벗어나지 못했다. 능정감은 『예경석례(禮經釋例)』를 지어 『의례(儀禮)』 17편을 보면 "예절이 엄숙하고 장중하며 억지스럽고 번잡스럽다. 그래서 불현듯 책을 읽으면 마치 명주실을 풀려다가 더욱 엉킨 느낌이 들지만 조심스레 실마리를 풀어나가면 갈피를 잡을 수 있다"고 여겼다. 그래서 그는 반드시 저술을 통달한 후 귀납법을 통해 저술 속에서 '예'를 찾아내야 한다고 주장했다. '예'가 이 저술의 갈피를 잡을 수 있는 경로라고 생각하면서 "대강과 세목은 반드시 예를 기반으로 해야 한다"[496]고 말했다. 이밖에 그는 고대

---

493) 능정감, 『교례당시집(校禮堂詩集)』 권14
494) 능정감, 『교례당시집』 권4, 『복례(複禮)』 상
495) 위의 책, 『복례』 하
496) 능정감, 『예경석례(禮經釋例)』 자서

음악에 대해서도 상당한 연구를 진행했다. 그는 당나라 연악을 조사해 『연악고원(燕樂考原)』을 지었다.

초순(1763~1820)의 자는 이당(理堂)이고 강소 감천(甘泉)사람이다. 중년에 거인에 급제했지만 그 후로는 과거시험을 포기하고 벼슬길을 바라지 않았으며 은거하면서 독서에만 몰두했다. 대진을 탄복해온 그는 "초순이 동원 대 씨의 저술을 읽으면서 『맹자자의소증(孟子字義疏證)』에 가장 탄복했다"[497]고 말했다. 그는 천문, 산학, 음훈, 치모시(治毛詩), 삼례, 논어, 맹자에 정통했으며 그중에서도 특히 역학에 뛰어났다. 그의 저술로는 『역통석(易通釋)』, 『역도략(易圖略)』과 『역장구(易章)』이고 이를 통털어 『역학삼서(易學三書)』라 부른다. 그는 역경에 '상착(相錯)', '방통(旁通)', '시행(時行)' 등 3가지 법칙이 관통되어 있다고 여겼다. 이른바 '상착'이란 바로 서로 대립되는 사물의 통일을 뜻한다. 이른바 '방통'이란 조화로운 질서에 따라 변화가 발생하는 것을 뜻한다. 이른바 '시행'이란 변화의 순환 반복을 뜻한다. 초순은 경학이라는 허울 하에 자체의 철학 사상 체계를 세웠다. 그는 모순을 인정하고 변화를 강조했지만 조화론(調和論)과 순환론에 치우쳤다. 다수의 한학자들이 번잡한 고증과 문자게임에만 몰두해 있던 그 당시에 초순의 성과는 특별히 뛰어나다고 할 수 있다.

그는 수학 지식을 역경 연구에 적용해 '수학 비율로 역경의 비율을 구해내고', '실제 측정'을 중시했다. 그는 이렇게 말했다.

---

497) 초순, 『조고루집(雕菰樓集)』 권13, 『기주휴승학사서(寄朱休承學士書)』

"어른의 『역(易)』은 마치 하늘과 같다. 하늘은 알 수 없고 실제로 측정해야만 알 수 있다……행도(行度)를 실제로 측정함에 따라 천(天)이 점차 명확해졌다. 경문을 실제로 조사하면 『역(易)』에 담긴 이치도 점차 명확해진다. 허리(虛理)로 해석해서도 안 되고 외심(外心)으로 처리해서도 안 된다."[498] 이런 연구방법으로 하여 그는 역대 주소의 울타리에서 벗어나 새로운 성과를 이룩할 수 있었다. 그를 숭배한 왕인지는 "책을 받쳐 들고 설역(說易)의 여러 조항을 보여주었다. 뒤죽박죽인 상황을 바로잡고 가리거나 막히는 부분을 걷어냈으니 그야말로 정예의 병(兵)이 아닌가. 하나하나 탐구하여 완벽하고 사실적인 수준에 이르게 했다. 그 방법은 비율 두 글자면 해석이 가능하다. 이른바 비율이자 다른 저술이 아닌 본 저술에 있다."[499]고 말했다.

초순의 철학은 변화의 철학이다. 그는 '변통(變通)'을 숭배하면서 "인의에 융통성이 있다. 따라서 사람이 융통성이 있으면 성품이 선해지고 사물이 변통하지 못하면 본질이 악하다"[500]고 말했다. 세계가 변화하는 것이기 때문에 전장제도와 성인의 언론은 모두 조건이 있고 궁극적인 진리가 아니라는 것이다. "경전제와 봉건제는 성인이 내온 것이라 후세에서 행할 수 없고 성인의 말도 정해진 것은 아니다. 그래서 한때에 정할 수는 있지만

---

498) 초순, 『조고루집』 권16, 『역도략자서(易圖略自序)』
499) 왕인지, 『왕문간공문집(王文簡公文集)』 권4, 『여초리당선생서(與焦理堂先生書)』
500) 초순, 『맹자정의(孟子正義)』, 『성우기류장(性猶杞柳章)』

아주 오랜 세월 내내 정해져 있을 수는 없다. 이 곳에서 정해질 수는 있으나 다른 곳에서 정해질 수는 없다. 한 사람이 정할 수는 있으나 사람마다 정할 수는 없다. 그래서 성인들의 변통지학을 중시하는 것이다."[501]

사물에 서로 모순되는 두 부분이 있다는 점을 깨달은 초순은 두 부분을 모두 파악해 전면적으로 인식할 것을 요구했다. 그는 "이단(異端)자는 한 부분만 고집하는데서 생겨나며 한 부부만 고집하는 자는 이것만 알고 다른 것은 모르는 데서 생겨난다."[502] "한 부분만 고집하는 것을 이단이라고 하고 두 부분 모두 고집하는 것을 성인이라 한다."[503]고 말했다. 그의 학술 취지는 여러 학설에 융합되고 모든 것을 두루 포함한 반면, 학술계에서 의견이 같은 사람과는 한패가 되어 편을 들고, 의견이 다른 파나 개인은 배척하고 공격하는 것과 파벌 간에 서로 논쟁하는 것을 반대하는 것이었다. 그는 "구류제자, 제각기 장점을 가지고 있는데 숨기면서 배척하니 어찌 선택하고 취할 수 있겠는가."[504]고 말했다. 초순이 한학자 진영에 속하지만 한나라 유학자들의 경적 해석을 고수하는데 대해 불만을 표했다. "고수자들이 옛 것을 제일 깊이 믿고 있었다. 해석에 대해 굳건히 믿을 뿐 스스로는 원문을 분석하려 하지 않고 그 학설만을 고수하면서 한 글자도 감히 의논하지 못했다……그 폐단이라면 황송해지고 마음도 좁아지는 것이다."[505] 그래서

501) 초순, 『조고루집』 권10, 『설정(說定)』 하
502) 초순, 『논어통석(論語通釋)』, 『석지(釋知)』
503) 위의 책, 『석이단(釋異端)』
504) 위의 책, 『석거(釋據)』
505) 초순, 『조고루집』 권8, 『변학(辨學)』

그는 한학과 송학을 조화하는 데로 치우쳤다.

완원(1764 1849)의 자는 백원(伯元)이고 호가 운대(芸台)이며 강소의정(儀征) 사람이다. 진사 출신으로, 총독과 순무 요직을 지냈으며 체인각(體仁閣) 대학사까지 올라갔다. 학술 연구를 적극 제창한 그는 서적을 출판하고 서원을 개설하는 외에도 인재를 장려하고 발탁했다. 학문 연구 경로는 대진과 아주 흡사했으며 음운, 고훈을 통해 고대 경전의 의미를 명확히 할 것을 주장함과 동시에 '의리'를 탐구하는데 주력했다. 그는 "성현들의 도리는 경서에 있고 경서의 해석이 명확하지 않아서가 아니라 한인들의 해석이 성현을 떠나 특히 가깝기 때문이다."[506]

하지만 완원은 단옥재, 왕념손 등과는 달랐다. 단옥재, 왕념손은 '의리'를 거론하지 않았으며 한 학파로서 폐단은 자질구레하고 활력이 없는 것이었다. 완원은 음훈을 '의리'를 탐구함에 있어 반드시 필요한 수단으로 간주했으며 그의 최종 목표도 '의리'를 탐구하는 것이었다. 그는 "성인의 길을 비유하자면 궁궐을 둘러싼 담과 같다. 문자 훈고가 궁궐로 들어가는 문과 길인데 문과 길에 문제가 생긴다면 걸음마다 기로에 들어서는 것이니 어찌 추구하는 목적지로 갈 수 있겠는가? 혹은 명물만 추구하고 성인의 길을 논하지 않는다거나 또 혹은 일 년 내내 낭옥에서 지낸다면 당실(堂室)이 있다는 걸 또 어찌 알 수 있겠는가!"[507]고 말했다.

---

506) 완원, 『연경실1집(揅經室一集)』 권10 『서호고경정사기(西湖詁經精舍記)』
507) 완원, 위의 책, 『의국사유림전서(擬國史儒林傳序)』

완원은 자기만의 방법으로 '인'자에 대해 탐구하고 해석했다. 그는 『논어(論語)』에 나오는 105개 '인'자의 의미와 용법을 통계한 후 '인'의 본 뜻은 '사람 사이의 공존'으로, 사람 사이의 관계라고 인정했다. 이는 고훈에서 옛 뜻을 탐구하는 방법이다.

그는 송학자의 '생하고 또 생하는 것을 인이라고 한다'는 공허한 해석뿐만 아니라 가만히 앉아 인만 추구하는 것도 반대했다. 그는 "무릇 인이란 몸으로 행하고 검증하고 보여줘야 하며 두 사람이 있어야 인을 볼 수 있다. 만약 문을 닫고 홀로 집에서 눈을 감고 정좌한다면 비록 덕과 이치가 마음속에 있다고 하지만 성문이 말하는 이른바 인이 될 수 없다."[508] 완원은 한학과 송학을 조화하는 말을 일부 했고 직접 정주를 비판한 적도 없지만 그의 사상이 이학자와는 차이가 있었다. 그가 '성(性)', '명(命)'에 대한 고증해석을 보면 이학을 반대하는 색채가 담겨 있었다.

그는 『소고(召誥)』와 『맹자・진심(孟子・盡心)』에서 언급한 성명에 대한 용법과 의미를 예로 들면서 여러 경서의 고훈을 배열했다. 그는 고대 경전에서 언급한 '성'이 이학자들의 해석과는 전혀 다르다고 주장했다. 완원은 "성이란 사람의 성격, 기지, 양심, 지혜 등의 총화이다.", "맛, 색깔, 소리, 냄새 그리고 희로애락 모두 성으로부터 왔고 정으로부터 생겨났다."[509] 그러나 이학자들은 '인성에는 정욕이 없다', '정욕이란 악이다'고 말하면서

---

508) 완원, 위의 책, 『논어론인론(論語論仁論)』
509) 완원, 위의 책, 『성명고훈(性命古訓)』

'분노를 억제하고 정욕을 참을 것'을 주장했다. 완원은 "욕망은 사람의 감정에서 생기는 것이라 인성에 포함된다. 따라서 인성에 욕망이 없다고 말할 수 없으며 사람의 욕망은 선악 가운데의 악이 아니다. 하늘이 사람에게 혈기와 성품을 부여했기 때문에 사람에게 욕망을 주지 않을 수 없으며 오직 불교만이 절욕을 주장할 수 있다……그래서 맹자는 맛, 색깔, 소리, 냄새, 안전, 편안함을 추구하는 것이 사람의 본성이라고 말했다."[510] 완원은 정욕의 합리성을 인정했는데 그런 점에서 대진의 사상과는 일맥상통했다고 할 수 있다.

510) 완원, 위의 책, 『성명고훈』

제11장

청대 전기의 문학예술과 과학기술

제1절
청대의 문학예술

명청 왕조가 교체될 즈음 중국사회는 대변동을 겪었다. 치열한 계급투쟁과 민족투쟁은 문예작품에서도 반영 되었다. 청조 초기 현실주의 사상이 상대적 강한 작가들이 출현했다. 청 왕조의 통치가 공고화되면서 특히, 청나라 통치자가 봉건적 문화독재주의를 추진함에 따라 현실주의 문학이 쇠락의 길을 걸었다. 반면 봉건통치계급을 구가하는 문학작품이 대거 창작되었다. 시, 사, 산문은 복고주의와 형식주의가 주를 이루었다.

시인, 사인과 산문작가가 많고 풍격이 다양한 작품도 많았지만 강노지말이 되어 전대의 성과를 뛰어넘지 못했다. 그러나 봉건통치계급이 '정종'문학에서 배제하던 희극과 소설은 크게 발전했다. 일부 걸출한 작가들이 중국고전문학의 우량한 전통을 계승하고 발전시켰다. 그들이 창작한 『장생전(長生殿)』, 『도화선(桃花扇)』, 『요재지이(聊齋志異)』, 『유림외사(儒林外史)』, 『홍루몽(紅樓夢)』 등은 사상과 예술 면에서 모두 상당히 큰 성과를 가져 온 중국문학사에서 중요한 위치를 차지하는 우수한 작품들이다. 이런 작품들은 반짝반짝 빛나는 별이 되어 중국의 문단을 빛냈으며 중국문학발전사에서 또 한 번 고조를 이루었다.

1. 시

청나라 초기 시인 중 전겸익(錢謙益)과 오위업(吳偉業)이 가장 유명하다.

전겸익(1582년~1664년)의 자는 수지(受之)이며, 호는 목재(牧齋)이다. 강소 상숙(常熟) 사람이다. 명나라 말기 관례부시랑(官禮部侍郎)을 지냈다. 복왕(福王)때는 예부상서를 지냈다. 청군이 남경을 함락한 후 그를 계속 임용했지만 얼마 후 관직을 그만두었다. 그의 저서로는 『초학집(初學集)』,『유학집(有學集)』이 있다.

전겸익은 시는 근원이 있어야 한다고 주장했다. 전겸익은 고대의 『국풍(國風)』,『소아(小雅)』,『리소(离騷)』 모두 마음속에서 울어난 것으로 근원이 있는 작품들이라고 했다. 명대의 7인이 표방하는 "문필진한, 시필성당(文必秦漢, 詩必盛唐)"설을 반대하고 의고주의 작품을 맹렬히 공격했다. 전겸익은 시는 "지지소지志之所之"로서, 몸과 마음을 닦아주고 경물에 연연하며 자신들이 하고 싶은 말을 하는 것 뿐이라고 했다. 그는 백거이(白居易), 소식(蘇軾), 육유(陸遊)의 시를 찬양했다. 그의 시가는 당조 말기와 송대의 풍격에 근접했으며 기교가 숙련되고 창조적이다. 그의 이론과 창작은 그 시기와 그 후의 시문 창작에 영향을 미쳤다.

오위업(吳偉業, 1609년~1671년)의 자는 준공(駿公)이고, 호는 매촌(梅村)이며, 강소(江蘇) 태창(太倉) 사람이다. 숭정(崇禎)때 진사에 급제하고 소첨사(少詹事) 관직에 까지 올랐다. 명나라 멸망 후 10년을 은거하다 핍박에 의해 다시 관직에 나서 국자감제주(國子監祭酒)로 지냈다. 오위업은 청나라 초기 시단에서 아주 유명했으며 그는 7언가행(七言歌行)체에 능란했다. 수식이 화려하고 음률이 조화로웠다. 완곡하고 함축성 있으며 애절하고 처량함도 없지 않다. 그러나 언어가 간결하고 세련함이 결핍해 전고(典故)를 자주 인용했기에 의미가 분명하지 않는 결과를 초래했다. 그의 시는 거의 명청 시기의 역사 사실을 소재로 하고 있어 '시사(詩史)'로 불린다. 그의 장시, 예를 들면, 『원원곡(圓圓曲)』, 『영화궁사(永和宮詞)』, 『초양생행(楚兩生行)』은 한 때 널리 읊조려졌던 작품이다. 『사고전서 총목제요(四庫全書恩目提要)』에서는 그를 시가의 예술특색을 상당히 잘 표현했다고 기록했다.[1] 그의 작품으로는 『매촌가장고(梅村家藏稿), 『매촌집(梅村集)』이 있다.

청조 초기 저명한 시인 중 사회현실을 반영한 시인으로는 또 송완(宋琬)과 시윤장(施閏章)을 꼽을 수 있다. 그 당시 그들을 "남시북송(南施北宋)"이라고 불렀다.

송완(1614년~1673년)의 호는 여상(荔裳)이고, 산동 래양(萊陽)사람이다. 순치 때 진사에 급제했다. 그의 벼슬길은 평탄하지 않았다. 여러 번 위기에 봉착했으며 오랜 시간 떠돌아 다녀야했다. 때문에 그의 시에는 우환과 슬픔이 많이 담겼다. 예를 들면, 『(비낙엽(悲落葉)』, 『사애(寫哀)』, 『구애가(九哀歌)』, 『감회(感懷)』 등은 모두 슬프고 비분했으며 애잔하고 감동적이다. 그는 오언가행(五言歌行)에 능했다. 그의 칠언율시는 육유를 모방했으며 대구(對句)가 짜임새가 있었다. 작품으로는

---

1) 『사고전서총목제요(四庫全書恩目提要)』 권 173. 『집부 별집류(集部別集類』 26.

『안아당집(安雅堂雅集)』이 있다.

시윤장(施閏章, 1618년~1683년)의 호는 우산(愚山)이고, 안휘
선성(宣城)사람이다. 순치(順治) 때 진사에 급제했다. 강희(康熙) 중기,
박학홍유과(博學鴻儒科)에 통과해 시독학사(侍讀學士) 관직에 올랐다.
그는 글에는 구체적인 내용이 있고 내용이 충실할 것을 주장하며 공허하고
실제와 동 떨어지는 것을 반대했다. 때문에 그의 시는 사회현실을
반영하는 것이 상대적으로 많았다. 예를 들면, 『호서행(湖西行)』,
『동뢰행(冬雷行)』, 『임강민한(臨江憫旱)』 등은 모두 백성들의
고통과 정치의 암흑성을 반영했다. 그의 작품은 문자 사용이 신중하고
문구가 정련했으며 공력법도(工力法度)로 유명하다. 작품으로는
『학여당집(學余堂集)』이 있다.

이 시기에는 이들 외에도 많은 시인들이 시를 통해 숭고한 민족의
절개와 불굴의 투쟁정신을 반영했다. 항청 투쟁에 참가했다가 실패한 후
그들은 끝까지 청나라 조정과 협력하지 않으려는 태도를 보였다. 시험에
참가하지 않고 관직을 받아드리지 않았다. 어떤 이들은 종적을 감추었고
어떤 이들은 산속에 머물러 살았다. 그중 고염무(顧炎武), 황종희(黃宗羲),
왕부지(王夫之), 두준(杜濬), 전징지(錢澄之), 귀장(歸庄), 굴대균(屈大均),
진공윤(陳恭尹) 등이 상대적으로 높은 업적을 쌓았다. 그들은 시에서
항청투쟁 지사(志士)를 노래하기도 하고 청군의 잔혹함을 폭로하기도 했다.
어떤 시에서는 또 노동인민의 고난을 반영하기도 했으며 어떤 시는
고국에 대한 그리움과 추억을 토로했다. 이밖에 공훈을 세우고 업적을 쌓아

고국을 되찾으려는 강렬한 소원을 반영되기도 했다. 그들의 예술적 업적은 서로 다르지만 모두 깊은 민족감정과 굳센 투쟁 의지를 지녔는데 이는 그들의 공동된 특징이다.

강희 연간, 정권은 갈수록 공고해졌다. 청조에 저항하는 의식이 차츰 침체되었고 일부 새로운 시인들의 민족감정이 차츰 메말라갔다. 그들은 작품의 형식과 기교에 중점을 두었으며 시를 논할 때는 파별과 문벌을 따졌다. 유명한 시인으로는 왕사진(王士禛), 조집신(趙執信) 등을 꼽을 수 있다.

왕사진(王士禛, 1634년~1711년)의 자는 이상(貽上)이고, 호는 원정 혹은 어양산인(阮亭, 漁洋山人)이며. 산동 신성(新城)사람이다. 순치(順治) 때 진사에 급제했으며 형부상서 자리에 까지 올랐다. 왕사진은 시를 논할 때 당대의 왕위(王緯), 맹호연(孟浩然)을 숭상했으며 '신운(神韻)'설을 제창하고 '묘어(妙語)'와 '흥취'를 고취했다. 그는 "문자 하나 필요 없이 옛 뜻을 충분히 나타낼 것을" 주장했는데 다시 말해 글쓴이가 직접 뜻을 해석하거나 도리를 설명하지 않고 독자가 마음으로 깨달을 수 있는 운치 넘치는 시를 시의 최고경계라고 주장했다. 이런 시가(詩歌)이론은 당대 사공도(司空圖)의 『시품(詩品)』과 송대 엄우(嚴羽)의 『창랑시화(滄浪詩話)』를 바탕으로 하고 있다. 그의 시는 경물 묘사에 능하고 청신, 깔끔하며 자연스럽고 유창하며 풍치가 있고 함축적이다. 예를 들면, 『방산도중(方山道中)』에서 "앞산의 흰 구름 밖으로 유유히 강이 흐르네. 어부의 집이 드문드문 보이고 바람에 몸을 맡긴 돛배가 자유로이 떠내려가네. 불꽃이 고국을 그리워하고 덧없는 인생을 호수와 맡긴다. 선두에 앉으니 물새소리가 들려오네."[2]이라 읊고 있다. 『강상(江上)』에서는 "오나라와 초나라 일대 경치를 볼라치면 자오록한 안개비 속에 가을빛이 짙은데 강 위에 흰 파도가 출렁이네. 밤 늦은 시각에 찬바람 속에서 강을 건너가노라면 숲속 가득 황금빛 단풍잎들 속에서 기러기 울음소리 들려오네)"[3]라 읊으며 썰렁하고 한적한 경물을 넋을 잃도록 그려냈다. 한마디로 왕사진은 그때의 번잡하고 화려함을 추구하고 학문을 논하는 시풍에 어느 정도 영향을 끼쳤다. 그러나 그는 운치를 강조하고 쉽게 현실을 벗어났으며 바르고 우아함을 추구하고 의도적으로 꾸미는 경향이 있다. 그가 내세운 "산수에 빠져 풍경을 윤색하는 사"[4]는 사회적 의의가 별로 없다. 그의 저서로는 『대경당전집(帶經堂全集)』, 『어양시화(漁洋詩話)』 등이 있다.

왕사진이 시단을 웅거하고 신운설이 사림에 유행할 때 그와 비길 수 있는 이로는 조집신(趙執信)이 있었다.

조집신(趙執信, 1662년~ 1744년)의 호는 추곡(秋谷)이고, 노년에는 이산노인(飴山老人)으로 불렸으며, 산동 익도(益都) 사람이다. 그는 왕사진의 신운설(神韻說)을 탐탁치 않아했다. 그는 왕사진의 시는 풍치와 멋만 숭상하고 "시 속에는 사람이 없다"고 지적했다. 그는 시 속에 사람이 있고 시 밖에는 이야기가 있어야 하며 뜻을 위주로, 언어는 부차적이어야

2) 왕사진(王士禛), 『정화녹훈찬(精華泉訓纂)』 권5하.
3) 위의 책, 권5상.
4) 『사고전서총목제요(四庫全書恩目提要)』 권196. 『집부 시문평류(集部 詩文評類』 2.

한다. 그의 시는 현실 생활 반영에 중점을 두고 필력은 힘이 있었다. 왕, 조 두 사람은 시를 논함에 있어 주장이 달랐고 풍격도 서로 달랐다. 『사고전서총목제요(四庫全書恩目提要)』에서는 "왕은 몽롱한 운치를 종지로 했고 조의 시는 고정적이고 틀에 짜인 것이 주를 이루"[5]었는데 이는 두 시인의 특점을 잘 나타내고 있다. 조집신의 작품집으로는 『담용녹(談龍錄)』,『이산당시문집(飴山堂詩文集)』등이 있다.

왕사진, 조집신 이후로 시단에서 상대적으로 큰 영향을 일으킨 학설은 심덕잠(沈德潛)의 격조설(格調說)이 있다.

심덕잠(1673년~1769년)의 자는 확사(確士)이고 호는 귀우(歸愚)이며, 강소 장주(長洲, 오늘의 蘇州) 사람이다. 건륭 때 진사에 급제했으며 내각학사(內閣學士) 겸 예부시랑(禮部侍郎)을 지냈다. 심덕잠은 시의 주요 격조를 논하며 고체는 한위(漢魏)를 취지로 하고 근체는 성당(盛唐)을 본받을 것을 주장했다. 심덕잠은 "시의 내용은 말을 하고자하는 사물이 있어야 하고 성질을 다스리거나 인지상정에 밝아야하며 귀신을 감동시키며 나라 부강에 도움을 주어야 한다(詩之爲道, 可以理性情, 善倫物, 感鬼神, 設敎邦國, 應對諸侯")[6] 고 주장하며 시는 봉건윤상을 지키고 봉건통치를 위해 복무할 것을 제창했다. 풍월을 읊고 화초를 매만지기에만 골몰하는 것을 반대했다. 시풍에 있어서는 온화하고 돈후하며, 원망을

---

5) 『사고전서총목제요(四庫全書恩目提要)』 권 173, 『집부 별집류(集部 別集類)』 26.
6) 심덕잠(沈德潛), 『설시수어(說詩晬語)』 권상, 1.

하되 화를 내지 않으며 정직하고 공정할 것을("溫柔敦厚", "怨而不怒", "一歸于中正和平") 주장했다. 그의 시에는 민간의 질고가 반영된 부분이 있긴 하지만 덕을 찬가하는 작품이 더욱 많았는데 이런 시들은 시대의 병폐를 풍자하고 사회의 암흑성을 비난하는 시가의 사회적 역할을 약화시켰다. 이런 시파의 출현은 강희, 옹정, 건륭 '성세'의 산물이다. 그의 시론은 '운치파'보다 봉건통치에 더욱 유리했다. 그는 자신이 시를 논하는 종지로 편집한 『고시원(古詩源)』, 『당시별재(唐詩別裁)』, 『명시별재(明詩別裁)』, 『국조시별재(國朝詩別裁)』 등을 바탕으로 시의 기원과 발전을 판별 분석하고 득실을 밝혔는데 이는 고전시가 참고와 전승에 일정한 역할을 발휘하기도 했다.

심덕잠과는 달리 격조의 구속을 받지 않고 생각과 감정을 직접 토로함으로써 자신만의 풍격을 형성한 정섭(鄭燮)이 있다.

정섭(1693년~1765년)은 자가 극유(克柔)이고, 호는 판교(板橋)이며, 강소 홍화(興化)사람이다. 건륭 때 진사에 급제하고 산동 범현(山東范縣), 유현(濰縣)의 지사로 지내기도 했다. 후에는 관직을 버리고 양주로 돌아가 그림을 팔며 생계를 이어갔다. 가난한 가정에서 태어났지만 이해력이 뛰어나고 배우기를 즐겼다. 권세와 지위를 멸시하고 백성을 동정하며, 천성이 활달했는데 사람들은 그를 광괴하다(人以爲狂)고 했다. 정섭은 시 뿐 아니라 서화에도 능해 세간에서는 그를 '삼절(三絶)'이라고 불렀다. 그는 시는 사회생활을 반영해야한다고 주장했다. 이는 왕사진의 운치설과 심덕잠의 격조설과 차이를 두고 있다. 정섭의 시는 민간의 질고에 대한 동정과 봉건사회의 암흑을 폭로한 작품이 허다하다. 예를 들면, 화죽시(畵竹詩)에서는 "관아의 서재에 앉아 있는데 창밖의 죽잎이 바람에 흐느끼는 소리가 백성들의 신음 소리인가 하노라. 작은 주·현의 관리이지만 백성들의 질고에 마음이 쓰이네(衙齋臥聽蕭蕭竹, 疑是民間疾苦聲. 些小吾曹州縣吏, 一枝一葉恩關情)"[7]라고 했다. 그리고 『유현죽지사(潍縣竹枝詞)』에서는 "성곽을 둘러 싼 만경에 이르는 기름진 밭은 대다수가 부호의 손에 장악되었으며 불쌍한 북해의 황무지를 다루는 백성들은 겨우 거둔 반 광주리에 달하는 소금마저 빼앗겨야 했다(繞郭良田萬頃賒, 大都歸幷富豪家, 可憐北海窮荒地, 半簍鹽挑又被拏)"라며 탐관오리들의 토지겸병과 온갖 방법을 동원한 탈취행위를 폭로했는데 이는 모두 사회모순을 반영한 현실주의 시이다. 그의 작품집으로는 『정판교집(鄭板橋集)』이 있다.

의고전주의(擬古主義)와 형식주의를 더욱 철저하게 비판했던 시인으로는 정섭 후의 원매(袁枚)가 있다.

원매(1716년~1797년)는 자가 자재(子才)이고, 호가 간재(簡齋)이며, 절강 전당(錢塘) 사람이다. 건륭 때 진사에 급제하고 강녕(江寧), 율수(溧水)의 지현을 역임했다. 그 후 관직에서 물러나 남경 소창산(小倉山)에 "수원(隨園)" 짓고 지냈는데 세인들은 그를 "수원선생(隨園先生)"이라고

---

7) 『정판교집(鄭板橋集)』 5, 제화 『유현서중화죽정년백포대중승괄(潍縣署中畫竹呈年伯包大中丞括)』

불렀다. 주요 작품으로는 『소창산방시문집(小倉山房詩集)』, 『수원시화((隨園詩話)』 등이 있다.

원매는 성령파의 주력이다. 그는 시는 사람의 정감을 토로해야 한다고 주장했다. 그는 "시인은 아기 때의 심성을 잃지 말아야 한다(詩人者, 不失其赤子心者也)"[8]며 시인이라면 순결한 마음을 잃지 말 것을 주장했다.[9] 이렇게 시가에 대한 사상과 이치를 표현하고 단순하게 전통 윤리를 옹호하는 도구로써 이용하는 것을 반대했다. 또 시는 인륜도덕 이치를 진술해야 할 뿐 아니라 산수와 남녀의 정을 토로할 수도 있다고 주장했다. 그는 또 격조를 추구하고 학문을 자랑하는 것을 반대하며 '성정', '영감'의 역할을 강조했다. 원매는 "평소에 풍부한 생활 경력과 감정을 체험했다면 아무리 평범한 사물이더라도 영감을 얻을 수 있고 영활하게 활용하면 좋은 시를 지을 수 있다고 했다"(『견흥(遣興)』). 원매의 시 작품은 자신의 생활상을 전하며 '심정'을 토로했는데, 청신하고 민첩했으며 남다른 풍격을 갖추었다. 결점은 '성령'을 지나치게 강조하고, 대부분의 작품에서 자신의 처지와 행락을 묘사하느라 소재가 협소하고 사회적 의의가 크지 않다는 점이다.

이밖에 옹방강(翁方綱)이 있다.

옹방강(1733년~1818년)은 호가 담계(覃溪)이고, 직예 대흥(直隸大興) 사람이며 건륭제 때 진사에 급제했다. 내각 학사까지 오른 저명한

---

8) 원매(袁枚)의 『수원시화(隨園詩話)』 권 3.
9) 『수원시화(隨園詩話)』 권 7, 권18.

시인이고 서법가이다. 그의 작품으로는 『복초재문집(復初齋文集)』이 있다. 옹방강은 시를 논할 때 기리설(肌理說)을 주장했다. 옹방강은 "시는 반드시 살결을 좇듯 연구해야 하고, 문장은 반드시 사실을 추구하고(詩必硏諸肌理, 而文必求實際)"[10) "학문은 반드시 고증을 기준으로 삼아야 하고, 시는 반드시 기리를 기준으로 해야 한다(爲學必以考證爲準 爲詩必以肌理爲準)[11)"고 주장했다. 그는 시인에게 있어 신운, 격조, 성정이 중요한 것이 아니라 학문이 중요하다고 말했다. 반드시 사상(의리), 구조(문리), 재료(기리) 3자를 결합해야한다고 했다.

가경(嘉慶)시기 그는 시단에서 영수적인 역할을 한 인물이며 성령설에 대항하며 큰 영향을 일으켰다. 박식한 옹 씨의 시는 내용이 알찼지만 시로 학문을 담론했기에(以詩言學) 시는 금석문을 고증하고 경전과 역사서가 시의 내용을 채우는 격이 되어 생활의 정취가 결핍했다. 옹방강이 사망한 줄로 오해했던 홍량길(洪亮吉)은 그를 위한 만시(輓詩)에서 "금석으로 객담을 즐기고, 성정을 주장하는 성령파의 시를 하찮게 여긴다(最喜客談金石例, 略嫌公少性情詩)"[12)며 그를 비웃었다. 옹방강에 대한 홍량길의 평가는 하나도 지나치지 않았다. 학문적인 시는 한학이 미만하던 시기의 산물이다.

---

10) 옹방강(翁方綱)의 『복초재문집(復初齋文集)』 권 4, 『연휘각집서(延輝閣集序)』
11) 위의 책, 『언지집서(言志集序)』
12) 홍량길(洪亮吉)의 『북강시화(北江詩話)』 권1(卷壹)

2. 사(詞)

당 왕조 때 흥성했던 사(詞)는 송에 와서 번창했으며 원, 명 때 쇠퇴했다. 청조 때 사인(詞人)이 많이 배출됐으며 사학이 차츰 부흥하는 기미를 보였다. 사 창작, 사론, 전인(前人)들의 사집(詞集)을 정리함에 있어 어느 정도 성과를 거두었다. 청조의 사파(詞派)는 세 부류로 나눈다. 진유숭(陳維崧)은 소, 신을 추앙했으며 호언장담하고 호탕하고 웅장해 양흠사파(陽羨詞派)로 불렸다. 주이존(朱彝尊)은 남송을 표방했는데 단어 사용에 신경 썼고 어구가 아름다웠으며 격률이 정교해 절서사파(浙西詞派)를 이루었다. 장혜언(張惠言)은 풍(風), 소(騷)를 주장했으며 흥 겨루기를 강조하고 감정 의탁을 고취했는데 상주사파(常州詞派)를 이루었다. 이밖에 진(陳), 주(朱)와 이름을 나란히 했던 납란성덕(納蘭性德)의 사는 소령(小令)으로 유명하며 사의 색채가 농염하고 애잔하며 감동적이다. 납란성덕의 사는 청나라 초기 사단에 큰 영향을 주었다.

진유숭(陳維崧, 1625년~1682년)의 자는 기년(其年)이고 호가 가릉(迦陵)이며, 강소 의흥(江蘇宜興)사람이다. 강희제 만년에 조정의 부름을 받고 박학홍유(博學鴻儒)에 급제해 한림원검토(翰林院檢討)직에 올랐다. 진 씨는 시와 문장에 재능이 있었으며 특히 사에 능했는데 1천 600여 수의 사를 남겨 양적으로 그를 능가할 사람이 없었다.

사집으로는 『호해루집(湖海樓集)』이 있다. 진 씨는 학문이 깊고 재능이 넘쳤다. 그의 사는 기세가 호기롭고 장조(長調)와 소령(小令) 모두 자유자재로 써 냈다. 그중 일부는 민간의 질고를 반영해 적극적인 사회적 의의가 있다. 그러나 대부분이 형식적인 작품들이다.

주이존(朱彝尊, 1629년~1709년)의 자는 석창(錫鬯)이고, 호는 죽타(竹垞)이며, 절강 수수(浙江秀水, 오늘의 嘉興) 사람이다. 강희제 중기, 박학홍유(博學鴻儒)에 급제하고 한림원검토(翰林院檢討)에 임명되어 남서방(南書房)에 입직했다. 그의 사는 강기(姜夔), 장염(張炎)을 본받아 성률을 연구하고 문자와 문구를 다듬었는데 어느 정도 예술적 성과가 있다. 사집으로는 『폭서정집(曝書亭集)』이 있다. 이밖에 『사종(詞綜)』을 선별 집록했으며 사의 창작과 연구에 자료를 제공했다.

납란성덕(納蘭性德, 1654년~1685년)은 자가 용약(容若)이고 만주 정황기이다. 대학사 명주(明珠)의 아들이며 강희 때 진사에 급제하고 시위을 지냈다. 대표작으로는 『음수집(飮水集)』), 『측모집(側帽集)』이 있다. 그의 사는 고의적인 장식이 없으며 우아하고 처량하며 애절하여 사람을 감동시켰다. 시풍은 이후주(李後主)와 비슷했다.

장혜언(張惠言, 1761년~1802년)은 자가 고문(皐文)이고, 강소상주(江蘇常州)사람이다. 그는 사는 비와 흥에 무게를 두고 감정토로를 발단으로 사물에서 받은 느낌을 표현할 것을 주장했으며 장식과 꾸미는 것을 반대했다. 창작태도가 신중했으며 그의 『명가사(茗柯詞)』에는 46수 만 수록되었다. 그의 사는 소박하고 자연스러웠으며 그의 사집 『사선(詞選)』은 후세에 큰 영향을 주었다.

3. 산문

청나라 초기 작가들 중 산문으로 유명한 인물로는 후방역(侯方域), 위희(魏禧), 왕완(汪琬)이 있다.

후방역(侯方域, 1618년~1654년)은 자가 조종(朝宗)이고, 하남상구(河南商丘) 사람이다. 어렸을 적부터 재능이 뛰어났으며 복사(復社)에 참가했었다. 대표작으로는 『장매당집(壯悔堂集)』이 있다. 그의 글은 멋스럽고 거침없었으며 선명하고 청아했다. 그러나 일부 문장은 천박한데가 없지 않았다. 『이희전(李姬傳)』, 『마령전(馬伶傳)』, 『계미거금릉일여완광록서(癸未去金陵日與阮光祿書)』 등은 그의 산문의 특색을 잘 대표하고 있다.

위희(魏禧, 1624년~1681년)는 자가 빙숙(冰叔)이고, 호는 숙자(叔子)이며, 강서녕도(江西寧都) 사람이다. 작품집으로는 『위숙자집(魏叔子集)』이 있다. 그의 산문 중에는 인물전이 가장 뛰어났다. 문자가 간결하고 서사에 생동감이 넘쳤으며 토론에 능했다. 『대철추전(大鐵椎傳)』은 그의 대표작이다.

왕완(汪琬, 1624년~1691년)은 자가 초문(苕文)이고, 호는 둔암(鈍庵) 또는 요봉(堯峰)이며, 강소장주(江蘇長洲, 오늘의 소주)사람이다. 순치(順治) 때 진사에 급제했고, 강희제 때 박학홍유(博學鴻儒)에 급제하여 한림원편수(翰林院編修) 직을 수여받았다. 그는 후방역, 위희 등과 함께 당송파 고문의 창시자이다. 그의 작품 『강천일전(江天壹傳)』은 서술이 간단명료하고 묘사가 정교하고 섬세해 가작이라 할 수 있다. 그의 작품으로는 『요봉류고(堯峰類稿)』가 있다.

청대 중엽, 산문 분야에 복고주의 경향이 발전했다. 방포(方苞)를 시작으로 류대괴(劉大櫆), 요내(姚鼐) 등의 노력을 거쳐 동성파(桐城派)고문운동(古文運動)이 형성되었다.

방포(方苞, 1668년~1749년)는 자가 영고(靈皋)이고, 호가 망계(望溪)이며, 안휘(安徽) 동성(桐城) 사람이다. 강희 때 진사에 급제하고 건륭 때 례부시랑(禮部侍郞)에 올랐다. 작품으로 『망계문집(望溪文集)』이 있다. 그는 평생 고문부흥운동에 온 힘을 다했으며 동성파고문의 기본이론을 형성했다. 그는 글짓기의 목적은 경전을 통달하고 도의를 밝게 하는데 있다고 주장했다. 때문에 반드시 의리를 중시하고 근원을 탐구함으로써 공, 맹, 정, 주의 도통을 계승해야 한다고 했다. 이른바 "학문과 품행은 정의와 주희를 따라 배우고, 글짓기는 한유와 구양수를 본보기로"[13]는 동성파가 추구하는 최고 표준이다. 그는 "고문의법(古文義法)"을 주장하며 "남송원명 이래, 고문은 오랫동안 의법을 지키지 않았다. 오, 월 시대를 살았던 노인들이 특히 제멋대로였는데 혹은 소설가, 혹은 한림의 구 문체를 이어갔는데 격조 높고 우아하고 간결하게 쓰는 이가 없었다."[14]고 했다.

---

13) 왕조부(王兆符) : 『망계문집서(望溪文集序)』
14) 심정방(沈廷芳)의 『은졸재문초(隱拙齋文鈔)』 권4(卷四), 『서「방망계선생전」후書「方望溪先生傳」後』

"義"는 "언유물(言有物)"을 뜻하고, "法"은 "언유서(言有序)"를 말한다.

  "언유물"은 문장은 내용이 구체적이어야 하고 "언유서"는 문장은 형식을 중시해야 한다는 뜻이다. 그는 "의가 날줄이 되고 법이 씨줄을 이루어 하나의 온전한 문장을 구성한다(義以爲經, 而法緯之, 然後爲成體之文)"고 했는데 내용과 형식이 통일되어야 한다는 그의 문학이론은 맞는 말로서 내용이 없고 짜임이 허술하며 조리가 없는 문풍을 바로 잡는데 어느 정도 작용했다. 그러나 방포는 정, 주 리학의 영향을 깊게 받아 사상이 진부했다. 그는 문장 내용이 "도리를 밝히고 성교를 수호하며, 윤리 도덕을 감화(闡道翼敎, 有關人倫風化)"할 것을 요구하고 문장의 언어는 소박하고 무게 있어야 한다는 등 틀이 많고 고리타분했다. 그는 "고문에는 어록의 말, 위진6조 사람들의 화려하거나 비웃고 희롱하는 말, 한조의 부처럼 딱딱하고 무거운(板重) 문법, 시가의 의미심장한 말, 남북사의 경박스러운 말"[15]을 쓰지 말아야 한다고 했다. 그가 선도하는 문장의법(文章義法)은 산문을 통경명도(通經明道)에 국한시켜 봉건통치계급을 위해 복무하는 도구가 되게 하는 것이다. 그러나 방포도 언어가 간결하고 의미가 깊은 좋은 문장을 내놓았다. 그의 『옥중잡기(獄中雜記)』, 『좌충의공일사(左忠毅公逸事)』 등은 모두 청대 산문 중 우수한 작품으로 꼽힌다.

---

15 각주내용없음

류대괴(劉大櫆, 1698년~1780년)의 호는 해봉(海峰)이고, 안휘 동성(桐城) 사람이다. 작품으로 『해봉문집(海峰文集)』이 있다. 그는 방포의 제자이며 산문에 있어 방포와 주장이 좀 다르다. 방포는 "의법(義法)"을 중시했지만 류대괴는 '법'만 중시했다. 그는 좋은 문장은 반드시 방법과 기교, 음절과 글귀를 중시해야 한다고 주장했다. 그가 언급한 '법' 역시 한쪽을 수식하는데 편중한다. 그의 기사문 중에는 가작이 없지 않지만 성취가 그리 크지 않다.

요내(姚鼐, 1731년~1815년)는 자가 희전(姬傳)이고, 호가 석포(惜抱)이며, 안휘동성 사람이다. 건륭 때 진사에 급제하고 사고관찬수(四庫館纂修) 관직에 올랐다. 작품으로 『석포헌전집(惜抱軒全集)』이 있다. 그가 선별 집록한 『고문사류찬(古文辭類纂)』은 널리 유행했다. 그는 유대괴의 제자이다. 요내에 와서 동성파의 문학이론이 더욱 체계화되었다. 그는 방포의 "고문의법(古文義法)"을 더욱 발전시키고 구체적으로 神(신), 이(理), 기(氣), 미(味), 격(格), 율(律), 성(聲), 색(色) 등 8 가지를 제기했다. 신, 이, 기, 미는 문장의 정신과 내용이고 격, 율, 성, 색은 문장의 수식과 형식을 말한다. 그가 말하는 의리(義理)는 여전히 방포가 제기한 내용을 넘어서지 못했다. 요내의 산문 중 괜찮은 작품으로 『주죽군선생전(朱竹君先生傳)』, 『등태산기(登泰山記)』, 『유미필천기(遊媚筆泉記)』 등이 있다.

4. 소설

청대 문학영역에서 소설이 성과가 가장 휘황했다. 그중 포송령(蒲松齡)의 『료재지이(聊齋誌異)』, 오경재(吳敬梓)의 『유림외사(儒林外史)』와 조설근(曹雪芹)의 『홍루몽(紅樓夢)』이 가장 유명하다.

포송령(蒲松齡, 1640년~1715년)은 자가 류선(留仙)이고, 산동치천(山東淄川, 오늘의 치박) 사람이다. 집안이 지주 겸 상인인 "서향문제(書香門第)"였지만 포송령 때 이미 가세가 기울었다. 19세 때 포송령은 뛰어난 성적으로 수재에 급제했지만 그 뒤로 매번 낙방했다. 포송령은 일생의 대부분 시간을 서당에서 글을 가르치다 71세가 되어서야 관례에 따라 세공생(歲貢生)이 되었지만 4년 뒤 세상을 하직했다.

『요재지이(聊齋誌異)』는 포송령의 대표작이다. 40세 좌우에 이미 탈고했으며 그 후로는 끊임없이 수정했다. 책 속의 여러 이야기는 민간에서 전해지는 전설을 바탕으로 가공했으며 일부 이야기는 자신이 보고 들었거나 혹은 창작한 것이다. 그는 『요재지이』를 "고분지서(孤憤之書)"라고 했다. 그중 아름다운 요정들과 유령과 귀신은 모두 "기탁(寄托)"[16]의 뜻이 숨어있다.

포송령은 『요재지이』에서 봉건정치의 암흑성을 폭로했다. 탐관오리와 악질 토호들이 백성을 압박 착취하는 죄행을 사정없이 규탄했다.

---

16) 포송령(蒲松齡)의 『요재지이 자서(聊齋誌異自序)』 (주설재초본(鑄雪齋鈔本)), 상해 인민출판사 1974년 복사본(上海人民出版社壹九七四年影印本)

『축직(促織)』에서는 궁중에서 귀뚜라미 싸움 놀이를 즐겨 백성들에게 재난이 덮친 이야기를 통해 봉건사회 최고 통치자에게 직접 칼날을 들이대기도 했다. 『석방평(席方平)』, 『홍옥(紅玉)』 등 작품에서는 부패한 봉건관계와 포악한 관료에 채찍을 날렸다. 『요재지이』는 부패한 과거제도를 폭로하고 비판했다. 포송령 필하의 시험관은 배운 것도 없고 재주도 없으며 사리사욕을 꾀하려고 부정을 저지르며 뇌물을 받아먹고 법을 어기는 인물들이다. 때문에 그들이 주관하는 시험은 "훌륭한 인재는 제외하고 범용들만 뽑을 (黜佳才而進凡庸)" 수밖에 없었다. 포송령은 과거시험에 존재하는 여러 가지 폐단을 폭로하는 동시에 봉건사자(士子)의 더러운 영혼을 해부했다.

그들이 책을 읽는 목적은 "호화로운 주택에 살며 처첩의 섬김을 받고 무엇이든 다 가지며 (宮室妻妾, 無所不有)" 권세를 등에 없고 사람을 업신여기기 위한 것이다. 일부 문장에서는 또 사대부 계층의 사람(士子)들이 응시할 때의 비열하고 가련한 모습을 남김없이 써내기도 하며 지식인들에 대한 과거제도의 파괴성을 폭로했다. 일부 이야기에서는 아름다운 요정과 사람이 사랑을 나누는 이야기를 통해 혼인자유를 추구하고 행복한 생활을 희망하며 봉건예교를 반대하는 진보적인 사상을 보이기도 했다. 포송령은 많은 봉건예교를 무시하고, 대담하고 온유하며, 용감하고 아름다운 여성과 여성을 존중하는 남자주인공을 창조했다. 일부 이야기에서 포송령은 또 봉건사회의 혼인 제도를 폭로하고 여러 부동한 측면에서 봉건사회의 혼인매매를 비판했다. 가난을 싫어하고 부를 따르는 속물적인 관념을 비난했으며 여성을 노리갯감으로 여기는 추악한 행위를 질책했다.

『요재지이』의 소재는 상당히 광범했다. 포송령은 현실생활을 바탕으로 전기적 수법인 지괴지이(誌怪誌異)를 이용해 스토리가 굴곡적이고, 생동하며, 사회적 의의를 갖춘 많은 훌륭한 작품을 창작했다. 『요재지이』는 사상과 예술적으로 성과가 뛰어났으며 200여년 넘도록 많은 사람들의 사랑을 받고 있다. 사회계급과 역사적 제한성으로 『요재지이』에도 소극적이고 낙후한 부분이 없지 않다. 예를 들면⋯⋯ 봉건사회의 윤리신조와 인과응보 등을 선양함으로써 작품의 사상적 진보성을 어느 정도 위축시켰다.

오경재(吳敬梓, 1701년~1754년)는 자가 민헌(敏軒)이고, 안휘 전초(全椒) 사람이다. 관료 지주 가정에서 태어났으며 가족은 세대로 고관대작을 지냈다. 유가 경전과 도덕규범을 세대로 이어 온 부유한 가정이었다.

오경재는 어려서부터 총명해 "한번 훑어 봤을 뿐인데 술술 외울 수 있었다(讀書才過目. 輒能背誦)"[17]고 했는데 서적을 눈으로 한번 훑어도 암송이 가능했다. 23세 때 부친이 돌아가자 생활에 변화가 일어났다. 이어 오경재는 수재에 급제했지만 그 뒤로는 연이어 낙방했다. 한편 재테크에 능하지 못한데다 선행을 좋아해 10년도 못가 가산을 모두 팔아버리고 남경으로 이사를 했다. 그 뒤로 생활이 더욱 어려워져 "짧고 거친 베옷은 온전하지 않았고(短褐不得完)", "굴뚝에서는 연기가 나지 않았다". 가세가 기울고 생활이 어려워지며 세태의 야박함을 경험했기에

---

17) 정진방(程晉芳)의 『면행당문집(勉行堂文集)』 권6. 『오경재전(吳敬梓傳)』.

그는 과거제도의 폐단을 꿰뚫었다. 오경재의 사상에 격렬한 변화가 일어났으며 그는 봉건통치계급과 지식계의 비열함과 추악함을 통한했다. 『유림외사(儒林外史)』는 그가 현실을 관찰하고 여실하게 생활 속의 모순을 폭로한 걸작이다.

『유림외사』의 제1회에서 오경재는 왕면(王冕)의 입을 빌어 과거제도를 비판했다. "이 법은 적절하지가 않다. 앞으로 글을 읽는 사람은 이 길을 통해 영예를 떨칠 수 있으니 출처진퇴를 얕잡아 볼 것이다"라고 했다. 오경재는 뇌물을 받아먹고 법을 어기는 관료, 시골에서 횡포를 부리는 지방 토호와 사리사욕에 정신이 팔려 과거시험을 준비하는 유생, 겉치레를 위하여 명사를 사귀고 문화 활동에 참가하는 선비, 허장성세로 협잡질하는 문객을 생동감이 넘치게 묘사했다. 오경재는 유학자들의 추악한 모습을 묘사함으로써 과거제도와 그 영향하의 사회풍기를 맹렬히 규탄했다. 포송령이 과거제도의 갖가지 폐단을 폭로했다면 오경재는 과거제도를 한층 부정하고 봉건사회 말기 정치의 부패와 타락한 문화도덕을 반영했다.

『유림외사』는 과거제도 시험을 중심으로 하는 문인명사와 관료 향신들의 갖은 추태를 까발린 동시에 '소시민'을 정의의 인물로 그려내며 그들의 고상한 품질과 순결한 영혼을 찬미함으로써 작자의 이상을 표현했다.

오경재는 과거제도를 맹렬히 비판했다. 하지만 그는 문제를 해결할 수 있는 경로를 찾지는 못했다. 그의 이상 속 인물은 왕면(王冕), 두소경(杜少卿)처럼 세상 물욕이 없고 현실을 피해 은거하는 인사들이다. 그는 한편으로 봉건예교의 반동과 허위를 폭로하고 한편으로는 또 유가의 예악형정(禮樂刑政)을 찬양했는데 이는 오경재의 사상적 모순을 반영한다. 하지만 『儒林外史』는 여전히 훌륭한 고전 소설이다. 노신 선생은 『儒林外史』를 "공정한 마음을 갖고 시대의 폐단을 지적"했으며 "유머적인 언어로 비참한 이야기를 얘기하고 사회의 암흑을 완곡하게 논의했기에 좋고 나쁨을 평가하고 시대의 병폐를 지적한 서적이라 할 수 있다"[18]고 평가했다.

『홍루몽(紅樓夢)』은 중국문학사에서 가장 훌륭한 고전 소설이다. 조설근(曹雪芹)은 이름이 점(霑)이고 자가 몽완(夢阮)이이다. 1715년~1724년 사이(강희 54년~옹정 2년)에 태어났으며 1762년 혹은 1763년(건륭27년 혹은 28년)에 사망했다. 조설근의 가정은 내무부 정백기한군(正白旗漢軍)에 속하며 청 황실의 "포의(包衣, 노예)"이다. 조설근의 증조모는 강희의 유모였고 조설근의 조부 조인(曹寅)은 강희의 "시독(侍讀)"을 지냈었다. 강희 즉위 후 조 씨 가문은 중용을 받기 시작했다.

조설근의 증조부 조새(曹璽)는 강녕직조(江寧織造)를 지냈다. 조새가 사망한 후 그의 아들인 조인과 손자인 조옹(曹顒), 조부(曹頫)가 강녕직조의 자리를 이어받았다. 직조아문은 황가를 위해 능라주단을 직조하는 기구이다. 직조는 내무부의 낭중(郞中) 혹은 원외랑이 선발 파견하며 대부분이 황제의 심복이다. 품급이 없지만 직접 황제에게 문서와 비밀 상소문을 올리거나 관리의 품행과 치적, 민정을 보고함으로써 황제의 귀와 눈이 되었다. 조인은 박학하고 문장에 능했다. 그의 작품으로는 『간정시초(諫亭詩抄)』가 있다. 『전당시(全唐詩)』의 판각 인쇄를

---

18) 노신(魯迅)의 『중국소설사략(中國小說史略)』, 『노신전집魯迅全集』 권8, 181쪽, 인민문학출판사 1957년 인쇄.

사회했으며 장서로 유명하다. 많은 저명한 학자문인이 그와 왕래를 했다. 강희는 조인(曹寅)을 특히 아꼈다. 강희는 6차례 남순 중 4차례나 조인의 강녕직조서 내에 머물렀다. 강희 시기 조설근의 조부 세대가 특히 은총을 받았는데 이 시기는 조씨 가문의 전성기였다. 강희 사망 후, 조 씨 가문의 액운이 시작되었다. 옹정 초기, 단호하고 신속하게 재정경제를 조정했는데 조 씨 가문이 장기간 직조, 염정 등 요직에 머무는 동안 재무에 큰 적자가 났던 이유로 추적 조사를 받았다. 한편 옹정과 형제들의 투쟁이 치열했기에 조 씨 가문 역시 연루되었다.

옹정 5년, 조부(曹頫)의 강영직조를 해직시키고 가산을 몰수하며 북경에 있는 일부 재산만 남겨줌으로써 "이를 자본으로 먹고 살도록 했다". 그러나 이때까지 조 씨 가문은 완전히 몰락한 것은 아니었다. 1728년(옹정6년), 나이 어린 조설근은 부모를 따라 남경에서 북경으로 돌아온다. 건륭 초기, 조씨 가문이 또 한 번 변고를 겪게 되는데 그 후로 "백년 가까이 명성을 날리던" 조씨 가족이 완전히 몰락한다. 그 후 조설근은 북경 서쪽 변두리로 자리를 옮기고 가난에 허덕이는 초라한 생활을 하게 되는데 "옹유승상(甕牖繩床, 깨진 항아리로 창문, 노끈으로 만든 침대", "온 가족이 죽을 마시"는 가난과 병에 시달리며 『홍루몽』 창작에 몰두하다 50세에 세상을 떠났다. 조설근은 부유하던 유년기에서 몰락한 중년을 거치는 일생을 통해 여러 가지 사회생활을 경험하며 봉건대가족 내부의 복잡한 모순을 세심히 살핌으로써 『홍루몽』 창작에 토대를 닦았다.

『홍루몽』은 가보옥과 임대옥의 사랑 비극이 기본 사건이다. 그들의 사랑은 봉건전통을 반대하는 공동의 사상을 기초로 맺어졌기에 그들의 사랑의 비극은 사회적 의미가 깊다. 그러나 『홍루몽』의 위대함은 이러한 사랑의 비극 때문이 아니다. 더욱 중요한 것은 이를 중심으로 많은 인물들을 생동하게 그려냄으로서 봉건말세의 사회생활을 반영하고 봉건통치계급의 부패와 필연적으로 멸망하게 될 운명을 폭로하며 나아가 봉건사회를 전면적으로 비판했다.

『홍루몽』의 4대 봉건가족인 가(賈), 사(史), 왕(王), 설(薛) 4 가문은 혼인관계를 통해 연결되어 있다. 위로 조정과 연결하고 아래로 주·현(州縣)과 연결되어 봉건사회의 버팀목이 되었다. 한 장의 "호관부(護官符)"는 4대 가족의 혁혁한 정치적 지위와 두둑한 경제적 실력을 나타낼 뿐 아니라 봉건사회국가의 계급적 본질과 봉건사회가 몰락하는 시기 관료사회의 부패와 암흑한 정치를 철저히 폭로했다.

가 씨 가문은 문화전통이 뿌리 깊고 역사가 유구하며 세대로 고관대작을 해왔기에 "시례잠영지족(詩禮簪纓之族)"으로 불렸다. 그러나 그토록 휘황한 막후에는 부자지간, 고부지간, 형제지간, 동서지간, 부부지간, 적서(嫡庶)지간에 재산과 권력을 둘러싸고 격렬한 암투를 벌리고 "서로를 흘겨보며 서로를 잡아먹지 못해 안달이었다". 가부의 상전들은 주지육림을 펼치고 극도로 사치하고 탐욕스러웠으며 생활이 난잡하고 도덕이 부패했다. 류상련(柳湘蓮)이 말했듯이 "두 마리의 돌사자가 깨끗할 뿐 고양이와 개마저도 더러웠다". 가 씨 가문의 자손들은 아래 세대로 내려 갈수록 자손이 없었는데 지주계급이 후계자가 없음을 뜻한다. 게다가 봉건 전통을 거역하는 반역자들의 출현은 봉건주의 윤리강상이 인심을 유지하는 힘을 잃고 있음을 반영한다.

가부의 호화로운 생활은 농민들에 대한 잔혹한 압박과 착취를 바탕으로 했다. 가진(賈珍)이 우장두(烏莊頭)에게 "당신들과 요구하지 않으면 누구에게 달라고 하겠소"라고 한 한마디에서 가부의 중요한 생활원천을 충분히 엿볼 수 있다. 조설근은 『홍루몽』에서 농민계급이 지주계급에 저항하는 투쟁을 정면으로 묘사하지는 않았지만 몰락한 진사은(甄士隱)이 부인과 함께 시골로 돌아가려고 하는 대목에서 이렇게 적고 있다. "마침 최근 몇 년 가뭄이 들어 수확이 없는데다 도둑이 벌떼처럼 일어나 땅을 빼앗고 있다. 도둑이 늘어나니 백성들이 평안할 수 없어 관군이 도둑을 체포하기에 나섰는데 발붙일 곳이 없다". 이 대목은 지주계급의 통치가 이미 흔들리고 있으며, 대관원(大觀園) 내 노예들의 저항투쟁은 당시 사회 계급투쟁의 축소판이었던 것이다.

조설근은 『홍루몽』에서 선명한 예술형상을 통해 봉건후기의 사회모순을 생동하게 반영했다. 『홍루몽』은 높은 사상성을 갖추었을 뿐 아니라 예술성도 높다. 노신 선생은 "홍루몽이 나온 후 전통적 사상과 소설 작법이 깨어졌다"[19]고 했다. 『홍루몽』은 중국봉건사회의 백과전서이며 위대한 현실주의 걸작이다. 조설근은 봉건제도를 되살리려는 환상을 품고 군권을 보류하려했으며 농민봉기를 적대시하고 공맹지도에 대한 비판이 철저하지 못했다. 하지만 그의 이름은 세계 위대한 작가 명단에 올리기에 손색이 없다.

조설근이 남긴 건 『홍루몽』의 앞 80회 뿐이다. 남은 40회는 고악(高鶚)의 작품이다. 고악은 자가 난서(蘭墅)이고 적이 예한군양황 기(隸漢軍鑲黃旗)다. 건륭60년 진사에 급제하고 내각중서, 형과급사중(刑科給事中)

---

19) 노신(魯迅)의 『중국소설의 역사적 변천(中國小說的歷史的變遷)』, 『노신전집(魯迅全集)』 권8. 350쪽.

등 관직에 있었다. 고악이 가보옥과 임대옥의 사랑비극을 완성해 이야기의 앞뒤가 맞물리도록 했으며 이로써 소설이 널리 알려지게 되었다. 그러나 뒤 40회의 사상성과 예술성은 앞 80회와 견줄 수 없다. 특히 보옥의 과거 급제, 가 씨 가문의 "난계제방(蘭桂齊芳, 자손들이 부귀영화를 누리다)", "가도부초(家道復初, 집안의 경제 상황이 다시 회복하다)"는 조설근의 본심에 크게 어긋났다.

『경화연(鏡花緣)』은 『홍루몽』의 뒤를 잇는 우수한 소설이다. 작자 이여진(李汝珍, 1758년?~1830년?)은 직예 (直隸) 대홍(大興, 오늘의 북경시) 사람이다. 하남현승(河南縣丞)을 지냈으며 박학다식했다. 『경화연』은 당오(唐敖), 임지양(林之洋), 다구공(多九公) 등 인물이 해외를 두루 돌아다니며 듣고 보고 겪은 견문을 통해 자신의 사회적 이상(꿈)을 묘사하고 봉건사회의 암흑성을 규탄하는 등 진보성향을 보였다.

『경화연』은 여성의 재능을 두드러지게 찬양했다. 소설에 등장하는 100여 명의 재원들은 모두 여장부였다. 작가는 여성 권리 강화를 제창하고 봉건사회에서 여성을 압박하는 일부 제도와 풍속을 폭로하고 비판했다. 그러나 『경화연』은 사상면에서 봉건사상의 속박을 완전히 벗어나지 못했다. 예술 면에서는 학식을 자랑하고 인물 부각을 소홀히 하는 결함이 있다.

5. 희곡

중국의 희곡은 역사가 유구하고 종류가 많다. 중국의 희곡은 원나라 때의 잡극과 명나라 때의 전기를 거치며 성숙한 단계에 진입했다. 청나라 때는 한층 발전했으며 희극 이론가 이어(李漁)와 홍승(洪昇), 공상임(孔尙任) 등과 같은 우수한 극작가들이 출현했다.

이어(李漁, 1611년~1679년)는 자가 립옹(笠翁)이고, 절강 난계(蘭溪) 사람이다. 이어는 많은 극본을 창작했으며 집에 노래와 전통극에 능한 가기(家伎)를 두고 도처에 다니며 공연을 했다. 그는 옛 사람과 자신의 경험을 바탕으로 희극이론『한정우기(閑情偶寄)』를 편찬했다. 리어의 희극 이론은 창작과 연출 두 부분으로 나뉜다. 희극 창작 부분에서 그는 하나의 곡조, 일부 글귀에 대해서만 평론하는 평론가들과 달리 작품의 전반 국면에 주의를 돌렸다. 그는 극본마다 "주뇌(主腦)"가 있어야 한다고 주장했는데 지금의 '주제(主題)'를 말한다. 중심인물과 중심사건이 있어야 한다는 것이다.

이를 출발로 리어는 '밀침선(密針線)', '감두서(減頭緖)'를 제기하고 "극에서 이름을 갖고 등장하는 인물, 관계되는 일, 앞뒤로 하는 말들을 하나하나 모두 고려해야 한다"고 했다. '조영(照映)'이 있고 '매복(埋伏)'이 있어 극본이 하나의 유기적인 일체를 이루도록 해야 한다고 주장했다. 인물을 부각하는 면에서는 인물의 개성을 써내야하고 어떤 사람을 그렸으면 어떤 사람다워야 한다고 했다. 그는 또 작가는 "처지를 바꾸어 생각" 함으로써 극중 인물을 위해 극중 인물의 마음 깊은 곳의 생각을 끌어낼 것을 요구했다. 언어 면에서 그는 통속적이고 이해하기 쉬워야 한다고 주장하고 연출효과를 중시했다.

홍승(洪昇, 1645년~1704년)은 자가 방사(昉思)이고, 절강 전당(錢塘)사람이다. 홍승은 일생을 초라하게 살았다. 북경에서 20여년 국자감생으로 지냈으며 어떤 관직도 얻지 못했다. 국자감생으로 있는 사이 그의 집안이 변을 당하며 부친은 변강으로 유배되었다. 힘든 삶을 겪으며 그의 성격은 까칠하고 도도했고 "다리를 틀고 앉아 고금을 지적하고 비판했다"[20]. 그의 『장생전(長生殿)』은 1688년(강희27년)에 창작되었으며 극본은 당시 큰 파문을 일으켰다. "글을 좋아하는 이들은 그의 대사를 좋아했고 지기들은 그의 음률을 마음에 들어 했다"[21] "호족들의 연석에서는 홍승의 곡만 연주했다."[22] 하물며 여인과 아이들까지 "홍 선생"의 이름을 알고 있었다. 홍승은 1689년(강희 28년) 동(佟)황후의 상을 치르는 기간에 『長生殿』을 부른 탓에 국자감생에서 제명되어 고향으로 돌아 가 우울한 나날을 보냈다. 강희 43년, 절강 오흥(吳興)에서 밤술을 하다 실수로 물에 빠져 익사했다.

『장생전』은 당 명황 이륭기(李隆基)와 귀비 양옥환의 사랑이야기를 그렸다. 작가는 현실주의와 낭만주의를 결합하는 수법으로 전설과 역사를 융합했다. 리륭기와 양옥환의 사랑을 중심으로 안사지란(安史之亂) 전후의 첨예하고 복잡한 계급모순, 민족모순과 통치계급 내부의 모순을 드러냈다. 이륭기와 양옥환 사이의 생사를 넘나드는 사랑을 찬미하는

---

20) 『장생전(長生殿)』. 서린(徐麟)의 『장생전서(長生殿序)』. 225쪽, 인민문학출판사 1958년 인쇄.
21) 『장생전(長生殿)』, 오서부(吳舒鳧)의 『장생전서(長生殿序)』. 226쪽.
22) 『장생전(長生殿)』. 서린(徐麟)의 『장생전서(長生殿序)』. 225쪽, 인민문학출판사 1958년 인쇄.

한편, 봉건제왕들의 호화로운 생활이 백성에게 심각한 고난을 가져다줌을 폭로하고 비판했다. 이로써 전통적인 소제가 풍부한 사회적 내용을 갖추게 되었으며 사상과 예술적으로 옛사람을 초월하는 성과를 가져왔다. 특히 홍승은 봉건통치계급의 죄악을 폭로하고 노동인민들의 고난을 묘사하는 동시에 여러 빛나는 이미지의 애국자들을 등장시켰다. 간악한 관리, 반란을 일으킨 장군, 강직 당한 관리들을 신랄하게 비판하고 흥망에 대한 느낌과 고국에 대한 작자의 그리움을 나타냈다.

청 때의 또 다른 유명한 극작가로는 공상임(孔尙任, 1648년~1718년, 청 순치 5년~강희 57년)이 있다. 그의 자는 빙지(聘之)이고, 호가 동당(東塘)이며, 산동 곡부(曲阜) 사람이다. 공자 제64대 손이다. 강희 24년, 남방 순행 길에 곡부를 지나던 강희가 공묘를 배알했다. 공상임은 임금의 앞에서 경서를 강론했으며 강희는 이를 높이 평가하고 국자감박사를 수여했다. 북경에 들어 간 공상임은 이로부터 벼슬아치의 생애를 시작한다.

강희 25년 공상임은 치수의 임무를 맡고 장수성(江蘇) 북부지역으로 파견된다. 공상임은 남경, 양주 등지를 왕래하며 백성들의 어려움과 관료사회의 암흑성을 직접 체험한다. 한편 명(明)대의 유신들을 사귀며 남명왕조(南明王朝)의 역사를 깊이 알게 된다. 강희 28년 북경으로 돌아온 공상임은 호부원외랑(戶部員外郞)으로 자리를 옮기지만 그는 벼슬에 대한 욕망이 더는 불타지 않았다. 공상임은 자신이 오랫동안 구상해온 『도화선(桃花扇)』을 마무리할 것을 결심한다.

1699년(강희38년)에 탈고된 『도화선』은 크게 성공했다. "북경에서 공연한 『도화선』의 작가는 하루도 헛되이 보내는 시간이 없었다"[23] 한편 마침 같은 해에 공상임은 관직에서 파면되었다. 1702년(강희 41년), 고향으로 돌아간 공상임은 쓸쓸한 만년을 보냈다.

『도화선』은 복사문인(複社文人) 후방역(侯方域)과 진회(秦淮) 명기였던 이향군(李香君)의 사랑이야기를 선색으로 명조 말기 통치계급내부의 모순과 투쟁을 집중적으로 반영했다. 작자는 후방역과 이향군의 사랑을 그때 당시의 정치형세와 밀접히 연계하며 이야기를 펼쳐나갔다. 작자는 선명한 예술적 형상을 통해 남명왕조 흥망의 역사를 재현했다.

작자는 민족모순을 정면으로 쓰지 않았지만 "이별과 상봉의 정을 빌어 흥망에 대한 느낌을 피력하는(借離合之情, 寫興亡之感)"[24] 역사극은 망국의 아픔을 안고 있는 사람들의 강한 공감을 불러일으킨다. 『도화선』이 공연될 때 전조유신들은 옷소매로 얼굴을 가리고 홀로 앉아 공연을 구경했으며 공연이 끝나 자리를 뜰 때는 눈물을 훔쳤다고 한다.

여기에서 『도화선』의 정치적 영향을 잘 엿볼 수 있다. 공상임은 시 『방가증류우봉(放歌贈劉雨峰)』에서 "운명이 기구해 문자의 미움을 받아, 입 다물고 쇠 사람처럼 비방을 듣는다"고 했는데 추측컨대 파직된 이유가 『도화선』의 창작과 관련이 있을 것으로 보인다.

공상임은 『도화선』 창작에서 역사적 진실을 중시했다. "조정의 득실과 문인들의 이합집산 과 관련해서는 모두 때와 장소가 확실하며 타인의

---

23) 공상임(孔尙任), 『도화선(桃花扇)』, 『본말(本末)』, 6쪽, 인민문학출판사, 1963.
24) 공상임(孔尙任), 『도화선(桃花扇)』, 『선성(先聲)』, 1쪽.

것을 인용하지 않았을"[25] 정도에 이르렀다. 그렇다고 공상임은 희극극본의
특성을 무시한 것도 않았다. 전형적인 인물형상을 만들기 위해 일부 사실을
"예술적으로 가공"[26]해 비교적 정확하게 역사적 사실과 예술적 진실의
관계를 해결했다. 이로써 『桃花扇』은 역사적 진실성과 예술적 진실성이
통일된 고전 희극명작으로 거듭났다.

『장생전(長生殿)』과 『도화선(桃花扇)』은 모두 곤곡(昆曲)이다. 청조
초기 곤곡이 성행하는 동시에 전국 각지에는 또 여러 지방 극이 있었다.
희극 무대에는 백화제방, 백가쟁명의 양상을 보였으며 이른바 "남곤,
북익, 동류, 서방(南昆, 北弋, 東柳, 西梆)"이 있었다는 설이 있다. '곤(昆)'은
곤곡이고 '익'은 익양강(弋陽腔)을 말하며 명대 때 북방에 까지 전해져 청조
초기에는 북경에서 성행했다. "柳"는 산동의 류자극(柳子戲)을 말한다.

'방(梆)'은 섬서(陝西)의 '방자(梆子)', 즉 '진강(秦腔)'이다. 건륭시기에는
'화부(花部)'와 '아부(雅部)'가 자웅을 다투는 국면을 맞았다. '아부'는
곤곡을, '화부'는 여러 가지 지방극의 총칭, 혹은 '난탄(亂彈)'이라고도 한다.
"양회(회남과 회북)에서 소금을 관리하는 염무국에서는 화부와 아부를
집중해 놓고 큰 공연을 대비하기도 했다. 아부는 곤산강이고 화부는
경강(京腔), 진강(秦腔), 익양강(弋陽腔), 방자강(梆子腔), 나나강(羅羅腔),
이황조(二簧調)가 포함되는데 통합하여 '란탄'"[27]이라고 한다.

지방극의 곡문(曲文)은 곤곡보다 못하지만 음조가 아름답고 언어가

---

25) 공상임(孔尙任)의 『도화선(桃花扇)』, 『범례(凡例)』
26) 위의 책.
27) 이두(李鬥)의 『양주화방록(揚州畵舫錄)』.

통속적이며 연출이 생동하고 생활의 정취가 넘친다. 저명한 학자 초순(焦循)은 이렇게 논평했다. 곤곡은 "오음보다 번잡하고 까다로우며 음률이 조화를 이루지만 사전에 극본을 읽지 않으면 무엇을 노래하는지 알아들을 수 없다"고 했다. 그러나 지방 희곡은 "가사가 통속적이고 소박해 여자와 아이 모두 이해 가능하다. 어조가 격앙되고 혈기가 넘쳤다"고 했다.

때문에 "화부"는 민간에서 환영을 받았으며 "곽외의 농촌마다 2, 8월 사이 화부를 공연했고 농부와 어부들이 모여 즐거워했는데 유래가 오래되었다" "날도 무덥고 농한기라 버드나무나 콩 넝쿨 아래 앉아 이야기를 나누었는데 거의가 '화부'에서 나온 내용들이다"[28] 곤곡은 군중을 이탈했기에 봉건 사대부의 소일거리이었을 뿐 날로 생명력을 잃어갔다. 청조 초기 북경 희곡무대에는 이미 익양강과 곤곡이 기량을 겨루고 있었고 그 뒤로 다른 지방극종이 북경으로 흘러들어왔다.

건륭 중엽, 진강 예술가 위장생(魏長生)이 북경에 와 공연을 했는데 "그 명성이 북경을 들썩였으며 일일 관객이 천여 명이 넘었다"[29]. 건륭 55년, 황제의 80세 생신을 축하하기 위해 안휘(安徽) 삼경반(三慶班)이 북경에 들어왔다. 휘반(徽班)은 이황조를 주요로 하며 진강의 창법을 개편하여 서피(西皮)를 형성했는데 이로써 '피황(皮黃)'극이 생성하고 이것이 차츰 경극(京劇)으로 발전했다.

경극은 또 곤곡과 여러 지방극의 장점을 받아들였는데 청조 후기 경극의 극목, 곡조(唱腔)와 표현예술이 끊임없이 혁신하며 명인들이 많이

---

28) 초순(焦循)의 『화부농담(花部農譚)』
29) 오태초(吳太初)의 『연란소보(燕蘭小譜)』, 『잡영제령(雜詠諸伶)』.

배출되었으며 전국적으로 광범하게 유행된 가장 큰 극 종류로 거듭났다.

6. 회화

청조 때 회화가 번영하고 인재들이 많이 배출되었으며 유파가
많았는데 회화가 우후죽순마냥 발전했다. 청조 통치자, 예를
들면, 강희, 건륭은 모두 회화를 즐겼고 회화의 발전을 제창했다.
선후로 조서를 내려 『패문재서화보(佩文齋書畫譜)』 , 『비전주
림(祕殿珠林)』, 『석거보급(石渠寶笈)』(正, 속편)등 중국회화 명작을
편찬하도록 했다. 일부 유명 화가들을 궁정에 모셨는데 그들은 궁정에서
최고의 예우를 받았다.

그러나 봉건문화 전제주의의 영향으로 복고주의와 형식주의의 풍조가
청조 회화계에 큰 영향을 끼쳤다. 유파가 많았지만 대부분이 옛 사람들의
것을 본뜨는 것을 능사로 간주했다. "멀리로는 (黃)공망이 있고 가까이로는
종문(徵明)과 심(周)가 있었다. 대표 인물로는 청조 초기의 왕시민(王時敏),
왕감(王鑒), 왕휘(王翬), 왕원기(王原祁), 운격(惲格)과 오력(吳歷)이
있다. 그중 왕휘와 왕원기의 영향력이 가장 컸다. 방훈(方薰)은 "해내외의
회화가들은 석곡(石谷, 왕휘의 자)의 굴레를 벗어나지 못했거나 록대(麓臺,
왕원기의 호)의 멍에를 벗지 못했다"[30]고 말했다. 그들의 화풍은 청대

---

30)방훈(方薰)의 『산정거화론(山靜居畫論)』 하, 133쪽.

화단의 정통을 이루었다.

　복고주의와 형식주의 화풍이 성행하던 시기 모방을 반대하고 독창적인 것을 제창하는 화가들이 나타났다. 그들은 붓이 가는 대로 글을 쓰고 감정을 토로하며 정해진 틀에 구애되지 않았다. 때문에 정통파 화가들은 그들을 "거만하고(狂)", "괴이하다(怪)"고 했다. 대표인물로는 청조 초기의 '4승(四僧)'[31]과 청조 중엽의 "양주팔괴(揚州八怪)"[32]가 있다. 청조 초기의 "4승"에는 명 왕조의 종실과 명조 말기의 유민(遺民)이 있었다. "양주팔괴"로 불린 그들 중에는 벼슬길이 순탄치 않았던 사람이 있는가하면 은둔생활을 하며 벼슬길에 나서지 않았던 정의감 있는 지식인도 있었다. 그들은 망국의 아픔과 세상의 불합리한 현상에 대한 분개심을 붓으로 표현하며 청대 화단에 새로운 숨결을 불어 넣었다.

　왕시민(王時敏, 1592년~1680년)은 자가 손지(遜之)이고, 호는 연객(煙客)이며, 강소 태창(江蘇太倉) 사람이다. 명조 대학사(大學士) 왕석작(王錫爵)의 손자이다. 음직으로 태상사소경(太常寺少卿)까지 오르는데 사람들은 그를 왕봉상(王奉常)으로 일컬었다. 그는 어릴 때부터 회화를 즐겼으며 산수화에 능했다. 송, 원의 여러 명가, 특히 황공망을 연구하고 모방했는데 동기창(董其昌)이 이를 높이 평가했다. 그는 손목 놀림이 영활했고 발묵이 신이 기교를 부린 듯해서 멋대로 윤색을 해도

---

31) 弘仁, 髡殘, 道濟, 八大山人
32) 견해가 다르기는 하지만, 일반적으로 汪士愼, 黃愼, 金農, 高翔, 李鱓, 鄭燮, 李方膺, 羅聘 들을 말하고 있다.

산봉우리와 산골짜기를 그려냈다. 만년에는 예술적으로 더욱 성숙했는데 청조 초기 화단의 리더로 거듭났다. 그러나 그는 모사만 할줄 알고 창작을 소홀히 했기에 그의 작품은 황공망과 동기창의 틀을 벗어나지 못했다.

왕감(王鑒, 1598년~1677년)은 자가 원조(圓照)이고, 호는 상벽(湘碧)이며, 강소 태창(江蘇太倉) 사람이다. 왕시민의 종질이지만 두 사람의 나이차는 많지 않으며 예원에서 다 같이 유명했다. 왕감 역시 모사를 좋아했으며 송, 원 이래의 명화는 진짜와 똑같이 모방할 때까지 모사했다. 동원(董源), 거연(巨然)의 필법에 대한 조예가 깊었다. 그의 그림은 웅장하고 우아하며 분방했으며 준법(皴法)과 선염법(渲染法)의 장점을 잘 겸했다. 그러나 대부분이 다른 작품을 모사한 것이기에 창조성이 부족했다.

왕휘(王翬, 1632년~1717년)는 자가 석곡(石谷)이고, 호는 경연산인(耕煙散人) 혹은 오목산인(烏目山人)이며, 강소상숙(江蘇常熟) 사람이다. 소년 시기에 이미 산수화에 능했다. 우산(虞山)을 유람하던 왕감이 그가 그린 선면화를 보고 상당히 놀라워했으며 그를 데려갔다고 한다. 왕감의 가르침을 받은 왕휘는 빠른 발전을 가져왔다. 그 후 왕감은 왕시민에게 왕휘를 학생으로 보냈다. 왕시민 역시 왕휘를 크게 될 인물로 보고 소중히 여겼으며 "연객(煙客, 손님)이야말로 스승이고, 스승은 바로 연객이롤세"라며 탄복했다고 한다. 왕휘는 왕시민과 함께 방방곳곳을 돌아다니며 소장자들의 비본(秘本)을 마음껏 읽음으로써 창작사상과 예술기교 면에서 큰 발전을 가져왔다. 그는 그 시기 화단이 쇠퇴한 것은 종파주의 탓이라고 생각했다.

그는 "원조 명가의 필묵으로 송조 명가의 심원한 뜻을 운필하며 운치는 당조 명가들을 따라했다"[33]. 그는 동기창 이래, 중국회화사에서 유여수화하던 남종, 북종의 두 화체를 처음으로 절충함으로써 "화성(畫聖)"의 명예를 얻었으며 "우산파(虞山派)"를 여는 등 업적이 크다. 강희 시기, 내정공봉이 되어 조서를 받고 『남순도(南巡圖)』를 완성했다. 이를 본 강희가 상당히 마음에 들어 했으며 "산수청휘(山水淸暉)" 4자를 하서했고 그 후 "청휘주인(淸暉主人)"의 호를 갖게 되었다. 왕휘의 그림은 깔끔하고 염려했으며 "4왕"중 그의 성과가 가장 뚜렷했다.

왕원기(王原祁, 1642년~1715년)는 자가 무경(茂京)이고, 호가 녹대(麓臺)이며, 왕시민의 손자이다. 강희 경술의 진사 출신으로 벼슬은 호부시랑(戶部侍郎)을 지냈으며 사람들은 왕사농(王司農)으로 일컬었다. 유년시절 이미 회화에 재능을 보였다. 가끔 산수화를 그려 서재의 벽에 붙였는데 왕시민은 자신의 작품인줄 착각하고 "내가 언제 그린 그림인고!"했다고 한다. 왕원기가 그린 그림인 것을 안 뒤 "나의 자손이라면 언젠가 나를 뛰어 넘을 것이다(是子業必出吾右)"고 했다. 왕원기는 왕시민의 가르침을 받으며 학업에 정진했다. 그러나 그는 황공망의 화법에 대한 연구가 더욱 깊었다. 왕시민은 왕감에게 "원4대가 중 황공망이 최고이고, 그의 운치를 그대로 닮은 이는 동기창이며, 그의 형태를 본받은 자로는 나도 감히 비켜 갈수

---

33) 장경(張庚)의 『국조화정록(國朝畫征錄)』 권상. 26쪽.

없다. 그러나 운치와 형식을 모두 갖춘 이는 나의 손자이노라!"[34] 강희 시기 내정공봉이 되어 『패문재서화보(佩文齋書畫譜)』를 편찬하고 『만수성전(萬壽聖典)』 제작을 주관하였다. 청 통치자로부터 높은 평가를 받았기에 그의 추종자들이 만천하에 늘려 누동일파(婁東壹派)를 형성하기에 이르렀고 왕원기는 한 시대의 종사로 거듭났다. 그의 작품은 질박하고 꾸밈이 없지만, 주견이 없이 옛 사람의 뒤를 따르는 의고주의 화풍으로 그의 그림은 창조성이 결핍된다. 그의 『녹대제화고(麓臺題畫稿)』는 총 53편 중 무려 47편이 모방한 작품으로 표기되어 있다. 그중 황공망의 것만 25편이 넘는다. 이토록 옛 사람의 것을 숭배하기에 그쳤기에 그의 작품은 창조성을 논할 수가 없었다.

운격(惲格, 1633년~1690년)은 자가 수평(壽平) 또는 정숙(正叔)이고, 호가 남전(南田)이며, 강소무진(江蘇武進)사람이다. 어려서부터 산수화를 즐겨 그렸으며 자신이 왕휘를 넘을 수 없다고 생각한 뒤 꽃과 새를 그리기 시작했다. 고금을 참작해 그때 당시의 관습적인 것을 씻어버리고 새로운 독창적인 화법을 내놓았다. 그의 그림은 간결하고 정교하며 아름다웠다. 색감이 맑고 고와 청대 화초와 새 그림의 정통을 이루었다. "강남, 강북을 막론하고 남전, 정숙을 따르지 않는 자가 없었는데"[35] 이들을 "상주파(常州派)"라 일컬었다. 운격 역시 가끔 산수화를 그렸는데 그의 산수화는 높고 탁 트인 느낌을 주며 수려하고 자연스러웠다. 그의 산수화는

---

34)장경(張庚)의 『국조화정록(國朝畫征錄)』 권하. 51쪽.
35) 위의 책. 55쪽.

이백의 시와 흡사하며 사람의 능력으로는 오를 수 없는 경지라 평가 된다. 그의 작품은 한 자 크기의 화선지에 그린 그림이 가장 정교하고 뛰어나며 큰 폭의 산봉우리 그림은 웅장함이 결핍해 기력이 마음을 따라주지 못하는 느낌이다.

오력(吳歷, 1632년~1718년)은 자가 어산(漁山)이고, 호가 묵정도인(墨井道人)이며, 강소상숙(江蘇常熟) 사람이다. 그는 왕휘와 함께 왕시민에게서 그림을 배웠다. 그 역시 송, 원의 화풍을 따랐는데 특히 황공망을 스승으로 했다. 황량함과 쓸쓸함이 묻어나는 그의 그림은 기품이 넘쳤다. 그를 극히 추앙했던 왕원기는 학생 온의(溫儀)에게 말하기를 "근대의 화가로는 오어산(吳漁山) 뿐이로다. 나머지는 모두 평범하여 화가로 받들기엔 마음에 차지 않는다"[36]고 했다. 오력은 만년에 천주교를 신앙하고 집을 떠나 항해하다 마카오에서 생을 마감했다. 이런 이유로 그의 그림에는 서양화법의 흔적이 있다고 하는 이들도 있는데 사실은 그러하지 않다. 그는 『묵정화발(墨井畫跋)』에서 "나는 그림을 그릴 때 눈에 보이는 것을 그대로 옮겨 놓지 않고 상투적인 것을 싫어하며 자유분방한 것을 추구한다. 그들은 모두 음양향배와 형사 등 상투적인 것에 공을 들인다. 나는 낙관을 위에 찍지만 그들은 아래에 찍는다. 붓 사용법도 서로 다르다." 이는 오력의 그림이 서양화법과 다름을 말한다.

홍인(弘仁, 1610년~1663년, 명 만력 38년~청 강희 2년)은 호가 점강(漸江)이고, 성이 강(江)이며, 이름은 도(韜)이고, 자가 육기(六奇)이며,

---

36) 장경(張庚)의 『국조화정록(國朝畫征錄)』 권중, 46쪽.

안휘 흡현(歙縣) 사람이다. 명 말의 수재이다. 명조가 멸망한 후 삭발을 하고 스님이 되었다. 그는 산수화에 능하며 초기에는 송을, 후에는 원의 화풍을 따랐는데 예운림(倪雲林)의 풍격과 의도를 잘 터득했으며 신안파 화가들이 예 씨를 본받는 풍기를 일으키는 필두가 되었다. 그는 유람을 즐겼으며 황산, 안탕(雁蕩) 사이를 자주 오갔다. 그가 그린 첩첩이 이어진 산과 괴석, 늙은 소나무, 흐르는 물과 맑은 연못, 붉은 바위와 험한 골짜기는 보는 이들이 그 속에 몸을 담은 듯한 느낌을 주었다. 강남의 사대부에서는 집에 그의 작품을 갖고 있는지에 따라 아속(雅俗)을 따졌다. 사후, 벗이 그의 무덤 옆에 수백 그루의 매화를 심어 매화고납(梅花古衲)으로 불리기도 한다.

곤잔(髡殘, 1612년인 명 만력 40년 경에 태어났으며 사망 연도는 명확하지 않다. 60여세로 추정), 자가 개구(介邱)이고 호가 석계(石谿)이며 잔도인(殘道人)이라 자칭했으며 만년에는 석도인(石道人)으로 불렀다. 호광 무릉(湖廣武陵, 오늘의 湖南常德) 사람이다. 본 성은 유(劉) 씨이며 청에 항거하는 투쟁에 참가했다. 실패 후 출가해 명산을 유람하다 남경에 도착해 우수사(牛首寺)에 머물렀다. 그는 송, 원의 기교와 방법을 배우는 한편, 다른 한편으로는 실제 자연을 모범으로 했다. 그의 산수화는 신비한 경치와 적막감이 보는 이의 시선을 끌어 당겼다.

장요성(張瑤星)은 그의 작품을 두고 "세상의 모든 시를 살펴보면 몇 사람의 시가 성령에서 나왔으며, 또 세상의 화가 중에는 몇 사람이 천지의 스승으로 불릴까? 불교의 선을 논자면 또 어느 누가 옛것을 물리칠 수 있을까? 개구는 용모가 용상이고 조상의 대우를 받아왔다. 하지만 절대 고의로 자신을 신비화하지 않는다. 가끔 심심풀이로 그린 작품은 늘 마음이

가는대로 붓을 날렸다"[37)

팔대산인(八大山人, 약 1626년~1705년)은 성이 주(朱)이고, 이름은 탑(耷)이며, 자가 인옥(人屋) 또는 설개(雪個)이고, 호는 팔대산인(八大山人)이며, 강서 남창(江西南昌) 사람이다. 명왕조의 종친이다. 명나라가 멸망하자 출가해 스님이 되었으며 후에는 또 도사가 되어 남창 청운보도원(青雲譜道)에서 지냈다. 그는 꽃과 새, 산수화에 능했으며 화법이 제멋대로이고 정해진 화법에 얽매이지 않았으며 고아하면서 굳세고 가끔은 세속을 벗어나는 기개가 넘쳤다.

청조 초기 사의화파(寫意畫派) 중 그는 독창적인 풍격을 지닌 대화가였다. 그의 그림은 간결한 것이 특색이다. 몇 획만으로 사물의 표정과 태도를 요약해내는 팔대산인은 중국 회화의 발전에 새로운 길을 열었다. 망국의 울분으로 그의 화풍은 우울하고 처량했다. 그가 서화에 남긴 낙관에서는 '팔대(八大)' 두자가 함께 연결되고, '산인(山人)' 두자가 연결되었는데 마치 '곡지(哭之)', '소지(笑之)'의 글 모양과 비슷했다. 정판교는 팔대산인의 그림을 "나라 멸망에 귀밑머리가 희어지고, 한 주머니 가득한 시와 그림을 메고 행각승이 되어 그린 천만 폭의 그림에는 먹 보다 눈물 자국이 더 많도다"[38)라고 논했는데 이런 평론은 아주 적절했다.

도제(道濟,1636년~1710년)는 성이 주(朱)이고, 이름은 약극(若極)이며,

---

37) 주량공(周亮工)의 『독화록(讀畫錄)』 권2, 24쪽.
38) 『정판교전집(鄭板橋全集)』 권3.

자가 석도(石濤)이고 호는 대척자(大滌子), 청상노인(淸湘老人), 할존자(瞎尊者), 고과화상(苦瓜和尙) 등이다. 광서 전주(廣西全州)사람이며 명 왕조 종실이다. 명조가 망하자 출가하여 스님이 되었다. 그는 그림에 대한 이론이 뛰어나고 산수화와 난죽화에 능한 혁신적 정신을 갖춘 대예술가이다. 그는 당시 화단에 불고 있던 모방 풍조에 상당히 불만했다.

그는 산수화 화가는 산과 강의 대변인이 되어 산천에 대한 예술적 구상을 예술적으로 형상화해야 한다. 오늘날 사람들이 두각을 나타내지 못하는 이유는 "옛사람들의 자취만 따라 할뿐 옛사람들의 마음을 배워내지 못하기 때문이다"[39]라고 지적했다. "많은 소재를 접하고 많은 사물을 관찰해 창작의 영감을 얻은 뒤 초안을 내오다(搜盡奇峰打草稿"[40]는 그의 창작 경험에 대한 총화이다. 그는 전통적 기교와 방법을 반드시 배워야 하지만 "옛 것에 얽매이고", "옛 것에 구애되어 자신의 우세를 몰라보아서"[41]도 안 된다고 했다. 그는 "그림에는 남북종(南北宗)이 있고 서법에는 이왕법(二王法, 王羲之와 王獻之)이 있다. 장융(張融)이 말하기를 나의 그림에 이왕과 같은 기개가 없어 유감스러운 것이 아니라 오히려 이왕의 그림에 나와 같은 절개와 기품이 없는 것이 유감스럽도다, 라고 했다.

오늘 날 남, 북종에 묻노니 나의 그림은 어느 종에 속하는고? 나의 그림은 나를 종으로 할지어다. 포복절도 후 하는 말이, 나는 나만의 법을 따른다"고 했다. 대자연에 대한 관찰과 체험을 중시하는 도제는 옛 것에 얽매이지

---

39) 『대척자제화시발(大滌子題畵詩跋)』 권1. 『발화(跋畵)』
40) 『고과화상서어록(苦瓜和尙畵語錄)』, 『산천장(山川章)』
41) 위의 책과 같음. 『변화장(變化章)』

않았기에 그의 작품은 구도가 새롭고 변화다단하며 거칠음과 섬세함을 갖추고 간습을 병용했으며 생활의 정취가 짙었다. 왕원기는 "강남에는 석도가 제일이고 석곡(石谷)과 도제를 따를 이가 없었다"고 탄복했다. 도제의 『화어록(畫語錄)』은 그의 예술생애의 총화이며 후세에 큰 영향을 일으켰다.

청조 초기 '4승' 이후, 양주 '팔괴'가 있었다. 그들이 모두 양주 사람인 것은 아니지만 오랜 기간 양주에서 생활했으며 회화풍격이 같았다.

그들은 청조의 강희, 옹정, 건륭 성세시기를 살았지만 뜻을 이룬 것은 아니다. 사상적으로 현실에 불만을 갖고 봉건예교의 속박을 반대했으며 예술적으로는 기존의 방법에 국한되지 않았으며 새로운 내용을 표현하려 노력하고 새로운 기교를 탐색했다. 그들은 대부분이 화조화를 많이 그렸으며 다음으로 인물화를 그렸고 산수화는 상대적으로 적었다.

왕사신(汪士愼, 1686년~1759년)은 자가 근인(近人)이고, 호가 소림(巢林) 또는 계동외사(溪東外史)이며, 안휘 휴녕(安徽休寧) 사람이나 이곳을 떠나 양주(揚州)에 정착하였다. 그는 화훼화에 능했는데 특히 묵매를 잘 그렸다. 필치가 자유분방하고 담백하며 둘도 없이 독보적이었다. 그와 금농(金農)은 주고받은 창화시가 퍼거나 된다. 만년에 두 눈이 실명하였지만 마음으로 그림을 그렸으며 광초를 쓰고 그림을 그렸는데 실력이 과거 못지않았다.

황신(黃愼, 1687년~1766년)은 자가 공무(恭懋)이고, 호가 영표(瘦瓢)이며, 복건녕화(福建寧化) 사람이나 양주(揚州)에서 거주했다. 그는 인물화, 산수화, 화훼화에 능하며 필을 시원시원하게 놀리고 자유분방하며 변화가 많았는데 이는 마침 정통파의 화풍과 완전히 달랐다. 그가 그린 인물은 거의가 사회 하층의 유랑민, 거지, 어부, 빈승이다. 이런 인물에 대해 상당히 익숙했기에 붓을 몇 번만 날려도 인물의 표정과 태도를 진짜와 똑같이 그려냈다.

　금농(金農, 1687년~1764년)은 자가 수문(壽門)이고, 호는 동심(冬心)이며, 절강 인화(仁和, 오늘의 杭州) 사람이다. 고서적 배우기를 즐기고, 감상력이 뛰어나며 고서화의 진위 인식능력이 뛰어났다. 50세 후부터 회화를 그리기 시작했다. 양주(揚州)로 거처를 옮겨 그림을 팔아 생계를 유지했다. 그는 초묵에 능했으며 대나무, 불상 그림이 특히 유명하다. 이밖에 말과 화조산수에도 능했다. 　예스러우면서도 우아하고 굳세며, 소박한 가운데 고아한 멋이 있었다. 풍격이 남다르고 그때 당시 속된 습성을 완전히 떨쳐버렸다. 그의 호는 하나가 아니었다. 매번 그린 그림의 내용에 따라 낙관이 달랐다. 대나무 그림에는 계류산민(稽留山民), 매화 그림에는 석애거사(昔涯居士), 화조화에는 룡사선객(龍梭仙客), 인물화에는 치춘옹(恥春翁), 말 그림에는 동심선생(冬心先生), 부처 그림에는 심출가암죽반승(心出家盦粥飯僧), 산수화에는 곡강외사(曲江外史)의 낙관을 찍었다. 그의 작품으로는 『동심제화(冬心題畵)』, 『동심화기(冬心畵記)』가 유행했다.

　고상(高翔, 1688년~1753년)은 자가 봉강(鳳岡)이고, 호가 서당(西堂)이며, 강소 감천(江蘇甘泉, 오늘의 揚州)사람으로 산수화에 능하다. 그는 홍인(弘仁)의 차분하고 평이한 화법에 도제의 옛 것에 얽매이지 않는 자유분방함을 참고했다. 붓 놀림이 간결하고 기세가 호매하다. 그는 또 매화 그림에 능했는데 금농의 풍격과 의도를 많이 닮았다. 만년에는 오른 손이 불구가 되자 왼손으로 그림을 그렸는데 고아하면서 굳세고 기이하였는데 세상은 이를 보물처럼 대했다.

이선(李鱓, 1686년~1762년)은 자가 종양(宗揚)이고, 호가 복당(復堂) 또는 오도인(懊道人)이며, 강소흥화(江蘇興化) 사람이다. 강희 때 거인(擧人)에 급제하고 한 때 궁정에서 일을 했으며 후에 등현지현(滕縣知縣)을 지냈으며 정계에서 일을 날렸었지만 높은 관리를 거역하는 바람에 파면 당했다. 후에 양주로 거처를 옮겨 그림을 팔아 생활을 이어갔다. 정판교(鄭板橋)와 친분이 깊었다. 그는 화조화에 능했다. 멋대로 색을 뿌렸으며 먹줄을 구속을 받지 않으며 자연스러운 정취를 뿜었다. 생평에 오송도 그리기를 즐겼으며 뒤엉킨 늙은 나뭇가지들, 춤을 추는 듯 휘날리는 필묵에서 자부심을 느꼈다.

정섭(鄭燮)은 청조 중엽의 유명한 시인이며, 서법가이자, 화가이다. 그의 문화적 성과는 앞에서 이미 소개했다. 정섭은 화훼와 목석 그림에 능했으며 특히 수묵란죽을 잘 그렸다. 필묵이 힘 있고 수려하며 풍치 있고 멋스러웠는데 청신한 느낌을 주었다. 정판교는 자연에 대한 관찰을 중시했다. 그는 "내가 그린 대나무는 스승이 없이 창호지와 벽에 비친 대나무 그림자를 보고 그림을 배웠다"[42]고 했다. 그러나 그의 작품은 자연을 모사한 것이 아닌 온 마음을 기울여 제련한 것이다. 그는 제사에 자신이

---

42) 『정판교전집(鄭板橋全集)』, 『판교제화(板橋題畫)』, 『죽(竹)』

대나무를 그릴 때의 정경을 이렇게 적고 있다. "청아한 가을, 이른 아침 강변의 서숙에서 잠을 깨니 대나무가 보인다. 안개와 빛 내림, 그림자, 이슬이 나뭇가지와 나뭇잎 사이에서 흐느적거린다. 이를 보노라니 그림을 그리고 싶은 마음이 떠오른다. 그러나 내가 생각하는 대나무는 눈에 빛인 대나무가 아니니라. 먹을 갈고 선지를 펼쳐 붓을 날렸더니 그려 낸 대나무는 또 마음속의 대나무와 달랐다"[43] 그는 객관사물에 대해 깊이 관찰할 뿐 아니라 높은 기교로 이를 재현하기도 했는데 이런 이유로 그의 작품은 많은 사람들의 사랑을 받았다. 정판교의 제화 역시 특색 있었다. 그는 죽운에 이런 시를 적었다. "오사모를 벗어 관직을 버리오니 전대가 텅 비고 소매에 바람 밖에 없도다. 대나무가지 하나 꺾어들고 가을바람 부는 강에서 낚시나 할지다."[44] 이 시는 벼슬을 바라지 않고 고결한 지조를 지키려는 정판교의 의지를 아주 자연스럽고 진지하게 전달했다.

이방응(李方膺, 1695년~1754년)은 자가 규중(虯仲)이고, 호가 청강(晴江) 또는 추지(秋池)이며, 강소남통(江蘇南通) 사람이다. 옹정 때 제생 신분으로 추천을 받아 현령을 지냈다. 성격이 강직하고 여러 차례 상사를 거역하여 관직을 그만 두게 되었다. 후에 금릉(金陵)에 살면서 그림을 팔아 생활했다. 그는 송, 죽, 매, 난을 잘 그렸으며 특히 매화도가 가장 뛰어났다. 힘 있고 약동적이며 일반적인 규칙을 따르지 않았는데 이에 어떤 이들은 그의 그림을 지저분하고 혼잡스럽다고 했다. 그러나 무질서 속에 이치가

---

43) 위의 책.
44) 위의 책, 『여고귀리화죽별유현신사민(予告歸裏畫竹別濰縣紳士民)』

있었는데 창망하지만 하나로 어우러지는 기개를 갖추었다. 그가 그린 매화도는 폭이 한 장이 넘는 것도 있었으며 구불구불하고 기개가 넘쳤는데 고법에는 없던 화법이었다. 그가 매화도에 지은 시에는 "매화를 그리는데 시기가 있어야 하는 건 아니지만, 매화 앞에서도 붓을 놀리지 못하고 있네. 이리저리 천만송이 눈에 띄지만 마음에 드는 것은 두세 가지뿐"[45] 이 시를 통해 이방응의 고고함을 엿볼 수 있다.

라빙(羅聘, 1733년~1799년)은 자가 둔부(遁夫)이고, 호가 량봉(兩峰)이며, 만년에 호를 화지사승(花之寺僧)이라 했다. 원적지가 안휘 흡현(歙縣)이며, 후에 양주로 거처를 옮겨 금농(金農)의 문하생이 되어 진수를 전수 받았다. 인물, 산수, 화훼 모두 정묘하게 그렸으며 특히 신괴(神怪) 그림에 뛰어났다. 그의 『귀취도(鬼趣圖)』는 사회생활 속의 추악한 현상을 풍자했다. 한 때 왕공대인, 시인묵객들은 몇 번이고 제목을 달고 시를 지어 읊었다. 청조 사람들의 필기에도 자주 제기되었으며 귀신 느낌이 솔솔 나게 묘사했는데 그의 영향력이 얼마나 컸는지를 알 수 있었다.

청조의 화단을 둘러보면 산수화와 화조화가 절대적 우세를 점했지만 현실을 반영한 인물화와 풍속화는 그리 많지 않았다. 창작 사상으로는 자연주의와 모방주의로 구분되고 표현 기교는 낡은 방법을 답습하는 것과 찌꺼기를 버리고 새로운 것을 내놓는 것으로 구별된다. 그러나 소재에 있어

---

45) 원매(袁枚), 『수원시화(隨園詩話)』 권7.

큰 차이를 보이지 않았다. 소재 범위가 협소한 것 역시 청조 문인화가들의 성과가 크지 않은 중요한 원인이다.

청조의 민간회화는 판화와 연화(年畵)의 성과가 가장 크다. 중국의 판화 발전은 명조에 이르러 상당히 성숙해졌다. 많은 우수한 소설과 희곡의 삽화가 나타났으며 '두판(餖版)', '공화(拱花)' 인쇄제작 방법이 출현함으로써 판화가 더욱 생동하고 멋졌다. 청조의 판화는 명대 판화의 우수한 전통을 계승하고 발양했다. 이 시기 소척목(蕭尺木)의 『태평산수도(太平山水圖)』,『이소도(離騷圖)』, 왕개(王槩)의 『개자원화전(芥子園畫傳)』, 초병정(焦秉貞)의 『경직도(耕織圖)』, 상관주(上官周)의 『만효당화전(晚笑堂畫傳)』, 이립옹(李笠翁)의 『십종곡(十種曲)』 삽도, 개기(改琦)의 『홍루몽도영(紅樓夢圖詠)』 등 우수한 작품이 나왔다. 판화와 비슷한 시기에 발전한 연화는 대중들로부터 더욱 많은 사랑을 받았다. 청조 때 년화 생산지로 유명한 곳으로 소주(蘇州)의 도화오(桃花塢), 천진(天津)의 양류청(楊柳青), 산동(山東)의 유현(濰縣), 하남의 주선진(朱仙鎭)이 있다. 세화(歲畵, 年畵)[46]의 소재는 상대적으로 광범해 현실생활, 민간 풍속과 역사 이야기가 반영되었으며 선과 윤곽이 명쾌하고 색채가 아름답고 화려했으며 문화예술의 전파와 보급에 큰 역할을 일으켰다. 양류청의 대증렴(戴增廉) 일가만 "매년 백만 장의 연화를 인쇄 제작해야 했다"[47] 이토록 많은 생산량과 영향력의 범위는

---

46) 세화(年畵) : 정초에 붙이는 것이라 세화라 하며 주로 인물상이 많다. 한나라 때 개나 닭의 피를 대문에 부려 액을 막는데서 유래했다.
47) 아영(阿英), 『중국년화발전사략(中國年畫發展史略)』, 27쪽.

보통의 문인이 그린 그림의 것과 비교가 되지 않았다.

명조 말기, 서양화가 중국에 들어오면서 일부 화가들이 서양화법을 받아들였다. 청조의 초병정(焦秉貞), 랭매(冷枚), 당대(唐岱)는 모두 서양화법에 능해 이름을 날렸지만 얼마 뒤 모두 흔적을 감추었다. 이유는 중국화와 서양화 모두 각자의 전통을 갖고 있기 때문에 서양화법의 표현수법과 옛 것을 모방하기에 집착하는 정통파 화가는 서로 뜻이 맞지 않았다. 장경(張庚)은 초병정의 작품을 "정통적이지 않아 옛 것을 좋아하는 사람들은 이를 채용하지 않았다"[48] 이런 이유로 서양의 화법은 청조의 회화에 큰 영향을 일으키지 못했다.

---

48) 장경(張庚), 『국조화징록(國朝畫征錄)』 권중, 32쪽.

제2절
과학과 기술

 청조 전기, 다민족 국가의 통일이 한층 공고화됨에 따라 사회경제가 차츰 번영 발전하는 단계에 들어섰다. 이에 따라 과학과 기술 역시 명대의 기초에서 지속적인 발전을 가져왔다. 명말 청초, 선교사들에 의해 서방의 과학기술지식이 중국에 들어오기 시작했으며 이는 중국의 일부 전통과학의 변혁을 추진했다. 특히 천문역법, 수학과 지도측량 면에서 현저한 진보와 성과가 있었다.

 그러나 엥겔스가 얘기했다시피 "과학의 발생과 발전은 생산이 결정한다"[49] 청조 전기, 사회경제의 발전은 봉건경제 범위를 넘어서지 못했다. 정치적인 새로운 변혁도 없었다. 문화사상 면에서는 유가경전이 존경을 받았고 이학을 제창했으며 팔고문으로 인재를 뽑았다. 이런 환경에서 과학기술은 비약적인 발전을 가져올 수 없었으며 봉건경제와 정치적 제약에서 벗어나 근대과학의 길에 들어 설 수 없었다.

---

49) 엥겔스, 『자연변증법(自然辯證法)』, 92쪽, 1971년 인쇄.

청조 전기 여러 분야 과학발전의 기본 상황은 다음과 같다.

1. 천문역법

중국의 고대 천문역법은 비교적 높은 수준을 갖추었으며 역대의 정부들은 역법을 중시하고 관련 법률 반포하고 수정했으며 역사적으로 여러 번 역법을 개혁했다. 명대까지 통행되던 『대통력(大統歷)』은 곽수경(郭守敬)의 『수시력(授時歷)』을 채용하였다. 그러나 시간이 오래됨에 따라 차츰 오차가 커졌다. 흠천감(欽天監)이 예보한 일월식은 "늘 맞지 않아"[50] 역법 개정이 절박하게 필요했다. 그러나 천문측정 인재가 결핍하여 역법개정에 손을 대지 못했다. 명조 말기 예수회 전교사 Ricci 등이 중국에 서방의 천문수학지식을 갖고 들어와 중국의 사대부 서광계(徐光啓), 리지조(李之藻) 등의 추천으로 서양법을 이용하여 역법 수정 부서를 설치하고 전교사 Sabbatino deUrsis (중국명 熊三抜), Diego de Pantoja(중국명 龐迪我), Johann Schreck(중국명 鄧玉函), Johann Adam Schall von Bell(중국명 湯若望) 등이 참여하여 규모가 방대한 『숭정역서(崇禎歷書)』를 편성하였다.

얼마 후, 청조가 산해관 내로 입관하자 Johann Adam Schall von Bell(湯若望)는 청 정부에 역법을 고칠 것을 제안했다. 1644년 9월 1일(순치

---

50) 『청사고(淸史稿)』, 지(誌)20, 시헌일(時憲壹)

원년 8월 1일) 일식이 발생하자 "대학사 풍전(馮銓)과 Johann Adam Schall von Bell(湯若望) 더러 망원경 등 기기를 휴대하고 국감관생들을 거느리고 함께 관상대에 올라 초휴, 식심, 복원 시각의 분, 초와 방위 등 여러 가지를 기록하도록 했다. 서양의 새로운 역법은 일식 시간과 모두 일치했고 대통, 회회 양법은 시간적으로 큰 차이를 두었다."[51] 청 조정은 서방의 역법을 채용하기로 결정하고 순치2년에 Johann Adam Schall von Bell(湯若望)이 제정한 『시헌력(時憲歷)』을 시행하며 흠천감감정(欽天監監正)에 湯若望을 임명했다.

『시헌력(時憲歷)』은 서양법과 수치를 응용하고 낡은 역법의 구조를 보류한 역법이다. 새로운 역법과 낡은 역법은 세 가지가 다르다.

첫째, 그의 천문계산방법은 비교적 과학적인 우주이론을 기초로 한다. 중국의 전통 역법 역시 이론을 바탕으로 하지만 계산에 치중했기에 자연스럽게 천문이론을 형성하는 수준에는 도달하지 못했다. 고대에 역법을 고칠 때는 수치와 계산공식 고치기에 비중을 두었다. 그러나 시헌력은 덴마크의 천문학자 티코 브라헤(Tycho Brahe)의 천체운행론을 바탕으로 했다.[52] 이런 이론은 코페르니쿠스의 일심지동설에 뒤지지만 역법의 관점으로 보면 천체운행규율을 해석함에 있어 중국 전통의 우주모형보다 더욱 합리하고 과학적이다.

둘째, 계산방법에서 신력은 완전히 유럽의 기하학적 계산체계를

---

51) 『청세조실록(清世祖實錄)』. 원년 8월 초하루.
52) 티코의 천체 운행설은 지구를 우주의 중심으로 하며 움직이지 않는다. 태양, 달, 항성 3자가 지구를 둘러 싸고 돈ㄴ다. 이는 코페르니쿠스의 일심설과 클라우디오스 프톨레마이오스의 지구 중심설 사이를 절충한 우주이론이다.

채용했다. 경위도, 구면삼각학, 몽기차, 시차 등 새로운 관념을 도입했다. 주천을 360도로 나누고 100진법을 60진법으로 고쳤다. 24시간을 96각으로 시간을 기록했다. 이는 중국 전통역법이 사용하던 내삽법경험공식인 대수학체계와 완전히 다르다.

셋째, 24절기의 규정방법에서 신력법은 정기주력(定氣註歷)제도를 채용하였다. 다시 말해 태양이 황도에서 실제 이동한 위치를 표준으로 절기를 판명하고 중국 전통역법이 사용하던 "평기(平氣)"[53]주력제도를 폐기해 절기가 태양운동의 실제 규율에 더욱 부합되게 함으로써 농사 배치에 유리하도록 했다.

신력 반포는 중국이 유럽 고전천문학의 알맹이를 도입했음을 뜻한다. 신력은 중국이 가장 일찍 접한 근대과학이며 이는 천문학 발전과 농업생산 활동에 큰 영향을 일으켰다. 그러나 보수파는 신력을 배척하고 반대했다. 강희 초 오배(鰲拜)가 집권하던 시기, 역법에 관해 격렬한 논쟁이 벌어졌으며 Johann Adam Schall von Bell(湯若望)등을 옥에 가뒀다. 이번 투쟁에 대한 상황은 이미 제9장에서 기술했다. 강희 친정 후, 서방의 역법을 실제로 측량하고 서방역법이 더욱 과학적인 것을 증명함으로써 이번 사건은 억울한 누명을 벗고 여전히 『시헌법(時憲法)』을 시행했다.

이후 강희는 Johann Adam Schall von Bell(湯若望)의 계승자인 남회인(南懷仁)에게 유럽의 선진적인 방법과 도량형제도에 따라 천문기기인 적도경위의, 황도경위의, 지평경의, 지평위의, 기한의,

---

53) 평기는 측정해 놓은 세주를 24등분하고 매 등분을 하나의 절기로 명명하며 매 절기의 일수는 똑같다(15일).

천체의 등을 감독제조하여 북경 관상대에 장비를 마련할 것을 명령하였다. 흠천감은 이런 새로운 의기를 이용하여 하루의 성좌를 여러 차례 측량하고 계산하였다. 예수회 전교사들의 참여로 흠천감은 『역상고성(歷象考成)』과 『역상고성후편(歷象考成後編)』을 편찬하였다. 이는 청대에서 아주 중요한 천문한 저작이다. 특히 『후편(後編)』은 이론에서 계산방법에 이르기까지 이미 티코 브라헤의 천체 운행설을 포기하고 지심계의 타원운동이론과 뉴턴이 측정한 새로운 수치를 이용하였다. 그러나 중국에 온 전교사들은 종교적 편견과 과학수준의 제한으로 그때 당시 유럽에서 가장 혁명적인 코페르니쿠스의 천문학설을 중국에 체계적으로 전하지 못했으며 중국의 학자들 역시 전교사들을 따라 유럽 고전 천문학의 울타리 안에서만 맴돌았다.

중국 봉건사회가 천문학에 대해 필요한 것은 새로운 역법을 제정하는 것이고 전교사들이 가져 온 천문지식이 역법을 제정하기에 충분했기에 중국 봉건사회는 천문학을 지속적으로 탐구하고 발전시킬 동력이 없었으며 중국봉건 정부 또한 새로운 사상학설을 늘 이단학설로 간주했다. 1760년(건륭25년), 프랑스 전교사 P.Benoist Michel(蔣友仁)가 저술한 『곤여전도(坤輿全圖)』는 중국에 코페르니쿠스의 일심설과 Johannes Kepler의 행성운동에 관한 세가지 법칙을 소개했으며 이는 청 정부와 학자들의 흥취를 끌었다. 저명한 학자 완원(阮元)마저 코페르니쿠스를 공격하고 "그의 학설은 아래 위를 바꾸고 동적인 것과 정적인 것을 뒤바꾸었다.

이는 정통적 사상 및 행위 규범을 위배한 것으로 배울 바가 못 되었기에 이를 따르는 자가 없을 것이다(固未有若是甚焉者也.)"[54]

청 정부가 천문역법을 중시했기에 민간에서도 천문학연구가 상당히 활발했다. 주요 대표인물로는 왕석천(王錫闡) 등이 있다.

왕석천(1628년~1682년)은 자가 인욱(寅旭)이고, 호가 효암(曉庵)이며, 강소(江蘇) 오강(吳江)사람이다. 그는 평생 과거시험을 보지 않았으며 관리의 길에 들어서지 않았으며 천문학 계산에 일심전력했다. 그는 자체로 규표(圭表)를 만들어 장기적으로 천문관측을 견지했으며 "매번 쾌청한 날씨에는 옥상의 망새 사이에서 고개를 들어 천체 현사아을 관찰하고 밤새 잠을 자지 않았다"[55] "매번 교차될 때 마다 반드시 측량 수치를 심의하고 검증했다. 그는 질병과 날씨를 가리지 않고 하루도 빼 놓지 않았다"[56] 중국과 서양의 역법이 치열한 다툼을 벌릴 때도 왕석천은 홀로 중서의 두 가지 방법으로 세밀하게 비교하고 연구했다. 그는 "옛 방법에서 옳은 부분은 남기고 서양법의 장점을 택하며 단점을 버렸다" 그의 각고의 노력과 다년간의 실제 측량으로 그는 끝내 이론에도 밝고 측량이 습관화된 동서양 학문을 통달한 천문학자로 이름을 날렸다. 그의 작품으로는 『효암신법(曉庵新法)』과 『오성행도해(五星行度解)』 등이 있다.

왕석천은 『효암신법(曉庵新法)』에서 일월식의 초휴와 복원방 위각을 정확하게 계산하는 방법을 제시했다. 그는 처음으로 태백식 일법(太白食日法)인 금성의 태양면 통과와 수성의 태양면 통과가

54) 완원(阮元), 『주인전(疇人傳)』 권46, 『장우인(蔣友仁)』
55) 완원(阮元), 『주인전(疇人傳)』 권34, 『왕석천(王錫闡)』
56) 왕석천(王錫闡), 『추보교삭(推步交朔)』 서문.

시작되고 끝나는 방위각을 계산하는 방법을 창시했다. 이와 동시에 그는 월엄행성(月掩行星)과 오성능범(五星淩犯)이 시작되고 끝나는 시각을 세밀하게 계산하는 방법을 제시하기도 했다. 그의 방법은 상당히 완벽했으며 과거 중서역법보다 선진적이었다. 그의 "동서양의 것을 모두 겸하는" 과학에 대한 태도와 장기적인 측량 정신, 천문학에 대한 기여는 같은 시대의 학자들의 극찬을 받았다. 고염무(顧炎武)는 "학구천인, 확호불발, 소인은 왕인욱을 따라가지 못하오"[57]라고 했다. 매문정(梅文鼎)은 "근대 역학(曆學)에서 오강(吳江)이 최고"라고 했다. [58]

2.수학

수학은 중국인민이 가장 잘하는 학과이다. 고대 중국의 수학은 세계 앞자리를 차지하다가 명대에 와서 쇠퇴하기 시작했으며 고대수학이 실전될 뻔 했다. 명조 말기, 서방 수학이 중국에 들어왔으며 서광계(徐光啓)가 『기하원본(幾何原本)』의 앞 6권을 번역하기 시작했으며 강희 때는 『수리정온(數理精蘊)』을 편성했다. 서양 산수는 이때 처음으로 중국에 들어 왔으며 옹정 이후부터 아편전쟁 이전 까지 고대수학이 다시 부흥의 시기를 맞이했다. 서양 수학 소개와 고대수학의 부흥은 청조 전기 수학발전에서 두 개의 주요 부분을 이루었다.

---

57)고염무(顧炎武), 『일지록 권학편(日知錄 勸學篇)』
58)항세준(杭世駿), 『도고당문집(道古堂文集)』 권30, 『매정구정군전(梅定九征君傳)』

청조 초기 역법에 대한 논쟁에서 새로운 역법은 정확한 계산으로 옛 역법을 전승했으며 이번 논쟁으로 지식계는 수학을 중시하기 시작했다. 강희는 또 전교사 Thomas Pereira(徐日升), Joachim Bouvet(白晉), Gerbillon Jean Franois(張誠), Antoine Thomas(安多) 등을 입궁시켜 기하, 대수, 천문, 물리 등 과학지식을 강의하도록 했다. 이는 수학의 발전을 추진하였으며 방중통(方中通), 매문정(梅文鼎), 매곡성(梅穀成), 명안도(明安圖), 왕원계(王元啓), 동우성(董佑誠), 항명달(項名達) 등 저명한 수학자들을 배출했다.

매문정(梅文鼎, 1633년~1721년)은 자가 정구(定九)이고, 호가 물암(勿庵)이며, 안휘 선성(宣城) 사람이다. 그는 평생 수학과 역학연구에 몰두했으며 동서양의 과학을 모두 채택하였다. 그는 "본 받을 것이 있는데 동서양을 가릴 필요가 없다. 도리가 명백한데 옛 것이냐 새 것이냐를 따질 필요 없다"[59] 그 당시 서방의 수학이 방금 중국에 들어왔기에 서적이 많지 않았기에 논증과 도해를 쉽게 이해할 수 없었다. 매문정은 대량의 정리, 해석, 논술작업을 했으며 언어가 통속적이고 유창했다. "그는 알기 쉬운 말로 극히 어려운 이론을 해석했으며 간단한 언어로 깊은 도리를 설명했다"[60]

매문정은 삼각, 기하에 대한 조예가 깊었다. 삼각은 역학(歷學)을 연구하는 도구이다. "삼각을 모르면 역서의 좋은 점을 알 수 없고, 역서의

---

59) 매문정(梅文鼎), 『참도측량斬堵測量』 권2.
60) 완원(阮元), 『주인전疇人傳』 권37, 『매문정(梅文鼎)』

결점도 바로 잡지 못 한다"[61] 그의 『평삼각거요(平三角擧要)』는 삼각의 정의와 정리, 삼각형의 해법 및 측량에서의 응용을 체계적으로 논술한 그 당시 삼각 입문 서적이 되었다. 그의 『호삼각거요(弧三角擧要)』, 『환중서척(環中黍尺)』은 구면삼각학에 대해 상세히 밝혔으며 구면삼각형의 도해법을 발명했다. 그는 기하학에서 구고정리로 『기하원본(幾何原本)』 앞 6권 중의 많은 명제를 증명하고 "기하에서 구고정리가 없으면 而其理莫能外. 아무리 어려운 문제도 구고정리로 해석하면 명백해진다"[62]고 주장했다. 그는 『기하보 편(幾何補編)』에서 또 그때 당시 아직 유럽에서 건너오지 않은 여러 가지 등면체 체적의 계산방법과 원리에 대해 설명했다.

그는 "이분중말선(理分中末線)"(황금분할선을 말함)의 작용에 대한 다년간의 탐색을 통해 이분중말선이 여러 가지 다면체 체적 측량에서의 역할을 발견했다.

매문정은 역법 연구에서도 많은 성과를 거두었다. 주요하게 고력을 연구하고 명조 때 사용한 『대통력(大統歷)』이 곽수경(郭守敬)의 『수시력(授時歷)』에서 발원했으며 『수시력(授時歷)』은 중국 역법사에서 "고법을 집대성"한 가장 우수한 역법임을 밝혀냈다.

매문정의 학문연구 태도는 상당히 엄숙하고 세심했다. 그는 책을 얻었을 때마다 잘못되고 부족한 부분을 채우고 득실을 지적하며 잔편산집(殘編散帖) 필기를 하고 서로 다른 뜻을 갖는 글자 하나도 소홀히

---

61) 매원정(梅文鼎), 『평삼각거요(平三角擧要)』
62) 『청사고(清史稿)』, 『열전(列傳)』293, 주인일(疇人壹), 『매문정(梅文鼎)』

하지 않고 재삼 고려하며 잠자리와 음식을 잃어 가며 탐독했다. 그의 작품은 88가지에 달하며 그중 산수 관련 서적이 26가지 역학 서적이 62종에 달했다. 수학에서의 그의 성과가 특히 뛰어났다. 1705년, 강희는 남방순찰 길에서만 연거푸 3일 그를 소견하고 그와 수학과 역법에 대해 토론하고 그에게 "적학참위(績學參微)"를 적은 편액을 하사했다. 후배 학자들은 그를 청대 산수학의 제1일인으로 높이 받들었다. 매문정이 수학연구에서 거둔 성과는 강희 말년 『수리정온(數理精蘊)』 편찬에 바탕이 되었다.

『수리정온(數理精蘊)』은 명 말, 청 초 서양 수학이 들어오던 시기 수학을 총정리 한 거작이며 당시 중국 최고수준의 수학백과전서이다.

이 책에는 명말청초 중국에 들어 온 여러 가지 서양 수학을 집대성하고, 체계적이고 조리 있게 편성했으며, 전하여 내려 온 책이 있는 중국수학 중의 알맹이를 수록하기도 했다. 이 책은 강희가 직접 주도하고 매문정의 손자인 매곡성(梅瑴成)이 진후요(陳厚耀), 하국종(何國宗), 명안도(明安圖) 등 학자와 함께 청 궁내의 몽양재(蒙養齋)에서 편찬했다. 책은 강희의 명의로 전국에 반포하였기에 널리 유행되었으며 큰 영향을 일으켰다. 『수리정온(數理精蘊)』은 청대 수학을 학습하는 필독서이다. 명안도(明安圖, 1692년~1765년, 강희 31년~건륭30년)는 청대 전기 또 한 명의 성과가 탁월한 수학가이다.

그는 몽골 정백기 사람이며 어린 시절 흠천감(欽天監)에 관학생(官學生)으로 들어갔다. 명안도는 강희가 직접 배양한 수학인재이며 『역상고성 (歷象考成)』, 『수리정온(數理精蘊)』 편찬에 참여했다. 그 당시 프랑스 전교사 Petrus Jartoux가 중국에 들어오며 그레고리 3공식(삼각함수

전개 공식과 π의 무한급수의 공식)[63]을 들여왔다. 그러나 세 공식을 증명하는 방법을 소개하지 않았다. 명안도는 오랜 연구 끝에 기하 연비례 귀납법으로 Petrus Jartoux가 소개한 세 공식을 증명해냈으며 나아가 여섯 공식[64]을 유도했는데 이 여섯 공식을 "할원구술(割圓九術)"이라 총칭했다. 그는 『할원밀솔첩법 割圓密率捷法』을 저술하고 삼각함수와 원주율에 대한 연구를 새로운 단계로 끌어 올렸다. 19세기 초, 수학가 동우성(董佑誠)은 『할원연비례도해(割圓連比例圖解)』에서 명안도와 부동한 방법으로 이 공식들을 증명하기도 했다. 수학가 항명달(項名達) 역시 『상수일원(象數壹原)』을 저술하고 명안도의 연구 성과를 널리 보급했으며 연비례를 이용해 타원의 둘레길이를 구하는 공식을 유도했다. 그의 계산저라는 타원적분의 법칙에 부합했다.

옹정 이후, 청 정부가 중국에서의 천주교 보급을 금지하자 중국을 찾는 전교사가 대폭 줄었으며 이로부터 중국에 들어오는 서양학문도 차츰 중단되었다. 이때부터 수학에 대한 연구는 서양학술을 받아들이던 데서 차츰 발굴하고 고전 수학을 정리해 나갔다. 그중 가장 큰 기여를 한 사람으로 대진(戴震)을 꼽을 수 있다. 그는 『사고전서(四庫全書)』의 편찬 작업에 참여했으며 『영락대전(永樂大典)』에서 실전된 지 오래 된 많은 고전수학 서적을 발견하고 정리해냈다. 예를 들면, 『해도산경(海島算經)』, 『오경산술(五經算術)』, 『주비산경(周髀算經)』, 『구장산술(九章算術)』, 『손자산경(孫子算經)』, 『오조산경(五曹算經)』, 『하후양산경(夏

---

[63] "圓徑求周", "弧背求通弦", "弧背求正矢"
[64] "弧背求正弦", "弧背求矢", "通弦求弧背", "正弦求弧背", "正矢求弧背", "矢求弧背"

侯陽算經)』이 있다.그는 또 모의(毛扆)의 남송각본 영사본에서 『장구건산경 (張丘建算經)』과 『집고산경(輯古算經)』을 베껴 냈으며, 명의 각본 『수술기유(數術記遺)』까지 총 10가지를 편집했다.

해당 10부의 산경은 건륭 38년 공계함(孔繼涵)이 『미파사총서(微波榭叢書)』에 새겨 넣었고 『산경십서(算經十書)』라고 정식 제목을 붙였다. 대진은 또 『영락대전(永樂大典)』에서 송(宋)조 진구서 (秦九韶)의 『수서구장(數書九章)』과 양휘(楊輝)의 여러 가지 산수 서적을 필사하여 편집했다. 『산경십서』와 『송원산서』는 중국 한, 당 이래 수학성과의 결정체이며 중국인민의 가장 귀중한 문화유산이다.

오랫동안 실전되었던 저작들이 대진의 노력을 통해 새롭게 세상과 만나게 되었다. 청대의 학자들은 대진(戴震)이 "세상의 계산식을 망라하고 경서를 철집하는데" 큰 공을 세운 것을 높이 평가하고 중요시했다. 이후 고대의 천문학과 수학 저작을 정리, 교감, 주석하는 학풍이 흥행했다. 건륭, 가경시기 이예(李銳)가 원(元)대 이치(李冶)의 『측원해경(測圓海鏡)』, 『익고연단(益古演段)』을 교정하고 주석했다.

이황(李潢)이 『구장산술(九章算術)』, 『해도산경(海島算經)』, 『집고산술(輯古算術)』을 교주하고 또 상세하게 문제풀이 도해를 저술하였다. 완원(阮元)과 라사림(羅士琳)이 선후로 원대 주세걸(朱世傑)의 명작 『사원옥감(四元玉鑒)』과 『산학계몽(算學啓蒙)』을 찾아냈으며 라사림은 12년을 들여 천원술(天元術)과 사원술(四元術)을 연구하고 결점을 보완했다. 그는 또 추론을 통해 오류를 바로 잡고 『사원옥감세초(四元玉鑒細草)』를 저술했으며 1834년(도광14년)에 각인하여 출판하였다. 이로서 500년 넘도록 산실되었던 천원사원술이

다시 이채를 발했다. 중국고대의 수학 성과는 청대 학자들의 민족자존심과 깊은 흥취를 불러 일으켰다. 청대에만 수학 인재가 대량 배출되었으며 저작이 다양했는데 약 500명의 수학인재가 천여 종에 달하는 수학서적을 저술했다. 이는 역대 최고를 기록했지만 건륭과 가정 시기 한학의 영향으로 고대수학을 정리하고 주석하는 쪽에 많이 집중되었다. 청대의 학자들은 이밖에도 여러 영역에서 창조적인 기여를 했다. 예를 들어 진세인(陳世仁)은 송원 이후 타적술(垛積術)을 발전시켜 등차급수의 합을 구하는 방법을 연구해냈으며 초순(焦循)이 『구장산술(九章算術)』에 주석을 달고 가감승제의 교환법칙을 제기했다. 이밖에 왕래(汪萊)와 리예(李銳)가 송대의 천원술과 사원술을 계승하고 방전론에 대한 연구를 깊이 했으며 방정식의 근의 성질, 근과 계수의 관계를 탐구했는데 모두 큰 성과를 거두었다.

3. 지도의 측량과 제도

고대중국은 지도제작에서 오래된 역사와 뛰어난 성과를 거두었다. 하지만 과학수준의 제한으로 지구가 구형인 것을 몰랐다. 고대 중국의 지도는 모두 평면도였기에 거리 계산에서 지구표면의 곡률을 정확하게 반영할 수 없었다. 전교사들이 가져 온 서방의 지리지식과 경위도를 이용한 측량방법은 중국학자들의 시야를 넓혀 주었다. 강희제도 이를 상당히 중시하고 전교사들에게 서방의 지도를 수집하고 측량의기를 구입할 것을 지시하는 한편 직접 측정방법을 공부했다. 강희황제는 let(서부 몽골)정벌,

강남순찰, 동복시찰을 나갈 때도 자주 전교사들을 동행시키고 각지의 지형, 거리와 경위도를 측량하도록 했다. 1708년(강희47년), 전국 통일이 이미 공고해지고 정치국면 역시 날로 안정되자 청조 정부는 대규모적으로 전국지도 측량을 시작했다. 청 정부는 프랑스 전교사 Jean Baptiste Regis, Jean Baptiste Regis, Joachim Bouvet 등을 요청해 지도제작을 협조하도록 하고 중국학자 하국종(何國宗), 명안도(明安圖) 등을 참여시켰다.

이번 측량 때는 세계 최고의 경위도 측량방법을 이용했다. 위도는 주요하게 천문측량을 통해 측정했다. "太陽午正高弧定緯度法"을 이용해 동짓날 태양의 수직각을 측정해 위도를 추산했는데 북극성의 고도를 기준으로 위도를 구했다. 경도는 월식을 관찰하는 방법으로 측정했다. 다시 말해 부동한 지점에서 관찰된 월식의 시차로 경도를 계산했다. 경도는 북경을 중심선으로 동경과 서경으로 나누었다. 거리 계산을 통일하기 위해 공부(工部)의 자를 표준으로 5자를 1보로, 360보를 1리로 했으며 위도 1도는 20백리로 규정했다.

강희 47년부터 실지 측량을 시작하고 청조 정부가 전국 각지로 사람을 파견했다. 동북으로는 흑룡강 이북까지, 북으로는 몽골까지, 서남으로는 서장, 청해까지 동남으로는 대만까지 사람을 보냈다. 측량인원들은 10년 가까이 온갖 고난을 겪으며 각 성의 주요 지방을 조사 측량하고 각 지방의 지지(地誌)를 열람했으며 현지 노인들과 관원들의 자문을 받았다. 1718년(강희57년) 실지 측량 결과를 총화하여 전국지도 즉 『황여전람도(皇輿全覽圖)』를 제작했다. 제작방법은 제형투영법을 사용했으며 1대140만 비례자를 이용했다. 이는 중국이 근대과학방법을 이용해 실지측량으로 상세하게 제작한 첫 번째 전국지도로서 "關門塞口,

海泛江防, 村堡戍台, 驛亭津鎮, 其間扼險, 环衛交通, 荒遠不遺, 纖細畢載"[65] 이는 중국지도제작사의 거사이며 상당히 수준 높은 지도이기도 하다. Joseph Needham 박사는 이 지도를 두고 "아시아의 모든 지도 중 최고의 지도일 뿐 아니라 그때 당시 유럽의 어떤 지도보다도 훌륭하고 정확했다"[66] 평가했다. 중국은 민국 초기에도 이 지도를 사용하고 있었다.

『황여전람도(皇輿全覽圖)』 때 천산남북은 준가얼부의 통제를 받고 있었기에 청 정부와는 적대적인 관계였기에 사람을 보내 측량할 수 없었기에 서쪽은 하미(哈密)까지가 끝이었다. 건륭 시기 준가얼(準噶爾)과 회강(回部)을 평정하고 류통훈(劉統勛)을 파견하여 하국종(何國宗), 명안도(明安圖)와 외국 전교사들을 이끌고 이리(伊犁)와 남강(南疆, 신강 천산 이남)을 측량하도록 했다. "모든 산과 하천, 지역의 이름을 강역과 지방에 따라 그리고 고금과 현재의 이름을 검증하여 한데 집중시키도록"[67]했다. 그들은 중국 신강 경내의 곳곳을 돌았으며 멀리로는 타슈켄트, 사마르칸트, 카슈미르 일대 까지 가 대량의 자료를 수집하고 『황여서역도지(皇輿西域圖誌)』를 편찬했다. 1760년9건륭25년), 청 정부는 『황여전람도(皇輿全覽圖)』를 수정하고 보완했다. 서장(티벳) 지도를 일부 수정하고 발하슈 호 이서를 포함한 신강을 지도에 추가하고 『건륭내부여도 (乾隆內府輿圖)』명명했다. 이 지도는 강희 시기의 지도보다 더욱 상세하고 완전했다.

---

65) 『청성조실록(淸聖祖實錄)』권283.
66) Joseph Needham, 『중국과학기술사(中國科學技術史)』 5권, 1책. 235쪽.
67) 『황여서역도지(皇輿西域圖誌)』

4. 농업생산기술

청조 역시 역대 왕조의 농업으로 나라를 세우는 방침을 계승하고 농업생산을 중시했으며 옛 사람들의 경험을 총화하여 권농서적을 편찬했다. 1708년(강희47년) 왕호(汪灝)등이 강희황제의 지시를 받고 명대의 저작 『군방보(群芳譜)』을 바탕으로 보충, 삭제, 정정하고 『광군방보(广群芳譜)』 100권을 편집해냈다. 『광군방보(广群芳譜)』는 오곡, 뽕나무와 삼, 과일, 야채를 포함한 식물학 거작이다. 광군방보는 모든 종류 식물의 형태와 특징, 재배방법에 대해 상세하기 서술했다. 1742년(건륭7년), 악이태(鄂爾泰)등은 건륭의 명을 받고 옛 문헌에서 농업과 관련한 자료수집에 착수하고 『수시통고(授時通考)』 78권을 편집했다. 『수시통고』는 천시(天時), 토의(土宜), 곡종(谷種), 공작(功作), 권과(勸課), 축취(蓄聚), 잠상(蠶桑), 농여(農余) 등 8개 부분으로 편성되었다. 『광군방보』와 『수시통고』는 모두 어제의 명의로 공포되었으며 청의 농업발전에 큰 영향을 일으켰다.

청조 시기, 향촌의 일부 지식인들이 농업생산과정을 관찰 연구하고 약간의 가치 있는 농학서적을 써냈다. 그중 청조 초기 장리상(張履祥)이 저술한 『보농서(補農書)』가 있다. 『보농서』는 명조 말기 청조 초기 강남지역 농가들의 경영, 농업생산기술과 관련한 여러 가지 구체적 조치를 기록하였다. 『보농서』는 꼼꼼하게 경작하는 중국 농업의 우수한 전통을 계승했다. 농작물의 재배제도를 중요시했는데 땅을 깊이 갈고 밑거름을 충분히 주며 유묘를 건실하게 기르고 합리하게 밀식(密植)할 것을 강조했다. 제초, 사이갈이, 웃거름, 논바닥 말리기, 방충, 가을걷이, 보관 등 방법에 대해 모두 상세히 규정함으로서 "농가의 모든 농사일을 속속들이 알고 원리를 설명했다"[68]

청조 초기 또 다른 농학가 진호자(陳淏子)는 『화경(花鏡)』을 저술하고 300여 가지 화목과수의 품종과 재배방법을 기록했다. 『화경(花鏡)』은 현존하는 중국 원예관련 저작 중 가장 이른 원예서적이다. 진호자는 "사람의 힘으로 하늘의 뜻도 되돌릴 수 있"으며 인공배양으로 식물의 특성을 바꿀 수 있다고 강조했다. 그는 식물접목의 역할과 원리에 대해서도 새로운 연구를 했다. 그는 "범목은 반드시 접목을 해야 작은 꽃송이를 크게 할 수 있고 단엽은 겹엽이 될 수 있으며 빨간색은 자주색, 열매를 크게 할 수 있으며 신맛은 단맛으로 악취는 향긋하게 할 수 있는 것으로 인력으로 선천적인 것을 바꿔 놓을 수 있는데 이는 반드시 접목을 해야만 가능하다"고 했다.

이밖에 옹정, 건륭 시기 섬서 홍평현(陝西興平縣) 서당의 훈장 양신(楊屾)은 장기간 농업생산에 참여하고 『지본제강(知本提綱)』을 써냈다. 그는 경작, 원포, 누에치기와 뽕나무 가꾸기, 재배, 축목에 대해 연구를 하고 『지본제강(知本提綱)』에 여러 가지 농업생산기술을 상세히 소개하여 학생들에게 가르쳤다. 그는 또 다른 저작 『유풍광의(幽風廣義)』에 자신이 섬서에서 누에를 치고 뽕나무를 가꾸던 경험 총화를 기록했다. 그는 뽕나무의 품종, 뽕나무 재배와 전지기술, 누에 품종 선정, 양잠시간, 양잠방법과 고치에서 실뽑기, 견직물 짜기 등에 대해 모두 상세히

---

68) 진극감(陳克鑒), 『보농서(補農書)』 인용.

설명했는데 책은 시간, 지리, 사물에 따라 알맞게 대처해야 하는 원칙으로
일관되었다.

5. 무기제조와 생활기술

　명조말기 서양의 화포가 중국에 들어왔다. 화포는 위력이 크고 살상력이
강해 공격과 야전에서 중요한 무기가 되었다. 청조 입관 전, 이미 명조의
군대로부터 이런 무기를 노획하고 한편으로는 화포를 모조하였다. 입관
이후, 장기간 전쟁을 해왔던 청 정부는 무기제조를 상당히 중시했다.
순치 초기, 북경팔기에는 모두 포공장과 화약 공장을 설치했다. 청조와
남명 간의 전쟁 때 전선에서 싸우던 오삼계(吳三桂), 공유덕(孔有德),
경중명(耿仲明), 상가희(尙可喜)등이 거느린 군대는 모두 대량의 화기를
갖고 있었는데 그들이 지나가는 곳마다 대적할 자가 없었다. 삼번의 난
때 오삼계의 군대가 대량의 포를 갖고 있어 청군이 여러 차례 패전하자
강희가 전교사 남회인(Ferdinand Verbiest)에게 남방의 산지 작전에
적합한 가벼운 포위제조를 주최 할 것을 지시했다. "남회인은 몸과 마음을
다하여 포를 제조하는 묘법을 강구해 높은 산과 깊은 물에서도 사용이
용이한 포를 제조하라"[69] 그 후 남회인이 여러 가지 유형의 포의 위치를
제조했으며 이에 강희가 포상을 했다. 강희는 여러 번 노구교(盧溝橋) 대포

---

69) 『청문헌통고(淸文獻通考)』 권194.

발사장을 시찰하고 대포 발사 시연을 구경하며 제조 중인 대포의 기능을 점검했다. 1681년(강희20년) 어느 한번은 연습과 훈련이 3개월 이어졌는데 팔기(八旗)의 포수들이 총 2만1천여 개의 실탄을 발사했다.

그중 몇 문의 대포는 연거푸 300, 400발의 포탄을 발사했지만 파손되지 않았다. 강희는 상당히 만족해하며 팔기의 도통과 포수들에게 상을 내리고 남회인(Ferdinand Verbiest)에게는 담비의 모피로 만든 갖옷을 어복을 하사했다. 강희 초기에 많은 대포를 제조하고 이런 대포는 삼번을 토벌하고 제정 러시아의 침략에 맞서며 갈단의 판란을 평정하는 과정에 큰 역할을 발휘했다.

청조 초기, 걸출한 화기전문가로 대재(戴梓)가 있었다. 절강인화 (浙江仁和, 오늘 날 항주) 사람이며 삼번 토벌 때 평민으로 군대에 나갔으며 "연주총(連珠銃)"과 "충천포(沖天炮)"를 발명했다. 연주총은 "모양이 비파처럼 생겼으며 화약과 납환을 모두 총신에 저장하고 바퀴 모양의 기계로 발사했다. 연주총은 두 개의 기계로 구성되었는데 암컷과 수컷이 이어진 듯하다. 두 부분 중 한 개의 방아쇠를 당기면 화약과 납환이 자동으로 화통에 떨어지며 따라서 다른 부분의 기계가 같이 움직이며 납환이 화약을 충격하며 총이 발사되는데 총 28발을 발사했다"[70].

연주총처럼 연속 발사가 가능한 화기의 구조 원리는 근대의 기관총과 흡사하다. "충천포"는 또 "자모포(子母炮)"라고도 불렀다. 포신은 2자 5치고 무게가 750근이며 탄도가 휘었으며 포탄은 참외모양으로 위력이 강했으며

---

70) 『청사고(清史稿)』, 『열전(列傳)』 292, 『예술(藝術)』 4.

먼 거리 발사가 가능했다. "자식이 엄마 뱃속에 있고 엄마가 자식을 밖으로 내 보내는 식으로 포탄이 하늘에서 아래로 낙하며 산산이 부서지니 그 예리함을 당할 수 없었다"[71]고 한다.

강희는 친히 실험을 지켜보고 '충천포'를 '위원장군(威遠將軍)'이라 이름하고, '충천포'에 대자의 이름을 새기도록 했다. 청조 초기. 화기제조가 한 때 크게 성행했다. 그러나 강희 중엽 이후, 태평한 나날이 오래되고 대규모의 격렬한 전투가 줄어들자 청 정부는 무기 개진과 발전을 소홀히 했다. 옹정 시기, "만주는 일찍부터 말 타기와 활쏘기를 중시했기에 조총만 연습하고 활을 홀시해서는 안 된다"[72]며 활과 칼창이 화기를 초월한다고 강조했기에 화기제조가 날로 쇠락했다.

명말 청초, 서방의 일부 기계제조원리와 일상기술이 중국으로 전해들어왔다. 이는 지식인과 수공업 예술인들의 흥미를 불러일으켰으며 이를 모조하는 이들이 끊임없이 나타났다. 청조 초기, 소주의 민간수공업 예술인 손운구(孫雲球)가 크리스털을 원료로 투명 렌즈를 만들어 근시안경과 원시안경을 제작했다. 그는 소주안경제조업의 창시자이다. 손운구는 또 "천리경"을 만들어 호구(虎丘)에 들고 올라 시험 해 보고는 "멀리 성중의 누각과 사찰의 정원이 보이며 천평과 영악, 궁륭산의 짙푸름 등 만물이 한 눈에 안겨 왔다."[73] 그는 렌즈 제작 경험을 총화하고 『경사(鏡史)』를 써냈다. 그러나 아쉽게도 전해 내려오지 않았다.

---

71) 서가(徐珂)의 『청패류초(淸稗類鈔)』 공예류.
72) 『청사고(淸史稿)』, 병지(兵誌) 10.
73) 『오현지(吳縣誌)』 권75.

청조 초기 강소(江蘇)의 다른 한 젊은 과학자 황리장(黃履莊)은 서방기계학원리를 바탕으로 많은 자동기계와 의기를 제조하거나 모조했다. 예를 들어 기계자전거, 망원경, 현미경, 체온표, 온도계, 램프 그리고 다층 나선식 물차 등이 있다. 그가 발명한 램프 중 큰 램프는 크기가 5, 6자나 되어 밤에 불을 밝히면 몇 리 밖까지 비추었다. 그는 또 "습기와 건기를 체크하는 의기를 만들었다. 의기 내에 바늘이 있고 바늘은 좌우로 회전이 가능했는데 건조할 때는 왼쪽으로 회전하고 습기가 있을 때는 오른쪽으로 회전했는데 오차가 조금도 없었으며 흐리고 맑음을 예보할 수 있었다"[74]고 한다. 그러나 이런 발명은 "보잘 것 없는 재주"로 평가 되어 전해 내려오지 못했다.

청조 초기, 중국의 일부 지역에서는 기계원리를 응용한 경작기계를 제조했는데 광동에서 사용한 "목우(소의 모양으로 만든 수레)"를 예를 들 수 있다. 기록에 따르면 "목우는 밭갈이를 대신하는 기계로 사람 인(人)자 형의 틀 두 개를 설치한다. 두 개의 틀에는 각각 활차를 장착하며 활차에 6장 길이의 끈을 매어 두고 굴렁쇠 하나를 끈에 묶어 쟁기를 끄는 고리로 사용했다. 목우를 사용할 때 한 사람이 쟁기를 부축하고 두 사람은 마주 보고 틀에 앉는다. 활차가 앞으로 돌면 쟁기가 오고 반대 방향으로 돌면 쟁기가 돌아간다. 한 손으로 소 두 마리의 힘을 낼 수 있어 밭갈이에 최적이다"[75]

이밖에 어떤 이들은 서방의 물차와 풍차를 소개하고 그 구조와 작용에

---

74) 대용(戴榕), 『황리장소전(黃履莊小傳)』, 견장조(見張潮), 『우초신지(虞初新誌)』 권6.
75) 굴대균(屈大均), 『광동신어(廣東新語)』 권17.

대해 "직경 6, 7치에 달하는 나무 기둥을 중심으로 8개로 된 주머니 모양의 것이 나선 모양으로 기둥을 둘러쌌는데 나무 기둥이 사선으로 물속에 설치되어 있다. 나무 기둥을 회전하면 물을 위로 끌어 올려 밭에 관개할 수 있는데 이 물을 또 풍차로 돌리면 수백무의 논밭에 물을 댈 수 있다. 물차는 혼자 힘으로 관개가 가능해 농사일에 크게 도움이 되었다"[76] 가경 연간에는 천문수학에 능한 화정(華亭)의 제생(諸生) 서조준(徐朝俊)이 용미차(龍尾車)를 시범 제조하여 관개에 사용하려 했다.

"一車以一童運之, 進水退水, 无立踏坐踏之勞"[77] 그러나 봉건제도의 중국에 농촌인구가 넘쳐 노동력 과잉으로 새로운 기술을 필요하지 않았다. 하여 새로운 농업생산도구는 산생되는 동시에 사라졌으며 보급되지 못했다. 서조준은 또 자명종을 연구제작하고 시계의 원리를 『고몽후구(高蒙厚求)』에 기록했다. 『고몽후구(高蒙厚求)』은 시계에 관한 중국의 첫 서적이다. 도광 연간에는 정복광(鄭復光)이 『경경령치(鏡鏡詅癡)』를 집필하고 투경원리와 삼릉경, 망원경 등 광학의기 제조법을 소개했다. 이 책은 상대적으로 체계적인 광학저작이다. 이밖에 항주의 여성 과학자 황리(黃履)가 천문, 수학, 물리를 연구하고 직접 여러 가지의 의기를 제작했다. 그녀가 제작한 '천리경(千裏鏡)'은 퍽 새로웠다. [78]

명청 시기 서방과학기술이 중국에 들어 온 후 중국의 지식인들이 이를

---

76) 납란성덕(納蘭性德), 『동지당고(通誌堂稿)』 권17.
77) 서가(徐珂), 『청패류초(淸稗類鈔)』 물품류.
78) "于方匣上布鏡器, 就日中照之, 能攝數里之外之影, 平列其上, 歷歷如繪", 진문술(陳文述), 『西. 閨詠(서. 규영)』

학습하고 연구했다. 한편 그들은 서방과학기술을 한층 발전시키고 창조함으로써 소중한 성과를 거두기도 했다. 그러나 봉건사회에서 이러한 연구는 "사악하고 음험한 기교"로 취급했기에 보급, 응용, 계승이 되지 않았다. 이런 발명창조는 자생자멸 하였는데 대부분이 전해 내려오지 못했다. 오늘 날 자잘한 기록들에서 흔적을 찾아 볼 수 있다.

6. 건축

청조 초기, 정치적으로 한층 통일되고 경제문화가 발전함에 다라 정부와 지주, 상인들이 토목공사를 크게 벌렸다. 궁전, 원림과 사찰건축이 한때 크게 성행함으로서 건축기술과 건축예술 수준이 크게 제고했다. 강희 초기, 궁중에 큰 화재가 발생해 태화전(太和殿)을 개수하고 증축했다.

양구(梁九)가 설계하고 기존의 9개 칸을 11개 칸으로 늘려 궁정의 주요 궐로 했는데 웅장하고 화려하고 고귀했다. 궐 내의 여러 가지 칠화(漆畵)와 장식이 눈부셨으며 중국의 최대, 최고의 목구조 건축이다. 청 때 여러 차례 궁궐을 개수하고 증축하였다. 궁궐은 전각이 겹겹하고 누각이 층층했으며 사람이 북적이었는데 기세가 웅장했다. 궁궐은 방대한 건축 군을 이루었다. 청조 초기, 유명한 건축가 양구는 궁중의 궁궐 설계사이자 공사현장을 감독을 담당했다. "궁중의 건물 건축 관련 작업은 모두 양구가 감독했다"고 한다. 시공 전, 양구는 축소 비례에 따라 건축물 모형을 제작하고 모형에 따라 공사를 했다.

"강희 34년 태화전을 개축할 때 양구가 1자를 1치로, 1장을 1자로 축소한 목제 궁궐모형을 제작하였다. 최대로 정한 숫자를 초과하지 못하도록 했으며 겹 지붕까지 모든 소소한 것까지 구비하고 공사는 이를 기준으로 과실 없이 진행토록 했다"[79] 북경성 내의 궁정과 잇닿은 3해(중, 남, 북)는 황제가 휴식하고 연회를 여는 곳으로 사용했다. 성 밖의 서북 교외인 해전(海澱) 일대는 강이나 호수와 잇닿았으며 숲이 울창하고 먼 산과 어우러져 더욱 황홀한 모습은 영락없는 자연풍경구이다. 청조 통치자들은 이곳에서 토목공사를 크게 벌렸다. 장기간의 건축공사를 거친 이 곳은 많은 크고 작은 원림이 가꾸어졌다. 그중 3산 5원이 유명했는데 향산의 정의원 (香山靜宜園), 옥천산의 정명원(玉泉山靜明園), 만수산의 청의원(萬壽山淸漪園)과 창춘원(暢春園), 원명원(圓明園) 등이다.

청 조정은 삼번의 난을 평정한 후 해전진의 북에 첫 황가원림 창춘원 (북경대학 서문의 서쪽)을 건축했다. 창춘원 옆으로는 만천하(萬泉河)가 있었으며 원내에는 넓은 수면이 있고 물가에는 여러 가지 건축물과 화초가 자리했고 또 새와 물고기를 키웠다. 강희 황제는 이곳에서 행락하고 정무를 보았으며 1860년 영프 연합군에 의해 소각되었다.

청대의 원림 중 원명원이 으뜸이었다. 창춘원의 북쪽에 자리한 원명원은 옹정이 황자로 지낼 때 거처하던 "사원(賜園)"이었다. 옹정 즉위 후 이곳을 증축했으며 그 뒤로 150년 가까이 대량의 인력과 물력을 들여 증축하고 수리함으로서 최고 규모의 황가원림을 건설하기에 이르렀다. 원명원은 후에 장춘원(長春園)과 기춘원(綺春園, 萬春園) 을 합병하면서 부지면적이

---

79) 『청사고(淸史稿)』. 『열전(列傳)』 292, 『예술(藝術)』

5천 200무에 달했다.

원명원은 대면적의 평지에 호수를 파고 물을 끌어 들였으며 돌을 쌓아 가산을 만들었다. 수상경치를 테마로 한 원명원은 하천과 개천이 원림을 휘감아 돌며 크고 작은 호수들을 한 줄에 꿰어 놓았다. 가산, 낮은 언덕, 돌제방, 섬 그리고 허다한 궁궐과 누각, 정자, 주택이 여기저기 자리하고 있었는데 웅장하고 화려하거나 귀티가 넘쳤다. 또 혹은 시의 정취와 그림의 분위기를 풍기거나 미묘한 흥취가 자연스럽게 이루어졌다. 또 혹은 말쑥하고 산뜻했으며 경지가 뛰어났다. 장춘원(長春園) 북쪽에는 서양 건축물과 분수가 자리했는데 이 곳은 외국 선교사 낭세녕(郎世寧, Giuseppe Castiglione), 장우인(蔣友仁, P.　Benoist Michel), 왕치성(王致誠, Jean Denis Attiret) 등이 서방 건축원리와 풍격에 따라 설계하고 건축을 감독했다. 원명원은 도처에 각종 나무와 참대를 심고 희귀한 꽃과 풀을 가꾸어 풍부하고 다채로운 경관을 이루었다. 그중 가장 유명한 경치로는 "원명원 40경"이다. 원림은 전반적으로 중국 고대 정원예술의 정수를 체현하였기에 "만원지원(萬園之園)"으로 불린다.

건륭제는 이에 만족해 하며 "천보지령의 곳으로서 제왕이 봄과 가을에 노닐 곳으로는 이 보다 좋은 곳이 없다"고 자랑했다.

서교에 위치한 다른 한 유명한 원림으로는 청의원(淸漪園)이 있는데 이는 이화원(頤和園)의 전신이다. 이곳에는 원래 토산인 옹산(甕山)이 있었으며 산 앞에는 맑은 샘 등 물줄기가 한데 모여 넓은 호수를 이루었는데 서호라고 불렀으며 서호는 줄곧 민간인들이 놀며 즐기는 곳이었다. 명조 황실이 이곳에 드물게 건축물을 세웠었다. 1751년(건륭16년), 건륭제가 모친인 뉴호록(鈕祜祿) 씨의 60세 생일을 경축하기 위해 이 곳에 대규모로 토목공사를 시작하고 청의원을 지었으며 옹산을 만수산(萬壽山)으로 개명하고 서호를 곤명호(昆明湖)로 이름을 바꾸었다. 이번 토목공사는 15년이 걸렸으며 은 450만 냥을 들였다. 청의원 앞산의 전당과 정자, 누각, 장랑과 석방(돌로 만든 배)은 지금의 이화원의 구조와 대체적으로 비슷하다. 영국-프랑스 연합군에 의해 파괴된 후 자희태후가 재건했지만 건축형식과 명칭이 많이 바뀌었다. 뒷산의 건축물들과 경관은 복구하지 않았으며 오늘날 까지 폐허 상태를 유지하고 있다.

청조 중엽, 북경 서북교에 많은 황가원림을 건축한 이외에 승덕(承德)에 피서산장을 건설했다. 승덕지역은 산이 기복을 이루고 경치가 아름다우며 기후가 서늘하여 피서승지로 제격이다. 이밖에 물자원이 풍족하고 온천이 있어 열하라고 불렀다. 1703년(강희42년), 이곳에 부지 면적 8천 여무에 달하는 방대한 규모의 행궁을 짓기 시작했다. 이번 공사는 건륭 만년에 거의 완성되었는데 장장 80여 년이 걸렸다.

행궁의 건축수법은 전국 각지의 자연지리 풍모를 본 땄으며 남북원림의 특색을 집중 융합함으로서 원림에는 숲이 무성하고 매가 날아에고 사슴이 우는 초원의 풍경을 이루는 가하면 기묘한 바위가 빼곡하게 솟아 있고 작은 언덕이 기복을 이루는 좋은 경치가 있다. 게다가 정교한 정자, 호수에 빗긴 달빛은 강남의 경치를 자랑하기도 했다. 산장은 산이 주를 이루었다.

우뚝 솟은 산들이 많은 면적을 차지했으며 원림의 골격을 이루었다. 원림은 산을 바탕으로 풍경을 조성했으며 산들은 가지른 하지는 않지만 제법 정취가 있고 호수의 맑은 물결까지 경치에 보탬이 되었다. 원내의 건축물로는 전당과 주랑과 회랑, 다리와 누각, 사원과 탑, 돌비석 등 다양했다. 대부분의 건축물은 채색 도안을 넣지 않고 유리기와를 쓰지 않아 상대적으로 정교하고 우아했는데 북경에 있는 휘황찬란한 궁전과 달랐다. 강희와 건륭은 자주 피서산장에 머물며 정무를 처리하고 나라의 성대한 의식을 치렀으며 신하들과 여러 소수민족의 지도자, 외국에서 온 사절을 접견했는데 이곳은 두 번째 정치중심으로 거듭났다.

피서산장 주변에는 또 많은 사원을 지었는데 "외팔묘(外八廟)"(사실은 11개의 사원을 지었다. 현존하는 것으로는 7개이다)라 불렸다. 중국 여러 민족의 건축풍격이 융합된 "외팔묘"는 풍부하고 다양한 종교예술을 체현했다. 그중 보타종승(普陀宗乘) 사원은 달라이라마가 거주하는 라사의 포탈라 궁을 모조했으며 수미복수(須彌福壽) 사원은 판첸이 거주하는 르카쩌의 타쉬룬포 사원을 모조했다. 안원묘(安遠廟)는 이리하(伊犁河) 북쪽에 자리한 준가얼부의 종교중심인 고이차묘(固爾箚廟)를 모조했고 수상사(殊像寺)는 오대산(五臺山)에 모셔 놓은 문수보살의 수상사를 모조했으며 보악사(普樂寺) 내의 욱광각(旭光閣)은 북경 천단(天壇)의 기년전(祈年殿)을 모조했다.

이런 사원은 소수민족의 상류 인사를 접대하고 그들이 구경하거나 혹은 거주하도록 했는데 이런 건축물은 다민족건축풍격의 집합체이며 고대 여러 민족 노동인민들의 지혜와 창조 재능을 체현했다. 이는 또 청조 중엽 다민족국가의 통일과 발전의 역사성황을 보여주고 있다.

청조 초기, 황가의 건축물을 설계하고 공사를 감독하는 영역에서 량구(梁九)가 유명한 외에 탁월한 성과를 올린 인물로 또 뢰발달(雷發達, 1619년~1693년, 명 만력 47년~ 청 강희 32년)이 있다. 원적지가 강서남강(江西南康)이며 후에 남경으로 거처를 옮겼다. 어릴 적부터 목공기예를 즐겼으며 설계, 제도와 공사기술 공부에 노력했다.

강희 초 입경하여 황궁설계와 건축에 참여했다. 후에 공부(工部) "양식방(樣式房)"에서 관리자로 지내며 풍부한 경험을 쌓고 일련의 건축설계기술을 총화했다. 이로부터 건축기술이 대대로 이어졌으며 뢰발달과 그의 자손 6대가 "양식방"을 주관하며 선후로 황궁, 삼해(三海), 원명원(圓明園), 옥천산(玉泉山), 향산(香山), 이화원과 동릉, 서릉의 공사를 설계했다. 사람들을 뢰 씨 집안을 "양식뢰(樣式雷)"라 불렀다.

7. 의약학

청대에 중국의 전통 의약학이 발전했다. 의학이론에 대한 연구토론, 약물과 처방학이 발전을 가져왔으며 온병학파가 형성되었고 여러 임상학과에서도 성과를 가져 왔다.

① 의학이론에 대한 연구토론, 청대 의술가들은 『내경(內經)』, 『난경(難經)』, 『상한론(傷寒論)』, 『금궤요략(金匱要略)』 등 의학고서를 주해하고 명백히 밝히는 면에서 많은 성과를 올렸다. 장지총(張誌聰, 자가 隱庵이고 浙江錢塘人)의 『소문집주(素問集註)』와 『령구집주(靈樞集註)』는 "경서의 뜻을 참고하여 해석할 뿐 화려한 문체를 쓰지 않는"[80] 것을 원칙으로 역대 의술가들이

---

80) 『소문집주 기략(素問集註 紀略)』

홀시했거나 회피했던 약간의 의료문제들을 명백히 밝혔다. 서대춘(徐大椿, 1693년~1771년, 자가 령태(靈胎)이고 만년에 호가 회계노인(洄溪老人)이며 강소오강(江蘇吳江 사람이다)의 『난경경석(難經經釋)』은 『내경(內經)』의 뜻을 바탕으로 『난경(難經)』을 해석했다. "본문에 따라 고서의 자구를 해석하고 『내경(內經)』을 근본으로 고증하였으며"[81], "어려운 도리를 충분히 잘 해석하고 상세하고 명백하게 고증하였다"[82] "깊이 생각하고 체험으로 이해하며, 모든 경전을 훤히 꿰뚫었으며"[83], 『난경(難經)』에서 논한 경락, 장부 등 기능에 대해 독특한 견해를 갖고 있었다.

유창(喩昌, 약 1585년~1664년, 자가 가언(嘉言)이고 강서신건, 오늘의 남창(南昌 사람이다)의 『상논편(尙論篇)』은 장중경(張仲景)의 『상한론(傷寒論)』을 연구한 저작이다. 『상논편(尙論篇)』에서 유창은 먼저 『상한론(傷寒論)』의 대강을 논하고, 다음 왕숙화(王叔和)가 작성한 『상한론(傷寒論)』의 편차를 반박했으며 림억(林億), 성무기(成無己)가 한 교주가 잘못되었음을 지적한데 이어 육경(太陽, 陽明, 少陽, 太陰, 厥陰, 少陰)에 따라 저술했다. 『상논편』은 대강과 세목이 분명하고 논리 정연했으며 "장중경의 세밀하고 자세함을 발견하고 숙화가 누락하고 잘못 편집한 부분을 바로잡으며 묘오까지 더했는데 한눈에 뜻을 깨달을 수

---

81) 『난경경석 범례(難經經釋 凡例)』
82) 주중부(周中孚)의 『정당독서기(鄭堂讀書記)』 권41.
83) 『난경경석 범례(難經經釋 凡例)』

있었다(參以妙悟, 得之神解)"[84]

가금(柯琴, 1662년~1735년, 자가 운백[韻伯]이고 호가 사봉[似峰])의
『상한래소집(傷寒來蘇集)』과 우이(尤怡, ?~1749년, 자가 재경在涇, 호가
졸오拙吾)의 『상한관주집(傷寒貫珠集)』은 장중경의 이법을 연구하고
탐구하여 터득한 것이 있으며 정확한 치료를 지도하는데 의의가 있다.
이밖에 우 씨의 『금궤요략심전(金匱要略心典)』,『금궤익(金匱翼)』은
『금궤(金匱)』를 읽고 집필한 저작이다. 앞 서적은 『금궤』를 깊이
연구하고 "심오한 문장과 깊은 뜻(深文奧義)"에 대해 체득이 많았으며
후자는 "『금궤』가 갖추지 못한 부분을 보충했는데 사실은 『금궤』에
날개를 달아주는 역할을 했다"[85]

청조시기의 의술가들은 고대의학고서를 편찬하고 정리하며 경문을
해석하는 등 부분에 있어 의견이 부동하고 논쟁이 격렬했다. 이런 논쟁은
결국 국가의학의 보물고를 발굴하는데 유익했고 전통의학이론의 발전에
도움이 되었다.

② 약물, 처방학의 진보, 청은 약물학에서도 어느 정도 발전을 가져왔다.
특히 새로운 품종을 끊임없이 나타났는데 이시진(李時珍)의
『본초강목(本草綱目)』이후, 조학민(趙學敏, 약 1719년~1805년, 자가
의길(依吉)이고 호가 서헌(恕軒)이며 절강 전탕(浙江錢塘), 오늘의
항주(杭州)사람이다) 이 『본초강목습유(本草綱目拾遺)』저술했다

---

84) 주중부(周中孚)의 『정당독서기(鄭堂讀書記)』 권41.
85) 『중국의학대성총목제요(中國醫學大成總目提要)』 권7, 내과류.

. 『습유(拾遺)』는 총 921가지의 약을 기재했으며 그중 716가지가 『강목(綱目)』에 기록되지 않은 신약이다. 『습유(拾遺)』는 "등(藤)"과 "화(花)"를 증가하고 "人"을 없앴으며 "金石"을 두 부분으로 나누어 총 18부로 했다. 이는 『본초강목(本草綱目)』에 비해 분류방법이 더욱 합리했다.

이 책은 또 『본초강목(本草綱目)』의 일부 잘못 된 내용을 정정했다. 조학민(趙學敏) 이후 오기준(吳其濬)(1789년~1847년, 자가 약재瀹齋이고 하남고시河南固始 사람)이 쓴 『식물명실도고(植物名實圖考)』는 약용 식물학 저서이다. 이 책은 총 38권으로 되었으며 1천 714종의 식물을 12가지로 분류했다. 모든 종류 식물의 모양과 색깔, 성질과 냄새, 산지, 용도를 상세하게 기록했다.

이밖에 삽도를 사용했으며 약용가치를 중점으로 설명했다.

같은 식물 다른 이름 혹은 다른 식물 같은 이름의 식물을 확인하고 정정하였다. 그는 또 역대 본초 중 존재하는 오류를 교정했는데 특히 독창적인 견해를 갖추었다. 일부 중의들은 심오한 학식을 간단하게 추려 실용적인 본초서적을 편찬했다. 예를 들면, 왕앙(汪昂, 자가 인암訒庵)은 『본초강목(本草綱目)』등 저서를 바탕으로 『본초비요(本草備要)』(증정본)를 집성하였으며 460여 가지의 약을 기재하고 4백여 폭을 그림을 넣었다. 약품 마다 "성능과 단점을 밝혀 놓아 책을 펼치면 바로 알아 볼 수 있었다"[86] 그 후 오의락(吳儀洛, 자가 준정 遵程)이 이 책을 바탕으로 『본초종신(本草從新)』을 집필하고 720가지 약을 기재하여 『본초비요』의 미흡한 부분을 보충했다.

청대에 와서 처방학에서도 새로운 저작이 적지 않게 나왔다. 왕앙(汪昂)의 『의방집해(医方集解)』, 오의락의 『성방절용(成方切用)』은 모두 유효한 좋은 처방들을 골라 수록하 고 (本經按証, 以發其微) 처방 이론을 상세히 논술하였는데 이는 임상실용 지도에 유익했다.

왕앙의 『탕두가결(湯頭歌訣)』, 진념조(陳念祖, 자가 수원(修園) 의 『시방가괄(時方歌括)』은 낭독하기 쉬워 초학자들에게 도움이 되는 처방학 서적이다. 채렬선(蔡烈先)의 『본초만방침선(本草萬方針線)』, 년희요(年希堯)의 『본초강목류방(本草綱目類方)』, 조승언(曹繩彦)의 『만방류편(萬方類編)』은 모두 『본초강목』의 처방을 질병의 류형에 따라 편성하였다. 이런 서적들은 모두 질병을 정확하게 진단하는 참고 서적이다. 조학민(趙學敏)이 "주방의(走方醫)" 조백운(趙柏雲)의 처방을 정리하여 『관아(串雅)』(내외편)을 편집하고 민간의 비법, 처방전을 대량 수집했는데 그중에는 내치, 외치 등이 있었다. 이런 처방에는 "천(賤)"(약값이 싸다), "험(驗)"(빠른 효과를 봤다), "편(便)"(쉽게 구할 수 있었다)한 특징이 있어 백성들의 수요를 만족 시킬 수 있었는데 이는 민간의료경험을 정리 및 보존하는데 큰 기여를 했다.

---

86) 『본초비요(本草備要) (초판) 자서』

③온병(溫病)학파의 형성, 온병은 전염성과 비전염성 등 여러 가지 열성병을 일컫는 말이다. 온병에 대한 지식을 풍부하게 쌓았을 뿐 아니라 청대 의학 영역에서도 비교적 체계적인 온병변증논적 치료 이론을 생성함으로서 온벽학파를 형성했다. 엽계(葉桂), 오당(吳瑭), 왕사웅(王士雄)이 비교적 큰 영향을 일으켰다.

엽계(葉桂, 1667년~1746년, 자가 천사天士이고 강소오현江蘇吳縣 사람이다) 는 조부와 부친 모두 의술의 길을 걸었다. 엽 씨 가문에서 의학 연구에 종사한 사람은 17명이나 된다. 그들은 이론과 경험이 풍부했다. 그들은 처방을 뗄 때 고정관념을 갖지 않았는데 병 치료에서 좋은 효과를 보았다. "난치증은 환자의 평소 기호에 따라 치료법을 찾거나 혹은 다른 의사의 처방을 약간 변통하여 복용하도록 했다. 혹은 약을 쓰지 않고 식이 요법을 활용하며 휴식을 취하도록 했다. 또 무병 시기 앞으로 발생할 질환을 예측하기도 했다. 수년 후를 예측하기도 했는데 모두 영험하였다. 그때 당시 천하에 널리 이름을 날렸다"[87]. 엽천사(葉天士)의 주요 성과는 옛사람들의 경험을 한층 총화하여 『온열론(溫熱論)』을 발표하여 온병학설의 발전에 이론과 변증적 기초를 제공하였던 것이다.

오당(吳瑭, 1736년~1820년, 자가 국통[鞠通]이고 강소회음[江蘇淮陰] 사람이다)은 엽천사 이후의 유명한 온병(溫病)학자이다. 그의 학술은 엽 씨의 것을 바탕으로 한다. "역대 유명 현인들의 저서를 수집하고 그중

---

87) 『청사고(淸史稿)』, 『열전(列傳)』 289, 『예술(藝術)』 1.

난잡한 것들을 버리고 알맹이만 받아들였으며 그 사이에 자신의 의견과 경험을 보태여 책을 묶고"[88] 『온병조변(溫病條辨)』이라 했다. 이 책은 경문을 시작으로 온병에 대해 중점적으로 다루었으며 풍온, 온열 등 9가지 온병 치료에 대해 밝혔다. 그 후 잡설, 구역, 치료 후의 요양, 산후 몸조리, 소아 등 관련 문장을 추가했는데 층차가 분명하고 내용이 빈틈없었다."[89] 그 후 왕사웅(자 맹영孟英)이 또 『온열경위(溫熱經緯)』를 편찬하고 『내경(內經)』과 『상한론(傷寒論)』에 기재된 온병 관련 내용을 종(經)으로 기술하고 엽천사 등 5명의 저작을 횡(緯)으로 기록하였으며 장남(章楠) 등의 주문과 자신의 견해를 부가하여 온병학 제가들의 분산된 저서들을 집대성하였다. 알맹이를 수집하여 학자들에게 편리를 주었는데 영향력이 컸다.

④여러 임상학의 성과, 청대의 여러 임상학은 모두 어느 정도 성과를 가져왔다. 뿐만 아니라 중의학적으로 인체내장부위를 탐색하는 저서가 나왔다. 청대의 많은 의술가들은 내외과, 부인과, 소아과를 모두 통달하여 종합성적 의학저작을 편찬해냈다. 예를 들면, 장로(張璐)의 『장씨의통(張氏醫通)』은 역대 명가들의 처방론을 취하였다."[90] 전 12권에는 모든 병은 우선 『내경(內經)』과 『금궤(金匱)』를 논술하고, 이어서 제가들의

---

88) 『온병조변 자서(溫病條辨 自序)』
89) 『온병조변 주빈서』 溫病條辨 朱彬序』
90) 『정당독서기(鄭堂讀書記)』 권43.

견해를 인용하고, 끝에 치료 경험과 사례를 부가했다. 후 4권에는 94가지 처방을 기록했다. 책에서 논한 처방약들은 거의가 앞 사람들의 것을 바탕으로 했지만 자기 의견이나 생각을 참고로 판정했다. 심금오(沈金鰲)가 편찬한 『심씨준생서(沈氏遵生書)』에는 약물, 맥상, 상한, 잡병 등이 포함되었으며 여러 학파의 관습과 조리를 수집하고 그 취지를 연구하여 참고하고 자신의 의견을 발표하였는데 수십년에 걸쳐 완성하였다. 기공요법을 중시했다. 오겸(吳謙) 등이 편찬한 『의종금감(醫宗金鑑)』은 총 90권에 달한다. 『정정상한론주(訂正傷寒論注)』, 『정정금궤요략주(訂正金匱要略注)』, 『산보명 의방론 (刪補名醫方論)』 및 '사진(四診)', '운기(運氣)', '상한(傷寒)', '잡병(雜病)', '부과(婦科)', '유과(幼科)', '두진(痘疹)', '종두(種痘)', '외과(外科)', '자구(刺灸)', '안과(眼科)', '정골(正骨)' 등이 포함됐다. 전반 저서는 역대 명가들의 학설을 삭제하고 정정하여 집성했다. 각 과의 변증과 치료에 대해 체계적으로 서술하고 내용이 전면적이며 그림과 설명, 노래형식으로 만든 운문이 있어 배우는 이들이 탐구하기 편리하고 암송하기 쉬운 임증의학의 중요한 참고 서적이었다.[91] 임패금(林佩琴, 자가 운화雲和이고 호가 희동羲桐이며 강소단양江蘇丹陽 사람이다) 의 『류증치재(類證治裁)』는 내과를 주요로 다룬 저작이다. 외과, 부과와 잡병에 대해서 간략하게 논술하였는데 여러 학파의

---

91) 『정당독서기』 권43.

장점을 채택하였으며 의안을 첨부하였는데 비교적 실용적이다. 이밖에 왕청임(王淸任, 1768년~1831년, 자가 훈신[勳臣]이고 하북옥전[河北玉田] 사람이다)의 『의림개착(醫林改錯)』이 있다. 그는 오장육부의 중요성을 깨달았다. 그는 "장부에 대해 잘 모르고 책을 쓴다는 것은 멍청한 짓이다. 장부에 대해 모르고 병을 치료한다는 것은 맹인이 밤길 걷는 격이다."[92] 고서 중 생리 및 병리 관련 논술에 대해 과감히 의문을 갖고 직접 의총과 형장을 찾아 시체의 장기를 관찰했다. 또 동물의 내장과 비교한 결과 고서에 그린 장부 그림이 많은 부분 실제와 맞지 않다는 것을 발견했다. 이어 그는 42년 간의 관찰을 통해 얻은 경험을 『친견개정장부도(親見改正髒腑圖)』로 편집하고 이외의 다른 의학논술과 함께 『의림개착(醫林改錯)』에 수록했다. 왕청임은 저서에서 "기지와 기억은 가슴에 있는 것이 아니라 뇌에 있다"[93]는 관점을 제기했다. 이밖에 그는 또 선인들이 장부에 대해 잘못 기록한 부분을 바로 잡았다. 『의림개착(醫林改錯)』에서 그는 기혈에 대한 이해를 바탕으로 어혈과 기타 잡증에 원기 증강과 혈액 순환 촉진 처방을 내렸는데 아주 효과적이었다.

외과학에서는 왕유덕(王維德, 1669년~1749년, 자가 홍서이고 강소오현[江蘇吳縣 사람이다)의 『외과증치전생집(外科證治全生集)』이 있다. 이 책에서는 왕 씨 가문이 4대로 내려오며 쌓은 외과 경험을 공개했다.

---

92) 『의림개착 장부기서(醫林改錯 髒腑記敍)』
93) 『의림개착 뇌수설(醫林改錯 腦髓說)』

왕 씨는 "독창은 죽지 않는다. 옹(癰)은 양실(陽實)로서 열이 넘쳐 독이 쌓인 것이다. 저(疽)는 음기가 허하여 기혈이 차거워 독이 뭉쳐진 것이다. 두 가지 모두 주리를 펴주는 것을 주로하고 의사는 환자의 음양의 허실을 파악하고 치료를 해야 한다(皆以開腠理爲要. 治者但當論陰陽虛實)"[94]며 앞사람들이 발견하지 못한 부분을 밝혔다."[95] 그는 '양화탕(陽和湯)', '서황환(犀黃丸)' 등 유명한 약 처방을 지었는데 효과가 좋아 의학계에서 중시를 받았다. 그 후 마배지(馬培之)가 『외과전신집(外科傳薪集)』을 저술하고 『외과증치전생집(外科證治全生集)』을 보충함으로써 더욱 실용성을 갖추게 되었다. 고병균(高秉鈞)이 『양과심득집(瘍科心得集)』을 저술하였다. 그는 내과치료를 통해 외과질병 치료 목적에 도달하는데 능했다. 그는 또 변증을 중시하고 병에 따라 각자 다른 치료를 실시할 것을 강조했다. 청대에 부인과에 큰 영향을 미친 저서로는 부산(傅山)의 『부청주녀과(傅靑主女科)』가 있다. 이 책은 여러 가지 부인과 질병을 모두 논했다. 기혈을 조화롭게 해주고 비장과 위를 보양하는 것을 주요로 할 것을 주장했다. 병을 확실하게 진단하고 그에 맞는 전문적인 약 처방을 정하였는데 이는 부인과 치료의 표준이 되었다.

청대에 와서 소아과 임증경험이 더욱 풍부해졌다. 소아과에 관한 종합성적 저작과 마진, 천연두, 경기 등에 대한 전문서적이 갈수록 많았다. 하정(夏鼎, 자가 우주禹鑄)은 『유과철경(幼科鐵鏡)』에서 소아과의 여러 가지 한열허실을 명확하기 분석하였다. 진복정(陳複正, 자가 비하[飛霞])는

---

94) 『청사고(淸史稿)』. 『열전(列傳)』 289. 『예술(藝術)』 1. 『왕유덕(王維德)』
95) 위의 책.

천연두에 대해 탁견이 있었다. 그의 두 저서는 소아과질병의 여러 가지 증상과 요법에 대해 전면적으로 논술했다.

⑤ 기타 부분, 인쇄기술의 발전으로 청대는 대형 의학류 서적과 많은 총서를 편찬하고 발행했다. 그중 『고금도서집성(古今圖書集成)』의 『의부전록(醫部全錄)』은 총 520권으로 되었으며 『내경 (內經)』에서부터 청조 초기의 의학서적 백여 종을 집록하였다. 『의부전록(醫部全錄)』은 내용이 풍부하고 체계적으로 서술되었으며 여러 과의 질병을 상대로 처방을 내렸는데 참고할 가치가 상당히 높은 의학문헌집이다.

제12장

사회모순의 격화와 날로 부패해지는 통치계급

제1절
토지점유, 인구성장, 자연재해

1. 토지점유의 격화

　명말 청초에 장기간의 전란을 겪으며 경제가 아주 크게 파괴되었다. 인구가 급감하고 논밭이 황폐해졌으며 부역이 가중해졌다. 이에 따라 논밭은 있으나 인구가 없고 논밭은 많으나 인구가 적은 국면이 나타났지만 그때까지 토지 점유가 그다지 심각한 정도는 아니었다. 그러나 18세기 들어선 뒤 약 강희제 중엽부터 전국이 이미 통일되고 대규모의 전쟁이 끝나 청조 정권이 공고해지고 통치 질서가 안정되어 사회경제가 점차 회복되고 발전하기 시작했다. 그때 토지 수익이 늘고 조세 부담이 상대적으로 경감되었다. 상품화폐경제의 충격 하에 토지 회전이 빨라져 토지 점유가 또 갈수록 심각해졌다. 지주·관료·상인들이 다양한 수단을 통해 너도나도 다투어 토지를 사들였다. 아래에 여러 성의 상황별로 그때 당시 토지 점유의 추세와 특징에 대해 고찰하도록 한다.

　강소성의 소남(蘇南)지역은 토지가 비옥하고 기후가 적합하며 물산이 풍부해 자고로 풍요로운 지역으로 불린다. 그런데 그 지역은 땅이 적고 인구가 많으며 또 고관과 부호들이 군집한 곳이기 때문에 토지 점유의 치열한 정도가 전국에서도 첫 자리를 차지한다. 소주 부의 여러 현을 예 들면, 그 곳에는 명 말의 전조(前朝)에 대한 충성심을 지키는 신하와 젊은이도 있고 청조의 권신과 새로운 권력가들도 있었는데 그들 모두 토지를 소유하려고 극구 애썼다. 강희 초년에 평서왕(平西王) 오삼계(吳三桂)의 사위 왕영강(王永康)이 특권을 이용해 소주(蘇州)에서 한꺼번에 "전답 3천 무를 사들이고", 성 안에서 "갑제(大宅) 한 구역", 즉 "제화문(齊化門) 내의 졸정원(拙政園)"[96]을 강점했다. 오삼계의 시위(侍衛) 조하(趙蝦)도 소주에서 "횡포하기 그지없는" 대지주로서 "삼오(三吳, 장강 중하류의 오군[吳郡]·오흥군[吳興郡] ·단양군[丹陽郡]을 가리킴)에서 으뜸 부자"인 양산(陽山) 대지주 주명우(朱鳴虞)와 부를 겨룰 정도였다.[97] 강희 말년에 대관료 서건학(徐乾學)은 곤산(昆山)현에서 전답을 천 여 경(頃) 소유하고 있었다.[98] 강희제 후부터 토지 회전이 빨라지고 토지 매매가 빈번해짐에 따라 지주계급의 토지 쟁탈이 더욱 치열해졌다.

현지에서는 이런 속담이 전해지기까지 했다. "'논밭이 백 년에 세 집을 돈다(百年田地轉三家)' 이는 백 년 안에 흥하고 쇠하는 상황이 수시로 변해 반드시 논밭이 세 집을 거쳐 전매(轉賣)된다 하여 나온 말이다." 건륭 연간에 이르러 소주의 논밭은 "십 년 사이에 주인이 수도 없이 많이 바뀌기"에 이르러 강희 연간과 비교해 보면 토지 회전 속도가 10배 이상이나 빨라진 것이다. 이에 따라 "부유한 자는 점점 더 부유해지고 가난한 자는 점점 더 가난해졌다."[99]

---

96) 전영(錢泳), 『이원총화(履園叢話)』 권 1, 『왕영강(王永康)』
97) 위의 책, 『두부(斗富)』
98) 『동화록(東華錄)』 강희제 권 44.
99) 전영(錢泳), 『이원총화(履園叢話)』 권4, 『협제(協濟)』

건륭 연간에 오현의 관료 지주 범지암(范芝岩)은 30년도 채 안 되는 사이에 "비옥한 전답 1천 8백 여 무와 시전(市廛) 백 여 곳이나 늘렸다."[100] 도광 연간에 원화(元和)현에는 "전답을 대규모로 소유한 집이 많았다."[101] 오강(吳江)현의 지주 심무덕(沈懋德)은 "전답 만 여 무를 소유하고 있었다."[102] 상숙(常熟)현에는 청초에 이미 "논밭을 점유한 세도가들이 온 들판의 비옥한 땅을 다 소유했다." 그중 한 대지주는 "한 집에서 여러 갑(甲)의 논밭(매 한 갑의 논밭은 평균 337무)을 점유했으며"[103] 계산해보면 적어도 1천 무 이상에 달한다. 누군가 아편 전쟁 전에 소주 부 여러 현의 토지 점유 상황을 보면 "만 단위로 헤아려야 하는 자도 있고 천 단위로 헤아려야 하는 자도 있으며"[104] "소유한 전답이 여러 개 현에 나뉘어 분포된 판도를 이룬"[105] 자도 있다.

송강(松江)부도 소주 부와 마찬가지로 장강 삼각주에서 가장 풍요로운 지역이었다. 명청 이래 "소주와 송강의 가중한 토지세"가 강남의 심각한 사회문제였다. 청초에 체납한 토지세를 강제 징수하는 바람에 대옥 사건이 일어나 한때 사람들이 "논밭을 소유하는 것을 위험한 사업으로 보고 서로 논밭을 소유하는 것을 경계하는" 상황까지 나타났다. 그러나 강희제 이후에 조세가 경감되면서 토지 점유 풍조가 다시 성행하기 시작했다. 건륭제 때에 금산(金山)현에서는 토지가격이 한 무 당 20~40천문(千文)의 고가에

---

100) 전영(錢泳), 『이원총화(履園叢話)』 권6, 『지암태사(芝岩太史)』
101) 『도광 원화 유정지(道光元和唯亭志)』 권20, 『잡지(雜志)』
102) 『광서 오강현지(光緒吳江縣志)』 권19, 『인물(人物)』
103) 『광서 상소합지(光緒常昭合志)』 권7, 『호구(戶口)』
104) 『광서 오강현지(光緒吳江縣志)』 권19, 『인물(人物)』
105) 『광서 소주부지(光緒蘇州府志)』 권13, 『전부(田賦)』 3

달했음에도 "수만 무를 소유한" 대지주도 있었다. 더욱이 화정(華亭)현에는 1~2만 무, 3~4만 무씩 소유한 가구도 있었다. 숭명도(崇明島)는 장강 위에 외롭게 떠 있는데 황무지가 비교적 많았다. "강자들은 그 곳에 침입해 약탈하거나 몰래 잠입해 차지하는 등 수단으로 점유한 논밭이 끝없이 펼쳐졌지만 약자들은 남에게 순순히 넘겨주고 거주할 곳조차 없게 되었다."[106] 진조옥(陳朝玉)이라는 대지주는 섬 위에서 바다를 둘러막고 논밭을 만들었는데 45만 무에나 달했다. 비록 황량한 모래밭과 알칼리성 토지가 많긴 하지만 방대한 수량은 실로 놀라울 지경이었다.

상주(常州)부의 토지 점유 풍조도 소주와 송강 두 개 부에 뒤지지 않았다. 무석(無錫)현은 그 부에서 가장 풍요로운 지역이다. 옹정제 이전에는 토지세가 너무 가중해 논밭이 부담이었다. "그래서 논밭을 포기하는 집이 많고 논밭을 구입하는 집이 적었다." 그 뒤 청 조정이 "묵은 장부를 면제해줘 평민들에게 걸림돌이 되지 않게 하고 또 쌀값이 올라 뛰게 되자 논밭이 점차 이득이 되기 시작했다." 그래서 건륭 연간에는 비록 논밭 가격이 급등해 "논밭 값의 비싼 정도가 옹정 연간에 비해 여러 갑절이나 높았지만" 논밭 구매 붐이 날이 갈수록 세차게 일어 "논밭을 장만하는 집이 많고 논밭을 버리는 집은 적었다."[107] 가경과 도광 연간에 무석은 토지 집중 현상이 더욱 심각해져 "대다수 지위가 높고 권세가 큰 대 가문은 논밭이 끝없이 펼쳐져 수천, 수만에 달했다."[108]

---

106) 『황조경세문편(皇朝經世文編)』 권22, 심우(沈寓), 『치숭(治崇)』
107) 황앙(黃卬), 『석금식소록(錫金識小錄)』 권1, 『비참(備參)』 상.
108) 이조락(李兆洛), 『양일재문집(養一齋文集)』 권9, 『장씨의장기(蔣氏義莊記)』

대량의 토지를 소유한 지주들 대다수가 성 안에 거주하면서 매 번 수확철이면 사람을 농촌에 파견해 토지세를 받게 했다. 강음(江陰)현은 장강의 남쪽에 위치했는데 건륭제 때 "농민 중에 소유한 논밭은 없고 남의 논을 소작하는 자가 10명 중 5~6명이나 되었다." 그 후 토지가 진일보로 집중되어 절대다수 농민들이 토지를 잃거나 아주 적은 토지만 소유해 소작농이나 고농(雇農)이 되었다. 가경·도광 연간에 이르러 "빈부의 격차가 여러 갑절도 더 되어 가난한 자가 부유한 자에 의지해 살아가는 경우가 열 중 아홉은 되었다."[109] 강녕(江寧)부도 토지 집중 정도가 아주 치열했는데 아편전쟁 이전에 누군가 상원(上元)현의 상황에 대해 묘사하면서 "부잣집은 늘 논밭이 끝이 보이지 않을 정도로 이어졌다"[110]라고 했다.

소북(蘇北)지역은 경제가 강남보다 낙후하다. 그러나 양회(兩淮) 염장(鹽場) 내에 위치해 거상들이 집중되었으며 토지 구매 붐이 심지어 강남지역보다도 더 일찍 일었다. 안동(安東)현에서는 일찍 강희 초년에 이미 "부자의 비옥한 땅이 끝없이 이어졌고" 청하(淸河)현 노자산진(老子山鎭)은 "어업·소금·식량·논밭에서 이득을 보았으며" "강소와 안휘의 거상들이 생선과 소금 장사를 해 큰 이익을 챙겨서는 대부분 논과 저택을 구입해 자손들을 번창하게 했다."[111] 도광 초년에 산양(山陽)현에 한 작은 관료 지주 정안(丁晏)이 있었는데 반년 사이에 3차례에 걸쳐 농민의 토지 총 124무 남짓이 "협의 구매"했다.[112]

---

109) 이조락(李兆洛), 『양일재문집(養一齋文集)』 권14, 『축군갱양가전(祝君賡颺家傳)』
110) 관동(管同), 『인기헌문초집(因寄軒文初集)』 권8, 『감절부전(甘節婦傳)』
111) 『강희 청하현지(康熙淸河縣志)』 권1, 『진집(鎭集)』
112) 정안(丁晏), 『석정기사(石亭記事)』

양주(揚州)부 여러 현은 회남(淮南) 염장 소재지로서 염상들은 모두 현지에서 "토지 거래"를 진행해 갈대숲 염장을 쟁탈했다. 동대(東臺)현에는 이런 동요가 전해지고 있다. "건륭제시기의 돈을 만만년 오래오래 간직하고 먼저 기와집을 산 뒤 논밭도 산다네."[113] 고우(高郵) 주도 건륭제 때 "선비와 평민 가정에서 대부분 논밭에 의지해 살았다."[114] 동해 바닷가에 위치한 해주직예(海州直隸) 주에는 맹사감(孟思鑑)이라는 지주가 있었는데 점유한 토지 면적이 약 5천 여 무에 달했다.[115] 서주(徐州)부 동산(銅山)현은 옹정 연간에 직예·절강 총독 순무를 역임한 이위(李衛)의 고향이다. 그의 집안은 대대로 지주이며 현지 "갑부"였다. 그가 죽은 뒤 그 자손들은 여전히 조상 대대로 물려져 내려온 대량의 논밭을 소유했다.[116] 이로 볼 때 청대 강희제 이후 부유한 강남이나 경제조건이 낙후한 소북(蘇北)이나 막론하고 강소성 전역은 비록 여러 지역별 토지 집중 정도가 다르고 시간적으로 이르고 늦은 구별이 있긴 했지만 토지 집중의 추세는 결과적으로 갈수록 심해졌음을 알 수 있다.

절강성도 중국에서 부유한 성에 속한다. 특히 항주(杭州)·가흥(嘉興)·호주(湖州) 등 부(府)는 땅이 기름지고 인구가 많아 인구 당 평균 차례지는 경작지가 아주 적어 뽕나무를 심고 누에를 치는 등 부업에 의지해 생계를 유지했다. 그런데 지주·관료들은 그 곳에서도 대량의 토지를 구매했다.

---

113) 『가경 동대현지(嘉慶東臺縣志)』 권7, 『상이(祥異)』
114) 위타마(威妥瑪) 『문건자이집(文件自邇集)』, 이문치(李文治), 『중국 근대 농업사 자료』 제1집, 67쪽.
115) 『형부당초(刑部檔鈔)』 사본 참고, 이문치(李文治), 『중국 근대 농업사 자료』 제1집, 68쪽 인용.
116) 『청고종실록(淸高宗實錄)』 권738을 참고.

예를 들어 강희제 시기에 대관료 고사기(高士奇)는 평호(平湖)현에서 "비단 점포를 개장"했는데 자본이 은 40만 냥에 달했으며 또 "논밭 천 경(頃)을 소유하고 대대적인 토목 공사를 벌여 화원을 건설했으며" "항주 서계(西溪)에 저택과 정원을 널리 장만했다."[117] 평호 현 "성 주변의 몇 리 남짓 되는 범위 내"의 토지 중 일부분은 "신안(新安)의 부자"가 고리대금으로 인수하고 다른 일부분은 "명문대가"들이 점유했다. 강희 말년에 관료 이진상(李陳常)은 "원래 가난한 집안 출신"이었으나 그가 양회(兩淮) 염운사(鹽運使) 직을 맡은 뒤 그의 본 고장 수수(秀水)현 왕점진(王店鎭)에 "양전 4~5천 무와 시전 점포 수십 곳 장만했다."[118] 호주 부는 "호사(湖絲, 호주에서 나는 견사)" 생산지로 유명하다. 강녕·소주·광주에서 주단(綢緞)을 짤 때는 모두 "호사"를 날실로 쓴다. 청조 전기에 호주 부의 여러 현에서는 "뽕나무와 삼" 등 경제작물이 많이 났는데 "손바닥만한 땅이라도 있으면 반드시 뽕나무를 심곤 해" 점차 비워둔 땅이 없을 지경에 이르렀다.

그런데도 그 일대에는 여전히 대지주가 존재했다. 예를 들어 덕청(德淸)현의 대지주 호동초(胡東樵, 강희제에서 옹정제까지 시기의 사람)는 성 교외에서 대량의 비옥한 토지를 소유하고 있었으며 그밖에도 "먼 고장에서 또 수십 경(頃)에 이르는 논밭을 소유하고 있었다."[119] 항주 부 산하 여러 현의 토지는 거의 지주와 지방 토호들이 다 나눠 가졌다.

---

117) 곽수(郭琇), 『곽화야 선생의 상소문(郭華野先生疏稿)』 권1, 『특참근신(特參近臣)』

118) 『이후주접(李煦奏摺)』, 196쪽.

119) 항세준(杭世駿), 『도고당문집(道古堂文集)』 권38, 『호동초 선생 묘지명(胡東樵先生墓志銘)』

심지어 유명한 서호(西湖)마저도 "호족(豪貴)"·"교활한 백성(奸民)"들은 "둑을 쌓아 물고기를 기르고 마름을 재배하는데 사용하다가" 바로 "사유재산으로 점유해버리곤 했다."[120] 금화(金華)부 탕계(湯溪)현은 절서(浙西) 산간지역에 위치했는데 강희 연간에 농민들은 "대다수가 부잣집의 논을 소작해 토지세의 절반을 몰래 챙겨 생계를 이어가곤 했다. 그들 중에는 논밭을 소유하고 스스로 농사를 짓는 자(즉 자작농)가 열 명 중 고작 한 명 정도였다."[121] 소흥(紹興)부의 여러 현에서는 아편 전쟁 전에 인민대중들이 현지 토호와 지주들에 대해 그들이 점유한 토지의 많고 적음에 따라 "코끼리 · 소 · 닭 · 개" 등으로 등급을 나누어 불렀다. 토지를 만 무 이상 소유한 자는 코끼리에 비유하고 천 무 이상은 소에, 수 백 무는 닭에, 1~2백 무는 개에 비유했다. 그때 당시 여러 현에 "4마리의 코끼리, 8마리의 소, 36마리의 거세한 닭(陳閹鷄), 72마리의 잿빛 개(灰狗)가 있었다."[122]

결론적으로 절강 여러 지역은 청초에 온통 황무지였고 부역이 가중해 토지를 구매하는 사람이 적었으며 일부 지방에서는 지주들이 오히려 논밭을 소유한 것을 부담으로 여겼다. 그러나 강희제 이후에 인구가 늘어나고 토지 점유가 갈수록 성행하기 시작했다. 이른바 "호구가 날이 갈수록 늘어나고 논밭의 가격이 올라 수십 년 전에 비해 몇 갑절이나 비싸졌다."[123]

안휘성은 강소 · 절강 두 성과 비교해볼 때 자연조건이 좀 뒤처진다. 일부 주 · 현(州縣)은 산이 많고 논이 적으며 일부 주 · 현은 땅이 메마르고

120) 『강희 항주부지(康熙杭州府志)』 권 34, 『잡지(雜誌)』
121) 『강희 탕계현지(康熙湯溪縣志)』 권 1, 『풍속(風俗)』
122) 『중국 경제사 논문집(中國經濟史論文集)』, 제191쪽 인용, 복건인민출판사 1981년판.
123) 『정례회편(定例匯編)』 권 9, 건륭 18년 5월 초사흗날.

백성들이 가난했다. 그런데도 청조 전기에는 토지 문제가 여전히 아주 심각했다. 예를 들어 안경(安慶)부 산하의 여러 현은 본 성에서 조건이 비교적 양호한 지역으로서 토지가 비교적 비옥한 편이었다. 강희 연간에 동성(桐城)현의 "풍요롭고 기름진 땅은 대부분 권세가 있는 자들의 소유였다." 그중 몇 년간 상서(尙書)·대학사(大學士)를 지낸 장영(張英)은 원적이 동성인데 "전답을 천 여 무 장만했다."[124]

방포(方苞)는 장강 남북 기슭의 여러 주·현의 토지 중에서 "백성이 소유한 것은 10분의 2~3에 불과하며" 나머지 10분의 7~8은 "모두 지방 유지와 상인들의 소유 재산이었다"[125]라고 말했다. 여주(廬州)부 여강(廬江)현은 청조 초년에 "전란을 겪은 뒤 열 집 중에서 아홉 집은 비어 있는 상황이고 논밭은 부유한 자들에게 귀속되었다. 부유한 자는 점점 더 부유해지고 가난한 자는 갈수록 가난해졌다." 아편 전쟁 전까지 "여읍(廬邑)의 논밭은 소작농을 고용해서 농사를 짓는 것이 절반이 넘었다."[126] 안휘성 남부의 휘주(徽州)·영국(寧國) 2개 부(府)는 산이 높고 땅이 메말랐음에도 세상에서 이름난 신안(新安) 상인은 바로 이 땅에서 나왔다. 특히 양회 염상의 대다수는 회(주)·영(국) 2개 부의 사람들이다. 예를 들어 강희 연간에 양주(揚州)의 8대 염상으로 불린 항정원(項鼎元)·포수방(鮑漱芳)·강춘(江春) 등은 모두 "허리춤에 만 관을 꿰어 차고 다니는" 거상 거두들로서 그들은 본 고장에서 대량의 토지를 점유하고

---

124) 장영(張英), 『항산쇄언(恒産瑣言)』
125) 방포(方苞), 『망계선생문집(望溪先生文集)』, 『외국문(外文)』 권 1, 『주찰(奏札)』
126) 『광서 여강현지(光緖廬江縣志)』 권 2, 권 14.

있었다. 성풍(盛楓)은 회남(淮南) 강북의 백 리 범위 내에 위치한 작은 현에 "거주하는 가구가 만 가구가 넘고 인구가 3만이 넘으며" 강희제 시기에 이미 "전 현의 논밭을 소유하고" "토지세를 받아 안락한 생활을 하는"[127] 대지주가 있었다고 말했다. 환북(皖北, 안휘성 북부) 영주(穎州)부의 부양(阜陽)현에는 성 서남쪽으로 20여 리 되는 곳에 예(倪)씨 성을 가진 대지주가 살았다. 아편전쟁 이전에 그 집 토지가 전 현의 절반을 차지했으며 이웃 현의 토지도 수백 경(頃) 소유하고 있었다.

호남성은 중국의 유명한 곡창(糧倉)으로서 쌀이 많이 난다. 청초에 전란으로 백성들이 많이 죽고 뿔뿔이 흩어져 논밭을 경작할 사람이 없었다. 예를 들어 선화(善化)현은 강희 초년에 "전란을 겪은 뒤여서 논밭 값이 많이 낮았기 때문에 소작농을 고용해 농사를 짓게 하면서도 그들이 떠나가 버릴까봐 두려워했다." 그 뒤 토지 점유가 점차 심해져 옹정 말년에 이르러서는 논밭 가격이 폭등해 "양전 한 경(頃) 가격이 1천 4백 금, 2천 금에 거래되는 경우도 있었다." 건륭 시기에 이르러서는 대지주가 아주 많았는데 "소유한 재산이 금 만 냥 규모에 이르는 자"는 "대부자"[128]로 치지도 않았다. 유양(瀏陽)현은 청초에 땅이 많고 인구가 적어 농사를 지을 사람이 없는데다 부역은 또 아주 가중했다. 지주들은 "소유했던 가업을 포기하기를 원했으며" "명문세가들에서는 혹은 백 석(石)에, 혹은 수십 석에 가격을 낮춰 땅을 팔아버렸으며…… 구차하게 목숨을 부지하며 요역 납세를 회피하고자 했다."

---

127) 『황조경세문편(皇朝經世文編)』 권 30, 성풍(盛楓), 『강북균정세(江北均丁稅)』
128) 『건륭 선화현지(乾隆善化縣志)』 권 4, 『풍토(風土)』

강희 중엽 이후에 광동의 유민들이 잇달아 유양으로 들어와 그 기회를 틈타 황무지를 점유했다. "많이 점유한 자는 백 무가 넘지 않고 적게 점유한 자는 70 무가 넘지 않았다." 그들은 "직접 가래를 잡고 농사를 지었는데 모두 스스로의 힘으로 농사를 짓고…… 풍년이 들건 흉년이 들건 수확은 모두 자신의 소유가 되었다."[129] 이에 따라 많은 중소 지주와 자작농이 형성되었다. 장사(長沙)현의 지주 이상곤(李象鵾) 형제는 1812년에 아버지의 명을 받들어 분가해 두 집이 되었는데 "토지세를 각각 6백 여 석씩 받았다." 그 뒤 이상곤이 중주(中州)에서 벼슬을 하게 된 후 녹봉을 비교적 많이 받았으므로 받은 녹봉을 모아 재산을 장만했는데 소유한 토지가 예전의 몇 배에 이르며 약 30년이 지난 1840년에도 "여전히 원래의 재산과 합쳐 두 몫으로 분배했는데", 가경 17년에 처음 재산을 분배 받았을 때보다 토지가 5~6배나 늘어 논밭이 만 여 석에 달했다.[130]

계양직예주(桂陽直隷州)의 지주 등인심(鄧仁心)·등인은(登仁恩) 형제는 "본 조대의 여러 선비들 중에서 주북(州北, 주 북쪽)에 거주했는데 형제가 소유한 논밭 수량이 백 경(頃)에 달해 그 고장의 갑부로 불렸다." 등 씨는 "말은 여물을 주지 않고 들판에 풀어 방목했는데, 수십 리를 가도 다른 집의 곡식을 뜯어먹을 염려가 없었다"고 했다.[131] 이로 보아 그 토지 면적이 얼마나 넓은지 짐작할 수 있다. 형양(衡陽)부 형양 현의 지주 유중위(劉重偉)는 벌목업으로 부자가 되었으며 "만 금을 소유한

---

129) 『동치 유양현지(同治瀏陽縣志)』 권 6, 『식화(食貨)』
130) 이상곤(李象鵾), 『체회당수필(棣懷堂隨筆)』 권수(卷首),
　　　『합군정청입사향현사이력사실(合郡呈請入祀鄕賢祠履歷事實)』
131) 『동치 계양직예주지(同治桂陽直隷州志)』 권 20, 『화식(貨殖)』

집"으로 불렸다. 가경 연간에 유가는 대량의 자금을 토지에 투자해 일약 "자손의 논이 만전(萬田)에 달하는"[132] 대지주로 변신했다. 상덕(常德)부 무릉(武陵)현의 지주 정병곤(丁炳鯤)도 역시 도광 연간에 토지 4천 무 이상을 소유하고 있었다.[133] 이로부터 호남성도 강희 중기 이후 토지 점유가 아주 치열했음을 알 수 있다.

광동성은 중국에서 경제작물 재배가 가장 발달한 지역이다. 청조 전기에 광동성의 발전은 명조 중엽 본 성의 수준을 크게 초월했을 뿐 아니라 게다가 경제작물 재배의 발전이 장강 하류지역을 초월했다. 광동에는 이르는 곳마다에 사탕수수 · 종려나무 · 뽕나무 · 잎담배 · 찻잎 등 경제작물과 푸른 숲이 우거진 감귤 · 파인애플 · 야자나무 · 바나나 · 용안 · 여지 · 빈랑나무 등이 일망무제하게 펼쳐졌다. 광동성은 산이 많고 물이 많고 논밭이 적으며 경제작물이 발달했기 때문에 그 곳 토지는 청초 이래부터 지주계급이 치열하게 쟁탈하는 대상이 되었다. 예를 들어 광주(廣州)부 순덕(順德)현에는 강희 초년에 이미 "논밭을 수십 백 경 소유한 부유한"[134] 대지주가 있었다.

건륭 시기에 논밭을 소유한 자들은 "대다수가 스스로 경작하지 않았고 경작에 종사하는 자는 대다수가 자체 소유의 논이 없었으며 게다가 농번기가 되면 주인을 바꾸곤 했다. 밭주인은 지조가 들어오는 곳만 알고 논밭이 어디 있는지는 몰랐다. 경작인은 지조를 당해에 바치거나 혹은

132) 『동치 형양현지(同治衡陽縣志)』 권 11, 『화식(貨殖)』
133) 이문치(李文治), 『중국 근대 농업사 자료』 제 1집, 제 69쪽 인용.
134) 굴대균(屈大均), 『광동신어(廣東新語)』 권 14, 『식어(食語)』

전해에 바치곤 했다. 만약 지조를 조금이라도 올려 바치는 자가 있으면 그 논밭은 바로 높은 지조를 내는 자가 빼앗아 경작할 수 있었다."[135] 건륭 시기에 경주(瓊州)부 정안(定安)현에 가풍상(柯風翔)·가풍집(柯風集) 두 형제가 있었는데 대면적의 황무지를 구매해 빈랑나무 5만 여 그루를 심었다. 그들은 빈랑나무를 심을 때부터 매년 빈랑을 수확할 때까지 모두 노동자를 고용해 일을 시키거나 혹은 다른 사람에게 맡기곤 했다.[136]

조경(肇慶)부 광녕(廣寧)현에서는 도광 연간에 "읍 내 농민들은 대다수가 부잣집의 밭을 임대 경작했다." 이들 부유한 지주들은 대량의 토지를 점유하고 있었다. 그들 중에는 "조부 대에서 손자 대에 이르기까지 대를 이어 바뀌지 않는" 오랜 지주가 있는가 하면 "또 새로 성가했으나 여전히 자작하는"[137] 신흥 중소 지주도 있었다. 가흥(嘉興) 주 흥녕(興寧)현의 명문 귀족들은 가경 연간에 대량으로 '종사(宗祠)'에 '학전(學田)'을 헌납하곤 했는데 어떤 자는 한 번에 '수십 무'를 헌납하거나 많을 경우 '백 무'를 헌납하는 자도 있었다.[138] 이로 보아 이들 지주 자신들이 더 많은 토지를 소유하고 있었음을 알 수 있다. 건륭 17년, 염주(廉州)부 합포(合浦)현의 진대항(陳大恒)은 지주의 토지를 대량으로 임대 경작했는데 노동자들을 고용해 사탕수수를 재배하고 또 대규모의 사탕 제조 공방을 설치해 사탕을 달여 팔아 소작농에서 일약 경영 지주로 바뀌었으며 게다가 상공업까지

---

135) 『건륭 순덕 현지(乾隆順德縣志)』 권 4, 『전부(田賦)』
136) 여민(黎民), 『건륭 형과 제본 중 농업 자본주의 맹아 관련 재료(乾隆刑科題本中有關農業資本主義萌芽的材料)』를 인용, 『문물(文物)』 1975년 제 9기에 게재.
137) 『도광 광녕 현지(道光廣寧縣志)』 권 12, 『풍속(風俗)』
138) 『가경 흥녕 현지(嘉慶興寧縣志)』 권 10, 『풍속(風俗)』

겸해서 경영했다.[139] 건륭 · 가경 연간에 광동성의 바닷가와 강가에 위치한 여러 주·현에서는 모래땅이 형성되기 바쁘게 땅이 없는 농민들에 의해 황무지가 경작지로 개간되곤 했다. 일부 명문 호족들은 "다른 사람들이 개간해놓은 경작지를 자신의 소유로 사칭 점유했는데" 이를 가리켜 "모래땅을 점유한다"라고 했다. 매 년 "가을 곡식이 익을 무렵이면 (지주가) 졸개들을 이끌고 큰 배를 몰고 깃발을 펼쳐들고 칼을 들고⋯⋯ 이를 강탈 수확이라고 했다."[140] 이처럼 무력으로 논밭을 점령하는 것은 광동 지주 계급이 농민들을 무상으로 약탈하는 일종의 수단이 되었다. 이런 상황은 바닷가의 여러 주·현마다 보편적으로 존재했는데 그중에서도 주강(珠江)삼각주에 위치한 순덕(順德) · 향산(香山)이 특히 심했다.

사천성은 명청 시기에 수십 년간의 전란을 겪어 토지가 대대적으로 황폐해지고 인구가 대량으로 줄었는데 그 파괴 정도가 다른 여러 성에 비해 특히 심각했다. 이 지역은 토지가 비옥할 뿐 아니라 땅이 넓고 인구가 적어 다른 성의 땅이 없는 백성들에게는 특히 유혹적이었다. 대량의 유민들이 호북·호남에서 잇달아 사천으로 유입해 이 지역에 발을 붙이고 황무지를 개간하기 시작했다. 일부 농민들은 점차 중소지주로 발전했고 또 극소수는 대지주로까지 발전했다. 예를 들어 성도(成都)부 금당(金堂)현의 증옥호(曾玉壺)는 증조부의 본적이 광동 장락(長樂)이었는데 후에 사천에 들어와 "점을 쳐 금당에 거처를 정하고 안착했다." 조부가 일찍 세상을

---

139) 여민(黎民), 『건륭 형과 제본 중 농업 자본주의 맹아 관련 재료(乾隆刑科
題本中有關農業資本主義萌芽的材料)』를 인용, 『문물(文物)』 1975년 제 9기에 게재.
140) 『동치 번우 현지(同治番禺縣志)』 권 54, 『잡기(雜記)』 2.

떠나고 조모 진(陳) 씨가 아들 셋을 데리고 농사를 지어 집안을 일으켰으며 전답도 일부 사서 장만했다. 그 뒤 부친이 일찍 세상을 떠나고 모친 이(李) 씨가 증옥호를 키우면서 "진 씨와 같은 큰 뜻을 품었을 뿐 아니라 게다가 부지런하기까지 했다." 가경 초에 백련교봉기가 일어나자 사천의 수많은 지주들이 전답을 팔고 도주했다. 이 씨는 그 기회를 틈 타 "모아두었던 자금으로 수 백 무에 이르는 논밭을 사들여" 사람을 고용해 경작하게 했는데 "이로써 집안을 일으켜 거부로 불리게 되었다."

그 뒤 증옥호가 또 "친척들과 함께 재산을 모아 식량 장사를 시작했는데 점차 수익이 늘어" 대지주 겸 대상인으로 되었으며 "재산이 그 고장에서 제일 많은 부자가 되었다."[141] 사천성의 다른 곳에도 증 씨 집안처럼 몇 세대에 걸쳐 재부를 쌓아 토지와 상업으로 부유해진 집이 적지 않은데 이는 전형적인 의미가 있다. 또 예를 들어 한주(漢州)의 지주 동가회(董嘉會)는 본적이 호남성 무강(武岡) 주이다. 그의 고조부 동전봉(董全鳳)은 "산을 넘고 물을 건너 먼 사천까지 와 발을 붙이고 철공소를 운영하기 시작했다. 그러면서 겸직으로 토지를 사들여 경작해 자손들에게 물려주었다." 그렇게 다섯 세대를 거쳐 동가회 대에 이르러 "조상 대대로 물려받은 전답이 5백 무에 이르렀다." 도광 연간에 이르러서는 "2천 5백 무가 넘었으며"[142] 토지가 5배로 늘어 아주 큰 지주가 되었다. 온강(溫江)현의 유유산(劉儒山)은 소년 시절에 가정이 아주 가난했는데 "커서 네 형제가 가산을 각각 수십

---

141) 『민국 금당 현 속지(民國金堂縣續志)』 권 10, 『전(傳)』, 증성삼(曾省三), 『무현장군 칭호를 수여 받은 옥호 증공의 생전 사적(誥封武顯將軍玉壺曾公行略)』
142) 『동치 한주 속지(同治漢州續志)』 권 22, 『예문중(藝文中)』

관씩 나눠가졌다." 그는 그 것을 밑천 삼아 "부지런히 농사를 지어 전답 백 무를 장만하고" 소작농을 불러 경작하게 하고 지조를 받아 점차 집안을 일으켜 나중에는 중등 지주가 되었다.[143] 수정(綏定)부 대죽(大竹)현 강국영(江國榮)의 고조부는 "호북성에서 사천으로 왔다." 국영의 대에 이르러 어려서 부친을 잃고 가정 형편이 여전히 아주 어려웠다.

"선대의 가업인 논 10무에 땅 백 궁(弓, 약 5백자에 해당함), 세 칸짜리 집 한 채를 물려받았다." 강국영은 자체 소유의 논을 경작하는 외에 "이웃 논 50여 무를 소작 맡아 경작했는데" 20년 뒤에는 지주로 발전해 "전답이 6백 무로 늘어 엄연한 부자가 되었다."[144] 기주(夔州)부 운양(云陽)현은 "토지가 비교적 비옥하고 부유한 자 또한 많았다. 팽(彭)ㆍ설(薛) 두 세가가 거둬들이는 지조의 금액이 천 석 이상에 이른다." 팽수(彭水)와 탕수(湯水)를 사이에 두고 "부잣집이 서로 마주 보고 들어앉았고 논밭이 끝이 보이지 않을 정도로 이어졌는데 논밭이 한 집의 것이 아니었다.

여러 소작농들이 경작하면서 소작료를 백 석 가까이 바쳤으며 적게 바치는 경우에도 4~5십 석에 달했다. 보증금 비용(壓椿之費)이 늘 천 냥 혹은 백 냥이 넘곤 했다." 이들 중 대다수가 청 강희제 이후에 다른 성에서 와서 발붙인 이주민으로서 "산을 넘고 강을 건너 먼 길을 걸어 사천까지 들어와 점차 부유해졌다. 이주민들이 끊임없이 들어와 족성이 꾸준히 늘어났다.

---

143) 『민국 온강 현지(民國溫江縣志)』 권8, 『인물(人物)』을 참고.
144) 『민국 대죽 현지(民國大竹縣志)』 권9, 『인물지(人物志)』 상.

그들은 2백여 년 간 전답과 가택을 마련하고 자손들을 길러냈다."[145]
운양(云陽)현에는 외지인들이 와서 황무지를 개간해 농사를 지어 점차
집안을 일으킨 자가 적지 않다. 예를 들어 오세문(烏世文)의 증조부는
강희제 말기에 호남성의 상향(湘鄉)에서 이주해 왔는데 1840년에 이르러
오세문은 이미 "은 2천 여 냥으로 비옥한 전답 수십 경을 장만한"[146] 대지주
가 되어 있었다. 이무량(李茂亮)의 조상은 1705년(강희 44년)에 호남성의
소양(邵陽)에서 이주해 왔는데 후에 숱한 땅과 가산을 갖추어 그 땅의
"면적이 수 십리에 달했으며 모두 비옥한 땅이었고 현(縣) 북쪽의 명문
세가가 되었다."[147] 그리고 도개성(塗開盛)은 1762년에 부친을 따라 호북성
포기(蒲圻)에서 이주해 와 "가시덤불을 헤치며 땅을 개척해 양전 수십 경을
장만했으며" "한 개 성 씨로 한 읍을 형성한 명문대가가 되었다."[148] 물론
지주로 발전한 자는 유민 중에서 극소수에 불과하며 절대다수는 소작농이나
고농·떠돌이로 전락했다.

명청 시기에 산동성은 농민봉기의 소탕을 겪었는데 지주계급이 큰
타격을 받았다. "관직이나 작위가 없는 명문대가 중에 살아남은 자가 극히
적었으며"[149] "토박이 명문대가는 백에 하나도 없었다."[150] 계급 모순이 다소
완화되어 봉건 관계가 일정하게 조정되었다. 그러나 그런 상황이 오래 가지
못했다. 사회질서가 안정이 되자 지주계급은 또 여러 가지 방법으로 농민

145) 『민국 운양 현지(民國云陽縣志)』 권 13, 『예속(禮俗)』 중.
146) 『민국 운양 현지(民國云陽縣志)』 권 26.
147) 『민국 운양 현지(民國云陽縣志)』 권 26.
148) 『민국 운양 현지(民國云陽縣志)』 권 26.
149) 『광서 익도 현도지(光緖益都縣圖志)』 권 41. 『효의전(孝義傳)』
150) 『광서 역 현지(光緖嶧縣志)』 권 6, 『풍속(風俗)』

수중의 토지를 빼앗아 자신의 소유로 만들기 시작했으며 토지 점유가 또 심각해지기 시작했다. 1684년(강희 23년) 산동 순무 장붕핵(張鵬翮)은 이미 "현재 산동 백성들 중에 경기(京畿)부근이나 먼 타지로 뿔뿔이 도주하는 자가 아주 많은 것을 발견했다. 모두 지방 세도가가 양민의 전답을 강점해 의지할 데가 없어 그렇게 된 것이다."[151] 노남(魯南)·교동(膠東) 등 여러 부·주·현은 대지주가 집중된 지역이다. 예를 들어 기주(沂州)부 거(莒)현 대점진(大店鎭)의 장(莊)씨 성을 가진 대 관료지주는 명조에서 청조에 이르는 3백 여 년 간 대대로 이어오면서 토지 5만 여 무를 점유하고 있으며 강소·산동 두 개 성의 7개 현에 걸쳐 전장(田莊)을 총 70여 개 소유하고 2천 여 가구의 소작농을 거느리고 있었다.[152] 일조(日照)현 정(丁) 씨 대지주는 청조 강희 연간에 집안을 일으켰는데 도광제 때에 이르러 부친이 죽고 그 아들이 가업을 물려받았다.

정 씨는 토지 4~5천 무를 점유하고 소작농들에게 소작 주어 경작하게 하면서 자신은 "앉은 자리에서 소작료를 받아 챙겼다."[153] 내주(萊州)부 유(濰)현에는 건륭제 시기에 정(丁)·악(岳)·곽(郭)·왕(王) 4대 가문이 전 현의 거의 절반에 가까운 토지를 점유하고 있었는데 모두 유명한 대지주들이다. 정섭(鄭燮)은 건륭제 전기에 출사해 유 현의 현령에 임명되었으며 『유현죽지사(濰縣竹枝詞)』 40수를 창작했는데 그중에는 "성곽을 둘러싸고 양전이 만 경 면적으로 멀리까지 펼쳐졌는데 대다수가

---

151) 『광서 산동 통지(光緒山東通志)』 권수(卷首), 『훈전(訓典)』 1.
152) 『대점장 염왕 죄악사(大店莊閻王罪惡史)』 참고, 『문사철(文史哲)』, 1965년 제 4기에 게재.
153) 『일조 정씨 족보(日照丁氏族譜)』

부잣집 소유라네(繞郭良田万頃賒, 大多歸幷富豪家)"[154]라는 시구가 있다. 등주(登州)부 문등(文登)현에서는 명조 말년에 "가중한 조세 때문에 백성들이 도탄에 빠져 논과 오막살이를 버리고 떠나는 자가 많았다." 가난한 농민들은 "명문세가에 들어가 차라리 노복이 되어 부역을 피하기를 원하는 자"가 많았다. 청조 초년에 이르러 "명문세가의 논밭이 사처에 널렸는데" 대지주들은 토지를 임대 주고 "호적에 편입된 주민은 거의 모두 논을 소작해 자급했다."[155] 교주(膠州)에서는 도광 시기에 "논밭 대부분이 벼슬아치와 선비·상인의 소유가 되어 사면팔방에 분포되었으며 스스로 경작할 수가 없어 다른 사람에게 소작을 주었다."[156] 제남(濟南)부 장구(章丘)현 동반류촌(東礬硫村)의 지주 태화당(太和堂) 이(李)가는 건륭 초년에 집안을 일으켜서부터 점차 발전해 후에는 토지 472무를 소유하기에까지 이르렀다.

동(同)현 구군진(舊軍鎭)의 맹(孟)가는 상인 겸 지주이다. 그는 강희 말년에 집안을 일으켜서부터 토지 경영과 상업 경영를 겸했으며 북경·천진·제남 등지에 겸상익(謙祥益)·서부상(瑞蚨祥) 등 "상(祥)"자를 상호로 하는 비단가게를 운영했는데 전국에서도 이름난 거상 겸 지주였다.

치천(淄川)현 율가장(栗家莊)의 수형당(樹荊堂) 필(畢)가는 옹정 연간까지만 해도 겨우 30여 무의 토지를 소유했는데 건륭 연간에 이르러 1백 여 무로 늘어나고 가경에서 도광 20년 전까지 이미 9백 무에 달했다.

한편 필가는 또 건륭 연간에 항성(恒盛) 견직공방을 개설했다. 최초에는

---

154) 정섭(鄭燮), 『정판교집(鄭板橋集)』, 『유현죽지사(濰縣竹枝詞)』
155) 『민국 문등 현지(民國文登縣志)』 권 1 하, 『풍속(風俗)』
156) 『도광 교주 지(道光膠州志)』 권 15, 『풍속(風俗)』

목제 직기가 한 대뿐이었으나 도광 20년에 이르러 목제 직기 20여 대를 갖춘 공방으로 발전했다.[157] 노서남(魯西南)의 조주(曹州)부 단(單)현에서는 강희 말년에 "기름진 전답이 항상 관직이나 작위가 없는 부자들 소유였다. 손에 굳은살이 박힌 백성들은 척박한 땅을 지키며 가래와 보습으로 농사를 짓는 자도 있긴 하지만 열 중 7~8명은 고용 농민이나 소작농으로서 밭주인의 땅을 경작하며 수확을 나눠가지곤 했다."[158] 단 현에는 대 시진(市鎭)이 하나 있는데 원래 이름이 흥원진(興元鎭)이었으나 조(曹)씨와 마(馬)씨 성을 가진 두 대지주가 차지하고 "그 집(集, 장터)의 주인행세를 해" 나중에는 흥원진을 "조마진(曹馬鎭)"으로 개칭하게 되었다.[159] 산동에는 경제작물을 대규모로 재배하는 경영 지주가 있었다. 예를 들면, 문상(汶上)·운성(鄆城) 두 현의 접경지대에 강희 연간에 "부유한 집이 많았다." "그 땅이 비옥해 1무 당 목화 산량이 2백 근에 달했으며 만 무씩 재배하는 집도 있었다."[160]

그렇게 대 면적에 경제작물을 재배하는 경우는 전국적으로도 드물었다. 그 외에 장사로 집안을 일으켜 자금을 모아 토지를 구매한 상인지주도 있었다. 예를 들어 복양(濮陽)의 유자세(劉滋世)는 어렸을 때 집안이 가난했는데 얼마 안 되는 자금으로 식염과 밀 장사로 큰 이익을 챙기게 되었으며 그 후 또 고리대금업에 종사해 "20여 년간에 장만한 전답이 끝이 보이지 않을 정도로 이어졌고 집안 가산이 수만금에 달하게 되었다."[161]

---

157) 경소(景甦)·나륜(羅倫), 『청대 산동 경영지주의 사회 성질(淸代山東經營地主的社會性質)』
158) 『강희 단 현지(康熙單縣志)』 권 1, 『풍속(風俗)』
159) 『강희 단 현지(康熙單縣志)』 권 1, 『향톤고명(鄕村故名)』
160) 『강희 복 주지(康熙濮志州)』 권 2, 『풍속(風俗)』
161) 『강희 복 주지(康熙濮志州)』 권 4, 『화식전(貨殖傳)』

또 역대로 벼슬을 해 정치 특권을 누리는 관료지주들도 있었다. 예를 들어 조성(朝城)현에서 유명한 손(孫)·사(謝)·오(吳)·강(江)·악(岳)·맹(孟)·위(魏)·가(賈) 등 8대 가문은 본 현에서 널리 이름을 날린 8대 대지주이다. "8대 가문은 전 명조 시기에 모두 높은 벼슬을 한 명문대가들이다. 본 조대에 이르러 자손이 번창해 도시와 농촌에 분산 거주하면서 다른 가문들보다 우월한 지위를 차지했다."[162] 제녕직예주(濟寧直隸州) 옥당(玉堂) 손(孫)가는 더욱이 관료·세가 겸 대지주·대상인 가문이다.

가경 연간에 손옥정(孫玉庭)의 벼슬이 양강(兩江) 총독·체인각(體仁閣) 대학사에까지 올랐고 광서 연간에 손육문(孫毓汶)은 벼슬이 군기대신·형부상서에까지 올랐다. 손 가는 독산호(獨山湖) 일대에서 3만여 무에 이르는 토지를 점유했으며, 또 제녕에 옥당장원(玉堂醬園)을 개설했는데 자본이 제전으로 4만천 전에 달하고 제품이 전국에서도 유명했다. 연주(兗州)부 곡부(曲阜)현 공부(孔府, 공 씨 가문)는 역대로 변함없이 이어져온 세습 귀족 대지주이다. 청조에 가장 번창할 때 점유한 토지 면적이 1백 여 만 무에 달했는데 산동·강소·직예·하남·안휘 등 5개 성의 넓은 농촌에 고루 분포되었다. 토지의 원천 일부는 "(황제로부터) 하사 받은 것(欽賜)"이고 일부는 관부의 손을 빌어 강점한 것이며 일부는 남의 위기를 틈타 낮은 가격에 수매한 것이다.[163] 결론적으로 산동 각지에 여러 가지 유형의 지주들이 많이 분포되었으며 그들이 소유한 전답이 많아

---

162) 『광서 조성 현 향토지(光緒朝城縣鄉土志)』권 1.
163) 『죄악으로 얼룩진 공부(罪惡累累的孔府)』, 인민출판사 1974년 판.

토지 집중 정도가 전국에서 앞자리를 차지했다.

산서(山西)성은 산이 많고 밭이 적어 자연조건이 좀 뒤처지지만 토지 점유는 여전히 진행되었다. 1697년 분양(汾陽)현에 자연재해가 들었는데 소량의 토지를 소유한 자작농들은 "밭문서를 가지고 (지주집) 문이 닳도록 잇달아 찾아와 저들의 땅을 사줄 것을 청구했는데 모두 스스로 가격을 낮춰 팔기를 원했다." "그들이 팔고자 하는 가격은 모두 평소의 10분의 2도 안 되는 수준이었다." 장영(張瑛)이라는 지주는 그 기회에 토지를 점유했는데 "약 천 무에 이르는 논밭을 소유하게 되었다." 장영은 집이 서관촌(西官村)이었는데 그의 집 정각과 누각, 저택은 화려하기 그지없었고 "마을 둘레에 도랑을 팠으며…… 그 너비가 1장(丈) 남짓이 되고 깊이는 너비의 배가 넘었으며 동서로 다리도 하나 놓았다."[164] 임분(臨汾)현에는 항시정(亢時鼎)이라는 대지주가 있었는데 유명한 대 염상이기도 하다.

그는 양주(揚州)에 호화스러운 주택을 가지고 있고 회남(淮南)에 대면적의 토지를 소유하고 있었으며 고향인 임분에도 "숱한 저택을 소유하고 있어 완연한 명문세가로서" '항백만(亢百萬)'으로 불렸다. 강희 연간에 산서성에 대 가뭄이 들어 인심이 황황했다. 그런데 '항백만'은 득의양양해서 "위에 하늘이 있다면 그 아래에는 항백만이 있다. 3년간 비가 오지 않아도 묵은 식량이 만 석이나 된다."[165]라고 말했다. 이로부터 그가 산서성에서 소유한 전답이 많다는 것을 알 수 있다. 노성(潞城)현의 가경여(賈慶余)는 어렸을 때 집안이 가난했는데 14세 때 "부친을 따라

---

164) 『건륭 임분 현지(乾隆臨汾縣志)』 권 6, 『효의(孝義)』
165) 마국한(馬國翰), 『죽여의(竹如意)』 권 하, 『항백만(亢百萬)』

산동성 우성(禹城)현에서 장사를 했다." "20여 년간 재산을 모아 거상이 되었으며 전국을 다니며 무역을 해 진기한 물건들이 그 집에 차고 넘쳤다." 그리고 또 토지를 대량 구매해 "비옥한 토지가 끝없이 이어져 있는"[166) 대지주가 되었다. 산서성에는 대상인이 많아 그들이 상업자본을 토지에 투입해 몇 년이 되지도 않았는데 "비옥한 땅이 온 들판에 널리 분포되었으며" 점유 속도도 빨랐다.

하남성은 이자성(李自成)의 봉기군이 빈번하게 활동한 지역으로서 봉기군이 이르는 곳마다에서 명문세가들에 타격을 가하고 명조 번왕(藩王)들의 토지를 몰수했다. 그래서 청초에 하남 본토에는 대지주가 비교적 적었다. 옹정제 이후에 토지 점유가 점차 심해졌다. 1740년, 하남 순무 아이도(雅爾圖)가 상소를 올려 이르기를 하남의 "민생 빈부의 차이가 커 부유한 자는 거의 대다수가 비열하고 인색하며 각박하고 가난한 자들은 생계를 꾸려 갈 수가 없어 대체로 다른 집의 논밭을 소작하는 자가 많았다."[167) 토지 점유 붐이 일고 있는 가운데 존재하는 한 가지 현상은 관료 지방 토호들이 세력을 믿고 전답을 강점하는 것이다.

예를 들어 예남(豫南, 하남성 남부) 광산(光山)·고시(固始) 일대에서는 청초에 소농들이 "가중한 조세에 시달리다 못해" 흔히 땅을 지방 토호에게 "들어 바치고" 소작 하인이 되곤 했다. 현지 지방 토호들은 "숱한 노복을 거느리고 있었는데" 순치 말년에 소작 하인들이 "도당을 만들어 무기를 들고

---

166) 『광서 노성 현지(光緖潞城縣志)』 권 4, 『기구록(耆舊錄)』
167) 아이도(雅爾圖), 『아공심정록(雅公心政錄)』 권 2, 『주소(奏疏)』, 건륭 5년 5월.

주인을 핍박해 계약을 물려줄 것을 요구하는"[168] 저항 투쟁을 일으켰다. 또 건륭 시기에 포정사(布政使)를 담당한 팽가병(彭家屛)이 "온갖 나쁜 짓을 다해 재물을 긁어모았는데" 고향인 하읍(夏邑)에서 "숱한 가산을 소유하고 또 그가 소유한 논밭이 끝이 보이지 않을 정도로 이어져 있었다."[169] 다른 한 가지 현상은 외성의 대상인들이 자연재해로 흉년이 든 해에 기회를 틈타 자금을 가지고 하남으로 와 전답을 구매한 것이다. 예를 들어 1786년에 하남 순무 필원(畢沅)이 상소를 올려 이르기를 "하남성은 해마다 흉년이 들어 부동산이 좀 있는 집들은 그것을 헐어서 팔아 생계를 유지하곤 했다.

최근 들어서는 더욱이 보릿고개에 곧 여물어 수확을 앞둔 밀밭을 헐값에 팔기에 이르렀다. 산서성 등지의 부자들은 그 소문을 듣고 하남성 으로 와 이자 돈을 놓았다가 그 기회에 땅을 헐값에 사들이곤 한다."[170]

이처럼 상인들이 토지를 점유하는 사례는 소수가 아니다. 예를 들어 낙양(洛陽)현은 도광 연간에 "기황이 들어 본토 사람들이 땅을 팔고 다른 고장으로 이사를 가는 경우가 많았다." 산서성 장치(長治)의 상인 송양필(宋良弼)도 "역시 헐값에 비옥한 전답 수 백 무를 얻었다."[171] 또 강희 연간에 "하남성은 자연재해가 들었는데 겹(郟)현이 특히 심각했다.

그런데 겹 현에 호적을 둔 사람이 전답을 사들인 경우는 겨우 10분의 1~2 정도에 그쳤다." 반면에 산서성의 상인들이 이곳에 와서 "이익을

---

168) 『건륭 광산 현지(乾隆光山縣志)』 권 8, 『풍속(風俗)』
169) 『청 고종실록(清高宗實錄)』 권 540, 건륭 22년 6월.
170) 『청 고종실록(清高宗實錄)』 권 1255, 건륭 51년 5월.
171) 『광서 장치 현지(光緒長治縣志)』 권 6, 『열전(列傳)』

노리고 땅을 매석한 자가 열 중 8~9명에 달했다."[172] 토지가 점차 집중됨에 따라 하남성에도 재지주가 나타났다. 예를 들어 의봉(儀封)현의 지주 주백장(周伯章)은 그 집에서 점유한 "논밭이 4개 읍에 이어져 있어 만 무에 이르며" "동서남북으로 각각 10리" 범위 안에 있는 "논밭은 모두 주 씨의 소유였다."[173] 이로부터 그가 점유한 토지의 수량이 얼마나 많은지를 알 수 있다.

직예(直隸)는 청 왕조의 심장부이며 왕공귀족 관료지주가 가장 집중된 곳이기도 하다. 입관(入關)한 뒤 직예 북부의 많은 토지를 점거했다. 만족 왕실과 측근들의 크고 작은 장원이 별처럼 바둑알처럼 촘촘히 들어섰으며 논밭이 끝이 보이지 않을 정도로 이어졌다. 많은 한족 농민들이 기장(旗莊)의 농노와 소작농으로 전락되었다. 그러나 그런 지역이지만 또 한족 대지주들도 일부 있었다. 예를 들어 회유(懷柔)현 학(郝) 씨가 바로 "비옥한 땅 만 경"을 소유하고 부유하기 그지없는 대지주이다.

전하는 바에 따르면 어느 한 번은 건륭황제가 "행차 도중에 그 집에 잠시 머물게 되었는데" 학가가 "물과 육지에서 나는 진기한 보물 백 여 건을 진상하고 기타 왕공 근시와 어가를 메는 관노들에게도 모두 음식을 공급했다." 황제의 하루 식비로 학가는 "10여만 냥을 허비했다."[174] 또 예를 들어 보정(保定)부의 속록(束鹿)현은 "땅이 기름지고 인구가 밀집되었으며" 그 현에 속한 토지가 비교적 적다. 그러나 한족 "명문 세가"와 "지방

---

172) 손형(孫珩), 『귀전문고(歸田文稿)』 권 6, 『복동인의속지서(復同寅議贖地書)』
173) 유정(劉睛), 『편각여한록(片刻余閑錄)』 권 1.
174) 소련(昭槤), 『소정속록(嘯亭續錄)』 권 2, 『본 조에 부민이 많다(本朝富民之多)』

관리들은" 아주 많은 토지를 점유했다.[175] 직예 남부 여러 부와 주·현의
토지는 점거되지 않았거나 혹은 점거된 토지가 비교적 적었지만 지주들은
다양한 수단으로 토지를 점유했다. 예를 들어 헌(獻)현에서는 "부유한 자는
논밭이 끝이 보이지 않을 정도로 이어지고 가난한 자는 송곳 세울 자리도
없을 지경인" 국면이 형성되었다. "끝이 보이지 않을 정도로 이어져 있는
논밭"을 소유한 이는 모두 한족 지주들이었는데 "자체로 경작할 수 없어"
"가난한 자들에게 나눠서 빌려주어 소작하도록 해" "가을에 가서 수확의
절반을 나눠 가지곤 했다."[176] 그 외에도 대명(大名)·광평(廣平) 2개 부는
가경 때에 해마다 자연재해로 흉년이 들어 "민간에서는 논밭을 헐값에 파는
경우가 많았는데 풍년이 든 해와 비교해 열 배나 줄어든 가격에 팔았다."
그래서 "본 지역의 부자와 외지 상인들은 가격이 싼 이점을 노리고 널리
구매해 들였다."[177]

　이 밖에도 동정호(洞庭湖) 북안에 인접한 호북성 여러 주·현의 "석(席)
·옹(翁)·오(吳)·허(許) 네 집은 모두 거부이며"[178] 각각 대량의 토지를
점유하고 있었다. 강희 연간에 광서성 전주(全州)의 "백성들은 전답을
장만하고 대다수가 대부자에게 얹혀살곤 했다. 시간이 오래 지나면서
난폭한 부자들은 그들의 땅을 빼앗아버렸다."[179] 복건성 장주(漳州)부에는
강희 연간에 "세력이 강한 대부자들이 끝이 보이지 않을 정도로 이어진

---

175) 『강희 속록 현지(康熙束鹿縣志)』 권 8, 『풍속(風俗)』
176) 『건륭 헌 현지(乾隆獻縣志)』 , 『식화(食貨)』
177) 『청 인종실록(清仁宗實錄)』 권 310, 가경 20년 9월.
178) 동헌주인(東軒主人), 『술이기(述異記)』 하, 『허칠이 신선을 만나다(許七遇仙)』
179) 『건륭 회안 부지(乾隆淮安府志)』 권 22 상, 『사적(仕迹)』

논밭을 소유하고 있었다."[180] 옹정 연간에 대만에서는 "절반 이상의 논밭이 부자들의 소유였으며…… 대 부자는 재산이 수백 만 금, 중등 부자는 백 만 금에 달하며 재산이 수십 만 금에 달하는 부자도 많았다." 그들은 "논밭을 강점하곤 했는데" 백성들은 "불만이 있어도 감히 말할 수 없었다."[181] 강서성 무주(撫州)부 동향(東鄉)현에서는 가경 연간에 "부자는 끝이 보이지 않을 정도로 이어진 대면적의 논을 소유하고 있었지만 가난한 자는 송곳을 세울 자리도 없을 정도였다."[182] 운남성 초웅(楚雄)부 요(姚)주의 '토동지(土同知, 지방 관직명)' 고덕후(高德厚)는 "막강한 재력과 세력으로 백성의 땅 340리를 강점해"[183] 총 7천 여 경에 이르는 논밭을 점유했다.

이상과 같이 중국 많은 성의 토지 상황에 대한 고찰을 거쳐 청초에는 농민봉기가 지주계급에 막대한 타격을 가해 토지문제가 비교적 완화되었고 강희 중기 이후에는 경제가 회복됨에 따라 토지 수익이 늘어 토지 회전이 빨라져 토지 점유가 치열해졌음을 알 수 있다. 특히 건륭·가경 이후에 토지가 고도로 집중되었는데 비록 여러 성이 구체적인 조건이 다름에 따라 집중 정도와 방식에 다소 구별이 있긴 하지만 점유가 갈수록 심해지는 추세만은 아주 보편적임을 보아낼 수 있다. 건륭 전기에 이미 "최근 들어 논밭이 부자들의 소유로 넘어가는 경우가 10분의 5~6 정도에 이르며 예전에 논밭을 소유하던 사람들이 현재는 모두 소작농이 되었다."[184] 따라서 빈부

180) 『강희 장주 부지(康熙漳州府志)』 권 11, 『부역(賦役)』
181) 진성소(陳盛韶), 『문속록(問俗錄)』 권 6, 『녹항두가(鹿港頭家)』
182) 『가경 동향 현지(嘉慶東鄉縣志)』 권 33, 『예문(藝文)』
183) 『건륭 직예 통주지(乾隆直隸通州志)』 권 14, 『인물(人物)』
184) 『황청주의(皇淸奏議)』 권 13, 건륭 13년, 양석불(楊錫紱)의 상소.

격차가 현저한 양극분화 상황이 나타나 "한 집에는 수천 백 집의 재산을 합친 만큼 많은 가산이 집중되고 또 그 한 집 때문에 수천 집에 실업자가 나타나곤 했다."[185]

　토지 점유 풍조 가운데서 또 다음과 같은 사실을 보아낼 수 있다. 청대의 토지 점유 수단은 명대와 비교해 일정한 구별이 있다. 명대의 번왕(藩王)·귀족·관료·벼슬아치는 부세와 요역을 감면하거나 전가할 수 있는 특권을 누렸으며 그들은 이런 특권을 토지 점유의 무기로 삼아 '헌상(投獻, 전답을 벼슬아치의 명의로 해 부역을 경감하는 것)', '의탁(投靠)' 등의 수단을 통해 무대가로 토지를 약탈했다. 한편 소지주와 자작농은 가중한 부세와 요역을 피하기 위해 토지를 무상으로 특권 지주에게 바치는 대가로 정치적인 보호와 경제적인 면제를 얻어야만 했다. 청대에는 명조 멸망의 교훈을 살려 관료·지주의 특권을 제한했다.

　그래서 청초에 폭력적인 수단으로 화북지역에서 대규모의 토지를 점거한 것을 제외하고 "고관대작 가문"과 "명문 세가"에서는 정치 특권을 이용해 토지를 약탈하는 경우가 비교적 적었으며 매매관계를 통하는 경우가 더 많았다. 지주계급이 집안을 일으킨 주요 경로는 자금을 모아 토지를 구매하는 것이었다. 토지는 불에 타서 훼손되지도 않고 물에 잠겨 파괴되지도 않으며 도적들이 훔쳐갈 수도 없을 뿐 아니라 또 자손들에게 영원히 물려줄 수 있고 무궁무진한 재원을 가져다주는 물질적 재부이기 때문에 "부동산을 사들임에 있어서 토지가 최고였다."[186]

---

185) 『황조경세문편(皇朝經世文編)』 권 11, 전유성(錢維城), 『양민론(養民論)』
186) 전영(錢泳), 『이원총화(履園叢話)』 권 4, 『산업(産業)』

지주계급은 백방으로 한 차례 한 차례씩 전답을 구매해 재산을 점차 쌓아갔으며 마치 눈덩이 굴리듯이 작던 데서 점차 커져 수천에서 만 무에 이르는 토지를 소유한 대지주가 생겨날 수 있었던 것이다. 토지 점유 과정에서 상업과 고리대금업이 중요한 역할을 했다. 관료·지주·상인은 소농경제의 취약한 특징을 이용해, 천재와 인재, 혹은 보릿고개를 틈타 농촌에 침투해 매점매석을 하곤 했다. 그들은 헐값에 사서 비싼 값에 팔고 고리로 착취하며 남의 위급한 상황을 틈타 토지를 빼앗곤 했다. 이처럼 더 많은 경제적 수단을 이용한 토지 점유가 명대 많은 지주들의 정치적 특권을 이용한 것과 조금 다르다.

이밖에 청대에는 조전제(租佃制, 소작을 주고 소작하는 제도) 착취형태가 점점 보편화되어 갈수록 많은 지주들이 소작을 주어 경작하는 방식을 취했다. 지조 정액제도도 일정하게 발전해 지주가 소작농과 소득을 나눠가지는 것이 아니라 지조의 수량을 고정시켰다. 이런 지조 정액제는 소작농의 노동 강도를 높였기 때문에 봉건 착취가 강화되었음을 의미한다. 그러나 지조 정액제는 또 소작농들이 정성스럽고 꼼꼼하게 경작할 수 있는 흥취와 적극성을 불러일으켜 단위 면적의 산량을 높였으며 생산력을 제고시켰다. 그리고 농업에서 고용노동제도 발전했다. 지주와 부농은 장기 소작인과 품팔이꾼을 고용하는 방법으로 자체로 토지를 경영하고 농촌의 고용 노동자 - 장기 소작인과 품팔이꾼은 생산 자료가 없거나 혹은 아주 적게 가지고 노동력을 팔아 생계를 유지했다.

그들은 비록 자본주의제도하의 고용노동과 완전히 같은 건 아니지만 소작농과 비교해 볼 때 정치 신분상에서 비교적 많은 자유를 누릴 수 있었다. 지주 자체로 토지를 경영하는 것은 조전 형태와 비교해 볼 때 일정한 구별이 있다. 이들 경영 지주 중 일부는 식량만 전문 재배하고 일부는 전문적으로 찻잎·사탕수수·뽕나무·빈랑·청람(藍靛)·목화·과일 등 경제작물을 생산했으며 절대다수의 생산물은 유통 영역에 들어가곤 했다. 그들은 시장을 위한 상품 생산자로 전환되기 시작했다.

2. 인구성장과 경작지의 부족

토지 점유가 치열하게 진행된 동시에 청대에는 인구도 급격하게 성장했다. 그러나 경작지 수량은 인구 성장 수준에 훨씬 뒤처졌다. 이에 따라 토지가 집중되고 인구가 급증했으며 경작지가 부족한 모순이 불거졌다. 이는 청조 중엽에서부터 근대 사회에 이르기까지 사회의 불안정을 초래한 중요한 원인 중의 하나이다.

청대 인구와 경작지 숫자와 관련해서는 이미 본 도서 제1권의 제6장에서 설명한 바 있다. 1741년(건륭 6년)에서 1840년(도광 20년) 아편전쟁 발발 전까지 전국의 인구는 1억 4천만 명에서 4억 1천 만 명으로 늘어났다. 백 년 사이에 인구가 3배로 늘어 매년 평균 270만 명이 늘어났으며 연간 성장률이 18.8‰에 달했다. 그러나 경작지 면적의 증가는 아주 더뎠는데 순치 말년에서 건륭 말년에 이르기까지 약 140년간 경작지 면적이 5억 무에서 9억 무로 늘었다. 이 9억 무라는 통계는 적게 계산했을 수 있다. 은닉하고 신고하지 않은 토지가 일부 있을 수 있고 또 일부 국경 지역의 새로 개간한 토지가 통계에 포함되지 않았을 수 있다.

그러나 대체적인 추세는 아주 명확하다. 즉 경작지 성장이 인구 성장에 훨씬 뒤처진 것이다. 게다가 토지 점유가 갈수록 심해져 땅이 적고 인구가 많아 경작할 논이 없는 모순이 점점 더 불거지고 있는 것이다. 예를 들어 건륭 말년(18세기 말)에 전국 인구가 약 3억, 경작지 면적이 약 9억 무로서 인구 당 평균 경작지가 겨우 3무 정도였다. 도광제 때(19세기 전기)에 이르러 인구가 7억으로 늘었지만 경작지는 늘어나지 않아 인구 당 평균 경작지가 겨우 2.25무 차례지는 정도였다.

건륭·가경 시대에 일부 지역의 토지 개발이 이미 포화상태에 이르러 더 이상 개간할 수 있는 여지가 거의 없는 상황에 이르렀다. 예를 들어 직예성 보정(保定)부의 여러 주·현은 "태어나는 인구가 갈수록 늘어나" 기존의 토지로 현지 인구를 먹여 살리려면 부족했다. 그래서 "산 인근의 주민들은 다투어 비어 있는 땅을 찾아 나섰다." 일부 "낭떠러지와 깊은 골짜기에 풀이 덮여 있는 땅만 보이면 불을 놓아 무성하게 우거진 잡초들을 태워버리고 개척해 농사를 짓곤 했다."[187] 그래도 부족하면 내몽골이나 동북으로 이주하는 수밖에 없었다. 산동 동부의 여러 주·현은 산이 많고 땅이 적으며 인구가 밀집되었기 때문에 "산이며 바닷가 모래톱이며 남김없이 개간했다."

등주(登州)·내주(萊州) 2개 부의 백성들이 타향으로 대거 이주해 "살길을 찾아 관외(關外)로 나갔다."[188] 심지어 국경 지대에 위치한 운남성마저도 건륭 중엽에 "물가와 육지의 경작 가능한 땅은 모조리 남김없이 개간되었다."[189] 강남에서 부유한 지역인 소주·송강·항주·가흥·호주

---

187) 최술(崔述), 『무문집(無聞集)』 권 1.
188) 『청인종성훈(淸仁宗聖訓)』 권 15, 『애민(愛民)』 1, 가경 2년 10월.
189) 『청고종성훈(淸高宗聖訓)』 권 80, 『애민(愛民)』 11, 건륭 31년 7월.

5개 부는 더욱이 인구가 날로 늘어 인구는 넘치는데 토지가 적어 우환이었다. 무릇 논밭 변두리며 늪가며 가택 앞과 뒤 할 것 없이 빈터만 있으면 경작지로 개간해 뽕나무며 삼(麻)이며 과일이며 채소를 심곤 했는데 점점 그냥 버려둔 땅이 없을 정도에 이르렀다. 또 예를 들어 사천성은 청초에는 땅이 넓고 인구가 적었다. 건륭 18년에 전 성 인구가 고작 137만 명인데 반해 이 해 전 성의 경작지 면적은 4천 5백 9십만 무에 달해 인구 당 평균 경작지가 34무나 되었으며 생계가 유족한 편이어서 사회질서 또한 매우 안정되었다. 그때 호남·호북·광동·광서·강서·섬서에서 이주민들이 사천으로 대거 모여들어 인구가 급증했는데 19세기 초 사천성 전역의 인구가 2100만 명에 이르렀다. 그러나 경작지는 여전히 거의 늘어나지 않은 4650만 무로서 인구 당 평균 경작지가 2.2무 남짓까지 줄어들었다.[190] 그때 당시 사천성 인구 당 경작지 평균치는 도광 연간의 정부 공식 기록에 따른 전국 인구 당 경작지 평균치에 접근했다.

중국은 국토 면적이 넓고 여러 지역 사이 경제발전이 아주 불균형적이다. 동남 연해지역과 장강삼각주·주강삼각주는 경제가 가장 발달하고 넓은 내륙지역의 여러 성은 경제발전이 비교적 더디며 국경지역은 경제가 더 뒤처져 어떤 곳은 여전히 원시적인 상태에 처해 있었다. 같은 지역 같은 현 안에서도 경제발전 상황이 서로 많이 다르다. 이런 경제 발전의 불균형이 나타나는 중요한 요소는 기후·강우량·토질·수리 등 자연 조건의 각이함과 경작 수준·농업기술의 차이 등이다. 따라서 지역별 농작물

---

190) 고왕릉(高王凌), 『청대 중엽 사천의 농촌시장 및 농촌시장이 농촌사회경제 중에서 차지하는 지위(淸代中葉四川的農村市場及其在 農村社會經濟中的地位)』를 참고.

무당 산량이 현저하게 다르며 경제상황의 차이가 거주 인구의 밀도를 결정짓는다. 때문에 대체적으로 두루뭉술하게 어느 지역 인구·토지·인구 당 경작지 등의 적고 많음에 대해 말하는 것은 아주 과학적으로 문제를 설명할 수는 없다. 진일보로 상황을 설명하기 위해서 경제발전이 다른 지역의 상황을 선정해 간단한 도표로 작성했다.

연대	성·부·현	인구(명)	토지(무)	인구 당 경작지 (무)	출처
건륭 3년	산서 대동(大同)부	722 401	4 040 230	5.59	『건륭 대동 부지 (乾隆大同府志)』권13, 『부역(賦役)』
가경 23년	호남 형양(衡陽)현	410 553	649 497	1.58	『가경 형양 현지 (嘉慶衡陽縣志)』권8, 9, 『호구·부역(戶口·賦役)』
가경 21년	호남 선화(善化)현	542 132	590 032	1.08	『가경 선화 현지 (嘉慶善化縣志)』권6, 7, 『호구·전부(戶口·田賦)』
건륭 10년	절강 우잠(于潛)현	86 427	55 308	0.64	『가경 우잠 현지 (嘉慶于潛縣志)』권11, 『전부·호구(田賦·戶口)』
건륭 16년	하남 임(林)현	122 387	780 209	6.37	『건륭 임 현지 (乾隆林縣志)』권6, 『부역·호구(賦役·戶口)』
건륭 연간	하남 기(杞)현	314 655	491 640	1.56	『건륭 기 현지 (乾隆杞縣志)』권7, 『전부지(田賦志)』

도표에 열거한 4개 성 6개 지역의 경작지·인구 수치를 보면 인구 당 경작지가 가장 많은 곳은 하남성 창덕(彰德)부의 임 현과 산서성 대동부(8개 주·현을 관할함)로서 인구 당 경작지가 각각 6.37무와 5.59무에 이르며 모두 5무 이상에 달한다.

가장 적은 곳은 절강성 항주 부 우잠 현으로서 인구 당 경작지가 겨우 0.64무여서 1무도 안 된다. 중등 수준인 곳은 호남성 장사(長沙)부의 선화 현과 형주(衡州)부의 형양 현 및 하남성 개봉(開封)부의 기 현으로서 인구 당 토지가 각각 1.08무, 1.58무, 1.56무에 달하며 2무가 채 안 되는 수준이다.

만약 상기 3가지 유형에 따라 한 개 부 5개 주·현의 인구와 경작지 수치로 계산하면 인구가 총 291만 8천 555명에 토지가 660만 6천 916무로서 인구 당 토지가 3.26무에 달한다. 우리가 도표에 열거한 수치는 모두 건륭·가경 연간 지방지의 기록으로서 시간적으로 도광 시기보다 좀 이르다. 도표에서 반영된 상황은 대체적으로 전국적으로 추산한 인구 당 경작지 수치와 일치하다.

도표에서 열거한 여러 부와 현 인구 당 경작지 수치는 서로 차이가 많이 나는데 그 원인은 아주 복잡하다. 자연조건의 차이와 토지 비옥도가 다른 것이 중요한 원인이다. 일반적으로 풍요로운 지역은 같은 수량의 토지로 더 많은 인구를 먹여 살릴 수 있기 때문에 인구 밀도가 높고 인구 당 경작지가 적지만 땅이 척박한 지역은 그와 반대이다. 예를 들어 절강성의 우잠 현은 항주 부의 서쪽에 위치했으며 산이 많고 땅이 적지만 토지가 비옥하고 강우량이 충족해 물산이 풍부하고 누에·뽕나무·찻잎·대나무로 큰 이익을 얻을 수 있었다.

비록 인구 당 경작지가 겨우 6푼(分) 4리(厘)밖에 안 되지만 산량이 높고 경제작물이 많아 식량은 자급할 수 있고 경제작물은 내다 팔아 이익을 챙길 수 있었다. 호남성의 선화·형양 두 현은 각각 성도(省都)와 형주 부 외곽에서 가장 중요한 읍(邑)이며 상강(湘江) 유역에 위치해 물산이 풍부하고 단위 면적의 산량이 높아 청대에 중요한 식량기지였다. 인구 당 평균 경작지는 1무에서 1무 반 정도로서 배부르고 따뜻한 생활을 겨우 유지할 수 있을 정도였다. 하남성의 기 현은 인구 당 평균 경작지가 호남성의 형양 현과 비슷하지만 그 지역은 개봉 동남쪽에 황하가 범람하는 구역에 인접해 있어 과거 몇 년간 물난리가 자주 발생하곤 했다. 게다가 땅이 적고 인구는 많아 노동인민들의 생활형편이 아주 어려웠으며 매년 기근을 피해 외지에 나가는 사람들이 많았다.

산서성 대동 부 산하의 8개 주·현은 산서성 북쪽의 고냉 지대에 위치했고 하남성 창덕 부의 임 현은 태항산(太行山) 동쪽 기슭에 위치했는데 모두 땅이 척박하고 백성들이 가난하게 살았다. 이 지역 논밭의 무당 산량은 강남의 약 10분의 1 정도밖에 안 되어 비록 인구 당 경작지 면적이 가장 많아 5~6무이상에 달하긴 하지만 경제발전은 오히려 더 낙후하다. 이로부터 인구 당 경작지가 많다고 하여 백성의 생활수준이 높은 것이 아님을 알 수 있다. 오히려 반대로 인구 당 경작지의 수치는 흔히 백성의 생활수준과 반비례되었다. 즉 인구 당 경작지가 많은 지역일수록 흔히 자연조건이 나빠 백성의 생활이 어려웠고 인구 당 경작지가 적은 지역일수록 흔히 자연조건이 비교적 좋아(하남성 기현과 같은 일부 특별한 상황을 제외하고) 백성의 생활조건이 비교적 좋았다.

청대에는 대체로 얼마마한 토지가 있어야 노동인민의 최저한도의 생활을 유지할 수 있었을까? 토지의 질이 달라 한 무 당 산량에서 현저한 차이가 있기 때문에 통일된 기준을 정하기가 아주 어렵다. 명말 청초 사람인 장이상(張履祥)은 "갯밭(蕩田)의 땅은 척박해 2무가 1무와 맞먹는다. 그런

땅도 백무가 있으면 20~30명을 먹여 살릴 수 있다."[191] 장이상은 절강성 가흥 부 동향(桐鄉)현 사람이다. 동향은 항주·가흥·호주의 삼각지대에 위치했으며 땅이 기름져 특히 누에와 뽕 산업에서 많은 이익을 얻곤 했다. 그러나 그가 말하는 "갯밭"은 가흥과 송강 서쪽 일대의 호숫가 모래사장을 가리키는 것으로서 수리조건이 좋지 않고 토지가 비옥하지 않으며 현지 양호한 수전과 비교하면 가뭄과 침수 피해가 쉽게 발생한다. 이른바 "2무가 1무와 맞먹는다"는 것은 "갯밭"을 현지의 비옥한 땅과 비교해 이르는 말이다. "갯밭"의 산량은 하북·산동·하남 등 여러 성의 가문 지대와 비슷하거나 혹은 조금은 더 높을 수 있다. "백무 땅이 20~30명을 먹여 살릴 수 있으니" 평균 1인 당 3~5무씩 차례져야 굶지 않을 수 있다.

홍량길(洪亮吉)은 건륭 말년에 "인구 한 명이 한 해 동안 먹는 식량을 해결하려면 논이 약 4무 필요하다고 하면 식구가 10명인 가구는 40무가 있어야 한다."[192] 라고 말했다. 홍량길은 전국의 상황을 두고 말한 것으로서 매 한 사람이 매년 생활을 유지하는데 필요한 경작지가 4무 정도라고 한 것이며 이는 장 이상이 말한 3~5무와 서로 일치한다.

청대에 토지 한 무 당 산량은 얼마였을까? 매 한 명의 인구가 매년 얼마만한 식량이 있어야 생활을 유지할 수 있었을까? 역사자료의 기록에 따르면 강희 말년에 절강성 호주 부의 오정(烏程)·귀안(歸安)·덕청(德清) 3개 현에서는 소작인들이 "한 해 동안 부지런히 일해 논 10무에서 수확한

---

191) 장이상(張履祥), 『양원선생집(楊園先生集)』 권 5.
192) 홍량길(洪亮吉), 『권시각문갑집(卷施閣文甲集)』 권 1, 『의언 · 생계(意言 · 生計)』

곡식 중 절반을 얻어 10석(石)도 안 되었다."[193] 여기서 이른바 "절반을 얻는다는 것"은 소작인이 수확한 곡식의 절반은 지조로 바치고 나머지 절반(즉 10석)을 자신이 소유할 수 있음을 가리킨다. 이로부터 상기 3개 현의 무 당 산량이 2석이었음을 알 수 있다.

고염무(顧炎武)는 청초에 강남의 소주와 송강 2개 부는 1무 당 산량이 1~3석으로 각기 달랐다고 말했다.[194] 또 어떤 사람은 가경 초년에 토지에서 "중등 수준의 연도(즉 평상 연도)로 대략 계산해 한 무에서 쌀 2석을 수확할 수 있었다"[195]라고 말했다. 이로부터 매년 한 무 당 평균 산량이 2석이라는 것은 아마도 강남 일대 토지의 평균 산량인 듯하다. 기타 지역의 무 당 산량은 분명 이보다 낮을 것이다. 강희제의 조서에서는 "짐이 남방을 순시하며 보니 그 곳의 논밭은 매년 농작물이 익을 때 한 무 당 곡식을 3~4석씩 수확할 수 있었다. 북경 인근의 옥천산(玉泉山)의 논밭 산량은 한 무에 한 석도 되지 않는다."라고 했다. 전국의 상황으로 추산해 보면 한 무 당 산량이 1~2석이면 괜찮은 수준이었다. 조서에는 또 "내지의 논밭은 풍년이 든 해라도 한 무 당 수확이 1~2석에 그칠 뿐이다."[196]라고 했다. 한 명이 한 해에 얼마의 식량이 있어야 따뜻하고 배부른 생활을 할 수 있을까? 홍량길은 "한 사람이 한 해에 천 5장(丈) 있으면 추위를 막을 수 있고 한 해에 쌀 4석이면 굶주림에 시달리지 않을 수 있다"라고 말했다.

---

193) 능개희(凌介禧), 『정 안 덕 3현 부고(程安德三縣賦考)』 권 2.
194) 고염무(顧炎武), 『일지록(日知錄)』 권 10.
195) 『황조속문헌통고(皇朝續文獻通考)』 권 72.
196) 『동화록(東華錄)』 강희제 권 80, 강희 46년 10월.

그는 또 한 사람이 "하루에 먹는 식량이 한 되(升) 정도이면"[197] 매년 365되로서, 총 3석 6말 5되이므로 역시 4석에 접근한다. 이로부터 인구 당 매년 4석의 식량이 생활을 유지할 수 있는 최저 기준임을 알 수 있다. 그런데 앞에서 우리는 홍량길의 말을 인용해 "한 해에 한 사람이 먹는 식량이 약 4무 밭에서 나는 식량 산량"이라고 했는데 이는 전국의 상황을 가리키는 것으로서 무 당 평균 산량이 약 1석이다. 즉 이른바 "오늘날 논밭의 산량을 흉년이 든 해로 계산하면 한 해에 1석이 넘지 않는다." 4무의 산량은 마침 4석이다.

만약 매인당 토지 4무, 식량 4석을 얻으면 생활을 유지할 수 있다고 한다면 1790년(건륭 55년)에 전국 인구 당 경작지가 겨우 3무여서 식량이 겨우 3석이니 이미 부족한 것이다. 1840년(도광 20년)에 전국 인구 당 경작지가 겨우 2무 2푼 5리이니 식량이 겨우 2석 남짓밖에 안 된다. 그때 당시 전국적으로 적어도 3분의 1의 인구가 기아와 반기아 상태에 처해 있었음을 알 수 있다.

토지 점유가 치열하고 인구 성장이 너무 빠른 반면에 경작지 증가는 또 너무 더뎠기 때문에 청조 중엽에는 청초에 비해 땅값과 식량 가격이 천정부지로 치솟기만 했다. 건륭 · 가경 시기에 전영(錢泳)이 강소성 남부지역의 상황에 대해 "본 조대 순치조 초기에 양전 가격이 고작 2~3냥이었다. 강희 연간에 4~5냥으로 올랐다가 옹정 연간에는 또 순치 초기 가격으로 회복되었다.

---

197) 홍량길(洪亮吉), 『권시각문갑집(卷施閣文甲集)』 권 1, 『의언 · 생계(意言 · 生計)』

건륭 초년에 이르러서는 땅값이 점점 오르기 시작했으나 5~6년이 지날 때까지도(건륭 30년 경) 7~8냥이 넘지 않았고 최고로 10여 냥이었다. 그런데 50년이 지난 지금(약 가경 20년)은 50여 냥까지 올랐다."[198]라고 말했다.

강희 연간의 한 무 당 4~5냥에서 건륭 중기의 한 무 당 7~8냥과 10여 냥 사이까지 오르고 또 가경 20년에 한 무 당 50여 냥까지 땅값이 10배나 오른 것이다. 그 원인은 여러 가지가 있지만 인구가 많고 땅이 적은 모순이 주요 원인 중의 하나이다. 쌀값이 오른 상황에 대해서도 전영은 논술한 바가 있다. 그는 "강희 46년, 소주·송강·상주(常州)·진강(鎭江) 4개 부(府)에 대 가뭄이 들어 쌀값이 한 되 당 7문에서 24문까지 뛰어올랐다.

이듬해에는 큰물이 지고 (강희) 48년에도 또 큰물이 져 쌀값이 전에 비해 조금 떨어지긴 했지만 여전히 한 되 당 16~17문에 달했다. 옹정·건륭 초에는 쌀값이 한 되에 10여 문이었다. 건륭 20년에 황재(蝗災)를 입어 4개 부에서 똑같이 쌀값이 35문으로 올랐으며 굶어죽는 자가 헤아릴 수 없을 정도로 많았다. 그 뒤 해마다 풍년이 들어 가격이 점차 원래 수준으로 회복되었지만 여전히 한 되 당 14~15문이 보편적인 가격이었다. 건륭 50년에 이르러 큰 가뭄이 들어 쌀값이 한 되 당 56~57문으로 올랐다. 그때부터 흉년이 들건 풍년이 들건 쌀값은 늘 27~28문에서 34~35문 사이가 보편적인 가격이었다."[199]라고 말했다. 그가 말한 강남의 소주·송강·상주·진강 4개 부 쌀값이 오르고 내린 상황은 비록 수재나 가뭄, 황재의 영향을 받아 위아래로 변동 폭이 아주 컸지만 이를 통해 강희

---

198) 전영(錢泳), 『이원총화(履園叢話)』 권1, 『구문·땅값(舊聞·田價)』
199) 전영(錢泳), 『이원총화(履園叢話)』 권1, 『구문·쌀값(舊聞·米價)』

연간에는 쌀 한 되의 가격이 고작 7문이었지만 건륭 50년 후에는 쌀 한 되 가격이 27~28문에서 34~35문까지가 보편적인 가격으로서 80여 년간 쌀값이 4~5배로 올랐음을 알 수 있다. 이는 또 인구의 빠른 성장과 식량 공급의 부족, 화폐의 가치가 점차 떨어진 데서 초래된 것이다. 전영과 같은 시대의 홍량길도 "듣기로는 50년 이전(대략 옹정제 시대)에 나의 조부 세대에(吾祖若父之時,) 쌀 한 되 가격이 6~7(문)이 넘지 않았고 천 한 장(丈) 가격은 30~40(문)이 넘지 않았다." 건륭 말년에 이르러 쌀값이 올라 "한 되 가격이 또 30~40에 달하고 천 한 장 가격이 또 1~2백에 달했다."[200]

홍량길의 말대로 50년 내에 쌀값이 6~7배 오르고 천값은 4~5배 오른 것이다. 홍량길은 물가가 오른 원인은 인구가 너무 많이 늘었기 때문이라고 주장했다. 과거에 "한 사람의 노동력이 10명을 먹여 살릴 수 있었지만……지금은 그렇지 않다. 농사꾼은 예전의 10배로 늘었지만 논밭은 늘어나지 않았고", "호구가 예전의 10배로 늘었지만 할 일 없이 빈둥거리며 놀고먹는 자가 예전의 수십 배에 달한다." 이런 상황에서 노동인민들은 생계를 유지하기가 어려웠고 늘 추위와 기아의 위협에 노출되어 있었으며 사회도 갈수록 어지럽고 불안정해졌다. 즉 이른바 "일 년 내내 부지런히 일하면서도 평생 두려움과 불안에 떨어야 했고 스스로 생활이 만족스럽다고 느끼는 자들은 또 죽임을 당해 허허벌판에 버려질까 걱정했으며 불법자들에게 약탈을 당할까 우려했다.(終歲勤動, 畢生皇皇, 而自好者居然有溝壑之憂, 不肖者遂至生攘奪之患矣)"

---

200) 홍량길(洪亮吉), 『권시각문갑집(卷施閣文甲集)』 권1, 『의언 · 생계(意言 · 生計)』

청조 통치자들은 그때 당시 인구와 토지 사이에 존재하는 첨예한 모순에 대해 벌써부터 눈치 채고 있었다. 일찍 강희 46년에 현엽(玄燁)은 이미 "논밭 수량은 일정한 정도에서 멈췄는데 인구는 점점 늘어나고 있고 어쩌다 흉년이 들거나 한 해면 식량이 결핍할 것임을 예상할 수 있다"[201]라는 사실을 보아냈다. 그러나 그때 당시 비록 인구 성장이 매우 빠르긴 했지만 여전히 개간할 수 있는 여분의 토지가 있었기 때문에 문제가 그다지 심각하지는 않았다. 다만 자연재해로 흉년이 든 해에만 백성들의 생활 속에서 "식량이 결핍할 것임을 예상할 수 있었다." 강희 49년에 남방 순시 때 강희제는 "백성들의 생활이 풍족하지 않은 것은 확실히 태평성세가 오랜 세월동안 이어져왔기 때문에 인구가 갈수록 번창해졌지만 땅은 증가하지 않고 산량이 늘어나지 않아 식량이 부족하게 된 것이니 이는 필연적인 이치이다."[202]

그는 인구가 너무 많은 것이 곧 백성의 생활이 개선될 수 없는 원인이라고 말했다. 강희 52년에 그는 또 "올해 논밭의 곡식이 풍년일 뿐 아니라 참깨와 목화도 모두 풍년이 들었다. 이처럼 풍년이 든 해에도 식량이 여전히 비싼 것은 모두 인구가 많고 논밭이 적은 까닭이다."[203]

옹정제가 즉위한 뒤 농업을 장려하는 방법을 써서 땅이 적고 인구가 많은 모순을 해결하고자 시도했다. 옹정 2년의 조서에는 "우리나라는 사회를 안정시키고 경제력을 회복시키며 인구를 늘려왔기 때문에 수십 년간 인구가 갈수록 늘어났지만 경작지는 원래 수준에서 멈췄다.

201) 『청성조실록(淸聖祖實錄)』 권231, 강희 46년 11월.
202) 『청성조실록(淸聖祖實錄)』 권244, 강희 49년 10월.
203) 『청조문헌 통고(淸朝文獻通考)』 권2, 『전부(田賦)』 2.

마땅히 온 천하의 백성들을 이끌어 애써 경작해 수확을 늘려 나라를 풍요롭게 하고 사회를 안정시키지 않으면 안 된다."라고 했다. 옹정제는 지역마다 정성들여 꼼꼼하게 경작해 단위 면적의 산량을 높여 경작지가 부족한 문제를 해결할 수 있기를 바랐다.

그는 또 지방관들에게 명해 "농업을 장려하는데 정력을 기울이도록" 했다. 토지의 생산력을 충분히 이용해 "가옥 주변과 밭 변두리", "개간하지 않은 산과 들"에 현지 실정에 맞게 여러 가지 나무를 심을 것을 명했다. "뽕나무를 심어 누에를 기르고 대추나무와 밤나무를 심어 먹는 데 보태며 오구목과 오동나무를 심어 팔아 생활비용으로 쓰고 가시나무 등 잡목을 심어 밥을 지을 때 장작으로 사용하면 충분하다." 그리고 또 목축업과 어업을 발전시킬 것을 제창했다. 북방지역에서는 양을 치고 남방지역에서는 돼지를 사육하며 바다 인근 지역에서는 어로작업을 하고 산간지역에서는 사냥을 함으로써 "노동력을 아낌없이 발휘하고 토지의 생산력을 남김없이 이용하도록 했다."[204] 옹정제의 이러한 조치는 생산력을 발전시키고 모순을 완화하는데 도움이 되긴 했지만 여전히 인구가 많고 땅이 적은 모순을 해결할 수 없었다.

인구가 많고 땅이 적은 모순은 18세기 말(건륭 말년)에 이르러 이미 아주 심각할 정도로 악화되었다. 1793년(건륭 58년), 건륭제가 강희제 『실록』을 읽다가 1710년(강희 49년)에 전국 인구가 겨우 2천 331만 남짓밖에 안 되었으나 1792년(건륭 57년)에 전국 남녀노소가 3억 746만에

204) 『청세종실록(淸世宗實錄)』 권16, 옹정 2년 2월.

달해 "15배 남짓이 늘어났다"(실제로는 15배보다 훨씬 적다. 전자는 남정 인구수지만 후자는 전체 인구수이기 때문이다)라는 내용을 보았다. 양자를 비교해 보고 건륭제는 아주 감개무량해했다. 그는 "우리나라가 하늘의 보살핌을 받아 백여 년간 태평성세를 누리며 은덕으로 감화하고 너그러움으로 감싸 안았으며 사회를 안정시키고 경제를 회복해 인구를 늘렸다.

태평한 세월이 오래 이어져 호적이 갈수록 늘고 천하 인구 수량이 과거의 10여 배로 늘었다"라고 말했다. 또 "한 사람이 경작해 열 사람을 먹여 살리던 방법으로는 더 이상 예전처럼 충족하게 살 수가 없게 되었다. 게다가 인구가 갈수록 늘어남에 따라 가옥이 차지하는 땅도 여러 갑절만 늘어난 정도가 아니다. 생산량은 적고 먹는 입은 많아 그야말로 백성의 생계에 영향을 주고 있다." 그는 마지막으로 또 "한 끼니를 때우고 나면 다음 끼니가 걱정인데 해결책이 궁핍해 짐은 심히 우려된다."[205] 라고 말했다. 건륭황제의 이와 같은 의론에서 비록 그때 당시 사회 문제점 중의 한 가지를 보아냈으면서도 그는 감탄만 할 뿐 아무런 실제적 해결 방법도 제기할 수 없었음을 알 수 있다.

그때 당시 일부 유지인사들도 인구문제의 심각성을 보아냈다. 건륭 연간의 유명한 학자인 홍량길은 경작지 · 인구 · 땅값 · 쌀값 등 여러 가지 사회현상에 대해 연구한 뒤 비교적 식견이 있는 관점들을 제기했다. 그는 인구의 무절제한 번식과 출산이 백성 생활이 빈곤해지는 원인 중의

---

205) 『청고종실록(淸高宗實錄)』 권1441, 건륭 58년 11월.

하나라고 주장했다. 그는 "백여 년 간 태평성세를 다스려왔는데…… 인구를 보면 30년 전에 비해 5배 늘었고 60년 전에 비해서는 10배 늘었으며 백년, 백 수십 년 전에 비해서는 20배도 더 늘었다."라고 말했다. 그는 또 인구의 성장이 경작지 성장보다 빠르기 때문에 필연코 사회의 불안정을 초래하게 된다고 주장했다.

그는 "고조부와 증조부 세대에는 땅을 모조리 경작지로 개간하지 않아 비어 있는 경우도 있었고 사람이 살고 있지 않아 비어 있는 민가도 있었다. 경작지와 가옥은 한 배 혹은 3배, 5배 정도 늘어난 데 그쳤을 뿐이다. 그러나 인구는 10배, 20배나 늘어났다. 그러니 논밭과 가옥의 수량은 늘 부족하고 가구와 인구의 수량은 늘 남아돌았다."라고 말했다. 그가 계산을 해보았는데 "한 가구를 대상으로 계산해 보면 고조부와 증조부 세대에 가옥이 열 칸, 전답이 1경, 인구는 한 명인데 후에 아내를 맞아들여도 두 식구뿐이다. 그러니 두 명이서 열 칸짜리 집에서 살면서 전답 1경을 부칠 수 있어 생활이 유족하고도 남음이 있다. 그 후 아들 셋을 낳는다고 할 경우 부자간 4명에 그 아내들까지 식구가 총 8명이며 8명이 또 도와줄 일꾼을 고용하지 않을 수 없으니 적어도 10명이다.

그 10명이 열 칸짜리 집에서 전답 1경을 경작하면서 거주하고 먹고 살기가 빠듯할 뿐이다. 그 아들들이 또 자손을 낳고 그 자손들이 또 아내를 맞아들이고 그 사이에 연로한 자가 새 식구로 교체되기도 하겠지만 그래도 식구가 20명은 넘을 것이다. 그러면 20명이 열 칸짜리 집에서 거주하며 전답 1경을 경작해야 하므로 식구 수량에 따라 나눠 먹고 나눠 거주해야 하니 필히 부족할 줄 안다. 또 그렇게 증손의 세대에 이르고, 또 현손의 세대에 이르게 되면 고조부와 증조부 시대와 비교할 때 인구가 50~60배로 늘어나게 된다. 그래서 고조부, 증조부 시대에는 한 가구였지만 증손, 현손 세대에 이르러서는 10가구도 더 넘게 될 것이다." 인구가 너무 많아 사회 부양능력을 초과했기 때문에 쌀값이 비싸고 땅값이 오르는 현상이 나타나게 되며 노동인민들은 필연코 입을 것과 먹을 것이 없고 경작할 논이 없게 되는 것이다. "게다가 토지를 점유하는 집이 있어 한 사람이 백 사람의 집을 점유하고 한 가구가 백 가구의 전답을 점유하고 있으니 비바람을 피할 곳도 없이 굶주림과 추위 속에서 죽어가는 사람이 많은 것 또한 전혀 이상할 일이 아니다!" 인구가 너무 많고 경작지가 부족하며 점유가 갈수록 심해져 빈부가 고르지 않기 때문에 계급 모순의 첨예화를 초래한다. 생활 보장이 없는 백성들이 "수재나 가뭄, 돌림병 등 재앙이 닥쳤을 때 손 놓고 죽기만을 기다릴 수 없을 것임은 자명한 일이다."[206] 이것이 바로 홍량길이 그때 당시 사회에 심한 우려를 느끼게 된 근본적 원인이었다.

시대와 계급의 국한성과 과학의 미발달로 인해 홍량길은 인구의 성장을 통제할 수 있는 특효 처방을 내놓을 수가 없었다. 그는 오로지 자연에 맡기고 인구가 불어나는 대로 내버려두는 수밖에 없었다. 홍량길이 제기한 "군상조정법(君相調劑法)"이라 해봤자 기껏해야 백성을 이주시켜 황무지를 개간하고 조세를 경감하며 근검절약을 제창하고 낭비를 금지하며 식량을 저장해 흉년에 대비하고 점유를 통제하는 등 방법뿐이어서 봉건통치자가 창도하는 범위를 벗어나지 못했다.

---

206) 홍량길(洪亮吉), 『권시각문갑집(卷施閣文甲集)』 권1, 『의언 · 치평(意言 · 治平)』, 『의언 · 생계(意言 · 生計)』

3. 자연재해의 빈발과 고통스러운 백성의 생활

봉건사회에서 한재(旱災)와 수재·박재·황재 등 자연재해는 해마다 끊이지 않는 흔한 현상이다. 재해가 발생하는 것은 생산력의 발전이 낙후하고 과학기술이 발달하지 못했으며 노동인민에게 하늘을 전승할 수 있는 힘이 없고 인류가 자연계에 대해 무기력한 필연적인 결과이다.

그러나 계급사회에서 자연재해의 심각한 정도와 인류의 생명과 재산에 대한 파괴 정도는 모두 우연한 것과 고립된 것이 아니라 언제나 그 시대의 봉건통치와 밀접한 연계가 있다. 봉건사회의 정치가 청명해 백성의 질고를 비교적 관심하면서 자연재해에 대한 예방과 기근과 재해에 대한 구제 조치를 중요한 지위에 놓은 시기에는 자연재해가 상대적으로 줄어들었거나 경감되었다. 그러나 반대로 정치가 부패하고 관리들이 해이해지고 통치자가 황음 무도해 노동인민이 죽든 살든 돌보지 않고 내버려둔 시기에는 자연재해가 잇달아 닥치고 재해 정도가 가중해져 백성의 생명과 안전에 중대한 손실을 끼쳤다. 그래서 봉건사회에서 사람들은 언제나 습관적으로 '천재'와 '인재(人禍)'를 한데 연결시킨 것이다.

청조 강희·옹정 연간에는 봉건통치계급이 농경지 수리사업에 대한 건설을 중시했는데 대량의 인력과 물력을 동원해 황하(黃河)·회하(淮河)·운하(運河)·해하(海河)·영정하(永定河)·절강성 해안의 방파제 등을 다스려 홍수와 가뭄 재해를 예방하고 경감시켰다. 건륭 중엽 이후에 이르러 청조의 통치가 흥성하더니 점차 쇠락하면서 정치가 부패하고 경제가 어려워졌으며 계급모순이 첨예해져 통치자들은 수리 건설을 돌볼 겨를이 없었다. 그래서 광범위한 농촌에서는 해마나 물난리와 가뭄 등 재해가 자주 발생했다. 큰비만 내리면 강둑이 무너져 홍수가 범람했다. 또 큰 가뭄이 들면, 강과 호수의 물이 말라 바닥이 천리도 넘게 드러났으며 농업생산과 백성들의 생활을 심각하게 위협했다.

아래에 자연재해가 비교적 많았던 몇 개 성의 상황을 예 들어 살펴보도록 한다.

산동성은 역사적으로 이름난 오랜 재해 지역이었는데 강희제 때 물난리와 가뭄 재해가 끊이지 않았다. 건륭제 이후에도 큰 재해가 잇달아 발생했다. 건륭 11년에 교주(膠州)와 내주(萊州) 일대에 큰물이 져 여러 부, 주·현의 도시와 농촌 안팎이 온통 물바다가 되었으며 백성들이 뿔뿔이 살 길을 찾아 외지로 피난을 떠났다. 그때 당시 유(濰)현의 지현인 정판교(鄭板橋)가 "피난행(逃荒行)"라는 시를 지었는데 시구에 이렇게 적고 있다. "열흘에 아이 하나를 팔고 닷새에 여인을 하나 팔아 다음 날이면 홀로 남아 아득히 먼 길을 떠나네. 갈 길은 구불구불 멀기도 한데 관문과 산 속에는 이리와 호랑이도 많네…… 이리와 늑대가 대낮에 나타나면 마을들에서 북을 마구 두드린다네. 아이고! 이 내 가죽이 타들어가고 뼈가 부러지고 허리와 등골뼈가 휘어지네. 사람을 보면 눈부터 부릅뜨고 음식을 얻어 삼키면 도로 토해내네…… 길옆에 버려진 아기를 발견하고 가여워 주워 짐바구니에 담았네. 제 집 아이는 모조리 팔아버리고 되려 남의 아이를 거둬 보살피네(十日賣一兒, 五日賣一婦, 來日剩一身, 茫茫卽長路. 長路迂以遠, 關山雜豺虎……豺狼白晝出, 諸村亂擊鼓, 嗟予皮發焦, 骨斷折腰脊, 見人目先瞪

, 得食4咽反吐……道旁見遺嬰, 憐拾置擔釜, 賣盡自家兒, 反爲他人撫)"[207]
그때 큰 물난리가 3~4년간이나 지나서야 비로소 회복되었다. 그런데 10년 뒤인 건륭 22년에 이르러 유현에 또 기근이 들었다. 위래봉(魏來朋)은 『육자행(鬻子行)』에서 이렇게 썼다. "유 현 북부의 읍에서는 정축년 (丁丑年)에 바닷가 마을들에서 밥 짓는 연기가 나는 일이 드물다네. 밀도 없고 벼도 없는 텅 빈 밭, 집집마다 텅텅 비었네. 슬하에 애지중지하는 어린 자녀들 남겨둘 수 없어 동전 백 잎을 받고 팔아버려야 한다네. 오로지 다른 주인을 만나 굶주림을 면하게 하고자 차라리 비천하나 다른 집 노복으로 보내길 원한다네.

돈을 받고 아들을 내어 주기로 분명히 말해두었건만 돈은 받았는데 아들이 주인을 따라 가지 않으려 하니 아버지는 일부러 화난 얼굴을 하고 쫓아 보내려 하나 끝내 가지를 않네. 아들을 향해 팔을 휘둘러 자꾸 내리치지만 그 옆에 구원해줄 이 아무도 없네. 아무리 때려도 자꾸 품속으로 파고드는데 엉엉 소리 내어 우는 아들의 울음소리에 아버지는 목이 메네 (濰北邑當丁丑年, 沿海村落少炊煙. 無麥無禾空赤地, 家家眞乃如磬懸. 膝下嬌兒莫能蓄, 百許銅錢卽便鬻, 但令得主免饑餓, 寧甘下賤爲人僕. 交錢交兒說分明, 錢交兒不隨人行, 翁亦無耐强作色, 驅之使去終不能. 望兒揮手頻頻打, 旁觀誰是解救者, 頻打頻來懷中藏. 兒聲長號翁如啞.)"[208] 상기 시편들은 기근이 들어 백성들이 아들과 딸을 팔아야 해서 혈육 간에 서로 헤어지는 장면을 묘사했는데 너무 비참하고 처절하기로 차마 끝까지 읽어 내려 갈 수 없을 지경이다.

---

207) 정섭(鄭燮), 『정판교집(鄭板橋集)』 시초(詩鈔), 『피난행(逃荒行)』
208) 『민국 유현지고(民國濰縣志稿)』 권 3.

도광 13년에 유 현에 "대 역병이 돌았다." 도광 15년 봄에는 "대 가뭄이 들고", 여름에는 "장맛비가 끊이지 않았으며" 가을에는 황재가 발생했다. 도광 16년에는 "대 기근이 들고" "온역이 돌아" "기아에 허덕이는 백성들이 먹고 살 길을 찾아 봉천(奉天)으로 갔다." 유 현 성 안에는 기아에 허덕이는 백성들로 넘쳐나고 굶어 죽은 사람의 시체가 사처에 널렸다.

"무릇 시골에서 온 자들은 밤이면 노숙하고 낮이면 서로 뒤엉켜 널브러져 있곤 했다. 하루 낮과 하루 밤 죽 한 바가지 마신 게 고작이다. 굶주림과 추위에 오래 시달리다나니 사람이 무쇠나 바위가 아닌 이상 어찌 병이 나지 않을 수 있겠는가? 성황묘(城隍廟)·무아문(武衙門) 등 밤낮으로 사람이 모이는 곳에는 산 사람과 죽은 사람이 마구 뒤섞여 있고, 절에서 태어나는 사람이 열 명이고, 천연두에 걸린 어린이가 천 명에 달했다. 지독한 악취가 거리와 골목에 차고 넘쳤다. 5~6월이 되면 마을마다 구석마다 죽은 사람의 시체가 이리저리 널려 있는데 중등 생활 수준인 자들 중에도 관을 짜 안장하지 못하는 시신이 있을 뿐 아니라 가난한 자들은 더욱이 모두 직접 흙에 묻곤 했다. 온 가족이 모두 몰사한 집도 이루 다 헤아릴 수 없을 정도이다."[209] 유 현이 그러할 뿐 아니라 산동의 기타 지역도 모두 그러했다. 예를 들어 산동 남부 기주(沂州)부의 담성(郯城)·난산(蘭山) 등지는 지세가 낮아 오래 동안 비가 오지 않으면 가뭄이 들고 일단 비만 오면 침수재해가 발생하곤 했다.

그 일대는 "원래 물의 고장이어서 마을 밖의 논밭은 쩍하면 호수로 변할

---

209) 『민국 유현지고(民國濰縣志稿)』 권 3.

정도로 물난리가 잦아 10년 중 9년은 재해가 발생하곤 한다." 노동인민들은 굶주림과 추위에 시달리다 못해 "살 길을 찾아 사처로 떠돌아다니는 것이 이미 습관처럼 몸에 배었다."[210] 살 길을 찾아 피난을 떠나는 사람들은 북으로는 관동(關東)으로 가고, 남으로는 강회(江淮)지역을 지나 멀리 복건성까지 가는데 "처자식을 데리고 짐 보따리를 둘러메고 여럿이 짝을 지어 함께 떠나곤 했다. 피난을 떠나는 것이 전혀 이상하지 않을 정도이다. 고로 난(산)과 담(성)의 백성들은 거의 봉양(鳳陽)의 유민들과 마찬가지로 사처로 떠돌이하며 온 천하를 집으로 삼았다."[211]

매번 농촌에 수재나 가뭄 재해가 발생할 때면 관료·지주·상인들은 그 기회를 빌어 착취하고 불 난 틈을 타 강탈을 일삼곤 했다. 건륭 33년, 조주(曹州)부 거야(鉅野)현에 기근이 들었는데 "부자들이 식량을 대거 사재기하는 바람에" "쌀값이 치솟아 가난한 자들이 견딜 수 없는"[212] 지경에 이르러 하마터면 폭동이 일어날 뻔 했다. 가경 6년 등주(登州)부 문등(文登)현에 "대기근이 들어" 인(鄰)현과 황(黃)현의 거상들이 소문을 듣고 모여와 은자 10만 냥에 문등 현 동관(東關)에 "큰 전당포 3개나 개설하고"[213] 고리대금을 놓아 이재민들을 착취했다. 건륭 50년에 추평(鄒平)현은 "대 가뭄이 들어 수확이 줄고 여름 무더위가 극심했다." 그 이듬해 봄에는 식량이 대량으로 결핍했는데 지주계급이 식량을 사재기해 고가에 팔아 이득을 챙겼다. 그래서 "쌀값이 높이 치솟아 쌀 한 말(斗)

---

210) 『건륭 기주 부지(乾隆沂州府志)』 권 4, 『풍속(風俗)』
211) 위의 책.
212) 『도광 거야 현지(道光鉅野縣志)』 권 13, 『의거(義擧)』
213) 『도광 문등 현지(道光文登縣志)』 권 3, 『부역(賦役)』

가격이 제전(制錢) 2천 5백 50전(錢)에 달했다."[214] 건륭 17년, 위해(威海) 위(衛, 행정구역 단위)에 수재가 발생했는데 이듬해 봄에 "심한 기근이 들었다." 현지 상인들이 배를 타고 바다를 건너 봉천으로 가 식량을 대거 운반하는데 "쌀을 실은 배들이 꼬리에 꼬리를 물고 들어왔다."[215] "기근을 구제하는 의거"라는 명분을 내세웠지만 실제로는 고가에 판매해 폭리를 챙겼다.

산서성도 자연재해가 아주 심각한 지역이었다. 순치·강희 연간에 수재와 가뭄재해·메뚜기 재해·박재가 해마다 끊이지 않았다. 건륭제 이후에 재해 상황이 더욱 심각해져 거의 재해가 발생하지 않는 해가 없고 재해가 발생하지 않는 지역이 없을 지경이었다. 분하(汾河)는 산서성을 흘러 지나는 제일 큰 강이며 황하로 흘러든다. 그런데 매년 여름과 가을 우기가 되면 황하는 물살이 세차져 강물이 사품치며 흐르며 대량의 흙모래를 휘감아 흘러내려서는 역으로 분하에 쏟아 붓곤 했다. 그 때문에 흙모래가 가라앉아 강바닥을 막는 바람에 늘 분하의 강물이 넘쳐 강둑을 무너뜨려 큰 수재가 발생하곤 한다. 예를 들어 건륭 32년 7월, 연일 내린 큰 비에 분하 강물이 급격하게 불어 강둑을 무너뜨렸다. 평요(平遙)현의 수십 개 마을이 홍수에 잠겨 "아득히 끝이 보이지 않을 정도로 일망무제한 바다를 이루었다." 어느 한 마을은 "주민이 2백 가구인데 가옥이 모조리 허물어졌다. 여인들은 널빤지 위에 올라앉아 물 위를 떠다니며 소리 질러 구원을 청했지만 사람들은 제 목숨 건지기가 급해 형제건 처자식이건

---

214) 『도광 추평 현지(道光鄒平縣志)』 권 18, 『재상(災祥)』
215) 『건륭 위해 위지(乾隆威海衛志)』 권 1, 『재상(災祥)』

돌볼 겨를이 없었다." 다른 한 마을에서는 "분하의 강물이 넘쳐 오막살이가 잠겨 마을 주민 수백 집이 온전히 남아 있는 집이 없었다. 홍수 속에서 남녀노소의 울음소리가 온 들판을 들썩했다"[216] 그 번 대 수재로 천백만 명의 목숨과 재산이 중대한 손실을 당했다. 산서성은 가뭄재해도 자주 발생했는데 재해 상황이 아주 심각했다. 예를 들어 건륭 24년에 대 가뭄이 들었는데 재해 면적이 매우 커 산서성 중부와 동남부의 여러 부의 수십 개 주·현이 포함되었다. 그중 분주(汾州)부의 개휴(介休)현은 "그 해 큰 가뭄 피해를 입어 쌀값이 한 말에 천 전(錢)에 달했으며" "가난한 백성들은 풀이나 나무로 겨우 끼니를 에우곤 해 뼈가 앙상할 정도로 여위었다."[217]

평요(平遙)현은 "비가 오지 않아 큰 가뭄이 들었는데 쌀 가격이 한 말 달 8전 이상에 달했다"[218] 효의(孝義)현은 "큰 가뭄이 들어 백성들이 굶주림에 시달리고…… 굶어 죽는 일이 끊이지 않았다."[219] 노안(潞安)부의 장치(長治)현은 "가뭄과 기근이 들어" "한때 쌀 가격이 한 말에 은 5전에 달했다."[220] 역사 기록을 살펴보면 온통 먹을 것이 없어 굶어 죽은 시체가 도처에 널려 있는 처참한 정경이 펼쳐졌다.

강소성 북부 지역의 한 지역은 황하·회하·운하·장강이 모이는 곳이고 경 내에 호수가 밀집되고 물길이 얼기설기 분포되었으며 지세가 낮아 수재와 가뭄 재해가 아주 흔히 발생하곤 했다. 강희 연간에 황하와 회하를

---

216) 『광서 평요 현지(光緖平遙縣志)』 권 9, 『인물지(人物志)』 권 11, 『예문지(藝文志)』
217) 『건륭 개휴 현지(乾隆介休縣志)』 권 5, 『환적(宦迹)』
218) 『광서 평요 현지(光緖平遙縣志)』 권 12, 『잡록지(雜錄志)』
219) 『건륭 효의 현지(乾隆孝義縣志)』 권 8, 『승적상이(勝迹祥異)』
220) 『광서 장치 현지(光緖長治縣志)』 권 21, 『대사기(大事紀)』

대대적으로 다스려 물난리가 당분간 줄어들었었지만 건륭제에 이르러 오랫동안 물길을 보수하지 않아 재해가 자주 발생했다. 건륭 46년과 50년에 이 지역에 특대 가뭄이 들어 "나무가 말라 죽고 운하가 거의 말라버렸다."[221]

"(건륭) 50년에 큰 가뭄이 들어 여러 성에서…… 쌀값이 점점 치솟아 이듬해 봄에 이르러서는 쌀 한 되 가격이 50문(文)까지 오르고 온갖 물자가 다 모자란 상황이었다. 중산층 집안마저도 죄다 밀기울에 들나물을 캐서 먹으며 연명했다. 굶어 죽은 시체가 길을 메우고 넓은 공간에는 시체가 쌓여 지독한 악취를 풍겼다. 마지막 목숨이라도 붙어 있으면 약탈을 해 연명하곤 했으므로 거리에 나갈 때는 감히 물건을 휴대하지 못했으며 교외와 들판에 나갈 때는 더욱 그러했다.

피곤하고 지친 자들이 먹을 것을 구걸하려고 억지로 문을 열고 들어와서는 나갈 염을 않았고 엉엉 하는 울음소리가 처참하기 그지없 었다."[222] 강소성 북부지역은 가뭄도 자주 들고 물난리도 자주 발생하곤 했다. 때로는 한 해에 봄과 여름에는 큰 가뭄이 들고 가을부터는 큰 물난 리가 나기도 했다. 예를 들어 산양(山陽)현은 건륭 47년에 오랫동안 비가 오지 않아 큰 가뭄이 들었다가 갑자기 8월에 또 큰비가 내려 "평지에 물 깊이가 2자나 되었다. 겨울에는 곡식 가격이 높이 치솟고 대기근이 들었다."[223] 가경・도광 연간에는 더욱이 수리 건설을 하지 않아 비만 오면 수재가 들어 백성들의 삶이 너무 고통스러웠다. 예를 들어 가경 13년에

---

221) 『광서 장치 현지(光緖長治縣志)』 권 21, 『잡기(雜記)』 2.
222) 조표(曹鑣), 『회성신금록(淮成信今錄)』 권 5, 『기사(記事)』
223) 『동치 산양 현지(同治山陽縣志)』 권 21, 『잡기(雜記)』 2.

"회안(淮安)에 큰물이 졌는데" 지방관들이 재해 구제를 핑계 삼아 "재해 상황을 허위 날조하고 구조 물자를 불법으로 가로채 몰래 저들의 주머니를 채웠는데 위원(委員, 특별 파견되어 특정 업무를 전담한 관리)들은 이윤을 나눠 챙기려고 지방관들과 서로 결탁해 부정행위를 저질렀다."[224] 그 이듬해 "운하의 장원돈(狀元墩)이 무너졌고", 세 번째 해에는 "운하의 삼포(三鋪) 남쪽 일곱 갈래의 배수로 둑이 무너져 논밭이 죄다 물에 잠겼다." 도광 4년에 또 큰물이 져 홍택호(洪澤湖) 십삼보(十三堡) 구간의 둑이 무너져 산양(山陽)현은 "큰물이 오막살이를 모두 쓸어버리고", 보응(寶應)현은 "전답과 오막살이가 대부분 물에 잠기고 호수 서쪽의 마을도 침수 피해가 커 이재민들은 나무에 기어오르거나 지붕 위에 올라가는 다급한 위기의 상황까지 발생했다."[225]

또 예를 들어 안동(安東)현은 황하의 인근에 위치했는데 건륭 13년부터 시작해 도광 13년에 이르기까지 85년 사이에 십여 차례 큰 가뭄이 들고 비가 와서 큰물이 지거나 강둑이 무너져 홍수가 난 차수가 20~30차나 되며 크고 작은 재해와 기근이 발생한 차수가 부지기수이다. 건륭 51년에 안동 현에 최대 자연 재해가 발생했는데 그 해 "봄에 대 기근이 들어 곡물 가격이 한 말에 천 전에 이르고 쌀 가격은 그 배에 달했다. 주민들은 나무껍질을 벗겨 먹었으며 굶주림에 시달려 얼굴이 부어 죽는 자가 많았다. 밀이 익을 철이 되어도 수확할 것이 없었다."[226]

---

224) 위의 책.
225) 『도광 보응 현지(道光寶應縣志)』 권 9, 『재상(災祥)』
226) 『광서 안동 현지(光緒安東縣志)』 권 5, 『재이(災異)』

하남성은 역대로 수재와 가뭄이 자주 발생하는 심각한 재해 지역이었다. 황하가 상류에서부터 급물살을 타고 하남성 경내로 흘러들어서는 지형이 갑자기 평탄해져 물의 흐름이 느려 대량의 흙모래가 가라앉아 강바닥에 쌓이며 강바닥을 지면보다도 더 높여놓았다. 그러다보니 강둑을 점점 더 높이 올려 쌓았는데 그 강둑이 자주 터지곤 했다. 그래서 황하 때문에 일어나는 재해를 하남의 제일 큰 재해라고 불렀다. 어떤 사람이 다음과 같은 시를 써서 황하가 백성들에게 가져다준 재난에 대해 묘사했다. "황하 강변의 옛 윤성(綸城)은 반은 늪이고 반은 황무지라네.

풍년이 들어도 자급할 수 없는데 하물며 비가 많이 와 재해가 들면, 더 말해 무엇 하랴. 해마다 강물이 넘쳐 고향 땅이 잠기니 뽕나무밭에 원앙이 날아들어 땀 흘려 농사를 지어도 소용이 없네. 아이고! 저 남정에게는 거둘 곡식이 남아있지 않네. 풍년이 들었는데 곡식은 한 알도 남지 않았고 먹을 식량이 없어 배를 곯으며 하루하루를 보내네.

나무껍질이라도 벗겨 억지로 삼키며 서둘러 항아리를 마련하고 저녁밥을 지어보건만 얼마 안 가 나무껍질은 이미 거덜이 나고 고요한 밤에 꿈쩍하지 않고 딱딱하게 누워 누구와 얘기를 나눠야 할까. 비틀거리며 문을 나서 꾸어보려 하건만 꿀 곳은 없고 항아리만 헛되이 마련했구나. 전전긍긍하다가 하는 수 없이 아들, 딸을 팔아 쌀 말이라도 얻어 주린 배를 달래네. 모자가 서로 마주 바라보며 처참하게 생이별해야 하니 옷깃을 붙잡고 하늘을 쳐다보고 울면서 가지 않으려고 하네."[227]

---

227) 『광서 우성 현지(光緖虞城縣志)』 권 9, 『예문(藝文)』

황하가 자주 범람했는데 심각할 때는 천리 안에 온통 늪이요 물바다였다. 건륭 16년에 황하와 심수(沁水)가 동시에 넘쳐나 상부(祥符) 등 주·현의 피해가 심각했다. 논과 가옥이 죄다 물에 잠겼는데 11월이 되어 "날이 추워지고 땅이 얼어붙을" 때까지도 강물이 채 빠지지 않아 겨울밀도 파종할 수 없었다. 건륭 26년, 황하와 심수가 재차 범람했는데 기세등등한 물살이 무척(武陟)·양무(陽武) 등지 15곳의 강둑을 무너뜨렸으며 "갑자기 들이닥친 큰 물난리에 휩쓸려 오막살이들이 텅 비고 이재민들의 울음소리가 그칠 줄 몰랐다."[228]

도광 21년 6월, 황하 상부 현 구간의 둑이 터져 누런 강물이 세차게 넘쳐나 개봉(開封)성을 에워싸 곤경에 빠뜨렸다. 남문으로 홍수가 밀려들어 성 안에 물이 차고 넘쳤는데 "그 깊이가 한 장 남짓이 되고 오막살이가 모두 물에 잠겨 사람들은 모두 성벽 위에 올라가 노숙했으며 시전들이 모조리 문을 닫아 물가가 하늘로 치솟았다." 부자들은 모두 "배를 사 타고 도주했다." "민가와 성벽은 오래 동안 홍수에 잠겨 무너졌으며" 사람들은 모두 나무 꼭대기나 지붕 위에 올라가 구원을 청했다. 그 번 물난리를 겪은 뒤 개봉의 도시와 농촌에서는 "사람들이 모두 종사해오던 기업(基業)을 잃어 부자는 빈자로, 빈자는 거지로 전락했으며 굶주림과 추위에 허덕이게 되었다."

그 뒤 하남성 순무 우감(牛鑒)이 조정에 상소를 올려 성도(省都, 성 정부 소재지)를 옮겨[229] 황하의 재해를 피할 수 있도록 해줄 것을 제안했다.

---

228) 『청 고종성훈(淸高宗聖訓)』 권 145, 『견진(蠲賑)』 8.
229) 『광서 개봉 현지(光緖開封縣志)』 권 6, 『황하(黃河)』

하남성은 황하의 물난리를 제외하고도 한재(旱災)·풍재(風災·
황재(蝗災)가 자주 발생했다. 개봉부의 경우 건륭 49년에 비가 내리지 않아
큰 가뭄이 들었는데 강물이 모두 말라버렸다. 그 이듬해 봄에는 "폭풍이
불고 모래바람이 부는 날씨가 많았으며 큰 가뭄이 들어 볏모들이 죄다
말라죽는 바람에 가을과 겨울에 대 기근이 들었다."

건륭 51년에는 "온역이 돌아 숱한 사람이 죽었으며 메뚜기가 온 들판을
뒤덮었고 농작물을 해쳤다." 그 이듬해에도 "도처에 메뚜기가 판을 치는데
세 치 두께로 쌓여 가을 곡식을 망쳐놓았다."[230] 또 예를 들어 우성 현은
건륭 4년에 비가 오지 않아 큰 가뭄이 들었는데 이듬해 봄에 "백성들이
먹을 식량이 부족하고 쌀값이 높이 치솟았다. 시전 쌀 장사들은 매일같이
쌀값을 올려 이익을 챙겼으며 백성들은 갈수록 형편이 어려워졌다."[231]
영성(永城)현은 건륭 51년에 "기근이 들어" "사람이 사람을 잡아먹는"
지경에 이르렀다. 도광 5년 4월, "메뚜기 애벌레가 온 들판을 뒤덮었다."[232]

위휘(衛輝)부는 가경 18년에 "오랜 가뭄이 지속되는 바람에 밭갈이를
하고 파종할 수가 없어 가난한 백성들은 모두 풀뿌리와 나무껍질로 끼니를
때우며 근근이 연명했다. 길 양쪽의 버드 나뭇잎을 모조리 훑어버려 남아
있는 잎이 없었다."[233] 이로부터 하남성은 주·현마다에서 여러 가지 자연
재해가 자주 발생했으며 게다가 재해 상황이 아주 심각했음을 알 수 있다.

청대에 가장 심각한 재해지역인 산동·산서·강소성 북부 지역·하남을

---

230) 『광서 개봉 현지(光緒開封縣志)』 권 23, 『상이(祥異)』
231) 『광서 우성 현지(光緒虞城縣志)』 권 6, 『인물(人物)』
232) 『광서 영성 현지(光緒永城縣志)』 권 15, 『재상(災祥)
233) 『청 인종 실록(清仁宗實錄)』 권 267, 가경 18년 3월.

제외하고 기타 여러 성도 자연 재해가 적지 않았다. 예를 들어 직예성 획록(獲鹿)현은 "가경 6년에 비가 많이 왔고 8년 봄에는 비와 우박으로 밀이 손해를 입었으며 9년 가을에는 가뭄으로 인해 흉년이 들었고, 10년 가을에도 가뭄으로 흉년이 들었으며, 15년에도 가물고, 17년에도 가물어 흉년이 들었으며, 18년에도 가물어 흉년이 들고 성 안 우물이 죄다 고갈되었으며, 19년에는 대풍년이 들고, 20년 8월 14일 바람이 불고 서리가 내려 곡식이 손실을 입었으며, 21년 봄 3월에는 바람과 서리 때문에 밀이 손실을 입고 여름 4월에는 비와 우박이 내려 수많은 사람과 가축이 상했다. 22년에는 대 기근이 들어 지현 왕업무(王業懋)가 식량을 풀어 재해를 구제해 줄 것을 조정에 청구했다.

23년 여름 4월 초여드렛날에는 큰 바람이 불어 밀이 훼손되어 전조를 절반 감면한다는 조령이 내려졌으며 북경 인근 등지는 더욱 심각해 다친 사람과 가축이 헤아릴 수 없이 많았다. 도광 3년 여름 6월에는 큰 물이 져 무수히 많은 민가가 파손되었고 16년에는 큰 가뭄이 들고 17년에도 큰 가뭄이 들어 식량 가격이 높이 치솟아 쌀 한 말에 8백 여 전, 밀 한 말에 천 여 전까지 올랐다."[234]

건륭 43년에서 44년 사이 호북 · 사천에 대 기근이 들어 피해 면적이 매우 컸으며 각 지역에 기록된 재해 상황은 보기만 해도 몸서리쳐질 정도로 충격적이었다. 예를 들어 호북성 당양(當陽)현에서는 "백성들이 나무껍질을 있는 대로 모조리 벗겨 먹었고"[235], 지강(枝江)현에서는

---

234) 『광서 획록 현지(光緖獲鹿縣志)』 권 5, 『세기(世紀)』
235) 『동치 당양 현지(同治當陽縣志)』 권 2, 『상이(祥異)』

"굶주림에 시달리다 얼어 죽은 백성들이 헤아릴 수조차 없을 지경이고 백성들이 관음토며 느릅나무 껍질이며 칡뿌리로 끼니를 에웠지만 살아남는 자는 열 명 중 2~3명이 고작이었다."[236] 조양(棗陽)현에서는 "백성들이 나무껍질과 석면(石面)을 채취해 먹었다."[237] 장양(長陽)현에서는 "백성들이 나무껍질·풀뿌리·관음토를 먹었으며 사람들이 끊임없이 죽어 나갔다."[238] 사천성 중경(重慶)부에서는 "굶어 죽은 시체가 길바닥에 넘쳐났고"[239], 인수(鄰水)현에도 "기아에 허덕이는 사람이 많았다."[240] 충주(忠州)에는 "길에서 굶어 죽은 사람의 시체가 사처에 널려 있고 사람이 사람을 잡아먹었으며"[241], 동주(潼州)부에서는 "인간매매시장이 서고 자녀들을 팔았으며", "굶어 죽은 사람의 시체가 길에 넘쳐나고", "그 해와 같은 기근은 백 여 년에 한 번 보기 드문 것이었다."[242]

상기 내용을 종합해보면 청대에는 자연재해가 전국 각지 사처에서 일어났으며 건륭제 이후에 특히 심각했다. 가난한 백성들은 굶주림과 추위에 시달리며 갖은 고생을 다했다. 청 정부는 자체 통치를 유지하기 위해 황하를 다스리고 수리 건설을 진행하고, 메뚜기 애벌레를 잡고 부세를 감면했으며 구제미를 풀고 각 지역에 상평창(常平倉)·사창(社倉)·의창(義倉)도 일부 설립하는 등 일부 조치를 취하긴 했지만 이런 소소한

---

236) 『동치 지강 현지(同治枝江縣志)』 권 20, 『잡지(雜誌)』
237) 『동치 조양 현지(同治棗陽縣志)』 권 16, 『상이(祥異)』
238) 『동치 장양 현지(同治長陽縣志)』 권 7, 『재상(災祥)』
239) 『도광 중경 부지(道光重慶府志)』 권 9, 『상이(祥異)』
240) 『도광 인수 부지(道光鄰水府志)』 권 1, 『상이(祥異)』
241) 『도광 충주 지(道光忠州志)』 권 4, 『상이(祥異)』
242) 『건륭 봉계 현지(乾隆蓬溪縣志)』 권 7, 『잡기(雜記)』

조치로는 대국을 돌려세우기에 태부족이었다. 청대 중엽 이후 재해지역이 점점 확대되고 이재민 인구가 점점 많아졌으며 도처에서 유민이 발생해 사회모순이 극도로 첨예해졌으며 청조의 통치가 더욱 혼란과 불안에 빠져들었다.

제2절
점점 부패해지는 봉건통치계급

1. 봉건통치계급의 사치스러운 생활

건륭 시대에 청조 통치가 전성기에 이르러 경제가 회복되고 또 비교적 크게 발전해 사회 재부가 대량 축적되었다. 이른바 "본 조대에 부역과 조세를 경감시키고 사회를 안정시키고 경제를 회복해 인구를 늘려온 세월이 백 여 년에 이르러 전국에 벼슬과 작위가 없이 부유해진 집이 무수히 많이 나타났으며 참으로 전대를 초월했다고 할 수 있다."[243] 물론 사회 재부가 여러 계급에게 있어서 균형적으로 증가하는 것은 아니다. 재부는 실제로 모두 관료·지주·상인들의 수중에 장악되었다. 그들은 정치와 경제의 특권에 의지해 농민과 수공업자들을 착취해 재물을 수탈했으며 탐욕스럽기 그지없었다. 그들은 교만하고 사치스러우며 방종하고 방탕하게 생활했지만 광범위한 노동인민들은 여전히 도탄 속에 빠져 있었다.

생활이 가장 방탕하고 사치스러운 것은 물론 제일 먼저 봉건 황제를 꼽아야 할 것이다. 황제가 보기에 천하의 사람들은 모두 자신이 마음대로 노예로 부려먹을 수 있는 대상이며 인민들의 노동성과는 전적으로 그 한

---

243) 소련(昭槤), 『소정속록(嘯亭續錄)』 권 2, 『본 조대에 부민이 많다(本朝富民之多)』

사람이 차지하고 마음대로 쓸 수 있었다. 강희 황제는 절약을 중시하고 쓸데없는 낭비를 매우 경계해온 편이다. 그러나 그의 6차례 남방 순시를 놓고 보면 비용이 엄청 많이 들었다. 은자를 물 쓰듯이 썼으며 노동인민의 피땀을 얼마나 낭비했는지 모른다. 강희 39년 10월, 황태후의 육순 생신을 맞아 왕공귀족과 각 급 관료들이 "바친 예물" 한 가지 항목만 보더라도 기록을 통해 볼 수 있는 것이 다음과 같다.

"부처 3존, 어제 만수무강 병풍 하나, 어제 만수여의 태평화(萬壽如意太平花) 하나, 어제 학수령화(龜鶴齡花) 한 쌍, 산호 1440건, 자명종 하나, 수산석(壽山石) 군선공수(群仙拱壽) 한 세트, 천추(千秋) 서양종(洋鐘) 하나, 백화(百花) 서양종 하나, 동주(東珠)·산호·금박(金珀)·어풍석(御風石) 등 염주 19개, 가죽옷 19벌, 우단(雨緞) 19필, 모직 나사 옷감 19필, 침향(沈香) 19개, 백단향(白檀香) 19개, 강향(絳香) 19개, 운향(云香) 19개, 통천서(通天犀)·진주·한옥(漢玉)·마노(瑪瑙)·퇴주 공예품·관요(官窯) 등 골동품 99건지, 송·원·명 시대 화책권 99권, 찬향(攢香) 99개, 큰 사이즈 손수건 99장, 작은 사이즈 손수건 99장, 금 99덩이, 은 99덩이, 비단 99필, 안장까지 얹은 말 6필"[244] 등이다. 참으로 호화스럽기 그지없다고 할 수 있다.

건륭 시기에 청 정부는 재력이 더욱 충족하고 사치 낭비하는 풍조가 더욱 보편적이었다. 건륭의 호화 사치 정도는 그의 조부와 부친을 훨씬 초과했다. 그는 강희제의 6차례 남방 순시를 모방해 곳곳을 다니며 유람하며 향락만을

---

244) 『청성조실록(清聖祖實錄)』 권 101, 강희 39년 10월.

추구했으며 낭비가 특히 심했다. 임금의 순행 행차가 이르는 곳마다 지방관들은 황제에게 아첨하기 위해 마구 낭비해 행궁을 짓고 차일을 치고 연회를 마련했으며 하루도 연회를 거르는 날이 없고 성 안은 불야성을 이루곤 했다. "관리들은 오로지 황제의 비위를 맞추며 아첨할 생각뿐으로 그 악습이 백성들에게 영향을 미쳤다." 북경에서 항주까지 왕복하는 남방 순행 길은 매번 약 6천리에 이르렀는데 도중에 행궁 30곳을 지어 임금이 임시로 머물었으며 또 2~3십리 간격으로 첨영(尖營)을 설치했다. 순행 대오는 운하를 따라 남하했는데 총 천 여 척의 배가 꼬리에 꼬리를 물고 행진하고 깃발이 하늘을 가릴 정도였다. 수행 인원에는 황후와 후궁·왕공·황제의 근친과 측근·문무백관이 포함됐으며 또 호위와 수행을 맡은 대규모의 병사들도 포함되었다. 황제와 황후·후궁들이 탄 안복로(安福艫)· 상봉정(翔鳳艇) 등 5척의 배는 총 3천 6백 명의 인부가 6개의 조로 나뉘어 번갈아 배를 끌었다. 천막·기물·도구·의복을 운반하는 대오도 기세등등했는데 6천 필의 말과 마차 4백 대·낙타 8백 마리에 약 만 명의 인부가 동원되었다. 운하 양쪽 기슭을 따라 경과하는 길은 모두 물로 먼지를 깨끗이 씻어냈으며 돌다리와 돌길은 모두 황토를 펴 깔았다. 임금이 탄 배가 지나는 부두와 다리 머리의 마을 어귀마다에 초소를 설치하고 군사를 파견해 주둔하며 지키게 했다.

황제의 행차가 경과하는 곳마다 지방의 문무관원들이 조복 차림을 하고 나서서 임금을 맞이했으며 또 연로한 노인과 노부인·지방유지 ·생원과 감생들 모두 향을 사르고 길 양 옆에 엎드려 임금을 맞이하게 했다. 황제는 매일 술과 음식을 내렸는데 무수히 많은 비용을 허비했다. 그리고 지방관들이 산해진미에 지방 토산물을 진상했을 뿐 아니라 전국 각지에서 수많은 음식을 운반해오곤 했다. 심지어 마시는 물마저도 멀리서 공급했는데 직예 경내 향산(香山) 정의원(靜宜園) 샘물을 길어오고, 덕주(德州)로 가서 산동 경내에 들어가 제남(濟南) 진주(珍珠) 샘물을 떠왔으며, 홍화부(紅花埠)를 거쳐 강소 경내에 들어가 진강(鎭江) 금산(金山) 샘물을 날라 오고, 절강성으로 가 호포(虎跑) 샘물을 가져왔다. 번화한 시가를 지날 때마다 패루(牌樓)·차일(彩棚)·점경(點景)· 향정(香亭)을 지었다. 예를 들어 "직예성 보정(保定)부의 장로(長蘆) 협곡의 입구에는 여러 성의 부상들이 대거 집중된 곳이다. 뭇 상인들은 소주와 항주의 채색 비단과 진기한 물품들을 바치려고 길 양 옆에 물건의 형태 혹은 누대의 모양으로 천막을 쳐놓았는데 현란하기 그지없고 수십 리도 넘게 뻗어 있었다. 점포들 사이로 황제가 지나갈 때면 뭇 상인들 사이에서 우레와 같은 환호소리가 터져 나오곤 했다."[245]

　　매 번 남방 순행 때마다 양주(揚州)의 대 염상들은 서로 다투어 충성을 바치곤 했다. 그들은 원림과 누각을 건설하고 극단 악부를 준비해놓았으며 황제가 다닐 길을 닦아놓는데 진기함과 부유함을 경쟁하는 듯 했으며 사치하고 화려하기 그지없었다. 양주의 평산당(平山堂)에는 원래 매화가 없었는데 건륭제가 처음 남방을 순행할 때 염상들이 돈을 모아 매화나무 1만 그루를 심어 황제가 관상할 수 있게 했다. 한 번은 불꽃놀이를 하는데 염상들이 중금을 아끼지 않고 장관을 이루는 장면을 연출하기 위해 "멀리 보이는 강기슭에 어마어마하게 큰 복숭아를 하나 제조해 설치해 놓았다.

---

245) 『조선 이조실록 중의 중국 사료』 11권, 4686쪽.

그 빛깔이 붉고 싱싱한 것이 참으로 마음에 들었다. 황제가 탄 배가 가까이 다가오기를 기다렸다가 갑자기 불꽃이 터지며 사처로 퍼져나가는데 불뱀이 꿈틀거리고 오색불꽃이 번쩍거리는 것이 현란해 눈이 부셨다.

삽시에 복숭아가 쩍 갈라지더니 복숭아 속에서 무대가 우뚝 솟아나며 수백 명 배우가 그 무대 위에 나타나 장수와 다복을 기원하는 주제로 공연을 펼쳤다."[246] 그러한 독창적이고 성대한 공연은 건륭제의 칭찬을 받았다. 또 대 염상 강춘(江春)은 황제의 환심을 사려고 갖은 애를 다 썼는데 건륭제 남방 순시 때 "어느 날 고종(건륭)이 대홍원(大虹園)을 방문했는데 한 곳에 이르러 주변을 둘러보더니 '이 곳은 마치 북해(北海) 경도(瓊島)의 봄 경치를 방불케 하는구려. 그런데 탑이 없는 것이 아쉽군.'라고 말했다.

그 말을 들은 강춘은 즉시 황제를 가까이에서 시중드는 근시에게 만금을 뇌물로 주며 그 탑의 모양을 그리게 했다. 그림을 얻은 뒤 장인을 모집하고 자료를 준비해 대대적인 건설에 돌입했는데 하룻밤 사이에 탑을 완성했다." 건륭 황제마저도 염상의 막강한 재력에 탄복할 지경이었다. 순행 길에 이르는 곳마다에서 예외 없이 연극 공연을 펼치곤 했기 때문에 이원희곡(梨園戲曲, 중국 전통극)이 "남방 순시 때 가장 성행했으며 양회(兩淮) 염무(鹽務) 중에서 특히 뛰어났다. 화(花)·아(雅) 2개 부(部)를 길러 공연 준비를 해두는 것이 관례였다. 아부는 곤강(崑腔)이고 화부는 경강(京腔)·진강(秦腔)·익양강(弋陽腔)·방자강(梆子腔)·나라강(羅羅腔)·이황조(二簧調)로서 통틀어 난탄반(亂彈班)이라고 불렀다."[247]

---

246) 서가(徐珂), 『청패류초(淸稗類鈔)』 제 24권, 『호사류(豪奢類)』
247) 전영(錢泳), 『이원총화(履園叢話)』, 『예능(藝能)』

건륭제의 6차례 남방 순시로 인해 양주(揚州)성은 토목건설을 크게 추진해 여러 차례 수선을 거쳐 시내 모습이 완전히 개선되었다. 원매(袁枚)가 『양주화방록(揚州畵舫錄)』 서언에 썼다시피 "40년 전 내가 평산(平山)을 유람할 때는 천녕문(天寧門) 밖에서부터 배를 끌고 가는데 긴 강이 마치 긴 띠와 같아 강폭이 2장(丈)이 넘지 않고 강 옆에는 정자와 누대가 적어 실개천에 불과했으며 풀이 자라고 벌레가 머물 뿐이었다. 신미(辛未)년에 천자가 남방 순시에 나서자 관리들은 노동자들에게서 세금을 대거 거둬들이고 백성들에게 부역을 시켜 건설하고 장식해 번영한 모습을 이루었는데 사치스럽기 그지없고 낭비가 심각했다. 그렇게 해 깊은 강물이 굽이쳐 흐르게 하고 산이 우뚝 솟아 험준한 지세를 자랑하며 나무는 복숭아나무며 매화나무가 화려하게 늘어서고 정원이 즐비하게 들어서 참으로 아름답도다. 그 장관을 이룬 이색적인 경치는 고·육(동진[東晋]의 화가 고개지[顧愷之]와 남조와 송대 화가 육탐미[陸探微]를 가리킴)도 그려낼 수 없고 반·양(한대 문학가 반고[班固]와 양웅[揚雄]을 가리킴)도 시로 읊을 수 없을 것이다."

건륭 16년 황태후의 생신을 맞아 "중국과 외국의 신료들이 북경에 대거 모여 생신을 경축했다. 서화문(西華門)에서 서직문외(西直門外)의 고량교(高粱橋)에 이르는 10여 리 범위 내에 각각 구역을 나누어 채색 등롱을 내다 걸고 누각을 건설했다. 천가(天街)는 원래 아주 넓은 거리지만 양 옆에는 시전이 보이지 않았다. 금수강산에 금 은 궁궐, 꽃으로 울긋불긋 아름답게 장식하고 방에는 비단을 깔았다. 화려한 등불과 온갖 보물로 장식한 보좌, 붉고 푸른 다양한 색깔이 서로 어우러져 이루 다 형용할 수가 없을 지경이다. 몇 십 보 간격으로 공연무대가 설치되어 남방의 강(腔)과 북방의 조(調)가 어우러져 사면팔방에서 모여온 손님들이 즐길 수 있도록 준비했다. 어린이들이 선사하는 묘기며 다양한 노래와 춤, 뒤쪽 무대 공연이 채 끝나기도 전에 앞쪽 무대 공연이 마중 나온다.

왼쪽을 보고 경이로움을 금치 못하면서 오른쪽으로 눈길을 돌리면 또 다시 현혹되곤 한다. 유람객들은 마치 신선이 산다는 봉래(蓬萊)섬에 들어선 듯 신선이 사는 곳에 몸담고 무지개음악을 듣고 깃털옷춤을 감상한다네."[248] 건륭 45년, 황제가 피서산장에서 칠순 생일을 쇠었는데 각 급 관리들이 생신을 축하하기 위해 공물을 진상해야 한다는 핑계를 대 백성들을 착취해 전국적으로 소란을 조성했다. 관원들에게는 공물을 피서산장으로 다투어 운반하는 일이 최대의 대사였으며 고북구외(古北口外) 길이 막힐 지경이었다. 그때 당시 조선의 사신이 도중에 그 상황을 목격하고 다음과 같이 말했다. "내가…… 장성을 나서 밤낮을 이어 걷는데 도중에 사면팔방에서 진상하러 오는 광경을 보았다. 수레가 3만 대에 달했으며 또 사람이 짊어지고 낙타의 등에 싣고 가마에 태워 가는데 그 기세가 거세찬 비바람이 밀려오는 듯 했다.

거기에 실은 물건들은 모두 정교하고 값진 물건들이었다. 수레마다 말이나 노새 6~7필이 끌고 있었고 가마 식으로 된 수레는 4마리의 노새가 끌고 있었으며 모두 작고 노란 깃대가 꽂혀 있었고 '진공(進貢)'이라는 글자가 씌어져 있었다. 진상품은 모두 각양각색의 방로(氆氌)·대자리(竹簟)·등나무 줄기를 엮어 만든 돗자리(藤席)로 쌌는데

---

248) 조익(趙翼), 『첨폭잡기(簷曝雜記)』 권 1, 『경전(慶典)』

모두 옥기라고 했다." 기세등등한 운송대오가 좁은 산길을 가득 메웠는데 밤이 되자 "길을 재촉하기 위해 우등불을 밝게 밝혔으며 방울소리에 땅이 흔들리고 채찍소리가 들판에 쩌렁쩌렁 울렸다."[249]

이처럼 사치스러운 장면은 필묵으로 형용하기가 어렵다. 이와 같이 황실의 혼례식이나 장례식, 생일잔치가 해마다 끊일 새 없었는데 매 번 사치스럽고 화려하기 그지없었으며 멋대로 낭비하곤 했다. 예를 들어 건륭 54년, 건륭의 딸 고륜화효(固倫和孝)공주가 화신(和珅)의 아들 풍신은덕(豊紳殷德)과 혼례를 치를 때 "총애가 얼마나 깊은지 혼수의 사치스러운 정도가 전 부마 복륭안(福隆安) 때의 열 배나 되었다. 혼례식 이튿날부터 수레에 기물을 실어다 바치기 시작하는데 그 가치가 수백만 금이 넘었다. 27일 황제의 딸이 시집으로 가는데 특히 국고의 은 30만 냥을 하사했으며 고관들이 손에 여의 진주며 옥패를 받쳐 들고 황제 딸이 탄 가마 앞에 무릎 꿇고 작별인사를 했다. 그 수가 대략 천 백에 가까웠다."[250] 그 이듬해 또 건륭의 팔순 생신을 맞게 되었는데 아계(阿桂)·화신 등 대신들이 경전을 준비했다. "지극히 사치하고 성대하게 준비했으며 내외 궁전과 예식에 사용될 크고 작은 기물들을 모두 새것으로 준비했다. 연경(燕京)에서 원명원(圓明園)에 이르기까지 누대를 금과 진주·비취로 장식하고 가산에도 모두 사원의 사람들을 배치했으며 스위치를 누르면 문창이 여닫히고 인물이 활동하도록 했다. 준비에 든 비용이 무려 억만금에 달했는데 정부 국고의 자금은 한 푼도 쓰지 않고 모두 외부로는 여러 성의

---

249) 박지원, 『연암집』 권 14, 『산장잡기』 중, 『만국진공기』
250) 『조선 이조실록 중의 중국 사료』 11권, 4809쪽.

3품 이상 고관들이 진상한 것이고 내부로는 여러 부(部)·원(院)·당(堂)의 관리들이 헌납한 것이며 또 양회 염원에서 헌납한 4백만금을 보탠 것이다."[251] 기실 관료와 염상이 헌납한 은 냥이라고 해도 모두 백성들에게서 착취한 백성의 고혈이다.

건륭은 또 대대적인 건설을 진행해 궁전과 원유(苑囿)를 건설했는데 인력과 재물을 허비했다. 북경의 원명원은 옹정이 건설한 것인데 옹정은 총 28곳에 풍경을 건설하고 건륭제 때에 40곳으로 확대했다. 그리고 또 원명원 동남쪽에 장춘원(長春園)·기춘원(綺春園)을 건설했다. 피서산장은 강희제 때 건설한 것인데 처음에는 겨우 36곳에 풍경을 건설했으나 건륭제가 또 72곳으로 확장했다. 승덕(承德) 외팔묘(外八廟)의 대다수 풍경은 모두 건륭제 시기에 건설된 것이다. 건륭은 늘 피서산장에 머물면서 정무를 처리하곤 했다. 어느 한 번은 그가 내대신(內大臣) 박이분찰(博爾奔察)에게 말했다. "이 곳은 기후가 청신하고 따뜻한 것이 수도보다 낫네. 참으로 피서산장이라는 명칭에 손색이 없구려." 그러자 박이분찰이 대답했다. "폐하께서는 궁 내에 대해 하시는 말씀입니다. 만약 궁 밖이라면 도시가 좁고 집들이 낮고 작아 백성들이 모두 비좁은 집에 거주하고 있습니다.

집안에 부뚜막이 붙어 있는 좁은 집에서 살아야 하니 무덥기 그지없습니다. 고로 민간에는 '황제의 장원은 참으로 피서지이지만 백성의 거처는 여전히 열하라네.'라는 속담까지 전해지고 있습니다."[252] 건륭제 자신마저도 대대적인 건설로 민력을 너무 허비한다고 느껴

---

251) 『조선 이조실록 중의 중국 사료』 11권, 4807쪽.
252) 『청사습유(淸史拾遺)』 갑편(甲編), 『모 무신의 풍간(某武臣諷諫)』

다음과 같이 말했다. "짐이 황제가 된 40여 년간 수도의 제단과 사원·궁전·성곽·수로·원유·관청 등 모든 것에 대해 정비하지 않은 것이 없을 정도이다. 모두 자금을 들여 물품을 사들이고 노동자를 고용해 건설하곤 했다. 그런데 결국 공사를 너무 자주 벌여 너무 지나친 느낌이다. 신축년(건륭 46년)에 '지과론(知過論)'을 써 스스로를 훈계한 적이 있다."[253]

비록 건륭제 스스로 낭비가 너무 많다고 인정하였지만 건륭제 만년에 이르러서도 사치스러운 기풍이 수그러들지 않았다. 황제의 생활이 이처럼 호화로웠을 뿐 아니라 그 아래로 왕공 귀족·문무백관·대지주·대상인 등 어느 하나 호화롭고 사치스러운 생활에 빠져 있지 않은 이가 없었다.

특히 만족인 황족과 측근들 사이에서는 사치스럽고 호화하며 몰락해가는 기풍이 더욱 심각했다. 이른바 "의식주의 우월함은 기인(旗人) 관원이 으뜸을 차지했다."[254] 예를 들어 건륭의 내질 복강안(福康安)은 후궁의 친척인 한편 또 특수 공훈을 세워 크게 총애를 받는 귀하기 이를 데 없는 신분이었다. "그 집은 이상하리만치 지나치게 사치했는데 가마꾼들까지 모두 털옷(毳[兔+毛])을 입고 첩들이 꽃을 사는데 드는 비용이 하루에 수만 전에 달하며"[255] "군내부에서도 사치스러움이 몸에 뱄는데 군사들의 위로금으로 툭하면 엄청난 금화를 허비하곤 했다. 군사 급여 담당 관리는 그의 뜻을 받들어 역시 낭비가 심했다."[256] 그의 아우인 호부상서(戶部尙書)

---

253) 『흠정일하구문고(欽定日下舊聞考)』, 『어제〈일하구문고〉제사 2수(御製〈日下舊聞考〉題詞二首)』
254) 『청조 야사 대관(淸朝野史大觀)』 권 6, 『아재신(阿財神)』
255) 소련(昭槤), 『소정잡록(嘯亭雜錄)』 권 10, 『권신사검(權臣奢儉)』
256) 『청사고(淸史稿)』 권 330, 『복강안(福康安)』

복장안(福長安)은 화신의 도당으로서 화신이 실패하자 복장안도 득죄해 가산을 몰수당했는데 그의 화원 한 곳에만도 집이 674채에 회랑과 누각·정자가 282채 있었다.

또 열하에 위치한 복장안의 거처 내에서는 기물 6450건이 몰수되었는데 모두 귀중한 진주와 옥으로 된 보물들이었다.[257] 그리고 또 다른 한 기인 아극당아(阿克當阿)는 회관(淮關)의 감독으로 10여 년간 임직해 있으면서 백성들의 고혈을 대량으로 착취해 부유하기 이를 데 없었다. "사람들은 그를 '아재신(阿財神)'이라고 불렀으며 길손들을 대접하는데 쓰는 비용이 적어도 5백 금이 넘곤 했다." "아극당아가 소유한 서적과 서화 작품은 금 30만 냥 가치에 달하며 금은보화의 가치는 금 20~30만 냥, 화훼와 식기·탁자 등은 약 10만, 의복과 모피 옷·수레와 말은 더욱이 20만 냥이 넘었다. 그 집안의 노복이 백을 헤아리고 개인 참모도 수십 명을 헤아렸다. 매 끼 식사는 한 장(丈) 범위의 큰 식탁을 가득 메웠고 나라에서 금하는 것을 제외하고 연극을 상연하지 않는 날이 극히 드물었다. 그의 코담배 병 한 가지 물품만 해도 2~3백 개에 달했으며 그 가치가 금 백 냥 이하인 것은 없었다.

색깔도 붉고 푸르고 울긋불긋한 것이 아름답기 그지없었다. 사각(蛇角, 碧犀)과 비취를 장식품으로 붙인 아름다운 옥(琪 [王+南])으로 된 조주(朝珠, 청대 고관들이 차던 목걸이) 하나는 그 가치가 금 3~5천 냥은 될 것이다. 그 조주는 부드럽기로 진흙 같고 매끄럽기로 손으로 잡기도 어려울 정도여서 잡으려고 들면, 손가락 사이로 빠져나가며 그 향은 반 리 밖에서도 맡을 수

---

257) 기록문서 『궁중잡건(宮中雜件)』, 『압수한 복장안의 가산
    명세서(查抄福長安家産清單)』

있을 정도로 짙었다. 고리가 달린 패옥과 같은 것은 더욱 많았다. 서적을 장관하는 하인이 8명에 수시로 장식하고 보충 주문하는 담당자가 또 따로 있었다. 송·원 시기 둥글부채가 3천 여 개나 되었으며 부채 하나의 가치가 4~5냥에 달하며 모두 수만 개 중에서 골라서 남겨둔 것들이다."[258]

만족인 황족과 측근의 생활이 이처럼 호화하고 사치스러웠을 뿐 아니라 한족 관료들의 상황도 마찬가지였다. 예를 들어 가경제 때 탐오 죄를 지어 참수형을 당한 호남 번사(藩司, 관직명) 정원숙(鄭源璹)은 "가솔이 4백 여 명에 달하는 외에 극단도 두 개나 기르고 있었는데 밤과 낮을 이어가며 기예와 솜씨를 겨뤘다. 지난해 9월에 집안 혼사를 치르고 가솔들 일부를 돌려보내는데 큰 배 12척을 동원했으며 펄럭이는 깃발이 강을 뒤덮을 정도였다. 이러한 사치스러운 낭비는 모두 백성의 고혈이었다."[259] 또 도광제 때 복건·절강 총독 안백도(顏伯燾)가 파직 당해 고향으로 돌아가는데 수행 인원과 인부가 많기를 한 군대에 비할 수 있을 지경이었다. 도중에 장주(漳州)를 지나는 것을 어떤 사람이 목격했는데 열흘 사이에 매일 6~7백 명의 상여꾼이 정교하고 값진 재물들을 메고 들고 경내를 지나갔다고 했다. 안백도가 장주에 당도한 날 "큰 비가 억수로 쏟아졌다.

그래서 수행한 장수·병사와 인부·가마꾼·가솔·거마 하인까지 약 3천 명 가까이 되는 사람이 각각 여러 객점에 묵게 되었는데 술상을 총 4백 여 개나 마련했다."[260] 그 대오가 이르는 곳마다 마치 메뚜기가

---

258) 『청조 야사 대관(淸朝野史大觀)』 권 6, 『아재신(阿財神)』
259) 요원지(姚元之), 『죽엽정잡기(竹葉亭雜記)』 권 2.
260) 장집형(張集馨), 『도함환해견문록(道咸宦海見聞錄)』, 제 65쪽.

휩쓸고 지나간 것처럼 공짜로 마구 먹고 마셨는데 소란스럽기 그지없었다. 장주에서 5일이나 묵었는데 "현(縣)에서 더 이상 물자를 공급할 수 없어 방법을 대 어서 떠나도록 재촉하는 수밖에 없었다." 후에 뇌물을 주고 연줄을 찾아서야 비로소 그 온역신들을 떠나보낼 수 있었다. 그때 당시 대관료 집안은 모두 으리으리한 저택에 숱한 하인들을 거느리고 있었다. 어떤 사람은 "현재 총독·순무·사도(司道) 등 관리들이 집을 짓고 전원을 장만하며 개인이 수백 명에 이르는 우수한 장정을 기르면서 모든 것을 헤아릴 수도 없을 정도로 많이 갖추었다."[261] 아주 작은 주·현의 지방관일지라도 "대다수가 하인을 두고 호화스러움을 뽐냈으며 손님들을 널리 끌어들여 소식을 서로 통하고 친척들 간에 서로 왕래하곤 했기 때문에 하인들을 많이 두었다. 이러한 관리가 한 관청 내에 거의 백 명 가까이에 달했다."[262]

그리고 그런 대지주·대상인들은 대량의 재물을 착취해 돈을 물 쓰듯이 썼으며 극도로 사치하고 탐욕스러웠다. 예를 들어 북경의 축(祝)씨 성을 가진 미곡상은 "명대부터 집안이 흥성하기 시작했는데 그 부유함이 왕후(王侯)를 능가할 정도였다. 그 집안은 가옥이 천 여 칸에 달하고 정원과 정자가 화려하고 아름다운데 열흘을 유람해도 다 구경할 수가 없을 정도였다. 완평(宛平)의 사(査)씨와 성(盛)씨 집안의 부유함과 화려함도 그와 비슷했다."[263] 그리고 강소성 태흥(泰興)의 대지주 계(季)씨는 "특히

---

261) 『광서 도원 현지(光緖桃源縣志)』 권 13, 나인종(羅人倧), 『경진말의소(敬陳末議疏)』
262) 『주비주절(朱批奏折)』 건륭 25년, 안휘 안찰사 왕검(王檢)의 상소, 제1 역사기록보관소 소장품.
263) 소련(昭槤), 『소정잡록(嘯亭雜錄)』 권 2, 『본 조대에 부민이 많다(本朝富民之多)』

호화하고 사치하기로 유명하다. 그의 거처를 에워싼 벽이 몇 리에 달하며 누각 사이에 이층으로 된 통로가 주변과 서로 연결되어 있고 건장한 일꾼이 총 60명에 달한다." 그 집은 연일 내린 장마로 인해 습기에 가죽 도포가 침식될까 우려되어 "옷 관리를 맡은 자들에게 명해 모피 옷을 정원에 내다 말리면서 펴서 털도록 했다. 검은담비(紫貂, 자초)·검은 여우(靑狐)·흰 족제비(銀鼠)·금빛 표범(金豹)·스라소니(猞猁猻) 등의 가죽으로 지은 옷들이었는데 털이 떨어져 땅 위에 쌓이는데 그 두께가 3치 정도로 두꺼웠다. 집안 내에 여악(女樂)을 3개 부나 갖추었는데 모두 최고로 아름다운 목소리와 자태를 갖춘 자들로만 골라 기르고 있었다.

손님들을 접대하는 주연이 있을 때면 가희들을 바꿔가며 술시중을 들게 했는데 보석으로 장식된 모자와 상아로 만들어진 홀에서 자수 두루마기와 비단 신에 이르기까지 기녀 한 사람이 걸친 장신구가 금 천 냥 가치에 달했다."[264] 특히 번화한 도시에서 지주·상인·관료·사대부들은 더욱 황음하고 부패한 생활을 했다. 예를 들어 남경의 진회하(秦淮河)·양주의 평산당(平山堂)·소주의 호구산당(虎丘山塘)은 모두 그들이 기생을 끼고 놀러 다니며 향락을 추구하는 장소가 되었다. "배 타고 주악을 울리며 하루도 빠짐없이 놀아댔다."[265] 어떤 사람이 양주의 상황에 대해 다음과 같이 기록했다. "도시의 기방에는 밤마다 등불을 수만 개에 이를 정도로 밝게 밝혔는데 젊고 아름다운 천하제일의 기생들이 많았다."[266]

264) 뉴수(鈕琇), 『고승(觚賸)』 속편(續編) 권 3, 『계씨의 부(季氏之富)』
265) 『전영(錢泳)』, 『이원총화(履園叢話)』 권 7, 『교사(驕奢)』
266) 이두(李斗), 『양주화방록(揚州畵舫錄)』 권 9.

"건륭·가경 시기에 소금 관련 정책이 홍성했는데 상인들 중에는 원림을 건설하고 가희를 기르며 노래와 춤을 가르쳐 스스로 사치스러운 생활을 누리는 자들이 많았다."[267] 대염상들은 평소 의식주 생활이 이상하리만치 사치스러웠다. "명문 세가와 귀족 가문 관료 귀족들은 끊임없이 평산으로 와 가희무녀들을 끼고 즐기면서 그림과 서예, 금과 옥돌, 의복과 풍성한 음식에 허비하는 하루 비용이 엄청나다."[268] "양주 소금업에 종사하는 자들은 서로 겨루기라도 하는 듯이 사치함과 화려함을 뽐냈다. 혼례와 장례 등 행사가 있을 때는 집안 장식과 음식 준비, 의복과 거마 등에 수십 만 금을 허비하는 것이 예사이다."[269]

청초에는 풍속이 비교적 검소했다. 지주들의 의복·모자·신발 모두 무명천과 황마 등으로 만들었는데 "여전히 소박하고 예스러웠으며" 겨울에도 가죽옷을 입는 사람은 지극히 적었다. 그러나 건륭제 이후에 사회 풍기가 검소하던데서 사치하게 바뀌기 시작했으며 변화가 너무 컸다. "남자들은 죄다 가벼운 모피 옷을 입고 여인들은 죄다 비단 옷을 입었으며"[270] "서로 새로운 빛깔과 새로운 양식을 겨루곤 했다." 농민들이 땀 흘려 일 년 내내 부지런히 일해야 수확할 수 있는 식량 10석으로는 지주와 토호들의 밥 한 끼, 옷 한 벌 비용도 부족했다.

사치하고 방탕하며 부패한 풍기는 사회가 쇠락하고 불안정한 상징이다. 청조는 한동안 정치적으로 안정되고 경제적으로 번영한 전성시기를

---

267) 『광서 강도 현속지(光緖江都縣續志)』 권 15.
268) 양종희(楊鐘羲), 『의원문략(意園文略)』 권 1, 『양회염법록요서(兩淮鹽法錄要序)』
269) 이두(李斗), 『양주화방록(揚州畵舫錄)』 권 6.
270) 『전영(錢榮)』, 『이원총화(履園叢話)』 권 7, 『교사(驕奢)』

겪은 뒤 건륭제 후기에 이르러 풍속이 갈수록 사치해지고 풍기가 갈수록 부패해졌으며 빈부의 대립이 갈수록 첨예해졌다. 통치계급의 교만과 사치·방종과 방탕이 곧 날이 갈수록 심각해지고 있는 사회문제에 대한 반영이며 이러한 부패 타락의 기풍으로 인해 또 사회모순이 더욱 첨예해졌다. 이로써 인민의 저항투쟁이 갈수록 치열해졌으며 막강한 기세로 급속하게 진전됨으로써 통치계급은 더 이상 안정되고 태평스러운 생활을 할 수 없게 되었다.

2. 부패한 관리의 품행과 치적, 공공연히 행해지는 탐오

귀족 관료들의 사치스러운 생활과 동반되는 것은 정권기구 내부의 부정부패 기풍이 갈수록 심해지고 회뢰가 공공연히 행해지는 것이다. 이는 통치계급이 부패하고 사회 풍기가 각박해진 뚜렷한 상징이다. 원래 봉건전제통치하에서 관료사회의 뇌물 수수와 불법 행위는 치유될 수 없는 고질병이다. 그러나 봉건정치가 비교적 깨끗하고 투명할 때는 그 고질병이 별로 뚜렷하지 않은 잠복기에 처해 있지만 왕조의 통치가 내리막길을 걷기 시작할 때면 곪고 있던 종기가 악성 발작해 온 몸을 망치는 것과 마찬가지이다.

청조의 봉록제도에는 중대한 결함이 존재한다. 주로 봉록이 너무 낮아 관리 본인과 가족의 생활을 유지하기에 부족한 것이다. 이와 같은 제도는 각급 관리들이 인민들을 상대로 협박과 약탈을 감행하도록 부추기는 동력이 된다. 7품 지현의 연봉이 고작 45냥이고, 총독·순무와 같은 지방의 큰 관리일지라도 연봉이 겨우 150에서 180냥에 그칠 뿐이다. 이런 보잘 것 없는 은 냥은 대관료들이 옷 한 벌 식사 한 끼 비용에도 못 미쳤다.

게다가 나라 재정이 어려울 때면 또 관리들의 봉록에서 짜낼 궁리를 하며 그들에게 감봉과 봉록 헌납을 요구하곤 한다. 그리고 또 지방 정부가 남기는 공비는 원래 지방 업무 비용으로 쓰이는 것으로서 그 액수가 원래부터 아주 적은데다가 청초에 군수가 급해 거듭 삭감하곤 했다. 강희제는 "과거에는 각 주·현에 남기는 은 냥이 있어 공비 소출이 있었다. 후에 의논을 거쳐 모두 호부(戶部)로 돌리도록 해 주·현에서는 업무 비용으로 쓸 공비가 없게 되었다."[271] 그래서 관리들은 생활비용이 보장되지 않았을 뿐 아니라 업무 비용마저도 삭감 당하게 되자 하는 수 없이 백성들에게서 착취하는 수밖에 없었다. 이런 체제는 실제로 각 급 관리들이 층층이 착취하도록 격려하는 격이다. 황제의 조서에서도 "현재 부(部)에 일이 생길 때마다 늘 지방관에게 방법을 대 처리하도록 명하곤 하는데 모두 이 같은 훌륭한 명분을 내세워 실제로 지방에서 부세를 추가 징수하는 것이다."[272]라고 했다.

일부 관리들도 "멀리는 서부정벌에 필요한 차량을 세내는 것과 북구(北口)로의 곡식 운송(갈단[噶爾丹]을 정벌할 때 후근 공급을 가리킴)에 이르기까지, 가까이는 성벽을 수리하는 일까지 어느 것 하나 방법을 대라고 명하지 않는 것이 없었다."[273]라고 말했다. 이른바 "방법을 대라"는 것은 바로 탐오와 협박 약탈을 달리 이르는 말이다.

271) 이원도(李元度), 『국조선정사략(國朝先正事略)』 권 12, 『진빈(陳璸)』
272) 『청성조성훈(清聖祖聖訓)』 권 4, 『성덕(聖德)』, 강희 49년 10월.
273) 송락(宋犖), 『서피류고(西陂類稿)』 권 38, 『조진기동십사(條陳畿東十事)』

강희제 때 관료사회의 탐오 기풍이 이미 점점 심해지기 시작했다. 그때 당시 권력을 장악한 대관료들은 모두 재물을 거둬들이고 뇌물을 받았다. 예를 들어 색액도 (索額圖)는 "탐오와 사치가 전체 조신들 중에서도 으뜸이었고", 명주(明珠)는 "탐오에 능해 뇌물로 받은 물건이 산더미처럼 높이 쌓일 정도였다."[274]

그리고 또 서건학(徐乾學)·고사기(高士奇) 등도 뇌물을 받고 불법을 저지르기로 악명이 자자했다. "서건암(徐健庵) 형제분(서건학·서병의[徐秉義]·서원문[徐元文] 형제를 가리킴)과 고강촌(高江村, 고사기)은 서로 가까운 사이였는데 그때 당시 '제왕에게 바치는 조세는 동해(東海, 서건학을 가리킴)로 흘러들고, 만국의 금과 진주는 담인(澹人, 고사기를 가리킴)에게 바친다네'라는 가요가 전해졌었다. 임금이 그 사실을 알게 되어도 기껏해야 그들의 관직만 삭탈할 뿐이다. 임금은 가까운 대신에게 '대신들은 원래 선비 시절에는 모두 검소한 옷차림으로 보행해서 다니곤 했는데 어느 날 관직에 오르자 호화한 마차를 타고 여덟 명이나 되는 하인의 시중을 받으며 다니고 있다. 모두 어떻게 해서 얻어진 것인지 자세히 따져볼까?'라고 말한 적이 있다."[275]

강희제도 관리의 품행과 치적에 대해 정돈하고 탐오 기풍을 막을 뜻을 품은 적이 있었다. 그는 치수와 부정부패 단속을 두 가지 중요한 정무로 삼아 "강물도 깨끗하게(河淸)", "관리도 깨끗하게(官淸)" 할 수 있기를 바랐다. 그는 한때 많은 탐관오리들을 징벌하는 한편 우성룡(于成龍)·

---

274) 『청사고(淸史稿)』 권 269, 『색액도(索額圖)』 · 『명주(明珠)』
275) 소련(昭槤), 『소정잡록(嘯亭雜錄)』 권 1, 『우용대신(優容大臣)』

팽붕(彭鵬)·장백행(張伯行)·장붕핵(張鵬翮) 등을 칭찬함으로써 청렴한 관리의 본보기로 삼도록 했다. 그런데 실천 과정에서 그는 봉건적인 정치체제 내에서는 탐오행위를 근절할 수 없다는 사실을 점차 깨닫게 되었다. 그래서 강희제 만년에는 관리에 대한 청렴한 다스림을 더 이상 강조하지 않았으며 관리의 탐오와 뇌물 수수 행위를 더욱 관용하며 모르는 체 눈감아 주고 깊이 추궁하지 않았다. 강희제는 "이른바 청렴한 관리라고 하여 부정한 재물을 한 푼도 받아 챙기지 않는 것은 아니다.

만약 재물을 전혀 받지 않는다면 관직에 있는 관리는 일상생활과 가족·집안 일꾼의 생계를 어떻게 유지할 수 있겠는가?"[276]라고 말했다. 강희제는 또 "현재 장붕핵이 관직을 맡아 아주 청렴하지만 산동 연주(兗州)에서 관직에 있을 때는 역시 관행에 따른 적이 있다. 장백행도 관직에 있으면서 청렴하지만 그는 책을 많이 간행했다. 책 한 부를 판각 인쇄해 간행해서 얻을 수 있는 이익은 천금뿐이 아니다. 이 모두 어디서 왔겠는가? 이런 것도 모두 깊이 추궁할 필요가 없다. 양회(兩淮) 소금업 담당 관원들이 뇌물을 주곤 한다는 사실에 대해서 짐도 모르는 바가 아니지만 역시 추궁하지 않는다."[277] 강희제의 방종과 관용으로 인해 각급 관원들은 제멋대로 거리낌 없이 재물을 강탈했으므로 관리의 품행과 치적이 더욱 부패해졌으며 "각 성의 국고가 텅텅 비고 손익이 천만에 달했다."[278]

옹정제가 즉위한 뒤 오랜 폐단을 단호하게 개혁하고 관리의 품행과

---

276) 『동화록(東華錄)』 강희제 권 84, 강희 48년 9월.
277) 『동화록(東華錄)』 강희제 권 87, 강희 50년 3월.
278) 『청 세종실록(淸世宗實錄)』 권 3, 옹정 원년 정월.

치적을 정돈했으며 기한을 주어 각 성에서 텅 빈 지방의 국고를 채워넣도록 명했다. 또한 탐오죄를 엄히 단속해 장물을 되찾고 배상하도록 하는 한편 가산을 몰수했다. 예를 들어 사천성과 섬서성의 총독 연갱요(年羹堯)와 이부상서 융과다(隆科多)가 득죄한 것은 비록 기타 정치적 원인도 있겠지만 열거한 죄상 중에서 탐오가 가장 중요한 원인이었다. 연갱요의 92가지 죄상 중에서 탐오죄가 33가지에 달하고 융과다의 41가지 죄상 중에서 탐오 죄가 16가지에 이른다. 옹정제는 재정을 점검하고 탐오를 뿌리 뽑기 위해, 역시 부세와 봉록제도에 대한 개혁에서 착수해 "모선귀공(耗羨歸公)"정책을 실행했다.

이른바 "모선(耗羨)"이란 부세를 징수하고 지세를 바칠 때 합리적인 소모에 대한 보조금을 가리킨다. 예를 들어 은 냥을 주조할 때 소량의 손실이 발생할 수 있고 양곡을 거둬들이거나 발급할 때도 역시 일부 결손이 생길 수 있기 때문에 지방관들이 세금을 징수할 때 은자 한 냥 당 2~3푼씩 추가 징수하는 것을 허용했다. 이를 "화모(火耗)" 혹은 "모선(耗羨)"이라고 부른다. 이는 원래 합리적인 결손을 메우기 위해 추가 징수하는 부가세인데 지방관들은 실제로 징수할 때 은자 한 냥에 1전 이상까지 추가로 징수했으며 "더 심한 경우는 은자 한 냥에 4~5전까지 추가 징수하거나"[279] 심지어 "정세 액수의 몇 배나 추가 징수하는 경우도 있었다."[280] 그 '모선'에 대해서는 줄곧 지방관이 징수해 처분해오면서 각기 다른 여러 몫으로 나누어 각급 관리들에게 선사했다. 또 각지에서 징수하는 세액의 경중도

---

279) 위의 책, 3월.
280) 『황조경세문편(皇朝經世文編)』 권 27, 전진군(錢陳群), 『조진모선서(條陳耗羨書)』

각이해 존재하는 폐단이 아주 컸다. 옹정제는 '모선귀공'정책을 실시해 "정세 한 냥에 모선 5푼씩 추가 징수해" 정부의 정상 세수로 삼아 통일적으로 징수한 뒤 지방의 국고에 보관했다가 그중에서 '양렴은(養廉銀)'을 꺼내 관리들에게 발급함으로써 생활 보조금과 사무비용으로 쓰도록 했다.

게다가 '양렴은'의 수량도 정봉(正俸, 기본 녹봉)을 훨씬 초과했다. '모선귀공'정책은 옹정제시기의 중요한 개혁으로서 이 조치에는 세금 징수의 권력이 집중되고 백성들의 부담을 경감시켰으며 관리의 품행과 치적을 정돈하고 탐오현상을 줄이는 데 일정한 역할을 했다. 물론 이는 근본적은 방법은 아니었다. 건륭제 이후 탐오 기풍이 또 악성으로 발전해 관리의 품행과 치적이 문란해지고 관리들이 보편적으로 부패해졌다.

건륭제 후기에 대신 화신(和珅)은 최장 임직 기간을 누리고 최대 권력을 가진 최대의 탐관으로 이름났다. 그는 만족 정홍기(正紅旗)의 뉴호록(鈕祜祿)씨 가문 사람이다. 그는 소년 시절에 집안이 가난했으며 문생원(文生員) 출신이고 3등 경거도위(輕車都尉) 직위를 세습했으며 황궁 내에서 저급 직무를 맡았다. 그는 영리하고 언변이 좋으며 용모가 준수해 건륭제의 총애를 받아 관직과 작위가 점점 오르기 시작했는데 아주 빨리 내무부대신·호부상서·문화전(文華殿) 대학사까지 올랐고 1등 충양공(忠襄公) 작위에 봉해졌으며 24년간 군기대신 직을 맡았다. "화신은 오랜 시간 동안 국정을 주관해오면서 고종의 비위를 맞추는 데 능했으며 무례하고 거만했으며 세력을 믿고 권력을 휘두르는 짓거리를 잘했다.

자신에게 순종하지 않는 자에 대해서는 기회를 틈타 황제의 분노를 사게 해 모함하곤 했다. 그리고 뇌물을 가져다 바치는 자에 대해서는 공방전을 벌이거나 일부러 그 일에 대한 처리를 늦추며 황제의 분노가 가라앉기를 기다리곤 했다. 대관료들은 배경을 믿고 그 아래 사람들을 착취해 사리사욕을 채웠다. 염정(鹽政, 소금 관련 업무) 과 치수는 원래부터 재물과 이익이 집중된 분야로서 꾸준히 재물을 갈취했으며 갈수록 부패해졌다.

천초(川楚)지역 비적의 난은 농민들의 격노가 부른 변란이다. 변란 평정에 나선 장수들은 대다수가 화신의 세력을 믿고 군사비용만 낭비하며 사치스럽게 살아오면서 오래 동안 공로가 없는 자들이다."[281] 화신은 권력을 독점하고 탐욕스럽기로 악명이 자자하다. 심지어 그때 당시 중국을 다녀간 외국의 사자들까지도 화신에 대한 의론을 많이 들었을 지경이다. 예를 들어 조선에서 중국으로 온 사신 정동관은 귀국 후 올린 상소에서 "각로[閣老, 명 청 때 한림(翰林)에서 고칙(誥勅, 조정의 관직과 작위 책봉 관련 칙서)을 장관하는 학사(學士)에 대한 칭호] 화신은 20년간 권력을 장악하고 무례하고 거만하며 세력을 믿고 권력을 휘두르는 짓거리를 제멋대로 해오고 있었으며 부정부패가 갈수록 심각해졌다. 조정 내의 공경(公卿)과 조정 밖의 지방 고관에 이르기까지 모두 그 가문 출신이다. 뇌물을 바치며 아부하고 귀순하는 자는 높고 중요한 관직을 얻을 수 있고 중립을 지키며 따르지 않는 자는 죄를 받아 징벌에 처해 지지 않으면 필히 영락한 생활을 해야 했다. 위의 왕공(王公)에서 아래 노복과 낮은 지위에 있는 자에 이르기까지 질시하며 욕하지 않는 이가 없었다."[282] 영국의 조지 매카트니(George Macartney)사절단도 중국에 와서 관련 소식을 전해 들었으며 다음과 같은 기록을 남겼다. "그 중당대인(中堂大人, 화신을 가리킴)은 백료(百僚,

281) 『청사고(淸史稿)』 권 319, 『화신(和珅)』
282) 『조선 이조실록 중의 중국 사료』 11권, 4881쪽.

백관, 모든 벼슬아치)를 통솔하고 여러 방면의 정무를 관리했는데 수많은 중국인들은 뒤에서 그를 제2의 황제라고 부르고 있었다."[283]

1795년(건륭 60년), 건륭이 가경에게 선위하고 태상황(太上皇)으로 칭했지만 여전히 대권을 장악하고 있었다. 가경은 황제임에도 사건을 처리할 때는 태상황에게 아뢰어야 했으며 게다가 화신을 통해 대신 상소해야 했다. 이로부터 화신이 얼마나 총애를 받았고 얼마나 중요한 지위에 있었는지를 알 수 있다. 1799년 2월 7일(가경 4년 정월 초사흗날), 건륭이 죽자 가경은 즉시 화신을 치죄하고 그의 가산을 몰수했는데 "녹나무 목재(楠木)로 지은 집은 분에 넘치게 사치했으며 영수궁(寧壽宮)의 양식을 본떠지었고 정원과 거처의 장식은 원명원의 봉도요대(蓬島瑤臺)와 다를 바 없었다." "계주(薊州)의 묘지에는 향전(享殿, 능묘의 지상 건축 군으로서 영위를 모시고 망령에게 제사를 지내는 대전을 가리킴)을 설치하고 지하 통로를 파놓았는데 주민들은 화릉(和陵)이라고 불렀다."[284] 그리고 또 전답 80만 무, 전당포 75채, 은호(銀號, 개인 경영의 금융기관) 42채, 적금(赤金) 5백 8십만 냥, 사금(生沙金) 2백 여 만 냥, 금원보(金元寶) 1천 개, 은원보(銀元寶) 1천 개, 원보은(元寶銀) 9백 4십만 냥, 이밖에도 진주 ·백옥·마노·시계·보석·주단·자기·옛 정(鼎)·인삼·담비가죽 등이 헤아릴 수도 없이 많았다. 몰수한 가산이 총 109가지에 달했으며 그중에서 이미 가치 평가를 진행한 것이 26가지로서 그 가치가 은 2억 2천 여 만 냥에 이른다. 그때 당시 국고의 연간 수입이 4천 여 만 냥인데

---

283) 조지 스탠튼(George Staunton), 『영국 사절 건륭 알현 실기』, 370쪽.
284) 『청사고(清史稿)』 권 319, 『화신(和珅)』

517

비추어보면 이미 가치 평가를 진행한 부분의 재산은 5년 남짓한 기간의 국고 수입에 해당한다. 화신의 부정 재물이 얼마나 많으며 재산이 얼마나 많은지를 알 수 있다. 심지어 화신 집안의 두 명 하인에게서 몰수한 가산도 은 7백만 냥 가치에 달할 정도였다.[285] 가경제가 화신의 집을 털어 어마어마한 수량의 재물을 몰수하자 민간에서는 "화신이 거꾸러지니 가경이 배불렀네."라는 속담이 생겨났다.

건륭제의 사치스러움에 화신의 탐욕까지 합쳐져 두 사람의 영향에 따른 관리들 품행의 부패함은 가히 짐작할 수 있다. 과거 출신의 관리들은 십 년간 고생스럽게 공부했기 때문에 그들 중 많은 이들의 목적은 벼슬자리를 얻어 부유해지는 것이었다. 정판교(鄭板橋)의 다음과 같은 말이 정곡을 찔렀다 할 수 했다. "서책만 손에 들면, 과거 시험을 통해 거인(擧人)에 합격하고, 진사(進士)에 합격하고, 관직에 올라 어떻게 금전을 탈취해 큰 집을 짓고 전답을 장만할지만 생각한다."[286] 그리고 다른 한 부류는 재물을 헌납해 벼슬을 산 관리 출신으로서 이들은 숱한 은전을 허비해서야 자그마한 벼슬자리라도 얻은 이들이기 때문에 이들에게는 관직을 얻는 것이 장사를 하는 것과 같아 본전도 뽑고 이윤까지 챙길 생각뿐이다.

어느 날 실제 관직에 오르거나 부수입이 짭짤한 보직에 보충되거나 할 수 있으면 당연히 여력을 아끼지 않고 크게 한몫 챙길 생각만 한다. 그리 하여 사람마다 재물을 긁어모으고 상하가 중복 징세하며 탐오 기풍이

---

285) 설복성(薛福成), 『용암필기(庸庵筆記)』 권 3, 『화신의 주택과 화원을 조사 몰수한 명세서(查抄和珅住宅花園淸單)』

286) 정섭(鄭燮), 『정판교집(鄭板橋集)』, 가서(家書), 『범 현 관청에서 가내 아우에게 보낸 글(范縣署中寄舍弟墨)』 4서(書).

갈수록 성행했다. 그때 당시 기록을 보면 "총독과 순무·사도(司道) 등은 주·현의 관리들에게서 재물을 탈취하고 주·현의 관리들은 백성들에게서 착취하며 층층이 착취했다. 그러니 고생스럽고 힘든 건 양민들뿐이었으며 고혈을 깡그리 짜내 빼앗기고 집안이 망하곤 했다."[287] 기록에는 또 "대체로 벼슬을 오래 한 자들은 염치가 전혀 없이 재물만을 좇았다. 지현이 지부에게 후하게 바치고 지부는 또 대 권력을 장악한 집권자를 잘 섬기곤 하면서 상하가 서로 덮어주고 부정행위를 서로 감싸주면서 멋대로 부정을 저지르곤 했다."[288]라는 내용도 있다. 이와 같이 뇌물을 받아먹고 법을 어기는 관료사회를 폭로한 기록이 헤아릴 수도 없을 정도로 많다.

건륭제 때 대형 탐오사건이 적잖게 발생했으며 불법 관료들도 일부 징벌했다. 예를 들어 1757년(건륭 22년), 운귀(云貴, 운남성과 귀주성) 총독(總督) 항문(恒文)과 운남성 순무(巡撫) 곽일유(郭一裕)가 건륭제의 환심을 사기 위해 금 화로를 만들어 진상키로 합의를 보고 황금을 구입하는 과정에 금값을 낮춰 개인 주머니를 채웠다. 사실이 탄로 나자 건륭제는 "진상을 명분 삼아 개인의 주머니를 채웠다"[289]고 항문을 책망하며 그에게 스스로 목숨을 끊을 것을 명하고 곽일유는 변방으로 유배를 보내 군무·노역에 종사하도록 명했다. 같은 해 산동성 순무 장주(蔣洲)가 산서성 번사[藩司, 포정사(布政使)의 약칭]로 임직 기간 중에 국고를 결손낸 뒤 자신의 부하들에게 은 냥을 바쳐 메우도록 명한 사실이 고발당해 강희제가

287) 『청 인종실록(淸仁宗實錄)』 권 75, 가경 5년 10월.
288) 『조선 이조실록 중의 중국 사료』 11권, 4810쪽.
289) 『청사고(淸史稿)』 권 339, 『항문(恒文)』

장주를 죽였다. 그 일이 섬서성 순무 명덕과 또 다른 많은 관리들에게 연루되어 죄다 문죄를 당했다.

1768년(건륭 33년), 양회(兩淮) 염정(鹽政)이 건륭제의 남방 순시 비용을 마련한다는 명분으로 제멋대로 염인(鹽引) 하나에 은 3냥씩 바쳐야 한다는 규정을 내왔다. 이 부분 은 냥의 징수와 지출에 대해서는 조정에 명확히 보고한 적이 없다. 그 후 조사를 거쳐 과거 여러 해 동안 그들이 염인을 발급하고 거둬들인 은이 1천 9십 만 냥에 달하는 것으로 밝혀졌다.

그 중 황제의 남방 순시 비용으로 사용된 부분을 제외하고 대부분은 양회 염정이 독점한 것으로 드러났다. 그래서 염정 직을 담당했던 고항(高恒) · 보복(普福), 염운사(鹽運使) 노견증(盧見曾)은 모두 처형당했다. 1781년(건륭 46년), 절강성 순무 왕단망(王亶望)이 감숙성 번사로 임직 기간에 연납(捐納)을 통해 감생(監生)이 된 자들이 바친 재해 구제 식량을 탐오한 죄로 참수형을 당했다. 그 사건에 연루된 관리가 60여 명이나 되는데 22명이 사형을 당했다. 심지어 섬감(陝甘, 섬서성과 감숙성) 총독 늑이근(勒爾謹)까지도 자진하라는 명을 받았다. 그 사건에 대한 처리가 채 끝나기도 전에 옛날 사건 처리 과정에 또 새로운 사건이 발생했다.

민절(閩浙, 복건성과 절강성) 총독 진휘조(陳輝祖)가 왕단망의 가산을 조사 몰수하는 과정에서 은으로 금을 대체하고 옥기를 은닉하고 조주(朝珠, 청대 고관들이 차던 목걸이)를 바꿔치기하는 등 수단으로 왕단망의 장물을 훔쳐 자신의 소유로 만들었던 것이다.

사건이 적발 당한데다 또 복건 · 절강 두 성의 재정적 결손이 너무 커 진휘조에게도 자진할 것을 명했다. 1782년(건륭 47년), 또 산동성 순무 국태(國泰) · 포정사(布政使) 우역간(于易簡)의 탐오사건이 있었다. 국태 등이 탐오해 개인의 이익을 챙기고 부하들로부터 재물을 강요해 산동 여러 주·현 창고의 결손을 초래했다. 국태는 화신의 심복으로서 화신이 몰래 기별을 전해 극구 구원하려고 했지만 여전히 죄를 피하지 못하고 국태 등도 역시 자진을 명 받았다. 1784년(건륭 49년), 민절(閩浙, 복건성과 절강성) 총독 오랍납(伍拉納)과 복건성 순무 포림(浦霖)이 "부정부패와 포학한 권력 행사로 현령을 곤경에 빠뜨리고 현령은 또 아래 사람들에게 뇌물을 요구함으로써 탐관오리들이 득실거리고 강도들이 판을 치게 된 사실이"[290] 적발 당했다. 오랍납과 포림은 모두 죽을죄를 지어 처형당했다. 오랍납의 재산을 몰수해보니 여의(如意) 한 가지만 백 여 자루나 되었다. 1792년(건륭 57년), 절강성 순무 복숭(福崧)이 또 11만 냥의 뇌물을 요구하고 공금 6만 냥을 횡령해 득죄해 자진했다. 건륭제 후기에 많은 탐관오리들이 살해당했는데 그들 중에는 총독·순무·포정사·안찰사 등 대관료가 적지 않았지만 관료사회의 탐오 기풍은 수그러들지 않았다. 그 중요한 원인은 "윗물이 맑아야 아랫물이 맑은 법"이기 때문이다. 건륭제 본인이 돈을 물 쓰듯이 낭비했기 때문에 각 급 관리들은 서로 다투어 공물을 바치고, 어가를 영접하고, 생신을 축하하고, 예물을 바치는데 헤아릴 수도 없이 많은 비용을 허비해야 했다. 한편 대권을 장악한 화신은 "탐욕스럽기 그지없어 재물을 좇음에 있어서 항상 때를 놓칠세라 총망히 서둘렀다(性貪黷无厭, 征求財貨, 皇皇如不及). 총독·순무·사도는 그의 모함이 두려워하는 수 없이 수레에 재물들을 싣고 그 권력가의 집 문턱을 넘나들면서 그를

---

290) 소련(昭槤), 『소정잡록(嘯亭雜錄)』 권 1, 『오랍납을 죽이다(誅伍拉納)』

배경으로 삼으려 했다."[291]

그러한 상황에서 관리들이 탐오하지 않고 뇌물을 바치지 않는다면 어찌 그 많은 은전을 장만해 황제와 상급 관리에게 효경할 수 있었겠는가. 그래서 건륭과 화신이야말로 관료사회 부정 풍기의 근원으로서 "겉으로는 부정부패를 징벌한다고 하면서 실제로는 부정부패를 부추기고 있었다.

고로 그때 당시 '살진 오리가 도살 당한다'라고 조롱 어린 말이 떠돌기도 했다. 건륭제가 죽인 총독과 순무는 모두 더 이상 덮어 가릴 수 없는 자들이다. 벌금만 안기고 문책하지 않았거나 흔적을 남기지 않고 잘 미봉한 자들의 수는 헤아릴 수도 없을 정도였다. 고로 부정부패를 징벌했지만 부정부패가 끊일 줄 몰랐다."[292] 그래서 훗날 설복성(薛福成)은 다음과 같이 평론했다. 건륭제 시기에 "징벌을 받는 자가 많을수록 부정부패 기풍은 더 거세졌다. 그들은 법망에 걸려드는 것이 불안하고 두려워 약탈과 착취를 점점 더 도모하고 뇌물을 많이 수수해 거기에 의지해 스스로를 보전하려고 했다. 그때 당시 인성이 유난히 탐욕스러웠던 것이 아니라 전적으로 내심의 음험함과 잔인함에 쫓겨서 탐욕스러워지지 않을 수 없었다(非其時人性獨貪也, 盖有在內隱爲驅迫, 使不得不貪者也)."[293]

그때 당시 관료사회가 분명 부패하기 그지없었음에도 건륭제는 태평한 것처럼 꾸미며 충심어린 권고를 받아들이지 않았다. 1790년(건륭 55년), 내각학사(內閣學士) 윤장도(尹壯圖)가 상소를 올려 "여러 총독과 순무는

---

291) 설복성(薛福成), 『용암필기(庸庵筆記)』 권 3, 『입상기연(入相奇緣)』
292) 등지성(鄧之誠), 『중화 이천년사(中華二千年史)』 권 5, 중, 219쪽.
293) 설복성(薛福成), 『용암필기(庸庵筆記)』 권 3, 『입상기연(入相奇緣)』

악명이 자자하고 관리의 품행과 치적이 문란해졌나이다. 신이 여러 곳을 다니며 관리가 어진지 여부를 살펴보았는데 백성의 절반이 눈살을 찌푸리며 한탄하고 있었나이다. 여러 성의 풍기가 대체로 모두 그러했사옵니다.

어명을 내리시어 만주 대신을 파견해 신과 함께 여러 성으로 가 비밀리에 결손 상황을 조사할 수 있도록 윤허해주시옵소서."라고 말했다. 이같은 말은 실제 상황을 반영했지만 건륭제는 지극히 언짢아하면서 "돌아다닌 여러 성의 백성들이 눈살을 찌푸리며 한탄했다고 했는데 마치 현 시대에 살면서 백성들이 부담이 크고 고통스러워 살 수 없다는 뜻으로 들리는군. 이런 소리를 어떤 사람한테서 들었으며 어느 곳에서 보았는지 실제 상황을 분명히 밝혀 다시 아뢸 것을 명하노라."[294)]라고 윤장도에게 캐물었다.

그 후 건륭제가 윤장도 등에게 여러 성으로 가서 결손 상황을 조사하라고 명했다. 그런데 여러 지역에서는 사전에 소식을 접하고 여기저기서 재물을 날라다 국고에 채워 넣어 일시적으로 결손을 메웠기 때문에 당연히 조사해봤자 문제를 발견할 수가 없었다. 윤장도는 스스로 거짓으로 속였다고 인정하고 상소를 올려 치죄를 청했으며 그는 형부(刑部)의 감옥에 수감되어 임금을 기만하고 함부로 이의를 제기한 죄를 물어 참수형에 처한다는 판결을 받았다. 그런데 건륭제는 너무 지나치다는 생각이 들어 사형을 면제하고 내각시독(內閣侍讀)으로 강등시켰다.

이처럼 상하로 서로 덮어주며 오로지 재물을 탐내고 뇌물을 주고받는 풍기 속에서 관리들은 더는 발전하려고 하지 않고 적당히 얼버무리면서

---

294) 『청사고(清史稿)』 권 109, 『윤장도(尹壯圖)』

아첨하여 비위를 맞추다나니 모든 정무가 문란해지고 효율이 지극히 낮았으며 재정이 결손나고 소송사건이 산더미처럼 쌓였다. 유용(劉墉)이 청조 관리 품행과 치적의 부패함에 대해 논술한 구절이 있는데 다음과 같다.

"현재 온 천하에 관리가 참으로 많지만 백성을 안정시키는 일에 종사하는 관리가 있다는 소리는 들은 바가 없다. 대신 부세를 가혹하게 마구 거둬들이고 형벌을 멋대로 적용하며 백성의 고혈을 착취하고 백성의 목숨을 해치는 자들은 온 천하에 득실거린다. 그 폐해가 어찌 작다고 할 수 있으랴! …… 나라에서 관리를 두고 각자에게 직무를 나눠 맡기는 것은 원래 백성을 위해 일하게 하기 위함이건만 직무를 맡은 자들은 이를 돌보지 않고 오히려 착취하며 백성의 목숨과 고혈을 취하고 있다. 잔혹과 탐욕에 빠진 관리들에게 죽어가는 백성을 구제하라고 매일같이 부르짖는 바이다.

이 역시 인간 세상에 살면서 지극히 마음이 아픈 이유이다! 또 더 심한 경우 관부의 관리와 심부름꾼에 이르기까지 아무런 능력도 없이 주·현의 관청에 들어앉아 공밥을 먹는 자가 천을 헤아리며 숱한 가정에 농사도 짓지 않고 베도 짜지 않으면서 편안한 생활을 누리는 자가 만 명도 넘는다.

시골에서 백성들이 가끔씩 서로 간에 작은 일로 얼굴을 붉히고 버성기어 서로 견제하고 농락하는데 그 집안이 망하기 전에는 멈출 줄 몰랐다. 터무니없는 글재주를 부려 법을 우롱하고 무고한 자를 중상 모략한 것은 그래도 취조라도 할 수 있지 않겠는가! 수십 리 손바닥만 한 읍에서 이리와 같은 관리가 주인이 되어 수백 수천의 앞잡이들을 풀어 백성들의 고혈을 모조리 잠식해 버리니 백성들은 피해를 입고 조정을 원망할 수밖에…… 오늘날 대관료들은 아래 벼슬아치들이 바치는 뇌물의 많고 적음에 따라 그 정치 업적을 평가해 관직의 승진과 파면의 법도를 어지럽히고 있고. 작은 벼슬아치들은 받아 챙기는 재물의 허와 실에 따라 송사의 시비를 가려 상과 벌의 권위를 떨어뜨리고 있다······ 현재 주·현에서 조금이라도 세속에 물들지 않고 순결을 지키려는 자라면 머리가 하얗게 셀 때까지도 관직이 오를 가망이 없이 미천한 관직에 머물러 있거나 탄핵 당하곤 한다. 그러나 탐관오리들은 가산을 불려 처자식을 기쁘게 할 뿐 아니라 벼슬이 한 해에도 여러 차례씩 벼슬이 오를 수 있다.

서로 비교해보면 현저한 이해(利害) 차이가 난다. 그 청렴한 관리는 명예도 이루지 못할 뿐 아니라 이익 또한 얻지 못하게 된다. 그러니 홀로 세상의 큰 이익을 버리는 것이니 요즘 세상의 큰 금기를 범하는 꼴이라 이 어찌 진실된 마음이겠는가! 당연히 몰래 재물을 받고 부정기풍을 부추기게 될 것이니 비록 초심을 잃고 절개를 지키지 못하더라도 뒤돌아보며 후회는 없을 것이다."[295]

유용은 그때 당시 출사하지 않은 일반 지주였음에도 상기와 같은 말을 통해 관료사회의 폐단을 아주 투철하게 반영했다.

그때 당시 대관료들은 오로지 관직을 지키며 녹봉을 받아 챙기는 데만 연연하며 적당히 얼버무리고 안주하기에만 급급해 정무를 중요시하지 않았다. 건륭제의 주요 대신들은 모두 성격과 풍격이 각기 달랐지만 품행과 품격에는 모두 심각한 문제가 있었다. "눌친(訥親)은 횡포하고

---

295) 유용(劉蓉), 『양회당문집(養晦堂文集)』 권 3, 『모 관리에게 보내는 편지(致某官書)』

우민중(于敏中)은 탐욕스러우며 부항(傅恒)은 사치스럽고 화신은 이 모든 특징을 고루 겸했다. 나는 앞으로 나갔다 뒤로 물러섰다 하면서 말없이 환심을 살 뿐이다."[296] 가경 초기에 필원(畢沅)이 양광(兩廣) 총독 직을 맡고 복녕(福寧)이 광동 순무 직을, 진회(陳淮)가 광동 포정사 직을 맡아 세 사람은 패를 지어 간악한 짓을 했다. "필(원)은 성격이 느리고 정무에 게을렀고, 복(녕)은 음흉하고 악독했으며 뇌물을 마구 받아 챙겼으며, 진(회)은 다른 사람의 흠집을 잡기를 좋아해 반드시 그 부하가 가진 것을 모두 털어놓은 뒤에야 면제해주곤 했다." 그때 당시 사람들은 그들을 두고 "필(원)은 관할하지 않고 복(녕)은 재물을 요구하며 진(회)은 주머니를 턴다"[297]라고 욕했다. 도광제 때 가장 오래 대권을 장악한 조진용(曹振鏞)은 "만년에 명성과 지위 모두 안정적이어서 문하생이 그 기교에 대해 가르침을 청했다. 문정(文正, 조진용의 시호)이 이르기를 '다른 것은 없다. 오로지 머리를 많이 조아리고 말을 적게 하는 것이다.(無他, 但多磕頭少說話耳)'"[298] 이 여섯 글자가 대관료들의 금과옥조(金科玉律)가 되었다. 어떤 사람은 『일전매(一剪梅)』라는 글을 지어 부패한 관료사회를 풍자했는데 원문은 다음과 같다.

"벼슬을 잘하려면 세밀해야 한다네. 외지 관리들은 수도의 소식을 제때에 접하려면 수도의 관리들에게 늘 숯값(뇌물)을 충분히 주어 효경해야

---

296) 등지성(鄧之誠), 『골동쇄기전편(骨董瑣記全編)』 권 3, 『건륭제상(乾隆諸相)』
297) 서가(徐珂), 『청패류초(淸稗類鈔)』 제 12권, 『풍자류(譏諷類)』
298) 이악서(李岳瑞), 『춘빙실야승(春氷室野乘)』

한다네. 시사를 논하며 영웅인체 하지 말고 무조건 원융하고 무조건 공손해야 한다네. 대신의 재력은 넉넉함이 중요한 것, 특별한 공훈을 세웠음을 자랑하지 말고 무한한 충성심에 대해서도 말하지 말지어다. 모든 일은 두루뭉술함이 중요한 것, 의견도 제기하지 말고 반박도 하지 말지어다 (仕途鑽刺要精工, 京信常通, 炭敬常豐.莫談時事逞英雄, 一味圓融, 一味謙恭.大臣經濟在從容, 莫顯奇功, 莫說精忠.萬般人事要朦朧, 駁也毋庸, 議也毋庸.)

팔방이 무사하고 해마다 풍년이 들어야 국운이 융성하고 관운 또한 형통하나니. 모두가 한 마음으로 서로 도우며 좋아도 덮어 감추고 나빠도 덮어 감춰야 한다네. 무탈하게 삼공의 자리까지 오르게 되면 아내가 영예로운 지위에 봉해지고 자식은 낭중(郎中)의 관직을 하사 받는다네. 훌륭한 명성이 후세에 널리 전해지는데 시호가 문충(文忠)이 아니라 문공(文恭)이라네(八方無事歲年豐, 國運方隆, 官運方通.大家襄贊要和衷, 好也彌縫, 歹也彌縫.無災無難到三公, 妻受榮封, 子蔭郎中.流芳身後更無窮, 不諡文忠, 便諡文恭.)"

이 시에서는 관료들의 추태를 남김없이 반영했다.

엥겔스는 18세기 독일의 국내 정치 상황에 대해 다음과 같이 말했다. "온 세상이 혼란스러울 뿐이다…… 거만하고 안하무인인 왕공들이 관리와 백성에 대한 횡포와 잔인함은 참으로 믿어지지 않을 지경이다. 향락만 누릴 줄 알고 거만하고 사치스러우며 방탕한 이들 왕공들은 대신과 관리들에게 무한한 권력을 부여해 그들이 아무런 거리낌도 없이 불행한 백성들을 압박하게 했다. 그들이 주인의 금고를 가득 채워주고 주인에게 아름다운 처첩을 충분히 제공해주기만 하면 되었다…… 이들은 한 무리의 썩어가고 해체되어가는 가증스러운 물건들이었다. 단 한 사람도 편안함을 느낄 수 없다. 국내의 수공업·상업·공업과 농업은 극도로 쇠퇴되었다.

농민·수공업자·기업주들이 정부의 착취와 상업의 불경기라는 이중 고난을 겪고 있었다. 귀족과 왕공들 모두가 저들이 관리와 백성들의 고혈을 깡그리 짜내도 저들의 소득으로는 갈수록 방대해지는 지출을 메울 수 없다는 사실을 느끼고 있었다. 모든 것이 엉망진창이고 불만 정서가 전국을 뒤덮었다…… 모든 것이 완전히 썩어버렸고 흔들리고 있었으며 당장이라도 무너질 것 같았다. 일말의 호전될 희망도 보이지 않았다."[299] 건륭제 이후 중국 정치상황의 부패 정도가 이보다 더하면 더했지 절대 덜하지는 않았다.

3. 부패한 군대와 문란한 군기

군대는 정권의 구성부분이고 또 정권의 주요 기둥이다. 봉건사회에서 정권기구 내부의 부정부패 기풍이 군대에 심각한 부식작용을 일으키지 않을 리 없다.

청조의 정규군은 팔기(八旗)와 녹영(綠營)으로 구성되었다. 팔기는 의무병으로서 무릇 만족 남정이라면 모두 "갑옷을 입고" 출전할 의무가 있었다. 녹영은 고용병으로서 한인(漢人)을 모집해 군대에 가입시켰다.

---

299) 『마르크스 엥겔스 전집』, 제 2권, 엥겔스, 『독일 상황』, 632~634쪽.

팔기와 녹영은 매달 '녹봉(餉銀)'을 타고 매년 '세미(歲米, 매년 군인들에게 나누어 주는 쌀)'를 발급 받았다. 이 부분의 군인 급여와 보급품은 봉건국가 재정 지출 중에서 가장 큰 비중을 차지했다. 평상시에는 군인에게 발급하는 급여와 보급품이 "나라 경비 중에서 차지하는 비중이 10분의 6~7이지만" 전쟁이 일어나거나 하면 그 수량이 훨씬 더 많았다.

청조가 입관(入關, 산해관 이내로 들어옴)하기 전과 입관 초에는 팔기병이 용맹스럽고 싸움을 잘하는 군대였지만 겨우 한 세대가 지나는 사이에 팔기병은 점점 부패해져 전투력이 크게 약화되었다. 강희제 때 삼번(三藩)의 난을 평정할 당시에 팔기병은 군기가 문란해지고 병사들은 투지를 상실한 상황이었다. 황제의 조서에는 다음과 같이 기록되어 있다. "전쟁을 하는 곳에서는 제왕 장군 대신들이 성을 공략하고 적을 무찌를 때 백성을 안정시키고 난을 평정할 생각은 않고 공명만을 추구하고 있다.

그들은 오로지 자신의 주머니를 불리는 데만 뜻을 두고 숱한 백성들의 자녀를 강점하곤 한다. 혹은 도적과 결탁해 도적의 명의로 양민의 오막살이에 불을 지르고 자녀들을 잡아가고 재물을 약탈해 가고 있다."[300] 이들 군대는 불을 지르고 백성을 죽이고 재물을 약탈하고 평민을 유린할 줄만 알았지 전쟁에서는 번번이 대패했다. 그래서 청 조정은 녹영의 군사들에 의지해 장기간의 전쟁을 치른 끝에 비로소 삼번의 난을 평정할 수 있었다. 그 뒤 팔기병은 갈수록 더 부패해져 "팔기 장수와 참모들은 집안에 들어앉아 쟁(箏)이나 뜯고 축(筑)이나 두드리며 수놓은 화려한 비단옷을

---

300) 『동화록(東華錄)』 강희제 권 24, 강희 18년 7월.

입고 살진 말을 타고 다니며 매일 손님들과 즐기며 부화방탕한 생활을 했다."[301] "도통(都統)·부도통은 정무를 의논하고자 모일 때면 대다수가 정무를 보러 나오지 않았다. 나온 자들도 늘 정무를 보는 데는 뜻이 없고 서로 농담이나 하며 멋대로 웃고 떠들기만 했다."[302]

"극단에 들어가 연극을 하는 자가 있는가 하면 극단에 들어가지 않고 스스로 노래를 부르는 자도 있다."[303] 팔기의 고급 장령들은 높은 지위에서 부유하고 안일하게 지내면서 직무를 소홀히 했다. 말 타기와 활쏘기, 무예 연습, 공무 처리, 군대 정돈 등을 일절 뒷전으로 돌렸다. 일반 병사들도 장기간 북경이나 여러 성의 주둔지에 살며 태평세월을 보냈다. 청 조정은 그들이 여러 가지 생산노동에 종사하는 것을 불허했기 때문에 빈둥빈둥 놀면서 겉치레만 하고 소란스러운 풍기가 형성되었다. 가경제의 조서에는 "우리 만주족은 순박한 전통이 있어 옷은 거의 소박한 천으로 지어 입었다. 그런데 근래에 사회 풍속을 좇아 군사들의 옷차림이 화려해져 대부분 주단 옷을 입었으며 차림새가 다른 사람보다 못한 것을 수치스럽게 생각하고 있다."[304]라고 했다. 그들은 생활 속에서 잘 사는 티를 내고 체면과 격식을 따졌지만 소득이 제한되어 있었다. 집안 식구는 많이 늘어 지출이 엄청난 반면에 군사의 녹봉과 세미의 수량은 정해져 있었으므로 지출이 소득보다 많아 생활이 가난했다. "녹봉을 받게 되면…… 항상 먼저 술과 고기 등 먹고

301) 『기군지(旗軍志)』, 제 2쪽.
302) 『동화록(東華錄)』 건륭제 권 2, 옹정 13년 12월.
303) 『청 고종실록(淸高宗實錄)』 권 77, 건륭 3년 9월.
304) 『예안회편(例案匯編)』 권 상, 가경 7년 8월 27일.

마실 것부터 장만했는데 얼마 가지 못해 돈이 거덜이 나버렸다."[305]

청조 중엽에 팔기의 군사들 중에는 가난해진 자가 아주 많았다. 그들은 군용 식량을 가불 받고 기지(旗地)를 팔고 구제금을 받아 생계를 유지했다. 따라서 팔기병도 헛된 명성뿐이고 싸움을 할 줄 모르는 영감병(老爺兵)이 되었다. 백련교 봉기 때 팔기의 장령들도 주동적으로 참전해 호북·사천의 전선에 나갈 것을 요구했다. 그러나 실제로는 약탈을 통해 부유해지기 위함이었다. "북경에 있던 암달(諳達)·시위(侍衛)·장경(章京) 중에 참전을 요구하지 않은 사람이 없었다. 또 참전했던 군사들 중에는 전답을 장만하지 않은 자가 없고 또 그로 인해 갑자기 부유해지지 않은 자가 없었다."[306]

그래서 전선의 총지휘관은 이들 북경에서 파견된 영감병을 하루 속히 철수시켜 돌려보내 작전에 영향을 주지 않도록 할 것을 조정에 청구했다. 가경 4년, 총독 늑보(勒保)가 상소를 올려 "건예(健銳)·화기(火器) 두 개 영(營)의 군사들은 고생을 두려워하고 지휘에 따르지 않으며 적을 토벌함에 있어서 전투력이 약하옵니다. 달주(達州)까지 70여 리 거리를 이틀 만에야 겨우 당도할 수 있었사옵니다. 그들이 오래 남아 군량을 낭비하며 녹영의 업신여김을 받는 것보다는 죄다 북경으로 철수시켜 더 이상 파견하지 않도록 해줄 것을 청하옵니다."[307] 싸움에는 약한 이들 군대가 재물을 강탈하고 백성을 괴롭히는 데는 아주 능력이 뛰어났다. 예를 들어 태원(太原)에 주둔 수비하던 팔기병은 "민첩하고 용맹하며

---

305) 위의 책.
306) 위원(魏源), 『성무기(聖武記)』 권 9.
307) 소일산(蕭一山), 『청대통사(淸代通史)』 중의 209쪽에서 인용.

강도를 키우며 비적질을 함에 거리낌이 없었는데 주민들은 온 성 안에 '양산박(梁山泊)'이라고 말했다."[308]

그 뒤 청 조정은 큰 전쟁을 치를 때마다 녹영에 의지했다. 녹영도 점차 변하기 시작했으며 폐단도 역시 아주 심각했다. 건륭은 "이런 군사는 정벌에 파견되거나 현성을 수비할 때 비적의 공격만 받으면 뿔뿔이 흩어져버린다. 녹영의 두려움이 많은 고질병이 가장 가증스럽구나."[309]라고 말했다. 가경은 즉위 전에 건륭을 따라 남방을 순시하면서 군대의 고질적인 폐단을 목격한 바 있다. 훗날 그는 "짐은 갑진년(甲辰年, 건륭 49년)에 선대왕을 따라 남방 순시에 나섰는데 항주에 이르러 군영에서 말 타기와 활쏘기 훈련을 하는 것을 목격한 적이 있다. 활쏘기를 하면 헛방을 쏘고 말을 달릴 때는 사람이 말 잔등에서 땅에 떨어지곤 했다."[310] 대만 임상문(林爽文)봉기가 있은 뒤 청 조정은 그 지역의 무장 상황을 조사했었다. 조사 결과 고급 장령들이 "탐욕에 물젖어 개인의 이익을 도모하다나니 군영의 업무가 문란해졌으며 병사들을 몰래 내지로 돌려보내 장사를 하게 하면서 매달 은전을 바치도록 강요했다…… 대만의 술병(戍兵, 변강지역을 수비하는 병사)들 중 대다수는 뇌물을 주고 군영을 빠져나가 집으로 돌아갔으므로 군사 수량이 부족했다.

군영에 남은 병사들도 멋대로 군영 밖에서 생계를 꾸려나가도록 방임했는데 그들은 도박장이나 기방을 경영하고 불법으로 소금을 판매하곤 했다. 군 장수들은 그 병사들에게 매달 금전만 바치게 하고 일 년 내내

---

308) 장집형(張集馨), 『청 함환해 견문록(淸咸宦海見聞錄)』, 38쪽.
309) 『청 고종실록(淸高宗實錄)』 권 1297, 건륭 53년 정월 23일.
310) 『동화록(東華錄)』 가경조 권 7, 가경 4년 정월.

군사훈련을 시키지 않았다."[311] 또 예를 들면, 광동·복건의 수군은 원래 외국 자본주의 침략세력에 저항하는 주요 무장역량이 되어야 했다. 그런데 탐오해 개인 주머니를 채우는 등 폐단이 많았다. 선박을 건조할 경우 10척 중에서 적어도 2~3척을 적게 건조하고 남은 조선 비용은 죄다 개인의 주머니에 넣었다.

"그 지방 군대의 지휘관과 주·현의 관리들이 서로 결탁해 부정행위를 저질렀는데 국고의 은을 타내다가 개인의 소유로 삼았다." 이미 건조한 선박도 "불초한 관원들이 군사의 친척들에게 맡겨 외부 성에 팔아버리거나 상인에게 세를 주어 안남(安南, 베트남)과 일본으로 가 무역을 해 이익을 챙기도록 했다."[312] 더 이상한 것은 수군은 한 번도 해적을 잡아들인 적이 없다는 사실이다. 그것은 "수군과 해적은 한 통속으로서 아비는 해적이고 아들은 수군인 경우가 늘 있었다."[313] 내지 여러 곳의 지방 군사의 상황도 아주 엉망이었다. 군영에서 상부에 인원수를 거짓 보고하고 여분의 급료 등을 착복하거나 병사들의 급료를 가로채는 현상이 아주 보편적으로 존재했다. 등록부에는 이름이 있으나 실제로 그 병사가 없는 경우가 아주 흔했으며 그렇게 발급 받은 급료는 모두 장령들이 강점했다. 게다가 청 조정은 재정 형편이 어려워 늘 군사의 급료를 체불했기 때문에 군사들은 생활 보장이 없었다. 많은 지방에 군영은 있으나 군사가 없지 않으면 군사는 있으나 생계를 위해 장사를 겸해서 하다나니 군사 연습에 몰두할

---

311) 『청 고종실록(淸高宗實錄)』 권 1297, 건륭 53년 정월 23일.
312) 『도광이 다시 편찬한 복건 통지(道光重纂福建通志)』,
    『복건통기(福建通紀)』, 『청기5(淸紀五)』
313) 장집형(張集馨), 『도함환해 견문록(道咸宦海見聞錄)』, 63쪽.

수가 없었다. 예를 들어 섬서성 "한중 진(漢中鎭)은 군사 정원이 7천 여명으로 설정했는데 현재 한 사람도 남아있지 않다. 성문을 지키는 자도 군영에서 임시로 고용하곤 하는데 하루에 백문 씩 지불하지 않으면 고용할 수도 없다." "유림(楡林) 진에서는 병사가 마치 거지와 같다. 그들은 입에 풀칠이라도 하려고 병장기를 벌써 팔아버렸다."[314] 팔기와 녹영은 부패로 전투력을 잃었기 때문에 백련교 봉기 때 청 조정은 향용(鄕勇) 단련(團練)을 이용하는 수밖에 없었다.

작전 시 "여러 갈래의 관군은 싸움터에 임하면 언제나 향용을 제일 앞에 세우고 그 뒤에 녹영의 군사들을 배치하고 만족 병사 중 길림(吉林)의 솔론(索倫)을 그 뒤에 세웠다."[315] 그러나 향용 단련은 임시로 고용 모집된 지방의 무장 세력으로써 국가의 정규군이 아니다. 전쟁이 일어날 때면 모집하는데 인원수가 일정하지 않고 전쟁이 평정되면 해체시키곤 했다. 태평천국운동 이후에 이르러서야 비로소 상군(湘軍)·회군(淮軍)이 녹영을 대체해 상설 군대가 되었다. 중일 갑오전쟁 이후에 이르러서는 또 서양식으로 바꿔 편성·장비·훈련을 진행한 신군(新軍)이 나타났다.

청조 중엽 이후에 관리의 품행과 치적이 부패하고 군기가 문란해져 봉기 진압이 크게 약화되었다. 이는 그때 당시 인민의 저항 투쟁이 막강한 기세로 일어나고 활활 타오르는 불길처럼 맹렬하게 발전할 수 있은 중요한 조건이다.

---

314) 위의 책, 352쪽.
315) 위원(魏源), 『성무기(聖武記)』 권 9.

제13장

19세기 전기의 사회사조

제1절
건륭 · 가경시기 한학의 쇠락과 금문경학의 흥기

1. 한학의 쇠락과 한 · 송의 쟁의

청대 봉건사회는 '강옹건성세(康雍乾盛世)'를 거쳐 18세기 후기부터 차츰 몰락하기 시작했다. 그때 당시 전반사회는 경제가 쇠퇴하고 정치가 부패하며 사상이 침체되는 쇠잔한 광경을 보였다. 국내의 계급모순은 아주 첨예했다. 농민과 여러 소수민족들의 청조통치를 반대하는 봉기가 우후죽순 마냥 일어났다. 이와 동시에 세계 여러 자본주의 국가들이 잔혹한 대외 약탈을 시작하며 중국에 대한 침략을 가속화했다. 사회형세가 급격히 변화하고 사회위기가 심각해지자 한때 사상문화영역에서 크게 성행하던 건가한학(건륭 가경 시기 한학) 역시 내리막길을 걷기 시작했다.

건가한학의 사상은 중국 고대의 문화역사 유산을 정리하는 면에서 탁월한 기여를 했다. 청대의 '태평성세' 때 형성된 건가한학 사상은 경제가 발전하고 정치가 안정적인 사회 환경에서야만 풍족한 영양을 흡수하고 왕성하게 성장할 수 있다. 하지만 사회적 환경이 변하면서 건가한학 사상은 존재 조건과 발전 조건을 잃었다. 건가한학파는 고서를 연구 대상으로 했기에 자신의 연구범위를 벗어나 사회의 위기를 대처할 방법을 연구하지 않는다. 그 당시 중국 사회는 이미 큰 변화가 일어나기 직전이라 국세가 상당히 긴장했으며 내외모순은 갈수록 첨예했다. 역사의 흐름은 고서연구에 몰두하는 사상가들이 현실투쟁으로 시선을 옮길 것을 요구했다. 백성들이 낡은 제도를 비판하고 공격할 수 있는 사상적 무기를 원했을 뿐 아니라 통치계급 역시 현존제도를 수호할 수 있는 사상적 무기가 나타나 날로 고조하는 혁명의 물결을 억제할 것을 원했다. 계급투쟁은 여러 계급에 18세기 전엽의 것과 완전히 다른 새로운 문제, 새로운 요구를 제기했다. 물론 한때 성행했던 한학은 통치계급의 이런 요구를 만족시킬 수 없었다. 뒤숭숭한 사회 국면에 적응할 수 없는 한학은 필연적으로 몰락을 길을 걷게 되었다.

건가한학을 가장 먼저 맹렬하고 계통적으로 비판했던 사람은 송대 학가 방동수(方東樹)이다. 그가 편찬한 『한학상태(漢學商兌)』에서는 한학은 "수천 년 동안 있어본 적이 없는 이단사설이다"라고 지적 비판했다. 또 "한학을 연구하는 사람들이 하는 말은 말마디마다 모두 그 근거가 있고 글자마다 깊이 헤아려 썼다. 그들은 오로지 지면상으로만 옛 사람과 훈고와 해성에 대해 쟁론하며 서적의 주석이 혼잡하고 불순하다. 많은 서적을 빌어 근거를 수집했는데 그 증좌가 수백 수천 가지에 달한다. 바꾸어 말하면 심리습관을 백성과 가정, 나라에 보급해도 아무런 이로운 점도 없이 오히려 사람을 미혹시키기 때문에 쓸 수가 없……한학의 본질은 마치 오두(烏頭)와 부자(附子), 짐주와 독포(毒脯), 찢어진 창자와 뚫린 위장과 같아 미친 듯이 울부짖고 죽어버릴 뿐이다."[316]라고 비판했다. 그는 한학의

---

316) 방동수(方東樹) 『한학상태(漢學商兌)』 권 중의 상.

6가지 폐단을 다음과 같이 지적했다.

"첫째는 도리를 깨뜨리려고 애쓴 것으로서 최초로 사물의 이치에 대해 철저히 탐구하는 것을 엄히 금지시켰는데 이는 가장 이치에 어긋나며 교화에 해가 되는 것이라고 했다. 둘째는 깊이 헤아림에 참됨이 없는 것으로서 정주(程朱)가 텅 빈 말과 텅 빈 이치를 말했다고 지적했다…… 셋째는 정주이학(程朱理學)의 유명함과 송사도학(宋史道學)의 전파를 꺼린 것이라고 지적했다. 넷째는 정주의 자체 점검을 두려워한 것으로서 이법(理法)을 적용한 것이라고 지적했다. 차라리 사소한 일에 신경 쓰지 않고 세세한 행위에 조심하지 않아 느슨하고 편리한 환경을 누릴 수 있었던 한나라의 유학자들보다도 못하다…… 다섯째는 이미 읽은 여러 권의 서책과 새로우나 보잘것없는 지식을 어쩔 수 없어 잡다하고 자질구레한 것임을 모르고 뜻을 난해해 불안해하는 것이라며 이는 대학자라면 하찮게 여겨 버리는 것이라고 지적했다. 여섯째는 현재의 과거에 급제한 속된 선비들은 속이 비고 천박한 자가 많아 얻기 힘든 명성만을 탐내 학식이 적으면서 많은 것처럼, 깊이 빠진 것을 높은 경지에 이른 것처럼 만들고 싶어 하는 것이라고 지적했다."[317]

방동수가 한학을 비판한 이유는 한학이 정주(程朱)를 반대하고 송학과 상이한 태도를 가졌기 때문이다. 방동수는 이학(理學)을 고집하는 입장에 서서 한학을 비방하고 모욕하며 정통 사상 옹호자로서의 가증스러운 모습을

---

317) 위의 책, 권 하.

보였다. 그러나 그가 지적한 한학의 '잡다함과 자질구레함', '부득소용'은 일리가 있다. 가경과 도광 이후 지식계는 건가한학에 대한 비판이 더욱 많았는데 장영(張瑛)이 말하다시피 "근대에 한학에 대해 얘기하는 자는 옛 의미를 고찰하기 좋아했다. 한 글자에 대해 숱한 사람이 각기 다양한 견해를 갖고 논쟁을 벌려 정론이 나지 않았는데 그런 관점이 수천 가지에 달해 마치 진근군(秦近君)이 『상서(尙書)』에 대해 설명한 것과도 같다.

천하가 태평할 때면 문장이 우아하고 고상해 태평성세에 대해 윤색만 하면 그뿐이다. 유사시에는 진정한 학식이 아닌 귀로 듣고 입으로 옮기는데 그치는 천박한 지식만으로는 당면한 천하의 변혁에 속수무책일 수밖에 없다. 다름이 아니라 자질구레한 것만 알고 큰 부분에 대해서 모르는 것이다."[318]

건가한학의 몰락은 학문 연구 방법상의 근본적인 국한성과 갈라놓을 수 없다. 엥겔스는 형이상학 사상방법의 특징을 비판할 때 "형이상학의 사유방식이 상당히 광범하고 상대의 성질에 따라 크고 작은 부동한 영역에서는 정당하고 심지어 필요하지만, 매번 언젠가는 한계에 도달할 수 있다. 그 한계를 넘게 되면 기필코 단편적이고 협애하고 추상적이 되어 해결이 불가한 모순에 빠지게 된다. 이는 사물과 사물 사이에 존재하는 상호연관성을 망각했기 때문이고, 한 사물의 존재만 보았을 뿐 그 사물의 생산과 사라짐을 잊었기 때문이며, 사물의 정적인 것만 보고 그들의 운동성을 망각했기 때문이며 나무만 보고 숲을 보지 못했기 때문이다"[319].

---

318) 장영(張瑛) 『지퇴재고(知退齋稿)』 권1, 『독모시전(讀毛詩傳)』
319) 『마르크스엥겔스선집(馬克思恩格斯選集)』, 제3권, 엥겔스의 『사회주의의 공상에서

건가한학이 바로 이런 형이상학적인 사유방식을 따랐기 때문에 일부 개별적인 문제와 사례에 있어서는 음훈과 고증을 통해 정확한 해석에 근접할 수 있었지만 고립적이고 일방적이며 협애했다. 건가한학은 움직임과 발전, 변화의 관점으로 문제를 연구하고 고찰할 수 없으며 사물의 상호연계 속에서 사물발전의 추세를 분석할 수 없다. 특히 중대한 역사 사변에 대해서도 설명을 하지 못했다. 건가한학은 과학적 요소를 갖춘 방법을 제공하고 고적을 정리하는 면에서 구체적 성과를 가져왔지만 계통적인 사상체계를 제공하지 못했기에 사회의 수요를 만족하지 못하고 쇠퇴되어 갔다.

한학의 몰락과 함께 그와 대립을 이루던 송학이 차츰 활기를 띠기 시작했다. 청조 조정은 송학을 줄곧 과거공명의 모범으로 삼아왔다. 19세기 초, 당감(唐鑒), 이당계(李棠階), 왜인(倭仁), 오정동(吳廷棟) 그리고 태평천국혁명을 진압했던 증국번(曾國藩), 나택남(羅澤南) 등이 정주 이학(程朱理學)의 기치를 재 정돈하고 주희(朱熹) 이후의 도통(道統)을 이어나가려 시도했다. 『청사고(淸史稿)』에서는 "국번이 또 당감, 왜인, 오정동으로부터 신심극치의 학문을 강의 받은 뒤 글을 써 요(姚)씨(鼐)를 크게 밀었다. 이리하여 사대부들은 다수가 말과 글로 정치하기를 즐겼으며 건륭과 가경 시기의 고증 바람은 차츰 쇠했다"[320]. 정주파의 이학자들은 한학자와 육왕지학(陸王之學)의 해가 되는 이단 학설이라고 지적 비판했다. 이른바 "공론에 익숙한 자들은 밝음을 추구하지만 내적으로 가려져 있고

과학적인 발전에 이르기까지(社會主義從空想到科學的發展)』, 418~419쪽.
320) 『청사고(淸史稿)』 권486, 『문원(文苑)』 3. 『매증량(梅曾亮)』

손상되어 완전하지 않은 서적을 고집하는 자들은 너무 잡다하고 혼잡하기 때문에 외적으로 차단되었다(習空談者索之於昭昭靈靈而障於內, 守殘編者逐之于紛紛藉藉而蔽於外)." 중국번은 한학을 다음과 같이 비난했다.

"가경제와 도광제 시기에 학자들은 건륭제 만년에서 이어져온 풍조를 이었으나 산산이 조각난 학문을 답습했을 따름이다. 사물의 종류와 상황을 분별하고 이름을 분석했으며 문자에 주해를 붙이고 경전이라고 한두 자 새겨 넣고 해설은 수십만 마디에 달할지도 모르며 빈말과 여러 가지 인용이 많고 번잡해 제멋대로 돌아다녀 귀납할 수 없으며 스스로 떠벌이고 허세를 부리며 옛날 사람들의 빈틈만 전문 메우곤 한다. 혹은 공자와 맹자의 서적 중 인성의 인의에 대한 글을 취해 모두 고훈으로 바꾸고 또 다른 의(義)를 새롭게 창설해서는 숱한 학자들이 호응하도록 해 쉽게 바꿀 수 없이 단단하게 했다. 송대의 여러 유가학자들인 주돈이(周敦頤)·이정(二程, 정호[程顥]·정이[程頤]형제)·장재(張載)·주희(朱熹)의 서적을 이 세상의 대 치욕이라고 하며 가끔 그 학설에 대해 언급하는 자에 대해서는 온 세상이 다 함께 비웃고 모욕하면서 그런 자는 견문이 넓지 못한 걸로 간주했다. 그리고 또 성리학의 빈틈을 노려 스스로 식견이 천박하고 불초함을 덮어 감추려고 한다."[321]이라고 공격했다. 중국번은 이런 '이단'적인 것이 유행하는 것을 몹시 걱정했으며 이학자들은 이를 농민봉기가 일어나고 봉건통치가 흔들리는 원인이라고 주장했다.

당감(唐鑑)에서는 "그릇된 학술은 사람의 마음을 달리하고 사람의 마음이

---

321) 『증국번전집(曾國藩全集)』 문집권1, 「주신보유서서(朱愼甫遺書序)」

달라지면 사회 분위기가 경박해지며 사회 분위기가 경박해지면 강상·윤리 기강 · 사상정치교화·금령을 실천하려고 해도 편파적인 사설 속에 완전히 묻혀버리게 된다. 하물며 사소한 부분은 더 이를 데 있겠는가?"[322] 삼강오륜을 수호하고 통치질서를 정돈하기 위해 그들은 사상무기고로부터 수백 년 전부터 봉건전제통치에 기여해온 정주이학을 뽑아 들었다. 물론 이 낡은 무기는 녹이 쓸고 썩어 볼품없었으며 몰락하는 봉건통치를 구제할 능력이 없었다. 그러나 정주이학이 건가한학보다는 통치계급들의 만족을 살 수 있었는데 이유는 인민 군중들을 더욱 악랄하게 기만하고 진압할 수 있었기 때문이다. 혁명의 사조가 무섭게 달려들고 있기에 통치계급 역시 낡아 빠진 무기로 끝까지 버텨 볼 수밖에 없었다.

송학과 한학은 의견이 엇갈리고 다툼이 있지만 양자 모두 유학의 유파이며 모두 봉건지주계급의 학술 사상으로서 상호 절대적으로 배척하고 영원히 대립을 이루는 관계가 아니다. 일정 조건에서 양자는 서로 협력하고 상호 보완한다. 건가한학이 탁상 공론가들의 철학이어서 통치계급이 성세를 누릴 때 태평성세를 돋보이게 했다면 정주이학은 살육자의 철학이라 할 수 있다. 통치계급은 정주이학을 이용해 사방에서 봉화가 일어나는 위험한 국면을 대처했다. 위대한 태평천국혁명이 일어나면서 통치계급의 내부 모순은 부차적인 문제가 되었으며 농민혁명의 웅장한 교향악이 한학, 송학 사이의 분쟁을 뒤덮었다. 봉건제도를 위해 복무해 온 송학과 한학은 농민혁명의 위협 앞에서 "동주공제"할 수 있음을 발견하면서

---

322) 당감(唐鑒)의 『국조학안(國朝學案)』 제요.

양자의 의견 분기는 차츰 줄고 원한이 해소되며 한 곳으로 합류되었다. 이에 증국번은 "의리(義理), 고거(考據), 사장(詞章) 3자 중 어느 한쪽도 소홀히 해서는 안 된다"[323]고 제기했다. 청나라 말기 많은 학자들은 한학과 송학을 모두 겸했는데 그들은 양자 사이를 중재하는 역할을 했다. 예를 들면, 진례(陳澧)는 "한당주소(漢唐注疏)로 의리를 명백히 밝혀 유익하고 쓸모가 있게 하고, 송대 유교의 의리를 배움으로 귀결시켜 근원이 되도록 했다."[324]. 그러나 주일신(朱壹新)은 "고로 한학은 반드시 송학을 귀착점으로 해야 건륭제와 가경제 시기처럼 여러 유학자들이 산산이 흩어지는 우려가 없을 것이고, 송학은 반드시 한학을 바탕으로 해야 명조 말기처럼 여러 유학자들이 구속 받지 않고 멋대로 하는 폐단이 없을 것이다."[325] 청조 말기에 와서는 한학과 송학이 대립하는 현상이 사라지고 금문경학과 고문경학의 다툼이 이를 대체했다.

2. 금문경학의 흥기

금문경학과 고문경학은 모두 유가 경전 학파로부터 전수 받은 것이다. 두 학과의 대립은 서한말년부터 시작되었다. 장기간의 사상투쟁 이후, 고문학파가 유가경전을 해석하는 권리를 독점했고 금문학파는 묻혀 널리

---

323)『증국번전집(曾國藩全集)』문집권3三, 『구양생문집서(歐陽生文集序)』
324) 진례(陳澧)의 『동숙유고(東塾遺稿)』 (초본) .
325) 주일신(朱一新)의 『패현재잡존(佩弦齋雜存)』 하권, 『복부민생(▨傅敏生)』

알려지지 않았다. 건가한학은 사실 신흥의 고문경학을 숭배했으며 동한의 정강성(鄭康成), 허신(許愼)의 계통을 이어갔다. 그러나 19세기 초 다른 일부 지식인들이 서한의 금문경학으로 거슬러 올라가 탐문하며 동중서를 창시자로 해 건가학파와 대립을 이루는 보루를 형성했다.

이른바 금문경은 서한의 유생들이 전수하던, 한대의 일상 언어인 예서체로 쓴 유교경전을 말한다. 고문경은 진조의 분서사건 전, 6국의 고문자로 쓴 경서를 말한다. 진시황이 분서갱유정책을 실시하기 전 유생들이 몰래 벽과 벽 사이에 숨겨 두었는데 경서가 서한에 와서 발견되었는데 글자체가 그 당시 유행하던 예서와 달랐기에 "고문"이라고 일컬었다. 그 후 금문경과 고문경이 장기적으로 전파되는 과정에서 글자체가 달랐을 뿐 아니라 각자 경서에 대한 해석, 공자에 대한 평가도 달랐다. 나아가 동일한 경서이지만 금문자로 썼느냐 고문자이냐에 따라 편장과, 글구, 내용에 차이를 보였는데 차츰 금문경학과 고문경학 두 개의 부동한 학파를 형성했다. 양자의 주요 특징과 구별점은 대체적으로, 고문경학은 명물훈고를 중시하며 유가경적의 편장문자를 연구했다.

금문경학은 경학의 '함축된 말 속에 담긴 심오한 뜻(微言大義)'를 탐구하며 매번 경서를 빌어 정무를 상의했다. 금문학파는 한대 이후 오랫동안 전습하는 이가 없어 많은 경서의 주석이 실전되었으며 하휴(何休)의 『공양해고(公羊解詁)』만이 비교적 완전하게 보존되었다. 『공양해고』는 중요한 경전으로 받들렸기에 '공양학파(公羊學派)'라 불리기도 한다. 이 학파는 고대 전적의 장구와 문자를 주수하는 것이 아니라 잡다하게 고증을 하던 학풍을 버렸기에 상대적으로 활발하고 속박을 받지 않는 학술파였다. "그중에는 비정상적이고 의미가 다르며 괴이한 이론이 많았다." 예를 들면, '대일통'(大一統)·'장삼세(張三世)'·'통삼통(通三統)'·'명을 받아 제도를 개혁(受命改制)' 등이 그런 이론들이다. 사회가 격변하던 시기 이들 '비정상적이고 의미가 다르며 괴이한 이론(非常異義可怪之論)'은 세상을 다스리고 위급한 시국을 구하는 변혁의 사상을 명백히 하는데 유리했으며 지주계급의 사회적 적응과 개혁철학이기도 하다. 청대 금문학의 부흥을 이끈 창시자는 장존여이다. 장존여(1719년~1788년)는 자가 방경(方耕)이고, 강소상주(江蘇常州) 사람이다. 대진(戴震)과 거의 같은 시기 사람이지만 치학의 길은 한학자와 달랐다. 장존여는 명물훈고에 치중한 것이 아니라 "여섯 경전으로 모두 요지를 명백히 밝혀낼 수 있었고", "언어문자가 아니라 선현의 함축된 말 속에 담긴 심오한 뜻을 얻을 수 있었다 (獨得先聖微言大義於語言文字之外"[326].

한학이 독자적으로 한 파를 형성하고 있는 상황에서 장존여는 "한대와 송대를 세밀하게 관찰 분별하지 않고 그 심오한 뜻이 서로 통해 모두 적절하게 귀속되어 건륭제 시기 여러 유가 학파들과 구분되는 한 파가 될 수 있기를 바랐다."[327] 이는 그의 학술사상이 그 당시 성행하던 한학과 확실히 다른 특징을 갖추었음을 말해준다.

장존여의 주요 대표작 『춘추정사(春秋正辭)』는 청대 금문학파의 첫 작품이다. 그러나 장존여가 생활한 건륭시대는 청조의 봉건통치가

---

326) 완원(阮元)의 『장방경종백설경서(莊方耕宗伯說經序)』, 『미경재유서(味經齋遺書)』 권수.
327) 『청유학안(清儒學案)』 권75, 『방경학안(方耕學案)』 참고.

아직 붕괴되기 전이라 그와 그의 조부, 부친 모두가 청 정부의 요직에 있었다. 그 역시 절강향시정고관(浙江鄕試正考官), 직예(直隸), 하남학정(河南學政), 내각학사(內閣學士), 예부시랑(禮部侍郎) 등 직을 역임했다. 건륭 성세시기를 살았던 장존여 역시 사회에 존재하는 여러 가지 문제를 보아냈다. 그러나 현 상황을 개변해야 하는 정치적 요구는 없었다. 그는 금문경학을 다시 개창했지만 제도개혁의 사상을 갖추지는 못했다. 다만 기존의 통치 질서를 공고히 하는데 더욱 적합한 부동한 형식을 모색하는데만 그쳤다. 그 당시 학자들은 이미 장존여가 선양하는 "하늘에는 해가 두 개일 수 없고 선비는 두 명의 주인을 섬기지 않으며 나라에는 두 임금이 있을 수 없고 가정에는 두 명의 가장이 있을 수 없다(天無二日, 士無二主, 國無二君, 家無二尊)"등 『春秋』의 '미언(微言, 함축된 말)'은 다만 건륭황제의 '건강독단(乾綱獨斷)'의 정치적 주장에 아부하기 위한 것이라며 그가 "경학으로 임금의 인정을 받을 수 있었다(以經學受主知)"[328]고 지적했다.

이밖에 장존여 역시 절대적인 금문경학자는 아니다. 그는 금문경학 저작 『춘추정사(春秋正辭)』 외 『주관기(周官記)』, 『모시설(毛詩說)』 등 고문경학도 저술했다. 그러나 그가 청대에서 금문경학의 방도를 다시 개시했기에 그 뒤 청대 금문경학파의 중요 인물은 모두 그와 사제관계거나 혹은 그의 영향을 받게 된다. 공자진(龔自珍)은 그를 "학술을 자신의 직책으로 삼아 천하를 열고 고금에 대해 알고 있는 고로 백 년 만에야 겨우

---

328) 주규(朱珪)의 『춘추정사서(春秋正辭序)』, 『미경재유서(味經齋遺書)』, 『춘추정사(春秋正辭)』 권수 참고.

한 명 나올 수 있을까 한 사람이다."[329]라고 높이 평가했다.

장존여의 뒤를 이어 청대에서 금문경학의 기치를 들었던 이로는 유봉록(劉逢祿, 1776년~1829년)과 송상봉(宋翔鳳. 1776년~1860년)이 있다. 유봉록과 송상봉은 모두 장존여의 외손자이다. 그들이 살았던 시대는 아편전쟁이 머지않았으며 청조의 통치가 위급한 시대를 맞이했다. 그들은 금문경학의 '함축된 말 속에 담긴 심오한 뜻(微言大義)'를 통해 사회위기에서 해탈할 수 있는 방안을 찾으려고 시도했다. 한대의 경금·고문학파는 『춘추(春秋)』 3전 중의 『좌전(左傳)』과 『공양전(公羊傳)』을 둘러싸고 장기적인 논쟁을 펼쳤는데 고문경학자들은 『좌전』을 추앙하고 금문경학자가들은 『공양전』을 추앙했다. 청대의 금문경학자들 역시 『춘추공양전』을 찬양하며 떠받들었다. 유봉록은 『춘추』는 '만세에 걸쳐 법칙을 시사하고(垂法萬世)', '후세에 전해져 시범을 보일만하며(爲世立敎)'[330] '만세의 난을 구할 수 있는'[331] 책이라고 찬양했다.

한편 『춘추』 3전 중 『공양전』만이 "사물 간 도리를 통달하고 작은 것으로 깊은 도리를 밝혀 준다(知類通達,顯微闡幽)"고 했다. 때문에 그는 한대의 금문경학자 하휴의 공양학을 추앙하고 "경학을 전함에 있어 세운 공은 그에 견줄 이가 없다"[332]고 높이 평가했으며 『공양하씨석례(公羊何氏釋例)』, 『공양하씨해고전(公羊何氏解詁箋)』 등을 편찬하고

329) 『공자진전집(龔自珍全集)』. 『자정대부례부시랑무진장공신도비명(資政大夫禮部侍郎武進莊公神道碑銘)』. 제141쪽.

330) 류봉록(劉逢祿), 『류례부집(劉禮部集)』 권4. 『석구지(釋九旨)』. 『포례(襃例)』

331) 류봉록(劉逢祿), 『류례부집(劉禮部集)』 권4. 『석내사례(釋內事例)』 상.

332) 유봉록(劉逢祿), 『유례부집(劉禮部集)』 권3, 『춘추공양해고전서(春秋公羊解詁箋序)』

'대일통(大壹統)', '통삼통(通三統)', '장삼세(張三世)' 등은 '성인의 함축된 말 속에 포함된 깊은 뜻'이라고 거듭 진술했다. 그는 고문경학이 "고서의 자구는 상세히 해석하고" "함축된 말은 약했다"고 비난했다. 그리고 또 『좌씨춘추고증(左氏春秋考證)』을 지어 고문경 『좌전』은 "유흠(劉歆)의 제자들의 보충 수식"을 거쳤다고 지적했는데 이 책의 범례 부분에서는 "유흠의 망작일 따름이다"[333]고 했다. 유봉록은 공양사상체계 중의 '대일통'사상을 발전시킬 때 "오랑캐를 물리치려면 먼저 제하(諸夏)부터 다스려야 하고, 제하를 다스리려면 먼저 경사(京師, 수도 북경을 가리킴)부터 다스려야 하며, 선비와 서민을 다스리려면 먼저 대부부터 다스려야 한다."[334].

사실 이는 청왕조의 어려운 국면을 겨우어 한 말이며 최고 통치자인 천자로부터 개혁을 실행해 안으로는 조정의 기강을 다시 세우고 밖으로는 "사이"(四夷-東夷, 西戎, 南蠻, 北狄)를 물리쳐 사회의 질서를 안정시킬 것을 희망했다. 유봉록의 본의는 봉건사회의 세도인심을 유지하고 곧 무너져가는 봉건사회를 구하려는데 있을 뿐 봉건통치의 부패를 폭로하고 비난하려는 것은 아니었다. 그러나 건가한학이 몰락의 길을 걷는 상황에서 금문경학을 지지하고 지주계급의 응변철학 선동은 아편전쟁 전후로 경세치용과 적극적인 변혁을 주장하던 공자진(龔自珍), 위원(魏源) 등 진보적 사상가들에게는 크나큰 영향을 미쳤다. 유봉록은 청대 금문경학의 대표적 인물이다. 공자진, 위원 모두

---

333) 유봉록(劉逢祿), 『좌씨춘추고증(左氏春秋考證)』
334) 유봉록(劉逢祿), 『공양하씨석례(公羊何氏釋例)』 9.

유봉록으로부터 『공양춘추(公羊春秋)』를 공부했으며 공자진은 유봉록의
학설을 상당히 추앙했다. 공자진은 시에 "그이를 따라 충어학(蟲魚學)을
불사르고 기꺼이 동경의 떡장수를 하려네"[335]라고 했는데 이는 훈고고증의
학문을 벌이고 떡장수라 비난 받는 금문경학에 힘을 다하려는 의지를 엿볼
수 있다. 공자진은 다른 한 금문학가 송상봉에게 보내는 시에 "손 한번
잡았더니 옷섶에서 3년 향기 나더라"[336]라고 적었다. 유봉록, 송상봉 등
사람들이 학술사상계에 미친 영향을 충분히 엿볼 수 있는 대목이다.

3. 지식계 사상풍조의 변화

한학이 몰락하고 금문경학이 발전함에 따라 지식계의 사상풍조에도
뚜렷한 변화가 일어났다. 이 시기 청조의 통치역량은 이미 쇠퇴되었으며
사상계에 대해서도 엄하고 유력한 통제력을 잃기 시작했다. 문자옥 역시
대대적으로 줄었다. 숨을 돌리고 고서더미에서 나와 현실을 마주한
지식인들은 암흑한 사회에 큰 불만을 느끼고 청조의 통치를 격렬히
비난했다. 장제량(張際亮)은 봉건관료들이 "탐욕스럽게 백성의 고혈을
착취했는데 잔혹하기를 하늘의 분노를 살 지경에 이르렀으며 글 장난을
부려 조정의 귀와 눈을 막아버렸다. 비록 눈물범벅이 되어 슬프게 울면서
얘기해도 그 상황을 완전히 형용할 수 없었다."라고 폭로했다.

---

335) 『공자진전집(龔自珍全集)』, 『잡시(雜詩)』, 441쪽.
336) 위의 책, 『투송어정(投宋於庭)』, 462쪽.

그는 "하늘과 해는 어디에 있고, 벼락은 어디에 있으며 신은 또 어디에 있는지. 나의 생각을 하늘이 알지 못하고, 벼락은 목이 쉬었으며, 귀신은 잠자코 있구나. 그렇잖고 어찌 천둥이 노하지 않을 수 있으며 저자들의 혼백을 빼가지 않을 수 있으랴."[337]라고 비분에 차 대성질호했다. 장목(張穆)은 봉건통치제도가 이미 썩을 대로 썩어 "사람에 비유하면 오관도 여전하고 손발도 여전하지만 혈이 원활하게 통하지 않아 행동이 굼뜬 것과도 같다."[338] 라고 했다.

심요(沈堯)는 오랫동안 북경에 살며 겪은 체험을 바탕으로 봉건관료사회의 "이득을 주지 않고 성사되는 일이 없고 또 서로 진심으로 대하는 사람은 한 사람도 없다"며 대관료들은 사치스럽고 안일하게 지내며 시위소찬(屍位素餐)하고, "종일 호화로운 수레에 빠른 말을 메워 큰길 위에서 질주면서 공무는 서리가 올리는 문서에 이름만 보고 결재하는 것이 고작이었다. 관청에서 근무를 마치고 집에 돌아오면 풍악 소리가 떠들썩한데 기생을 끼고 놀기에 여념이 없었다. 그들 중 점잖은 자도 마찬가지로 민생의 고통을 돌보지 않고 오로지 비문이나 둘러보고 평가하는 글이나 남기곤 하면서 사소한 것을 고증하는 것이 고작이었다."[339] 전반 사회가 의기소침했다. 일부 지식인들은 현 상황을 변화시키려 변혁을 할 것을 고취했다. 그들은 역사적으로 개혁의 필요성을 논증했다. 운경(惲敬)은 "다섯 패왕[춘추시대 하 곤오(夏昆吾)·상

---

337) 장제량(張際亮), 『장형보문집(張亨甫文集)』 권3. 『답황수재홍려서(答黃樹齋鴻臚書)』
338) 장목(張穆), 『계재문집(啓齋文集)』 권2, 『해강선후의중수령론(海疆善後宜重守令論)』
339) 침요(沈堯), 『낙범루문집(落帆樓文集)』 권9. 『간찰척존(簡牘擷存)』 중에서 발췌.

대팽(商大彭)·시위(豕韋)·주 제환(周齊桓)·진문(晉文)을 통틀어 이름]이 삼왕[三王, 하·상·주의 첫 제왕들인 대우(大禹)·상 탕왕(商湯王)·주 무왕(周武王) 및 주 문왕(周文王)을 통틀어 이름]을 교체하고 칠웅[七雄, 전국시기 제(齊)·초(楚)·연(燕)·한(韓)·조(趙)·위(魏)·진(秦) 7개 대국]이 다섯 패왕을 교체했으며 진(秦)이 또 칠웅을 교체하고 전국을 통일해 모든 것을 쓸어버렸다.[340]라고 말했다. 위원(魏源)도 "조용조(租庸調) 세금제도가 양세(兩稅) 세금제로 바뀌고 양세제가 또 조편(條編)제로 바뀌었으며 고대의 일부 사물에 대해서는 남김없이 깡그리 바꿀수록 백성들에게 더 많은 편리를 가져다준다."[341]라고 주장했다.

그리고 공자진은 "자고로 제도는 바뀌지 않는 것이 없고 형세는 변화하지 않는 것이 없으며 사례는 변화하지 않는 것이 없고 풍기는 바뀌지 않는 것이 없다."[342]라고 했다. 그는 또 "조상이 제정한 제도가 부패하지 않을 수 없고 뭇 사람들의 책망을 막을 수 없다. 외부인이 들어와 맹렬한 개혁을 진행하게 하는 것보다는 스스로 개혁함이 좋지 않을까?"[343] 라고 말했다. 그들은 통치계급을 설복해 위에서 아래로의 개혁을 진행할 것을 시도했다.

그들 역시 과거팔고와 잡다한 고증 속에 구속되어 있기를 원하지 않았으며 많은 지식인들이 과거제도를 예리하게 비판했다. "선비들이 썩어빠진 현재 유행인 시문(時文)으로 너도나도 과거를 통해 공명을 따내고

---

340) 운경, 『대운산방집(大雲山房集)』 권1, 『3대인혁론(三代因革論)』 1.
341) 『위원집(魏源集)』, 『묵고하 치편오(默觚下 治篇五)』, 48쪽.
342) 『공자진전집(龔自珍全集)』, 『상대학사서(上大學士書)』, 319쪽.
343) 위의 책, 『을병지제저의(乙丙之際著議)』 7, 5쪽.

있기 때문에 인재들이 날이 갈수록 줄어들고 있는 것이다."[344] "이 세상을 재산과 녹봉을 얻을 수 있는 길로 내몰고"[345], "온 천하 인재가 죄다 쓸모없는 방법을 통해 선발된다."[346]라고 비난했다.

선진적인 지식인들은 사상 속박을 벗어나 현실을 직시하고 실제문제를 연구하며 경세치용을 제창하고 시국을 바로잡을 것을 희망했다. 도광 초기, 위원이 하장령(賀長齡)을 대신하여 『황조경세문편(皇朝經世文編)』을 편찬했다. 책의 제목으로부터 책을 편찬한 취지를 보아 낼 수 있으며 지식계의 풍조에 변화가 일어나고 있음을 상징한다. 포세신(包世臣)은 "지식인은 직무를 맡는 것이다. 지식인이 전문 맡아야 하는 직무가 따로 있는 것이 아니라 백성을 위한 일이면 보두 지식인의 직무이다."[347]라고 말했다. 그는 지식인은 "백성을 위한 일"을 연구하고 해결해야 하는 책임이 있다고 주장했다.

그의 이런 견해는 고서더미에 묻혀 고서연구만 하는 건가학풍과 전혀 다르다. 이밖에 요영(姚瑩)은 "약관(弱冠) 때 국사를 관리하는 책임을 스스로 맡고", "배움에 공론이 아닌 실체와 응용을 겸비해야 한다."라고 했다. 이런 요영을 두고 임측서(林則徐)는 "학문이 뛰어나 강과 산의 형세, 백성들의 사정과 생활 형편에 대한 이폐에 이르기까지 마음을 다해 중시하지 않는 것이 없었다. 고로 세상물정을 훤히 꿰뚫어볼 수 있고 일에

---

344) 임창이(林昌彝), 『사응루시화(射鷹樓詩話)』 권12.
345) 진수기(陳壽祺), 『좌해문집(左海文集)』 권3. 『과거론(科擧論)』.
346) 『위원집(魏源集)』 상책, 『명대식병이정록서(明代食兵二政彔叙)』, 163쪽.
347) 포세신(包世臣), 『예주쌍즙(藝舟雙楫)』 권10,
　　　『조평호정서오편서(趙平湖政書五篇敍)』

닥쳤을 때 확실하게 파악할 수 있다. 이전에 복건성에서 그의 뛰어난 정치 명성에 대해 들었는데 그가 강남에 이른 뒤부터 치수공사와 조운 관련사무의 실행도 거듭 시도했고 사건을 심리 판결하는 면에서도 아주 능숙하게 처리하곤 했다."[348]라고 했다. 그리고 탕붕(湯鵬)은 "한 세대의 중임을 흔쾌 떠맡으려는 큰 뜻이 있었고", 주제(周濟)은 "어려서부터 같은 군(郡)의 이조낙(李兆洛)·장군기(張君琦), 경현(涇縣)의 세신들과 서로 경세학에 대해 반복적으로 토론하고 연구했으며 군사 관련 이야기도 겸해서 배우곤 했다."[349] 이들 진보적 지식인들은 "모두 강개하여 사기를 북돋으며 그 포부와 재능으로 한 시기를 능멸하려는 기세였다."[350]. "학술과 사업에서의 혁신을 추구하고 명예를 따지지 않으며" 시대의 폐단을 바로 잡고 재능과 의지를 연마하며 실무에 관심을 갖고 경세치용의 새로운 한 시대의 학풍을 개척했다.

19세기 초, 선진적 지식인들이 변혁을 중시하고 실질적인 것에 방향을 돌렸다. 그들은 선배인 건가학자들에 비해 확실히 한발 앞섰다. 물론 그들의 '변혁'은 전반 봉건제도를 개변하는 것이 아니며 그들이 말하는 '실무' 역시 봉건제도를 보완하려는 것에 국한될 뿐이다. 아편전쟁 전, 황작자(黃爵滋)는 조정에 『경진류사소(敬陳六事疏)』를 올려 위기가 임박한 시기 지식인들의 정치적 개혁요구를 반영했다. 황작자는 "현명한 자가 벼슬에 오를 수 있는 길을 넓히고(廣賢路)", "군사와 정무를

---

348) 요형(姚瑩), 『동명문후집(東溟文後集)』 권9, 『십행재기(十幸齋記)』
349) 『위원집(魏源集)』 상책, 『형계주군보서전(荊溪周君保緖傳)』, 362쪽.
350) 요형(姚瑩), 『동명문후집(東溟文後集)』 권11, 『탕해추전(湯海秋傳)』

정비하며(整戎政)", "관리를 엄격히 해야 한다는(嚴剿禦)"등 주장을 내놓았다. 그는 청 조정이 인재를 널리 불러들여 "경서와 사서에 능통하고 당면 시대의 정세에 적합한 자를 선발해 재능에 맞게 임용할 것"을 바랐으며, 또 군의 기강이 문란한 상황에 대해 군대를 정돈하고 무예를 연마하도록 하며 훌륭한 장수를 선발하고 허약한 군인을 도태시킴으로써 "적개심을 불태워 침략에 항거"하는 목적에 도달할 것을 제기했다.

이 시기 영국 침략자들이 마음대로 아편을 밀수했는데 "역대 총독과 순무들은 여러 모로 우려해 참고만 있었다"[351] 황작자는 연해 여러 성의 총독과 순무들에 수군을 훈련시키고 군기를 수리하여 외래 무장침략에 경각성을 높이도록 할 것을 청 정부에 요구했다. 그의 이런 주장은 진보적이고 애국적인 것이다.

이 시기 사회경제 면에서는 진보적 사상가들이 생산을 발전시키고 상공업을 중시하자는 주장을 내놓았다. 특히 국가 경제, 백성의 생활과 관계되는 조운, 소금세, 치수 등 적폐가 심한 사무를 개혁할 것을 주장했다.

청 정부는 매년 동남연해의 여러 성에서 수백만 석의 곡식을 북경으로 옮겼는데 이와 관련된 사무를 '조운(漕運)'이라고 한다. 봉건관료기구가 부패하고 관리가 서툴며 탐오가 유행했다. 게다가 운하 수리에 게을러 수로가 침적된 진흙으로 막혀버려 식량을 운송할 수 없어 매년 곡식이 썩어 손실을 봐야했고 운수가격도 급증했다. 동남 여러 성의 '조량(漕糧, 세로 징수되어 배로 운송되던 곡식)' 부담이 갈수록 늘었는데 이는

---

351) 『황작자, 허내제 주의합간(黃爵滋, 許乃濟奏議合刊)』,
　　　황작자, 『경진류사소(敬陳六事疏)』

청 정부의 재정에 어려움을 더했다. 조운의 폐단을 제거하기 위해 포세신(包世臣)이 『해운남조의(海運南漕議)』를 써 조량 운송을 해운을 통해 할 것을 주장하고 관영운수를 상업운수로 바꿀 것을 제기했다. 또 북방의 '치관둔(置官屯)'에 벼를 심어 남쪽의 식량을 북으로 운수하던 국면을 바꿀 것을 주장했다. 이로써 청 정부의 재정 부담을 감소하고 상업발전을 도모할 것을 제기했다. [352] 위원이 포세신의 '해운남조설'을 바탕으로 해운의 4가지 이익과 6가지 편리한 점을 내세웠다. 4이(利)는 '이국, 이민, 이관, 이상("利國, 利民, 利官, 利商)'을 6가지가 편리한 점은 "국가에 편리를 주고 백성에 편리를 주며, 상업 발전에 편리를 주고 관아에 편리를 주며, 하천이 쉴 수 있고 조운이 편리해진다"[353]라고 주장했다. 이런 제안은 상품경제의 발전에 유리했다.

　염(소금)세는 청 왕조의 중요한 재정수입이었다. 청 정부가 특허한 소수의 대상인들만이 소금을 받아들이고 판매할 수 있도록 했다. 소금상인들과 봉건관부가 결탁해 경영을 독점하고 소금가격을 마음대로 올려 폭리를 도모해 백성들의 압박 착취했다. 오랜 기간 염무는 폭리업으로 자리 잡았으며 대염상과 관료들은 무자비한 약탈을 감행했으며 관리가 문란하고 염세가 부족했으며 밀수, 밀매가 성행했다. 그 당시 일부 지식인들은 염무농단의 폐단 해결을 위해 염표제를 실시하고 상인들이 표를 갖고 자유로이 소금을 운반하고 판매하도록 하며 소금 운반 가능 지역과 가격 등 면에 대한 제한을 풀어 놓음으로써 소금세를 줄이고 가격을 낮추는

---

352) 포세신(包世臣), 『안오사종(安吳四種)』 권1, 『해운남조의(海運南漕議)』
353) 『위원집(魏源集)』 상책, 『도광병술해운기(道光丙戌海運記)』, 제414쪽.

방법으로 밀수문제를 해결할 것을 제안했다. 이런 방법은 소금 판매량을 늘이고 백성들의 생활수요를 충분히 공급하며 '착복'을 줄일 수 있어 정부의 재정수입을 증가할 수 있다. 실질적으로 염표제는 일반 상인의 자유 구매 및 운반을 허락함으로써 관상(官商)의 독점을 대체하도록 한다.

조운(漕運), 염정(鹽政) 이외에도 선진적인 지식인들은 당시의 정치와 사회문제, 예를 들면, 치수 공사, 수리, 토지, 농정, 화폐, 인구 등을 두루 살펴 연구한 후 개혁 조치를 제기했다. 이로써 폐단을 없애고 생산을 촉진하며 백성들의 생활을 개선할 것을 희망했다. 이런 현실적 문제를 연구하고 경세치용하는 풍조는 사회생산에 어느 정도 적극적인 영향을 일으켰다.

그때 당시 지식계에는 또 국경지대의 역사, 지리와 현황을 연구하는 바람이 일었는데 그들은 선배들 보다 안목이 넓었으며 연구 범위가 더욱 광범해졌다. 이런 상황은 강희, 옹정, 건륭 이래 전국이 더욱 통일되고, 중원과 변강 지역의 연계가 날로 강화되며 외국자본주의와 중국의 왕래가 차츰 빈번해진 것과 갈라 놓을 수 없다. 중국의 지식인들은 학문이 얕고 견문이 좁으며 사리에 불명한 상태에서 벗어나 장막의 미소한 틈새로 광활한 세계를 살피기 시작했다. 19세기 초, 서북 지역의 지리와 역사를 연구하는 풍조가 성행했다. 예를 들면, 기운사(祁韻士)의 『번부요략(藩部要略)』, 서송(徐松)의 『서역수도기(西域水道記)』, 『신강사략(新疆事略)』, 장목(張穆)의 『몽고유목기(蒙古遊牧記)』, 요형(姚瑩)의 『강기유행(康輶記行)』, 하추도(何秋濤)의 『삭방비승(朔方備乘)』 등이 있다. 아편전쟁 시기 양광총독 임측서는 외국의 서책과 신문을 수집할 것을 지시하고 『사주지(四洲誌)』를 편역해 처음으로 세계 각국의 상황을 체계적으로 소개했다.

그 후 위원이 이를 바탕으로 『해국도지(海國圖誌)』를 썼으며 서계여(徐繼畬)가 『영환지략(瀛環誌略)』을 편찬했다. 이런 책자들은 외래 침략의 자극을 받은 애국지식인들이 외국을 알고 침략에 저항하려는 포부를 반영했다. 요형이 말했다시피 과거 중국의 지식계는 "해외의 사건과 형세와 정보에 전혀 관심이 없었다. 때문에 바다로부터 갑자기 배가 들어오자 귀신을 본 듯 놀라고 천둥에 놀란 듯 무서워하며 몰락하려는가보다"라고 했다. 요형은 자신은 "가경 연간부터 이역 관련 서책을 찾아 외국을 연구하기 시작했다"고 했다. 그들이 외국과 중국 국경지역의 상황을 소개하는 것은 "중국 백성들이 오랑캐 나라에 대해 어느 정도 알고 그들의 허와 실을 똑똑히 파악함으로써 오랑캐들을 정복하는 방법을 모색해야 한다. 한을 품고 이 책을 쓰는 것은 침략의 수치를 씻고 국경과 연해안 지대의 방어를 중시함으로써 중국이 식민지로 전락하는 것을 막기 위함"[354]이 목적이었다. 이런 목적을 바탕으로 한 그들의 저작들은 봉건주의의 속박에서 벗어나 사람들의 시야를 열어 주었을 뿐 아니라 구절 마다 단어 마다 애국주의 감정이 응결돼 있었다. 이런 책들은 중국의 지식인들이 민족위기 속에서 초보적인 각성을 하고 있음을 말해준다.

354) 요형(姚瑩)의 『동명문후집(東溟文後集)』 권8.

제2절
걸출한 사상가 공자진과 위원

1. 공자진(龔自珍)

공자진(1792년~1841년)은 호가 정암(定庵)이고, 절강인화(浙江仁和,
지금의 항주)사람이다. "세대로 관리를 하고 고관대작에 문사에 밝은"
학자 가문이었다. 조부와 부친 모두 봉건관리를 지냈으며 외조부
단옥재(段玉裁)는 저명한 학자이다. 공자진이 태어난 건륭 말엽은
청조봉건통치가 몰락의 길에 들어선 시기이다. "경사(수도 북경)에서부터
대체로 사방 천지에 부유한 집안은 가난해지고 가난한 집안은 기아에
굶주리기에 이르렀다. 사·농·공·상 사민(四民) 중 1위였던 국민이
비천해져 이리저리 뛰어다녀야 했고 여러 성의 전반 정세가 위태로워
하루하루 지탱하기가 어려운데 나이를 물을 여유가 어디 있겠는가?"[355]
공자진이 돌아가기 1년 전, 아편전쟁의 포성이 울리며 중국 근대사의
서막이 열렸다. 그가 살았던 50년은 마침 중국봉건사회가 해체되고
반식민지 반봉건사회로 들어가기 시작하던 때이다. 공자진의 사상에는

---

355) 『공자진전집(龔自珍全集)』, 『서역치행성의(西域置行省議)』, 106쪽.

역사전환의 결정적 시기의 시대적 특징이 반영되었다.

공자진은 어릴 적부터 부모와 외조부의 교육과 영향을 받아 일찍 재주가 드러났으며 그의 시는 "바람이 일고 구름이 흘러가듯 하는 막강한 기세를 갖추었으며 안하무인격인 기개가 있다."[356] 공자진은 오랫동안 강소(蘇), 절강(浙), 안휘(皖) 등 성에서 벼슬을 하는 부친을 따라 다니며 정계의 암흑성을 보고 들었다. "농부(田夫)·야로(野老, 한적한 시골에 사는 늙은이)·하인(驅卒)"등 하층 계급을 광범히 접촉하면서 사회를 깊이 이해했다. 그는 박학다식했으며 사상이 급진적이고 현실에 관심이 많았다. "공양춘추를 정통하고 서북지역의 역사와 지리에 능했다. 그의 글은 육서소학(六書小學)을 입문으로 하고 주·진 제자의 길금낙석(吉金樂石)을 범위로 삼았으며 조정과 국가의 전장제도·시대적 풍기·민중의 고통을 주요 내용으로 했다. 만년에는 고대 인도의 불교경전을 특별히 좋아했다."[357] 그의 작품은 봉건말세의 모순을 남김없이 폭로하고 전제주의의 여러 가지 폐단을 예리하고 신랄하게 규탄했다.

이로써 공자진은 통치자들의 시기질투와 원한을 샀다. 그의 벗인 위원은 "나와 그대 사이는 혈육 못지않게 가까운 사이이지만 늘 그대의 말을 가리지 않고 함부로 하는 단점이 미웠네. 가까이 마주앉아 얘기를 주고받는 것과 넓은 조정에서 말하는 것은 다르고, 친한 벗 사이에 건네는 충고와 널리 교제하는 것은 다르네. 이를 가리지 않고 멋대로 한다면 명철보신의 이치를 어기게 될까 걱정이네. 이는 덕성의 결함뿐이 아니니 마땅히 몹시 경계해야

---

356) 오창수(吳昌綬)의 『정암선생년보(定庵先生年譜)』
357) 『위원집(魏源集)』 상책, 『정암문록서(定庵文錄敍)』, 239쪽.

하네. 그러지 않다간 습관이 되어버리면 쉽게 고칠 수가 없네."라며 그에게 충고했다. 공자진은 38세가 되어 진사에 급제하고 그 후 10년간 내각중서와 종인부주사라는 작은 관리로 지냈으며 관직이 오르락내리락하면서 벼슬길에서 뜻을 이루지 못하여 울적했다. 1839년 그는 관직을 사퇴하고 남하하여 학술 강연에 나섰다. 1841년 8월 강소 단양(江蘇 丹陽)에서 폭질로 사망했다.

공자진은 당시 사회를 두고 '해가 저물고 폭풍이 다가오는 말세'라고 했다. 사회경제 면에서는 토지 점유가 전에 없이 심각하고 대관료 대지주는 특권에 의지해 대량의 토지를 차지했다. 이에 따라 "가난을 배척하고 부유함을 과시하며, 가난한 자는 점점 위기에 몰리고 부유한 자는 편안하게 살며, 가난한 자는 날이 갈수록 무너져가고, 부유한 자는 날이 갈수록 점점 재물이 쌓여만 갔다." 그래서 "각박하고 기괴한 풍속이 백출해 지속되었다. 극도로 상서롭지 못한 기운이 하늘과 땅 사이에 가득 찼으며 그런 상태가 오래 지속되니 당연히 전란이 일어나고 역병이 돌았으며 살아남는 백성이 얼마 되지 않았고 사람과 가축 모두 비참하고 고통스러워 살 수가 없었으며 귀신의 신위를 바꿔 제를 지낼 것을 생각하기에 이르렀다. 처음에는 그거 빈부의 불균형에 불과했다. 불균형 정도가 적었는데 점차 커지고 불균형 정도가 커지면서 또 천하를 잃어버릴 지경에 이르게 되었다."[358] 그는 정치적 불안정을 초래한 근원은 경제적 빈부 불균형에서 왔다고 지적했는데 통찰력이 상당히 예리했다.

---

358) 『공자진전집(龔自珍全集)』, 『평균편(平均篇)』, 78쪽.

공자진은 사회빈부격차의 불균형을 지적하는 동시에 봉건 전제정치의 독단성과 부패를 폭로했다. 그는 역대 왕조들의 흥망성쇠의 역사적 교훈을 빌어 전제주의를 규탄했다. "옛날 천하 패권을 차지한 이들은 힘이 세고 위풍당당하며 총명하고 재물도 많았다. 천하의 지식인을 원수로 돌린 적이 없고 지식인의 청렴한 덕목을 없애 명령이 빠르게 전해지도록 하고 지식인의 수치심을 제거해 존귀한 몸이 되게 했다. 한 사람이 강하고 만민이 복종하게 했다." 독단적 수단으로 억제해 "백년 간 모은 힘으로 천하의 염치를 쳐부숴 다 없애버렸다."[359]

이런 전제적 통치의 영향으로 사회 기풍이 파괴되고 인재가 박해를 받았으며 사대부는 아부에 능하고 복을 좇고 화를 피하기에만 급급해하는 나쁜 습관만 길러졌으며 상급 관리의 안색에 따라 일처리를 했다. "근대 지식인들을 두루 살펴보면 그들이 임금에게 정치적 주장을 진언하는 날부터, 또 그들이 벼슬을 하기 시작한 해부터 수치를 아는 자가 이미 너무 적어졌다. 관직에 오른 세월이 길수록 수치심을 아는 정신이 더 못하며, 명망이 높을수록 아부하는 악습이 더 완고해졌으며 지위가 임금과 가까워질수록 아첨하는 수단도 더 교묘해졌다."[360] 그래서 관료사회에는 우매하고 비열하며 이기적인 사람들, 높은 관직에 올라 부자가 되고 봉처음자封妻蔭子, 봉건 사회에서, 공신(功臣)의 아내가 봉전(封典)을 받고 자손이 작위를 세습하는 것하기를 바라는 사람들, 국가의 안위는 뒷전이고 백성의 질고에는 관심이 없는 사람들로 넘쳤다.

---

359) 위의 책, 『고사구침론일(古史鉤沈論壹)』, 20쪽.
360) 위의 책, 『명량논2(明良論二)』, 31쪽.

공자진은 또 관료 사회의 연공서열제도를 비판했다. "벼슬을 한 세월의 길고 짧음으로 공적을 평가하고 해를 계산해 등급을 매겼다", 한 사람이 한림(翰林)에 급제하면 서길사(庶吉士, 중국 고대 관원 직함) 자격을 수여한다. "그러나 서길사에서 시작해 상서(尙書)직함까지 따내는데 대체로 30년 혹은 35년이 걸리며, 대학사(大學士)가 되려면 또 적어서 십년이 더 걸린다…… 서른 살에 관직에 올라 재상직에까지 오르거나 일품대신이 되려면 나이가 많아 몸이 늙는 것은 물론 정신상태도 지쳐버리게 된다."[361] 비록 일부 경험이 있지만 "경력 때문에 자세히 살펴봐야 하고 자세히 살펴봐야 하기 때문에 위축되고 위축되면 시위소찬하게 된다. 벼슬을 오래 하면 서책에 연연하고 나이가 많아지면 그 자손들을 돌아보게 되며 종일 의기소침해 지내면서도 스스로 관직에서 물러나고 싶어지지 않는다."[362]. 공자진은 이런 사람들을 관아의 문어귀에 앉아있는 돌사자에 비유하고 "형체는 있으나 영혼은 없는 채 수백 년을 마주하고 앉아있었으니" 당연히 제일 고참이긴 하지만 관료기구의 장식품에 불과해 겉만 그럴듯하고 실제 쓸모는 없다고 했다.

공자진은 또 봉건말세의 사상계를 향해 무기력하고 고여서 흐르지 않는 썩은 물이라고 비난했다. 지식인들은 팔고문 연구에 패기를 소모했으며 그들의 재능과 학식은 쓸모가 없었다. 전제주의적 사상 통치는 인재를 박해하고 억눌렀다. "어느 한 시대가 있는데 재능이 있는 지식이이나 재능이 있는 백성 한 사람이 나타나거나 하면 재능도 없고 덕도 갖추지 못한 백

361) 위의 책, 『명량론3(明良論三)』, 33쪽.
362) 위의 책, 『명량론3(明良論三)』, 33쪽.

명이 나와 그를 감독하고 속박했으며 심지어 결국은 죽이기까지 했다.

게다가 죽이는 데는 칼도, 톱도, 물도, 불도 사용하지 않고 글로써 죽이고 명성으로 죽이며 목소리와 웃는 모습으로도 죽일 수 있다. ……오로지 그의 마음만 죽이면 된다. 그의 우려심·분개심·사려심·성취심·수치심·찌꺼기가 없는 마음을 유지할 수 있음을 죽이는 것이다."[363] 결국 박해로 인해 인재가 거의 남아있지 않았다. 조정에는 현명한 장상(將相, 장수와 재상)이 없었고 사회에는 우수한 사농공상(士農工商) 사민이 없었으며 도둑, 강도마저도 멍청이들이었다. "이러한 시대는 사회동란이 일 날이 멀지 않은 것이다." 이에 공자진은 "나라 전역에 생기가 발랄하려면 바람과 우레 같은 거대한 힘이 있어야 하건만 조야의 관리와 백성이 입을 다물고 있는 현실이 너무 비통한 일이다. 임금님께서 진작하시어 관례를 타파하여 인재를 등용할 것"[364] 을 호소했다. 공자진은 변화가 일어나 많은 인재를 두루 내려 보냄으로써 중화의 대지에 활기와 생기가 넘치기를 기대했다.

공자진은 현실 사회를 비판하고 폭로하는 동시에 일련의 개혁을 주장했다. 그는 한 조대의 흥망성쇠는 토지와 재산이 대체적으로 균형을 이루는지 여부와 관계된다며 "부족한 수량의 차이가 많을수록 몰락하는 속도가 더 빠르다. 차이가 적으면 다스리는 것도 빠를 수 있다. 오랜 세월 동안 안정과 혼란, 흥성과 쇠락의 결정적 요소는 줄곧 그것(빈부의 균형)이었다."[365] 이에 공자진은 토지재산을 새로이 분배 조절함으로서

363) 『공자진전집(龔自珍全集)』,　『을병지제저의제구(乙丙之際著議第九)』,　6쪽.
364) 위의 책,　『기해잡시(己亥雜詩)』,　521쪽.
365) 위의 책,　『평균편(平均篇)』,　78쪽.

빈부의 불균형을 해결할 것을 주장했다. 그는 미래사회에 대한 자신의 모호한 지향을 바탕으로 소작관계를 낙후한 종법가족관계의 틀에 귀속시키려 시도했다. 그는 혈연관계에 따라 대종(大宗), 소종(小宗), 군종(群宗), 한민(閑民) 4등급으로 분류하고 등급에 따라 밭을 나누어 줌으로써 "종(宗, 조상)이 족(族, 동족)을 한데 집결시키고 족이 종을 공경하는" 사회를 형성할 것을 주장했다. 그는 또 종법관계를 전제로 자유경쟁을 발전시키고 사유재산을 축적할 것을 희망했다.

그는 "상고시대에는 사유재산을 소유하는 것을 기피하지 않았다. 백 무 토지를 소유한 주인이 있고 제 자식만 자식으로 여겼다", "척토(얼마 안 되는 보잘 것 없는 땅)에 농사를 짓는 척토주가 있는가 하면 척의 배가 되는 예를 들어 십척·백척의 땅에 농사를 짓는 자가 있어 배척주(倍尺主) ·십척주(什尺主)·백척주(百尺主)라고 부른다."[366]. 그는 봉건제도를 수호하려는 자들이 주장하는 "알욕(遏欲)", "거사(去私)"를 반대했는데 이는 그의 선배인 대진(戴震)의 사상과 일맥상통하다.

공자진은 또 전제군주의 권력이 지나치게 집중되는 폐단을 겨냥하여 대신과 지방관리에게 더 많은 권력을 주어 총독과 순무 대신이 "한 가지 책략을 실행하고 한 가지 일에 전념"할 수 없는 상황을 개변할 것을 주장했다. 군신 간의 예의를 개혁하여 군주가 대신을 노복을 대하듯 하지 말아야 하며 "옛날 대신들에게서 볼 수 있는 고상하고 엄정하며 다른 사람의 본보기가 되는 자제하는 풍격"을 회복할 것을 주장했다. 그는 또

---

366) 위의 책. 『농종(農宗)』. 49쪽.

팔고를 폐지하고 인재 등용에 있어 자격을 제한하지 않고 인재를 널리 불러 모아 "국내와 해외에서 모아 언제든 등용할 수 있도록 대비해놓을 것"을 주장했다. 그는 국경 수비와 해안 방비에 관심을 갖고 서북으로 이민시킴으로써 국방 방어를 강화할 것을 주장했다. 한편 서방 자본주의가 "마카오를 살피고 기회를 보아 정복하려는" 움직임에 경계심을 가질 것을 제기했다. 임측서가 광주에서 금연운동을 벌일 때 공자진은 「흠차대신 후관림(侯官林)공을 보내면서 서언(送欽差大臣侯官林公序)」를 써 금연과 항영(抗英)운동을 지지하며 임측서에게 계책을 올렸다.

공자진의 많은 개혁관련 주장은 봉건통치제도를 동요하지 않고 주변의 부차적인 문제점들만 보수하는 것으로서 이는 실현이 불가능한 공상에 불과하다. 그의 사상성과는 멸망의 위기에서 구해 내기 위한 구체적 방안을 제기한 것에 있는 것이 아니라 낡은 사물을 신랄하게 풍자하고 비판한데 있으며 신생사물을 열정적으로 기대하고 찬송했다.

공자진은 당시 선진적 지식계의 진보적 요구를 반영했으며 그의 시는 붕괴되고 있는 중국 봉건주의를 한스러워하는 만가이다. 공자진의 사상은 이후의 진보적 지식인들에게 큰 영향을 일으켰다. 양계초(梁啓超)는 "자진은 성격이 소탈하고 구애받지 않으며 사소한 일에서 절제하지 않는 것이 프랑스의 루소와 아주 비슷하며 심오하고 미묘한 생각을 하기 좋아한다. 그의 글은 기이하고 제멋대로였으며 그때 당시로서는 어진 사람이 아니었다. 그러나 자진은 또 본인이 그런 것을 더 좋아해 늘 『공양(公羊)』의 내용을 인용해 당시 정치 상황을 풍자했으며 전제제도를 비난하고 배척했다. …… 청조 말기의 사상 해방은 확실히 자진의 공이 크다. 광서(光緖) 연간에 이른바 신학자(新學家)들은

대체로 사람마다 공(龔)씨를 숭배하는 시기를 거쳐 온 이들로서 처음
『정암문집(定庵文集)』을 읽었을 때 마치 전기가 통하는 것과 같은 느낌을
받았다."[367]

2. 위원(魏源)

위원(1794년~1857년, 건륭 59년~함풍 7년)은 자가 묵심(默深)이고,
호남 소양(湖南邵陽) 사람이다. 그와 공자진은 같은 시기에 금문경학을
학습했으며 두 사람 모두 경세치용(經世致用)을 제창했다. 두 사람의
사상은 비슷했으며 친분이 두터워 두 사람을 '공위(龔魏)'라 불렀다.
위원은 소지주 가정에서 태어났으며 유년시기 생활이 어려웠기에
하층사회에 대해 잘 알고 있었다. 21세에 부친을 따라 북경으로 들어가
유봉록(劉逢祿)에게서 공양학(公羊學)을 배웠다. 그는 임측서, 공자진, 요형
등과 사귀며 함께 학문을 연구하고 당시의 정치 상황을 논했다.

29세에 과거에 합격했지만 누차 회시에서 떨어졌다. 하장령(賀長齡),
도주(陶澍)의 막료가 되어 그들을 위해 문장을 쓰고 사회경제를
연구하며 그들을 협조해 염정(鹽政)과 조운(漕運), 하천과 관련한
하공(河工)을 개혁했다. 아편전쟁 기간 그는 양강총독 유겸(裕謙)의
부름을 받고 그의 막후가 되어 절강에서 항영 투쟁에 참가했다. 1845년,

---

367) 양계초(梁啓超)의 『청대학술개론(淸代學術槪論)』

52세에 진사에 급제하여 강소 동대(江蘇東臺), 홍화(興化)지현(知縣)을 지내다 고우지주(高郵知州)로 승진했다. 태평천국혁명 전쟁에서 "遲誤驛報, 劾罷職"[368], 말년에는 선불교에 잠심했는데 "은거하며 저술에 전념했으며 종일 정좌했다"[369]. 1857년 3월 세상을 하직했다. 위원의 저서는 다양하고 풍부하다. '함축된 말 속에 심오한 뜻(미언대의, 微言大義)'을 상세히 밝힌 금문경학의 저작들 예를 들면, 『시고미(詩古微)』, 『서고미(書古微)』, 『공양춘추고미(公羊春秋古微)』, 『동자춘추발미(董子春秋發微)』 등이 있을 뿐 아니라 또 일반의 철학, 정치를 논한 『묵고(默觚)』가 있다. 이밖에 세상을 다스리는데 실용적인 『주하편(籌河篇)』, 『주조편(籌漕篇)』, 『주차편(籌鹺篇)』, 『군저편(軍貯篇)』과 다른 사람을 대신하여 편집한 『황조경세문편(皇朝經世文編)』이 있으며 역사, 지리 관련 저작 『원사신편(元史新編)』이 있다.

수로, 산맥을 고증하기도 했다. 위원의 저작 중 가장 중요하고 시대적 특성이 가장 뚜렷한 저서로는 아편전쟁이후 편집 저술 한 『성무기(聖武記)』와 『해국도지(海國圖誌)』이다. 성무기와 해국도 지는 중국인민이 외국자본주의 침략에 반대하는 애국사상을 반영했으며 '오랑캐의 뛰어난 기술을 본받아 오랑캐를 제압할 것'을 제기하고 서방을 따라 배우자는 진보적 주장을 내놓았다.

1840년 영국이 중국을 침략하는 아편전쟁을 발동했으며 중국의 실패로 막을 내렸다. 아편전쟁 후 중국의 봉건사회에 큰 변화가 일어났으며

---

368) 위기(魏耆)의 『소양위부군사략(邵陽魏府君事略)』
369) 위의 책.

외국자본주의와 중화민족의 모순이 전에 없이 첨예하게 불거졌다. 어떻게 외래 침략자를 물리치고 조국과 민족을 위기에서 벗어나도록 할 것인지는 모든 진보적 지식인들이 사색하고 탐구해야 할 과제가 아닐 수 없었다. 위원은 그때 당시 이런 지식인들 중 세계 형세를 가장 잘 알고, 외국 침략에 가장 견결하게 저항했으며 가장 실질적인 구국방안을 내놓았던 지식인이다. 위원은 아편전쟁의 실패는 정치적 부패가 가장 큰 원인이다.

청 조정은 "천하가 태평스럽고 안일하다고 여겨 나라 안을 다스리는 것과 외부의 적을 물리치는 것이 무엇인지 몰랐다. 그래서 섬 하나가 함락되자 한 개 성(省)에서 놀라 들썽하고, 하나의 성이 함락되자 여러 성에서 놀라 들썽했으며 머리를 싸쥐고 허둥지둥 도망치기에 바쁜 자들은 두렵고 놀라 간담이 서늘해졌고 용기는 있으나 지략이 없고 경솔하고 무모한 자들은 내실이 없이 교만하기만 했다."[370]

위원은 '인심의 어리석음(人心之寐)'과 '인재의 빈틈(人才之虛)'이 사회의 양대 폐단이라고 주장했는데 이른바 '매(寐)'는 어리석음을, '허(虛)'는 속이 비었음을 뜻한다. 그는 관료사회와 지식계에 존재하는 '매'와 '허'의 심각한 문제성을 꿰뚫어 보고 "가식을 없애고 꾸밈을 없애며 두려움과 어려움을 없애고 독창을 키우지 말며 은신처를 없앨" 것을 제기했다. 이어 "실제적인 일을 하여 실질적인 성과를 이루고 실질적인 성과로 실제적인 일을 성사시켜야 한다. 3년 저장한 애초의 약효가 더욱 좋아 강변에 도착하여 그물을 뜨더라도 늦지 않았으니 무모한 짓을 하지 말고 헛된 생각을 하지

---

370) 『위원집(魏源集)』 상책. 『도광양소정무기(道光洋艘征撫記)』 상, 제187쪽.

않음으로써" '허'를 극복할 것을 주장했다. 열정이 넘치는 애국지사 위원은 아편전쟁의 실패가 사람들의 '분노'와 '우려'를 불러일으켜 '어리석음에서 깨어나 각성하고 허를 없애 실을 찾는' 전환점이 되기를 희망했다. 하지만 그의 이런 호소에 호응하는 사람은 많지 않았다.

위원은 국문을 닫고 자고자대하는 봉건통치자들이 바깥 세계에 대해 아는 것이 적은 약점을 상대로 "외래의 침략을 막으려면 반드시 외적 관련 정보를 수집할 것"을 제기했다.[371] 1841년 임측서가 파면 당하여 돌아가던 도중에 강어귀(진강, 鎭江)에서 위원과 만나 밤을 새며 이야기를 나누었다.

위원은 임측서와 만난 상황에 대해 "만감이 교차해 만나서 한 마디 말도 할 수 없었다", "군과 밤새 한 침대에 나란히 누워 세 차례 비가 내려 갈대밭을 스쳐가는 소리를 들었다.(与君宵對榻. 三度雨翻蘋)"[372] 임측서는 자신이 집록한 『사주지(四洲誌)』를 위원에게 넘겨주며 이를 바탕으로 책을 편찬해낼 것을 부탁했다. 위원은 임측서의 기대에 어긋나지 않게 『사주지』를 토대로 "역대의 역사지와 명대 이후의 도지, 그리고 최근의 외국 지도, 외국어를 분석하고 종합해 가시덤불을 걷어내고 선구자가 되어 길을 개척"[373]하여 『해국도지(海國圖誌)』를 편찬했다. 위원은 "해국도지 편찬 이유에 대해 '이이제이(以夷制夷, 외부의 적을 이용해 또 다른 외적을 공격)가 목적이고 외적의 기술로 외적을 제압하기 위해 편찬했다"고 밝혔다.[374] 그 당시의 봉건주의 보수파들은 외국의 선진적인 과학기술을

---

371) 위원(魏源)의 『해국도지(海國圖誌)』, 『주해편(籌海篇)』.
372) 『위원집(魏源集)』 하책, 『강구오림소목제부(江口晤林少穆制府)』, 제781쪽.
373) 『위원집(魏源集)』 상책, 『해국도지서(海國圖誌敍)』, 제207쪽.
374) 위의 책.

'사악하고 음험한 기교'로 간주하고 문을 굳게 닫고 이를 거절했다. 위원은 외국침략자와 그들이 장악하고 있는 과학기술을 정확하게 구별하였다. 그는 반침략은 모든 외래의 새로운 사물을 거절하는 것이 아니다. 반대로 외래의 침략에 맞서려면 반드시 외국의 선진적인 새 사물을 배워야 한다고 했다. 위원이 주장하는 '이이제이' 사상은 중국의 근대사에서 커다란 영향을 일으켰다.

위원이 말하는 이른바 '외적의 기술'은 주요하게 전함, 총과 대포 그리고 '군사 양성과 군사 훈련법'을 말한다. 그는 광동에 조선공장과 화기국을 설치하고 외국의 기술자를 초청하여 서방의 새로운 기술을 배우는 등 구체적인 제안을 내놓았다. 이밖에 '연해의 상업인들이 자원해서 선박과 기계를 제조하거나 혹은 자체 사용 혹은 판매하는 것을 원할 경우' 이를 허용할 것을 제기했다. 위원은 선박과 대포 외에도 일반적인 공업품을 모방하여 제조하고 "양천척(量天尺)·천리경(千里鏡, 망원경의 옛칭)·용미차(龍尾車, 농경지 수리시설 중 배수 관개에 쓰이는 수차)·풍거(風鋸, 압축 공기 힘으로 사용하는 톱)·수거(水鋸, 콘크리트 절단 시 물을 뿌리며 사용하는 톱)· 화륜기(火輪機)·화륜차(火輪車) …… 등속을 포함해서 무릇 백성들에게 쓸모가 있는 것이면 모두 만들 수 있도록 할 것"[375]을 제안했다. 위원의 이런 제안은 서방을 배우는 한편 외래침략에 저항하려는 애국주의 주장이자 중국의 경제와 자본주의 발전을 추진하는 역할을 했다.

---

375) 위원(魏源)의 『해국도지(海國圖誌)』, 『주해편(籌海篇)』

금문학자이자 개혁가인 위원은 유심주의자이다. 특히 말년에 불교연구에 깊이 빠졌다. 그러나 격변하는 시대로 인해 그의 사상은 변증법적 요소가 강하지 않을 리 없다. 그는 "기의 운행 변화는 한 순간도 변화하지 않는 경우가 없다", "세 개 이상의 세대를 거치게 되면 하늘은 오늘의 하늘과 다르고 땅은 오늘의 땅과 다르며 사람도 모두 오늘을 사람과 다르고 사물도 모두 오늘의 사물과 다를 것이다"[376]라고 말했다. 모든 것이 변화가 가능하다면 보수파가 추앙하는 '조상법제'는 왜 개혁이 불가능하단 말인가? 위원은 "천하에는 수백 년간 쇠패하지 않는 제도가 없고, 영원히 변하지 않는 제도가 없으며 쉽고 간단하지 않으면서 변통할 수 있는 제도는 없다."[377]라고 말했다. 이런 견해는 모두 개혁을 진행하기 위한 논증과정이다. 인식론에 있어 위원은 '행(行)'을 크게 중시했다. 그는 "먼저 닿은 뒤에 알게 되고 먼저 실행한 뒤에 어려움을 알게 된다.

행하지 않고 알 수 있는 것이 어디 있겠는가?"라고 말했다. 또 "오악의 그림을 펼쳐놓고 산을 안다고 여기지만 실은 산에 올라가 나무를 하는 나무꾼이 한 걸음 오르며 본 산에 못 미치고, 바다의 넓음에 대해 얘기하면서 바다에 대해 안다고 여기지만 행상이 한 번 본 바다에 못 미치며, 여덟 가지 진미 관련 요리책을 설명하면서 맛에 대해 안다고 여기지만 요리사가 한 모금 먹어본 맛에 미치지 못한다"[378]라고 말했다. 그는 실천을 통해 얻은 감성적 지식의 중요성을 강조했는데 이는 유물주의

376) 『위원집(魏源集)』 상책, 「묵고하(默觚下)」, 「치편오(治篇五)」, 제47쪽.
377) 『위원집(魏源集)』 하책, 「주차편(籌鹺篇)」, 432쪽.
378) 『위원집(魏源集)』 상책, 「묵고상(默觚上)」, 「학편2(學篇二)」, 7쪽.

인식론에 부합된다. 이밖에 그는 사물의 모순에 대해 탁월한 견해를 갖고 있었다. 그는 추운 것(寒)과 더운 것(暑), 굽히는 것(屈)과 펴는 것(伸), 엎드리는 것(伏)과 나는 것(飛), 뜻대로 되는 것(如意)과 뜻대로 되지 않는 것(不如意), 쾌의(快意)와 오의(忤意), 화(禍)와 복(福), 이로운 것(利)과 불리한 것(不利) 모두 동등하게 대할 것을 주장했다. "사라지는 것(消)과 자라나는 것(長)이 한데 모이고, 화와 복이 같은 근원이다. 어찌 세상사뿐이겠는가. 세상 모든 사물에 내재적 법칙과 도리가 따르는 법이다!"[379] 그는 자신의 언어로 모순의 투쟁과 전환을 논술했다. "천하의 사물은 홀로 존재하는 것이 아니라 반드시 그에 대립되는 것이 있다.

또 두 개의 높은 지위는 겹칠 수 없고, 두 개의 큰 세력은 서로 용납할 수 없으며, 두 개의 귀한 것은 쌍으로 존재할 수 없고 두 개의 세력은 서로 같을 수 없다. 겹치거나 용납하거나, 쌍으로 존재하거나, 같게 되면 반드시 그 성과를 서로 다투게 된다. 왜냐면 서로 대응되는 것 중에 반드시 주된 것과 부차적인 것이 있기 때문에 서로 대립되면서도 단일한 것은 아니라고 할 수 있다."[380] 모순의 대립, 통일, 전환, 주종관계에 대한 이런 논술은 사물에 대한 그의 예리한 관찰력을 보여준다.

물론 위원의 변증법 사상은 체계를 이루지는 못했다. 그는 또 가끔 "변하지 않는 것이 이치일 뿐 형세는 매일 변하며 되돌아갈 수 없는 것이다."이라며 유심론의 제한성으로 인해 귀신과 미신을 제창했는데 귀신과 미신을 '민심에 이로운 것(有益人心)', '군왕의 교화를 뒤에서 돕는

---

379) 위의 책, 「학편7(學篇七)」, 18쪽.
380) 위의 책, 「학편11(學篇十壹)」, 26쪽.

것(蔭補王敎)'라고 주장했다. 정치적으로는 농민봉기를 반대하고 말년에는 소북에서 태평천국혁명과 맞섰다. 이런 행동은 그의 역사적 국한성과 계급적 국한성을 보여 주고 있다. 하지만 이런 약점은 그의 사상과 행동의 주요 부분이 아니다.

제14장

자본주의 국가들의 중국 침략

제1절
중국과 자본주의 국가의 조기 무역관계

1. 대외무역 상황

16세기 초, 서방의 항해가들이 아프리카의 희망봉을 에돌아 새로운 항선을 개척하여 중국에 왔다. 이 시기 일부 서구라파 국가들은 자본주의의 원시축적 단계에 들어섰으며 식민지 약탈이 자본축적의 중요한 수단이 되었다. 상인과 선교사들이 해외 확장의 선구자 신분으로 세계 각지로 나아갔다. 가장 먼저 포르투갈 인들이 중국에 들어왔으며 그 뒤로 스페인, 네덜란드, 영국, 프랑스인들이 들어왔다.

중국에 들어 온 초기의 서방 식민자들은 사기와 편취, 무력적 수단으로 약탈을 감행하며 중국의 연해지역에서 소란을 피웠다. 1553년(명 嘉靖 32년) 포르투갈 인들이 마카오를 점령했고 1603년(명 萬曆 31년)에는 스페인인들이 필리핀에서 화교들을 압박하고 도살했다. 1624년(명 天啓4년)에는 네덜란드인들이 중국의 대만을 침점했으며 1637년(명 崇禎10년)에는 첫 영국 선박이 광주(廣州)에 처들어와 호문(虎門)을 포격했다. 그들의 상업무역은 일반적으로 해적의 약탈행위와 맞먹었는데 영국인들마저 "유럽국가와 중국 간의 초기 무역에는 약탈, 모해와 잦은 무력 사용이 특색"이며 "모든 이른바 평화적 상업 선구자들의 행위는 평화적이고 문명한 사람으로서의 도리에 부합했다기보다는 도둑이라고 하는 게 더욱 적합하다. 그들은 제국이 축출해야 할 뿐만 아니라 중국 당국이 이를 섬멸해야한다. 그들은 중국 남부의 해안을 넘나들며 농촌과 도시를 약탈하고 불태워버리며 무고한 남녀와 어린아이 수 백명을 사살한 뒤 아무일도 없었던 듯 배를 타고 떠나갔다. 혹은 육지에 상륙해 가장 포악하고 잔인한 수단으로 현지의 중국인을 강박하여 요새를 짓도록 했다. 그들은 또 부녀를 노략질하고 현지인들의 모든 귀한 물건들을 강탈했으며 모든 예의와 인간의 신조를 위반했다"[381]

중국이 외국과 교류를 시작하던 초기 무역량은 상당히 적었다. 특히 청조 초기, 정성공 등은 복건(福建), 절강 연해 일대를 거점으로 항청 투쟁을 벌였다. 청 조정은 그들의 식량과 물자공급을 단절하기 위해 해금을 엄격히 실행하고 "돛배도 항구에 들어오지 못하도록" 지시했다. 또 연해안 주민들을 내륙으로 강제 이주 시켜 중외 무역은 더욱 위축되었다. 그때 당시 정성공이 통제하던 하문(廈門)과 대만(臺灣)의 대외무역이 비교적 발달했으며 마카오에 거주하던 외국상인들 역시 광주(廣州)와 통상관계를 유지했다. 순치와 강희 초기, 네덜란드, 포르투갈이 북경에 사절을 파견하여 통상을 허락할 것을 요구했다. 그러나 청 정부는 그들을 조공국으로 간주하고 공물을 바칠 때 무역을 겸하도록 허락했다. "공물을 바치는 때가 아닌 기간에는 무역을 할 수 없다"[382]고 규정했다.

1685년(강희24년). 청나라가 대만을 통일했다. 이듬해 해금을 풀

---

381) Blakeslee, "China and the Far East", p.35,39.
382) 『동화록(東華錄)』 강희제 권8(康熙朝卷八), 강희(康熙)7년3월.

것을 지시하고 중국 상민이 바다로 나가 무역하는 것을 허락했으며 또 광주(廣州), 장주(漳州), 영파(寧波), 운대산(雲臺山) 4곳을 통상항구로 지정했다. 그러나 실제적으로 대외무역은 광주 한 곳에만 집중되었다. 해금을 풀기 시작해서 19세기 초에 이르는 백여 년 동안 중외해상무역이 상당한 발전을 가져왔지만 이는 유럽과 아메리카 자산계급의 수요를 만족시킬 수 없었다. 1764년(乾隆29년), 유럽과 아메리카 국가들의 대중국 해상무역 총액이 은 555만 냥에 이르렀다. 이는 19세기 초보다 1천912만 냥이 늘었으며 40년 사이 3.5배 증가했다. [383)]

특히 중국의 대외무역은 장기적으로 수출이 수입을 초과했다. 먼 길을 거쳐 중국에 도착한 유럽의 제조품은 가격이 지나치게 비쌌고 물품의 종류와 모양새가 중국에 적합하지 않아 중국시장에 대량 수입할 수 없었다. 중국의 자급 자족식 자연경제는 외국상품에 상당히 큰 저항력을 보였다. 중국시장에서 판매되는 영국의 제품으로는 모직품과 금속 그리고 영국이 인도에서 가져 온 솜이 있었다. 그러나 중국의 찻잎, 생사, 무명은 유럽시장에서 판로가 좋았다. 1764년(건륭29년), 유럽에서 중국으로 들여온 상품 총액은 은 191만 냥에 달했다. 중국에서 유럽으로 나간 상품 총액은 은 364만 냥으로 173만 냥이 더 많았다. 이런 형세는 19세기 초 아편이 대량 중국으로 수입되기 전 까지 지속되었으며 중국의 대외무역은 줄곧 흑자를 가져왔다. 영국작가는 "16세기부터 19세기에 이르기까지 300년 동안 중국과

---

383) 본장의 통계수치는 엄중평(嚴中平)등 편, 『중국근대경사통계자료(中國近代經濟史統計資料)』, 요현호(姚賢鎬)편, 『중국근대대외무역사자료(中國近代對外貿易史資料)1840―1895』 1책, Hosea Ballou Morse, 『중화제국대외관계사(中華帝國對外關系史)』 1권 등을 인용했다.

서방 간 교류에서 가장 뚜렷했던 사실은 서방이 동방의 물품을 요구했으며 서방은 내놓을 만한 상품이 없었다."[384]

18세기 중외무역에는 뚜렷한 변화가 생겼다. 포르투갈, 스페인, 네덜란드 등 오랜 식민주의 국가들이 잇달아 쇠락하면서 그들의 대중국 무역이 차츰 위축되었다. 영국은 자산계급혁명을 겪으며 빠른 발전을 가져왔다. 영국은 식민지를 쟁탈하는 전쟁에서 경쟁자들을 물리치고 해상패권을 손에 쥐었으며 그들의 세력은 갈수록 커졌다. 1689년(강희 28년) 영국의 '방어호(防禦號)'가 광주에 도착했고 청 조정이 해금을 풀자 영국이 광주에서 무역을 시작했다. 1715년(강희54년), 영국이 광주에 상관(商館)을 설립했다. 영국의 대중국 무역은 갈수록 자리를 잡았고 무역액은 차츰 늘어났다. 18세기 중엽, 영국의 대중국 무역 총액은 유럽 기타 국가들의 대중국 무역 총액을 초과했다. 1764년(강희29년), 유럽 국가들은 해상무역을 통해 중국에 총 은 191만 냥의 상품을 수출했다.

그중 영국이 121만 냥으로 63.3%을 차지했다. 한편 유럽 국가들은 해상무역을 통해 중국으로부터 총 은 364만 냥의 상품을 수입했는데 그중 영국이 170만 냥으로서 46.7%를 차지했다. 영국은 이시기 대중국 무역에서 주도권을 잡았다. 18세기 후반, 영국의 대중국 무역은 빠르게 상승했다. 18세기 말엽, 영국의 대중국 수입은 유럽과 아메리카 국가들의 수입 총액의 90% 정도를 차지했다. 18세기 말과 19세기 초에는 무역하러 광주에 오는 영국의 상선이 매년 수십 척에 달했다. 1787년(건륭 52년)과 1826년(道光

---

384) Michael Greenberg의 『아편전쟁전 중영통상사(鴉片戰爭前中英通商史)』. 1쪽.

6년)에 가장 많이 왔는데 62척과 85척에 달해 다른 나라들을 크게 초과했다.

프랑스는 루이 14세 시대에 와서 확장을 꾀하고 대중국 무역을 발전시켰다. 1698년(강희37년), 프랑스 배가 처음으로 중국에 도착했으며 1728년(雍正 6년) 광주에 상관을 설립했다. 프랑스는 중국에서의 전교사업을 중시하고 많은 예수회 전교사들을 중국에 보냈다. 하지만 상업은 별다른 발전이 없었으며 매년 광주에 오는 프랑스 배는 수 척에 불과했다. 1792년(건륭 57년), 프랑스가 중국에 수출한 상품 총액은 은 5만 냥에 달했으며 중국으로부터 수입한 상품 총액도 겨우 은 36만 냥에 불과했다. "프랑스의 대중국 비즈니스는 여전히 미소했으며 영국과는 천지차이였다"[385]

미국의 대중국 무역은 시작이 늦었다. 독립전쟁 후에야 대아시아 무역에 착수하기 시작했다. 1784년(건륭 49년), 미국의 첫 상선 "중국황후호"가 뉴욕에서 출발해 아프리카의 희망봉을 에돌아 광주에 도착했다. 이후 미국의 대중국무역이 빠른 발전을 가져왔다. 미국정부는 대중국 무역상들에게 세금 우대와 보조금을 주었다. 18세기 말엽, 미국은 대중국 무역 국가 중 2위를 차지했다.

19세기 초, 나폴레옹이 일으킨 전쟁으로 유럽이 파괴의 시대를 겪던 때 미국은 대중국 무역에서 신속한 발전을 가져왔다. 1817년부터 1820년 사이 미국의 대중국 무역 총액은 매년 1,560만원에 달했으며 매년 중국에 오는 상선이 30, 40척에 달했다. 역사 기재에 따르면 "최근 몇 년 외국(미국)

---

385) 장천호(張天護), 『청대 프랑스대중국무역문제연구(淸代法國對華貿易問題之硏究)』, 『외교월보(外交月報)』 8권. 6기에 실림.

선박이 많았는데 잉글랜드의 것과 맞먹었다"[386] 서방의 역사학자는 "영국, 프랑스가 전쟁을 겪을 때마다 중국의 해상에 나부끼는 깃발은 거의 영국과 미국의 것이었다. 특히 영국의 깃발이 현저하게 많았다. 영국은 해상 패권 국가이기 때문이고 미국은 모든 국가에 우호적인 태도를 보이는 중립국이기 때문이다…… 미국은 다른 국가들이 상업 활동을 할 수 없는 곳에서도 상업 활동을 벌일 수 있었다."[387]

대외무역 초기, 중국에서 수출되어 나가는 상품은 농산물과 부업생산물이 주를 이루었다. 오랜 시간 우리의 선조들은 양질의 찻잎, 화려한 실크, 촘촘하고 견실한 무명천을 세계 여러 나라로 대량 공급했다. 그중 찻잎의 수출량이 1위를 차지했다. 자본주의의 발전과 영국 광범한 인민들의 생활이 어려워짐에 따라 홍차가 영국인들의 보조음료가 되었다. 찻잎은 영국인들의 생활필수품이 되었으며 소비량은 갈수록 늘어났다. 18세기 초 영국으로 운반되는 찻잎은 500짐(1짐은 100근)이었지만 18세기 중엽 이후 5만 짐으로 폭증했다. 그 당시 영국 정부는 중국에서 수입되는 찻잎에 높은 관세를 부과했기에 찻잎 밀수 사례가 많았다. 1784년(건륭 49년), 영국 정부가 차세(茶稅)를 낮추자 밀수 현상이 사라졌으며 중국에서 영국으로 나가는 찻잎은 10여 만 짐으로 늘었다. 19세기 초에는 또 20만 짐으로 늘었다. 18세기 말 영국의 동인도회사가 중국으로부터 평균 매년 은 4백만 냥 좌우의 찻잎을 구매했는데 이는 영국이 중국에 수출하는 세 가지 주요 상품의 가치(모직품, 금속, 솜)와 맞먹었다. 그 당시 중국에 온 영국의

---

386) 완원(阮元), 『광둥통지(广東通志)』 권 330, 열전 63, 『외번(外藩)』
387) Hosea Ballou Morse, 『중화제국대외관계사(中華帝國對外關系史)』 1권, 93쪽.

매카트니 사절단 단원은 18세기 영국에서 중국 찻잎 판매량 증가한데 대해 이렇게 말했다. "본세기 초, 일부 밀수로 들어 온 찻잎 외 동인도회사가 매년 판매하는 찻잎은 5만 파운드를 넘지 못했다. 그러나 현재 해당 회사는 매년 2천만 파운드의 찻잎을 판매하고 있다. 이는 백년도 안 되는 사이 찻잎의 판매량이 400배로 늘었다는 것으로 해석 된다"[388]

중국의 또 다른 주류를 이룬 수출상품은 생사이다. 청 정부는 초기 생사수출을 제한했다. 외국 상선은 생사를 8천 근 이상 운반할 수 없도록 했다. 후에 금령을 풀어 놓자 생사의 수출량이 폭증했는데 19세기 초 매년 1,200짐도 못되던 것이 1830년대에 와서 8,000짐 이상으로 늘었다. 중국의 무명천 역시 해외시장에서 상당히 환영받았는데 18세기 말에는 매년 평균 1백만 필을 수출했다. "광주(廣州) 자딘 매디슨상사는 자신들과 거래하는 상사들에게 중국산 '자화포(紫花布)'는 품질과 원가 모두 만체스터의 것을 초과한다"[389]고 소개했다.

유럽과 아메리카 국가들은 중국 상품을 대량 수요했으며 동인도회사와 영국정부는 찻잎, 실크무역에서 폭리를 챙겼다. "독점하던 최후 몇 년 사이 찻잎은 영국국고에 평균 매년 330만 파운드의 세금 수익을 가져다주었다. 중국에서 온 찻잎이 가져다주는 수입은 영국국고 총 수입의 10분의1 정도를 차지했으며 동인도회사의 모든 이윤은 찻잎에서 왔다"[390]. 찻잎 수출이 고액의 이윤을 가져오기에 영국동인도회사는 찻잎무역에서 손을 떼지

---

388) Sir George Thomas Staunton, 『영국 사절의 건륭 알현 실기(英使謁見乾隆紀實)』, 27쪽.
389) Michael Greenberg, 『아편전쟁전 중영통상사(鴉片戰爭前中英通商史)』, 1쪽.
390) 위의 책, 3쪽.

않으려 안간힘을 썼다. 그러나 그들이 가장 골치 아픈 일은 찻잎을 구매하는 자본 해결이다. 영국 상인이 중국으로 가져 온 상품은 모두 팔리지 않거나 밑졌다. 그중 모직품은 너무 비싸 이를 구매하는 중국인이 적어 모직품 구매 및 운반은 늘 밑지는 장사였다. 18세기 말 평균 매년 10, 20만 냥의 손해를 보았다. 영국 상인들은 중국의 화폐를 얻어 찻잎을 사기에 급했기에 하는 수 없이 밑지는 장사를 계속해야만 했다. 그러나 "광주의 영국 상품 시장은 제한되어 있었기에 밑지며 팔려고 해도 판로를 확장 할 수 없었다."[391]

영국에서 가져 온 금속품은 납제품이 가장 많았다. 납제품은 주요로 찻잎 수출 때 포장용 케이스로 사용되었기에 수요량 역시 제한되었다. 세 가지 수출품 중 솜이 가장 많았다. 그 시기 광동 연해의 도시와 진에 자리한 중국 수공 방직공장이 빠른 발전을 해 대량의 솜이 필요했다. 19세기 초 영국 상인이 중국에 수출하는 솜은 매년 평균 은 400만 냥에 달해 총수출의 60%를 차지했다. 솜 생산지가 인도였기에 동인도회사는 사실 잉글랜드 본토와 인도, 중국 사이에서 삼각 무역을 했다. 잉글랜드 본토의 제품을 인도(일부분만 직접 중국으로 운송)로 보내 인도의 솜과 기타 제품으로 교환한 후 다시 인도의 솜을 포함한 상품을 중국으로 운송했다.

중국에서는 찻잎을 구입하여 잉글랜드 본토로 보냈다. 영국의 기계제조품은 중국에서 시장이 없었다. 1790년(건륭 55년), 영국 상인들이 기계로 짠 맨체스터 산 면직물 2천 필을 광주에서 시범적으로 판매했지만 가격이 너무 높아 환영 받지 못했다. 1821년(도광 원년) 까지도 "잉글랜드

---

391) 위의 책, 8쪽.

산 날염포 4,509필, 플러시와 비로드 416필을 광주에서 경매를 통해 거우 팔아 버렸다…… 60% 이상을 밑졌다. 이는 아직 영국 면제품 시대가 오지 않았음을"[392] 말한다.

잉글랜드와 인도에서 중국으로 가져 온 모든 상품의 총액은 거우 중국이 수출한 찻잎 무역액에 불과했다. 중국은 장기적으로 수출이 수입을 초과하는 상태를 유지했다. 무역수입과 지출의 균형을 위해 유럽과 아메리카 상인들은 반드시 매년 대량의 경화를 중국으로 운반해야 했는데 광주 일대에는 매년 평균 수백 만 원의 은화가 유입됐다. "1710년부터 1759년까지 신구 동인도회사가 합병된 이후 50년, 영국이 동방에 수출한 금은은 2천 683만 3천 614파운드에 달했지만 수출한 상품의 가격은 거우 924만 8천 306파운드에 달했다"[393]. 미국은 대중국 무역에서 여전히 백은으로 지불했다. 19세기 초, 미국은 경화가 대량 수출되면서 공황을 일으키기도 했다. 미국 하원의 조사보고에는 "우리의 전체 유통주화는 지난 한해 우리가 인도로 수출한 양의 두 배 이상에 불과하다. 여기서 말하는 이른바 인도는 중국도 포함했다"[394] 청조의 한 관원은 18세기 전기의 상황을 이렇게 적었다. "계절에 맞게 부는 바람이 불 때인 5, 6월이면 오랑캐의 배가 광동으로 오는데 배에는 화물은 별로 없고 대부분이 외화였다"[395] 그 당시의 실제 상황은 확실히 이러했다.

---

392) Hosea Ballou Morse, 『편년사(編年史)』 권4. 2쪽.
393) Michael Greenberg, 『아편전쟁 전 중영통상사(鴉片戰爭前中英通商史)』. 5쪽.
394) 타일러 데넷, 『미국인 동아시아를 가다(美國人在東亞)』. 18쪽.
395) 『문헌총편(文獻叢編)』 17집, 복건 순무 상재의 상주문(福建巡撫常賚奏). 옹정 5년 7월19일.

대외무역 상황은 중국 봉건경제의 자급자족 특징을 충분히 나타냈다. 광범한 지역에서 농업과 수공업이 견고하게 결합되어 있었다. 농민들은 자신이 필요한 양식을 생산하는 한편 농한기에는 여러 가지 부업과 수공업에 종사했다. 실을 뽑고 천을 짜며 집을 짓고 농기구와 생활도구를 제조 및 수리했다. 농민들의 생활은 극히 빈곤해 그들은 생존을 위해 반드시 모든 기회를 이용해야했으며 간단한 필수품은 자신의 두 손으로 해결해야 했다. 마르크스가 말했듯이 "자본주의 이전의 민족적 생산 양식이 갖고 있던 내부적인 견고성과 구조가 상업의 해체역할에 어떠한 장애가 되었는지는 영국이 인도, 중국과 통상하는 과정에 뚜렷이 나타났다. 인도와 중국, 소농업과 가내 수공업의 확고한 결합으로 생산 양식은 광활한 기초를 갖게 되었다." "농업과 수공제조업이 직접 결합됨으로서 많은 절약과 시간을 단축할 수 있기에 인도와 중국은 대공업제품을 필사적으로 거부했다. 대공업제품의 가격에는 대공업제품이 유통과정에서 산생되는 여러 가지 비생산비용을 계산해 넣어야 했다"[396]

대외무역의 경우, 생산력수준이 상당히 낮지만 땅이 넓고 생산물이 풍부하며 인구가 많은 중국과 같은 대국은 증산 잠재력이 거대했다. 아편전쟁 이전의 한 세기, 중·영 상품은 격렬한 경쟁을 벌렸다고 할 수 있다. 중국의 수출상품은 급속히 늘어났으며 대외무역의 자극으로 중국의 실크와 찻잎 생산이 대대적인 발전을 가져왔다. 영국은 18세기 말엽 산업혁명을 겪으며 대규모의 기계생산이라는 우월한 조건을 갖추었지만 여전히

---

396) 『마르크스엥겔스 전집(馬克思恩格斯全集)』, 25권, 마르크스
    의 『자본론』, 372~373쪽.

중국으로 대량 수출을 할 수 없어 대외무역에서의 불리한 국면을 전환할 수 없었다.

2. 청조정부의 쇄국정책

영국은 상품 수출에서 청조로부터 경제적인 저항을 받는 외에도 정치적인 제한을 받았는데 바로 청 정부의 폐관정책이다. 청조정부는 왜 폐관정책을 실시했을까? 근원을 따져보면 역시 경제제도의 원인이다. 중국 봉건사회의 자연경제는 자급자족 구조를 이루기에 외래상품을 필요하지 않는다. 예를 들면, 건륭제가 영국의 왕에 보내는 칙유에는 이렇게 적혀있다. "청조에는 물산이 풍부하여 부족한 것이 없기에 외국의 물건이 필요 없으며 외국과의 무역을 필요치 않는다"고 했다. [397] 가경제의 조서에는 이렇게 적혀있다. "천조에는 발해, 황해, 동해, 남해가 있어 당신네와 같은 소국이 제공하는 보잘 것 없는 물자를 필요로 할 가?"[398] 봉건사회의 자연경제는 통치자들이 제 자리 걸음을 하고 자대하며 쇄국정책을 실시하는 근본적 원인이다.

마르크스는 동방봉건국가의 특징을 서술할 때 "이런 가족 식 공사(公社)는 가정공업을 기반으로 했으며 손으로 천을 짜고 실을 뽑으며 손 농사를 하는 특수한 결합으로 자급자족했다"고 지적했다. "이런 제도로 작은 기관도 독립적인 조직이 될 수 있었으며 바깥 세계와 교류하지 않아도

---

397) 양정남(梁廷枏), 『월해관지(粤海關誌)』 권23, 8쪽.
398) 『청대외교사료(淸代外交史料)』 가경조4(嘉慶朝四), 29쪽.

되는 생활을 할 수 있었다." "그냥 보기에 누구에게도 해가 되지 않는 전원 분위기의 농촌 공사는 줄곧 동방전제제도의 탄탄한 기반이 되었다. 이런 소단위의 가정공업은 사람의 두뇌를 작은 범위에 국한시켜 미신적인 순종의 도구로, 전통규칙의 노예로 만들었다."[399)]

'쇄국정책'은 봉건적 자연경제의 산물일 뿐 아니라 청조 정부와 광대한 인민군중 간에 첨예한 모순을 불러오기도 했다. 이런 이유로 청 정부는 더욱 완고하게 "쇄국정책"을 고집했다. 같은 봉건 자연경제이더라도 국가가 상대적으로 강성하고 정부와 인민의 모순이 비교적 완화할 경우 봉건통치자들은 주변 국가에 비교적 개방적이고 관용의 태도를 갖는다.

예를 들면, 한당성세 시기, 중외 교류가 빈번하고 저명한 실크로드를 따라 중국과 서방의 경제와 문화 교류가 이루어졌다. 현장(玄奘)과 감진(鑒眞)을 대표로 하는 많은 승인들이 인도, 일본으로 건너가 불경을 구하고 불교를 전파했다. 일본 등 나라의 유학생들도 장안(長安)에 공부하러 왔다. 명나라 초기 정화(鄭和)가 방대한 항해대오를 이끌고 동남아, 서부 아시아와 아프리카 연해안을 여러 차례 다녀왔다. 노신선생은 "한당 때에도 변경에 우환이 있었지만 워낙 나라의 기백이 웅대하여 백성들은 이족의 노예가 되지 않을 자부심에 넘쳤거나 혹은 그리 되리라는 생각을 아예 하지 못했다.

외래의 사물을 가져다 사용할 때는 상대를 포로로 잡아 오듯 마음대로 부려 먹으며 전혀 신경 쓰지 않았다. 그러다 일단 쇄락하여 내리막길을 걸을 때는 신경이 쇠약하고 민감해져 외국의 것을 접할 때면 마침 상대가 자신을

---

399) 『마르크스엥겔스선집9馬克思恩格斯選集)』. 2권, 마르크스의 『그레이트브리튼의 인도에서의 통치(不列顚在印度的統治)』, 66, 67쪽.

포로로 대하지는 않을 가 두려워하고 밀어내며 도피하고 움츠러든다. 그리고 어떻게든 구실을 찾아 이런 심리를 감추려한다."[400]

18세기 말엽 중국봉건사회는 "쇠락하여 내리막길을 걷고 있었으며" 인민 군중들의 항청(抗淸) 봉기가 구름이 피어오르듯 일어났다. 홍성하던 청조 정부의 쇠락은 청 정부의 부패성과 허약성을 잘 드러내고 있다. 청조 정부는 세계의 발전을 알지 못하고 외국 자본주의의 성질과 활동 방식을 모르기에 자본주의를 대응하는 정확한 책략을 알 수 없었다. 청 정부는 외부의 반대파 세력이 인민군중들과 직접적으로 접촉하여 정부를 반대하는 힘을 키워 새로운 소동을 일으킬 가 우려했다.

청 정부는 이런 우려로 쇄국정책을 특히 엄격하게 실시했으며 여러 가지 규정제도, 허례허식으로 중국과 외국 간의 왕래를 상당히 협소한 공간에서 진행하도록 제한했다. 청 정부는 중국과 외국을 격리하는 담벽을 쌓았다. 그리고 울타리 밖의 시국이 변화무쌍하고 우레가 울고 바람이 불더라도 '천조'의 문만 닫으면 황제 자리에 앉아 듣지도 묻지도 않으면 근심 걱정 없이 지낼 수 있을 것이라고 착각했다. 그러나 역사적 현실은 이런 반동적인 환상을 부숴버렸다. 사실 그들은 얇디얇은 종이 벽을 쌓았을 뿐이며 외국 침략자들은 이를 단번에 찢어 놓았다.

청 정부의 쇄국정책 조치는 중외무역발전 과정에 차츰 형성된 것이다. 주요 조치는 이런 몇 가지가 있다.

---

400) 『노신전집(魯迅全集)』 1책, 『거울을 보며(看鏡有感)』, 30쪽.

① 한 개 항구에서만 통상하도록 제한하다. 강희제 때 해금을 풀어 놓던 초기에는 통상항구를 제한하지 않았다. 대부분의 외국 상선들이 광주에 집중되었지만 하문(廈門)과 영파(寧波)로 가 무역을 하기도 했다. 18세기 중엽 영국인 홍임휘(洪任輝)가 여러 번 영국 배를 끌고 영파에 가 무역을 했다. 그들이 영파에 장기적인 상업 거점을 마련하려는 의도는 청 정부의 우려를 자아냈다. 건륭제는 "절강일대의 백성들은 쉽게 소란을 피우는데, 양상이 혼잡스럽게 끼어 있으면 쉽게 말썽이 일 것이다. 만약 법을 세워 이를 방지하지 않으면 많은 외국인들이 절강에 모일 것이고 영파 역시 외래 선박의 집결지가 되어 내지의 해상국경선(內地海疆)으로 전락하게 될 것인데 이는 중대한 일일지어다."[401]

1757년(건륭22년) 명령을 내려 외국 상선이 영파에 다시 올 경우 광주에서만 통상을 하도록 제한했다. 영국인은 이에 불복하고 홍임휘는 바다를 통해 톈진까지 가 청 조정에 영파를 개방할 것을 요구했다. 한편 마카오 세관의 탐오, 협박, 약탈 행위를 고발했다. 청 정부는 사람을 파견하여 사실여부를 조사하도록 하고 이영표(李永標)의 마카오세관 감독직을 파면했지만 여전히 영파 항구는 개방하지 않았다. 홍임휘 역시 "내지의 간악한 백성과 내통하여 돈을 주고 불법으로 항구를 개통하려 했다"[402]는 죄명으로 마카오에서 3년 감금되었다 만기 후 축출 당했다. 그 뒤로

---

401) 『청고종성훈(淸高宗聖訓)』 권281, 5쪽.
402) 『청고종성훈(淸高宗聖訓)』 권199, 10쪽.

통상항구는 광주 한 곳으로 엄격히 제한했다.

외국 상인은 한 곳에서만 통상하는 것에 불만을 표시했다. 외국 상인들이 수요하는 생사, 찻잎은 강소(江蘇), 절강(浙江), 복건(福建), 안휘(安徽)에서 대량 생산되지만 원산지가 아닌 광주에서 구입하려면 장거리 운수를 해야 하는 탓에 원가가 높았다. 이밖에 광주에는 이미 행상제도가 형성되어 대외무역을 독점하는 등 여러 가지 폐단이 많았다. 외국 상인들은 하나의 통상항구만 허용하는 정책과 청조 행상제도의 속박에서 벗어나기에 급급했다. 18세기 말과 19세기 초, 영국은 선후로 매카트니와 애머스트 두 외교사절단을 북경에 보내 통상항구를 개방하고 자유무역을 허용할 것을 요구했다. 그러나 청조 정부는 끝까지 이를 허용하지 않았다.

②수출입 화물을 제한했다. 해금을 풀어 놓던 초기에는 대포와 병기, 화약, 초석과 유황 무역을 금지했지만 그 후로는 범위를 넓혀 수출금지 화물 리스트가 갈수록 늘어났다. 쌀, 콩류, 맥류, 잡곡, 철기, 폐철, 생사, 견직물, 마필, 서적이 모두 금지리스트에 올랐다. 이는 대외무역의 발전을 방해했다. 예를 들면, 철기와 곡물 수출을 금지한 탓에 무역을 위해 바다로 나가는 중국 상선에는 솥 한 개, 선원들은 도끼 하나만 갖고 배에 오를 수 있어 불을 지펴 밥을 하는 등 생활에 불편이 많았다. 이밖에 해적이 창궐하여 바다 위에서 항행하는 그들은 방어수단마저 상실했다. 바다로 나가는 상선은 또 돌아오는 날짜를 미리 정해 놓았으며 선원들에게 주어진 쌀은 매일 한 되, 이외에 한 되만 더 갖고 오를 수 있었다. 그러나 풍파를 예측하기 어렵기에 항행 날짜는 예정일을 훨씬 넘길 수도 있어 식량이 떨어지는 위험에 처할 때가

있었다.

　이런 번거롭고 불합리한 규정은 중국 상선들의 원양 항해를 크게
방해했다. 이밖에 생사, 견직물 수출을 금지했는데 이는 국내 생산발전에
심각한 영향을 끼쳤다. 비단은 중국의 전통 수공업제품이며 주요한 대외
수출상품이다. 수출이 늘어나고 생사의 가격이 올라가는 것은 시장 공급과
수요의 규칙으로서 실크 생산의 빠른 발전을 추진할 수 있어 나쁜 일이
아니다. 그러나 봉건 관리들은 실크 가격이 올라가자 긴장해하며 실크
수출금지령을 내렸다. 이는 사회의 경제 발전에 영향을 끼쳤는데 "근년에
광동과 복건(월민)일대의 외국 배가 줄어들었다. 서양을 상대로 하는
내지의 상선들도 거의가 정박해 있다. 외지에서 생사를 사들이지 못하기에
운수해 오는 화물이 날로 줄었다. 한편 내지에서 필요로 하는 서양물품의
가격도 올라가는 추세"이었다. 나중에는 봉건 관리들 역시 실크 수출금지는
"중외 모두에 도움이 되지 않았다"[403]고 인정했다. 현실적으로 난관에
부딪치자 그들은 하는 수 없이 금지령을 풀었다. 그 뒤로는 생사를 수출할
때 외국 상선에는 1척에 생사 1만근으로 제한하고 중국 상선은 2천 근을
넘지 못한다고 규정했다.

　③ 외국 상인들을 경계하다. 홍임휘의 고소 사건 후 청조 정부는 중국인과
　　외국상인들의 만남을 우환으로 간주하고 이와 같은 유사한 사건

---

403) 『황조정전류찬(皇朝政典類纂)』 권118, 민절총독(閩浙總督) 양정장(楊庭璋) 등의
　　상주문. 건륭29년.

발생을 막기 위해 1759년(건륭24년), 양광총독 이시오(李侍堯)가 『방이오사(防夷五事)』를 규정했다. 첫째, 외국 상인들이 광주에서 겨울을 나는 것을 금지한다. 둘째, 외국상인들이 광주에 머물 경우 반드시 정부가 지정한 행상의 상관(商館)에 투숙해야 하며 상관에서 이를 단속하고 사찰을 책임진다. 셋째, 중국인은 외국상인에게 돈을 꿔주거나 혹은 외국상인은 중국인을 고용 못하도록 했다. 넷째, 중국인은 외국상인을 대신하여 상업정보를 탐문해서는 안 된다. 다섯째, 외국 상선이 정박한 곳에 군대를 파견하여 탄압 사찰 하도록 했다. 이른바 '방이(防夷)'는 외국상인과 중국인들의 만남을 막기 위한 것이었다. 1809년(가경14년), 양광총독 백령(百齡)이 또 『교역장정(交易章程)』 6조를 규정했다. 1831년(도광11년)에는 양광총독 이홍빈(李鴻賓)이 8조를 규정했다. 1835년(道光 15년)에는 양광총독 로곤(盧坤)이 8조를 더 규정했다. 규정은 갈수록 번잡하고 규제는 갈수록 엄격했다. 예를 들면, 외국상인이 마카오에서 지적으로 머무는 것을 불허했고 가마 타는 것을 불허했으며 관부로 직접 문서를 넣지 못하도록 했다. 광주의 상관(商館)에 머무는 외국인들은 매달 8일과 18일, 28일에만 부근의 화지(花地)와 해당사(海幢寺)를 관광하고 산책할 수 있으며 한번에 10명으로 제한했다. 평소에는 상관을 함부로 드나들지 못하며 외국 여성이 광주에 오는 것을 불허하는 등의 규정이 있었다.

④ 행상제도. 대외무역 관련 일을 하는 상인을 '양상(洋商)'이라고 불렀다. 그들은 동업 조합회와 유사한 기구가 있었는데 이를 '양행(洋行)'이라고

불렀으며 속칭 '13행'이다. '13행'은 명대의 옛 명칭을 그대로 불렀는데 사실 옛 상가가 망하거나 휴업을 하고 혹은 새로운 상가가 늘어나는 일이 종종 있었기에 '13행'에는 상가가 반드시 13개인 것은 아니었다. 1720년(康熙 59년), 양행 상인들 간의 상호경쟁을 막기 위해 조항을 내오고 독점적 조합인 '공행'을 결성했다. '공행'은 한 때 외국상인들의 반대로 취소했다가 후에 다시 관리하기 편하기 위해 다시 행상을 지정하여 총상(總商)을 맡도록 했다. 행상제도는 여러 번의 변화를 겪었지만 아편전쟁 전에 와서야 행상들이 완전하게 대외무역을 좌우지할 수 있었다. 행상이 되려면 반드시 청 정부의 허락을 받아야 하고 다른 행상들의 추천을 받아야 했으며 특히 관리에게 뇌물을 건네야 했다. 행상이 된 뒤에는 마음대로 사퇴를 할 수 없었다. 예를 들면, 행상이었던 반치상(潘致祥)은 1808년(가경13년)에 은 10만 냥을 뇌물로 바쳐서야 사퇴가 가능했다. 그러나 6년 뒤에 양광총독 장유섬(蔣攸銛)이 반치상을 행상에 나서도록 강박했다. 장유섬은 "반치상의 가정이 부유하고 양무에 가장 능숙해 오랑캐와 내지 상민들이 신복한다. 과거 행상을 사퇴한 것은 요령을 피운 것으로 양행이 피폐한 요즘 모른 체하고 혼자 큰 이득을 누려서는 아니 되오니 지시에 응해 양상의 신분을 회복해야 한다"고 했다.[404]

행상제도는 청조 정부의 쇄국정책 중 가장 중요한 정책이다. 행상제도는

---

404) 『청대외교사료(清代外交史料)』 가경조4(嘉慶朝四), 양광총독(兩廣總督) 장유섬(蔣攸銛)의 상주문, 가경 19년 10월 19일, 23쪽.

독점성 상업조합으로 외국에서 수입하는 모든 물품의 판매를 담당했으며 내지의 수출물품을 대리구입하고 수출입물품의 가격을 책정했다. 한편 행상은 또 정부의 위탁을 받고 정치적 기능을 담당했다. 외국상인들이 중국에 와 무역을 할 때 광동세관에 직접 납세를 하는 것이 아니라 일률로 행상이 대리 징수하고 대리 납세했다. 탈세, 누세를 할 경우 행상이 책임지고 배상해야 했다. 행상은 또 정부를 대표하여 사무를 협상하고 처리했다. 외상은 관부와 직접 교류하지 못하며 모든 명령과 문서는 행상이 전달했다. 때문에 행상은 사실 상무와 외교 모두를 겸했다.

그 당시 외국인들은 행상에 대해 이렇게 기술했다.

행상은 중국정부가 인정하는 유일한 기구이다. 중국의 일반 상인들은 행상을 통해서만 수출이 가능했으며 행상들은 일부분의 수속비를 챙기고 행상 명의로 통관 수속을 했다.

행상들은 호부(戶部, 실질적으로는 광동 세관)를 대신하여 수출입 관세를 책임졌다. 행상들만이 세관 관원들과 일 처리를 했기에 외부 사람들은 통관 수속과 세금을 납부하는 번거로움을 피할 수 있었다. 행상들은 광주의 모든 대외무역을 관리했는데 매년 총 수 백만 원에 달했다. 이익이 고정되고 풍족한 반면 책임이 무거웠다. 서양의 배 혹은 대리상들이 통상 규정을 어길 경우 모두 행상이 책임졌다.

행상의 신분을 갖기 위해서는 북경 측에 큰돈을 헌납해야 했는데 소문에는 은 20만 냥인 5만 5천 파운드라고 한다. '허가증'이 이토록 비쌌지만 그 뒤로 거대한 이익이 담보된다. 그러나 정부는 늘 그들로부터 거금을 요구하고 헌납할 것을 강박했다. 예를 들면, 공공시설, 재해구조,

제방 복구.[405]

장기적으로 대외무역을 독점하는 행상들은 대량의 금은보화를 황제와 각급 관리들에게 바치며 자신의 끝없는 욕심을 채우는 한편 선대로부터 이를 이어받아 세업으로 간주하고 거대한 재부를 쌓았다. 그들은 금의옥식을 하고 화려한 저택에서 사치한 생활을 누렸다. 외국인들의 추측에 따르면 행상 오돈원(伍敦元)이 1834년(道光 14년) 소유한 논밭과 방옥, 점포 및 물품은 총 2천6백만 원에 이르렀다.

이런 통상제도와 조치는 청 정부 쇄국정책의 주요 내용이다. 과연 쇄국정책을 어떻게 평가해야 할까? 물론 이런 정책은 낙후한 경제가 바탕이 되었으며 봉건통치계급을 위한 정책이다. 청조 통치자들은 '천조'의 문을 닫으면 영원히 통치를 이어 갈 수 있을 것이라고 착각했다. "외계와 완전히 격리하는 것은 구 중국을 지키는 첫 조건이다"[406] 그러나 이런 소극적인 낙후한 정책은 흉악한 구미침략자들을 막을 수 없을 뿐 아니라 침략의 재난과 우환을 경감할 수도 없다. 자본주의의 본질은 식민지침략이다.

"자본주의가 자신들의 통치범위를 끊임없이 확장하고 새로운 비자본주의 고대국가를 세계경제의 소용돌이에 끌어들이지 않으면 그들은 존재와 발전이 불가능하다"[407] 중국이 외국의 침략을 막아낼 수 있을지 여부는 중국과 외국의 역량대비에 의해 결정된다. 쇄국정책은 외국자본주의의

---

405) 헌터, 『광주번귀록(廣州番鬼錄)』
406) 『마르크스엥겔스선집(馬克思恩格斯選集)』, 제2권, 마르크스의 『중국혁명과 유럽혁명(中國革命和歐洲革命)』, 3쪽.
407) 『레닌전집(列寧全集)』, 3권, 『러시아자본주의의 발전(俄國資本主義的發展)』, 545쪽.

본성에 영향을 미치지 못할 뿐 아니라 그들을 개변할 수도 없으며 나아가 그들의 경제와 정치역량의 발전을 방해하지도 못한다. 오히려 중국의 발전을 저해할 뿐 아니라 중국의 생기와 진보적 정신을 질식시켜 침울, 폐쇄, 정체, 퇴보적인 양상을 초래하는 유해무익한 정책이다.

쇄국정책으로 중국항해업이 쇠락했다. 명대 이전 중국의 항해업은 세계 앞자리를 차지했다. 15세기 초 정화가 서양으로 간 사건은 세계항해사의 장거이다. 1537년(명 가정 16년), 외국인들은 40여 척의 돛을 단 큰 배를 거느린 중국 상선대오가 남중국해에서 항해하는 것을 볼 수 있었다. 그 후 유럽식민주의 세력이 극동까지 손을 뻗었으며 세계 항해업은 빠른 발전을 가져왔다. 그러나 중국정부는 쇄국정책을 통해 천방백계로 항해업의 발전을 제한했다. 청 정부는 5백석 이상의 상선은 바다로 나갈 수 없도록 규정했다. "5백 석 이상의 쌍돛대 범선을 끌고 바다로 나가는 자는 관군이든 민간인이든 물론하고 국경으로 유배를 보냈다."[408] 배를 타고 바다로 나가는 선원, 객상에게 "요패를 주고 이름, 나이와 용모, 적관을 새겨 순초 관군들의 순찰에 편리를 주었다"[409] 중국의 항해업은 여러 가지 제한을 받아 외국을 따라가지 못했다. 과거 동남아시아 해상을 출몰하던 대형 중국선대는 차츰 자취를 감추었다.

쇄국정책은 중국의 대외무역상과 화교에게도 큰 타격을 주었다. 중국의 상인과 화교는 일찍 동남아시아 각 지역에서 활동하며 현지와 중국의 경제교류에 큰 기여를 했다. 그러나 청조 정부는 이를 지지하고

---

408) 『광서대처외전사례(光緒大淸會典事例)』 권776, 4쪽, 강희23년 심사비준.
409) 『황조문헌통고(皇朝文獻通考)』 권33, 11쪽, 강희 53년 장백행(張伯行)의 상주문.

격려하지 않을 뿐 아니라 오히려 그들이 해외로 나가 무역활동을 벌리는 것을 방해했다. 예를 들면, 옹정황제는 해외로 나간 상인과 화교를 상당히 멸시했다. 그는 "이런 유형의 사람들은 대게가 본분을 지키지 않는 사람들로서 그들이 마음대로 오가는 것을 그냥 둘 경우, 그들은 더욱 걱정 없이 고향을 떠나고, 외국을 떠도는 자가 많을 것이다. 앞으로는 기한을 두고 일단 기한을 넘어도 돌아오지 않는 자는 외국에 남기를 원하는 것으로 알고 동정심을 갖지 않을 것이다. 짐도 그들이 다시 돌아오는 것을 허락하지 않을 것이다. 이러한 규정에 따라 상인들은 더는 외국에 오래 머물지 못하고 기한내로 돌아 올 것이다"[410]고 했다.

중국은 대외무역에서 항상 수출이 수입을 초과했던 나라로서 무역발전에 유리한 조건을 갖추고 있었다. 18세기와 19세기 초 광주의 외국 상인들이 날로 늘어나며 무역의 규모가 갈수록 커졌다. 그러나 청 정부의 금지령이 삼엄하여 중국의 대상인들은 원양무역을 위험한 길로 간주했다.

소상인들만이 조금의 화물을 해외로 갖고 나갔다. 대외무역의 주도권과 고액의 이윤은 장기적으로 외국상인들이 독점했다. 당시 일부 상인들은 자본을 축적하여 자체로 선박을 건조했으며 외상들과 겨룰 웅심과 일정한 실력을 갖추었다. 그러나 청 정부의 단속으로 업무를 펼칠 수가 없었으며 오히려 집안이이 참혹하게 불행을 당했다. 예를 들면, 강희시기 상해의 대상인 장원륭(張元隆)은 "많은 선박을 갖추고 바다를 드나들었다"[411], "이름을 널리 알렸고 재력이 빵빵하고 동양과 서양, 남과 북 각 성과 모두

---

410) 위와 같은 책. 12쪽, 옹정 5년 조서.
411) 『동화록(東華錄)』 강희제 권94, 강희 53년 10월.

관계를 맺었다"[412]. 장원룡은 또 원양 돛배 백 척을 건조하여 외국 상선과 겨루어 보려했다. 그러나 그 당시 강소 순무이며 보수적인 이학가(理學家) 장백행(張伯行)은 장원룡과 같은 대상인을 눈에 든 가시처럼 여기고 장원룡이 해적과 결탁했다고 억울한 누명을 씌우고 구족을 연좌시켰으며 참혹한 육형으로 자백을 강요했다. 뱃사공 가족 12명을 사살하고 5년을 끌며 사건을 종결하지 않았다. 이런 봉건통치 아래에 중국 상인들은 대외무역 활동을 펼칠 수가 없었다.

쇄국정책은 중국 사회경제를 크게 훼손했다. 예를 들면, 중국수출화물의 대종상품은 찻잎으로서 복건, 안휘에서 생산된다. 그러나 청 정부는 찻잎은 반드시 내지의 육로를 통해 광주로 운송할 것을 규정, 바다를 통해 근거리 운송하는 것을 불허했다. 장거리를 돌아 가도록했고 연도에는 검문소를 설치하여 층층이 협박하여 약탈하였기에 원가가 비쌌다. 한편 장시간의 운수로 찻잎이 쉽게 변질하였다. 가경 연간, 일부 사람들이 복건의 찻잎을 하문(廈門)을 통해 수출할 것을 요구했지만 청 조정은 "왕명을 전하며 이를 질책하였다" "분명 간상배가 꼬드겨 경솔하게 청원을 하는 것"이라며 기어코 기존의 낡은 정책을 고집하였다. "규제를 경건하게 받아드리고 좋은 법이기에 반드시 영원히 쫓아야 한다."[413] 이와 유사한 불합리한 규정제도는 생산발전과 백성들의 생활 개선에 심각한 영향을 끼쳤다. 일부 관리들이 쇄국정책의 위해성을 지적하기도 했다. "남양에 금지령을 내리기 전, 복건과

---

412) 장백행(張伯行), 『정의당문집(正誼堂文集)』 권1, 『해양피겁삼안제청칙부심의소(海洋被劫三案題請敕部審擬疏)』 권2, 『역진피무시말소(瀝陳被誣始末疏)』
413) 『청인종실록(淸仁宗實錄)』 권365, 가경 2년 12월 조서.

광동 일대 가정에서는 집집마다 생활이 풍족하고 빈둥거리는 무뢰한들도 부를 좇아 외국으로 나갔기에 굶주림에 훔치고 강탈하는 등 우환이 없었다. 그러나 금지령을 내린 뒤로 백가지 상품이 유통되지 않고 서민 생활이 날로 위축되었다. 거주자들은 재주가 무용하게 되었음을 한스러워하고 항해자들은 멀리 가지 못하는 것을 한탄했다. 4, 5천의 금을 들여 만든 큰 배는 황폐해진 항구에 좀먹고 부식된 채로 묶여 있었다. 연해의 주민들도 활기가 없고 쓸쓸했으며 가난하기 짝이 없었는데 이는 모두 외국과의 통상을 금했기 때문이다"[414]

쇄국정책은 세계의 선진적 사상문화와 과학기술을 배우려는 중국인들에게 걸림돌이 되었다. 17세기와 18세기, 서유럽이 중세기의 암흑한 조롱에서 탈출하며 문화사상과 자연과학이 신속한 발전을 가져오고 빛을 발하기 시작했다. 중국 지식계는 눈을 감고 귀를 막으며 이학, 팔고, 고증, 사장(詞章)에 빠져 제 자리 걸음을 했다. 청조 정부는 중외문화 교류를 두려워하며 외국의 문화과학을 정통적 사상이나 행위 규범을 위배한 사설로 간주하고 외국의 서적 문자가 퍼져나가는 것을 제한했다. 강희 시기 북경과 각 지방의 일부 외국 예수회 전교사들이 일부 과학기술지식을 가져왔다.

그러나 중국의 사회조건과 정부의 금지령으로 그들이 가져 온 제한된 과학기술지식 마저 전파, 보급이 불가능했기에 중국에서 뿌리 내리고 꽃을 피워 결실을 맺기란 불가능했다. 강희 말기, 청조와 로마 교황청 사이에 논쟁이 벌어져 전교 활동을 제한했다.

---

414) 남정원(藍鼎元)의 『녹주초집(鹿洲初集)』 권3, 『논남양사의서(論南洋事宜書)』

옹정 초기에는 천주교를 완전히 금지했는데 이는 중국과 서방 문화 사이의 유일한 미약한 연계마저 끊어 놓았다. 중국이 국문을 봉쇄하니 지식인들이 외국을 배우지 못할 뿐 아니라 중국 이외의 바깥세상을 전혀 알 수 없었다. 구미 여러 자본주의 국가들은 나날이 새로워졌지만 봉건사회를 고집하는 중국은 제 자리 걸음을 했고 구태의연했으며 갈수록 낙후해졌다.

3.관세와 상업 채무

아편전쟁 전의 대외무역 중 청 정부의 관세제도, 그리고 중국행상과 외국상인 간의 '상결(商欠)'문제를 살펴 볼 필요가 있다.

청 정부가 쇄국정책을 실시했지만 대외무역은 여전히 빠르게 발전했으며 중국은 갈수록 세계경제관계의 소용돌이 속으로 빠져 들어갔다. 그러나 부패하고 경직된 청 정부는 이에 적응하고 변혁을 해야 할 능력을 상실했다. 관세제도가 그중 가장 뚜렷한 사례이다.

관세는 근대 독립 국가들에게 있어 불가결의 방어적 수단이다. 자국의 경제를 보호하고 발전시키기 위해 세칙은 반드시 자주적이고 영활해야 하며 부동한 상황에 따라 여러 가지 수출입 상품에 대해 차별적으로 세금을 징수해야 한다. 그러나 청조 정부는 그러하지 않았을 뿐 아니라 '천조상국'을 자처하며 대외무역은 외국을 "농락"하는 수단이고 외국에 "은혜를 베푸는 것(恩施)"이라 생각했다. 그러하기에 법적으로 규정한 세칙은 상당히 낮았으며 세계 통상적 표준보다 훨씬 낮았다. 그러나 세금 제도는 융통성이 없고 혼란스러우며 법정 세수와 불법적 약탈의 계선이 명확하지 않는 등 폐단이 많았다.

청 정부의 관세는 다른 세수와 마찬가지로 사전에 고정적인 징수수량을 정해 놓았는데 이를 '정액(공식적으로 규정한 액수)'라고 불렀다. 강희시기 규정한 관세 "정액"은 은 4만3천 냥이었는데 아편전쟁 때까지 그대로였다. 사실 대외무역이 흥성해지면서 징수한 관세는 정액을 훨씬 초과했다. 초과한 부분의 관세를 "영여(盈余, 흑자)"라고 했다. 후에는 잉여부분도 고정시켰다. 건륭 말기, 매년 영여는 85만5천 냥으로 규정했다. 이후 대외무역은 지속적인 발전을 가져왔으며 세금 역시 갈수록 늘어 나 '영여' 외에 또 영여가 나왔다. 아편전쟁이 일어나기 전 까지 매년 징수하는 관세는 150여 만 냥에 달했다.

관세는 명목이 다양했다. 그중 한 가지는 상선세(船鈔)이다. 상선의 크기에 따라 상선세를 징수했는데 선박의 크기를 측량하여 세 등급으로 분류하고 은 400냥에서 1천400냥 등 부동하게 거두어 들였다. 그러나 실제로 징수할 때는 또 20%를 줄여서 받았는데 즉 80%를 징수했던 것이다.

두 번째는 화물세이다. 규정에 따라 "상선을 끌고 바다로 나가 상품을 수입할 경우 화물의 무게에 따라 납세하는 자가 많았다. 천의 필수나 상품의 개수에 따라 세금을 납부하는 상인도 있었다. 상품에 따라 세금이 많고 적었다."[415] 법으로 규정한 세칙은 아주 낮았다. 대부분이 "한 냥에 2푼을 넘지 않았으며 백분의 2정도이다". 그러나 부가세가 상당히 많았는데 공식 세금보다 여러 배 높았다. 예를 들면, 수입 솜의 경우 한

---

415) 『대청회전사례(大淸會典事例)』 권188. 14쪽.

짐에 2전을 징수하기로 규정했다. 그러나 실제로는 1냥에 5전을 징수해 규정보다 7.5배나 높았다. 수출하는 찻잎의 경우 한 짐에 2전을 징수하기로 규정했지만 실제로는 8전을 받아 규정보다 4배를 더 받았다.

세 번째는 규례(規禮)이다. 관리와 아역이 불법적으로 협박하고 약탈했는데 그 수가 예측 불가했다. 위로는 총독과 순무, 아래로 관리와 가복에 이르기까지 공개적으로 탐오하고 이익을 나누어 가졌다. 이런 이유로 관료들은 광동의 관직을 탐냈다. "관직이 높고 낮던, 광동으로 임명을 받으면 대단히 기뻐했다. 장안의 친척과 벗들이 축하를 하고 10개 군내에서 마음대로 부를 긁어모을 줄 알았다. 그들은 앞 다투어 엽전을 빌려주고 배로 받았는데 크게 이익을 봤다. 사람이 관직에 올라 사무를 보기도 전에 먼저 재물 모으기를 일삼았다.

조금이라도 양심이 있는 자는 제멋대로 약탈을 했고 간사한 자들은 마수를 광범하게 뻗어 도처에서 주머니를 벌렸다. 또 서리와 한 통속이 되어 관리가 3할을 가지면 서리가 7할을 가졌다"[416] 청조정부가 관리와 서역(書役)에게 발급하는 봉록은 상당히 적었다. 심지어 봉록을 발급하지 않는 부서도 있었는데 이는 그들이 탐오와 갈취를 하도록 격려하는 것과 마찬가지였다. 예를 들면, "세관아문에는 승사(承舍)등 심부름꾼을 7개 팀으로 나누고 윤번으로 호출에 응하도록 했다. 한편 세금 징수 때 윤번으로 징수하러 나갈 심부름꾼 2백여 명을 두었다. 정액 외의 월급은 상선이 적재한 수출입 화물 100근에 1푼1리에서 1푼3리 사이를

---

416) 굴대균(屈大均), 『광동신어(廣東新語)』 권9.

부동하게 거두어 들여 월급으로 했다"⁴¹⁷⁾ 제도가 부패하니 탐오행위가 밥 먹듯 했다. 옹정 연간, 세관의 세금을 정비하고 철저하게 조사를 했더니 사사로이 거둔 세금이 4만8천 냥에 달했다. 그 당시 세관의 매년 총수입은 9만 냥에 불과했다. 그러나 이상한 것은 조사해 낸 '규례'를 취소한 것이 아니라 계속 징수하도록 했으며 "귀공(歸公)"한다는 명의로 국고의 정식 수입으로 했다. 불법적인 협박과 약탈을 합법적인 세수로 둔갑시키고 버젓한 『해관칙례(海關則例)』에 '귀공'을 정식 세금 종목으로 올려놓은 것이다. 건륭제 시기 광주관료들이 황제에게 아뢰기를 "광주세관칙례를 보면, 외국의 선박이 들어 올 때 관부의 예법인 백은에서부터 서리, 가족, 통역관, 심부름꾼에 이르기 까지 30개 명목의 사례금을 내야했다. 외국 선박이 수출을 할 때 역시 각급 관리들에게 38개 명목의 사례금을 내야 했는데 규례가 많아 실로 번거롭다"고 했다.⁴¹⁸⁾

이 세 가지 세수 외에도 이른바 '행용(行用)' 혹은 '공소비(公所費)'라 일컫는 세금이 있었다. 보통 추출징수율이 백분의 3에 달했으며 많을 때는 4%, 5%, 6%에 달했다. 무역이 흥성할 때는 매년 수십 만 냥을 징수하였다. 명목상으로 행상이 거둬들여 "국가의 것으로 상업을 키우(辦公養商)"도록 되어있으며 이는 국가 세수가 아닌 무역수수료와 비슷했다. 그러나 사실 세수와 '행용' 추출은 행상이 혼자서 도맡아 했는데 양자를 한데 섞어 명확하지가 않았으며 '행용' 역시 행상이 모두 점하는 것이 아니었다.

---

417) 양정남(梁廷枏), 『월해관지(粤海關誌)』 권8, 양총독(兩廣總督) 소창(蘇昌)의 상주문. 건륭 28년.
418) 신주(新柱)등이 올린 상주문 『각관규례명색청산개재우칙례절(各關規礼名色請刪改載于則例折)』. 건륭24년, 『사료순간(史料旬刊)』 5기, 159쪽에 실림.

대부분을 정부와 각급 관리에게 '효경(孝敬)'하였다. "군수에 쓰고 조공을 바치며 여러 노점이 수입품을 갚을 때도 행용에서 나가야 했는데 행용은 내용, 외용으로 분류했다. 이밖에 관리들이 필요한 것과 유흥비 역시 행용에서 지출했다"[419]

청 정부관세의 폐단은 많은 세금을 징수하는데 있는 것이 아니라 세금제도가 문란하고 세칙이 불명하며 부가세가 다양한데 있다. 이런 원인으로 흑막이 겹겹하고 탐오와 약탈 등 문제점이 많았다. 청조 관리는 또 일부러 관세 종목과 징수방법을 모호하고 번잡하며 신비하게 만들어 위아래가 손을 맞추어 이익을 챙기기 편하도록 했다. 이런 폐단은 모두 청조의 봉건적이고 부패한 정권에 의해 결정되었다. 관세제도는 봉건전제 관료제도의 전반 몸통에 자라난 기관과 같아 몸통이 갖고 있는 약점인 혼란, 탐오, 저효율 등을 모두 갖고 있었다. 그 당시 외국인들은 "정부로부터 어떤 명확한 관세세칙을 얻을 수 없다는 현실은 다년 간 광주무역제도에 존재하는 가장 뚜렷한 폐해 중 하나였다. 외국인들은 관세세칙과 징수방식을 전혀 알 수 없었었는데 이는 정부, 행상, 통사 등의 책략이었다."[420]

사실 청 정부의 세칙은 아주 가벼웠으며 징수한 세금 역시 상당히 적었다. 19세기 30년대 초, 광주를 거치는 수출입 무역은 매년 약 1천7백만 냥에 달했으며 광주 세관의 세수는 150만 냥으로서 이는 9%에도 미치지 못했다.

419) 왕지춘(王之春), 『국조통상시말기(國朝通商始末記)』 권7.
420) Phipps, 『중국과 동방무역에 관한 실용논문(關於中國和東方貿易的實用論文)』 (John Phipps,Practical Treatiseon the Chinaand Eastern Trade, p140).

사사로이 협박하여 약탈해낸 것 까지 합하여도 다른 국가의 세수보다 훨씬 낮았다. 한 외국인 작가는 그 당시의 무역과 세수 상황에 대해 이렇게 적었다. "찻잎제국의 관세는 1단에 은 1.279냥(상선세(船鈔), 화물세, 행용이 포함됨)이지만 실제로 징수하는 세금은 은 6냥으로 대략 광주찻잎의 통상적인 원가격의 20%~25%에 달했는데 늘 정부의 부가세를 포함해 임시 창고에 납품하는 가격(堆棧交貨价)의 30%를 초과하지 않았다. 그러나 연합왕국 정부는 찻잎에 판매가격의 96%에 달하는 수입세를 징수했는데 이는 광주 영수증 가격의 200%에 달했다."[421] 다른 한 외국 작가는 청 정부와 관리들이 대외무역에서 "협박 약탈한 총액은 동인도회사가 매년 중국무역을 통해 얻은 소득에서 영국의 국고와 채권소지인에게 바치는 수백만 파운드와는 비교도 되지 않았다"[422]고 말했다.

아편전쟁 전, 중국과 외국 사이에 자주 발생하는 또 다른 분쟁은 '상흠(상업 빚 商欠)'이다. '상흠(商欠)'은 중국행상이 외국상인에게 진 빚을 말한다. 18세기 중엽 전에는 "상흠"으로 인한 분쟁이 없었지만 무역의 발전과 함께 "상흠"현상이 차츰 두드러지기 시작했다. 1759년(건륭 24년), 영국 통사 홍임휘(洪任輝)가 천진(天津)에 가 고소한 내용 중에는 중국 행상 여광화(黎光華)가 공반아(公班衙, company 영국동인도회사)에 진 빚 은 5만 냥이 있었다. 청 정부는 이 사건을 처리할 때, 려 씨 집안의 가산을 몰수하여 배상하도록 했다. 이는 조기의 상흠 사례로서 액수가 적고 처리하기가 비교적 쉬웠다. 1779년(건륭44년)에 발생한 행상

---

421) Hosea Ballou Morse, 『중화제국의 대외관계사(中華帝國對外關系史)』 1권, 95쪽.
422) Michael Greenberg, 『아편전쟁전 중영통상사(鴉片戰爭前中英通商史)』 58쪽.

안시영(顏時瑛), 장천구(張天球)의 고액 상흠은 규모가 무려 280여 만 원에 달했다. 영국과 인도정부는 이를 해결하기 위해 광주에 군함을 출동해 청 정부에 서신을 올리고 빌린 돈을 갚을 것을 요구했다. 결국 안, 장 2인은 이리(伊犁)로 유배되고 가산을 팔아 빚을 갚았지만 빚을 청산하기에는 태부족이었다. 이에 청 정부는 광주의 전체 행상들로부터 징수한 '행용'의 일부를 융통하여 매년 어느 정도 갚기로 했다. 이후부터 전체 행상이 상흠을 부담하기 시작했으며 그 뒤로 상흠은 갈수록 늘어났다. 1784년(건륭49년) 채소부(蔡昭復)가 은 16만6천 냥을 빚졌으며 1791년에는 오소평(吳昭平)이 25만 여원의 빚을 졌다.

1794년에는 석중화(石中和)가 60만 냥을, 1809년(가경14년)에는 목사방(沐士芳)이 24만 냥, 정숭겸(鄭崇謙)이 100만 냥, 1824년 (도광4년)에는 반장요(潘長耀)가 17만원, 1826년에는 여광원 (黎光遠)이 40만 냥, 1827년에는 관성발(關成發)이 또 백여 만 원의 빚을 졌다.

1929년에는 유승주(劉承澍)가 백만 원을, 1835년에는 엄계상(嚴啓祥), 양승희(梁承喜)가 300만원의 빚을 졌다. 상흠은 갈수록 빈번했고 빚은 갈수록 늘어났다. 낡은 빚을 청산하기도 전에 새 빚이 쌓여갔다. 이에 행상들은 잇달아 문을 닫았고 가산을 몰수당했다. 영국과 인도정부는 상결을 받아내기 위해 군함을 파견하거나 혹은 상선이 항구에 들어서는 시간을 연장하는 등 위협과 강압 태세를 취했는데 양측은 여러 차례 대치 국면을 조성했다. 상흠(商欠)은 중국에 대한 자본주의 영국의 초기 경제침략이다. 중국봉건사회에 근대적인 금융신용대출제도가 없었기에 일부 자본이 박약한 중국행상은 유동현금이 결핍했다. 이런 행상들은 외국 상품을 판매한 후 자금 반환에 어려움을 겪는 반면, 외국 상인들은 오히려 돈을 급히 거두어들이는 것을 꺼려했다. 외국 상인들은 높은 이자로 행상들에게 자금을 빌려주고 몇 년 뒤 상환할 것을 요구했다. 시간이 길면 이자가 많기에 상흠의 규모가 어마어마했다. 중국행상들은 자본이 두터운 영국상인들과 거래를 할 때 상대의 높은 고리대 착취에 저항할 힘이 없었다. 1779년 장천구(張天球)의 상흠 사건의 경우, 사실 장천구가 진 빚는 10여 만원이었지만 수년 간 이자가 불고 불어 43만 8천 원에 달했다. 다른 상흠 사건도 역시 이와 같은 맥락이었다.

영국의 한 작가는 "행상들의 채무 대부분은 보통의 상업 차관이 아니라 이자가 이자를 낳아 누적된 것이다. 중국에 유동자본이 결핍한 원인으로 인한 고금리는 외국의 투자자들을 유혹했다."[423] 물건 값 지급을 당분간 늦추면 급한 불은 끌 수 있지만 높은 이자율은 무한한 후환을 낳기에 사실은 독을 마셔 목을 축이는 셈이 된다. 영국 상인들은 상업 자본을 고리대자본으로 전환함으로써 수고스러운 경영과 구매, 운반에 골머리를 앓지 않고 높은 이윤을 낼 수 있어 더없이 편했다.

설령 중국 행상들이 빚을 갚을 능력이 없다 하더라도 청 정부가 나서서 전체 행상에게 채무금을 배분하기에 그들은 아무런 손실도 없다. 이런 이유로 영국 상인들은 너도나도 앞 다투어 고리대금을 놓았다. 청 정부가 수차례에 걸쳐 중국 행상들에게 외국상인들로부터 돈을 빌리지 못하도록 명령하고 훈계하며 금지령을 내렸을 뿐 아니라 상업거래에서의 잔액을 정리하도록 명령했지만 명령은 구문에 불과했고 상흠은 갈수록 늘어났다.

---

423) Michael Greenberg의 『아편전쟁전 중영통상사(鴉片戰爭前中英通商史)』 58쪽.

아편전쟁이 폭발할 때는 상흔이 300만 냥으로 누적되었다. 영국 침략군이 청 정부를 이기고 청 정부를 강박하여 『중영남경조약』을 체결했다. 조약은 청 정부가 2100만원의 배상금을 내도록했는데 그중에는 전쟁 전의 300만 상흔이 포함되었다.

4. 매카트니 사절단 · 애머스트 사절단의 중국 방문

18세기 후기, 영국이 산업혁명에 들어서며 면 방직업에서 가장 먼저 여러 가지 기계를 사용했다. 이어 증기 기관이 보편적으로 응용되고 기술혁명이 공업생산의 각 영역으로 확산되었다. 근대의 공장제도가 왕성하게 발전하고 기계생산이 수공 노동을 대체했으며 생산력이 비약적인 발전을 가져왔다. 얼마 후 미국, 프랑스가 독립전쟁과 자산계급혁명을 거치며 영국의 산업혁명과 대체적으로 비슷한 발전의 길을 걸었다. 산업혁명은 자본주의 발전을 추진했으며 공상업자본가의 이익을 대표하는 영국자산계급정부는 더욱 적극적으로 대외침략과 확장정책을 추진하여 영국자본주의 기업의 원료산지와 상품시장 탐색에 나섰다. 땅이 넓고 물산이 풍부하며 인구가 많은 중국은 자연스레 영국자산계급이 더욱 주의 깊게 주시하는 목표물이 되었다.

영국 정부는 1787년(건륭 52년)에 이미 Charles Catheart를 처음으로 중국에 사절로 파견하고 "광활한 중화제국에서 인도의 특산물과 제조품을 위한 관로를 찾을 것"[424]을 지시했다. 그러나 Charles Catheart는 중국에 도착하지 못한 채 도중에서 병사했다. 1792년에는 또 조지 매카트니(George Lord Macartney)를 대표로 하는 사절단을 중국에 보냈다. 이번 사절단의 임무는 "과거 여러 국가들이 계략 혹은 무력으로 얻지 못한 상업무역에서 이익과 외교권리를 획득"[425]하고 중국의 정보를 수집하는 것이 임무였다.

사절단 일행 700여명은 1792년(건륭 57년) 9월20일 영국의 포츠머스에서 해군군함 '라이온'호에 올라 출항하였다. 이밖에 상선 '인도스탄호'와 공급선 '자칼호'가 동행했으며 그들이 준비한 선물로는 천문, 지리 관련 정밀 기기, 악기, 시계, 도감, 융단, 차량, 무기, 선박모형 등이 있었으며 총 가치가 1만3천 여 파운드에 달했다. 이에 앞서 영국동인도회사가 광주에 사람을 파견하여 양광총독에게 이를 알리도록 했다. 영국사절단의 진짜 속내를 몰랐던 청 정부는 영국이 처음으로 "공사"를 파견한 줄로 알았다. 한편 광주의 관리가 조정에 올리는 문서에 건륭의 80수를 축하하기 위해 왔다고 적었기에 청 정부는 사절단을 중요시하고 연해의 각 성에 명령을 내려 영국 사절단의 배가 관할 지역을 지나거나 항구에 정박할 경우 고급 관리를 보내 영접하고 배웅하며 위로하도록 했다.

매카트니 사절단이 1793년7월25일(건륭 58년6월18일) 대고(大沽)에 도착하자 장노염정(長蘆鹽政) 징서(徵瑞)가 대고로 가 영접했으며

---

424) H B Morse,The Chroniclesofthe EastIndia Company Tradingto China, 1635-1834,vol2, p 160
425) 『영사래화기사(英使來華紀事)』, 92쪽, 런던 1795년 인쇄.

직예총독(直隸總督) 량긍당(梁肯堂)이 특별히 보정(保定)에서 천진으로 가 사절단을 접대하였다. 사절단은 천진에서 잠깐 휴식을 가진 뒤 북경으로 향했다. 북경에 도착한 일행은 사절단의 일부 인원을 원명원과 황궁 내에 남겨 갖고 온 의기를 설치하도록 한 외, 주요 단원들은 열하(熱河)의 승덕피서산장(承德避暑山莊)으로 건륭황제를 만나러 갔다. 이때 청조 관원과 사절단이 황제를 알현할 때의 예의와 관련하여 치열한 다툼을 벌였다. 청 정부는 이마를 땅에 조아리는 큰절을 할 것을 요구했다.

사절단이 북경에 도착하기 전 이미 유지에 "듣자하니 서양 사람들은 다리에 각반을 두르기에 무릎을 꿇기가 불편한데 이는 그 나라의 풍속이라고 한다"라고 밝히고 관원들에게 사절단을 설복할 것을 지시했다. "나라의 풍속이라 하지만 천조의 법도에 따라 황제를 알현할 때 잠시 각반을 풀어 인사를 올린 위 다시 각반을 묶는 것도 너무 불편하지는 않을 것"426). 그러나 영국사절단은 이를 거절했다. 사절단이 열하에 도착했지만 논쟁은 해결되지 않았다. 상당히 불쾌한 건륭황제는 "이토록 교만하다면 짐의 마음도 불쾌하여 그들에 대한 공급을 모두 삭감할 지다. 모든 별도의 하사품을 더는 내주지 않을 것이다. 오랑캐들이 진심으로 공손하게 알현하면 후하게 대접할지다. 그러나 조금이라도 자고자대하면 혜택을 받을 복이 없을 것이고 접대예의도 줄여 우리의 체제를 과시할 것이다. 이번에 온 외국 손님들에 대해서도 마찬가지이다"427) 결국 양측은 절충하여 매카트니가 영국황제를 만날 때 지키는 예의방식으로 건륭황제를

---

426) 『장고총편(掌故叢編)』 5집, 건륭58년 7월8일 조서.
427) 장고총편(掌故叢編)』 7집, 건륭 58년 8월6일 조서.

알현하기로 했다. 한쪽 무릎을 꿇되 황제의 손에 입을 맞추는 예절은 하지 않기로 했다. 1793년 9월14일(건륭 58년8월10일), 건륭제가 피서산장 만수원(萬樹園)에서 영국 사절단을 접견하고 매카트니가 청 황제에게 국서를 올렸다. 건륭은 잔치를 베풀어 영국 왕과 사절단의 정, 부 사절에게 선물을 증정하고 대신을 파견하여 사절단의 산장 유람을 배동 하도록 했다. 사절단은 건륭황제의 83세 생일 축전에 참가한 뒤 북경으로 돌아갔다.

황제를 알현할 때 지켜야하는 예의범절은 중국과 외국 간의 초기 외교관계에서 늘 논쟁의 초점이 되어 왔다. 일찍 서방 국가가 파견해 온 사절단이 북경에 왔을 때 그들은 거의 대부분이 청 정부와 예절 문제에서 다툼을 벌렸는데 이는 해결하기 어려운 문제로 자리 잡았다. 양측 모두 예절문제를 국가 신망과 권위와 관계되는 대사로 간주했다. 들뜨고 교만 자대한 청 정부는 세계 형세에 대해 너무 몰랐으며 본국 외의 나라들을 "만이지방(蠻夷之邦)"으로 간주하고 그들이 당연히 청조 앞에 무릎을 꿇어야 한다고 생각했다. 그러나 "해상패주"인 영국은 상당히 오만하고 안하무인이었으며 청 정부를 멸시했기에 청 황제 앞에 머리를 조아려 절을 하려 하지 않았다.

양측 모두 서로 양보를 하려하지 않았기에 자주 대치 국면을 조성했다. 중국과 서방국가들 간의 조기 교류는 예의범절로 많은 충돌을 일으켰다. 이런 모순은 중국이 오랜 세월 세상과 등지고 지낸 탓에 정치, 문화제도 면에서 중국봉건사회가 세계 여러 나라들과 거대한 격차를 두게 된데서 온 것이다. 중국이 세계 속으로 들어가려면 반드시 다른 국가들과 경제, 문화 교류를 펼치고 장기적이고 힘든 적응과정을 거쳐야 한다. 청 정부는 조공과 축수가 끝나면 영국사절단의 임무가 끝나는 것으로 알고 있었지만 매카트니가 청나라에 온 진정한 사명은 아직 시작도 되지 않았다. 북경으로 돌아간 사절단은 청 정부에 여러 가지를 요구했다.

(1) 중국은 영국 상선이 주(珠 혹은 舟)산, 영파(寧波), 천진(天津) 등 곳에서 상륙하여 상업을 경영하는 것을 허락한다.

(2) 중국은 과거 러시아사인들이 중국에서 통상하도록 한 것과 마찬가지로 영국 상인들이 북경에 양행을 설치하고 화물을 매매하도록 허락한다.

(3) 주(珠 혹은 舟)산 부근의 작은 무방비 섬을 영국 상인들에게 주어 사용하도록 함으로써 영국 상선이 섬에 머물고 화물을 보관하며 상인들이 묵을 수 있도록 한다.

(4) 광주 부근에서도 역시 이와 같은 권리를 내어주고 영국인들이 자유로 왕래하도록 하며 이를 금하지 않는다.

(5) 마카오에서 광주로 운반하는 일체 영국 상품과 화물은 면세 혹은 감세 등 특별대우를 누린다.

(6) 영국 뱃짐은 중국이 규정한 세율에 따라 세금을 납부하고 별도로 징수하지 않으며 청 정부는 세율을 발표하고 세율에 따라 징수해야 한다.

영국사절단의 제안은 식민주의 침략의 성질이 다분하다. 특히 제3조항에서 제기한 영토 할양은 당연히 청 정부가 받아드릴 수 없는 요구이다. 건륭황제는 영국 왕에게 보내는 칙서에서 모든 요구를 거절했다. 칙서는 세계형세에 대한 청 정부의 무지함과 망자존대를 들어냈지만 영국의 영토 할양 요구를 거절한 것은 정확한 처사였다. 칙서에서는 "천조의 땅은 모두 등기되어 있으며 국경이 삼연하여 모래섬일 지라도 경계선이 있고 소속이 있다. 이 일을 허락할 수 없다."[428]고 밝혔다.

매카트니는 승덕, 북경에서 한 달 반을 머물렀지만 아무런 소득도 없었다. 10월7일(9월 3일) 북경을 떠나 운하를 따라 남하하여 항주(杭州)에 이르렀다. 다시 항주에서 광주로 향했으며 군기대신 송균(松筠), 양광총독 장린(長麟)이 선후로 배동하였다. 중국 내륙인 북쪽에서 출발하여 70여일이 지난 12월에 광주에 도착했다. 1794년 1월 10일(건륭 58년 12월 9일) 광주에서 배를 타고 귀국했으며 같은 해 9월5일 런던에 도착했다.

매카트니 사절단이 청 정부와 외교적, 상업적 관계를 형성하려는 목적은 이루지 못했지만 그들은 현지 시찰과 중국 관리와의 대화를 통해 대량의 정보를 수집했다. 그중에는 중국 경제, 정치, 문화와 자연자원, 산과 강, 군사요새, 국방시설, 군대장비 등등 관련 정보가 망라된다. 매카트니는 이번 방문을 통해 청 정부가 부패하고 쇠락하여 한 번의 공격이나 충격에도 견딜 수 없다는 것을 알게 되었다. 매카트니는 "청 제국은 허술하기 짝이 없는 군함과 같다. 청 제국이 150년을 침몰하지 않은 것은 행운이며 경각성 높은 장교들이 받쳐주었기 때문이다. 청 제국이라는 군함이 다른 배들에 비해 우월한 점은 체적과 겉 표면이다. 그러나 일단 재능이 없는 자가 갑판에 나서 지휘를 한다면 기율과 안전이란 더는 있을 수 없다" 매카트니는 또 "영국은 이번 변화에서 그 어느 국가보다 더욱 많은 이익을 얻게 될

---

428) 양정남(梁廷枏), 『월해관지(粤海關志)』 권23, 『공박(貢舶)』 3, 건륭이 영국 왕에게 보내는 칙유.

것이다"[429]라고 예언했다.

매카트니 사절단의 뒤를 이어 영국정부는 또 윌리엄 애머스트(William Pitt Lord Amherst)를 대표로 하는 사절단을 중국에 파견했다. 사절단은 매카트니가 제안했던 요구 사항을 가지고 1816년 2월 9일 영국황가해군 "알샛호(阿爾塞特号)" 군함을 탑승하고 영국에서 출발했다. 이밖에 '휘트니호(惠特号)'와 '레일라호(萊拉号)'가 동행했으며 사절단 일행은 600여 명에 달했다. 같은 해 7월28일(가경 21년 윤 6월6일) 대고(大沽) 밖에 도착했다. 청 조정의 공부상서 소릉액(蘇楞額)과 장로염정(長蘆鹽政) 광혜(廣惠)가 영국사절단을 접대했다. 사절단이 천진에 도착하자 황제를 알현할 때의 예의범절이 또 다시 논쟁의 초점이 되었다. 8월21일 사절단이 천진을 떠나 북경으로 향했다. 청 조정은 또 이번원상서(理藩院尙書) 화세태(和世泰)와 예부상서(禮部尙書) 목극등액(穆克登額)을 추가로 파견하여 통주에 가 그들을 영접하고 애머스트가 황제를 알현할 때 삼고구고두례(三跪九叩頭禮)를 할 것을 권했다. 가경황제는 삼궤구고를 고집했고 "조공 사절단은 반드시 예의범절을 능란하게 익힌 뒤 황제를 알현할 수 있다"[430]고 명령했다. 애머스트는 황제 알현 때의 예절문제에 대한 영국정부와 동인도회사로부터 부동한 지시를 받았다. 영국정부는 사절단의 출행목적만 도달할 수 있다면 최대한 청 정부의 요구에 따를 것을 지시하고 상황에 따라 처사하도록 했다. 그러나 동인도회사의 이사회 측은

---

429) Cramer Rabin, 『중국으로의 출사-George Macartney 훈작 건륭 알현 실기를 바탕으로 하다.(出使中國, 據馬戞爾尼勛爵謁見乾隆紀實)』, 22쪽, 런던 1962년 판본.
430) 『청대외교사료(淸代外交史料)』 가경 조5, 21년 윤6월22일 조서.

머리를 조아려 큰 절을 하는 것을 반대했다. 애머스트는 동인도회사의 의견을 따르기로 하고 청조 관리와 회견할 때 "달단예절(韃靼禮節)을 따를 수 없다"[431]며 한 쪽 무릎을 꿇고 모자를 벗어 허리 굽혀 경의를 표시할 것이라고 밝혔다.

사절단 접대를 책임 진 청 정부의 대신은 영국 사절의 태도를 황제에게 명확히 보고할 수가 없어 두리뭉실하게 일을 마무리 지으려했다. 그는 가경황제에게 영국 사절이 삼궤구고두례를 동의하고 연습을 했다고 전하며 "꿇고 일어나는 동작이 크지 않고 자연스럽지 못하지만 간신히 완성할 수 있다"고 아뢰었다. 가경은 소식을 듣고 상당히 만족해하며 1816년8월29일 아침(가경21년7월 7일 묘각) 원명원에서 영국사절단을 접견하기로 했다. 화세태 등이 영국사절단을 인솔하고 28일 밤 통주에서 북경 서교의 원명원으로 향했다. 밤에 먼 길을 걸어 원명원에 도착함으로써 영국 사절이 피로가 쌓인 상황에서 총망하게 입궁하고 성급하게 인사를 올려 적당히 얼버무리려했다. 그러나 원명원 문어구에 도착한 애머스트는 그 시각에 입궁하여 인사를 올리는 것을 거절했다.

하지만 청조 왕공대신은 이미 옷차림을 갖추고 집합하여 사절단을 기다리고 있었고 황제 역시 인사를 받으러 어전에 오르기 직전이었다. 그러나 절로 인한 논쟁은 여전히 해결되지 않았던 것이다. 화세태 등 청조 관리들은 궁지에 빠졌고 그들은 "애머스트가 당장 황제를 알현할 것을 요구했고 심지어 억지로 그를 끌어 들이려고 까지 했다. 그러나 애머스트는

---

431) Hosea Ballou Morse, 『중화제국의 대외관계사(中華帝國對外關系史)』 1권, 63쪽.

피로하고 예복을 갖추지 않았으며 특히 국서를 갖고 오지 않았다는 구실"[432]로 끝내 황제를 알현하지 않았다. 이에 청조 관리들은 황제에게 아뢰기를 애머스트가 갑자기 병이 도져 알현 할 수 없다고 둘러댔다. 그러자 가경은 부 사절을 들일 것을 요구했고 부 사절 역시 이를 거부하여 대치 국면을 조성하자 청조 관원들은 더는 사실을 덮어 감출 방법이 없었다.

대노한 가경황제는 "짐은 오로지 자책할 뿐이다. 사람을 제대로 알지 못해 누차 황제의 명을 어기게 함으로써 외국 사신들마저 명의에 저촉되는 행동을 하는데 이게 무슨 꼴인고!"[433]라고 했다. 가경은 사절단 접대 임무를 맡았던 화세태 등 관리들을 "엄하게 처벌"하고 영국 사절단의 여비는 관리들이 배상을 분담할 것을 지시했으며 영국 사절단은 당일로 본국으로 돌려보내도록 명령했다. 애머스트는 중국에서의 목적을 달성하지 못한 채 돌아갔다.

5. 19세기 초, 중 · 영 모순의 첨예화

18세기 서방 자본주의 국가와 봉건중국 간의 왕래가 날로 빈번해졌다. 서로 다른 두 가지 세계이고 생산력발전 수준이 부동하며 사회제도, 의식형태가 다르고 격차와 모순이 컸던 원인으로 양자의 정면충돌이 눈앞에 다가왔다. 이번 동 · 서방 충돌에서 서방자본주의 국가는 중국을

---

432) 위의 책.
433) 『청대외교사료(清代外交史料)』 가경 조5, 21년 7월 7일 조서.

그들의 상품시장과 원료공급지로 만들고 중국을 식민지로 전락하려 했다. 봉건주의 중국은 자기 보호와 방어적 입장에 서서 자본주의의 식민침략 활동은 비난을 받아야 한다고 했다. 그러나 역사발전은 객관적 논리에 따를 뿐 투쟁의 결과는 추상적인 정의의 원칙에 의해 결정되는 것이 아니라 실력 겨룸으로 승부를 가린다. 중국은 낙후함과 정치적 부패로 이번 투쟁에서 운명적으로 실패하게 되어있으며 자국의 주권과 독립을 지켜 낼 수가 없다.

18세기 말과 19세기 초 프랑스 대혁명의 물결은 유럽국에 보편적이고 강렬한 충격을 가져 다 주었다. 그들은 아직 중국으로 대규모 원정을 할 수 있는 힘이 없었기에 투쟁을 잠시 미루어야 했다. 그러나 모순은 갈수록 심각해졌고 침략활동은 날로 창궐했다. 외국군함은 중국 연해에서 종횡무진하며 연해의 촌락을 여러 차례 폭격하였다. 침략자들은 마음대로 중국 주민을 학살하고 중국정부와 중국법률을 멸시했다. 형세는 갈수록 긴장했지만 부패하고 우매한 청 정부는 연속되는 충돌을 겪으면서도 큰 재난이 임박한 줄을 감지하지 못했다. 그들은 여전히 기존의 규칙과 관례를 지키고 멍청하게 나날을 보내며 문을 닫고 '천조상국(天朝上國)'의 헛된 꿈을 꾸고 있었다.

1800년(가경 5년), 영국 선박 '천우호(天祐號, Providence'가 황포강을 돌더니 아무런 이유 없이 중국 민간의 배를 향해 총을 쏘아 한 명이 다치고 한 명이 물에 빠져 익사했다. 중국 관청이 영국인에 범인을 내놓을 것을 요구했지만 그들이 용의자를 내놓지 않자 사건은 흐지부지하게 끝나고 말았다.

1807년(가경 12년), 영국 선박 '해왕성호(海王星號, Neptune)'의 선원들이 광주에서 음주 후 폭행을 저질렀다. 상관으로 돌려보냈지만 그날 밤

외출하여 트집을 잡고 싸움을 벌려 주민 여러 명이 다쳤다. 그 중 한 명은 3일 뒤 중상으로 사망했다. 영국 측은 용의자를 두둔하고 실수로 인한 살인죄로 4파운드의 벌금을 내고 석방되었다.

1809년, 광주 노동자 황아승(黃亞勝)이 영국 선원에게 피살되었다. 영국이 범인을 내놓지 않자 광주 당국은 사형을 내리지 않는다는 담보를 했다. 그러나 영국은 여전히 발뺌을 하고 회피하다 결국에는 3명의 용의자를 영국으로 귀국시켜 중국사법의 제재를 도피했다.

1821년, 영국의 선박이 광동 신안현 남사당촌(廣東新安縣南蛇塘村)에 정박하였다. 영국의 해군 여러 명이 물을 길으러 육지에 올랐다. 그들은 배를 내려 올 때 여러 마리의 양도 데리고 내렸는데 그 양들이 고구마 밭을 짓밟아 놓았다. 농민 황역명(黃亦明)등이 영국 해군에 배상을 요구했다가 그들에게 폭행을 당했다. 이튿날 영국군 백여 명이 황씨 집을 찾아 트집을 잡고 황역명과 지대하(池大河)를 사살했으며 이밖에 4명이 다쳤다.

사후 영국인들은 용의자를 내놓지 않았으며 청 정부는 영국의 무역을 중단시켰다. 그러나 용의자들은 이미 영국으로 도망을 갔으며 청 정부는 여전히 해결 방법이 없었다. 얼마 뒤 영국과의 무역을 회복했다. 자존심을 지키기 위해 양광총독 왕원(阮元)은 황제에게 올리는 글에 "범인을 조사하여 광동으로 압송해 법에 따른 처벌을 받도록 하라고 해당 국가의 왕에게 알릴 것을 대반들에게 명령해야 한다."[434] 고 밝혔다. 사실 이번 인명사건은 흐지부지하게 끝을 맺었으며 범인은 아무런 법적 제재도 받지

---

434) 『청조외교사료(淸朝外交史料)』 도광 조1, 양광총독(兩廣總督) 완원(阮元)의 상주문, 도광 2년 정월28일.

않았다. 부패한 청 정부는 외국의 범죄자들을 제재할 능력이 없었다.

영국의 해군과 선박은 끊임없이 중국 연해에 접근하여 트집을 잡고 여러 번 호문 포대에 접근하였으며 청 정부의 규정을 어기고 마음대로 황포(黃埔)에 진입했다. 1802년 9월, 영국군의 선박 6척이 마카오와 한참 떨어진 바다 위에 수 개월 정박해 있으며 마카오를 정탐했다. 1808년 7월, 영국은 영국과 프랑스가 유럽에서 전쟁을 치르고 있다며, 현재 프랑스가 마카오를 침탈하려 한다는 구실로 해군소장 Drury를 파견하여 군대를 거느리고 마카오에 들어가 포르투갈 인을 "협조"하여 "수비"하도록 했다.

8월2일, 영군은 포르투갈 인들의 반대도 아랑곳하지 않고 마카오에 상륙하여 삼파사(三巴寺), 용숭묘(龍嵩廟), 동서포대(東西炮臺)를 점거했다. "겁을 먹은 마카오 주민들이 뿔뿔이 도망쳤다."[435] 양광총독 오웅광(吳熊光)은 영군이 마카오를 철수할 것을 요구했지만 영국은 철수하기를 거부했다. 오웅광은 부두를 봉쇄할 것을 명령하고 영국과의 무역을 차단하라고 지시했다. 영국군선 3척이 황포에 들어갔고 Drury는 영국군대와 선원 200여 명을 거느리고 30여 척의 삼판선에 앉아 광주에 상륙하여 십삼행상관에 머물며 오웅광을 만날 것을 요구했는데 형세가 긴장했다. "그 당시 황포의 주민들 뿐 아니라 성 외의 상인들도 당황하여 시내 안으로 거처를 옮겼다."[436]

얼마 뒤 영국 상인들은 중국을 침범하는 대가로 무역이 단절될 경우

435) 소령유(蕭令裕), 『영길리기(英吉利記)』
436) 『청조외교사료(淸朝外交史料)』 가경 조3, 양광총독(兩廣總督) 백령(百齡)의 상주문奏. 가경14년 4월7일.

마카오를 수중에 넣을 수는 있지만 그래도 수지에 맞는 장사는 아니라고 판단했다. 더욱 중요한 원인은 영국과 프랑스가 유럽에서 전쟁을 하고 있기에 중국까지 원정 할 여력이 없었기에 사태가 더 확대되지 않았다. 12월 Drury가 광주를 철수하자 중영 무역이 다시 회복되었다. 사후 청 조정은 광둥의 관리의 조처가 타당하지 않고 지나치게 연약했다고 판단하고 양광초독 오응광을 이리로 유배 보냈으며 광동 순무 손옥정(孫玉廷)은 파면 당하고 본적지로 돌려보냈다.

1832년(道光 12년), 영국동인도회사는 중국을 한층 침략할 욕심에 "애머스트"호 간첩선을 파견하여 중국 연해를 6개월 맴돌며 정찰하도록 했다. 중국 연해의 여러 주요 항구의 상황을 알아보고 정부 당국의 태도를 살피며 중국의 정치, 경제, 군사 등 정보를 대량 수집하도록 했다.

한편으로는 많은 인심을 현혹하는 전단지를 뿌렸다. "애머스트"호에는 70여 명이 있었으며 선주 린제이(Lindsay)는 "호하미(胡夏米)"로 이름을 바꾸었다. 이밖에 독일 전교사 곽시립(郭士立, Charles Gutzlaff)은 "갑리(甲利)"로 이름을 바꾸고 번역관과 의사를 담당했다. 그들은 방글라데시에서 일본으로 가는 상선인척 위장하고 일부러 배에 양목, 모직, 우사(羽紗), 솜을 실어 눈가림을 했다. 1832년 2월 마카오에서 출발하여 하문에 도착해 10여 일을 정박해 있으며 매일 상륙하여 주변을 정찰했다. 이어 복건(福建)으로 가 민강(閩江)항구에 불법 진입하고 두 차례나 민절(閩浙)총독에게 글을 올려 통상을 강력히 요구했다. 그들은 "반드시 복주에 와 상품을 판매해야 한다"며 "복건성의 적지 않은 배가 우리의 종속국 부두에서 돈을 벌어 가고 있다. 우리는 이를 금지시키지 않고 있는데 우리 역시 이와 마찬가지로 복건성에 와 장사를 해야

한다"[437]고 했다. 결국 그들은 만원에 달하는 상품을 판매했다. 이어
그들은 또 영파, 상해, 등주(登州) 등지로 가며 수로, 해만을 측량하고
항해도를 제작하였다. 한편 중국의 포대 요새를 정찰하고 치료와 선교,
무역을 핑계로 『영길리인품국사략설(英吉利人品國事略說)』 등 전단지를
배포하며 사기성 홍보를 했다. 영국의 이런 정찰활동은 아편전쟁 중 중국
침략에 밑거름이 되었다. 영국은 중국 연해의 항로를 속속들이 장악했으며
대량의 정보를 획득했다.

영국은 청 정부가 연해 수비에 약한 단점을 파악하고 무력으로 청
정부를 이길 수 있다고 확신했다. 1835년 호하미는 영국 외무장관이었던
파머스턴(Lord Palmerston)에게 보내는 편지에 "직접 무력으로 과거의
손해를 보상 받고 미래를 보장 받자"고 주장하고 대중국 작전방안을
제안했다. 그는 12척의 함선과 2천940명의 군대를 출동하자고 했다.

"무력의 대부분은 이미 인도에 마련되어 있기에 돈을 많이 들이지 않아도
움직일 수 있다", "적의 행동이 시작되면 단순히 연해를 봉쇄하고 광주,
하문, 상해, 천진 4개 주요 항구 부근에 각각 소형 함대를 주둔한다", "이
정도만 하여도 짧은 시간 내에 연해지역에 주둔한 중국해군의 위신을 바닥
쓸듯 할 수 있으며 수천 척의 본토의 상선을 우리 손에 넣을 수 있다"[438]
제1차 아편전쟁 중 영국군은 호하미의 제안을 바탕으로 작전계획을

---

437) 허지산(許地山)이 교정 기록한 『달충집(達衷集)』. 12쪽.
438) Hoo Hea Mee(胡夏米), 『Henry John Temple Palmerston 자작과 논한
영화관계서(與巴麥尊子爵論英華關系書)』, 영국외교부 당안 F. O.
17/12, 엄중평(嚴中平)의 『영국자산계급 방직 이익그룹과 두 차례 아편전쟁 사료(英國
資産階級紡織利益集團與兩次鴉片戰爭史料)』 인용.

작성했다.

1833년, 영국국회는 대중국 무역에 대한 동인도회사의 독점적 권리를 취소하기로 했다. 이 법안은 이듬해 4월22일 발효했다. 1833년 연말, 영국국왕이 Lord Napier를 광주상무감독으로 파견하고 동인도회사가 파견했던 "대반(大班)"을 대신하여 영국 상인이 광주에서의 여러 가지 사무를 처리하도록 하고 정부 대 정부를 기초로 중국과 영국의 외교관계를 쌓으려했다. 1834년(道光 14년) 7월 광주에 온 Lord Napier는 직접 양광총독 노곤(盧坤)에게 편지를 썼다. 중영무역은 종래로 중국행상과 동인도회사의 대반이 교섭하여 처리했으며 정부가 나서지 않았을 뿐 아니라 영국 관리가 광주에 직접 주재하여 청 정부와 교류하는 선례가 없었던 이유로 로곤은 Lord Napier의 서신을 접수하지 않았다. 한편 로곤은 행상들에게 Lord Napier이 광주를 떠나 마카오로 물러 가 예전의 법대로 사무를 처리하도록 설복할 것을 지시했다. 그러나 Lord Napier는 광주를 떠나려 하지 않았고 양광총독을 만날 것을 고집했다.

로곤은 대치국면을 피면하기 위해 절충하여 광주지부 등 3명의 중국관리를 Lord Napier가 머무는 상관으로 보내 그가 광주에 온 목적과 신분을 알아보도록 했다. 하지만 양측은 회견 때의 좌석 순서를 두고 논쟁이 벌어졌다. 청 정부 측은 청 정부 관리가 중간 자리에 앉고 Lord Napier가 옆 좌석에 앉을 것을 주장했지만 Lord Napier는 상관에서 자신의 좌석을 중간에 배치하고 청 정부 관리를 자신의 양측인 손님 석에 앉히려 했다. 한편 Lord Napier는 태도가 거만하고 "광주에 무슨 일처리로 왔는지를 설명하지 않았으며 군대를 태운 배가 무슨 이유로 왔는지, 언제 돌아 갈 것인지 등에 대해 상세히 답변하지 않았다. 그리고 통역사에게 말을 전하지 못하도록 했다"[439] 또 "총독을 대표하여 그를 보러 온 정부관원을 공개적으로 비난했다"[440] 더 이상 참을 수 없었던 청 정부는 대영국 무역을 중단하기로 했다. Lord Napier은 즉시 군함 두 척을 불러 호문에 쳐들어갔다. 중국 주둔군이 포를 울려 경고를 했지만 영국군함은 "연속 대포를 발사하고", "경고도 마다하고 항행하여" 황포에 도착했다. 영국 침략자는 강경한 태도, 든든한 군함과 대포로 청 정부를 위협하여 강제로 따르게 하려했다. 청 정부 역시 군사와 장군을 파견하고 큰 배로 돌을 날라 강에 쏟아 부으며 영국군함의 통로를 막으려했다. 영국 국내는 이 시기 중국을 토벌하자는 목소리가 높았다. 그러나 군사적 원정을 위한 준비는 되어있지 않았다.

위협이 무효하자 Lord Napier은 하는 수 없이 화해하기로 하고 청 정부가 대영국 무역을 회복하는 조건으로 군함을 철퇴하고 본인은 마카오로 돌아갔다. 마카오로 돌아간 Lord Napier는 반달 만에 병으로 세상을 떠났다. 영국침략자들은 이번 사건에서 목적 도달을 못했지만 중영 간의 모순은 상당히 첨예했고 영국 식민자들은 조만간 대중국 침략전쟁을 발동할 징조를 보였다.

---

439) 양광총독(兩廣總督) 노곤(盧坤), 광동순무(廣東巡撫) 祁의 상주문. 도광 14년8월28일, 『사료순간(史料旬刊)』 21기에 실림.
440) Hosea Ballou Morse, 『중화제국의 대외관계사(中華帝國對外關系史)』 1권, 152쪽.

제2절
죄악의 아편무역

1. 아편무역과 아편밀수

영국이 대중국 무역에서 불리한 위치에 처하자 영국자산계급은 줄곧 초조하고 분노하였다. 그들은 모든 방법을 써 이런 국면을 바꾸어 보려 했다. 그러나 자급자족하는 중국봉건경제 구조로 영국 상품이 대량 중국에 들어올 수 없었다. 중국을 통치하던 청 왕조는 상당히 부패했지만 그래도 여전히 강대한 겉모습과 독립적이고 통일된 국면을 유지하고 있었다.

따라서 영국침략자들은 인도를 대하듯 대할 수 없었다. 그들은 중국을 야금야금 잠식하고 병탄했다. 다년 간의 탐색을 거쳐 영국자산계급은 끝내 특수한 상품인 아편을 찾아냈다. 피우기 시작하면 끊기 어려운 마약인 아편은 사회경제 구조가 어떠하든, 정치상황이 어떠하든 중독되면 수요량이 클 뿐 아니라 수요량이 갈수록 늘어난다. 결국 중국은 경제적으로나 정치적으로 아편 수출국에 의지하게 된다.

이로서 아편무역은 영국자산계급이 대중국 무역에서 적자를 보던 불리한 국면을 돌려놓는데 효과를 보였으며 중국을 영국의 식민지 및 반식민지의 궤도에 올려놓는데 일조했다. 19세기 초의 아편무역은 중영의 장기적 모순의 진화로 볼 수 있으며 영국자산계급이 마약이라는 야비한 수단으로 중국의 문호를 열어젖히고 중국을 식민지로 전락시키려는 목적은 양국 간의 관계를 더욱 긴장시켰으며 결국 제1차 아편전쟁이 폭발하기에 이르렀다.

아편은 초기에 약품으로 중국에 수출되었다. 포르투갈과 네덜란드 상인들이 마카오를 기반으로 매년 국내에 적은 양의 아편을 수출했다. 명조 말기 이후 아편을 피우는 사람이 있었으며 그들이 차츰 아편에 중독되면서 아편 수입량이 늘기 시작했다. 1727년(옹정 5년), 영국이 처음으로 중국에 200상자의 아편을 수출했으며 한 상자 무게가 133파운드에 달했다.

1729년(옹정 7년), 아편의 위해성을 감지한 청 정부가 처음으로 아편 흡입금지령을 내렸다. 1773년(건륭 38년) 동인도회사가 네덜란드, 덴마크 등 회사의 세력을 물리치고 방글라데시, 비하르, 오릿사 등 지역에서 생산되는 아편을 독점했다. 회사의 부이사장인 위럴이 중국과 직접 아편무역을 할 것을 제안했다. 그러나 첫 몇 년간 아편무역은 여전히 "항각상인(港脚商人, country merchant, 지방무역상인)"[441]들이 장악했다.

이해 영국의 속국인 인도정부가 대중국 무역에서 불리한 위치에 처하던 영국의 국면을 돌려세우기 위해 대량의 아편을 중국에 수출하기로 결정했다. 영국 방글라데시성 성장 바렌 하스팅스는 "아편은 생활필수품이 아니라 유해한 사치품이다. 대외무역(여기에서 말하는 대외무역은 사실 대중국 무역을 말함)의 목적 외에 어떤 목적으로도 용납되지 않는다. 현명한 청 정부는 국내에서의 아편 소모를 엄격히 제한해야 한다"[442]고 했다.

---

441) 1834년 이전, 영국동인도회가 대중국 무역을 독점했다. 그러나 회사직원들은 어느 정도 밀수무역을 할 수 있었다. 인도상인들은 회사의 허락을 받은 뒤 광주에 가 수출입 장사를 어느 정도 할 수 있었는데 이들을 "港脚商人"이라 불렀다.
442) 『황가위원회의 아편에 관한 보고(皇家委員會關於鴉片的報告)』, 1794년 권7, 37쪽,

1780년(건륭 45년), 동인도회사는 항각상인(港脚商人)들의 아편무역을 불허하고 아편무역권을 독점했다. 1781년, 방글라데시정부가 아편을 가득 실은 무장을 한 상선을 중국에 보냈다. 1794년(건륭 59년), 동인도회사가 또 아편을 실은 큰 배를 황포에 정박시켰다. 1797년, 동인도회사는 실질적으로 아편생산을 독점했다. 1798년부터 동인도회사는 더는 아편무역에 직접 나서지 않고 회사의 아편을 아편 판매상에게 경매하고 판매상이 다시 중국으로 가져 다 팔았다. 이로서 동인도회사는 아편무역과 무관한척하고 심지어 아편무역 금지 조약을 체결하기도 했다. 마르크스는 위선적 얼굴의 동인도회사가 "문명을 이용하여 투기행각을 벌렸다"고 정곡을 찔렀다.

동인도회사는 인도정부를 "강박하여 인도의 일부 농민들에게 양귀비를 재배하도록 했다. 한편 다른 일부분 농민들에게는 대출금을 미끼로 양귀비를 재배하도록 유혹했다. 동인도회사는 치밀하게 마약의 전반 생산과정을 독점했다." "양귀비를 중국인의 입맛에 맞게 찌고 말리며 아편을 가공 제조할 때도 중국 소비자들을 고려했다. 가공한 아편은 밀수하기에 편리한 박스에 담아 콜카타로 운반했다. 콜카타에서는 정부가 가격을 매겨 경매하고, 국가 관리들이 아편을 투기상들에게 넘기면 다시 밀수 상에게 되팔아 밀수 상인들이 중국으로 운반하도록 했다"[443]. 이밖에 동인도회사는 중국과 무역하는 개인 소유의 선박들에 허가증을 발급할 때 동인도회사 외의 회사가 생산하는 아편을 운반하지 못하도록 규정하고 이를 어길 경우

정명남(丁名楠) 등, 『제국주의침화사(帝國主義侵華史)』 1권, 17쪽.
443) 『마르크스 · 엥겔스선집(馬克思恩格斯選集)』, 2권, 마르크스, 『아편무역사(鴉片貿易史)』, 29쪽.

벌금을 했다. 이후 아편 수입이 신속히 증가했다.

아편수입이 급증하자 청 정부가 우려를 드러냈다. 1800년(嘉慶 5년) 청 정부가 재차 아편금지령을 내리고 광주에 오는 모든 외국선박은 반드시 행상이 서약서를 제출하고 황포에 들어오는 화물선에 아편이 없다는 보증을 해야 한다고 규정했다. 그러나 외국 아편 장사꾼들은 뇌물수수와 밀수를 통해 아편을 들여왔기에 금지령은 형식만 갖춘 종잇장에 불과했다.

아편 수입을 순찰하고 체포를 책임진 청 정부 관리들은 뇌물을 수수하고 아편의 유통에 대해 간섭하지 않았으며 심지어 아편 밀수를 엄호하고 밀수에 동참했다. 그 뒤로 아편장사꾼들의 아편밀수는 더욱 살벌했고 아편 수입량은 갈수록 증가했다. 아편상인 타일러(泰樂爾)는 1818년 "아편은 황금과도 같다. 나는 수시로 아편을 팔수 있다"고 득의양양해 말했다.[444] 아편상인 찰튼(査頓)은 친구에게 편지를 써 아편을 밀수할 것을 유혹했으며 아편무역은 "가장 안전하고 가장 신사적인 장사"라고 뻔뻔하게 말했다.[445]

영국 동인도회사, 개인 상업자, 영국인도정부는 아편무역에서 폭리를 얻었다. 1817년 동인도회사가 콜카타에서 경매한 방글라데시아편은 한 박스에 1천 785루피였다. 그러나 아편 한 박스의 원가는 22루피에 불과했으며 판매가는 원가의 8배 이상으로 아편 한 박스에서 얻는 이윤은 1천 563루피이다. 그해 경매된 아편 3천 552박스를 통해 555만 여 루피의 이익을 얻었다. 그중 영국인도정부가 징수한 아편세가 237만 루피로

---

444) Michael Greenberg, 『영국무역과 중국의 개방(英國貿易和中國的開放)』, 18쪽, 케임브리지 1951.
445) 위의 책.

동인도회사가 한해 얻는 순이익이 318만 루피에 달했다. 영국 상인들은 아편을 중국으로 운반하여 한 박스에 1천 300달러(2천 678루피)로 판매했는데 그들은 여기에서 또 한 박스에 893루피를 벌었다. 죄악의 아편무역으로 영국정부와 상인들은 거대한 부를 쌓았다. 영국 침략자들은 "아편무역이 인도식민지에 가져다주는 이익이 너무나 많기에 이를 쉽게 포기해서는 안 된다"[446]고 인정했다. 영국국회 역시 아편 밀수무역을 높이 평가했다. 영국의회는 "인도의 현재 재정 상황으로 이토록 중요한 세수를 포기하는 것은 타당하지 않다. 아편 세는 주요로 외국소비자들이 부담하고 있다. 전반적으로 아편 세를 대체할 어떤 명목의 세금보다 반대가 적을 것이다."[447] 영국정부의 지지와 격려로 영국 아편상들의 밀수활동은 갈수록 창궐했다.

　1821년(도광 원년), 청 정부는 재차 금지령을 천명하고 순찰과 체포 조치를 더욱 강화했으며 외국과 결탁하는 중국 아편상들을 처벌하였다. 영국 아편상들은 청 정부의 금연조치를 대처하기 위해 아편을 적재한 배를 황포에서 광주와 40리 떨어진 영정양(伶仃洋)으로 옮겼다. "그곳에는 무장을 하고 많은 선원을 배치한 선박들이 가득했는데 이런 선박은 임시아편창고 역할을 했다. 마찬가지로 중국정부가 광주에 있는 기존 요구(窯口, 아편을 밀매하는 가게)들의 영업을 잠시 중단시키자 아편무역은 소상인들의 손으로 넘어갔으며 소상인들은 일체 위험을 무릅쓰고 모든

---

446) Bingham, J. E. 의 『영국군의 재화 작전기(英軍在華作戰記)』 서론.
447) 『영국의회보고(英國議會報告)』 1831~1832년 권10, 10쪽.
　　　정명남(丁名楠)등의 『제국주의의 침화사(帝國主義侵華史)』 1권, 13쪽 인용.

방법과 수단을 동원해 아편무역을 진행했다" 청 정부가 금연조치를 강화한 결과 "임시적인 아편 창고를 아편무역에 더욱 적합한 곳으로 바꾸었을 뿐이다"[448]

영정양의 아편밀수무역은 갈수록 번창했다. 콜카타에서 발행하는 영국인신문은 영정양을 이렇게 표현했다. "이곳에 머무는 여러 가지 크고 작은 선박 중에는 거룻배도 있었다. 거룻배에는 주로 아편을 싣고 있었는데 몇 년이고 움직이지 않았다. 아침부터 저녁까지 밀수하는 배들은 이런 거룻배에서 아편을 가져갔는데 끊임없이 오갔다. 아편을 실은 배들 가까이로 가면 도처에 활기 띄고 돈 냄새를 풍기는 장사 풍경을 볼 수 있다. 갑판의 한쪽에는 파트나와 바라나시 아편이, 다른 한 쪽에는 모라바 아편이 쌓여 있었다. 고개를 들어 선미를 보니 한 박스에 2천원의 양은이 담긴 박스가 헤아릴 수 없이 쌓여있었다. 일부 박스에는 순은이 담겨 있었다. 갑판 위에 이리저리 널려 있는 재물은 넘치는 재부를 상징했고 이를 통해 아편무역의 규모와 가치를 짐작할 수 있다. 아편무역에 드는 투자는 방대했는데 총 2천만 원 좌우이다."[449]

아편밀수무역에서 거룻배가 집산지일 뿐 아니라 아편장사꾼들은 중국내지에 아편밀수 네트워크를 구성했다. 1831년 청 정부의 한 관리는 "과거 오랑캐의 배가 사사로이 생아편을 싣고 광주에 와서는 향산현 (香山縣)의 마카오(澳門)에 몰래 모여 있었지만 최근에는 금지령이 극히

---

448) 『마르크스엥겔스선집(馬克思恩格斯選集)』, 2권, 마르크스의 『아편무역사(鴉片貿易史)』, 27쪽.
449) Bingham, J. E. 『영국군의 재화 작전기(英軍在華作戰記)』 서론.

엄하고 자주 검문이 있어 오랑캐는 호문(虎門)의 대어산(大魚山) 바다 위에 따로 배를 정박하고 아편을 쟁여 놓았는데 이를 아편 쌓아두는 배(煙躉)라고 불렀다. 오랑캐의 군용선이 화물을 보호한다는 명의로 함께 정박해 있으며 이를 지켰다. 그러나 물건은 먼 바다 위에 있었고 간상들은 감히 바다에 나가 아편을 매매할 수 없었으며 오랑캐 역시 마음대로 아편을 소지하고 세관을 들어오지 못했다. 이들은 토박이 깡패들과 결탁하여 금융 점포를 개설하는 명목으로 암암리에서 생아편을 판매했는데 이를 대요구(大窯口)라고 한다. 대도시의 13행(十三行), 연흥가(聯興街)에 이런 가게가 많았다.

간상들은 가게에서 오랑캐들과 가격을 의논하고 증서를 작성했다. 해당 증서를 갖고 거룻배로 가 물건을 바꾸었는데 이를 '서신(書信)'이라고 했다. 그러나 물건은 여전히 바다 위에 있었으며 사사로이 갖고 들어오지 못했다. 다만 밀수로 탈세를 하는 '쾌해(快蟹)'라 일컫는 배가 이를 도맡았다.

수 백석을 용납할 수 있는 '쾌해'는 돛대가 3개나 되며 양쪽은 철망을 설치해 포화를 방어했다. 좌우에 설치한 노를 5, 60명이 저으면 배가 나는 듯이 나아갔는데 '삽익(挿翼)'이라고 불렀다. 밤사이 신속히 검문소를 통과했는데 밀수를 하는 것임을 알고 순찰원이 불러 세우려하면 이에 응하지 않았다. 뒤를 따라 가면 이미 저 멀리 도망갔고 감히 대포를 쏘며 순찰선과 대적했는데 순식간에 사라졌다. 정부 관리는 어찌할 바를 몰랐고 책임을 못한 죄가 두려워 이를 숨기고 보고하지 않았다. 관리가 이러하니 대낮에도 공공연하게 운반했으며 제멋대로였다.

이런 쾌해가 현재 1천 200척 넘으며 거룻배에서 화물을 요구까지 나르는 자들은 모두 이런 배가 도맡았다. 항구의 검문소에는 순찰선이 빼곡히 있었기에 이를 체포하기는 어렵지 않았다. 만약 순찰선들이 결탁하여 부정행위를 하지 않는다면, '쾌해'가 밀수를 하는 첫째 이유는 노동의 대가를 받는 것일 뿐이다. 그러나 지금은 순찰선의 밀수 비호 행위가 가장 큰 죄가 되고 있다. 이밖의 여러 성에서 판매되는 밀수품은 쾌해가 입구까지 운반해주고 출경을 책임졌다. 대요구가 내지로 판매할 때는 간상들이 각 관아의 우두머리 심부름꾼과 결탁하여 판을 이루고 작은 요구를 설치했는데 여러 시와 향진에 분포된 것이 헤아릴 수 없이 많았다."[450)

아편밀수무역이 범람한 원인은 청조의 각 행정부 기구가 부패했기 때문이다. 크고 작은 관리들이 탐오를 일삼았고 아편밀무역에서 사리사욕을 꾀하려고 부정을 저질렀는데 이익이 상당했다. 정부의 금지령이 엄할수록 관리들이 아편밀무역에 손을 델 기회는 더욱 많았으며 밀수무역은 쉽게 부를 가져다주었다. 이런 금지령은 관리들이 재부를 쌓는데 도움이 될 뿐 그 어떤 다른 역할도 발휘하지 못했다. 관리들이 비호하고 방임한 탓에 아편밀수는 공개적으로 진행되었다.

19세기 상반기, 영국의 대중국 무역에서 아편이 갈수록 중요해졌고 아편의 입력치는 다른 상품의 총 입력치를 훨씬 뛰어 넘었다. 예를 들면, 19세기 30년대, 매년 아편의 입력치는 약 1천 수백만 원에 달했으며 모직품, 면직품, 철물 등의 총 입력치는 매년 수백 만 원에 불과했다. 이런 현상은 중영무역에 변화를 가져다주었고 중국은 수입이 수출을 초과하는 입장이 되었다. 예를 들면, 1837년과 1838년 중국의 대영국 수출 상품으로는 찻잎

---

450) 어사 풍찬훈, 상주문(禦史馮贊勛奏), 『엄금아편연절（嚴禁鴉片煙折)』. 도광 11년 5월 24일, 『사료순간(史料旬刊)』에 실림.

956만1,576원, 견사 205만 2천 288원 기타 상품이 97만 6천 60원으로서 총 1천 258만 9천 924원인 314만 7천 481파운드에 달했다. 영국이 중국으로 수출한 상품은 철물 62만114파운드, 면직물 164만781파운드, 아편이 337만 6천 157파운드로 총 563만 7천 52파운드에 달했다. 그중 아편 수입액만 중국의 수출 총액을 20만 8천 676파운드 초과했다. 중국은 이 한해에만 수입이 수출을 248만 9천 571파운드 초과했다.[451]

무역 적자를 메우기 위해 중국은 하는 수 없이 백은을 수출했다. 이 한해에 광주에서만 백은 897만 4천 776원을 수출했다. 많은 백은이 밀수를 통해 수출되었기에 그때 당시 백은의 수출 초과량은 정확한 통계 수치가 없다. 그러나 중외 해상무역의 수출입 총액과 아편밀수의 추측 수치로 미루어 볼 때 1826년 이전, 백은의 수출이 수입을 초과할 때도 수입이 수출을 초과할 때도 있었지만 이후부터 매년 수출이 수입을 초과했다. 1833년(도광 13년) 이후, 아편밀수가 특히 창궐하여 매년 백은 출초(수출 초과)가 1천만 냥에 달해 문제가 극히 심각했다.

2. 아편무역의 위해

죄악의 아편무역은 외국자산계급에 최대한도의 이익을 가져다주었지만 중국 백성들에게는 큰 재난이었다.

---

451) 『영국람피서(英國藍皮書)』, 『런던동인도와 중국협회가 파머스턴 자작에게 보내다(倫敦東印度與中國協會致巴麥尊子爵)』, 1839년 11월 2일 참조.

첫째, 아편은 아편 흡입자들에게 극심한 손상을 주었으며 중국국민들의 심신건강을 크게 헤쳤다. 아편 수입이 날로 증가하고 아편은 갈수록 광범위한 지역으로 판매되었으며 흡식자는 날로 늘어났다. 1831년 형부(刑部)가 문서를 올려 아뢰기를 "몰래 조사를 해봤더니 아편이 외국에서 들어오고 있었으며 간상들이 사적으로 구입하여 흡식했다. 차츰 귀족자제와 도시의 부호들이 아편흡입에 합류했으며 나아가 평민들을 선동, 유인하여 그들까지 아편에 물들게 했다. 신하는 사대부를 만날 때마다 유의하고 조사를 했다. 사대부들의 말에 따르면 현재 지방의 큰 도시들에 아편을 흡식하는 자가 있으며 특히 여러 관아에서 아편흡입이 특히 심하다.

어림잡아 총독과 순무 이하의 문신과 무신, 관아의 상전과 하인 등 아편을 먹지 않는 자가 극히 드물다."[452] 1838년(도광 18년) 황작자 (黃爵滋)는 "처음에는 부잣집 자식들의 사치와 낭비 행위로서 그래도 자제를 할 줄은 알았다. 그 후 위로는 관부의 벼슬아치, 아래로는 상공, 광대, 하인 나아가 부녀자와 승니, 도사에 이르기까지 모두 아편을 흡연했다. 아편 도구는 시중에서 구매가 가능했다. 청조의 근본적인 요충지인 성경(盛京) 등지도 최근 아편 흡입이 유행 되고 있다."[453]

1820년(가경 25년) "소주(蘇州) 한 곳에만 아편을 먹는 자가 어림잡아 십 수만 명에 달했다."[454] 아편에 포함된 독소는 일단 흡입하면 중독되어

---

452) 아편조사금지사건, 『형부절주작가매식아편연죄명(刑部折奏酌加買食鴉片煙罪名)』, 도광 11년 6월16일, 『사료순간(史料旬刊)』에 실림.
453) 황작자(黃爵滋), 『청엄새루치이배국본절(請嚴塞漏巵以培國本折)』, 도광18년 윤4월 10일.
454) 포세신(包世臣), 『안오사종(安吳四種)』, 『경진잡저이(庚辰雜著二)』

신체가 쇠약해지고 정서가 소침하며 쉽게 끊을 수 없어 심신 건강이 심하게 망가진다. 이에 어떤 이들은 아편 흡입자가 "발작 할 때 눈물콧물을 흘리고 손발이 오그라들어 들지를 못한다. 서슬이 번쩍이는 칼이 앞을 겨누고 뒤에는 표범과 호랑이가 쫓는다 해도 고개를 숙이고 죽음을 받아들릴지언정 한발작도 움직이지 못한다. 오랫동안 아편을 흡식한 자는 어깨가 위로 올라가고 목이 움츠러들며 안색이 초췌하고 숨이 미약하며 병든 환자와 흡사하다"고 묘사했다. 또 어떤 이는 아편을 피우면 "정력이 말라 뼈만 앙상하게 남고 사람 몰골이 없다. 혹은 실 날 같은 목숨을 겨우 붙이고 무질서하고 방탕한 생활을 하며 생계를 위한 일을 할 수 없으며 자식을 낳지 못한다. 아편에 중독되면 목숨을 잃을 뿐 아니라 자손이 끊긴다"[455] 고 했다.

죄악의 아편무역은 전 세계의 공정한 여론의 비난을 받았으며 일부 정의의 영국인들은 아편무역을 폭로하고 비판했다. 예를 들면, Martin, R.Montgomery은 『중국의 정치, 상업과 사회를 논하다』에서 "그렇고 말구요, 아편무역과 비교하면 노예무역은 너무나 인자하다.

우리는 아프리카인들의 육체를 학대하지 않았다. 우리의 이익은 그들의 생명을 유지시키는 것과 직접적으로 관계되기 때문이다. 우리는 그들의 품격도 훼손하지 않았고 그들의 사상도 부식하지 않았으며 그들의 영혼을 말살하지도 않았다. 그러나 아편장사꾼들은 불행한 죄인의 정신세계를 부식하고 훼손하고 훼멸한 뒤 다시 그들에게 육체적 고통을 주었다. 욕심이

---

455) 주석번(周石藩), 『해릉종정록(海陵從政錄)』, 『엄금흡식아편연시(嚴禁吸食鴉片 煙示)』

한없는 몰록신은 시시각각 자신에게 더욱 많은 희생품을 바치기를 원하며 홍수를 자처한 영국인과 독을 먹고 자살을 하는 중국인이 서로 앞 다투어 몰록신의 제단에 제물을 갖다 바쳤다."[456]

다음, 대량적인 아편이 수입되면서 백은이 해외로 나가 중국의 은값이 상승했으며 노동인민들이 심각한 피해를 입었다. 19세기 초, 은 한 냥으로 동전 1천문 정도 바꿀 수 있었지만 국내 백은이 날로 줄어들면서 은값이 끊임없이 올라 1839년(도광 19년)에는 은 한 냥에 동전 1678문을 바꾸었다. 농민과 수공업자들은 소량의 생산품을 팔아 겨우 동전을 바꾸지만 관부에 조세를 바칠 때는 은으로 환산해야했다. 19세기 초, 동전 1천문은 백은 1냥에 불과했다. 이에 어떤 이들은 "요즈음 각 성시의 은값이 갈수록 높아지고 동전 값이 갈수록 떨어지고 있다. 백성들이 현물세를 낼 때는 모두 동전을 은으로 바꾸어야 했는데 손실을 보는 자들은 모두 힘들어했다."[457]

"각 성에서 지세를 징수하는데 가장 적게 받는 곳이더라도 은 1냥에 동전 1천 800문으로 환산해서 거두었다. 백성들은 은 1냥에 1천문 내외로 알고 있지만 1천 800문으로 환산하여 관부에 바치게 되자 원망소리가 도처에서 일고 있었다. 그러나 관청은 은 1냥에 동전 20문, 30문 더 밑져야 하는 상황이었다."[458]

백은의 대량적인 유출로 국내의 유통수단인 화폐량이 급격히 줄어들었다. 이는 정상적인 상품교환과 화폐유통을 방해했다. 일반적 규칙에 따라

---

456) 『마르크스 · 엥겔스선집(馬克思恩格斯選集)』 2권 중
　　　 마르크스 : 『아편무역사(鴉片貿易史)』의 233~240쪽 재인용.
457) 『청대외교사료(淸代外交史料)』도광 조1(道光朝壹), 황중모(黃中模) 상주문.
458) 포세신(包世臣), 『안오사종(安吳四種)』, 『재답왕량생서(再答王亮生書)』

상품 가격 총액은 유통수단의 기능을 발휘하는 화폐 총량과 정비례 되어야 하고 화폐의 유통속도와는 반비례 되어야 한다. 만약 화폐의 유통 속도가 느려 화폐 총량이 줄어든다면 결국 상품 유통도 영향을 받아 일부 상품은 팔리지 않는다. 임측서는 이미 이런 상황을 파악하고 "직책을 역임했던 예를 들면, 소주(蘇州)의 남호(南豪), 호북(湖北)의 한구(漢口)는 모두 저잣거리 집결지이다. 거기에 집결된 가게들을 은밀하게 조사한 즉 모두 얘기하기를 모든 물품이 잘 팔리지 않는다고 했다. 20, 30년 전의 경우 일부 상품을 만금어치 사가는 자도 있었지만 지금은 절반으로 줄었다고 했다. 그 절반은 무엇을 사가냐고 물었더니 말하기를 꺼려했는데 아편이라고 밝혔다"[459]

아편 범람현상은 청 왕조의 정치, 경제와 군사역량에 심각한 영향을 일으켰으며 봉건통치를 약화시켰다. 청조의 각급 관리들 중 아편을 먹는 자가 많았으며 그들은 매일 흐리멍텅하여 정무를 돌보지 않았는데, 이는 그들의 기생성과 부패성을 더욱 가중시켰다. 청조 병사들 중에도 아편을 먹는 자가 적지 않았다. 1832년(도광 12년) 조정의 신하가 아뢰기를 "군영의 군사들 중 아편을 먹는 자가 많아 군사가 많다하여도 힘을 얻기 어려웠다"[460]. 청 정부의 재정수입은 은 가격이 높고 세금원천이 고갈된 원인으로 "각 성 주·현의 토지세와 인구세, 상납미는 대부분 돈으로 징수하고 국가지출로 했는데 거의가 동전을 은으로 교환하였기에 소모가 컸다. 이전에는 남는 것이 많았지만 현재는 모두 우선 대신 지불해야 하는

459) 임측서(林則徐), 『임문충공정서(林文忠公政書)』. 호광상주문 권4(湖廣奏稿卷四), 『전표무심관애의중금흘연이두폐원편(錢票無甚關礙宜重禁吃煙以杜弊源片)』
460) 뇌진집(雷瑨輯), 『용성한화(蓉城閑話)』

상황이라 밑지고 있다. 각 성의 염상들이 소금을 팔 때는 동전을 받지만 세금은 모두 은으로 내야했다. 과거에는 이익이 많이 나는 종목이었지만 현재는 모험적인 사업으로 간주되고 있다. 만약 앞으로 삼 수년 은값이 더 비싸질 경우 국가지출은 어떻게 하고 세수 부문은 이를 어떻게 명확히 할 것인지? 만약 예상치 못하게 지출해야 할 일이 생긴다고 가설할 때 어떻게 지출을 해야 하는지"[461]라고 했다. 총체적으로 아편이 중국인민에게 가져 다 준 피해가 심각할 뿐 아니라 청조의 통치를 위협했다. 이런 피해와 위협을 두고 마르크스는 이렇게 지적했다. "아편이 중국의 통치자로 자리매김함에 따라 황제와 황제 주변에서 케케묵은 규범을 굳게 지키는 대신들은 날로 권력을 상실했다."[462]

중국인민은 아편을 금하고 침략에 저항하기 위해 일어나 투쟁하지 않으면 안 된다. 청조 정부 역시 자신들의 통치 이익을 수호하기 위해 착실하게 금연운동을 해나가지 않으면 안 된다. 이런 이유로 기세 드높은 금연운동이 막을 열었다. 금연운동은 생존과 발전을 위한 중화민족의 위대한 정의의 투쟁이다. 이 시기 애국적 관료, 예를 들면, 임측서, 황작자 등이 인민군중과 함께 금연을 주장하고 중외 아편장사꾼들의 죄악의 아편판매 행각을 견결히 반대했다. 이번 금연과 반금연 간의 투쟁은 의미가 깊으며 영향이 상당히 컸다. 아편장사꾼들의 배후에는 오래전부터 중국에 침을 흘리던 외국식민주의 국가들이 뒷심이 되어 주었다. 하여 금연과 반금연 간의

---

461)   황작자(黃爵滋), 『청엄새루치이배국본절(請嚴塞漏卮以培國本折)』
462) 『마르크스엥겔스선집(馬克思恩格斯選集)』, 2권, 마르크스의 『중국혁명과 유럽혁명(中國革命和歐洲革命)』, 2쪽.

투쟁은 사소하고 우연적인 충돌이 아니라 봉건적 중국과 자본주의 서방국가 간의 심각한 충돌이다. 이번 투쟁의 성질과 후과는 과거 봉건사회에 일어났던 그 어느 한 차례의 투쟁과 비교 불가한 투쟁이다.

이번 투쟁은 중국을 자본주의 세계의 소용돌이로 끌어들였으며 중국은 새로운 도전을 맞이하게 된다. 외국자본주의는 아편 판매 특권을 수호하고 중국의 문호를 열기 위해 서슴없이 침략전쟁을 발동했고 "제1차 아편전쟁"이 막을 열었다. 이번 전쟁은 중국의 역사 방향을 바꾸어 놓았으며 중국봉건사회가 걷던 독립적인 발전의 길을 중단했다. 이로부터 중국은 근대역사 시기로 진입하고 외국자본의가 중국을 침략하여 중국인민을 압박하고 중국사회의 발전을 저해했다. 외국자본주의는 가장 주요한 반동세력이 되었으며 중국은 차츰 반식민지 반봉건사회로 전락된다. 중국인민은 길고 굴곡적인 역사노정에 오르게 되며 위대한 반제반봉건의 자산계급민주주의 혁명을 시작하게 된다.